郭店楚簡儒教の研究

——儒系三篇を中心にして——

李承律著

汲古書院

目　次

序論　郭店楚墓竹簡と中国古代思想史研究
一　郭店楚墓竹簡の発見 …… 5
二　郭店一号楚墓の考古学的考察 …… 8
三　本書の目的と方法及び構成と内容 …… 14
第一部　『唐虞之道』の堯舜禅譲説の研究
はじめに …… 25
第一章　『唐虞之道』の堯舜禅譲説 …… 43
第一節　『唐虞之道』の堯舜禅譲説の特徴 43
第二節　墨家の堯舜帝位継承説話と禅譲説墨家起源論の再検討 49
第三節　儒家系統の諸文献に見られる堯舜帝位継承説話 54
一　『孟子』万章上篇と『唐虞之道』との異同 54
二　『荀子』正論篇・成相篇と『唐虞之道』との異同 67
三　『尚書』堯典篇と『唐虞之道』との異同 78

第四節 『荘子』及び法家系統の諸文献に見られる堯舜帝位継承説話 89
第五節 戦国末期より前漢時代にかけての堯舜帝位継承説話の展開 94
第二章 『唐虞之道』の愛親と孝思想の特質 …… 129
第一節 愛親と親親は同義語か 131
第二節 「孝は、仁の冕なり」 142
一 『唐虞之道』の孝とその思想史的位置 142
二 忠と孝 150
第三節 「孝の殺は、天下の民を愛す」――墨家の兼愛説と関連して 159
第三章 『唐虞之道』の尊賢思想と先秦時代の尚賢論 …… 185
第一節 『唐虞之道』の尊賢の特徴 185
第二節 愛親と尊賢は相互矛盾関係にあるか 193
第三節 先秦時代における尚賢論の諸相 196
一 『論語』の場合 196
二 『孟子』の場合 198
三 『荀子』の場合 204
四 『呂氏春秋』の場合 209
五 『墨子』尚賢三篇の場合 217
第四節 『唐虞之道』の尊賢の思想史的位置 228

第四章　『唐虞之道』の社会的利思想 …… 249
第一節　『唐虞之道』の「天下を利して利とせず」の思想的特徴 250
第二節　「天下を利して利とせず」に関する先行研究概観 251
第三節　『論語』及び『孟子』における利 254
一　『論語』における利 254
二　『孟子』における利 256
第四節　『墨子』の利――社会的利思想の誕生とその展開 261
一　兼愛上篇・非攻上篇の利――いわゆる拒利説をめぐって 262
二　兼愛中篇・非攻中篇の利――社会的利思想の誕生 267
三　末期墨家における社会的利思想の展開 271
第五節　宋鈃学派と利 282
第六節　戦国後期以降の社会的利思想――弗利という理想 286
一　法家系の諸文献における社会的利思想の特徴 286
二　『荀子』の欲望論と利 293
第五章　『唐虞之道』の養生思想 …… 323
第一節　初期の養生思想――個人の身体の生命の重視と禅譲説否定 324
第二節　戦国後期以降の養生思想――ネガティブな養生思想とポジティブな養生思想 327
第三節　『唐虞之道』の養生思想の特徴とその意義 336

第六章　『唐虞之道』の知命と中国古代の命論 …… 347
第一節　『唐虞之道』の知命 347
第二節　墨家の非命論の特徴 352
第三節　『唐虞之道』の知命と墨家の非命論の共通点と相違点 357
一　共通点と相違点――墨家の非命論を中心に 357
二　類似点と相違点――天人相互関係の思想を中心に 361
第四節　『荀子』以後の天人相関思想の展開 371
第五節　再び『唐虞之道』の知命について 377
第七章　『唐虞之道』の謙遜思想 …… 399
第一節　道家系統の諸文献に見られる謙遜思想 399
第二節　儒家系統の諸文献に見られる謙遜思想 408
第三節　馬王堆漢墓帛書『周易』の謙遜思想と謙 424
第四節　馬王堆漢墓帛書『周易』繆和篇の謙遜思想 427
一　荘但・先生問答の場合 427
二　張射・先生問答の場合 431
第五節　馬王堆漢墓帛書『周易』繆和篇は道家の手になるものか 435
第六節　謙遜思想の歴史社会的背景 443
おわりに　『唐虞之道』の成立時期と所属学派 …… 461

付章　『唐虞之道』の本文・訓読・口語訳……469
第二部　『性自命出』の性情説と礼楽説の研究
はじめに……487
第一章　問題の所在……488
第二章　『性自命出』の性情説……492
第三章　『性自命出』の礼楽説――礼楽の根源……497
第四章　『性自命出』の礼楽説の漢代儒教への影響……511
おわりに……520
第三部　『魯穆公問子思』の忠臣観の研究
はじめに……537
第一章　『魯穆公問子思』の忠臣観の特徴……543
第二章　先秦時代の忠――まこと・まごころの忠と忠君・忠誠の忠……546
第三章　『荀子』臣道篇における忠のランクづけと『韓非子』の忠……550
第四章　諸他の文献に見られる忠臣との比較考察……554
第五章　爵禄と義……560
おわりに……565
結論　郭店一号楚墓より見た中国考古類型学の方法論と白起抜郢の問題

はじめに……577
一　いわゆる考古類型学に内在する諸問題……578
二　白起抜郢の問題……586
おわりに……594

参考文献 605
あとがき 631
英文目次 3
索引 9

凡　例

一　本書で郭店楚墓竹簡（以下、郭店楚簡と略記）を引用する際は、荊門市博物館編『郭店楚墓竹簡』（文物出版社、一九九八年）を底本とした。ただし、文字を確定する際は、写真図版によって改めたところも多い。他の出土資料については、それぞれの該当する注を参照されたい。

一　出土資料の本文中の仮借字・異体字の場合は、何の仮借字・異体字かを「（　）」に入れて表し、錯字の場合は、何の錯字かを「〈　〉」に入れて表した。欠字の場合は何字かを推定して「□」を用いて表したが、それが推測可能な場合は、その字数分だけ「［　］」に入れて表した。

一　重文符号・合文符号の場合は文字に改め、それ以外の符号（■、—、▬、●など）は、写真図版の通りに再現した。

一　伝世文献の場合は先行研究を参照しながら本文を校訂した箇所がある。校訂を施した箇所は、注の形でその典拠を示すことを原則とした。

一　出土資料から引用するときは原文と現代語訳を、伝世文献から引用するときは原文と訓読を掲げた。その際、原文の場合は正字体（旧字体）を用い、訓読の場合は新字体（常用漢字）を用いた。日本のJISコードに正字体がない場合は、ユニコードや外字を使用したところもある。

一　一度引用した原文を再度引用する場合は、出土資料は原文のみを、伝世文献は訓読のみを掲げた。

一　本書で取り上げる三篇に関する先行研究中、各部の旧稿の後に出たものは、いずれも補記の形でまとめておいた。

一　本書で先行研究について触れる際は、敬語的な表現を使わないのを原則とした。

郭店楚簡儒教の研究

——儒系三篇を中心にして——

序論　郭店楚墓竹簡と中国古代思想史研究

一　郭店楚墓竹簡の発見

郭店楚簡発掘の翌年の一九九四年十二月十五日、衝撃的なニュースが、中国のある地方紙から世界に発信された。『湖北日報』に報道された「我国考古史上又一重大発現——最早的竹簡《老子》等典籍在荊門出土」がそれである。そこには、同紙の記者の取材に対し、「荊門郭店一号楚墓の初歩的な発掘整理が終わったが、その中での最大の収穫は、竹簡『老子』など、戦国時期の典籍が発見されたことである」と新資料を披露した、劉祖信氏（当時荊門市博物館の館長）のインタビュー記事が載っていた。また、同楚墓の発掘経緯、竹簡の数量（八〇四枚）、総字数（約一万六千字）、竹簡の保存状態、整理状況、成書年代（戦国中期）、竹簡『老子』の特徴（一）、これからの展望等が簡単に紹介された。

それから四年後の一九九八年、文物出版社から『郭店楚墓竹簡』というタイトルで正式に公表された郭店楚簡は、そこに最古の『老子』と戦国時代の儒家系の書籍が含まれているということを売物に、全世界の耳目を一気に引きつけ、瞬く間に注目の的となった。その熱気ぶりは、中国古代思想文化研究を専門とする者のみならず、別の分野や時代を専門とする者までも論戦に巻き込ませる衝撃的なものであったと言っても過言ではない。そして、その熱気は今も冷めずに続いている。

勿論、出土資料の中で、書籍類の発見は、郭店楚簡が最初ではない。では、なぜ郭店楚簡がこのように圧倒的な注目を浴びるようになったのだろうか。その原因を探るためには、まず楚簡研究の歴史を振り返ってみる必要がある。

今まで発見された楚簡は約二四種、その数量は全部で約一万枚に達する。地域的には湖北省江陵・随州・老河口・

黄岡、湖南省長沙・臨澧・常徳・慈利・龍山、河南省信陽・新蔡という分布を表しているが、就中湖北江陵・湖南長沙一帯に最も集中している。このことは、この両地域が当時情報の出入りする中心地であったことを物語るものであろう。

楚簡は一九五〇年代初頭から出土しているが、初期には簡牘の処理保存技術や撮影技術、楚系文字研究のレベルの低さ、文化大革命などの影響で、八〇年代前半までほとんど進展がなかった。それが本格的な軌道に乗り出したのは、八〇年代後半から九〇年代前半までであり、そのきっかけとなったのは包山楚簡である。

ただ包山楚簡の場合は、文書類や占卜類がほとんどであったため、六国文字の中で最も難解と言われる楚系文字を正確に解読するにはやはり限界があった。その意味で、一九九三年に発見された郭店楚簡は、基本的に書籍類であり、『老子』や『緇衣』などのように伝世文献と対照可能な篇が含まれているというメリットもあって、楚簡研究は一気に加速することになる。また翌年発見された上海博物館蔵戦国楚竹書（以下、上博楚簡と略称）によって、楚簡研究は今文字通り飛躍的な発展を遂げている。この両楚簡が楚簡研究の画期とされる理由はまさにここにある。

今まで発見された楚簡の全体の内容を分類してみると、次のようになる。

①遣策、すなわち副葬品のリスト。

②占卜類、すなわち卜筮祭祷簡や『日書』など各種の占いに関する文書。

③書籍類。現段階では楚簡の中で最も数が多く幅も広い。その内容としては、『詩経』『周易』『礼記』など後に儒教経典に編入されるもの及び儒家・道家・墨家・兵家などの諸子百家の文献並びに史書の類がある。そのなかには、『老子』『周易』のように通行本と対照できるものもあるが、多くは今に存在しない古佚書であり、古代思想の広範な領域において、我々が想像もできなかった新情報を多く含んでいる。

④司法文書類。湖北省江陵から出土した包山楚簡と同省雲夢県で出土した睡虎地秦簡とに含まれる司法文書は、ほぼ同じ地域について、秦が占領する前（包山楚簡）と後（睡虎地秦簡）の比較を可能にするが、その最大の違い

は、秦簡の司法文書が律の条文を多く含んでいるのに対し、楚簡のそれには律の条文が全く含まれていないことである。

このように分類される楚簡の中で、哲学思想の研究対象となるのは書籍類である。書籍類と言えば、例えば、一九五七年に発見された信陽楚簡もそれを含む簡牘であるが、前述のような理由で保存状態が悪く、資料としてはほとんど使われることがなかった。

それに比べて、郭店楚簡はほとんどが書籍類である。また図版を見れば分かるように、今から二千年以上前のものとは思えないほど、竹簡一枚一枚の保存状態がよく、非常に鮮明な文字がはっきりと写されている。これは、中国における考古学の進展にともなう出土資料の発掘・整理及び写真撮影技術等の進歩をも物語るものであろう。これが、郭店楚簡が注目される第一の理由であろう。

一方、書籍類は楚墓でのみ発見されたわけではない。武威磨嘴子六号漢墓（甘粛・一九五九年）、銀雀山一号漢墓（山東・一九七二年）、定県（現定州市）八角廊四〇号漢墓（河北・一九七三年）、馬王堆三号漢墓（湖南・一九七三年）、阜陽雙古堆一号漢墓（安徽・一九七七年）、張家山三三六号漢墓[二]（湖北・一九八三年）などから、『詩経』・『周易』・『儀礼』のように後に儒教経典に組み込まれる文献、『老子』・『荘子』・『文子』・『経法』・『十六経』・『称』・『道原』、『論語』・『儒家者言』・『五行』・『晏子春秋』、『孫子兵法』・『孫臏兵法』・『尉繚子』・『六韜』、『九主』・『明君』・『徳聖』のような諸子百家の文献、『戦国縦横家書』・『春秋事語』のような史書類が発見されている。[三]これらの文献が計り知れないくらいの研究価値を有することは勿論のことである。しかし、抄写年代はいずれも漢代である。

それに対し、郭店楚簡は、戦国時代に造営された墓から出土したものであるがゆえに、当然これらの資料より抄写年代が早い。このことは、郭店楚簡が上記の漢墓から出土した資料より、さらに原形に近い可能性が高いことを意味するものである。これが、郭店楚簡が注目される第二の理由であろう。

第三の理由は、これは右の漢簡の資料とも共通するが、伝世文献と対照可能な篇のみならず、多くの古佚書を含んでいることである。なぜなら、それにより、古代文献の形成・伝承・真偽などの問題をめぐって、より正確で精密なテキストクリティックが可能になるのは勿論、伝世文献だけでは描ききれなかった哲学史や思想史の叙述に、豊富な材料が提供されることが期待されるからである。

二　郭店一号楚墓の考古学的考察

郭店楚簡は、前述のような理由をもって、いまなお活発な研究が行われている。さて我々は、その内容を分析して、資料的性格や思想史的位置づけなどを考える前に、まず考慮しなければならないのがある。郭店一号墓に関する考古学界の見解がそれである。なぜなら、郭店楚簡は墓の中に副葬されていたものであり、その墓の年代がまさに同楚簡の抄写年代の下限を判定する基準となるからである。

以下は、劉祖信「荊門楚墓的驚人発現」（『文物天地』一九九五―六、一九九五年十一月。以下、劉簡報と略称）、湖北省荊門市博物館「荊門郭店一号楚墓」（『文物』一九九七―七、一九九七年七月。以下、博物館簡報と略称）、底本の「前言」を参考にしてまとめたものである。

（一）地理的位置　一九九三年十月に発掘された郭店一号墓は、湖北省荊門市沙洋区四方郷郭店村にある、紀山楚墓群中の一墳墓である。俗称、「塌冢子」とも呼ばれ、小高い丘の南端に位置する。発掘以前はその一帯は田畑で、墳墓の封土は崩れて早くも平らな状態になっていた。郭店一号墓の属する紀山楚墓群より東に約一キロ離れたところには、国道二〇七号線が通っており、西は江陵川店鎮豪林村と隣接している。さらに南に約九キロ離れたところには、東周時代の楚の都城とされる紀南城がある。

紀山楚墓群は、例えば、塌冢子・大陳湾冢・李家冢など、約一〇基の中小型楚冢や、郭家崗墓地・尖山墓地・馮家崗墓地・大薛家洼墓地など、約二二基の墓地からなる巨大な楚墓群である。また数年来の考古学的調査によると、ここは東周時代の楚の貴族の墓地ともされている。

（二）盗掘当時の状況　郭店一号墓は、一九九三年八月二十三日に盗掘の被害を受けたが、同年十月に再度盗掘された。その時盗掘された箇所は、槨蓋板の東南の部分（頭箱の南端）であるが、盗掘者は鋸で横四〇センチ、縦五〇センチ程度の長方形の穴を開け、さらに辺箱をこじ開けて器物を盗み取ったため、墓内の器物は破損し、また雨や泥などによる被害も受けた。

（三）墳墓の規模と構造　墓穴は長方形。墓口の長さは六メートル、幅は四・六メートル。墓の底の長さは三・四メートル、幅は二メートル、深さは七・四四メートル。墓室の東側の壁には長方形の墓道が造られており、長さ九メートル、幅二～二・三二メートル。棺槨は一棺一槨。棺は長さ二メートル、幅〇・七二メートル、高さ〇・八六メートルであり、長方形の懸底方棺を使用している。保存状態は比較的良好である。墓主の頭は東向き、足は西向き、体全体は仰向き（仰身直肢葬）で、棺内に安置されていた。

（四）副葬品　全部で約五九種類ある。現在まで発掘された小型墓の中では最も豊富である。それらは主として頭箱と辺箱の中に置かれていたが、それらの器物を材質別に分類すると、銅器類・陶器類・漆木器類・竹器類・鉄器類・玉器類・骨器類などがあり、用途別に分類すると、礼器類・生活用具・兵器類・車馬器類・喪葬器類・楽器類・工具・装飾品・竹簡などからなっている。

材質別に分類した場合の例をさらに具体的に言えば、銅器類には銅匜・銅耳杯・銅鏡・銅削・銅剣・I型銅鏃・II型銅鏃・銅馬銜・軎轄・銅環・銅盤・蓋弓帽・銅戈・銅鈹・鳩杖などがあり、陶器類には陶鼎・陶匕・陶斗・陶紡輪・陶盉がある。漆木器類には木枕・漆耳杯・木梳・木篦・木構件・繞線棒・琴・瑟（残）・俑・盾（残）・杆・箙

（残）・車馬器部品・木馬頭・木几・木飾・漆奩・扇（残）・剣・車傘（残）があり、竹器類には弓・龍鳳紋飾・席・笥（残）があり、鉄器類には鏟、玉器類には帯鉤、骨器類には馬鑣・墊・骨飾・獣骨がある。

用途別には、竹簡（八〇四枚）を除けば、兵器類が全部で一五〇点で最も多く、その次が生活用具四〇点、工具三九点、車馬器類三七点、その他一一点、喪葬器類五点、礼器類四点、装飾品三点、楽器類二点、の順である。しかし、兵器類の八八㌽は鏃（一三二点）が占めており、実質的には生活用具・工具・車馬器類が大半を占めている。(四)

なお、以上の副葬品の中で、郭店一号墓の下葬年代の決め手となっているのは、漆耳杯・木梳・木篦・木枕・仿銅陶鼎・陶盉・陶斗・銅盤・軎轄・馬銜・蓋弓帽・扁菱形銅鏃・銅鏡・鉄鏟の一四点である。

（五）竹簡　全部で八〇四枚。いずれも頭箱で出土している。出土時は編んであった紐が腐敗していたため散乱していた。総字数は一万三千余字。竹簡の状態は一部の残片（二七枚）を除き、だいたい良好であるが、その中には一部盗み取られたのもあるようである。竹簡の長さは一五・一～三二・五センチ、横幅は〇・四五～〇・六五センチ。竹簡の形状には次の二種類がある。一つは、簡の両端を平方形に切ったもの、もう一つは両端の四つの角を梯形に削ぎ落としたもの。簡の上下の二～三箇所に編綴の痕がある。篇名は『五行』以外はもともとなく、整理者によって後から附されたものである。竹簡の尺寸・形状・編綴に関する詳しいデータは、表一と表二の通りである。

竹簡の字体は、明らかに戦国時代の楚文字の特徴を持っており、内容も豊富であるが、一部の篇は伝世文献には見えない。伝世文献に見えるものも、章の構成や順序などにおいて大きな相違があり、内容も必ずしも一致しない。

全体の構成は、表に記されているように、『老子』（甲本・乙本・丙本）・『太一生水』、『緇衣』・『魯穆公問子思』・『窮達以時』・『五行』・『唐虞之道』・『忠信之道』・『成之聞之』・『尊徳義』・『性自命出』・『六徳』、『語叢』（一～四）からなっている。前二篇は道家系の文献、後十篇は儒家系の文献とされており、『語叢』は断片的な文章が書きつづられているものである。(五)

表一　郭店楚簡の尺寸・形状・編綴（一）　（尺寸の単位はセンチ）

	長さ	枚数	形状	編綴	編綴間の距離
老子甲	三二・三	三九枚	梯形	二箇所	一三
老子乙	三〇・六	一八枚	平方形	二箇所	一三
老子丙	**二六・五**	一四枚	**平方形**	**二箇所**	**一〇・八**
太一生水	**二六・五**	一四枚	**平方形**	**二箇所**	**一〇・八**
緇衣	三二・五	四七枚	梯形	二箇所	一二・八～一三
魯穆公問子思	二六・四	八枚	梯形	二箇所	九・六
窮達以時	二六・四	一五枚	梯形	二箇所	九・四～九・六
五行	三二・五	五〇枚	梯形	二箇所	一二・九～一三
唐虞之道	二八・一～二八・三	二九枚	平方形	二箇所	一四・三

表二　郭店楚簡の尺寸・形状・編綴（二）　（尺寸の単位はセンチ）

	長さ	枚数	形状	編綴	編綴間の距離
忠信之道	二八・二～二八・三	九枚	平方形	二箇所	一三・五
成之聞之	**三二・五**	四〇枚	**梯形**	**二箇所**	**一七・五**
尊徳義	**三二・五**	三九枚	**梯形**	**二箇所**	**一七・五**
性自命出	**三二・五**	六七枚	**梯形**	**二箇所**	**一七・五**
六徳	**三二・五**	四九枚	**梯形**	**二箇所**	**一七・五**
語叢一	一七・二～一七・四	一一二枚	平方形	三箇所	―
語叢二	一五・一～一五・二	五四枚	平方形	三箇所	―
語叢三	一七・六～一七・七	七二枚	平方形	三箇所	―
語叢四	一五・一～一五・二	二七枚	平方形	二箇所	六～六・一

（太字に表記したのは、簡の尺寸・形状・編綴が全く同じであることを示す。）

（六）郭店一号楚墓の下葬年代（推定）　郭店一号墓の下葬年代は、盗掘の被害を被って、副葬品が不完全であり、紀年資料がないため、絶対年代は分からない。したがって年代を推定するしか方法がない。その方法は次の二つの方面で行われている。第一に、墓葬の形と構造、第二に、隣接する楚墓から出土した器物との比較。この両方法によれば、郭店一号墓は戦国中期偏晩の特徴を持っており、よって下葬年代は前四世紀中期から前三世紀初の間でなければならない、という。ただし、前者の方法によっては郭店一号墓が楚墓の特徴を持っていることしか言えず、よって下葬年代を推定する際の直接的な根拠にはならない。したがって、ここでは後者の方法についてだけまとめておきたい。

①漆耳杯の形状及び耳面朱絵鳥首紋・巻雲紋、耳両端絵巻雲紋──→江陵雨台山二四五号墓：七・荊門包山一号墓出土の同類器物と基本的に一致。
②木梳──→雨台山五一三号墓出土のⅢ式梳の形状と相似。
③木篦──→雨台山三一四号墓出土のⅡ式篦の形状と基本的に相同。
④木枕──→荊門包山二号墓：四二五の同類器物に十分接近。
⑤仿銅陶鼎──→雨台山一七六・一七九第五期（戦国中期後段）出土の同類器物の形状と基本的に相同。
⑤―一──→江陵武昌義地楚墓中の三・十二号墓出土のA型Ⅱ式鼎と相似。
⑤―二──→包山一号墓・江陵望山一号墓・当陽趙家湖楚墓の第六期第十一段出土の同類器物に接近。
⑥陶盉──→雨台山第六期楚墓中のⅣ式同類器と接近。
⑦陶斗──→雨台山第六期中のⅡ式斗と近似。
⑧銅盤──→雨台山三五四号墓：七に相近。
⑨軎轄の紅銅質・形状・紋飾──→包山二号墓：三二六に相近。
⑩馬銜──→雨台山三二三号墓：六と近似。

⑪蓋弓帽―→雨台山五四五号墓出土のものと相同。

⑫扁菱形銅鏃―→雨台山四九九号墓出土のⅠ式銅鏃及び包山二号墓：二六五―一と相似。

⑬銅鏡―→包山二号墓：四三二と合致する（「如出一范」）。

⑭鉄鐮の形状―→雨台山四〇三号墓：二〇の器物と相同するものと比較すると、郭店一号墓のは尖った先の部分がやや長くかつ上に立っており、刃の部分が鋸の歯の形をしているので、その相違は比較的大きく、時代が後れる（「偏晩」）。

この器物の比較によって年代を推定する方法に内在する諸問題は、本書の結論の部分で詳しく検討する。

（七）墓主の身分　墓主の身分は、墓葬の形と構造、並びに伝世文献に記載されている先秦時代の礼制に基づいて推測可能であるという。郭店一号墓は、俗称「塌冢子」とも呼ばれているように、封土はすでに平らになっており、墓道はあるが石段はない。『周礼』春官・宗伯に「冢人。掌公墓之地、辨其兆域而爲之圖。……以爵等爲丘封之度與其樹數。」（冢人。公墓の地を掌り、其の兆域を弁じて之が図を為す。……爵等を以て丘封の度と其の樹数とを為す。）とあり、『礼記』王制篇に「庶人……不封不樹」（庶人は……封ぜず樹せず）とあるのによれば、封土の有無は「士」か「庶人」かを分ける境界線であり、よって郭店一号墓は士の墓に属する。また『荀子』礼論篇に「天子棺槨七重、諸侯五重、大夫三重、士再重。」（天子の棺槨は七重、諸侯は五重、大夫は三重、士は再重。）とあり、『礼記』檀弓篇「天子之棺四重」（天子の棺は四重）の鄭注に「諸公三重、諸侯再重、大夫一重、士不重。」（諸公は三重、諸侯は再重、大夫は一重、士は重ねず。）とあるのによれば、士は一槨一棺を用いなければならない。郭店一号墓に使われている葬具は、先秦の典籍と合致する。そして『礼記』曲礼下篇には「無田祿者、不設祭器」（田禄無き者は、祭器を設けず）とあるが、郭店一号墓の副葬品には銅・陶礼器があるので、墓主は「田禄」の士であり、また上士である、という。

三　本書の目的と方法及び構成と内容

以上の考古学界の簡報によれば、郭店楚簡には、絶対年代の分かるような紀年を有する竹簡は含まれていない。そこで、隣接する他の楚墓の副葬品との比較から、郭店一号墓の下葬年代は、「戦国中期偏晩」、つまり戦国中期のやや遅い時期、具体的には前二七八年に起きた「白起抜郢」の前と推定されている。前述のように、墓の下葬年代は、竹簡の抄写年代の下限を判定する基準となる。副葬されていた竹簡が抄写されたのは、当然埋葬される前であるから、年代はさらに遡る。竹簡の祖本の年代、つまり成書年代となると、抄写年代よりさらに遡るはずである。

このような推定に裏打ちされて、郭店楚簡の下限は孟子の前か同時代、上限はおおよそ『史記』に記載されている老子や孔子に近い時期とするのが、中国の現在の一般的な認識である。

特に、本書の考察対象でもある儒家系の諸篇の性質については、おおむね、早期儒家の作品であり、学派の分類においては子思学派や思孟学派に属し、成書年代は『孟子』より早く、孔子から孟子までの間の過渡期の儒家思想を反映する、という認識が主流をなしている。例えば、李学勤氏、龐樸氏、姜広輝氏、廖名春氏、陳来氏などがその代表的な例であり、その他にも邢文氏、郭沂氏など、ほとんどの学者がこのような説に同調している。このような中国側の見解は、日本においても、支持する学者たちが少なくない。(六)

では、それは終局的には、果たしてどのような結果を招くだろうか。やや極端な表現をするならば、『史記』の時代への後戻り」ではあるまいか。もしそうだとすれば、我々はこれから『史記』や『漢書』の記載を信じ、伝世文献さえきちんと読めば済むわけで、出土資料は結局、それらの文献資料を読む補助手段という意義以上のことは見出せまい。しかし、果たして、郭店楚簡によって、伝世文献のすべての記載の信頼性や信憑性が、保証されるようになったのだろうか。

筆者は、郭店楚簡のような新出土資料を材料とし、文献資料と比較考察することによって、中国古代の思想文化の特質及びその全体像を解明することを最終目標の一つと考えているが、本書はその一環としてなされるものである。

しかし、本書では、郭店一号墓に対する前述のような考古学界の結論を前提とする方法は取らない。なぜなら、そのような結論が果たして、客観的で科学的な方法によって導き出されたものかどうか、必ず検証する必要があるからである。その検証なしに、考古学界の結論をただ単に鵜呑みにするだけでは、郭店楚簡に関する客観的な内容分析や生産的な議論の妨げや邪魔になるだろう。言い換えれば、郭店楚簡全体の資料的性格や思想的性質、思想史的位置・意義などを議論する際、結局誤った判断をすることになるだろうと思う。

そこで本書では、考古学界の見解を一旦棚上げにし、その資料が直接我々に語りかける内部の論理や作者のメッセージに耳を傾けることから分析を始める。そして、その次なるステップとして、その分析結果をもとに、さらに視野を広げて、思想の相互影響関係、歴史的展開、政治社会的背景などに注目しつつ、文献資料及び他の出土資料と比較考察することによって、右の諸問題について可能な限り実証的に究明することにつとめる。実証の際、利用する伝世文献に対する文献批判や資料批判を行うと同時に、内容に対する高等批評（higher criticism）を行わなければならないのは、学問的に当然なすべき責務である。[七]

勿論、このような方法によって導き出された筆者の結論が、唯一絶対に正しいものだということを主張したいわけではない。唯一絶対というのは、ある意味では〝マボロシ〟であり、また不可能であり、あってもならない。それぞれがそれぞれの意見を虚心坦懐に開陳すること、しかし、その場合、自分の意見に責任を持ち、しっかりした論拠を提示すること、このようなことを前提とした上で、研究者はもっと積極的に自己主張すべきではないか、と筆者は考える。なぜなら、そのような学問的営為を、長い年月をかけて積み重ねていけば、いつかは共通認識に達するだろうと、期待されるからである。

本書は、導入部分の序論をはじめ、第一部『唐虞之道』の堯舜禅譲説の研究」、第二部『性自命出』の性情説と礼楽説の研究」、第三部「『魯穆公問子思』の忠臣観の研究」、そして結論の五つの部分から構成されている。各部では、次のような諸点を中心に論を進める。

第一部では、『唐虞之道』のメインテーマである堯舜禅譲説及び愛親と尊賢、堯舜禅譲説を特徴づける利・養生・知命・謙遜の四つのキーワードを考察するが、それは次のような手順による。すなわち、第一章では堯舜禅譲説、第二章と第三章では堯舜の実践した二大事績である愛親と尊賢、第四章では「天下を利して利とせず」にまつわる社会的利思想及び弗利の観念、第五章では養生思想、第六章では禅譲される前の舜の態度・能力を表す知命、第七章では禅譲された後の舜の為政者としての態度を表す謙遜思想、をそれぞれ中心テーマに据える。以上の分析によって、当篇は、『墨子』尚賢三篇、『孟子』万章上篇、『尚書』堯典篇、『荀子』正論篇とは共通点より相違点が多いこと、成相篇は同じく『荀子』の一篇でありながら、思想の本質的な部分において当篇と共通するところが非常に多いこと、ひいては堯舜禅譲説を肯定的に語る後出の諸文献に大きな影響を与えたことを論じる。なお、本書の刊行に当たり、『唐虞之道』の本文の釈文・訓読・口語訳を全面的に検討しなおした。その結果は、第一部の末尾に、付章という形でまとめておいたので、そちらを参照されたい。『魯穆公問子思』も同様に検討しなおしたが、訂正箇所がほとんどなかったため、別に付章を設けることはしなかった。

第二部では、『性自命出』の中に、国家・社会の秩序を人間の内なる自然によるものと見る自然的秩序観と、『詩』『書』『礼』『楽』を聖人の作為によるものと見る聖人制作説とが錯綜した状態にあることを手がかりに、当篇の性情説及び礼楽説が、孔孟以来荀子を経て漢代に至る儒家の内部においてどのように展開したか、また戦国時代以降、儒家にとって最大のハードルの一つであった道家の性説と人為否定の論理とをどのように克服しようとしたか等の諸問題を考察する。

第三部では、『魯穆公問子思』の中心思想である忠臣観や、君臣関係を支える原理である爵禄と義をめぐる思想的歴史的背景等の問題を中心に論を進める。ここで考察の対象とするのは、以下の諸点である。すなわち、忠という語は歴史的にどのような意味の変遷をたどったか、忠臣という語はいつ頃なぜ出現したか、君臣関係を支える原理は学派ごとにどう捉えられていたか、等々である。

そして最後に、結論では、棚上げにしていた考古学界の見解を再び俎上に載せ、そこに隠顕する諸問題を検討することによって、その方法論の中に潜んでいる虚像を浮き彫りにする。

以上の考察によって、現在中国での支配的な見解とは全く異なった郭店楚簡の新しい面貌を描き出すことが、本書の最終目標である。

なお本書で他の儒家系の文献は取り扱わずに、『唐虞之道』、『性自命出』、『魯穆公問子思』の三篇のみを取り上げる理由は、この三篇だけが特に重要だからというわけではない。本来なら儒家系の文献すべてを分析の対象とするのが最も理想的であるが、筆者の力不足と時間的制約もあって、今回は実現することができなかった。

ただ楚簡に関する研究は、上博楚簡の公表によりさらに拍車がかけられ、世界の研究は今まさに日進月歩の進展を遂げている。研究状況の激変、自分の過去の研究に対する中間点検、今後の研究への土台作り、敢えていえば、これらのことが本書を上梓しようと決心したきっかけである。

したがって、郭店楚簡に関する研究は、筆者にとってまだ進行中であり、決して完結ではない。残りの篇については、今後さらなる研究を進めていきたい。

なお、本書は三部から構成されてはいるが、一見して分かるように、各部ごとに分量のアンバランスが目立つような形となっている。これは二〇〇一年二月に取得した博士学位論文をベースにし、二〇〇五年に発表した『性自命出』に関する論考をあわせて一冊にしたことに因るものであることを諒とされたい。ただ第一部の各章は、章ごとに独立したテーマを扱っているので、部立のことはあまり気にせずに、興味のあるところから読んでいただいても、勿論差し支えないと思う。

注

（一）後に訂正されることになるが、このときは対話体になっていると報道された。

（二）張家山漢簡『荘子』盗跖篇は、荊州地区博物館「江陵張家山両座漢墓出土大批竹簡」（『文物』一九九二―九、一九九二年九月、一頁）では一三六号墓からの出土とされているが、陳躍鈞「江陵県張家山漢墓竹簡」（中国考古学会編『中国考古学年鑑1987』、文物出版社、一九八八年十月、二〇三頁）では三三六号墓とされている。後者の方が真であることについては、筆者が一九九九年七月四日から十六日まで、当時東京大学教授の池田知久先生（現大東文化大学教授）を代表とする中国研究旅行（荊門・荊州の歴史地理学的調査）に参加したときに、荊州博物館副館長の彭浩氏よりご教示をいただいたことがある。

（三）詳しいことは、駢宇騫・段書安編著『二十世紀出土簡帛綜述』（文物出版社、二〇〇六年）を参照。

（四）博物館簡報（四七頁）は、「郭店M1中随葬的兵器数量多，種類全，是戦国楚墓的普遍現象。」という。しかし、単なる数量から見ればそうかも知れないが、筆者の分析によれば、実質的にはむしろ生活用具・工具・車馬器類が大半を占めている。このように見ると、いわゆる「戦国楚墓の普遍現象」と一致しているかどうか疑問である。

（五）李学勤氏は、これらの篇をさらに細かく分類する。すなわち、道家系の文献のうち『太一生水』は関尹一派の作品であるとし、儒家系の文献はさらに二組に分けて、『緇衣』・『五行』・『成之聞之』・『尊徳義』・『性自命出』・『六徳』の六篇を第一組、『魯穆公問子思』・『窮達以時』の二篇を第二組とする。そして『唐虞之道』と『忠信之道』の両篇は縦横家に属するかも知れないとし、『語叢』（一～四）は、百家の説を雑然と書いたもので、賈誼『新書』連語篇・修政語篇・礼容語篇のように、教学用の書であるという（「荊門郭店楚簡所見関尹遺説」（『中国文物報』一九九八年四月八日／『中国哲学』二〇（郭店楚簡研究）、遼寧教育出版社、一九九九年一月）及び「先秦儒家著作的重大発現」（『人民政協報』一九九八年六月八日／『中国哲

学』二〇（郭店楚簡研究）、遼寧教育出版社、一九九九年一月、一四頁）を参照）。

（六）その大略的な研究現況については、以下の諸論考を参照されたい。

①李縉雲・邢文「美国〃郭店《老子》国際研討会〃綜述」（『国際儒学聯合会簡報』一九九八―二、一九九八年六月／『中国哲学』二〇（郭店楚簡研究）、遼寧教育出版社、一九九九年一月）。

②邢文・李縉雲「郭店《老子》国際研討会綜述」（『文物』一九九八―九、一九九八年九月。①の抄録）。

③張玉昆「北京郭店楚墓竹簡学術討論会綜述」（『国際儒学研究』五、一九九八年十一月）。

④『哲学動態』記者「郭店楚簡研究―中国社科院哲学所'99第一次学術新進展報告会紀要」（『哲学動態』一九九九―六、一九九九年六月／復印報刊資料『中国哲学』一九九九―八、一九九九年十月）。

⑤姜広輝「郭店楚簡与原典儒学―国内学術界関於郭店楚簡的研究（一）」（『書品』一九九九―一、一九九九年／『中国哲学』二一（郭店簡与儒学研究）、遼寧教育出版社、二〇〇〇年一月）。

⑥姚才剛「郭店楚簡国際学術研討会紀要」（『中国哲学史』二〇〇〇―一、二〇〇〇年二月）。

⑦丁四新「〃郭店楚簡国際学術研討会〃綜述」（『孔子研究』二〇〇〇―二、二〇〇〇年三月）。

⑧丁巍「郭店楚墓竹簡中外研究述略」（『中州学刊』二〇〇〇―二、二〇〇〇年三月）。

⑨黄人二「郭店楚簡国際学術研討会綜述」（『武漢大学学報（人文社会科学版）』二〇〇〇―二、二〇〇〇年三月）。

⑩劉国勝「郭店楚簡国際学術研討会綜述」（『文史哲』二〇〇〇―二、二〇〇〇年三月）。

⑪駱蘭「〃郭店楚簡国際学術研討会〃綜述」（『理論月刊』二〇〇〇―一・二、二〇〇〇年／復印報刊資料『先秦、秦漢史』二〇〇〇―三、二〇〇〇年）。

日本では、例えば、斎木哲郎「郭店楚簡「五行篇」覚書」（『東洋古典学研究』八、一九九九年十月、五八頁）は、郭店楚簡『五行』を『荀子』非十二子篇に見えている子思・孟子の「五行」であることはほぼまちがいあるまい」とし、浅野裕一「郭店楚簡『窮達以時』の「天人之分」について」（『集刊東洋学』八三、二〇〇〇年五月、二四頁。後に同氏編『古代思想史と郭店楚簡』（汲古書院、二〇〇五年）に収録）は、郭店楚簡『窮達以時』の成立時期を、「戦国中期（前三四二～前二八二年）の初めか、戦国初期（前四〇三～前三四三年）と考えるのが妥当なところであろう。ただし幅の取り方によっては、春秋最末まで遡る可能性も否定はできない」として、やはり現在の中国の学界の見解に従っている。浅野裕一・湯浅邦弘編『諸子百家〈再発見〉——掘り起こされる古代中国思想』（岩波書店、二〇〇四年）や右の浅野編『古代思想史と郭店楚簡』には、浅野氏を含め、基本的に同氏と同様の考え方のもとで執筆された諸論考がおさめられている。

しかし、これらの説に同調せずに自説を展開する学者もいる。例えば、李沢厚「初読郭店竹簡印象紀要」（李沢厚『世紀新夢』、安徽文芸出版社、一九九八年十月、二〇九頁／李沢厚『李沢厚哲学文存』下篇、安徽文芸出版社、一九九九年一月／陳鼓応主編『道家文化研究』一七（郭店楚簡専号）、三聯書店、一九九九年八月／『中国哲学』二一（郭店簡与儒学研究）、遼寧教育出版社、二〇〇〇年一月）は、「雖有《緇衣》《五行》《魯穆公問子思》諸篇，却并未顕出所謂″思孟学派〃的特色（究竟何謂″思孟学派〃，其特色為何，并不清楚）。……相反，竹簡給我的総体印象，毋寧更接近《礼記》及荀子。」といい、王葆玹「試論郭店楚簡的抄写時間与荘子的撰作時代——兼論郭店与包山楚墓的時代問題」（『哲学研究』一九九九—四、一九九九年四月、一八頁／復印報刊資料『中国哲学』一九九九—六、一九九九年八月。以下、王試論①と略称）は、「……可以推断《荘子》的撰集和郭店楚簡的抄写都在白起抜郢之后，約在斉襄王末年以前，在公元前二七八年与公元前二六五年之間。而郭店楚墓的下葬，也在同一時期。」という。王氏はまた「試論郭店楚簡各篇的撰作時代及其背景——兼論郭店及包山楚墓的時代問題」（『中国哲学』二〇（郭店楚簡研究）、遼寧教育出版社、一九九九年一月、三六六～三六七頁。以下、王試論②と略称）では、郭店楚墓の埋葬年代の上限を前二七八年とし、下限を前二二七年とする。そして、池田知久「郭店楚簡『窮達以時』

の研究」（同氏監修『郭店楚簡の思想史的研究』三、「古典学の再構築」東京大学郭店楚簡研究会編、二〇〇〇年一月、一五〇～一五一頁。後に同氏編『郭店楚簡儒教研究』（汲古書院、二〇〇三年）に収録）は、『荀子』天論篇の成書年代は、荀子が斉の稷下に滞在していた前二六五年前後～前二五五年の間にある。『窮達以時』は、それより少しばかり後に、荀子の後学によって成書されたのであろうが、これも荀子が楚の蘭陵に移る前二五五年より以前のことであろう」とし、また郭店一号墓の下葬年代に関する現在の中国の学界の見解に対して、「しかしながら、筆者は、以上に検討してきたことに基づいて、この盛行している見解に根本的な疑問を呈する者である。」という。同氏著・曹峰訳『池田知久簡帛研究論集』（中華書局、二〇〇六年）所収の諸論考もあわせて参照。ちなみに、王試論①については、劉彬徽氏に反論がある（『早期文明与楚文化研究』、岳麓書社、二〇〇一年、二三二～二三八頁）。ただし同氏の反論は、簡報や考古類型学の手法による現在の中国考古学界の結論に依拠したものであるため、そのまま無批判的に受け入れるわけにはいかない。

（七）同様のことは、池田知久氏も指摘している。池田知久・近藤浩之「中国、北京大学で開催された「新出土簡帛国際学術研討会」」（『東方学』一〇一、二〇〇一年一月、一七二頁）を参照。

第一部　『唐虞之道』の堯舜禅譲説の研究

はじめに

中国古代において禅譲の問題は、尚賢論・王位継承論（もしくは王朝交替論）などと相まって、歴史・思想上の重要かつ解決すべき緊要の問題として、その当事者たる君主は勿論、先秦諸子たちの間で常に議論の対象となっていたことは、周知のことである。その場合、先秦諸家において禅譲の理想型は、それに肯定的であれ否定的であれ、言うまでもなく常に堯舜に求められている。しかもそれに倣って聖王の虚名を得ようとして禅譲したが、ついに失敗して命まで失ってしまった燕王噲と子之の禅譲劇は、あまりにも有名である（『孟子』公孫丑下篇、『戦国策』燕策一、『韓非子』外儲説右下篇、『史記』燕召公世家・蘇秦列伝）。それと関連して、一九七四年から七八年にかけて河北省平山県の三汲公社で行われた発掘調査[一]の出土器物であり、前三一〇年頃に作られたと推定される中山王青銅器の銘文の中に、中山王がその禅譲劇を非難して太子を戒める遺言的内容が詳述されているのもまた有名である。

さて堯舜禅譲説に関する本格的な議論は、近代に入ってからは白鳥庫吉・郭沫若・蒙文通・童書業・顧頡剛・楊寛・呂思勉・銭穆などの諸氏によって触発されたが、[二]特に顧氏の研究が学界に甚だしい影響を及ぼしたことは、周知のことである。それは顧氏の研究以後出された、小野沢精一・中村俊也・山田統・蔡明田・山辺進・阮芝生などの諸氏による一連の研究が、[三]それに賛同したり、あるいは批判したりして、顧氏の研究が常に意識されてきたことからも容易に看取される。

ところで、後に詳述するが（本書第一部第一章第一節）、先秦時代において禅譲を自分たちの帝位継承論・王朝交替論とする思想家は見いだすことができないとする見解がすでに出されている（山辺氏）。この見解は今までは説得力を持ち得てきたが、最近そのような見解に再検討をせまる竹簡の資料が出土した。言うまでもなく『唐虞之道』がそれである。本書で『唐虞之道』を取り上げる意義はまずここにある。

一方、『唐虞之道』に関してはすでにいくつかの研究論文が発表されている。したがって以下では、まず『唐虞之道』に関する先行研究を分析し、そこに内在する諸問題を明らかにすることから論を始めたい。ここでは便宜上、(1)思想的特徴、(2)成立年代、(3)作者、(4)学派、の四つに分けて整理する。

まず(1)の思想的特徴については、大略次のような四つの説がある。

第一に、儒家的な語句もあるが、必ずしも儒家とは限らず、縦横家的な色合いを有しているとする説。これは李学勤氏によって初めて主張された説である。李氏は、内容的には「述べられている故事は『孟子』に類似している」とするが、学派的には「禅譲をあまりにも強調しすぎているため、蘇代や厝毛寿のような者が、燕王噲にその宰相の子之に王位を譲るよう遊説したこと（前三一六年）と関係があるようであり、もしかすると縦横家に帰属させるべきかも知れない」という仮説を立てている[四]。しかし、これについてはすでに李存山氏が批判の見解を提示している[五]。

第二に、正統な儒家学説であり、堯舜禅譲説は儒家に起因するとする説。これは顧頡剛氏によって創案された「禅譲伝説起於墨家」説に対する批判である。廖名春氏はそれを二つに分けて説明する。一つは「禅譲は本当の歴史か、それとも後人が偽造したものか」という問題であり、もう一つは「禅譲説は儒家に起源するものか、それとも墨家に起源するものか」という問題である。前者の問題に対しては、顧氏による『尚書』堯典篇の「漢代人作」説や『論語』堯曰篇の偽作説などを取り上げて、「楚簡本『唐虞之道』の出土は、『尚書』堯典篇、『論語』堯曰篇、『孟子』万章篇の説が信頼できることをまたもや実証してくれたし、堯舜禅譲を確固たるものにするための有力な証拠を提供している」という。一方、後者は、顧氏が堯舜禅譲説を墨家に起因するとした説に対する批判である。廖氏は、まず「楚簡本『唐虞之道』より見れば、堯舜禅譲は明らかに儒家に起源し、儒家が残した原始民主思想であり、儒家の仁学の精華である」として、『唐虞之道』が厳然たる儒家思想であることを強調する。ついで顧氏が親親と尊賢が相容れない関係にあることを前提に、儒家は親親は主張しても尊賢を提唱することはできず、それゆえ禅譲説を尊賢を主張した墨家に帰属させようとしたとして、それを次のように論駁する。すなわち、「実はこれは儒家思想に対する誤解である。孔子・孟子などの先秦儒家を代表する主要部分において、〝親親〟と〝尊賢〟は統一されている。……従って、儒家が〝親親〟や〝貴貴〟を主張したことをもって、禅譲や〝尊賢〟を主張したことを否定することは、偏見と言うほかないのである」という。(六)そこには、『孟子』万章下篇の「貴貴尊賢、其義一也」(貴を貴び賢を尊ぶ、其の義一なり)という文章が一つの重要な根拠となっている。一方、丁四新氏もこのような廖氏の説に同調している。丁氏は、特に廖氏の言った後者の問題、すなわち、禅譲説の歴史的起源の問題について、禅譲伝説の起源と禅譲学説の起源は同様のものではないと指摘した上で、禅譲学説の起源は、春秋後期あるいは戦国初期にあるとするが、その理由を「『唐虞之道』の禅譲学説は、すでに非常に円熟した理論体系を成しているからである」として、『唐虞之道』に求めている。(七)

第三に、『唐虞之道』に言及されている古史は、いずれも『尚書』に基づいており、かつその主なのは堯典篇であるとする説。王博氏の説がその代表的な例である。(八)王氏はさらに本稿注(一六)所引の論文の中で、『唐虞之道』と『尚書』堯典篇、『管子』戒篇、『荀子』正論篇、『礼記』曲礼上篇・王制篇・内則篇と比較して、次のように分析する。すなわち、①『唐虞之道』は『尚書』堯典篇を解釈・展開したものであり、②『管子』戒篇と『唐虞之道』とを比較した後、戒篇が『唐虞之道』から援用したとし、③『荀子』正論篇は『唐虞之道』の主張を批判したものであり、正論篇と戒篇が斉の稷下と関係があることから、『唐虞之道』はかつて斉の稷下で広く伝わっていたとし、④『唐虞之道』は『礼記』とも非常に密接な関係がある、という。なお、王氏のように『唐虞之道』と『尚書』との間の直接的な影響関係に関する発言はないが、彭邦本氏は「もし堯典篇を、現存するものの中で最も早い時期に、かつ比較的具体的に、太古の禅譲伝説の歴史的事件を追求した伝世文献だとするならば、楚簡『唐虞之道』は、現在見られる先秦儒家文献中に集中して論述されている〃禅譲〃説の中で、最も早く、かつ稀な一つの専論である」という。[九]

第四に、実質上作者の民本思想を反映しているとする説。鄧建鵬氏は『唐虞之道』の「利天下而弗利也」「愛親尊賢」（鄧氏はこれを「仁、義兼施」と言い直している）、そして民への教化を強調する思想等々は、いずれも先秦儒家の民本思想を反映しているという。[一〇]

その他、陳明氏は『唐虞之道』は『礼記』中庸篇・楽記篇・表記篇・礼運篇と同様の思想内容を有しており、それらを同一作者によるものと推定するには理由があるとし、[一一] 陳鼓応氏は『唐虞之道』の授賢の観点は儒墨に由来し、養生の説は道家に属するという。[一二]

次に(2)の成立年代については、次のような五つの説が浮上している。

第一に、孟子の時代に近いとする説。先に見た李学勤氏の説。[一三]

第二に、前五世紀中期偏晩に書かれたとする説。これは彭邦本氏によって提唱されたが、その主な根拠となっているのは、『礼記』中庸篇に「仁者人也。親親爲大。義者宜也。尊賢爲大。親親之殺、尊賢之等、禮所生也。」（仁は人なり。親を親しむを大なりと為す。義は宜なり。賢を尊ぶを大なりと為す。親を親しむの殺、賢を尊ぶの等は、礼の生ずる所なり。）とある一文である。彭氏はこれと『唐虞之道』の「愛親尊賢」の主張とを同一視した上で、『唐虞之道』が中庸篇より孔子の「親親尊尊」のもともとの意味により近いとし、よってその成書年代は中庸篇より遅くはないという。彭氏の「前五世紀中期偏晩」とは、中庸篇を子思の作とし、子思の生卒年を前四八〇～四二〇年前後と見なした結果から下された判断である。[一四]

第三に、前三一八年の前に書かれたとする説。李存山氏・丁四新氏によって提案された説。[一五] 前三一八年というのは、かの有名な燕王噲と子之による禅譲事件が発生したとされる年であるが、李氏はその事件の発生後、人々が禅譲のことを言う可能性は低いことを理由としている。丁氏も李氏の説を引きながら、それに賛同はするものの、『唐虞之道』を燕の国の禅譲事件を誘発させた一因として、やや違った見解を呈している。

第四に、前三〇〇年前後に書かれたとする説。王博氏によって主張されたが、その根拠は次の二点である。①郭店一号墓の下葬年代（前三〇〇年前後）、②『唐虞之道』の中の性命という語は、戦国中期以降の伝世文献に大量に出現する点。（一六）

第五に、前二七八年以降抄写されたとする説。王葆玹氏によって提唱された説。中国ですでに通説となっている前三〇〇年前後説とは違って、郭店楚墓の下葬年代を前二七八年の白起抜郢以後と見るのは、王氏の持論である。王氏はこのような独特な下葬年代の推定から、『唐虞之道』を孟荀の間に書かれたと主張する。またそれだけでなく、次の三点を加える。①『唐虞之道』に『孟子』にない要素（「七十而致政」（七十にして政を致す））と『荀子』によって反駁される部分（「七十而致政。四肢倦惰、耳目聡明衰、禪天下而授賢、退而養其生。」（七十にして政を致す。四肢倦惰し、耳目の聡明衰うれば、天下を譲りて賢に授け、退きて其の生を養う。））がある点、②『唐虞之道』の禅譲説が流行しえた政治的背景は、燕の国の禅譲事件にあるのではなく、「田氏が斉に代わり三家が晋を分けたこと」にある点、③『唐虞之道』の中の六帝は、『韓非子』難三篇に「夫堯之賢、六王之冠也。」（夫れ堯の賢は、六王の冠なり。）とあり、『呂氏春秋』当務篇に「備説非六王五伯、以爲堯有不慈之名、舜有不孝之行、禹有淫湎之意、湯武有放殺之事、五伯有暴亂之謀。」（備《つぶさ》に説いて六王五伯を非とし、以為らく堯に不慈の名有り、舜に不孝の行い有り、禹に淫湎の意有り、湯武に放殺の事有り、五伯に暴乱の謀有り。）とある六王（堯・舜・禹・湯・文・武）と類似している点。王氏は当務篇に「備に説いて六王五伯を非とす」とある備説を倪説（『韓非子』外儲説左上に「兒説宋人善辯者也」（兒説は宋人の善く弁ずる者なり）とある兒説のこと）と同定し、倪説は宋が滅亡する前に活動した人物で孟子とほぼ同時期の人物であるので、『唐虞之道』の六帝は倪説より遅いという。（一七）しかし、「それぞれの篇の中で、『性自命出』・『尊徳義』・『唐虞之道』・『忠信之道』の四篇の時代は『荀子』より早く、もしかすると前二七八年より早いかも知れない」（一八）としているのによれば、『唐虞之道』の成立年代を前二七八年より早いと想定しており、抄写年代と分けて考えているようである。

次に(3)の作者の問題については、おおむね次の三つの説がある。

第一に、孔子の作とする説。廖名春氏は、その根拠として次の二点を挙げる。①『唐虞之道』で愛親を仁とし尊賢を義とするのは、中庸篇の「仁は人なり。親を親しむを大なりと為す。義は宜なり。賢を尊ぶを大なりと為す。」に基づいている点（中庸篇には「子曰」と冠されているので、孔子かその弟子の作の可能性があるという）、②『論語』堯曰章より見れば、孔子は堯舜禅譲について論述しており、『唐虞之道』には「子曰」がないので、『唐虞之道』は孔子の佚文でなければならない点。(一九)しかし、これはすでに丁四新氏によって批判されている。(二〇)

第二に、子思あるいはその門人の作とする説。姜広輝氏・郭沂氏・鄧建鵬氏・李景林氏の説がその代表的な例である。姜氏は『荀子』非十二子篇で荀子が子思を「略法先王而不知其統」（略先王に法れども其の統を知らず）と批判したことばの中の「其の統を知らず」とは、堯舜禹の間の「継統」（王位の継ぎ方）の原則を知らないことを意味し、よって子思一派は上古に「擅譲」制度があったと信じていたという。また『荀子』正論篇に禅譲説を鋭く批判する文章があることも理由として、子思の作と推定できるという。(二一)また郭氏は、『唐虞之道』と（子思の門人の作とする）郭店楚簡『窮達以時』の思想は比較的一致することを根拠として、子思のことば・著作（あるいは子思の門人の著作）の可能性があるという。(二二)そして鄧氏は、①郭店楚簡『五行』、馬王堆『五行』、『韓非子』難三篇の魯穆公・子思の問答に尊賢ということばが見える点、②『唐虞之道』の愛民無私思想（民本思想）が『礼記』表記篇や（子思の作と見なす）郭店楚簡『緇衣』などに見える点、③『唐虞之道』の「愛親尊賢」（仁義兼施）思想が、郭店楚簡『五行』、馬王堆『五行』、中庸篇（「仁は人なり。親を親しむを大なりと為す。義は宜なり。賢を尊ぶを大なりと為す。」）、表記篇（「厚於仁者薄於義、親而不尊。厚於義者薄於仁、尊而不親。」（仁に厚き者は義に薄し、親めども尊ばず。義に厚き者は仁に薄し、尊べども親まず。）と一致している点、などを根拠として挙げて子思の作と断定している。(二三)最後に李氏も郭氏と同様、中庸篇の上記の文章を根拠として挙げており、その他にも『孟子』万章上篇の「孔子曰、唐虞禪、夏后殷周繼。其義一也。」（孔子曰く、唐虞は禅り、夏后殷周は継ぐ。其の義一なり、と。）の「其の義一なり」は親親と尊賢の統一を意味するとして、『唐虞之道』を子思一系の作品であるという。[二四]

第三に、孟子の作である可能性が高いとする説。周鳳五氏の説がその例である。周氏は『唐虞之道』に特定の時代背景（燕の禅譲事件）があることや、「者」「而」「重」「親」などの字形が斉の文字と頗る酷似していることを理由に、『唐虞之道』は孟子あるいはその後学の手になるものである可能性が極めて高いが、その時代を考えると、孟子本人である可能性がより高いようである」という。[二五]

最後に(4)の学派の問題については、大略次の六つの説がある。

第一に、現在我々の知っているどの学派にも属さないとする説。

第二に、先に述べたように縦横家に属するとする説。

前者は韓禄伯氏や艾蘭氏、後者は李学勤氏によって提唱されたが、[二六]これらはいずれも丁四新氏によって論駁されている。[二七]

第三に、子思学派に属するとする説。上記(2)の成立年代の問題で述べた王葆玹氏の説及び(3)の作者の問題で述べた郭沂氏の説がその代表である。[二八]特に王氏は『唐虞之道』を子思学派の晩期作品と断定する。

第四に、儒家学派の作品であるが、厳密にいえば、儒家の中のある一派の作品であるとする説。王博氏の説がその例である。王氏は『唐虞之道』の禅譲説には墨家のそれと同様のものもあるが、次の二点において墨家の主張と矛盾するという。すなわち、①養生への態度、②命に対する捉え方。前者については、墨家の理想とする聖王のイメージは、禹と同様、自ら苦労することを最上としており、この点、『唐虞之道』の養生思想と矛盾するという。そして、後者については、墨家は命の存在を否定しており、この点、『唐虞之道』が舜を知命の人として命を肯定的に捉えているのと矛盾するという。[二九]

第五に、思孟学派の作品とする説。朱栄貴氏・楊儒賓氏の説がその例である。朱氏は特に『唐虞之道』の孝の字に注目し、それは『孟子』や中庸篇の孝子説話と同様の思想であると主張する。[三〇]そして楊氏は儒家学派の中で唐虞の象徴作用や禅譲及び愛親尊賢を強調し、さらには「上事天、下事地」（上は天に事え、下は地に事う）の思想に触れている学派は思孟学派であるとし、その根拠としてやはり中庸篇に「仁は人なり。親を親しむを大なりと為す。義は宜なり。賢を尊ぶを大なりと為す」とあるのと、『孟子』に「貴を貴び賢を尊ぶ、其の義一なり」とあるのとを挙げる。[三一]

第六に、儒家学者の手になるものであり、その理論的性質は儒家に属するとする説。丁四新氏によって強く主張されている。丁氏はまず禅譲説が記載されている伝世文献を、『尚書』・『論語』（儒家）、『墨子』（墨家）、『荘子』外雑篇・『管子』戒篇（道家）、『商君書』・『韓非子』（法家）、と成立順に並べた上で、現在中国で盛行している郭店楚墓の下葬年代の戦国中期偏晩説及び理論上の相違から、法家や道家に属する可能性を排除する。その上さらに、墨家より儒家に属する可能性が高いとして、その理由を次の四つに分けて説明する。すなわち、①『唐虞之道』が愛親と尊賢の統一を強調し、しかも親親の道を捨てていない点、②『唐虞之道』の「尚徳尊賢」の尚徳は、儒家の一貫した伝統と符合する点、③『唐虞之道』で時と命を強調するのは、墨家の非命思想と衝突する点、④『唐虞之道』の知命・安命は、墨子の天志・非命思想とかけ離れている点、以上の四点を挙げる。[三二]

以上、『唐虞之道』に関する先行研究を概観してみたが、そこには細部において多少の違いや例外はあるものの、当篇を儒家思想と見なすことは、中国の学者たちの間で、ほぼ共通認識となっている。[三三]しかもそのほとんどが当篇を『尚書』――孔子――子思――孟子のライン上にある、他学派の影響を受けていない純然たる儒家思想として位置づけている。そこにはまたかつて顧頡剛氏によって主張された堯舜禅譲説の墨家起源説への批判も重要な目的として兼ねられており、当篇はそれを反証するための恰好の材料として利用されている。

しかし、それらの見解には賛成できない様々な問題が内在している。第一に、『唐虞之道』の思想的特質の解明に当たって、カギとなる重要な概念や語句の解釈において、誤解や間違いが多く存在している点（例えば「利天下而弗利」、愛親、尊賢など）。第二に、『尚書』堯典篇、『論語』堯曰篇、『孟子』万章上篇などに見える堯舜帝位継承説話と

『唐虞之道』の堯舜禅譲説とを単純に結びつけ、思想上の相違点や懸隔さについてはほとんど注目していない点。第三に、郭店楚墓の下葬年代の戦国中期偏晩説がすでに動かせない大前提となっている点。第四に、『論語』、『孟子』、『礼記』、『孔叢子』などの諸文献に記されている「孔子曰」（子曰）や「子思曰」を、孔子や子思が実際に語った歴史的事実として信じ込んでいる点。

要するに、『唐虞之道』の内容や禅譲説と関わる諸文献に関する立ち入った分析がなされていないのが現状と言えよう。本書で『唐虞之道』を取り上げる意義はここにもある。

注

（一）河北省平山県三汲公社で行われた発掘調査に関しては、河北省文物管理処「河北省平山県戦国時期中山国墓葬発掘簡報」（『文物』一九七九―一、一九七九年一月）等を参照。

（二）白鳥庫吉「尚書の高等批判（特に堯舜禹に就いて）」（『東亜研究』、一九一二年四月）、郭沫若『中国古代社会研究』（上海聯合書店、一九三〇年）、蒙文通『古史甄微』（商務印書館、一九三三年）、童書業「『帝堯陶唐氏』名号溯源」・顧頡剛「禅譲伝説起於墨家考」・楊寛「読『禅譲伝説起於墨家考』」・呂思勉「唐虞夏史考」・銭穆「唐虞禅譲説釈疑」（いずれも呂思勉・童書業編『古史弁』第七冊下編（開明書店、一九四一年六月）所収）。

（三）小野沢精一「堯舜禅譲説話の思想史的考察」（『人文科学科紀要』四四（国文学・漢文学一二）、一九六七年十二月）、中村俊也「孟・荀二子の天論について――堯舜の帝位継承に関する説を中心として――」（『漢文学会々報』三〇、一九七一年六月）、山田統「燕王噲子之伝説」（『山田統著作集』三、明治書院、一九八二年二月）、同「禅譲伝説を通じて見たる支那高古の政治組織」（『山田統著作集』四、明治書院、一九八二年四月）、蔡明田「論墨子的禅譲観念」（『東方雑誌』復刊一八―九、一九八五年三月）、山辺進「堯舜禅譲攷――経学概念成立前史――」（『斯文』一〇一、一九九二年十二月）、阮芝生「評〝禅譲伝説起於墨家〝説」（侯仁之・周一良主編『燕京学報』新三期、一九九七年八月）。
（四）李前掲論文「先秦儒家著作的重大発現」、一四頁。
（五）李存山「先秦儒家的政治倫理教科書――読楚簡《忠信之道》及其他」（『中国文化研究』一九九八―四、一九九八年／『中国哲学』二〇（郭店楚簡研究）、遼寧教育出版社、一九九九年一月（「読楚簡《忠信之道》及其他」と改題）、二七一頁／復印報刊資料『中国哲学』一九九九―一、一九九九年三月）。李存山氏は、李学勤氏のことは明言しないが、「《唐虞之道》当写于公元前三一八年之前，以其講〝禅讓〝而疑其出于縦横家，非出于儒家，是根拠不足的。」としており、これは恐らく李学勤氏の説への批判であろう。
（六）廖名春「郭店楚簡儒家著作考」（『孔子研究』一九九八―三、一九九八年九月、七四頁。以下、廖論文①と略称）、同「荊門郭店楚簡与先秦儒学」（『中国哲学』二〇（郭店楚簡研究）、遼寧教育出版社、一九九九年一月、四八～四九頁。以下、廖論文②と略称）。
（七）丁四新「愛親与尊賢的統一――郭店簡書《唐虞之道》思想論析」（武漢大学中国文化研究院等主辦『郭店楚簡国際学術研討会論文匯編』一、武漢大学・珞珈山荘、一九九九年十月／饒宗頤主編『華学』四、二〇〇〇年八月（「愛親与尊賢的統一――郭店簡書《唐虞之道》思想論析与考証」と改題）／『郭店楚墓竹簡思想研究』、東方出版社、二〇〇〇年十月、副題は削除、三七六～三七七頁）。
（八）王博「荊門郭店竹簡与先秦儒家経学」（『中国伝統哲学新論――朱伯崑教授七十五寿辰紀念文集』、一九九九年三月、二六七頁／後に丁原植主編・王博著『簡帛思想文献論集』（台湾古籍出版有限公司、二〇〇一年）に収録）。
（九）彭邦本「郭店《唐虞之道》初論」（武漢大学中国文化研究院等主辦『郭店楚簡国際学術研討会　論文匯編』一、武漢大学・珞珈山荘、一九九九年十月）、七五頁。

(一〇) 鄧建鵬「《唐虞之道》的民本思想」(『武漢大学学報(哲学社会科学版)』一九九九―五、一九九九年九月)、四五〜四八頁。
(一一) 陳明「《唐虞之道》与早期儒家的社会理念」(『中国哲学』二〇(郭店楚簡研究)、遼寧教育出版社、一九九九年一月、注釈三、二六二頁/陳明・朱漢民主編『原道』五、一九九九年四月)。これに対して、張立文氏は「究竟是《唐虞》本於《中庸》,抑或《中庸》是《唐虞》的〃易簡〃化,需要進一歩考究。」と、より慎重な態度を呈している(「略論郭店楚簡的〃仁義〃思想」(『孔子研究』一九九九―一、一九九九年三月、六六頁/復印報刊資料『中国哲学』一九九九―五、一九九九年七月)。筆者は、どちらかといえば、張氏の提起した後者の方に賛同するものである。
(一二) 陳鼓応「《太一生水》与《性自命出》発微」(陳鼓応主編『道家文化研究』一七(郭店楚簡専号)、三聯書店、一九九九年八月、三九四頁/復印報刊資料『中国哲学』一九九九―一二、二〇〇〇年二月)、注②。
(一三) 李・邢前掲論文「美国〃郭店《老子》国際研討会〃綜述」(『中国哲学』二〇)、四〇六頁。
(一四) 彭前掲論文「郭店《唐虞之道》初論」、七三〜七四頁。
(一五) 李前掲論文「読楚簡《忠信之道》及其他」(二七一頁)及び丁前掲書『郭店楚墓竹簡思想研究』(三八二頁)。
(一六) 王博「関于《唐虞之道》的幾個問題」(『中国哲学史』一九九九―二、一九九九年五月、三一頁/復印報刊資料『先秦、秦漢史』一九九九―五、一九九九年十月/後に丁原植主編・王博著『簡帛思想文献論集』に収録)。
(一七) 王試論②(三八四頁)及び「郭店楚簡的時代及其与子思学派的関係」(武漢大学中国文化研究院等主辦『郭店楚簡国際学術研討会　論文匯編』二、武漢大学・珞珈山荘、一九九九年十月、一三七・一五六〜一六〇頁)。
(一八) 王試論②、三八九頁。
(一九) 廖論文①(七五頁)及び廖論文②(五〇頁)。
(二〇) 丁前掲書『郭店楚墓竹簡思想研究』、三七九頁。

(二一) 姜広輝「郭店楚簡与《子思子》——兼談郭店楚簡的思想史意義」(『哲学研究』一九九八—七、一九九八年七月、五六頁／復印報刊資料『中国哲学』一九九八—一〇、一九九八年十二月／『中国哲学』二〇（郭店楚簡研究）、遼寧教育出版社、一九九九年一月)。

(二二) 郭沂「試談楚簡《太一生水》及其与簡本《老子》的関係」(『中国哲学史』一九九八—四、一九九八年十一月、三三頁)、同「従郭店竹簡看先秦哲学発展脈絡」(『光明日報』一九九九年四月二十三日／復印報刊資料『中国哲学』一九九九—五、一九九九年七月、三一頁)、『哲学動態』記者前掲論文「郭店楚簡研究」(復印報刊資料『中国哲学』、一五頁)。

(二三) 鄧前掲論文「《唐虞之道》的民本思想」、四七頁。

(二四) 李景林「従郭店簡看思孟学派的性与天道論——兼談郭店簡儒家類著作的学派帰属問題」(武漢大学中国文化研究院等主辦『郭店楚簡国際学術研討会　論文匯編』一、武漢大学・珞珈山荘、一九九九年十月、一〇〇頁)。

(二五) 周鳳五「郭店楚墓竹簡〈唐虞之道〉新釈」(『中央研究院歴史語言研究所集刊』七〇—三、一九九九年九月)、七四六頁を参照。

(二六) 李・邢前掲論文「美国〝郭店《老子》国際研討会〟綜述」(『中国哲学』二〇)、四〇六頁。

(二七) 丁前掲書『郭店楚墓竹簡思想研究』(三八一～三八二頁) 及び注釈五。

(二八) 王前掲論文「郭店楚簡的時代及其与子思学派的関係」(一五三頁)、郭前掲論文「試談楚簡《太一生水》及其与簡本《老子》的関係」(三三頁)、同「従郭店竹簡看先秦哲学発展脈絡」(復印報刊資料『中国哲学』、三一頁)、『哲学動態』記者前掲論文(復印報刊資料『中国哲学』、一四頁)。

(二九) 王前掲論文「関于《唐虞之道》的幾個問題」、三三頁。

(三〇) 朱栄貴「郭店楚簡的孝道思想」(『経学研究論叢』六、一九九九年六月)、一六七頁。

（三一）楊儒賓「郭店出土儒家竹簡与思孟学派」（郭店楚簡国際学術研討会論文、武漢大学・珞珈山荘、一九九九年十月）、四頁。
（三二）丁前掲書『郭店楚墓竹簡思想研究』、三七七～三七八頁。
（三三）例えば、李前掲論文「読楚簡《忠信之道》及其他」（二七〇頁）は、「《唐虞之道》是一篇集中論述〃禅譲〃思想的政治倫理文章，……顕示了先秦儒家在戦国時期崇尚〃禅譲〃制政治理想、反対父子相伝之〃家天下〃的昂揚思想風貌。」とし（ただし李氏は「実際上，崇尚〃禅譲〃制曽経是先秦儒、墨、道等家一致的思想」ともいう）、陳前掲論文「《唐虞之道》与早期儒家的社会理念」（二四三頁）は、「《唐虞之道》出自戦国時期儒家之手」とし、王前掲論文「荊門郭店竹簡与先秦儒家経学」（二六七頁）は、「《唐虞之道》集中地談到了禅譲的問題，其云：〃唐虞之道，禅而不伝〃，并以此為中心発揮儒家尊賢譲能、利天下而弗利的思想。」とし、張前掲論文「略論郭店楚簡的〃仁義〃思想」（六六頁）は、「《唐虞》〃禅譲之治〃，亦即仁義之治，後世称之為〃王道之治〃，而与〃霸道之治〃相対応，成為儒家所追求的社会思想。」とし、鄧前掲論文「《唐虞之道》的民本思想」（四六頁）は、「《唐虞之道》崇仁、孝，重修身，推己及人，与儒家基本思想特徴一致，毫無疑問此文出自儒家学派。」という。その他に、向世陵「郭店竹簡〃性〃〃情〃説」（『孔子研究』一九九九―一、一九九九年三月、七八・八六頁／復印報刊資料『中国哲学』一九九九―五、一九九九年七月）も参照。

補　記

以上は、旧稿を執筆していた際にまとめた先行研究の概況である。それ以降も『唐虞之道』に関する専論は、中国や日本などで相次いで発表された。

例えば、王博氏は『唐虞之道』と『孟子』との異同について論じ、また当篇が斉から出た『管子』と密接な関係があることから、それが斉国で流伝し作者も同国で活動していた可能性があるという（王前掲書『簡帛思想文献論集』、七三〜七七頁）。

張盈氏は『唐虞之道』は現在の段階で禅譲について専門的に論ずる最も古い儒家の逸文であるとし（「唐虞之道如何可能」、『中国哲学史』二〇〇一—三、二〇〇一年八月、七四頁）、劉宝才氏は『唐虞之道』が戦国中期の作品であることを既定の事実とした上でその思想史的意義を探る（「《唐虞之道》的歴史与理念——兼論戦国中期的禅讓思潮」、『人文雑誌』二〇〇〇—三、二〇〇〇年）。

葉国良氏は『唐虞之道』を子思一系の学に入れることができるとし（「郭店儒家著作的学術譜系問題」、『中国哲学』二四（経学今詮三編）、遼寧教育出版社、二〇〇二年四月、二三三頁）、欧陽禎人氏は『唐虞之道』の出土によって宗法血族を先秦儒家の理論の核心と見なしてきた従来の憶測や誤解が徹底的に否定されるようになったという（「楚簡《唐虞之道》〝禅而不伝〟的理論追踪」、丁四新主編『楚地出土簡帛文献思想研究』一、湖北教育出版社、二〇〇二年十二月、九一頁／後に『郭店儒簡論略』（台湾古籍出版有限公司、二〇〇三年）に収録）。

馬雲志氏は禅譲制の問題において『唐虞之道』と孔孟の思想は一致するところもあるが、前者が禅譲制を高く評価し世襲制を反対するのは、孔孟と較べて最も特色のあるところであるという（「郭店楚簡《唐虞之道》的禅譲観」、『蘭州大学学報（社会科学版）』三〇—五、二〇〇二年）。

彭邦本氏は以前提起した自説をさらに補強し（「楚簡《唐虞之道》与古代禅譲伝説」、『学術月刊』二〇〇三—一、二〇〇三年）、方銘氏は郭店楚簡は孔子に最も近い学者の著述であるが、その中の『唐虞之道』は孔子の思想と一致するという（「郭店楚簡《唐虞之道》中原始儒家的終極理想」、『南通師範学院学報（哲学社会科学版）』一九—四、二〇〇三年十二月）。

梁韋弦氏は堯舜禅譲のことはすでに孔子の時代に人々に熟知されていた事実である（あるいは『尚書』堯典篇のような孔子以前の史籍にすでに記載されている）ため、それが墨家に起源するとか儒家に起源するとかという言い方は正確ではないとする。また『唐虞之道』の所属学派の問題については、縦横家に属するとする李学勤氏の説を批判しつつ、戦国時代の儒家の後学の手になるものとし、成立年代の上限は燕王噲の禅譲事件を離れること遠からず、下限はその事件より後となることはありえないという（「与郭店簡《唐虞之道》学派帰属相関的幾個問題」（『文史哲』二〇〇四―五、二〇〇四年）及び「郭店簡、上博簡中的禅譲学説与中国古史上的禅譲制」（『史学集刊』三、二〇〇六年五月））。

薛柏成氏は『唐虞之道』は基本的に儒家思想を体現しているが、愛親と尊賢の統一や「利天下弗利」の説明において、墨家思想と比較的密接な関係があるという。ただし当篇の成立年代については簡報や李学勤氏の説に従っている（「郭店楚簡《唐虞之道》与墨家思想」、『吉林師範大学学報（人文社会科学版）』二、二〇〇六年四月）。

一方、浅野裕一氏は『孟子』の成立――前三〇五年～前三〇〇年頃の成立とする――する前に子思学派の手になったものであり、「業を子思の門人に受け」た時分、孟子が伝授された子思学派の文献中に含まれていた可能性が高いという（「郭店楚簡『唐虞之道』の著作意図――禅譲と血縁相続をめぐって」、『大久保隆郎教授退官紀念論集　漢意とは何か』、東方書店、二〇〇一年十二月、一二～一八頁）。

末永高康氏は『唐虞之道』の「利天下而弗利」（天下を利して利とせず）という語を考察し、かつ渡邉卓氏の『墨子』研究に修正を加えた後、この語が孟子前後の儒家文献に存在していた可能性を指摘する（「儒家の利・墨家の利――『唐虞之道』の理解のために――」、『鹿児島大学教育学部研究紀要』五三、二〇〇二年三月、一四～一五頁）。

井上了氏は『唐虞之道』を『孟子』や中山王嚳壺より若干古い時期の資料とし、「仮に」としながら『唐虞之道』を成書したグループを子思学派とする（「孟子における世襲王朝擁護論――その反禅譲・反放伐説を通じて――」、『種智院大学研究紀要』四、二〇〇三年三月、二五・二八頁）。

田中智幸氏は『唐虞之道』を『荀子』正論篇より後出とする筆者の見解を批判しつつ、『唐虞之道』は儒家系の文献でありながら『孟子』万章篇や『荀子』正論篇の思想とは軸を甚だ異にするものであり、その帝位継承論は墨家の尚賢思想や養生家の思想、さらには当時流行したと考えられる運命論などの強い影響を受けたもので、これらの思想が戦国時代後期の儒家に対して新たな帝王像を摸索することを迫った結果出来上がったものと推測する（「郭店楚簡

『唐虞之道』と『呂氏春秋』――堯舜禅譲伝説をめぐって――」、鶴見大学短期大学部国文学会編『鶴林紫苑　鶴見大学短期大学部国文科創立五十周年記念論集』、風間書房、二〇〇三年十一月、一八六～一八八頁)。なお、田中氏は筆者の説への批判の根拠の一つとして、『唐虞之道』の帝位継承の論理に運命論が強く関連づけられていることを再三強調するが、筆者は全く賛同できない。なぜなら、当篇に見える命・時・知命の思想や当篇に強い影響を与えたとする墨家の尚賢思想、養生家の思想の中国古代思想史における意義や位置づけなどについて全く考察していないからである。これらの問題については、本書第一部第三章及び第六章を参照されたい。

その他にも、『唐虞之道』と上博楚簡『容成氏』を手がかりに、先秦時代から漢代の文献に見られる「二王の後」という呼称を検討した岡安勇氏の論考がある(「中国古代における「二王の後」の成立――『郭店楚墓竹簡』所収『唐虞之道』・『上海博物館蔵戦国楚竹書』所収『容成氏』を手掛かりとして――」、『福井重雅先生古稀・退職記念論集　古代東アジアの社会と文化』、汲古書院、二〇〇七年三月)。しかし、郭店楚簡や上博楚簡の出土により『礼記』の成立が戦国中期まで遡るとしたり、『礼記』郊特牲篇の「天子存二代之後、猶尊賢也。尊賢不過二代。」(天子二代の後を存すること、猶お賢を尊ぶがごとし。賢を尊ぶこと二代を過ぎず。)という一句を、『唐虞之道』や『容成氏』と無理やり結びつけて解釈したりするなど、その説には賛同できないところもある。

田中氏を除き、これらの結論がいずれも中国の簡報で提示された郭店一号墓の戦国中期偏晩説に依拠していることは言うまでもない。

しかしながら、これらの見解とは正反対の意見もある。例えば、金春峰氏は『唐虞之道』についての言及はないものの、『六徳』、『忠信之道』、『成之聞之』の三篇を思想史的に考察した後、これらは決して思孟学派の思想を反映するものではなく、郭店一号墓の下葬年代も前二七八年以降と推論する(「論郭店簡《六徳》、《忠信之道》、《成之聞之》之思想特徴与成書時代」、『人文論叢』二〇〇一年巻、二〇〇二年十月、六六・七六～七七頁)。また王葆玹氏は最近の研究の中で、『唐虞之道』に「七十而致政」(七十にして政を致す)とある語を主な分析の対象とした上で、『唐虞之道』の操作時期は『孟子』より遅く、その中の一部は『荀子』とほぼ同時期であるという（「再論郭店竹書之時代及其文化背景問題」、池田知久監修『郭店楚簡の思想史的研究』六、「古典学の再構築」東京大学郭店楚簡研究会編、二〇〇三年二月、二五〜二六頁）。

このように、『唐虞之道』の歴史的背景、思想的特徴、思想史的位置、成立年代、所属学派等の諸問題において、諸研究者の間で依然意見の一致を見ないなど、残された課題は多い。

第一章　『唐虞之道』の堯舜禅譲説

第一節　『唐虞之道』の堯舜禅譲説の特徴

中国先秦時代の堯舜禅譲説について、かつて山辺進氏は次のような見解を示したことがある。

……先秦諸子に於いて堯舜の帝位継承を在野の遺賢を登用し、譲位したと解釈する思想家、換言するならば、正しく『荀子』が用いる意味での「禅譲」を自分たちの帝位継承論・王朝交替論とする思想家を見いだすことができなかった。(一)

しかし、最近山辺氏の説に再検討をせまる竹簡の資料が出土した。『唐虞之道』の堯舜禅譲説がそれであるが、後述するように、それは明らかに『荀子』が用いる意味での「禅譲」を自分たちの帝位継承論・王朝交替論としている。

『唐虞之道』の堯舜禅譲説についての先行研究については、すでに前章で簡略に述べたが、問題の所在を明らかにするために再度要約すると、大略次のような三つの説が出されている。①禅譲が強調されていることから『唐虞之道』を縦横家の作とする説（李学勤）、②正当な儒家学説であり、堯舜禅譲説は儒家に起源するとする説（廖名春）、③『唐虞之道』に言及されている古史は、いずれも『尚書』に基づいており、かつその主なのは堯典篇であるとする説（王博）。しかし、これらの見解は、『尚書』堯典篇、『論語』堯曰篇、『孟子』万章上篇などに見える堯舜禅譲説と

『唐虞之道』のそれとを単純に結びつけ、そこに内在する思想上の相違や大きな隔たりの存在についてほとんど注目しておらず、したがって、むやみに賛成することはできない。

　そこで、まず『唐虞之道』の禅譲説の特徴を探ってみると、次の通りである。

　第一に、『唐虞之道』の禅譲説は、尚賢論及び帝位継承論（もしくは王朝交替論）の両面の性格を同時に有している。すなわち、第一～二号簡に、

湯（唐）呉（虞）之道、⿰彳亶（禪）而不⿰彳叀（傳）。……⿰彳亶（禪）而不⿰彳叀（傳）、⿱⿰耳口壬（聖）之盛也。（引用文①）

唐虞の歩んだ道は、（賢者に位を）譲って（血筋に）伝えなかったことである。……（賢者に位を）譲って（血筋に）伝えないことは、最上の聖である。

とあるように、唐虞の道は世襲（伝）ではなく禅譲（禅）であることが明確に示されており、またこれを基に第七～八号簡には、

⿰彳亶（禪）之湩（流）、世亡（無）忘（隱）直（德）。……⿰彳亶（禪）、義之至也。（引用文②）

禅譲が広がれば、世に徳のある者で登用されない者はない。……禅譲は最上の義である。

とあり、また第十三号簡に、

⿰彳亶（禪）而不遭（傳）、義⿰歹丕（恆）□□（引用文③）

（賢者に位を）譲って（血筋に）伝えなければ、義は常に□□

とあり、また第二十～二十一号簡に、

⿺辶亶（禪）也者、上直（德）受（授）⿱丅文（賢）之胃（謂）也。……受（授）⿱丅文（賢）昊（則）民興效（教）而蠡（化）虖（乎）道。不⿺辶亶（禪）而能蠡（化）民者、自生民未之又（有）也。（引用文④）

禅譲とは、有徳者を尊び賢者に（位を）授けることを意味する。……賢者に（位を）授ければ、民衆は教化に奮

い立って道に化育される。（位を賢者に）譲らずに民衆を化育できたものは、人類が生まれ出て以来あったためしがない。

とあり、また第二十四～二十五号簡に、

埜（堯）邅（禪）天下而受（授）之、南面而王而〈天〉下而㠯（甚）君。古（故）埜（堯）之邅（禪）虖（乎）埈（舜）也、女（如）此也。（引用文⑤）

堯は天下を讓って舜に授け、（舜は）天子の位について天下に王者となっては君主としての道理を尽くした。堯舜禅讓の実情はこの通りであった。

とあり、また第二十六～二十七号簡に、

邅（禪）天下而受（授）臤（賢）。（引用文⑥）

天下を譲って賢者に授けた。

とあるのがその例である。

第二に、堯舜が天下に王となった時に実践した政治のありかたの一つとして、社会的利をもたらした点（天下を利す）及び天下の利を自己のものとしなかった点が強調されている。（三）すなわち、第一～三号簡に、

埜（堯）埈（舜）之王、𥝢（利）天下而弗𥝢（利）也。……𥝢（利）天下而弗𥝢（利）也、忎（仁）之至也。古（故）苗（昔）臤（賢）忎（仁）𦗷（聖）者女（如）此。……殳（沒）而弗𥝢（利）、躳（躬）忎（仁）歕（矣）。（引用文⑦）

堯舜が王となったときは、天下に利益を与えることはあっても（天下の利を）自分の利益とはしなかった。……天下に利益を与えることはあっても（天下の利を）自分の利益としないことは、最上の仁である。昔の賢者が実現した仁と聖の内容はこのようであった。……死ぬまで（天下の利を）自分の利益としなかったのは、仁が身に

具わっているからである。(三)

とあり、また第十九～二十号簡に、

亟（極）忎（仁）之至、杒（利）天下而弗杒（利）也。

この上なく最上の仁は、天下に利益を与えることはあっても（天下の利を）自分の利益としないことである。（引用文⑧）

とあり、また第二十五～二十七号簡に、

古者聖（聖）人廿（二十）而冐（冒（冃））、卅（三十）而又（有）家、五十而紿（治）天下、七十而至（致）正（政）。亖（四）枳（肢）胅（倦）陸（惰）、耳目䎴（聰）明衰、徸（禪）天下而𠭁（授）孜（賢）、𨓏（退）而𢼊（養）丌（其）生。此㠯（以）智（知）丌（其）弗杒（利）也。（引用文⑨）

昔聖人は二十歳で成人となり、三十歳で家庭を持ち、五十歳で天下を統治し、七十歳で政治の場を退いて賢者に譲った。（老衰して）四肢が疲れ、耳目の聡明さが衰えてくると、天下を譲って賢者に授け、退いて自己の身体の生命を養った。このことから（天下の利を）自分の利益としなかったことが分かるのである。(四)

とある通りである。

第三に、引用文⑨に、弗利を自覚している聖人の政治術・処世術として、老衰による政界引退（政を致す）→賢者への譲位（天下を禅りて賢に授く）→養生（退きて其の生を養う）とあるように、禅譲説と養生思想とが結合されている。これは、主に舜の資質だけがクローズアップされ、禅譲する側の資格についてはほとんど問われることのなかった従来の禅譲説とは違って、禅譲する側（堯）の資格として養生を提唱している点、当篇だけに見られるユニークな面である。(五)

第四に、引用文⑨には、『唐虞之道』の禅譲説のもう一つの特徴として、譲位する者の在位中に禅譲が行われるとされている。これは『孟子』万章上篇及び『荀子』正論篇の禅譲説と決定的な相違を示すものである。これについては後述する。

第五に、禅譲される側（舜）の能力として、家族ないし宗族倫理である孝・弟・慈と、君臣倫理である忠との両方を矛盾・衝突することなく全うし、かつ尊賢をも同時に実践したと描かれている。例えば、第六〜十二号簡に、

埜（堯）坴（舜）之行、㤅（愛）罕（親）障（尊）叏（賢）。㤅（愛）罕（親）、古（故）孝。弇（尊）叏（賢）、古（故）徸（禪）。……㤅（愛）罕（親）巟（忘）叏（賢）、忎（仁）而未義也。弇（尊）叏（賢）遺（遺）罕（親）、我（義）而未忎（仁）也。古者呉（虞）坴（舜）篙（厚）事宂〈?兜（瞽）〉寞、乃戈〈弋〉丌（其）孝、忠事帝埜（堯）、乃戈〈弋〉丌（其）臣。㤅（愛）罕（親）弇（尊）叏（賢）、呉（虞）坴（舜）丌（其）人也。垔（禹）幻（治）水、膉（益）幻（治）火、后禝（稷）幻（治）土、足民羖（養）〔生也。伯夷宊（守）〕豊（禮）、思（夔）宊（守）樂、孫（孫）民效（教）也。叴（咎）采（繇）内用五型（刑）、出戈兵革（革）、辠溼〈淫〉秦（?）□□　（引用文⑩）

堯舜が実践したのは、親を愛し賢者を尊ぶことである。親を愛するから孝を尽くし、賢者を尊ぶから（位を）譲ったのである。……親を愛するのみで賢者を忘れれば、仁ではあるがまだ義が実現されていない。賢者を尊ぶのみで親を捨て去れば、義ではあるがまだ仁が実現されていない。昔虞舜が（その父である）瞽叟に丁重に仕えたときは、もっぱらその孝を尽くし、帝堯に忠義をもって仕えたときは、もっぱらその臣下としての道理を尽くした。親を愛し賢者を尊ぶことは、虞舜こそそれをすべて成し遂げた人物なのである。禹は治水を行い、益は火を治め、后稷は土地を開拓して、民衆が〔自己の生命を〕十分養うように〔した。伯夷は〕礼を〔守り〕、夔は音楽を守って、民衆が（聖人の）教えに従うようにした。咎繇（＝皋陶）は国内では五刑を用い、他国に対しては武器を用いて、淫乱を起こすものを罰し秦（?）□□

とあって、瞽叟には孝（＝愛親）を尽くし、帝堯には「忠」を尽くしたとされ、また禹・益・后稷・伯夷・夔・咎繇などを例示して、尊賢をも同時に実践したと描かれている（愛親と尊賢を「堯舜の行い」とするが、ただそれに関する堯の事績の具体的な例は示されていない。思うに、堯の行いに該当するのは尊賢のみではなかろうか）。結局、舜の能力として掲げ

られているのは、愛親（＝孝）、忠、尊賢（＝禅）の三つの事柄、ということになる。ここで愛親と尊賢の両概念は、そもそも相互矛盾する関係にあるものではないということに、十分注意しなければならない。[六] また第二十四号簡に、

古（故）丌（其）爲穴〈?兆（瞽）〉寞子也、邑（甚）孝、秉〈及〉丌（其）爲埜（堯）臣也、邑（甚）忠。
（引用文⑪）

そこで、その（父である）瞽叟の子となっては孝を尽くし、その堯の臣下となっては忠誠を尽くした。

とあるように、舜が家族倫理である孝及び君臣倫理である忠の両方を全うしたとある。すなわち、孝と忠の矛盾・衝突の問題は、舜という聖王を媒介として解消されているのである。ただそれだけに止まらず、第二十二〜二十三号簡に、

古者埜（堯）之舁（擧）壑（舜）也、昏（聞）壑（舜）孝、智（知）丌（其）能羧（養）天下之耂（老）也。昏（聞）壑（舜）弟、智（知）丌（其）能紿（事）天下之斤（長）也。昏（聞）壑（舜）丝（慈）虖（乎）弟、〔智（知）丌（其）能〕□□□
（引用文⑫）

昔堯が舜を登用したのは、舜が親に孝を尽くすことを聞き、天下の年寄りを養うことができることを知っていたからである。また舜が年長者に悌を尽くすことを聞き、天下の年長者に仕えることができることを知っていたからである。さらに舜が弟に慈愛深いことを聞き、□□□することができることを知っていたから……

とあって、孝のみならず、弟、慈など、宗族倫理につながる諸徳目の実践者であり、それが舜の挙用の直接的な原因とされている。

第六に、引用文⑫に「堯の舜を挙ぐるや」と明示されているように、譲位する側の自主的人為的行為としての禅譲が描かれている。

第七に、堯から舜への禅譲のみが描かれており、舜から禹への禅譲については全く言及がない。

『唐虞之道』の堯舜禅譲説の特徴は、以上のように大略七つにまとめることができよう。そこで、以下の諸節で

は、先秦時代から前漢初期にかけての各学派の堯舜帝位継承説話について詳しく考察し、『唐虞之道』のそれとの共通点と相違点を一つ一つ確認していくことにする。(七)

第二節　墨家の堯舜帝位継承説話と禅譲説墨家起源論の再検討

周知のように『墨子』の中の堯舜帝位継承説話は、尚賢三篇にそれと関連する若干の記述があり、顧頡剛氏が主にそれに基づいて禅譲説墨家起源論を初めて提唱したことはあまりにも有名である。顧氏の該論の反響や余波は大きく、顧氏の後、少なくとも堯舜帝位継承説話をテーマとする研究であれば、顧氏の該論に対して、あるいは賛意を表したり、あるいは反対の意見を述べたり、あるいは慎重論を繰り広げたりするなど、常に克服すべき大前提としてたちはだかっていたのは事実である。しかし、近年になって顧氏の該論がほぼ覆されつつあるのもまた事実である。(八)よって、墨家の堯舜帝位継承説話については、議論すべき問題がほぼ出尽くされているような感もある。以下、本節では、顧氏の見解を再確認しかつ従来の研究をふまえつつ、『唐虞之道』の禅譲説との共通点及び相違点について簡略にふれることにする。

それでは、顧氏が中国古代の禅譲説の起源を墨家に求める主な根拠は何であろうか。それは次のように二つに大別することができる。(1)外的条件、(2)『墨子』中の内的根拠。(1)の外的条件としては、①孔子は尚賢論を徹底的に主張してはいない点、②『孟子』及び『荀子』は禅譲説に賛成しておらず、それらに見られる尊賢あるいは尚賢の主張も墨家の影響を受けている点、③禅譲説の中の舜・禹はいずれも庶民出身であるが、儒家の親親・貴貴の両主義の中では庶民出身の天子は存在不可能な点、③墨家内部の巨子制度の中で、堯舜禅譲説のような理想的な譲位がすでに実現されている点、④『論語』堯曰篇は『孟子』の後、早くとも戦国末期、遅ければ秦漢の際に成立した点、⑤道家や法家はそれぞれ理由が違っても、禅譲説を軽蔑したり関心がなかったり反対したりしている点、等々。

(2)の内的根拠としてまず第一に挙げるのは『墨子』の尚賢論である。すなわち、戦国時代になって各国の君主や私門たちが「土地を辟《ひら》き、中国に莅んで、四夷を撫す」る大業をなすために、それを担う人物を従来の惰性的な貴族階級ではなく、庶民の中から得ようとする求賢の気運が高まったが、そのような時勢にまず第一に順応したのが墨子であり、墨子の第一の主張は尚賢であるという。顧氏はそれを証明するためにまず尚賢上篇で、大人の責務は衆賢にあるとし、衆賢を達成するためには賢者を尊ばなければならないが、賢者を尊ぶことは古代の聖王によって実践済みであり、その例として堯が舜を、禹が益を、湯が伊尹をそれぞれ挙用したことが挙げられているのは、いずれも古代の聖王が漁師や料理人などの一般庶民から賢才を挙用した実例であり、最後に該篇末の「尚欲祖述堯舜禹湯之道、將不可以不尚賢」（尚《も》し堯舜禹湯の道を祖述せんと欲せば、将に以て賢を尚ばざる可からず）を引用することで立論の第一の結論に代えている。

次に墨子の第二の主張に尚同があるが、尚同は「尚賢主義を極限まで押し広げると、自然に得られる結論である」とし、また「この尚同主義は尚賢主義を併せ用いることによって効果が現れる。つまり、尚賢を行うのみで尚同を行わないと、政治は一つにまとまらず、その乱は下で起きる。尚同を行うのみで尚賢を行わないと、政治は公明にならず、その乱は上で起きる」として、尚賢論と尚同論は相互密接に連結しているという。ところで、尚賢・尚同両論において天子は必ず最も賢才でなければならないが、その際、君主の世襲制が維持できない場合、墨家はその対案として君主選挙制を案出したという。

さて君主選挙制は古代（部落時代以後）には元来先例のなかったことであるが、墨子はわざとそれに替わる先例を

探しだしたとし、その例として尚賢中篇に、

古者舜耕歴山、陶河瀕、漁雷澤。堯得之服澤之陽、擧以爲天子、與接天下之政、治天下之民。

古者舜は歴山に耕し、河瀕に陶し、雷沢に漁す。堯之を服沢の陽に得、挙げて以て天子と為し、与に天下の政を接《さしはさ》み、天下の民を治む。

とあるのを引きあいとしつつ（顧氏は右の原文に若干の校訂を施しているがそれは反映させなかった）、これを君主選挙制の先例とする。そして、最後には、「したがって、必ずまず戦国という時勢があってこそ墨家の主義があり、墨家の主義があったからこそ禅譲の故事があるのである」と締めくくる。以上を要するに、堯舜禅譲説は戦国時代の歴史的変化の中で墨家が尚賢論・尚同論という自説を宣伝するために作り出したものだ（「禪讓説是墨家爲了宣傳他們的主義而造出來的」）、ということになるが、そこには禅譲説は尚賢論がなければ成立不可能というのが大前提となっている（「禪讓説是直接從尚賢主義裏産生出來的」）。[九]

このうち、(1)の外的条件についてはさておき、(2)の内的根拠について見てみると、『墨子』の尚賢論と尚同論が相互密接な関係にあるのは勿論であるが、顧氏の根拠としている尚賢上・中篇の堯舜に関する記述は、大きな問題を孕んでいる。

すなわち、尚賢上篇においては「尚賢事能」（賢を尚び能を事う）、「衆賢」（賢を衆くす）、「列徳而尚賢」（徳を列《つい》でて賢を尚ぶ）とあるように、もっぱら尚賢論だけが問題となっており、また小野沢氏や蔡氏がすでに指摘したように、[一〇]上篇には、禅譲と関連する語句は一切ない。

では中篇の場合はどうであろうか。中篇の場合はさらに重大な問題を孕んでいる。結論を先に言えば、顧氏の説を立証するどころか、それを根本から揺るがす要素を有している。確かに顧氏の引用する右の文章だけを見ると、「挙

げて以て天子と為す」とあるように堯の在位中に堯の意志によって人為的に譲位したかのように見える。しかし、その直後に書かれている次の文章を見てみよう。

古聖王以審以尚賢使能爲政、而取法於天。雖天亦不辯貧富貴賤遠邇親疏、賢者擧而尚之、不肖者抑而廢之。然則富貴爲賢、以得其賞者、誰也。曰、若昔者三代聖王堯舜禹湯文武者、是也。所以得其賞、何也。曰、其爲政乎天下也、兼而愛之、従而利之、又率天下之萬民、以尚尊天事鬼、愛利萬民。是故天鬼賞之、立爲天子、以爲民父母。萬民従而譽之、曰聖王、至今不已。則此富貴爲賢、以得其賞者也。

古の聖王は以て賢を尚び能を使うを以て政を為すことを審らかにして、法を天に取る。天と雖も亦た貧富・貴賤・遠邇・親疏を弁ぜず、賢者は挙げて之を尚び、不肖者は抑えて之を廃す。然らば則ち富貴にして賢を為し、以て其の賞を得たる者は、誰ぞや。曰く、昔者三代の聖王、堯舜禹湯文武の若き者、是れなり、と。其の賞を得たる所以は、何ぞや。曰く、其の政を天下に為すや、兼ねて之を愛し、従いて之を利し、又た天下の万民を率いて、以て天を尊び鬼に事え、万民を愛利することを尚ぶ。是の故に天鬼之を賞し、立てて天子と為し、以て民の父母と為す。万民従いて之を誉めて、聖王と曰い、今に至るも已めず、と。則ち此れ富貴にして賢を為し、以て其の賞を得たる者なり。

上記の文章の論理的プロセスを整理してみよう。最初に古代の聖王が尚賢使能の原則で政治を行うことに精通していたとあるのは、上篇と同様の論理である。しかしそれに満足せず、さらに天に模範をとったとされている。これは中篇だけの新しい展開である。そして天の意志も同様に差別のない尚賢使能にあると定義する。また古代の聖王たちはいずれも富貴でありながら賢をなして賞を勝ち得たが、その理由は兼愛及び三利思想を実践したことに求められている。そこで天鬼が賞を与えて彼らを天子の位につかせ、民の父母となるようにした云々、となっている。そして、この文章の直後にはこれとは反対のケース、すなわち「富貴にして暴を為」して天の罰を受けた三代の暴王桀・紂・幽・厲の例が掲げられている。さらばこれは、王朝の存続・交替は統治者の善悪に対して天が祥瑞（賞）・災異（罰）を加えた結果だという、天志三篇などに顕著に見られる一種の天人相互関係の思想にほかならない。(一一)

そうすると直前では「挙げて以て天子と為す」といって堯による人為的譲位を言いながら、ここではその人為性を自ら否定してしまう結果を招いている。(一二)つまりこれだけを見れば自己破綻しているのである。しかも禹・湯・文・武は尚賢使能を実践して天子となったケースであるが、堯舜の場合は位を譲ることによって、尚賢使能の結果かえって位の上下関係が逆転して舜が天子となり、天人相互関係の思想からすれば本来天子となるはずの堯は臣下となってしまっているように、顧氏の引いた文章とこの文章とはそもそも両立できないはずなのである。にもかかわらず、中篇にそれが連続して書かれているのは、どのように考えるべきであろうか。恐らく作者は堯舜の禅譲を説くことに目的があったわけではなく、ここでも上篇と同様、尚賢論を力説する一つの手段として堯舜説話を利用したまでのことと考えた方が穏当ではなかろうか。同様に下篇に、

昔者舜耕於歴山、陶於河瀕、漁於雷澤、灰於常陽。堯得之服澤之陽、立爲天子、使接天下之政、而治天下之民。

昔者舜は歴山に耕し、河瀕に陶し、雷沢に漁し、常陽に灰す。堯之を服沢の陽に得て、立て天子と為し、天下の政を接みて、天下の民を治めしむ。

とあるのもこのようにしか考えられないとするならば、結局墨家は王朝交替論としての禅譲を自説として全面に打ち出したことは一度もないということになり、顧氏の禅譲説墨家起源論は成り立つことができなくなる。したがって、禅譲説の起源の問題はともかくして、少なくとも『唐虞之道』の堯舜禅譲説は墨家の影響によるものではないことは、以上によって自明なことになるであろう。なぜなら、前節で考察したように、『唐虞之道』の禅譲説の第一の特

徴は尚賢論及び帝位継承論（もしくは王朝交替論）の両面の性格を同時に有しているからである。

第三節　儒家系統の諸文献に見られる堯舜帝位継承説話

一　『孟子』万章上篇と『唐虞之道』との異同

『孟子』万章上篇は、先に『唐虞之道』に関する先行研究を一瞥したところですでに指摘したように、中国の学者たちの間では、『唐虞之道』を孔子――子思――孟子の系統にあるものと断定する最も有力な根拠となっている文献である。しかし、万章上篇を一読すれば、僅かながら『唐虞之道』と共通する部分も認められるものの、そこには大きな隔たりが存在することに気づく。本節では『孟子』万章上篇に見える堯舜禅譲説を分析し、『唐虞之道』との共通点及び相違点を明らかにする。まず堯舜禅譲説と関わる部分だけを抽出し、それを中心となる話題によって大別すると、次のように六つに分類することができる（伊尹・孔子・百里奚に関する万章・孟子問答は省略）。

Ⅰ　舜の孝子としての真面目（「萬章問曰、舜往于田」～「予於大舜見之矣」）。

Ⅱ　舜が父母に告げずに堯の二女と結婚した問題や舜の家族が舜を殺害しようとした故事について（「萬章問曰、詩云」～「奚僞焉」）。

Ⅲ　天子となった舜の不仁な弟への待遇の問題（「萬章問曰、象日」～「此之謂也」）。

Ⅳ　舜が天子になって生じた二つの問題（「君不得而臣」と「父不得而子」）（「咸丘蒙問曰、語云」～「是爲父不得而子也」）。

Ⅴ　禅讓を決定する主体の問題──→天（「萬章曰、堯以天下」～「此之謂也」）。

VI　王位の世襲の問題と禅譲の条件（「萬章問曰、人有言」～「其義一也」）。

以下、これらの六つの内容を順次分析することにする。Iでは、舜の孝子としての性格に疑問を持っていた万章の問いから始まる。Iの結論を先に述べると、孟子はここで舜を大孝として位置づけるわけであるが、ここで注意しなければならないのは、そこには孝に対する孟子なりの独特な解釈が見受けられる点である。これを具体的にみると、

萬章問曰、舜往于田、號泣于旻天。何爲其號泣也。孟子曰、怨慕也。

万章問いて曰く、舜田に往き、旻天に号泣す。何為れぞ其れ号泣するや、と。孟子曰く、怨慕すればなり、と。

とあるように、舜が田に行き、旻天に向かって号泣した理由を問う万章の質問に対し、孟子はそれを父母を怨慕したのだと答えたが、そこで問題となっているのは、「父母惡之、勞而不怨」（父母之を悪めば、労して怨みず）という当時常識とされていたと思われる孝子のありかたについてである[一三]。これに対する孟子の答えの主旨は、それは単なる父母への憎悪ではなく、父母に気に入られないことを心配してのことだと説明する点にある。つまり、孟子は当時常識とされていた「労して怨みず」の「怨みず」を、

夫公明高、以孝子之心、爲不若是恝。

夫の公明高は、孝子の心を以て、是の若く恝ならずと為す。

とあるようにむしろ「恝」（父母が自分を憎むことに対して冷淡な態度を取ること。具体的には「我竭力耕田、共爲子職而已矣。父母之不我愛、於我何哉。」（我れ力を竭して田を耕し、子為るの職に共するのみ。父母の我を愛せざるは、我に於て何ぞや）を指す。）[一四]と解釈して退けているところにまず大きな特徴がある。

ところで、この段においてもう一つ注意しなければならないことは、孟子が父母への孝行と王権の譲位のいずれに力点を置いたかという問題である。この問題と関連して孟子が、

帝使其子九男二女、百官・牛羊・倉廩備、以事舜於畎畝之中。天下之士、多就之者。帝將胥天下、而遷之焉。

帝其の子九男二女をして、百官・牛羊・倉廩備え、以て舜に畎畝の中に事えしむ。天下の士、之に就く者多し。

帝将に天下を胥いて、之を遷さんとす。

と言ったのは、言うまでもなく帝堯が舜に王権を譲ろうとしたことを意味するが、それに対して舜は、

爲不順於父母、如窮人無所歸。

父母に順われざるが為に、窮人の帰する所無きが如し。

という態度を取ったとして、父母への孝行により重きが置かれている。(一五) このことから考えると、万章上篇においては、そもそも堯舜の禅譲のことより、舜の孝子としての性格を新たに意味づけるところに力点があったと考えられる。この点は、

人悅之、好色富貴、無足以解憂者。惟順於父母、可以解憂。

人之を悦び、好色富貴あるも、以て憂いを解くに足る者無し。惟だ父母に順わるれば、以て憂いを解く可し。

とあることや、

大孝、終身慕父母。五十而慕者、予於大舜見之矣。

大孝は、終身父母を慕う。五十にして慕う者は、予れ大舜に於て之を見る。

とあることからも十分看取される。この舜の孝子としての面に力点を置きかつそれを強調することは、以後万章上篇の思想的流れを特徴づける一因として作用することになる。このように舜を孝子の代表格として位置づけることは、『唐虞之道』とも深く関わっている。

次にⅡでは舜が父母に告げずに堯の二女と結婚した問題や帝堯が舜の父母に告げずに自分の娘を舜に結婚させた問題、そして舜の父と弟が自分を殺害しようとしたことを舜が知っていたかどうか、知っていたのに舜が弟を喜んで迎えたのは偽喜ではないか、ということが問題となっており、禅譲説と直接的には関係がない。ただ舜が父母に告げずに堯の二女と結婚した問題は、時代は下るが、例えば『淮南子』氾論篇に、

古之制、婚禮不稱主人、舜不告而娶、非禮也。

古の制、婚礼には主人を称せず、舜の告げずして娶れるは、礼に非ざるなり。

というのが、恐らく当時の世の常識であったろうが、それに対する孟子の答えはそれほど説得力があるとは限らない。[二六] この問題はⅠで見た孝子のありかたの問題（労して怨みず）とともに、舜の行蹟に対する『孟子』特有の解釈の一端を窺えるもう一つの材料でもある。

Ⅲでは、天子となった舜が不仁な弟をどのように待遇したかが問題となっている。孟子は「封之也」（之を封ずるなり）と言って諸侯に封じたと答えるが、他方、「或曰、放焉」（或ひと曰く、放す、と）と言って追放したという異説も挙げて説明する。前者の場合、万章は、舜が天子となって不仁な四凶（共工・驩兜・三苗・鯀）を処罰したのに対し、同様に不仁な弟は諸侯に封じたとして、両者の間に存在する矛盾に疑問を抱いたわけであるが、これに対する孟子の答えを見ると、

仁人之於弟也、不藏怒焉、不宿怨焉。親愛之而已矣。親之欲其貴也、愛之欲其富也。

仁人の弟に於けるや、怒りを蔵さず、怨を宿めず。之を親愛するのみ。之を親しみては其の貴からんことを欲し、之を愛しては其の富まんことを欲す。

とあり、また、

身爲天子、弟爲匹夫、可謂親愛之乎。

身天子為り、弟匹夫為らば、之を親愛すと謂う可けんや。

とあるように、身内の人間に対しては罪への断罪より親愛を重視する、いわば親親主義の面がより強く看取される。このことは後者の追放説の説明にも端的に現れている。すなわち、孟子は放を説明して、

天子使吏治其國、而納其貢税焉。故謂之放。

天子吏をして其の国を治めて、其の貢税を納れしむ。故に之を放すと謂う。

と言っているが、これは言うまでもなく、一般的な意味での放とは相当懸け離れている。これらは尽心上篇に、

孟子曰、……親親、仁也。敬長、義也。無他、達之天下也。

孟子曰く、……親を親しむは、仁なり。長を敬するは、義なり。他無し、之を天下に達するなり。

とあり、また同篇に、

孟子曰、君子之於物也、愛之而弗仁。於民也、仁之而弗親。親親而仁民、仁民而愛物。

孟子曰く、君子の物に於けるや、之を愛すれども仁せず。民に於けるや、之を仁すれども親しまず。親を親しみて民を仁し、民を仁して物を愛す。

とあるのと同様、いずれも差別愛を意味する。しかし、Ⅲではそれがかえって依怙贔屓という変質した形で現れた愛だということを物語っている。そこには、不仁な者であっても肉親であるかぎり挙用せざるをえないという意味と、不仁な弟に取って代わって実質上政治を運営する官吏もまた挙用せざるをないという、二重の挙用論が混在している。これは尚賢中篇に「不黨父兄」（父兄に党せず）とあり、同下篇に「雖有骨肉之親、……實知其不能也、不使之也。」（骨肉の親有りと雖も、……実に其の能くせざるを知れば、之を使わざるなり。）とある墨家の尚賢思想と相容れないことは勿論、本章第一節で考察した『唐虞之道』の禅譲説の第一の特徴とも究極においては両立できない[一七]。

以上Ⅰ～Ⅲまでは、禅譲説とは直接的な結びつきはないが、Ⅳから禅譲説と関わる問題が本格的に議論され始める。Ⅳでは、舜が天子となったことから生じうる二つの問題が提起されている。一つは盛徳の士は「君不得而臣」（君も得て臣とせず）の問題であり、もう一つは「父不得而子」（父も得て子とせず）の問題である。孟子は前者に対しては、

否。此非君子之言。齊東野人之語也。堯老而舜攝也。堯典曰、二十有八載、放勳乃徂落。百姓如喪考妣。三年、四海遏密八音。孔子曰、天無二日、民無二王。舜既爲天子矣。又帥天下諸侯、以爲堯三年喪、是二天子矣。

否。此れ君子の言に非ず。斉東野人の語なり。堯老して舜摂するなり。堯典に曰く、二十有八載、放勳乃ち徂落す。百姓考妣を喪するが如し。三年、四海八音を遏密す、と。孔子曰く、天に二日無く、民に二王無し、と。舜

既に天子為り。又た天下の諸侯を帥いて、以て堯の三年の喪を為さば、是れ二天子なり。

とあるように、堯の存命中に天子となったのではなく、（『尚書』堯典篇のことばを借りて）二八年間摂政したのだとして、君臣の位が逆転したのではないと答えている。そして後者に対しては、

孝子之至、莫大乎尊親。尊親之至、莫大乎以天下養。爲天子父、尊之至也。以天下養、養之至也。……是爲父不得而子也。

孝子の至りは、親を尊ぶより大なるは莫し。親を尊ぶの至りは、天下を以て養うより大なるは莫し。天子の父為るは、尊ぶの至りなり。天下を以て養うは、養うの至りなり。……是れを父得て子とせずと為す。

とあるように、孝子の極致は尊親にあり、尊親の極致は天下の富をもって親に奉養することにあるが、舜の父が天子の父となったのは最高の尊であり、また天下をもって父を奉養したのは最高の養として、父と子の位置も逆転したのではないと説明する。舜の父が天子の父となったのは最高の尊だというのは、天子の父となったことが天子の位より尊いものだということを意味しており、これは親への孝行を天子の位あるいは天下より重視する『孟子』ならではの考え方から出された答えであろう。

ところで、前者の場合、咸丘蒙の「君も得て臣とせず」という疑問に有力な根拠となっている孔子の「於斯時也、天下殆哉。岌岌乎。」（斯の時に於てや、天下殆いかな。岌岌乎たり。）という語[一八]を、あえて「此れ君子の言に非ず。斉東野人の語なり」として退けているのを見ると、舜の二八年間の摂政は、孟子の禅譲説において非常に重要な役割を果たしていることが看取される。この二八年間の摂政の問題については後述する。

さてここで一つ検討すべき問題がある。それは、万章上篇で非常に深刻な問題として取り上げられている「君も得て臣とせず」の問題が、『唐虞之道』では全く意識されていないことである。『唐虞之道』では第二十四～二十五号簡に（引用文⑪及び引用文⑤、訳は省略）、

古（故）丌（其）爲宂〈?兆（瞽）〉寞子也、邑（甚）孝、秉〈及〉丌（其）爲埜（堯）臣也、邑（甚）忠。埜

（堯）儃（禪）天下而受（授）之、南面而王而〈天〉下而邑（甚）君。古（故）垚（堯）之儃（禪）虖（乎）𡕥（舜）也、女（如）此也。

とあるのだけを見ると、摂政のことを念頭においているかのように見えるかも知れないが、しかし、下文に（引用文⑨、訳は省略）、

七十而至（致）正（政）。

とあり、また引き続き、

亖（四）枳（肢）朕（倦）陸（惰）、耳目䎵（聰）明衰、儃（禪）天下而受（授）孯（賢）、遉（退）而羖（養）丌（其）生。

とあるのを見ると、やはり譲位する者の在位中に禅譲が行われ、譲位される者は南面して天下の王となり、譲位する者は自らの生を養うことに傾注することを意味するのであろう。万章上篇では、

堯崩、三年之喪畢、舜避堯之子於南河之南。……夫然後之中國、踐天子位焉。

堯崩じ、三年の喪畢りて、舜堯の子を南河の南に避く。……夫れ然る後、中国に之き、天子の位を践めり。

とあるのによれば、舜は堯の死後譲位されて天子となったことが明確に記されている。これは『唐虞之道』と万章上篇との思想上の隔たりを示すもう一つの証拠である。

ⅤからⅥにかけて万章上篇における禅譲の諸問題が集中的に議論されている。この箇所は『唐虞之道』の禅譲説との相違が最も明瞭に現れているところであるので、問答の一つ一つを順序を追って綿密に分析することにする。

まずⅤは全部で五つの問答からなっている。最初に、

萬章曰、堯以天下與舜。有諸。

万章曰く、堯は天下を以て舜に与うと。諸れ有りや、と。

とあるように、堯は天下を舜に与えたかという万章の質問から見て、ここでは禅譲の主体が問題視されていることが

分かる。これに対して孟子は、

天子不能以天下與人。……天與之。

天子は天下を以て人に与うること能わず。……天之を与う。

とあるように、天子は天下を人に与える権限がないとし、その主体は天であると明言する。次に「天之を与う」の意味に疑問視して天が諄々と命令したのかという質問に対し、

否。天不言。以行與事、示之而已矣。

否。天言わず。行いと事とを以て、之を示すのみ。

という。行いと事とは、下文に具体的に説明されているが、その前に孟子は、

天子能薦人於天、不能使天與之天下。……

天子は能く人を天に薦むれども、天をして之に天下を与えしむること能わず。……

といって、天子は人を天に推薦することはできても、天をして人に天下を与えさせることはできないとしている。これは行いと事を具体的に説明する前にVの最初で述べた「天子は天下を以て人に与うること能わず」を敷衍することによって「天之を与う」という自説を再確認しかつ強調するという一種の強い意思表現と理解される。

さて孟子は行いと事とは、

堯薦舜於天、而天受之。暴之於民、而民受之。

堯舜を天に薦めて、天之を受く。之を民に暴《あらわ》して、民之を受く。

ということを指すと指摘した後、その意味を尋ねる万章に対し、「使之主祭」（之をして祭を主らしむ）と「使之主事」（之をして事を主らしむ）とに分けて説明する。この点から見ると、「堯舜を天に薦む」は「之をして祭を主らしむ」と、「之を民に暴す」は「之をして事を主らしむ」と、それぞれ対応していることが分かる。したがって、「堯舜を天に薦む」とは、具体的には祭祀を主宰させるという宗教的試練に当たり、「之を民に暴す」とは、人事に関する様々

な事業を主宰させるという政治的力量と関わる試練に当たる。こうして同篇に、

使之主祭、而百神享之。……使之主事、而事治、百姓安之。

之をして祭を主らしめて、百神之を享く。……之をして事を主らしめて、事治まり、百姓之に安ず。

とあるのによれば、行いとはこの二つの試練のうち、前者の試練のことを、事とは後者の試練のことを、舜がうまく耐えて成功を収めたことを意味することが分かる。

要するに、万章上篇においては、まず天子の推薦が必要であり、次に宗教的政治的試練を乗り越えて始めて「天之を受」け「民之を受く」ことが認められることになる。したがって、その直後に、

天與之、人與之。故曰、天子不能以天下與人。

天之を与え、人之を与う。故に曰く、天子は天下を以て人に与うること能わず、と。

とあるのは、いわゆる『孟子』の天命思想を表す文章と見て差し支えないであろう。(一九)

しかし、これで理想的な禅讓を可能とするすべての要件が完璧に揃ったわけではない。孟子は続けて、

舜相堯二十有八載。非人之所能爲也。天也。

舜は堯に相たること二十有八載。人の能く為す所に非ざるなり。天なり。

といって、舜の二八年間の摂政の期間を重要な問題として取り上げる。この二八年間の摂政期間は、「人の能く為す所に非ざるなり。天なり」とあるように、人間の力だけでは不可能な事柄に属すると見なされている。この場合、二八年間の摂政の期間とは、ほかならぬ舜が臣民と親しまれ、恩沢を施すことのできた期間である。つまり、舜が、堯が崩御して三年の喪が済んだ後、堯の子を遠慮して南河の南の方へ退いた時生じた一連の出来事、すなわち、

天下諸侯朝覲者、不之堯之子、而之舜。訟獄者、不之堯之子、而之舜。謳歌者、不謳歌堯之子、而謳歌舜。

天下の諸侯朝覲する者、堯の子に之かずして、舜に之く。訟獄する者、堯の子に之かずして、舜に之く。謳歌する者、堯の子を謳歌せずして、舜を謳歌す。

とあるようなことが起こったのは、二八年間の摂政があってこそ始めて可能なことだったのである。この摂政の年数の多少の問題は、王位の禅讓と世襲とを区分する重要な一因として、Ⅵでさらに詳しく論じられている。(二〇)Ⅵでの万章の質問は、禹が王位を禅讓せずに世襲したのは、禹の徳が衰えたからではないかという点である。孟子はこれに反対して、

天與賢、則與賢、天與子、則與子。

天賢に与うれば、則ち賢に与え、天子に与うれば、則ち子に与う。

と答えているが、これによると、王権の交替というのは、天子は推薦する権限しかないといった場合もそうであったが、禅讓であれ世襲であれ、天子の人為的行為によって行われるのではなく、天命によって決まることになる。(二一)

それでは、舜から禹への禅讓はどうやって実現したのであろうか。まず舜が禹を天に推薦すること一七年（これは一七年間摂政したという意味であろう）で舜が崩御し、三年の喪が済むと禹は舜の子に遠慮して陽城に退いたが、臣民は堯舜の場合と同じく、舜の子に従わずに禹に従ったとあって、摂政の期間は舜より短くなったが、結果は同じようになったとされている。ところで、益の場合は、禹が天に推薦したのが七年とさらに短くなっており、それゆえ、臣民は益に従わずに禹の子の啓に従い、この時から世襲が行われたという。ここで摂政の期間の短さは、禅讓が行われなかった重要な一因とされている。このことを万章上篇では、

舜之相堯、禹之相舜也、歴年多、施澤於民久。……益之相禹也、歴年少、施澤於民未久。

舜の堯に相たり、禹の舜に相たるや、年を歴ること多く、沢を民に施すこと久し。……益の禹に相たるや、年を歴ること少く、沢を民に施すこと未だ久しからず。

と表現している。ここで「年を歴ること多し」とは、摂政の年数が非常に長いことを意味し、それはそのまま民に恩沢を施す期間の長さと直結している。したがって、益の摂政の期間の短さは、言うまでもなく民に恩沢を施す期間の短さを意味し、それは禅讓の施行までを不可能にするほど重要な原因となっている。

禹の時代に禅譲が行われなかったことについては、もう一つの理由が挙げられている。それは天子の子が賢か不肖かの問題と関わっている。すなわち、堯の子の丹朱や舜の子はいずれも不肖の者であったが、禹の子の啓は賢明でよく慎んで禹の道を継承したという。こうして孟子は、

舜禹益、相去久遠、其子之賢不肖、皆天也。非人之所能爲也。莫之爲而爲者、天也。莫之致而至者、命也。

舜禹益、相去ること久遠に、其の子の賢不肖なる、皆天なり。人の能く為す所に非ざるなり。之を為すこと莫くして為る者は、天なり。之を致すこと莫くして至る者は、命なり。

と言っているように、舜禹益の摂政の年数の多少及び天子の子の賢不肖を、人力では如何ともなしえない天として規定する。そうすることによって孟子は、堯舜禹に代表される禅譲と禹から始まる世襲という一見相容れない二律背反の二制度を、天のもとでその矛盾を解消し統一しえたのである。これを孟子は孔子のことばとしつつ、

唐虞禪、夏后殷周繼。其義一也。

唐虞は禅り、夏后殷周は継ぐ。其の義は一なり。

と締めくくる。

さて禅譲が実行されるために必要な条件として、孟子は、

匹夫而有天下者、德必若舜禹、而又有天子薦之者。

匹夫にして天下を有つ者は、徳必ず舜禹の若くにして、又た天子の之を薦むる者有り。

という条件と、

繼世而有天下、天之所廢、必若桀紂者也。

世を継いで天下を有つもの、天の廃する所は、必ず桀紂の若き者なり。

という条件の二つを挙げる。前者の場合は舜・禹のような徳の持ち主であることと天子の推薦が必要であることを、後者の場合は天子が桀紂のような暴君でなければならないことを指している。そして、仲尼が天子にならなかったの

は前者の条件（恐らくその中でも特に「天子の之を薦むる者」という条件）を、益・伊尹・周公が天子にならなかったのは後者の条件を、それぞれ満たさなかったためであるという。ここで禅譲の実行のために必要な条件を、孟子が直接指摘したこと及び今まで分析してきたことを総合してまとめてみると次のようになる。(二二)

①天子の推薦（人為的譲位の否定）↓摂政。
②舜・禹のような徳の持ち主。
③宗教的政治的試練に耐えられるほどの能力。
④恩沢を施すことのできる長い摂政期間（舜は二八年、禹は一七年）。
⑤天子の子が不肖か天子が桀紂のような暴君であること。

万章上篇の禅譲説の特徴は、右の五つの条件をすべてクリアしなければ、禅譲はありえないというところにあるが、これらすべてを天が定めるものとする。したがって、これを一言でいえば、天命思想にもとづく禅譲説と言えよう。

しかし、ここまでくると、王位の禅譲か世襲かは、天によって左右されることになるので、禅譲の理念より天の意志の方が最上の価値を持つことは言をまたない。また万章上篇に「世を継いで天下を有つもの、天の廃する所は、必ず桀紂の若き者なり」とある文章から見ると、孟子は基本的には世襲制による王位の継承を最も本質的なものと認めており、堯舜・舜禹のような例以外はなかなか禅譲を認めないことが窺われる。(二三) したがって、万章上篇では（結果論ではあるが）禅譲の理念に積極的な意味は附与しておらず、かえって禅譲の意味が捨象されてしまう危険性すら内包している。実際問題として、公孫丑上篇には、燕の国で禅譲劇が発生し、斉の大臣の沈同が燕を伐ってもよいかと個人的に尋ねたとき、

孟子曰、可。子噲不得與人燕。子之不得受燕於子噲。有仕於此。而子悅之、不告於王、而私與之吾子之祿爵、夫士也、亦無王命、而私受之於子、則可乎。何以異於是。

孟子曰く、可なり。子噲は人に燕を与うることを得ず。子之は燕を子噲に受くることを得ず。此に仕うるもの有り。而して子之を悦び、王に告げずして、私かに之に吾子の禄爵を与え、夫の士や、亦た王の命無くして、私かに之を子に受けば、則ち可ならんか。何を以て是れに異ならんや、と。

といって燕を伐つことを是認する問答がある。ここで孟子がそれを是認した理由は、恐らく「天之を与う」、換言すると、右の禅譲の条件中、①の人為的譲位の否定という原則に抵触しているからであろう。このように『孟子』の禅譲説には、クリアすべき厳しい条件がついており、しかも天子であっても自己意志で譲位するという人為的行為としての禅譲は、決して認められていないのである。(二四)

それでは、『唐虞之道』においてはどうだろうか。

まず第一に、『孟子』において禅譲の第一の条件であった、堯が舜を天に推薦したことは、『唐虞之道』には全く見られない。『唐虞之道』には引用文⑫のように、堯が舜に孝・弟・慈などという資質があることを聞いて挙用したという、人為的行為としての禅譲が描かれている。

第二に、『孟子』の禅譲説の性格を決定づける最も重要な概念である天は、『唐虞之道』第十五号簡に「天墜右之」（天墜（地）之を右く）とあるのを見ると、地とともに堯舜の禅譲を助ける存在としての意味しか持っていない。『孟子』にとって天は、唐虞の禅譲と夏后殷周の世襲を同時に認めなければならない理論上の要請から必然的に導き出された概念であったが、『唐虞之道』ではそのような要請や天の役割は全く見られない。これは『唐虞之道』で堯舜の禅譲だけをもっぱら強調し、舜禹の禅譲に関する記述が全くないのとも関連があると推測される。

第三に、『孟子』は基本的に帝位継承論（もしくは王朝交替論）としての禅譲説を認めていないが、『唐虞之道』はそれを認めている。先にも述べたように、『孟子』は世襲制による王位の継承を最も本質的なものと認めており、万章上篇の「世を継いで天下を有つもの、天の廃する所は、必ず桀紂の若き者なり」という文章が、まさにそれを裏付けている。「世を継いで天下を有つもの」という現実は、『孟子』にとっては動かせない厳然たる事実として、大前提となっているのである。これに対して、『唐虞之道』では引用文①~⑥のように、ほぼ全篇にわたって禅の意味や意義、そしてその有効性が力説されている。しかもその場合の禅とは、帝位継承論（もしくは王朝交替論）としての禅譲を意味することは、紛れもない事実である。堯舜・舜禹の場合の禅譲は容認しても、それ以外は手放しでは認めない『孟子』とは、主旨が大分違うことに十分注意すべきであろう。

以上のように、『唐虞之道』は『孟子』が舜を孝子の代表格として位置づけることだけはかろうじて受け継いでいるが、『孟子』の禅譲説における最も重要かつ特徴的な諸々の面は受け継ぐどころか、全く見受けられないことが判明した。したがって、本章の冒頭で、『唐虞之道』が『孟子』の禅譲説と共通点より相違点や思想的隔たりが目立つと指摘したのは、まさにこのような理由からである。

二　『荀子』正論篇・成相篇と『唐虞之道』との異同

『孟子』においては世襲制による王位の継承を最も本質的なものと認めつつ、堯舜・舜禹の禅譲については、天子の死後、禅譲が行われたとして、禅譲も容認していた。またこのような禅譲と世襲の二律背反的な矛盾は、特有の天命思想によって解消・統一するところに特徴があった（ただし天子の人為的行為としての禅譲は認めない）。それに加えて、『孟子』の堯舜帝位継承説話は帝位継承論（もしくは王朝交替論）ではないことも指摘した。それに対し、『唐虞之道』の禅譲説には『孟子』のような天命思想は存在せず、禅譲も天子の死後ではなく、在位中に老衰によって行われるとされており、最後に帝位継承論（もしくは王朝交替論）としての性格を有していたことが判明した。本節では『荀子』の禅譲説について考察するが、その際、これらの諸問題を『荀子』がどのように解決しようとしたかに焦点を合わせる。

周知のように、『荀子』に堯舜禅譲説が論じられているのは、正論篇と成相篇である。ところで、正論篇ではそれを徹底的に批判している反面、成相篇では批判するどころか、肯定的に語られている。その真相を明らかにするために、まず正論篇を分析する。正論篇の堯舜禅譲説批判においては、堯舜の「擅讓」を唱える者はいずれも世俗の説とされており、そこには次の三つの説が取り上げられている。

Ⅰ　在位中の禅譲（「世俗之爲説者曰、堯舜擅讓。」）
Ⅱ　死亡した場合の禅譲（「曰、死而擅之。」）
Ⅲ　老衰の場合の禅譲（「曰、老衰而擅。」）(二五)

まずⅠの在位中に禅譲が行われたとする説について。これを論駁するために、次の二つの論理が出されている。第一に、

天子者、埶位至尊、無敵於天下。夫有誰與讓矣。
天子なる者は、埶位至尊にして、天下に敵無し。夫れ有た誰と与に譲らん。

とあるように、天子はその勢位が最も尊貴でそれに匹敵するものがない点（天子の定義）。よって、匹敵するものがないから譲るものもないという論理につながる。

第二に、

道徳純備、智惠甚明、南面而聽天下、生民之屬、莫不振動從服以化順之、天下無隱士無遺善。同焉者是也、異焉者非也。夫有惡擅天下矣。
道徳純備にして、智恵甚だ明らか、南面して天下のことを聴けば、生民の属、振動従服して以て之に化順せざるは莫く、天下に隠士無く遺善無し。焉れに同じき者は是にして、焉れに異なる者は非なり。夫れ有た悪ぞ天下を擅らん。

とあるように、道徳的にも知的にも完全無欠で絶対的な存在である点。よって、生民は皆服従し、「天下に隠士無く

遺善無し」という尚賢政治が実現されているから、天下を譲るなどありえないという論理につながる。このような聖王による尚賢政治の実現は、

聖王在上、決徳而定次、量能而授官、皆使民載其事而各得其宜、不能以義制利、不能以僞飾性、則兼以爲民。

聖王上に在れば、徳を決して次を定め、能を量りて官を授け、皆民をして其の事を載《おこな》いて各々其の宜しきを得しめ、義を以て利を制すること能わず、偽を以て性を飾ること能わざるものも、則ち兼ねて以て民と為す。

とあるように、Ⅱでさらに詳しく述べられている。これは『唐虞之道』第二十七〜二十八号簡に、

呉（虞）陊（詩）曰、大明不出、丏（萬）勿（物）虐（皆）訇（揞）。聖（聖）者不才（在）上、天下北（必）堁（壞）。紿（治）之至、羖（養）不喿（肖）。𤔔（亂）之至、烕（滅）臤（賢）。

虞詩には次のようにある。「太陽と月とが出なければ、万物は皆隠れてしまう。聖人が上にいなければ、天下は必ず混乱に陥ってしまう」と。治世の至上の状態では、愚かなものでも生を成し遂げるようにし、乱世の最悪の状態では、賢者を失ってしまうのである。

とあるのと類似している。ただし、正論篇の聖王は世襲制を基盤とし、『唐虞之道』の聖者は禅譲制を基盤としている点に、大きな相違がある。なお、正論篇が世襲制を基盤とすることについては後述する。

次にⅡの死亡して譲ったとする説について。これを論駁するために、次の三つの論理が出されている。

第一は、天下に聖人がいない場合。この場合は、

聖王已沒、天下無聖、則固莫足以擅天下矣。……天子生則天下一隆致順而治、論徳而定次、死則能任天下者必有之矣。

聖王已に没して、天下に聖無くんば、則ち固より以て天下を擅るに足る莫し。……天子は生きては則ち天下をして隆《たつと》ぶところを一にし順を致《きわ》めて治め、徳を論して次を定め、死しては則ち能く天下のことに任ずる者は必ず之有り。

とあるように、聖人がいないから、当然譲る相手もなく、よって禅譲は起こらないという論理につながる。ただし、天子は生前聖治を行ったので、死後後嗣者は必ずいると、非常に楽観的な見方を提示することによって、この問題を解決しようとしている。

第二は、継嗣に聖人がいる場合。この場合は、

天下有聖而在後子者、則天下不離、朝不易位、國不更制、天下厭然與鄕無以異也。以堯繼堯、夫又何變之有矣。

天下に聖にして後子に在る者有れば、則ち天下は離れず、朝は位を易えず、国は制を更えず、天下厭然として鄕《さき》と以て異なる無し。堯を以て堯を継ぐ、夫れ又た何の変か之有らん。

とあるように、世襲による王位継承で事は済むので、当然禅譲は起こらないという。

第三は、継嗣の中には聖人がなく、三公の中に聖人がいる場合。この場合は、

聖不在後子、而在三公、則天下如歸、猶復而振之矣、天下厭然與鄕無以異也。以堯繼堯、夫又何變之有矣。唯其徙朝改制爲離。

聖の後子に在らずして、三公に在れば、則ち天下の如《ゆ》き歸《き》すること、猶お復して之を振するがごとく、天下は厭然として鄕と以て異なる無し。堯を以て堯を継ぐ、夫れ又た何の変か之有らん。唯だ其の朝を徙し制を改むることのみ離れりと為す。

とあるように、天下の人々が皆その人に帰服するわけであるので、朝廷の官位の移動（徙朝）や国家の制度の改変（改制）という小規模の変化はあっても、禅譲のような大規模の変化は起こらないという。

このⅡの第二と第三をさらに分析すると、次のことが判明する。(1)天子の位を継承するものの資質が問題とされている。具体的にどんな資質が要請されているのか明記されていないのでやや漠然ではあるが、継嗣であれ三公であれ、位を譲られる側は聖人でなければならないということが大前提となっている。もし天子の継嗣の中に聖人がいないならば、三公の中から位を継承させる、という考え方を見るかぎり、単なる世襲制の擁護ではなく、より理念的で

あることが窺われる。(2)第二・第三の場合、いずれも「堯を以て堯を継ぐ」ことが強調されている。これは「天下厭然として鄉と以て異なる無し」、つまり天子が変わることによって政治的動揺や不安が起こらないことが理想的な政権交替であることを意味する。このことから判断すると、聖王による一元的支配を維持させることが最も肝心な事柄だったと言えよう。(3)身分秩序を超えて天子となることは決して認められていない。第三の場合のように、継嗣に聖人がいないときの王位継承者として、三公までは認めている点を見るかぎり、必ずしも血縁関係に拘泥していないことが窺われる。しかし、三公までが許容範囲であることから見れば、例えば、匹夫が身分秩序を越えて天子となることは決して許されていないのである。正論篇ではこれを「夫禮義之分盡矣」（夫れ礼義の分尽くせり）と表現している。ここで直ちに一つの疑問が生じる。それは正論篇の作者にとって舜の出自はどう考えられていたかという疑問である。周知のように、先秦から前漢にかけての諸文献によると、舜は卑しい農民の出自とされている。ところで、三公以上の身分でないと天子となる資格はそもそもないという正論篇の論理から推測すると、舜はそもそも天子となる資格さえないことになる。あるいは『孟子』万章上篇のように、舜が二八年間堯に代わって摂政したと仮定すると、摂政の時点では舜の身分はすでに上昇しているので、このような疑問は解決されるかも知れない。しかし、これも舜の元来の出自が依然未解決のまま残されているので釈然としない。

最後にⅢの老衰して譲ったとする説について。これを論駁するために、次の二つの論理が出されている。

第一に、

血氣筋力則有衰、若夫知慮取舍則無衰。

血気筋力は則ち衰うること有るも、夫の知慮取舎の若きは則ち衰うること無し。

とあるように、天子は血気や筋力は衰えることはあっても知慮による判断力は衰えることがない、換言すれば、精神的に耄碌することはないという。

第二に、

天子者、埶至重而形至佚、心至愉而志無所詘、而形不爲勞尊無上矣。

天子なる者は、埶は至重にして形は至佚、心は至愉にして志は詘する所無く、而して形は労を為さずして尊無上なり。

とあるように、天子はその位は最も尊貴で、肉体は最も安逸、心は最も愉快で、志はどんなことも思い通りになる存在であるという。これは、

老者不堪其勞而休也。

老者は其の労に堪えずして休うなり。

つまり、老いると仕事の苦労に堪えられなくなりそれゆえ天子の位を譲って休息する、という別の説に対する論駁の論理である。その理由について、

衣被則服五采、雜間色重文繡、加飾之以珠玉、食飲則重大牢、而備珍怪綦臭味、曼而饋、伐皐而食、雍而徹五祀、執薦者百人侍西房。居則設張容、負依而立、諸侯趨走乎堂下。出戸而巫覡有事、出門而宗祝有事。乘大路、越席以養安、側載睪芷以養鼻、前有錯衡以養目、和鸞之聲、步中武象、鶩中韶護以養耳。三公奉軶持納、諸侯持輪挾輿先馬、大侯編後、大夫次之、小侯元士次之。庶士介而夾道、庶人隱竄、莫敢視望。居如大神、動如天帝、持老養衰、猶有善於是者與。老者休也、休猶有安樂恬愉如是者乎。

衣被は則ち五采を服し、間色を雑えて文繡を重ね、之に加飾するに珠玉を以てし、食飲は則ち大牢を重ねて、珍怪を備え臭味を綦《きわ》め、曼して饋《すす》め、皐を伐ちて食し、雍して五祀に徹し、薦を執る者は百人にして西房に侍す。居は則ち張と容とを設け、依を負いて立ち、諸侯は堂下に趨走す。戸を出づれば而ち巫と覡に事有り、門を出づれば而ち宗祝に事有り。大路に乗りては、越席して以て安を養い、側に睪芷を載せて以て鼻を養い、前には錯衡有りて以て目を養い、和鸞の声は、歩むときは武象に中り、鶩《はし》れば韶護に中りて以て耳を養う。三公は軶《くびき》を奉じて納を持ち、諸侯は輪を持ち輿を挟みて馬を先《みちび》き、大侯は後に編《つらな》りて、大夫之に次ぎ、小侯元士も之

に次ぐ。庶士は介して道を夾み、庶人は隠竄して、敢えて視望すること莫し。居りては大神の如く、動きては天帝の如く、老を持し衰を養うこと、猶お是れより善き者有らんや。老者は休うも、休うこと猶お安楽恬愉の是の如き者有らんや。

とあるように、天子の位は静居するときは大神のごとく、動作するときは天帝のごとく、常に最上の衣服を着、最高の飲食をし、最高の音楽を聴き、大勢の侍者がいるなどのことを挙げ、

故曰、諸侯有老、天子無老、有擅國、無擅天下、古今一也。

故に諸侯には老有るも、天子には老無く、国を擅ること有るも、天下を擅ること無しと曰うは、古今一なり。

つまり、諸侯には老衰があっても天子には老衰がなく、それゆえ諸侯には国を譲ることがあっても天下を譲ることはない、と結論づける。

このようにみてくると、その批判の対象がそれぞれいずれに向けられているかが自ずと浮かび上がってくる。すなわち、Ⅰの在位中の禅譲及びⅢの老衰の場合の禅譲が語られているのは、すでに述べたように『唐虞之道』のような禅譲説がそれに当たり、Ⅱの死亡した場合の禅譲が語られているのは、『孟子』万章上篇や『左伝』文公十八年の条（本章注（四六）を参照）のような禅譲説がそれに当たる。

しかし、ここで一つ注意しなければならない重要な事実がある。それは、『荀子』においても、例えば「堯を以て堯を継ぐ」や「天下は厭然として鄉と以て異なる無し」などに端的に示されているように、王朝交替論としての天子の禅譲は決して認めていないことである（ただし諸侯の禅譲は否定していない）。これは、世襲制を本質とする『孟子』以来の伝統を『荀子』がしっかりと受け継いでいるという角度から考えると、注目に値する事実である。

そしてもう一つ、天子権力の世襲制の基盤の上で、尚賢政治が実現されることを最も理想とする点も注目に値する。先に述べたように、王位継承者の許容範囲を三公までにしている点から見ると、身分制度に若干の開きは窺われるが、しかし、それは非常に限られた範囲に過ぎず、実質的には王位世襲制を認めているとせねばなるまい（二六）。正論篇

において尊賢使能の原則は、世襲制の前提のもとで実現されるものであることは、

聖王上に在れば、徳を決して次を定め、能を量りて官を授け、皆民をして其の事を載いて各々其の宜しきを得しめ、義を以て利を制すること能わず、偽を以て性を飾ること能わざるものも、則ち兼ねて以て民と為す。

とあることや、

天子は生きては則ち天下をして隆ぶところを一にし順を致めて治め、徳を論して次を定め、死しては則ち能く天下のことに任ずる者は必ず之有り。夫れ礼義の分尽くせり、擅譲悪くんぞ用いんや。

とあることからも容易に看取される。ただ『孟子』の場合は、同じく尊賢を言っても王位のみならず官位も尊尊親親の原則が前提となっていたが、正論篇の場合は王位以外の官位は、尚賢、換言すれば、賢賢主義の原則を貫徹することが最も理想とされており、ここに『孟子』との大きな相違がある。(二七)

以上によって明らかになったように、『荀子』正論篇では、諸侯の禅譲は肯定され天子の禅譲は否定されていたが、同じ『荀子』の中でも成相篇では、天子（堯舜）の禅譲まで肯定的に語られている。すなわち、

請成相、道聖王。堯舜尚賢身辭讓、許由善卷、重義輕利、行顯明。堯讓賢、以爲民、氾利兼愛德施均、辨治上下、貴賤有等、明君臣。堯授能、舜遇時。尚賢推德天下治。雖有賢聖、適不遇世、孰知之。堯不德、舜不辭。妻以二女任以事。大人哉舜、南面而立、萬物備。舜授禹以天下、尚得推賢不失序。外不避仇、內不阿親、賢者予。堯有德、勞心力、干戈不用三苗服、擧舜甽畝、任之天下、身休息。得后稷、五穀殖、夔爲樂正鳥獸服、契爲司徒、民知孝弟、尊有德。禹有功、抑下鴻。辟除民害、逐共工、北決九河、通十二渚、疏三江。禹溥土、平天下、躬親爲民行勞苦、得益・皐陶・橫革・直成爲輔。……道古賢聖、基必張。

請う相を成して、聖王を道わん。堯舜は賢を尚びて身ら辞譲し、許由と善巻とは、義を重んじ利を軽んじて、行い顕明なり。堯は賢に譲りて、以て民の為にし、氾利兼愛して徳の施し均しく、上下を弁治し、貴賤に等有り、君臣を明らかにす。堯は能に授け、舜時に遇う。賢を尚び徳を推して天下治まる。賢聖有りと雖も、適たま世に

遇わざれば、孰か之を知らん。堯は徳とせず、舜は辞せず。妻すに二女を以てし任ずるに事を以てす。大人なるかな舜や、南面して立ち、万物備わる。舜は禹に授くるに天下を以てし、得（徳）を尚び賢を推して序を失わず。外は仇を避けず、内は親に阿らずして、賢者に予う。堯に徳有り、心力を労し、干戈用いずして三苗服し、舜を畎畝より挙げ、之に天下を任じて、身らは休息す。后稷を得て、五穀殖し、夔は楽正と為りて鳥獣も服し、契は司徒と為りて、民は孝弟を知り、有徳を尊ぶ。禹に功有り、鴻を抑《とど》め下す。民の害を辟き除きて、共工を逐い、北のかた九河を決し、十二渚を通じて、三江を疏す。禹は土を溥きて、天下を平らかにし、躬親ら民の為に労苦を行い、益・皐陶・横革・直成を得て輔と為す。……古の賢聖を道わば、基は必ず張る。

とあるが、まず正論篇との相違点についてみてみよう。

第一に、右の文章中に「堯賢に譲る」、「堯能に授く」、「舜禹に授く」、「賢者に予う」とあるのを見ると、正論篇で主張されていた禅譲否定をひっくり返してむしろ称揚している。

第二に、正論篇では天子の一元的支配を維持することを目的として、王朝交替論としての禅譲説を徹底的に否定したが、成相篇では「堯舜は賢を尚びて身ら辞譲す」、「堯賢に譲る」、「堯は能に授け、舜時に遇う。賢を尚び徳を推して天下治まる」、「舜は禹に授くるに天下を以し、得（徳）を尚び賢を推して序を失わず」とあるのを見ると、尚賢論とともに王朝交替論としての禅譲を容認している。

第三に、成相篇に「堯に徳有り、心力を労し、干戈用いずして三苗服し、舜を畎畝より挙げ、之に天下を任じて、身らは休息す。」とあるのは、まさに正論篇で「曰、老者不堪其勞而休也。是又畏事者之議也。」（曰く、老者は其の労に堪えずして休うなり、と。是れ又た事を畏《はばか》る者の議なり。）として極力否定した事柄である。このように見てくると、荀子や荀子学派の中には、一方では天子の禅譲説を否定し、他方ではそれを肯定する二つの部類が存在していたということになる。

以上のような正論篇との相違点は、直ちに『唐虞之道』との共通点につながる。第一の場合、『唐虞之道』でも同じく禅讓説を称揚しており、第二の場合、『唐虞之道』も尚賢論とともに王朝交替論としての禅讓を積極的に主張している（禅讓される側の資質として要求されている愛親は成相篇には見えないが）。また第三の場合、『唐虞之道』でも老衰によって禅讓が行われるとされている。

ところで、成相篇と『唐虞之道』との共通点はこれだけに止まるわけではない。さらに重要な面において両者の間には共通点がある。

第一に、謙遜の徳が語られている点。成相篇に「堯舜は賢を尚びて身ら辞讓す」とあり、「堯徳とせず」とあるのは、堯舜が賢者に対してへりくだる態度を取ったことを意味するが、これは『唐虞之道』第十五～十八号簡に、

夫古者埈（舜）、……斗〈升〉爲天子而不喬（驕）。……斗〈升〉爲天子而不喬（驕）、不潼（流）也。……君民而不喬（驕）、卒王天下而不矣（疑）。

そもそも昔舜は、……天子という高い地位についてもおごり高ぶることはなかった。……天子という高い地位についてもおごり高ぶることがなかったのは、身勝手な振舞をしなかったからである。……君主でありながらおごり高ぶることがなければ、ついには天下に王者となって疑われることはない。

とあるのと密接な関係がある。（二八）

第二に、民に広く利益を与えたとする点。成相篇では、許由や善巻が義を重視し利を軽視したことに対し、堯は民のために位を賢者に譲り、広く利益を与え、あまねく愛し、だれにでも徳を等しく施したとされている。これはまさしく墨家の利天下の思想や（二九）尚賢論・兼愛論をふまえたものであり、『唐虞之道』第一号簡の「天下を利して利とせ

ず」や、第七号簡の「孝之𣦼（殺）、炁（愛）天下之民」（親に対して）孝を尽くし、ついで天下の民を愛する）[三〇]と密接な関係がある。

第三に、遇不遇の思想。成相篇では「賢聖有りと雖も、適たま世に遇わざれば、孰か之を知らん」とあるように、賢人・聖人がいるとしても世にめぐり会うことがなければ、その人が賢人・聖人かは誰にも知られることがないとされている。これは『唐虞之道』第十五号簡に、

從（縱）忎（仁）毘（聖）可与（舉）、旹（時）弗可秉〈及〉歆（矣）。

仁と聖の徳を具有する者は挙用されるとしても、時というのは（人為の）及ばないものである。

とある文章のみならず、郭店楚簡『窮達以時』とも密接な関係がある。[三一]

第四に、養生思想。「堯に徳有り、心力を労し、干戈用いずして三苗服し、舜を畎畝より挙げ、之に天下を任じて、身らは休息す。」という一文の最後に「身ら休息す」とあるのは、『唐虞之道』第二十六～二十七号簡に（引用文⑨、訳は省略）、

㹫（禪）天下而𢦔（授）攴（賢）、退（退）而羕（養）亓（其）生。

とあるのと関連性が窺われる。[三二]

その他にも、（挙用の主体や人数は違うが）成相篇で賢臣として登場する后稷・夔・契・禹・益・皐陶・横革・直成も、尚賢論という角度から見ると、『唐虞之道』の禹・益・后稷・〔伯夷〕・夔・咎繇と思想的背景を共有している。

以上のように、『唐虞之道』と成相篇との共通点は大略八点にも上っている。

ただし、成相篇に「妻すに二女を以てし任ずるに事を以てす」という一句が插入されている以上、出自本位の尚賢論の要素が含まれていると認めざるをえない。この点『唐虞之道』の尚賢論と相違を呈する部分である。[三三]

以上考察したように、『荀子』成相篇と『唐虞之道』の禅譲説との間には若干の相違はあるものの、思想の本質的な面において共通するところが非常に多いことが判明した。しかし、この事実は、今まで全く注目されることのなかった新しい事実である。『唐虞之道』の成立を考える際、成相篇が最も重要な材料の一つであることは間違いないだろう。

三　『尚書』堯典篇と『唐虞之道』との異同

今まで『孟子』及び『荀子』の堯舜帝位継承説話について詳しく検討したが、ここでは、今文『尚書』堯典篇の堯舜帝位継承説話と『唐虞之道』のそれとの共通点及び相違点について考察する。周知のように、堯典篇は非常に難解な一篇であり、かつ研究者を困惑させる一篇でもある。難解というのは勿論一字一句の解釈のことである。困惑させるというのは他ならぬ成立をめぐる諸問題のことである。解釈の問題はさておき、後者の成立の問題の中には、従来例えば暦法の問題、政治思想史上の問題、神話学上の問題等の諸問題をめぐって、特に近代に入ってから活発な議論がなされてきたが、ここで取り扱う堯舜禅譲の問題も成立の問題と絡んで多くの研究が出されている。

ここで成立の問題を全面的に取り扱うことは割愛するが、ただすでに池田末利氏による詳細な整理（堯典の諸本を中心に）がなされているのでそれを参照しつつ、（三四）成立時期について簡略にふれると、大略次のような見解が出されている。①堯舜禹天地人三才説（白鳥庫吉）、②漢武帝の改修を経たものとする説（顧頡剛）、③秦漢人の竄改を経たものとする説（楊寛）、④今本堯典の編成を戦国初期とする説（屈万里・松本雅明）などがある。また天文記事の検討から年代の推定を行った研究もあって、①春秋前半期またはやや前の作品とする説（劉朝陽）、②四中星記事について殷末周初の現象とする説（竺可楨）、③四中星に基づく堯の年代の推定はさほど重要性を持たないあるいは暦法の立場から根本的に賛成しがたいとする説（藪内清）などもある。なお、池田氏自身は、該篇の完成が秦以降にまで下ることは疑いえないとする。[三五]

その他にも、帝典として堯舜両典を合わせた形でほぼ秦の始皇帝のころに完成したとする説、[三六]周初の人の作とする説（王国維・范文瀾・趙淡元）、[三七]書の舜に関する記述は孟子よりも後に成立したとする説、[三八]儒家の内部で尊賢・禅譲のモチーフは『尚書』堯典篇や『論語』堯曰篇により継承・展開され『荀子』正論篇により批判される（同成相篇には禅譲が称揚されている一節があるが、荀子の作であるかは疑問）と系譜づける説、[三九]現行本堯典の成立は遅くとも荀子の時代を下ることはないとする説（山辺進）、[四〇]等々がある。いずれの説にも一長一短があり、またいずれをとるべきかというのはここで性急に決められる事柄ではない。したがって、ここでは主として堯典篇と『唐虞之道』の文体・思想の両面における相違点と共通点を分明にすることに主力を注ぐことにする。なお『論語』堯曰篇は『唐虞之道』と思想上の共通点は全く見られないと考えられるので、ここでは割愛する。

さて堯典篇を中心に『唐虞之道』との内容上の共通点と相違点を簡単にまとめたのが表三である。この異同表において、№8までは堯の事績のみが記述されており、舜が登場するのは№9からである（偽古文『尚書』は№9までを堯典とし以下は舜典とする）。また№18に堯の死とまつわる当時の生々しい状況が書かれており、したがって№19からは当然舜のみの事績となっている。そして№30には最後の締め括りとして舜の一生を総まとめすることで一篇のむすびとしている。このように見てくると、様々な原資料をつなぎあわせて構成した趣きがあるという指摘もあるけれども、[四一]篇全体的に素朴な歴史物語に相応しい構成をしており、その点において論説形式をとっている『唐虞之道』とは大分趣きを異にしている。このような意味で堯典篇の文体は『史記』五帝本紀に最も近いとしなければならない。

表三　堯典篇と『唐虞之道』の異同表

No.	堯典篇の内容	要点	登場人物	異同
1	曰若稽古帝堯、曰放勳。欽明文思安安、允恭克讓。光被四表、格于上下。克明俊德、以親九族。九族既睦、平章百姓。百姓昭明、協和萬邦。黎民於變、時雍。	作者による堯個人の性格・才能・態度（謙遜）・政治的手腕などについての描写	帝堯	△
2	乃命羲和、欽若昊天、曆象日月星辰、敬授人時。分命羲仲、宅嵎夷、曰暘谷。寅賓出日、平秩東作。日中、星鳥、以殷仲春。厥民析、鳥獸孳尾。	曆の整備（仲春）	帝堯⇕羲・和・羲仲	×
3	申命羲叔、宅南交、平秩南訛、敬致。日永、星火、以正仲夏。厥民因、鳥獸希革。	曆の整備（仲夏）	帝堯⇕羲叔	×
4	分命和仲、宅西、曰昧谷。寅餞納日、平秩西成。宵中、星虛、以殷仲秋。厥民夷、鳥獸毛毨。	曆の整備（仲秋）	帝堯⇕和仲	×
5	申命和叔、宅朔方、曰幽都。平在朔易。日短、星昴、以正仲冬。厥民隩、鳥獸氄毛。	曆の整備（仲冬）	帝堯⇕和叔	×
6	帝曰、咨、汝羲曁和、朞三百有六旬有六日、以閏月定四時、成歲。允釐百工、庶績咸熙。	曆の整備（三六六日・閏月・四時・歲）	帝（堯）⇕羲・和	×
7	帝曰、疇咨、若時登庸。放齊曰、胤子朱啓明。帝曰、吁、嚚訟、可乎。帝曰、疇咨、若予采。驩兜曰、都、共工方鳩僝功。帝曰、吁、靜言、庸違、象恭滔天。	人材登用の問題（この段階では誰も登用されていない）	帝（堯）⇕放齊・驩兜。朱・共	×

8	9	10	11	12	13
帝曰、咨、四岳、湯湯洪水方割、蕩蕩懷山襄陵、浩浩滔天、下民其咨。有能俾乂。僉曰、於、鯀哉。帝曰、吁、咈哉。方命圮族。岳曰、异哉。試可、乃已。帝曰、往、欽哉。九載、績用勿成。	帝曰、咨、四岳、朕在位七十載。汝能庸命。巽朕位。岳曰、否德忝帝位。曰、明明揚側陋。師錫帝曰、有鰥在下、曰虞舜。帝曰、兪、予聞。如何。岳曰、瞽子。父頑、母嚚、象傲。克諧、以孝烝烝、乂不格姦。帝曰、我其試哉。女于時、觀厥刑于二女。釐降二女于嬀汭、嬪于虞。帝曰、欽哉。	愼徽五典、五典克從。納于百揆、百揆時敘。賓于四門、四門穆穆。納于大麓、烈風雷雨弗迷。	帝曰、格、汝舜、詢事考言、乃言厎可績三載。汝陟帝位。舜讓于德。弗嗣。	正月上日、受終于文祖。在璿璣玉衡、以齊七政。肆類于上帝、禋于六宗、望于山川、徧于羣神。	輯五瑞、既月乃日、覲四岳羣牧、班瑞于羣后。歲二月、東巡守、至于岱宗、柴、望秩于山川。肆覲東后。協時月、正日、
治水にまつわる人材登用（失敗例）	Ⅰ　帝位継承に関する議論（最初は四岳に薦めるが拒否、四岳による舜の推薦） Ⅱ　舜の家庭環境・才能・資質 Ⅲ　試練①（家庭内）	試練②（政事的試練と宗教的試練）	帝位継承	Ⅰ　帝位継承の儀式 Ⅱ　諸制度の整備 Ⅲ　宗教儀式	Ⅰ　朝覲の儀礼 Ⅱ　巡守の儀礼（東）
帝（堯）⇕四岳。鯀など	帝（堯）⇕四岳。虞舜・父・母・象・二女	舜	帝（堯）⇕舜	舜	舜・四岳・群牧・群后・東
×	△	×	×	×	×

	同律度量衡、脩五禮五玉三帛二生一死贄。如五器、卒乃復。	Ⅲ 暦・度量衡等の諸制度の整備	后	
14	五月、南巡守、至于南岳、如岱禮。八月、西巡守、至于西岳、如初。十有一月、朔巡守、至于北岳、如西禮。歸、格于藝祖、用特。五載一巡守、羣后四朝。敷奏以言、明試以功、車服以庸。	Ⅰ 巡守の儀礼（南・西・北） Ⅱ 廟礼 Ⅲ 朝観の儀礼	舜・群后	×
15	肇十有二州、封十有二山、濬川。	政治・宗教・社会的事業の展開	舜	×
16	象以典刑。流宥五刑、鞭作官刑、朴作教刑、金作贖刑。眚災肆赦、怙終賊刑。欽哉、欽哉。惟刑之恤哉。	刑政の整備	舜	△
17	流共工于幽州、放驩兜于崇山、竄三苗于三危、殛鯀于羽山。四罪而天下咸服。	悪人の追放	舜・共工・驩兜・三苗・鯀	△
18	二十有八載、帝乃殂落。百姓如喪考妣、三載、四海遏密八音。	堯の死	帝（堯）	×
19	月正元日、舜格于文祖。詢于四岳、闢四門、明四目、達四聰。咨十有二牧、曰、食哉、惟時。柔遠能邇、惇徳允元、而難任人、蠻夷率服。	Ⅰ 廟礼 Ⅱ 各種政令の公布	舜・四岳	×
20	舜曰、咨、四岳、有能奮庸、熙帝之載、使宅百揆、亮采惠疇。僉曰、伯禹作司空。帝曰、兪、咨、禹、汝平水土、惟時懋哉。禹拜稽首、讓于稷契暨皐陶。帝曰、兪、汝往哉。	人材登用（水土）	舜⇕四岳・禹。稷・契・皐陶など	△

21	帝曰、棄、黎民阻飢。汝后稷、播時百穀。	人材登用（百穀）	帝（舜）⇕棄（后稷）	△
22	帝曰、契、百姓不親、五品不遜。汝作司徒、敬敷五教。在寬。	人材登用（五教）	帝（舜）⇕契	×
23	帝曰、皐陶、蠻夷猾夏、寇賊姦宄。汝作士。五刑有服、五服三就。五流有宅、五宅三居。惟明克允。	人材登用（五刑・五服・五流・五宅）	帝（舜）⇕皐陶	△
24	帝曰、疇若予工。僉曰、垂哉。帝曰、兪、咨、垂、汝共工。垂拜稽首、讓于殳斨暨伯益。帝曰、兪、往哉、汝諧。	人材登用（工）	帝（舜）⇕垂。殳斨・伯益など	×
25	帝曰、疇若予上下草木鳥獸。僉曰、益哉。帝曰、兪、咨、益、汝作朕虞。益拜稽首、讓于朱虎熊羆。帝曰、兪、往哉、汝諧。	人材登用（草木鳥獣）	帝（舜）⇕益。朱・虎・熊・羆など	△
26	帝曰、咨、四岳、有能典朕三禮。僉曰、伯夷。帝曰、兪、咨、伯、汝作秩宗。夙夜惟寅、直哉惟淸。伯拜稽首、讓于夔龍。帝曰、兪、往欽哉。	人材登用（三礼）	帝（舜）⇕四岳・伯夷。夔・龍など	△
27	帝曰、夔、命汝典樂、敎胄子。直而温、寬而栗、剛而無虐、簡而無傲。詩言志、歌永言、聲依永、律和聲。八音克諧、無相奪倫、神人以和。夔曰、於、予擊石拊石、百獸率舞。	人材登用（楽）	帝（舜）⇕夔	△
28	帝曰、龍、朕堲讒説殄行、震驚朕師。命汝作納言。夙夜出納朕命、惟允。	人材登用（納言）	帝（舜）⇕龍	×

29	帝曰、咨、汝二十有二人、欽哉。惟時亮天功。三載考績、三考、黜陟幽明。庶績咸熙。分北三苗。	人材登用後の舜の治績	帝（舜）⇕22人。三苗	×
30	舜生三十、徴庸三十、在位五十載、陟方乃死。	舜の一生の総まとめ	舜	×

「⇕」は帝が臣下に何かを直接命令したりあるいは臣下と直接会話をしている場合、「×」は『唐虞之道』に関連記事がないか主旨が全く違う場合、「△」は『唐虞之道』と若干の関連性が見られる場合（ただ対象が相互異なる場合もある）、をそれぞれ指す（共通あるいは若干の関連性が見られる部分は「〜」で示した）。「登場人物」は基本的に原文に明記されているものを掲げたが、明記されていなくても文脈によって十分読みとれる場合も掲げておいた。なお「登場人物」には個人のみならず群臣や種族の場合も含めた。また一説官名とされるものもある（例えば四岳など）。

これを文体から見た第一の相違点とする。

その次の手続きとして、両篇をマクロスコピックに見てみると、まず言えるのは、両者において完全に共通する文章は一つもないことである。次に若干の関連性が看取される部分も全体の約三三㌫（No.1・9・16・17・20・21・23・25・26・27）にすぎず、残りの七三㌫以上は『唐虞之道』とほとんど関連がない。ただ「×」を記した中で、例えばNo.12・13・14を『唐虞之道』第四号簡の「上事天」（上は天に仕える）、同「下事埅（地）」（下は地に仕える）、同「沓（時）事山川」（四季折々に山川に仕える）、第五号簡の「新（親）事且（祖）窴（廟）」（自ら祖廟に仕える）と関係づける見解もある（王博氏）。[四二] 確かに全く関係がないとは言えないが、しかし『唐虞之道』ではそれを行う主体が堯典篇のように舜に限定されているわけではない（聖人とある）。また堯典篇では巡守の目的が例えばNo.13に「肆覲東后」（肆《つい》に東后を観る）とあるように諸侯国の引見、換言すれば、天子と諸侯との間の支配被支配関係の固めにあるが、[四三] 『唐虞之道』では第四号簡に「效（教）民又（有）𢍜（尊）也」（民衆に尊貴なものがあることを教える）とあり、同じく第四号簡に「效（教）民又（有）新（親）也」（民衆に親しいものがあることを教える）とあり、第四～五号簡に「效（教）民又（有）敬（敬）也」（民衆に敬うべきものがあることを教える）とあり、第五号簡に「效（教）民孝也」（民衆に孝を教える）とあるように、民衆の支配イデオロギーの確立にあって、権力強化という面では同じであるが、その方向は相違しているのである。これを第二の相違点とする。

引き続き両者の相違点をマイクロスコピックに分析してみよう。

第一に、No.1～8までの堯に関する事績については、最初に堯個人の帝王としての性格や才能・態度（謙遜）・政治的手腕など、いずれも聖王に相応しい人格として描かれている。ただし、No.1に「曰若稽古帝堯」（曰若《ここ》に古の帝堯を稽うるに）と始まっているように、堯に対する客観的な描写というよりも、むしろ該篇の作者による主観的なものである可能性が高い。その中に一つ目を引くのは「允恭克讓」（允に恭しく克く讓る）という表現である（『大戴礼記』五帝徳篇、『史記』五帝本紀には「富而不驕」（富めども驕らず）とある）。すなわち、帝王として堯が取った態度の一つとして謙遜が言われていることである。後述するように（本書第七章）、『唐虞之道』にも謙遜思想が取り入れられており、その点から見れば共通しているようである。しかし、『唐虞之道』の場合は舜について言っているので堯典篇とは対象が全く違う。ちなみに、No.11に「舜讓于德」（舜讓るに德を于《もっ》てす）という記述があってこれも謙遜のことを意味しているようだが、これは舜が天子となる前の讓位をめぐっての事柄であるので、『唐虞之道』のように天子となった後に取った態度とは一致しない。

第二に、No.2～6は堯が羲仲・羲叔・和仲・和叔に命じて暦を整備することにほとんどの記述が費やされていることから分かるように、堯の政治的治績や官僚的性格を描写しようとする作者の意識が浮き彫りにされている。堯に関するこのような治績や性格は『唐虞之道』には存在しない。また『唐虞之道』では基本的に堯に関する描写が舜に比べて非常に乏しい。例えば、「堯舜の王」、「堯舜の行い」とあるように常に舜と並称されたり、あるいは舜を挙用したり、あるいは舜に禅譲したというごく簡単な記述しか見えない。

第三に、No.7・8はいずれも人材登用の問題と関わっている。しかしいずれも失敗例にすぎない。これもまた『唐虞之道』にはない要素である。ただし、No.7・8は作者が次のNo.9・10の舜の登用・試練をドラマチックにするために意識的に挿入したものと推量される。

第四に、No.9からはいよいよ舜が登場する場面である。そこには①「朕在位七十載」（朕れ位に在ること七十載なり）、②「側陋」、③「予聞」（予も聞けり）、④「瞽」、⑤「父」、⑥「象」、⑦「以孝烝烝」（孝を以て烝烝とす）という大略七つの語句において『唐虞之道』との関連性が窺われる。まず①は『唐虞之道』第二十六号簡に「七十にして正（政）を至（致）す」（引用文⑨）とある。ただし『唐虞之道』は主語を古代の聖人としてより一般化・普遍化しているのに対し堯典篇では堯に直接言わせているという相違がある。②は舜と関わる語であるが、意味的には『唐虞之道』第十六号簡に「𡖒（舜）佢（居）於艸（草）茅之中」（舜は在野に身を置いても憂えることはなかった）とあるのと大差ない。ただし、『唐虞之道』は命思想によって理念化されている。③⑤⑥は『唐虞之道』第二十二～二十三号簡に「古者埜（堯）の𡖒（舜）を弃（舉）ぐるや、𡖒（舜）の孝なるを昏（聞）き、……𡖒（舜）の弟なるを昏（聞）き、……𡖒（舜）の弟に𢆶（慈）なるを昏（聞）き、〔亓（其）の能く〕□□□〔を智（知）れば〕」（引用文⑫）とあるのと関連性が見られる。ただし、『唐虞之道』は年長者に対する倫理徳目である弟もあって、家族だけでなく宗族というより広い範囲において舜の能力を評価している。④は『孟子』にもあるが『唐虞之道』にも「瞽寞」や「瞽寞の子」とある。⑦は『唐虞之道』の愛親や孝の思想と密接な関係がある。[四四] ただし、『唐虞之道』では「古者埜（堯）の𡖒（舜）を弃（舉）ぐるや、𡖒（舜）の孝なるを昏（聞）き、云々」とあるように、孝が舜の挙用の直接的な原因の一つとなっており、また全篇において非常に重要な意味を持っているが、堯典篇ではここに一度しかふれておらず、また挙用の直接的な原因となっていない。

第五に、第四と関連して堯典篇では堯が最初に舜ではなく四岳に譲位しようとしたことも『唐虞之道』には全くない記述であるが、№.9・10で舜の挙用・譲位の直接的な原因となっている試練①及び試練②も『唐虞之道』には全くない要素である（『孟子』には類似の記事が見えるが、それと堯典篇との根本的な相違についてはすでに大谷・小野沢両氏が詳細に分析している[四五]）。しかし、堯典篇ではその試練がかえって挙用・譲位へと反転されており、その意味では禅譲の決定的な要因となっている。その意味において堯典篇の堯舜帝位継承説話はよりニュートラルな業績指向型であり[四六]、『唐虞之道』は倫理指向型と言えないだろうか。いずれにせよ、この部分は『唐虞之道』との重要な相違を示す一部分である。

第六に、№.11～19は帝位の継承と宗教的儀式、暦・度量衡などの諸制度の整備、巡守・朝覲の儀礼、政治・宗教・社会的事業の拡大展開、刑政の整備、悪人の追放、堯の死、廟礼、各種政令の公布、等々の内容から構成されている。これらを見ても、そこには宗教的性格も存するが、やはり政治的官僚的性格が強い。これら舜に関する諸事業と治績は『唐虞之道』には基本的にない。ただし、舜が刑政を整備し罪人を追放したという記事は、『唐虞之道』第十三号簡に「㤅（愛）而是（征）之、吳（虞）虽（夏）之𤔲（治）也。」（愛をもって治めながらも服従しないものを征伐したのが、虞夏の政治である。）とあるのと通じるところがある。

第七に、№.20～28はいずれも人材登用と関連している。この中で『唐虞之道』と関連があるのは№.20・21・23・25・26・27のみである（『唐虞之道』に欠字があるため推測によるものもある）。ただ、関連しあってはいるが、堯典篇のような詳細な描写は『唐虞之道』にはなされていない。しかも№.29では登用された人材の数が二二人にものぼっている。そして四岳や舜もそうであったように、禹・垂・益・伯夷は最初は受けずに皆他の人物に大任を譲ろうとしている。これも一種の謙遜思想のように思われるかも知れないが、しかし『唐虞之道』の謙遜思想と性質の全く違うことは言うまでもない。なおこれと類似の記述は『史記』五帝本紀以外は見えない。そして最後の№30も『大戴礼記』五帝徳篇や『史記』五帝本紀などにしか見えず、『唐虞之道』にはない。

ところで、帝位継承をめぐって両者の間には重要な共通点がある。一つは、堯の在位中に帝位継承が行われている点である。もう一つは、『孟子』のような天の思想は全く見えず、堯の自主的人為的行為として帝位継承が行われている点である。前に考察したように、前者の場合、君臣易位に反対する『孟子』は在位中の譲位を認めず摂政の概念をもって説明したが（本節の「二」）、堯典篇では摂政を明示する語句はどこにもない。この在位中の譲位は『荀子』正論篇もまた鋭く批判した事柄である。後者の場合は『孟子』の堯舜帝位継承説話の中核に当たる部分であり、それが全く見えないというのは『孟子』との大きな隔たりを意味する。この両特徴及び『左伝』のケースを合わせて考えると、結局戦国時代に堯舜の帝位継承の時期をめぐって、第一に、『孟子』・『左伝』のように死後に行われたとする部類、第二に、『荀子』正論篇のように天子の禅譲そのものを認めない部類、第三に、『唐虞之道』・『尚書』堯典篇・『荀子』成相篇のように在位中の帝位継承を認める部類、という少なくとも三つの部類があったと推察される。特に第三の部類は前漢時代の文献である『淮南子』主術篇・繆称篇でも再確認される（後述）。

ただし、『唐虞之道』と堯典篇がともに在位中の帝位継承を認めているとしても、さりとて両者が全く一致しているわけではない。堯典篇では№9に堯が舜を試すために自分の二人の娘（二女）を嫁がせる説話が挿入されている。(四七)つまり、舜は二女と婚姻関係を結ぶことによって、堯の親類になっているのである。そうすると堯典篇における帝位継承は二女を嫁がせる説話が挿入されたことによって、血縁関係ではないにしろ、結局姻戚を含む広い意味での親属の範囲内の帝位継承、ということになる。このことが二女を嫁がせる説話を取り入れていない『唐虞之道』と相違することは自明のことである。

今まで見てきたような諸相違点から見れば、王博氏のように、『唐虞之道』を堯典篇を解釈・展開したものとして、両者を単純に結びつけようとする説は、これ以上成立しがたいことは言うまでもない。

以上、『孟子』万章上篇、『荀子』正論篇と成相篇、『尚書』堯典篇の儒家系統の文献に見られる堯舜帝位継承説話を『唐虞之道』のそれと比較する形で考察したが、次節では道家系統の文献の『莊子』と法家系統の諸文献を中心に、諸他の学派において堯舜帝位継承説話がどのように受け止められていたかについて考察することにする。

第四節　『莊子』及び法家系統の諸文献に見られる堯舜帝位継承説話

顧頡剛氏は、かつて道家及び法家が禅譲説に対してどのような反応を示したかを考察したところで、次のように指摘したことがある。まず道家については、

禅譲の故事は、儒家と墨家が百年近く誇張してきた結果、各個人の心の中に深く入り込み、政治界や学術界を問わず、このような故事が古代においていかに実現され、かつ今日に再現できるかどうかということが、議論の重大な問題となった。儒家と墨家は、尚賢を主張し、経世を主張したが、彼らが理想としていた天子は、最も能力があってよいことをする人であった。それゆえ墨家は禅譲説を作り出すことができたし、儒家もそれを取り入れることができたのである。ただし、道家はそうではなかった。彼らは自然に任せるのみで、尚賢はしてはならず、経世もしてはならないと主張した。それゆえ、禅譲の故事も軽蔑し、堯舜のような大聖人は取るに足らぬ人

となってしまった。

とし、次に法家については、

彼らは君主権力を拡大することを主張するのみで、人民に自由を与えることを主張することはなく、人民が自由に政治に参与する権利はなかったため、当然ながら尚賢をさほど提唱する必要はなかった（法家は自分たちの活路が閉ざされるのを恐れていたため、決して尚賢説を完全に排斥したわけではない）。また彼らは聖法の治を主張し、聖王の治を崇拝しなかったため、禅譲はなおさら必要としなかった。したがって、彼らは禅譲説に対して、道家と同様全く関心がなく、反対の理由は異なるものの、それを取り消すことだけを考えていた。

という。(四八)要するに、その理由は異なっても、道家・法家いずれも禅譲説を軽蔑したりそれに反対したりしていたということである。しかし、それは一面的な捉え方に過ぎず、事情はそれほど単純ではない。ここでその複雑な事情を綿密に検討する必要性が自ずと出てくる。それをまず道家系の代表的な文献である『荘子』の方から検討することにする。

『荘子』の場合、顧氏も引用しているように、その中で比較的早い段階で成立したと思われる逍遥遊篇の堯・許由問答（類似の文章は『呂氏春秋』求人篇にも見える）や、庚桑楚篇で庚桑子が堯舜を大乱の本と非難する話、秋水篇の河伯・北海若問答で、禅譲や世襲・放伐などに価値づけすることの無意味さを披瀝する話、徐無鬼篇で舜を巻婁者に譬える話、そして譲王篇で舜が自分に天下を譲ろうとしたことに憤怒して自殺してしまった北人無択のようなやや極端な説話（類似の文章は『呂氏春秋』離俗篇にも見える）などを見れば、確かに初期から禅譲説に批判的だったか、あるいはそれを軽蔑していたように思われる。ところが、天地篇には、

堯治天下、伯成子高立爲諸侯。堯授舜、舜授禹、伯成子高辭爲諸侯而耕。禹往見之、則耕在野。禹趨就下風、立

而問焉曰、昔堯治天下、吾子立爲諸侯。堯授舜、舜授予、而吾子辭爲諸侯而耕。敢問、其故何也。子高曰、昔堯治天下、不賞而民勸、不罰而民畏。今子賞罰而民且不仁。德自此衰、刑自此立、後世之亂自此始矣。夫子闔行邪。無落吾事。俋俋乎耕而不顧。

堯天下を治むるに、伯成子高立ちて諸侯と為る。堯舜に授け、舜禹に授くれば、伯成子高諸侯為るを辞して耕す。禹往きて之を見れば、則ち耕して野に在り。禹趨りて下風に就き、立ちて問いて曰く、昔堯天下を治むるに、吾子立ちて諸侯と為れり。堯舜に授け、舜予れに授くれば、而ち吾子諸侯為るを辞して耕す。敢て問う、其の故何ぞや、と。子高曰く、昔堯天下を治むるに、賞せずして民勧め、罰せずして民畏る。今子賞罰して民且に不仁ならんとす。徳は此れ自り衰え、刑は此れ自り立ちて、後世の乱此れ自り始まらん。夫子闔《なん》ぞ行かざるや。吾が事を落《さまた》ぐる無かれ、と。俋俋乎として耕して顧みず。（類似の文章は『呂氏春秋』長利篇、『淮南子』氾論篇、『新序』節士篇などにも見える）

とあるように、堯舜の時代は賞罰を用いなくてもうまく治まった治世であったが、禹の時代になって始めて賞罰を用いたので徳が衰え、以後世の政治が乱れる原因となったと描写されている。換言すれば、堯舜の時代の統治方法は成功例とし、禹の時代のそれは失敗例としており、ここでは顧氏が「堯舜のような大聖人は取るに足らぬ人となってしまった」と指摘したのとは裏腹に、堯舜の時代が高く評価されているのである。

そして、もう一つ、本書第一部第五章第二節で『呂氏春秋』貴生篇とともに考察する譲王篇（堯が天下を子州支父に譲ろうとした話）のように、戦国末期になって、政治権力と断絶もしくは鋭く対立した形で、個人の生命にのみ関心があった初期の養生思想とは違って、自己や万物・民の生命を国家より重視する人物にこそ国家の政治を任せるべきだという、よりポジティブな政治論に転身し、それによって禅譲説も肯定的に捉えられるようになった事実も、ここで注目する必要がある。

以上を要するに、『荘子』の中で堯舜説話は、それを批判・軽蔑する一派もあったが、その反対に堯舜の治世を称揚したり、あるいは養生思想を政治論に転身させることによって禅譲説も肯定的に捉える一派も存在していたことに十分注意を払わなければなるまい。

このような事情は、法家系の文献においても同様のことが言える。例えば、顧氏も指摘したように、『韓非子』忠孝篇の冒頭に見える「堯舜之道」に関する記事は、言うまでもなく堯舜の禅譲を批判したものである。ところで、このような忠孝篇流の堯舜禅譲及び舜の行為への批判は、例えば、『孟子』万章上篇で咸丘蒙の質問の中に、

舜南面而立、堯帥諸侯、北面而朝之。瞽瞍亦北面而朝之。舜見瞽瞍、其容有蹙。孔子曰、於斯時也、天下殆哉。岌岌乎。不識、此語誠然乎哉。

舜南面して立つや、堯諸侯を帥いて、北面して之に朝す。瞽瞍も亦た北面して之に朝す。舜瞽瞍を見て、其の容蹙める有り。孔子曰く、斯の時に於てや、天下殆いかな。岌岌乎たり、と。識らず、此の語誠に然るか。

とあることや、『荘子』盗跖篇に「舜不孝」（舜は孝ならず）とあり、また同篇に「舜流母弟」（舜は母弟を流せり）とあり、『呂氏春秋』当染篇に「舜有不孝之行」（舜に不孝の行い有り）とあり、『淮南子』氾論篇に「舜有卑父之謗」（舜に卑父の謗有り）とあり、『鶡冠子』世兵篇に「舜有不孝」（舜に不孝有り）とあり、堯舜という語はないが、馬王堆帛書『経法』（以下、帛書『経法』[四九]と略称）六分篇第二十三行上～第二十三行下に「亓（其）子父、亓（其）臣主、雖強大不王。」（自分の父を子として扱い、自分の君主を臣下として扱うような国は、たとえ国が強大であっても、王となることはできない。）とある諸例から見れば、先秦から漢初にかけて往々にして存在していたことも事実のようであり、忠孝篇もそのような批判をふまえつつさらにアレンジして、自説の正当性を裏付ける歴史的根拠としてその中に取り入れたよう

である。いずれにせよ、その全篇において、一君万民、君主の一元的支配を主張する『韓非子』の考え方からは、堯舜の禅譲やそれにまつわる様々な説話は、結局君臣・父子の秩序を乱すものにすぎないことは、当然の帰結かも知れない。しかし、法家系の文献すべてがこのような『韓非子』的な考え方に塗りつぶされているかといえば、実はそうでもない。例えば、『商君書』修権篇には、

凡人臣之事君也、多以主所好事君。君好法、則臣以法事君。君好言、則臣以言事君。君好法、則端直之士在前、君好言、則毀譽之臣在側。公私之分明、則小人不疾賢、而不肖者不妬功。故堯舜之位天下也、非私天下之利也、爲天下位天下也。論賢擧能而傳焉、非疏父子親越人也。明於治亂之道也。……故公私之交、存亡之本也。

凡そ人臣の君に事うるや、多くは主の好む所を以て君に事う。君法を好めば、則ち臣は法を以て君に事う。君言を好めば、則ち臣は言を以て君に事う。君法を好めば、則ち端直の士前に在り、君言を好めば、則ち毀誉の臣側に在り。公私の分明らかなれば、則ち小人は賢を疾まず、而して不肖者は功を妬まず。故に堯舜の天下に位するや、天下の利を私するに非ざるなり、天下の為に天下に位するなり。賢を論じ(五〇)能を挙げて伝え、父子を疏んじ越人に親しめるに非ざるなり。治乱の道に明らかなればなり。……故に公私の交は、存亡の本なり。

とあって、堯と舜の「天下の利を私するに非ず」という統治方法の面においても、また「賢を論じ能を挙げて伝う」、すなわち堯が舜に位を譲った禅譲の面においても、公私の区別を明らかにした歴史的事例として、肯定的に捉えられている。修権篇の「天下の利を私するに非ず」の話は、(堯についての言及はないが)『管子』版法解篇にも、

凡所謂能以所不利利人者、舜是也。舜耕歴山、陶河濱、漁雷澤、不取其利、以敎百姓。百姓擧利之。此所謂能以所不利利人者也。

凡そ所謂能く利せざる所を以て人を利する者は、舜是れなり。舜は歴山に耕し、河浜に陶し、雷沢に漁し、其の

利を取らずして、以て百姓に教う。百姓挙げて之を利とす。此れ所謂能く利せざる所を以て人を利する者なり。

とあり、その他にも同枢言篇に、

以卑爲卑、卑不可得、以尊爲尊、尊不可得、桀舜是也。

卑を以て卑と為すも、卑得可からず、尊を以て尊と為すも、尊得可からざるは、桀舜是れなり。

とあり、同形勢解篇に、

堯舜古之明主也。天下推之而不倦、譽之而不厭、久遠而不忘者、有使民不忘之道也。故其位安而民來之。

堯舜は古の明主なり。天下之を推して倦まず、之を誉めて厭わず、久遠にして忘れざるは、民をして忘れざらしむるの道有ればなり。故に其の位安くして民之に来る。

などとあるのを見れば、『韓非子』を除き『商君書』『管子』の場合は、堯舜の統治方法や禅讓の治績を称揚していたことは明らかであろう。そして、このように堯舜の統治方法及び禅讓の治績を称揚する風潮は、戦国末期から漢初にかけてもずっと続くようである。

第五節　戦国末期より前漢時代にかけての堯舜帝位継承説話の展開

さて『荘子』天地篇、『商君書』修権篇、『管子』枢言篇・版法解篇・形勢解篇のように、堯舜の統治方法や禅讓の治績を高く評価することは、戦国末期から前漢のいわゆる雑家に分類される文献においても、いくつかの例が見られる。例えば、『呂氏春秋』去私篇に、

天無私覆也、地無私載也、日月無私燭也、四時無私行也。行其德、而萬物得遂長焉。黄帝言曰、聲禁重、色禁

重、衣禁重、香禁重、味禁重、室禁重。堯有子十人、不與其子而授舜。舜有子九人、不與其子而授禹。至公也。天に私覆無く、地に私載無く、日月に私燭無く、四時に私行無し。其の徳を行いて、万物遂長することを得。黄帝の言に曰く、声は重きを禁じ、色は重きを禁じ、衣は重きを禁じ、香は重きを禁じ、味は重きを禁じ、室は重きを禁ず、と。堯は子十人有り、其の子に与えずして舜に授く。舜は子九人有り、其の子に与えずして禹に授く。至公なり。

とあり、同圜道篇に、

天道圜、地道方。聖王法之、所以立上下。何以説天道之圜也。精氣一上一下、圜周復雜、無所稽留。故曰天道圜。何以説地道之方也。萬物殊類殊形、皆有分職、不能相爲。故曰地道方。主執圜、臣處方。方圜不易、其國乃昌。……先王之立高官也、必使之方。方則分定、分定則下不相隱。堯舜賢主也、皆以賢者爲後、不肯與其子孫。猶若立官必使之方。今世之人主、皆欲世勿失矣、而與其子孫、立官不能使之方。以私欲亂之也、何哉。其所欲者之遠、而所知者之近也。今五音之無不應也、其分審也。宮徵商羽角、各處其處、音皆調均、不可以相違。此所以無不受也。賢主之立官、有似於此。百官各處其職、治其事、以待主、主無不安矣。以此治國、國無不利矣。以此備患、患無由至矣。

天道は圜、地道は方なり。聖王之に法り、上下を立つる所以なり。何を以て天道の圜なるを説くや。精気一上一下し、圜周復雑して、稽留する所無し。故に天道は圜なりと曰う。何を以て地道の方なるを説くや。万物類を殊にし形を殊にして、皆分職有り、相為す能わず。故に地道は方なりと曰う。主は圜を執り、臣は方に処る。方圜易わらざれば、其の国乃ち昌ゆ。……先王の高官を立つるや、必ず之をして方ならしむ。方なれば則ち分定まり、分定まれば則ち下相隠さず。堯舜は賢主なり、皆賢者を以て後と為し、肯て其の子孫に与えず。猶お官を立つるに必ず之をして方ならしむるが若し。今世の人主、皆世よ失うこと勿きを欲して、其の子孫に与え、官を立つるに之をして方ならしむること能わず。私欲を以て之を乱すは、何ぞや。其の欲する所の者の遠くして、知る所の者の近ければなり。今五音の応ぜざること無きは、其の分審らかなればなり。宮徴商羽角、各おの其の処に処り、音皆調均し、以て相違う可からず。此れ受けざる無き所以なり。賢主の官を立つる、此れに似たるもの有り。百官各おの其の職に処り、其の事を治め、以て主を待てば、主安からざる無し。此を以て国を治むれば、国利あらざる無し。此を以て患いに備うれば、患い由りて至ること無し。

とあるのがその例である。これらの例は、『礼記』礼運篇の大同小康説との関わりにおいて、従来よく引用されてきた文章であり、特に『唐虞之道』の「天下を利して利とせず」、すなわち社会的利思想の問題とも深く関わっているので、これについては後述する。

次に尚賢論の主張を裏付ける歴史的事例として、堯舜禅譲説が用いられる例がある。例えば、『呂氏春秋』謹聴篇に、

夫堯惡得賢天下而試舜、舜惡得賢天下而試禹。斷之於耳而已矣。耳之可以斷也、反性命之情也。今夫惑者、非知反性命之情。

夫れ堯悪くんぞ賢を天下に得て舜を試いたる、舜悪くんぞ賢を天下に得て禹を試いたる。之を耳に断ずるのみ。耳の以て断ず可きや、性命の情に反るなり。今夫の惑える者は、性命の情に反るを知るに非ず。

とあり、同求人篇に、

堯傳天下於舜、禮之諸侯、妻以二女、臣以十子、身請北面朝之、至卑也。

堯天下を舜に伝うるや、之に諸侯に礼せしめ、妻わすに二女を以てし、臣とするに十子を以てし、身北面して之

を朝せんことを請うは、至卑なり。（以下、求人篇①）

とあり、また同篇に、

昔者堯朝許由於沛澤之中曰、十日出而焦火不息、不亦勞乎。夫子爲天子、而天下已治矣。請屬天下於夫子。許由辭曰、爲天下之不治與、而既已治矣。自爲與、啁噍巣於林、不過一枝。偃鼠飲於河、不過滿腹。歸已君乎、惡用天下。遂之箕山之下、潁水之陽、耕而食、終身無經天下之色。故賢主之於賢者也、物莫之妨、戚愛習故、不以害之。故賢者聚焉。賢者所聚、天地不壞、鬼神不害、人事不謀。此五常之本事也。

昔者堯許由に沛沢の中に朝して曰く、十日出でて焦火息まず、亦労ならずや。夫子天子と為らば、而ち天下已《もっ》て治まらん。請う天下を夫子に属せん、と。許由辞して曰く、天下の治まらざるが為か、而《なんじ》既に已に治めたり。自ら為にするか、啁噍は林に巣くうも、一枝に過ぎず。偃鼠は河に飲むも、腹を満たすに過ぎず。帰り已めよ君や、悪くんぞ天下を用いん、と。遂に箕山の下、潁水の陽に之き、耕して食い、終身天下を経するの色無し。故に賢主の賢者に於けるや、物之を妨ぐる莫く、戚愛習故、以て之を害せず。故に賢者聚まる。賢者の聚まる所、天地も壊らず、鬼神も害せず、人事も謀らず。此れ五常の本事なり。（以下、求人篇②）

とあり、『淮南子』泰族篇に、

昔者五帝三王之蒞政施敎、必用參五。何謂參五。仰取象於天、俯取度於地、中取法於人。……此之謂參。制君臣之義、父子之親、夫婦之辨、長幼之序、朋友之際、此之謂五。乃裂地而州之、分職而治之、築城而居之、割宅而異之、分財而衣食之、立大學而敎誨之、夙興夜寐而勞力之、此治之綱紀也。然得其人則擧、失其人則廢。堯治天下、政敎平、德潤洽、在位七十載、乃求所屬天下之統、令四岳揚側陋。四岳擧舜而薦之堯。堯乃妻以二女、以觀其內、任以百官、以觀其外。既入大麓、烈風雷雨而不迷。乃屬以九子、贈以昭華之玉、而傳天下焉。以爲雖有法度、而朱弗能統也。

昔者五帝三王の政に蒞み教を施すや、必ず参五を用う。何をか参五と謂う。仰ぎて象を天に取り、俯して度を地に取り、中は法を人に取る。……此れを之参と謂う。君臣の義、父子の親、夫婦の弁、長幼の序、朋友の際を制す、此れを之五と謂う。乃ち地を裂きて之を州にし、職を分ちて之を治め、城を築きて之に居り、宅を割きて之を異にし、財を分ちて之に衣食せしめ、大学を立てて之を教誨し、夙に興き夜に寐ねて之に労力す、此れ治の綱紀なり。然れども其の人を得れば則ち挙がり、其の人を失えば則ち廃る。堯は天下を治め、政教平らかに、徳潤洽ねく、位に在ること七十載、乃ち天下の統を属する所を求め、四岳をして側陋を揚げしむ。四岳舜を挙げて之を堯に薦む。堯乃ち妻わすに二女を以てし、以て其の内を観、任ずるに百官を以てし、以て其の外を観る。既に大麓に入るるに、烈風雷雨にも迷わず。乃ち属するに九子を以てし、贈るに昭華の玉を以てして、天下を伝う。法度有りと雖も、朱は統ぶる能わじと以為えばなり。

とあるのが、その例である。謹聴篇では堯が舜を、舜が禹を挙用できたのは、結局耳で判断しただけであり、それを可能にするのは性命の情、すなわち、生命のあるがままの実情に立ち返ってこそ可能であるとされている。ここで性命の情は、言うまでもなく養生説と関係のあることばではあるが、右引の文章を含む謹聴篇全体の主旨が、禹、文王、周公、斉の桓公、魏の文侯がそうであったように、君主が自分の欠点を弁えて賢者を謙虚に礼遇し、賢者の意見に耳を傾けるべきだということにあることを考えると、「性命の情に反る」とは、形式的には養生説の用語を借用してはいるが、その意味するところは、虚心に帰って賢者の意見に耳を傾ける、という程度のことであろう。(五一)

この謹聴篇でも僅かながら、賢者に対して謙虚な態度を取るべきことが要求されていることが窺われるが、これよりさらに明確に謙遜の徳を説いているのは、求人篇①である。すなわち、君主自身は勿論、国家が安定し天下がうまく治まる秘訣は、「身定國安、天下治、必賢人。」（身定まり国安んじ、天下治まるには、賢人を必とす。）とあるように賢人にあるという尚賢論の立場から、先王の賢人を求めた方法として、「先王之索賢人無不以也、極卑極賤、極遠極勞。」（先王の賢人を索むるや以《もち》いざる無く、卑きを極め賤しきを極め、遠きを極め労れを極む。）とあるように、特に謙遜の態度が強調されている。その際、堯舜の禅譲は謙遜の極致（至卑）として称揚されており、また「身北面して之を朝せんことを請う」とあるように自ら北面して臣下となり舜に謁見することを請うたとあるが、この「北面して之を朝す」は、『孟子』万章上篇では斉東野人の語として、極力否定されていた事柄である。しかし、前にも述べたように『唐虞之道』では堯が舜に譲位して舜の臣下となったことが、別に否定的に捉えられていない点を想起すると、ここでも『呂氏春秋』と『唐虞之道』とのつながりを推察できる。

そして、もう一つ特記すべきことは、求人篇②である。この文章は恐らく前引の『荘子』逍遥遊篇から採ってきたものと思われるが、特に逍遥遊篇の文章を引用した後に附したコメントの部分を見ると、逍遥遊篇とは全く趣が異なっている。すなわち、賢主が賢者を厚遇する場合は、如何なるものもそれを妨げることはできず、よって賢主の下には賢者が集まるとされている。これはまさに、逍遥遊篇の禅譲失敗・禅譲拒否例を今度は尚賢論として再利用しているることを意味するが、これはそのほとんどの場合において、堯舜の禅譲を肯定し尚賢論に基づく賢人政治を強調する『呂氏春秋』の主旨とうまく合致している。

このような『呂氏春秋』の尚賢思想は、『淮南子』にも受け継がれている。すなわち、泰族篇で、（五帝三王がそうであったように）参・五を政治の綱領として統治しても、「然れども其の人を得れば則ち挙がり、其の人を失えば則ち廃る」とあるように、なお賢者を挙用しなければ、その成果は挙がらないとし、かつそのような尚賢思想を裏付けるために、『尚書』堯典篇の中から特に舜の試練に当たる部分を引いて例証している。しかし、そこにはもはや尚賢論としての意味だけがあって、王朝交替論としての意味は全く看取されない。これは恐らく漢統一後の時代的制約によるものと考えられる。

次に舜が『荘子』斉物論篇の「不道之道」（道とせざるの道）や『老子』に代表される「無爲而無不爲」（無為にして為さざる無し）の政治を実践した道家の聖人として描かれている例がある。『淮南子』原道篇に、

士處下不爭高、故安而不危。水下流不爭先、故疾而不遲。昔舜耕於歴山、朞年而田者、爭處墝埆、以封壤肥饒相讓。釣於河濱、朞年而漁者、爭處湍瀨、以曲隈深潭相予。當此之時、口不設言、手不指麾、執玄德於心、而化馳若神。使舜無其志、雖口辯而戸説之、不能化一人。是故不道之道、莽乎大哉。夫能理三苗、朝羽民、從裸國、納肅愼、未發號施令、而移風易俗者、其唯心行者乎。法度刑罰、何足以致之也。是故聖人、内脩其本、而不外飾其末。保其精神、偃其智故、漠然無爲而無不爲也、澹然無治也而無不治也。所謂無爲者、不先物爲也。所謂無不爲者、因物之所爲。所謂無治者、不易自然也。所謂無不治者、因物之相然也。（類似の文章は今本『文子』符言篇・道原篇などに一部散見する）

士は下きに処りて高きを争わず、故に安くして危うからず。水は下きに流れて先を争わず、故に疾くして遅からず。昔舜の歴山に耕すや、朞年にして田つくる者は、争いて墝埆に処り、封壌[五二]〈畔〉肥饒を以て相譲る。河浜に釣るや、朞年にして漁する者は、争いて湍瀬に処り、曲隈深潭を以て相予う。此の時に当りて、口は言を設けず、手は指麾せず、玄徳を心に執りて、化の馳すること神の若し。舜をして其の志無からしむれば、口に弁じて戸ごとに之を説くと雖も、一人をも化すること能わざらん。是の故に道とせざるの道は、莽乎として大なるかな。夫れ能く三苗を理め、羽民を朝せしめ、裸国を従え、粛慎を納れ、未だ号を発し令を施さずして、風を移し俗を易うるは、其れ唯だ心行なる者のみか。法度刑罰は、何ぞ以て之を致すに足らんや。是の故に聖人は、内に

は其の本を修めて、外には其の末を飾らず。其の精神を保ち、其の智故を偃せ、漠然無為にして為さざる無く、澹然無治にして治まらざる無きなり。所謂無為とは、物に先だちて為さざるなり。所謂為さざる無しとは、物の為す所に因るなり。所謂無治とは、自ら然るを易えざるなり。所謂治まらざる無しとは、物の相然るに因るなり。

とあるのがその例である。舜は前述したように、『荘子』においては堯とともにおおむね低く評価されていたが、ここではむしろ道家の道を実践した聖人として最高の評価が与えられている。舜を無為を実践した帝王として描くことは、『論語』泰伯篇に、

子曰、巍巍乎、舜禹之有天下也。而不與焉。

子曰く、巍巍乎たるかな、舜禹の天下を有てるや。而して与からず、と。

とあることや同衛霊公篇に、

子曰、無爲而治者、其舜也與。夫何爲哉。恭己正南面而已矣。

子曰く、無為にして治まる者は、其れ舜なるか。夫れ何をか為さんや。己れを恭しくして正しく南面するのみ、と。

とあるのとも類似している。また同じく『淮南子』俶真篇に、

古者至德之世、賈便其肆、農樂其業、大夫安其職、而處士脩其道。當此之時、風雨不毀折、草木〔不〕[五三]夭死、九鼎重、珠玉潤澤、洛出丹書、河出綠圖。故許由・方回・善卷・披衣得達其道。何則世之主、有欲利天下之心、是以人得自樂其閒。四子之才、非能盡善蓋今之世也。然莫能與之同光者、遇唐虞之時。

古者至徳の世、賈は其の肆に便《やす》んじ、農は其の業を楽しみ、大夫は其の職に安んじて、処士は其の道を修む。此の時に当りて、風雨は毀折せず、草木は夭死せず、九鼎は重く、珠玉は潤沢に、洛は丹書を出し、河は緑図を

出す。故に許由・方回・善巻・披衣は其の道を達するを得たり。何となれば則ち世の主、天下を利せんと欲するの心有り、是を以て人は自ら其の間に楽しむを得ればなり。四子の才、能く善を尽して今の世を蓋うに非ず。然るに能く之と光を同じくする者莫きは、唐虞の時に遇えればなり。

とあるのも、堯舜を道家の聖人として描いている例である。そこに見える「至徳の世」は、言うまでもなく『荘子』に由来することばであり、道家の歴史観やユートピア思想を代表する重要な概念である。『荘子』においては勿論おおむね堯舜の世相を否定的に捉えているが、しかしそれが一定しているわけではない。すなわち、至徳の世が最初に見える駢拇篇では、堯舜は全く取り上げられておらず、胠篋篇でも衰えた時代として三代は取り上げられているが、堯舜の時代はない。堯舜が『荘子』の歴史観の中で初めて登場するのは、在宥篇と繕性篇である。まず在宥篇の崔瞿・老聃問答では、黄帝→堯舜→三王（三代）→今とあり、繕性篇では、古之人→燧人・伏戯→神農・黄帝→唐虞とあるように、堯舜は黄帝より徳の衰えた時代の帝王として低く評価されているが、盗跖篇では、有巣氏・神農→黄帝・堯舜・湯武→今（孔子）とあって、黄帝と同次元で語られている。しかし、依然低い評価が与えられているのは言うまでもない。それに対して、俶真篇では堯舜の時代を至徳の世と見なし、『荘子』などでおおむね隠者として名高い許由などの四才（ただし方回は『荘子』には見えない）が、ここでその名高い理由を彼ら自身の善行に求めず、堯舜の盛世にめぐりあったからだとしているのは、まさに堯舜と四才の意味づけの逆転としか捉えようがない。[五四]

ここで注意しなければならないのは、至徳の世において、社会全体の安定が保たれ人々が「自ら楽しむ」ことができたのは、世の天子（堯舜）に「天下を利せんと欲するの心」、つまり社会的利を実現しようとする心構えがあったからだ、という点である。「天下を利す」とは、言うまでもなく墨家思想の受容であり、これは後述するように、『呂氏春秋』前引の去私篇・貴公篇、『商君書』修権篇、そして『唐虞之道』の「天下を利して利とせず」の思想の流れを汲むものと考えられる。これは言うまでもなく、社会的利思想が道家の歴史観・ユートピア思想に影響して変容をもたらした実例である。

さて『唐虞之道』において「天下を利す」と「利とせず」（弗利）とは、同じ事柄に対する違った表現であることは言うまでもないが、『淮南子』精神篇に、

輕天下則神無累矣、細萬物則心不惑矣、齊死生則志不懾矣、同變化則明不眩矣。衆人以爲虛言、吾將舉類而實之。人之所以樂爲人主者、以其窮耳目之欲、而適躬體之便也。今高臺層榭、人之所麗也。而堯樸桷不斲、素題不枅。珍怪奇味、人之所美也。而堯糲粢之飯、藜藿之羹。文繡狐白、人之所好也。而堯布衣揜形、鹿裘御寒。養性之具不加厚、而增之以任重之憂。故舉天下而傳之於舜、若解重負然。非直辭讓、誠無以爲也。此輕天下之具也。……故觀堯之道、乃知天下之輕也、觀禹之志、乃知天下之細矣、原壺子之論、乃知死生之齊也、見子求之行、乃知變化之同也。

天下を軽しとすれば則ち神累い無く、万物を細とすれば則ち心惑わず、死生を斉しとすれば則ち志懾れず、変化を同じとすれば則ち明眩まず。衆人は以て虚言と為すも、吾れ将に類を挙げて之を実にせんとす。人の人主と為るを楽《ねが》う所以は、其の耳目の欲を窮めて、躬体の便に適うを以てなり。今高台層榭は、人の麗しとする所なり。而るに堯は樸桷斲らず、素題枅せず。珍怪奇味は、人の美しとする所なり。而るに堯は糲粢の飯、藜藿の羹なり。文繡狐白は、人の好しとする所なり。而るに堯は布衣もて形を揜い、鹿裘もて寒を御ぐ。性を養うの具は厚きを加えずして、之を増すに任重きの憂いを以てす。故に天下を挙げて之を舜に伝うること、重負を解くが若く然り。直に辞譲するのみに非ず、誠に以て為す無きなり。此れ天下を軽しとするの具なり。……故に堯の道を観れば、乃ち天下の軽きを知り、禹の志を観れば、乃ち天下〈万物〉（五五）の細なるを知り、壷子の論を原ぬれば、乃ち死生の斉しきを知り、子求の行いを見れば、乃ち変化の同じきを知るなり。

とあり、また同主術篇に、

君人之道、處靜以脩身、儉約以率下。……堯之有天下也、非貪萬民之富而安人主之位也。以爲、百姓力征、強凌弱、衆暴寡。於是堯乃身服節儉之行、而明相愛之仁、以和輯之。是故茅茨不翦、采椽不斲、大路不畫、越席不

縁、大羹不和、粢食不毀。巡狩行教、勤勞天下、周流五嶽。豈其奉養不足樂哉。以爲社稷、非有利焉。年衰志憫、擧天下而傳之舜、猶卻行而脱蹝也。

人に君たるの道は、静に処りて以て身を修め、倹約にして以て下を率ゆ。……堯の天下を有つや、万民の富を貪りて人主の位を安しとするに非ざるなり。以為らく、百姓力征し、強は弱を凌ぎ、衆は寡を暴う、と。是に於て堯乃ち身ら節倹の行いを服し、相愛するの仁を明らかにして、以て之を和輯す。是の故に茅茨翦らず、采椽斲らず、大路画《かざ》らず、越席縁とらず、大羹和せず、粢食毀げず。巡狩して教を行い、天下に勤労し、五岳に周流す。豈に其の奉養楽しむに足らざらんや。以て社稷の為とし、利とする有ること非ざりしなり。年衰え志憫えて、天下を挙げて之を舜に伝うるに、猶お卻行して蹝を脱ぐがごときなり。

とあって、特に堯の弗利——精神篇ではこれに該当する語がないが、精神篇とほぼ同様の思想を現すと思われる下引の繆称篇に「終に其の利を私せず」とある。そして主術篇では「利とする有ること非ざりしなり」がそれに該当する——の模様が非常に細密に描写されていることは、諸他の文献に希に見る一つの特色である。この両篇で堯の生活を描写した部分は、恐らく『韓非子』五蠹篇に、

堯之王天下也、茅茨不翦、采椽不斲、糲粢之食、藜藿之羹、冬日麑裘、夏日葛衣、雖監門之服養、不虧於此矣。

堯の天下に王たるや、茅茨翦らず、采椽斲らず、糲粢の食、藜藿の羹、冬日は麑裘、夏日は葛衣、監門の服養と雖も、此れより虧けず。

とある一文から採ってきたものと思われる。ただし、五蠹篇では、

以是言之、夫古之讓天子者、是去監門之養、而離臣虜之勞也。故傳天下、而不足多也。

是を以て之を言えば、夫の古の天子を譲る者は、是れ監門の養を去りて、臣虜の労を離るるなり。故に天下を伝うるも、多とするに足らざるなり。

とあるように、堯が位を譲ったのは、上記のような貧しい生活を捨て去り奴隷のような労働から離れようとしたため

だと、つまり禅譲否定論を主張するために用いられている。それに対して、精神篇では養生思想を、主術篇では倹約思想を説くために用いられている。すなわち、精神篇では堯が養生の備えを厚くせずに質素な生活をしたにもかかわらず、天下という重任が益々のしかかって、かえって養生の妨げとなり、そこで禅譲したとされている。また『淮南子』繆称篇には、

君根本也、臣枝葉也。根本不美、枝葉茂者、未之聞也。有道之世、以人與國。無道之世、以國與人。堯王天下而憂不解、授舜而憂釋。憂而守之、而樂與賢、終不私其利矣。（前五句は今本『文子』微明篇にも見える）

君は根本なり、臣は枝葉なり。根本美ならずして、枝葉茂る者は、未だ之を聞かざるなり。有道の世には、人を以て国に与う。無道の世には、国を以て人に与う。堯天下に王として憂い解けず、舜に授けて憂い釈く。憂うるも之を守りて、賢に与うるを楽しみ、終に其の利を私せず。

とあって、精神篇の養生思想を継承した上で（下線部参照）、それが最終的には「其の利を私せず」につながるとしているのも、『唐虞之道』の養生説及び弗利の思想と若干の関連性が見られる。(五六)

一方、堯の弗利の姿が強調されているのは、「堯の天下を有つや、万民の富を貪りて人主の位を安しとするに非ざるなり」とあるように、主術篇により著しく現れている。ここでは「人に君たるの道は、静に処りて以て身を修め、倹約にして以て下を率ゆ」とあるように、君主に倹約を要請することを目的として、その歴史的事例として堯の質素な生活が描かれている五蠹篇の文章を借りてき、堯の弗利（主術篇では「利とする有ること非ざりしなり」）の姿を倹約の方面に局限せしめたと思われる。この倹約の思想は、そこに「相愛するの仁」という語があることから考えると、恐らく墨家思想の影響によるものと思われる。

ここで注目すべきことは、精神篇の養生思想や主術篇の倹約思想は、いずれも天下を軽視する思想に展開している点である。すなわち、精神篇に「天下を軽しとすれば則ち神累い無し」とあり、また「天下を挙げて之を舜に伝うること、重負を解くが若く然り。……此れ天下を軽しとするの具なり」とあり、また「堯の道を観れば、乃ち天下の軽

きを知る」（精神篇の下文にも「堯不以有天下爲貴、故授舜。」（堯は天下を有つを以て貴と為さず、故に舜に授く。）とあり、このような人を「無累の人」と高く評価する）とあり、主術篇に「天下を挙げて之を舜に伝うるに、猶お卻行して蹝を脱ぐがごときなり」とあるのがそれである。ここでは堯が舜に位を譲った禅譲の事実が、堯が天下を軽視した証拠として挙げられている。ただし、精神篇では天下より自己の養生（精神的な面）を重視するという意味から、主術篇では天下を自分の利益としないという意味から、天下の軽視へと展開しており、その意味では両者は異なっている。いずれにせよ、天下を軽視する観念が、特に堯舜禅譲説を媒介として説かれている事実は、『唐虞之道』第十九号簡に、

　秉〈及〉亓（其）又（有）天下也、不㠯（以）天下爲坙（重）。

　その天下を保有するようになっても、天下を重んずることはしない。

とある一文の思想的性格を考える際、一つの重要な手がかりになると思われる。[五七]

　その他にも、『呂氏春秋』貴因篇に、

　三代所寶莫如因。因則無敵。……舜一徙成邑、再徙成都、三徙成國。而堯授之禪位、因人之心也。

　三代の宝とする所は因るに如くは莫し。因れば則ち敵無し。……舜一たび徙りて邑を成し、再び徙りて都を成し、三たび徙りて国を成せり。而して堯之に授けて位を禅りしは、人の心に因れるなり。

とあるように、同篇独特の因の主張を裏付けるために堯舜禅譲説が用いられている例もあり、同じく上徳篇に、

　爲天下及國、莫如以德、莫如行義。……嚴罰厚賞、此衰世之政也。三苗不服、禹請攻之。舜曰、以德可也。行德三年、而三苗服。孔子聞之曰、通乎德之情、則孟門・太行不爲險矣。故曰、德之速、疾乎以郵傳命。周明堂、金在其後、有以見先德後武也。舜其猶此乎。其臧武通於周矣。

　天下及び国を為むるは、徳を以てするに如くは莫く、義を行うに如くは莫し。……罰を厳しくし賞を厚くするは、此れ衰世の政なり。三苗服せず、禹之を攻めんことを請う。舜曰く、徳を以てすれば可なり、と。徳を行うこと三年にして、三苗服す。[五八] 孔子之を聞きて曰く、徳の情に通ずれば、則ち孟門・太行も険と為さず。故に曰

く、徳の速やかなることは、郵を以て命を伝うるよりも疾やかなり、と。周の明堂、金は其の後に在り、有た以て徳を先にして武を後にすることを見すなり。舜は其れ猶お此のごときか。其の武を臧すること周に通ず。

とあるように、舜に服従しない三苗を武力で征伐しようとする禹を舜が改心させて、ついには三苗を服従させたという説話も見える。特に上徳篇は、諸家によってすでに指摘されているように、『韓非子』五蠹篇、『韓詩外伝』巻三、『荀子』成相篇、『淮南子』繆称篇・斉俗篇・氾論篇、『説苑』君道篇などに見えており（ただし舜・禹のいずれかが見えない篇もある）、三苗は『尚書』堯典篇や『孟子』万章上篇では四罪の一つとされているのを見ると、この説話は先秦以来一般に広く知られていたと思われる。ところで、『唐虞之道』第十三号簡には（訳は省略）、

炁（愛）而是（征）之、呉（虞）虽（夏）之紿（治）也。

とあって、虞夏の治はアメとムチの両方の政治手段によったとあるから、アメのみを強調する趣とは若干異なっている。

　さてここで公私論の主張を裏付ける歴史的事例として、堯舜禅譲説が用いられるようになった点について考察してみよう。前引の『呂氏春秋』去私篇と圜道篇がその例である。去私篇では堯が血筋に王位を与えずに舜に授けたこと、同じく舜も血筋に与えずに禹に授けたことを、天・地・日月・四時のような自然界の万物に対する依怙贔屓のない公平な働き（無私）と同質のものと見なし、それを公の極致と絶賛している。これは今まで見てきた諸家の禅譲説には全く見えない新しい解釈であり、「公私の分」を明らかにした実例として堯舜の禅譲が用いられている前引の『商君書』修権篇とも通じるものである。その他にも、公・私の字はないが、『鄧析子』無厚篇に、

天於人無厚也。君於民無厚也。父於子無厚也。兄於弟無厚也。何以言之。天不能屏勃厲之氣、全夭折之人、使爲善之民必壽。此於民無厚也。凡民有穿窬爲盗者、有詐僞相迷者。此皆生於不足、起於貧窮、而君必執法誅之。此於民無厚也。堯舜位爲天子、而丹朱商均爲布衣。此於子無厚也。周公誅管蔡。此於弟無厚也。推此言之、何厚之

有。

天は人に於て厚きこと無し。君は民に於て厚きこと無し。父は子に於て厚きこと無し。兄は弟に於て厚きこと無し。何を以てか之を言う。天は勃厲の気を屏ぐこと能わざるも、夭折の人を全くし、善を為すの民をして必ず寿《いのちなが》からしむ。此れ民〈人〉（五九）に於て厚きこと無きなり。凡そ民に穿窬して盗を為す者有り、詐偽して相迷わす者有り。此れ皆足らざるに生じ、貧窮に起るも、君必ず法を執りて之を誅す。此れ民に於て厚きこと無きなり。堯舜位は天子と為るも、丹朱商均を布衣と為す。此れ子に於て厚きこと無きなり。周公は管蔡を誅す。此れ弟に於て厚きこと無きなり。此れを推して之を言えば、何の厚きことか之有らん。

とあるのも、天（自然界）の人間に対する公平な働きと君・父・兄の民・子・弟に対する公平な働きとを同質化したもので、ここでの無厚とは去私篇の無私とほぼ同義語と考えて差し支えなかろう。そして、圜道篇では堯舜の禅譲を官僚制にまで拡大し、それに『荀子』の分の思想をも取り入れて、尚賢の原則を徹底させることが主張されている。そこにはまた「今世の人主、皆世よ失うこと勿きを欲して、其の子孫に与う」とあって、王位の世襲への批判と見られる文章も混じっている。

これらのことから見ると、禅譲による王朝交替に最高の価値を与える考え方が、当時一部の思想家（主として法家系や黄老系の思想家）の間で積極的に主張されていたと推測される。とすると、禅譲による王朝交替を最高の価値と主張する人たちにとって世襲による王位継承は、言うまでもなく「私」的な行為に過ぎず、正当な王位継承と認めていなかったと言えよう。

さて去私篇のように堯舜の禅譲を至公と見る考え方と同様の思想を現すと従来よく指摘されているものに、『礼記』礼運篇の大同小康説の中の「天下爲公」（天下を公と為す）がある。ところで、礼運篇の大同小康説は、同篇の下文の記事と一致しないことが古くから指摘されており、今なお定説を見ないまま、様々な説が乱舞している。ここで先人による解決策を概観してみると、おおむね次の二つに大別される。（六〇）一つは、大同小康説を純儒家思想とはせずに、異質の思想が混入されていると見る説である。これは特に大同説の中に道家や墨家などのような諸子百家の思想が混入されていると認める場合である。そしてもう一つは、大同小康説が説かれている文章の中に何らかの錯簡が存在するという説である。

　前者の場合、まず道家思想の混入を主張する人々は、清朝以前には呂祖謙・黄震・王石梁・陳澔氏が、清朝には姚際恒・陸奎勳・朱軾・石梁王氏が、民国以後には呉虞・馮友蘭氏が、日本には木村英一・板野長八氏（六一）などがあるが、中には礼運篇全体が道家思想家の手になったと主張するものもある（姚際恒など）。

　ただし、それらの主張は、おおむね小康説の鄭玄の注の中に、『老子』第五十七章や第三十八章を思わせる部分が見える点が大きく作用したらしく、これについては、神谷正男・佐藤震二の両氏によって退けられている。（六二）

　そして、墨家説を主張する人々は、呂祖謙・黄震・馬晞孟・姚際恒・顧頡剛・神谷正男氏らがその代表的な例であるが、特に神谷氏がこの説を最も強く主張する学者の一人である。具体的に見てみると、(1)大同説の「天下を公と為す」は墨子の禅譲説を、(2)「選賢與能」（賢を選び能に与う）は墨子の賢能思想を、（六三）(3)「講信脩睦」（信を講じ睦を修む）は墨子の「忠信」思想を、(4)「故人不獨親其親、不獨子其子」（故に人独り其の親を親とせず、独り其の子を子とせず）は墨子の兼愛思想を、(5)「使老有所終、壯有所用、幼有所長、矜寡孤獨廢疾者、皆有所養」（老をして終る所有り、壮をして用うる所有り、幼をして長ずる所有り、矜寡孤独廃疾の者をして、皆養う所有らしむ）も墨子思想を、(6)「男有分、女有歸」（男は分有り、女は帰有り）は墨子の「分事」思想を、(7)「貨惡其棄於地也、不必藏於己」（貨は其の地に棄てらるるを悪めども、必ずしも己れに蔵《おさ》めず）は墨子の経済思想（節倹・節用思想及び均分思想）を、(8)「力惡其不出於身也、不必爲己」（力は其の身より出さざるを悪めども、必ずしも己れの為にせず）は墨子の労働思想を、(9)「是故謀閉而不興、盜竊亂賊而不作」（是の故に謀は閉じて興らず、盗窃乱賊而も作らず）は墨子の社会観と政治思想を、(10)「故外戸而不閉、是謂大同」（故に外戸閉じず、是れを大同と謂う）も墨家の思想を、それぞれ表すという。神谷氏のこれらの説をすべて非とするわけにはいかないものの、確かにここではもっぱら『墨子』からの影響だけが強調されて、他学派との影響関係は捨象されてしまう危険性がある。

次に後者の場合は、さらに三つの説に分かれる。(1)十字錯簡説、(2)『孔子家語』礼運篇に基づいて刪定する説、(3)二十六字錯簡説。(1)は杭世駿・陳士珂氏の説であり、(2)は姜兆錫・武内義雄氏の説であるが、しかしこの両説は佐藤震二氏によってすでに批判されている[六四]。そして(3)は清朝の邵懿辰によって初めて提唱され、皮錫瑞・佐藤震二氏によってほぼ全面的に支持されている説である。二十六字錯簡説とは、要するに小康説の部分の「禹湯文武成王周公由此其選也此六君子者未有不謹於禮者也」の二十六字を錯簡と見なし、これを大同説の部分の「不必爲己」の直後に移動すれば、大同小康説とその後段との思想上の矛盾が解決されることは勿論、礼運篇全篇を一貫する根本原則である礼尊重の原則も守られる、というのを骨子としている。

しかし、そのような処置を経れば、確かに篇首の大同思想と礼運篇全体の礼尊重の思想との間に一貫性は保たれるかも知れないが、その反面、肝心の小康説の部分において、その二十六字を移動して果たして文脈が通じうるかという問題が新たに生ずる。すなわち、小康説の「今大道既隱」（今大道既に隠る）から「而兵由此起」（兵此れに由りて起る）までは、大道が行われなくなって乱れた世相の描写と見られ、「以著其義」（以て其の義を著わす）から「示民有常」（民に常有るを示す）までは、乱れた世相の立て直しを描写したものと考えられる。そこで、上記の二十六字は、まさにその乱れた「今」の世を立て直す主体と手段を示す役割をしていると思われる。なぜなら、上記二十六字の直後の「以て其の義を著わし」、「以考其信」（以て其の信を考し）、「著有過」（過ち有るを著らかにし）、「刑仁講讓」（仁に刑《のっと》り讓を講ず）る手段はいずれも「此六君子者、未有不謹於禮者也」（此の六君子は、未だ礼を謹まざる者は有らざるなり）の「礼」であり、「民に常有るを示す」と併せてその主体は「六君子」であるに違いないからである。つまり、二十六字を大同説の部分に移すと、小康説の文章の前後の文脈はおかしくなってしまうのである。よって、邵・皮・

佐藤氏の二十六字錯簡説もそのまま手放しで受け入れるわけにはいかず、礼運篇の思想上の不一致は、依然問題として残っているのである。しかし、このような不一致の問題を思想史という広い見地から見事に説明したのは、板野氏である。(六五)

ここで再び論を元に戻して「天下を公と為す」について考えてみよう。まず解釈上の問題についてであるが、「天下を公と為す」は、普通禅譲思想を現すというのが通説である。それを最初に指摘したのは、周知のように後漢の鄭玄であるが、

公猶共也。禪位授聖、不家之。

公は猶お共のごときなり。位を禅りて聖に授け、之を家のものとせず。

と注したのがそれである。ただし言うまでもなく礼運篇にはそれを裏付ける直接的な語句はない。にもかかわらず、鄭玄の注に沿ってこの方向で積極的に解釈したのは、神谷正男氏である。神谷氏は鄭玄の注にさらに補足説明して、前引の『呂氏春秋』去私篇で堯舜の禅譲を公と考えることや、同貴公篇に、

昔先聖王之治天下也、必先公。公則天下平矣。平得於公。嘗試觀於上志、有得天下者衆矣。其得之以公、其失之必以偏。凡主之立也、生於公。故鴻範曰、無偏無黨、王道蕩蕩。無偏無頗、遵王之義。無或作好、遵王之道。無或作惡、遵王之路。天下非一人之天下也。天下之天下也。

昔先聖王の天下を治むるや、必ず公を先にす。公なれば則ち天下平らかなり。平らかなるは公より得。嘗試に上志を観るに、天下を得ること有る者衆し。其の之を得るは公を以てし、其の之を失うは必ず偏を以てす。凡そ主の立つや、公より生ず。故に鴻範に曰く、偏する無く党する無く、王道蕩蕩たり。偏する無く頗する無く、王の義に遵え。好を作すこと或る無く、王の道に遵え。悪を作すこと或る無く、王の路に遵え、と。天下は一人の天

下に非ざるなり。天下の天下なり。

とある点、そして『漢書』蓋諸葛劉鄭孫毋将何伝に韓氏易伝を引いて、

五帝官天下、三王家天下。家以傳子、官以傳賢、若四時之運、功成者去、不得其人、則不居其位。

五帝は天下を官にし、三王は天下を家にす。家は以て子に伝え、官は以て賢に伝うること、四時の運るが若く、功成る者は去り、其の人を得ざれば、則ち其の位に居《お》かず。

とあることや、『説苑』至公篇に、

秦始皇帝既呑天下。乃召羣臣而議曰、古者五帝禪賢、三王世繼、孰是、將爲之。博士七十人未對。鮑白令之對曰、天下官、則讓賢是也。天下家、則世繼是也。故五帝以天下爲官、三王以天下爲家。秦始皇帝仰天而歎曰、吾德出於五帝、吾將官天下。誰可使代我後者。鮑白令之對曰、陛下行桀紂之道、欲爲五帝之禪。非陛下所能行也。

秦の始皇帝既に天下を呑めり。乃ち群臣を召して議して曰く、古者五帝は賢に禅り、三王は世よ継げり、孰れか是なる、将に之を為さんとす、と。博士七十人未だ対えず。鮑白令之対えて曰く、天下官なれば、則ち賢に譲ること是なり。天下家なれば、則ち世よ継ぐこと是なり。故に五帝は天下を以て官と為し、三王は天下を以て家と為せり、と。秦の始皇帝天を仰ぎて歎じて曰く、吾が徳五帝に出づ、吾れ将に天下を官にせんとす。誰か我が後に代わらしむ可き者ぞ、と。鮑白令之対えて曰く、陛下桀紂の道を行いて、五帝の禅を為さんと欲す。陛下の能く行う所に非ざるなり。

とあるのを引き合いにして、漢代において「天下を公と為す」が堯舜あるいは五帝の禅譲思想であると考えられていたことは極めて明白である、と指摘する。(六六) そしてこのような解釈の仕方は、板野氏も基本的に同じである。

しかし、礼運篇の大同小康説の成立背景をめぐる思想的影響関係を論ずる際、両者の意見は分かれる。すなわち、

神谷氏は前述のように『墨子』との影響関係のみに焦点を合わせているのに対し、板野氏は尊賢使能の原則という理想と、宗族制・家父長制・世襲制を本位とする秦漢の歴史的現実との間の矛盾に対する各思想家たちの対応の様相、及び秦漢の際における道家と儒家との思想上の接近・合一という歴史・思想史的見地から、礼運篇を位置づけようと努める。特に「天下を公と為す」の公について、板野氏は、大道や大同と同様、道家の理想、聖人、大道を礼の体統の下に抱摂して儒家的に意義づけたものであるということを前提に、前引の去私篇と貴公篇も、道家の理想が儒家の体系の内に編入されていく事情を物語っている、という。(六七) 板野氏のこの説によると、結局『呂氏春秋』前引の去私篇及び貴公篇は儒家の手になるものということになる。

一方、板野氏はまた、大同小康説と荀子思想との論理的関係に着目する。すなわち、荀子は尊賢使能の原則を一貫して世襲制の制約を受けなかったが（君道篇・君子篇・王制篇・富国篇）、一方で世襲制を本位とする三代を聖代としたのは（儒効篇・王制篇）、矛盾である。このような荀子内部における矛盾とともに、（例えば『孝経』や『韓非子』が君主の世襲を否定せず、秦の始皇帝や漢の高祖が世襲を望んだような）当時における現実との矛盾もあった。荀子と大同小康説とは、このような尊賢使能の原則を徹底せしめる荀子の立場と世襲制に立つ支配者階級の要請との背反を是正し、両者を段階的に連続させようとした関係にある。また尊賢使能の原則は聖賢による政治、礼ないし道による政治を実現すべき基本的条件であることを考えるならば、大同小康説は世襲制に立つ現実の君主が同時に聖王であるべきことを要求するとともに、その可能性を有することをも開示したものと言うことができ、それはまた世襲制に立脚した漢の支配者を礼の軌道に乗せようとした叔孫通・陸賈・賈誼・董仲舒などの期するところを実現すべき方法と、その到達すべき理想の姿とを指示した、という。こうして板野氏は、礼運篇の大同小康説を時間的には『荀子』から董仲舒への橋渡しをなすものとし、論理的には『荀子』より『孝経』への過程において成立したものと見ているが、筆者も基本的にはその見解に賛同するものである。(六八)

しかし、そこには一つ、板野氏が気づいていない重大なミスが存している。それは『荀子』は王朝交替論としての天子の禅譲は決して認めず（正論篇の場合。板野氏は成相篇を荀子のものと認めていない）、もともと世襲制を基盤とした上での尚賢論を繰り広げていた事実である。つまり、『荀子』においては、尚賢論を世襲制の下に包摂させて、官僚制を議論する場に限って尚賢論の原則の適用を唱えていたのである。この事実は『荀子』の禅譲説を考察したところですでに言及したことである。このように見ると、主義・主張は違っても『荀子』『孝経』『韓非子』は、いずれも君主（『荀子』の場合は天子）の世襲を否定せず、原則的には君主の一元的支配を容認していたということになる。

もう一つ、大同小康説を検討する際、神谷・板野両氏が全く配慮していないのがある。『商君書』修権篇がそれであるが、これは「天下を公と為す」の解釈上の問題とも深く関わっている。「天下を公と為す」について、神谷・板野両氏は今まで見てきたように、それを禅譲の方面（堯舜あるいは五帝）にだけ限定して解釈しており、特に板野氏は『呂氏春秋』前引の去私篇及び貴公篇を道家思想を取り入れた儒家の手になるものと極めつけている。確かに、前引の去私篇、『説苑』至公篇、『漢書』蓋寛饒伝によると、禅譲思想を現すと解釈することは十分可能であり、またそれを否定するつもりはない。しかしそれは一面的な解釈に過ぎない。まず貴公篇を見てみると、

昔先聖王之治天下也、必先公。公則天下平矣。平得於公。嘗試観於上志、有得天下者衆矣。其得之以公、其失之必以偏。凡主之立也、生於公。……天下非一人之天下也。天下之天下也。陰陽之和、不長一類。甘露時雨、不私一物。萬民之主、不阿一人。伯禽將行、請所以治魯。周公曰、利而勿利也。……天地大矣。生而弗子、成而弗有。萬物皆被其澤、得其利、而莫知其所由始。此三皇五帝之德也。

昔先聖王の天下を治むるや、必ず公を先にす。公なれば則ち天下平らかなり。平らかなるは公より得。嘗試に上志を観るに、天下を得ること有る者衆し。其の之を得るは公を以てし、其の之を失うは必ず偏を以てす。凡そ主の立つや、公より生ず。……天下は一人の天下に非ざるなり。天下の天下なり。陰陽の和は、一類を長ぜず。甘露時雨は、一物に私せず。万民の主は、一人に阿らず。伯禽将に行かんとし、魯を治むる所以を請う。周公曰

く、利して利とすること勿かれ、と。……天地は大なり。生じて子とせず、成して有せず。万物皆其の沢を被り、其の利を得るも、而も其の由りて始まる所を知る莫し。此れ三皇五帝の徳なり。

ここで公は、「偏」、「一類を長ず」、「一物に私す」、「一人に阿る」（いずれも依怙贔屓すること）や「子」、「有」（いずれも私物にすること）と対立概念となっており、具体的には、「其の利を得」（自然界）、「天下は一人の天下に非ざるなり。天下の天下なり」、「利して利とすること勿かれ」（いずれも人間界）、つまり自然界において、天地が万物に恩沢と利益を公平に与えるのと同様、人間界においても、天下に利益を与えて天下の利を独り占めしない、ということを内容としている。またそれを陰陽、甘露時雨、天地の働きと同質、つまり人ではなく天の性質としているところは、去私篇と全く同じロジックである。ここには禅譲思想の痕跡は一向も見受けられない。それより天地の働きと同質とされる「利して利とすること勿かれ」、つまり『墨子』に顕著に現れる社会的利思想が、公の具体的な内容となっているのである。

ところで、修権篇に、

公私之分明、則小人不疾賢、而不肖者不妬功。故堯舜之位天下也、非私天下之利也、爲天下位天下也。論賢擧能而傳焉、非疏父子親越人也。明於治亂之道也。故三王以義親、五伯以法正諸侯。皆非私天下之利也、爲天下治天下。

公私の分明らかなれば、則ち小人は賢を疾まず、而して不肖者は功を妬まず。故に堯舜の天下に位するや、天下の利を私するに非ざるなり、天下の為に天下に位するなり。賢を論じ能を挙げて伝え、父子を疏んじ越人に親しめるに非ざるなり。治乱の道に明らかなればなり。故に三王は義を以て親しみ、五伯は法を以て諸侯を正せり。皆天下の利を私するに非ざるなり、天下の為に天下を治む。

とあるのを見ると、公私の分が明らかであった時代の帝王として堯舜のみならず、三王・五伯も含まれているのは、前引の去私篇・貴公篇や礼運篇とは異なる特色であるが、ただし堯舜は尚賢と禅譲、三王は義、五伯は法というように、それぞれ用いた政治手段は違っても、いずれも「天下の利を私するに非ざるなり」、「天下の為に天下に位するなり」（あるいは「天下の為に天下を治む」）という治績を成し遂げた帝王として位置づけられている。ここで注目すべきことは、前引の去私篇で堯舜の禅譲を公とし、貴公篇で社会的利思想を公の内容としているという、この両方の公が修権篇に凝縮されている点である。つまり、社会的利思想と（尚賢を基盤とする）禅譲とが、公の内容となっているのである——勿論、修権篇における公は、最終的には同篇の最後に、

是故明王任法去私、而國無隙蠹矣。

是の故に明王は法に任じ私を去り、而して国に隙蠹無し。

とあるように、法である点で、前引の去私篇、貴公篇、礼運篇と異なっていることは言うまでもないけれども。

しかし、社会的利思想と（尚賢を基盤とする）禅譲とが修権篇に凝縮されているとしても、それがただ単に並列に並んでいるということではないと思う。なぜなら、堯舜・三王・五伯は、その統治手段においては（尚賢を基盤とする）禅譲、義、法でそれぞれ異なっていても、結局「天下の利を私するに非ざるなり」、つまり天下を私物としなかったということでいずれも同質とされているからである——そこにはまた、法による統治を、堯舜及び三王の統治と比肩するものとして位置づけようとする狙いもあったと推測される。とすると、天子の位も結局利（社会的利）の一つとして利の範疇の中で考えられていた、換言すれば、利が上位概念で、禅譲は下位概念として考えられていたのではなかろうか。そうすると、修権篇では堯舜の禅譲を、社会的利という原理の中に包摂して（『孟子』では天の中に包摂されていたように）、その時代における公として——三王の場合は義が、五伯（及び修権篇の作者）の場合は法が公であっ

て、時代によって公の内容が異なっている——肯定的に捉えたのではないかと思われる。これがまさに、同じ法家系の文献でありながらも、君主の権勢に係るものを公、それを妨げるすべてのものを私、したがって禅譲も君主の権勢を妨げるものとして排斥する『韓非子』と、全く異なる主張を唱えるようになった重要な要因ではないかと考えられる。

公をこのように見てくると、礼運篇において大道が実現されている社会における「天下を公と為す」とは社会的利が実現されている社会を意味し、また大道が実現されなくなった今の「天下を家と為す」とは逆に社会的利が実現されていない社会を意味するのではなかろうか。しかし、このような解釈はあくまでも前引の去私篇、貴公篇、修権篇を総合的に分析した場合の結論であって、礼運篇にそのまま適用されるものでは勿論ない。礼論篇の大同小康説においては、そこに禅譲の観念が全面的に打ち出されていないのと同様、この社会的利思想も表面的には全く看取されない。礼運篇の立場は、言うまでもなくいわば礼至上主義であり、その中で社会的利思想は、影が薄らいでいる。しかし、さりとてそれが全く見受けられないわけでもない。すなわち、

聖人耐以天下爲一家、以中國爲一人者、非意之也。必知其情、辟於其義、明於其利、達於其患、然後能爲之。

聖人耐《よ》く天下を以て一家と為し、中国を以て一人と為すは、之を意《はか》るに非ざるなり。必ず其の情を知り、其の義を辟き、其の利を明らかにし、其の患に達し、然る後に能く之を為す。

とあることや「講信脩睦、謂之人利。」（信を講じ睦を修む、之を人の利と謂う。）とあるのを見ると、社会的利思想の片鱗を垣間見ることができる。

ところで、先に見た『商君書』修権篇より、禅譲を社会的利思想の中に包摂することがより明確に示されているのは、他ならぬ『唐虞之道』である。すなわち、『唐虞之道』第二十五～二十七号簡に（引用文⑨）、

古者𦔻（聖）人、……亖（四）枳（肢）肤（倦）陸（惰）、耳目〓（聰）明衰、儃（禪）天下而受（授）支

（賢）、逯（退）而羖（養）亓（其）生。此㠯（以）智（知）亓（其）弗𥝢（利）也。

とあるのがそれである。ここで弗利は、言うまでもなく『唐虞之道』冒頭の「天下を利して利とせず」を省略したものであり、「天下を利して利とせず」は、修権篇の「天下の利を私するに非ざるなり、天下の為に天下に位するなり」や貴公篇の「天下は一人の天下に非ざるなり。天下の天下なり」、「利して利とすること勿かれ」と同義であることは言をまたない。こうしてみると、『唐虞之道』は、墨家の社会的利思想から強い影響を受けて、それを自説の中に全面的に取り入れている反面、礼運篇はその影響関係は認められるものの、禅譲や墨家の社会的利思想を全面に打ち出さないことによって墨家思想との関わりを断ち切り、かつ三代の世襲制及び秦漢の支配層の世襲への願望を充足させ、究極的には儒家としての礼至上主義の主張を貫徹することができたと思われる。したがって、『唐虞之道』と礼運篇とを単純に結びつけて、「〃唐虞の道〃とは、まさに『礼記』礼運篇で、孔子の口を借りて描く〃大同〃の社会が実行された、いわゆる〃大道〃のことである」（六九）とか、礼運篇の「天下を公と為す」を民本思想と見なし、それと当篇とを結びつけて、当篇を戦国時代の民本思想の新しい発展と見るような捉え方は、（七〇）いずれも成立しがたいと考えられる。

注

（一）山辺前掲論文「堯舜禅譲攷」、六七頁。

（二）本書第一部第四章第一節を参照。

（三）「古（故）苗（昔）叏（賢）忎（仁）𦔻（聖）者女（如）此」は、拙稿「郭店楚簡『唐虞之道』訳注」（東京大学郭店楚簡研究会編『郭店楚簡の思想史的研究』一、一九九九年十一月）及び拙稿「『唐虞之道』訳注」（池田知久編『郭店楚簡儒教研

究』、二〇〇三年二月）では「だから昔の賢人・仁者・聖人はこのようであった」と解釈したが、岡安前掲論文「中国古代における「二王の後」の成立」（六四頁）の説を参照して「昔の賢者が実現した仁と聖の内容はこのようであった」と解釈しなおした。また「夂」は、同じく右の拙稿では「及（?）」に作り「つぐ」に読んだが、現在整理・公表中の上博楚簡により（同形の字は『曹沫之陳』第九号簡、『三德』第三・十七号簡、『鬼神之明　融師有成氏』第二・三号簡などに見える）、「夂」に作り「沒」に読むべきことが明らかとなった。よってここで修正したいと思う。なお、当該字については、高佑仁「談《唐虞之道》与《曹沫之陣》的「沒」字」（簡帛網站、二〇〇五年十二月二十五日）を参照。ただし、同氏が『曹沫之陳』の当該部分を「未盡其天年」あるいは「最終被誅就死」と解釈するのは、非。同氏論考所引の鄢尚白氏が「沒身就死」即壽終而卒」と解釈するのが近い（高氏は後の論考で右の解釈を撤回し鄢氏の解釈に従っている（「談《曹沫之陣》的〃沒身就世〃」、簡帛網站、二〇〇六年二月二十日））。ちなみに、簡帛網站のURLはhttp://www.bsm.org.cn/である。

（四）「此曰（以）智（知）丌（其）弗㓼（利）也」は、前掲拙稿「郭店楚簡『唐虞之道』訳注」では「此れ以て丌（其）の利とせざるを智（知）ればなり」と訓読したが、「此を曰（以）て丌（其）の㓼（利）とせざるを智（知）るなり」と読む方が文意が通じると思われるので、ここで修正する。前掲拙稿「『唐虞之道』訳注」第十二章注（三）を参照。

（五）本書第一部第五章第三節を参照。

（六）本書第一部第三章第二節を参照。

（七）周知のように「禅譲」という語は、『荀子』正論篇に「擅譲」（「擅」は「禅」の仮借字）という語がある以外、先秦の文献には一度も使われたことがない。このことから考えると、山辺氏が「「禅譲」ということばが見られない文献に対してそれを用いることは、無用な混乱を避ける意味からも控えるべきである。」と指摘したのは、尤もな見解であろう（山辺前掲論文「堯舜禅譲攷」、五六頁）。したがって、本章でも明らかに禅譲説が述べられている場合は「禅譲説」と表現するが、そうでない場合は「堯舜帝位継承説話」と表現することにする。なお、『唐虞之道』にも禅讓という語はないが、「禪・湷」の字（禅の仮借字）が多用されており、かつ明らかに禅讓を意味するものと判断したため、「禅讓説」という表現を用いた。

（八）小野沢前掲論文「堯舜禅讓説話の思想史的考察」、蔡前掲論文「論墨子的禅讓観念」、山辺前掲論文「堯舜禅讓攷」、阮前掲論文「評〝禅讓伝説起於墨家〟説」などがその代表的な例である。

（九）以上は顧前掲論文「禅讓伝説起於墨家考」（三一～三二頁及び四七～五〇頁）を参照。

（一〇）小野沢前掲論文「堯舜禅讓説話の思想史的考察」（一九頁）、蔡前掲論文「論墨子的禅讓観念」（二二三頁）。

（一一）本書第一部第六章第三節を参照。

（一二）蔡前掲論文「論墨子的禅讓観念」（二一五頁）を参照。

（一三）「勞而不怨」は、『論語』里仁篇に「子曰、事父母幾諫。見志不從、又敬不違、勞而不怨。」とあり、『礼記』坊記篇に「子云、從命不忿、微諫不倦、勞而不怨、可謂孝矣。」とあり、同内則篇に「父母有過、下氣怡色、柔聲以諫。諫若不入、起敬起孝。說則復諫。不說、與其得罪於鄉黨州閭、寧孰諫。父母怒不說、而撻之流血、不敢疾怨、起敬起孝。」とある。このことから見ると、いかなる場合でも父母を恨まないことが、儒教の中で一般的な孝子のありかたの一つとされていたことが分かる。

（一四）「怨」の意味は、宇野精一『孟子』（集英社、一九七三年一刷、一九八三年三刷、三〇七頁）の注を参考にした。

（一五）類似の思想は、『孟子』離婁上篇にも「孟子曰、天下大悅、而將歸己。視天下悅而歸己、猶草芥也、惟舜爲然。不得乎親、不可以爲人。不順乎親、不可以爲子。舜盡事親之道、而瞽瞍厎豫。瞽瞍厎豫、而天下化。瞽瞍厎豫、而天下之爲父子者定。此之謂大孝。」とある。ここでは天下が帰服することより親孝行が大事であることが述べられている。また尽心上篇には「桃應問曰、舜爲天子、皋陶爲士、瞽瞍殺人、則如之何。孟子曰、執之而已矣。然則舜不禁與。曰、夫舜惡得而禁之。夫有所受之也。然則舜如之何。曰、舜視棄天下、猶棄敝蹝也。竊負而逃、遵海濱而處、終身訢然、樂而忘天下。」とあり、ここには天下より父への孝の重視が端的に示されている。

（一六）この問題は『孟子』離婁上篇にも見え、そこでは「孟子曰、不孝有三。無後爲大。舜不告而娶、爲無後也。君子以爲猶告也。」として、継嗣がないことが理由とされており、万章上篇とはまた違った意味で解釈されている。

（一七）ただし、『唐虞之道』第二十三号簡にも「昏（聞）夋（舜）丝（慈）虖（乎）弟」とあるが、これが万章上篇をどこまで踏まえているのか、定かではない。が、『唐虞之道』の作者は、恐らくⅡのような舜とその家族にまつわる故事は熟知していたと推測されるが、『唐虞之道』の上の文章を、Ⅲを念頭において記述したものとまで踏み込んで解釈する必要はないと思われる。

（一八）これと関連する説話は、『墨子』非儒篇、『韓非子』忠孝篇、『呂氏春秋』求人篇などにも見える。万章上篇のこの箇所は、恐らくこれらのことを意識して書かれたものと推測される。

（一九）万章上篇の天命思想について、宇野氏は「民意を通して天意を知るという考えはきわめて民主思想に近いが、民意がそれ自体としては意味がなく、天意の表現としてはじめて意味を持つところに、天命思想の特色がある。」（宇野前掲書『孟子』、三二六頁）と指摘したが、筆者も基本的にこの見解に賛同する。

（二〇）『孟子』の帝位継承説話において摂政が重要な意味を持つことについては、山田前掲論文「禅讓伝説を通じて見たる支那高古の政治組織」（二四五〜二四七頁）、山辺前掲論文「堯舜禅讓攷」（六一〜六二頁）を参照。

（二一）山田前掲論文「禅讓伝説を通じて見たる支那高古の政治組織」（二四四〜二四五頁）、山辺前掲論文「堯舜禅讓攷」（六一〜六二頁）を参照。

（二二）『孟子』万章上篇の禅讓説について、「這様，問題的中心就不在堯舜，而在于天了。……他是従〃得民心者得天下〃的思想上来説明禅讓的意義。」といった銭遜氏のような指摘（「対堯舜禅讓意義的認識」（『紀念孔子誕辰二五五〇周年国際学術討論会論文』（下）、北京—山東、一九九九年十月、八二四頁）も間違いではないが、それは一面的な指摘に過ぎず、①～⑤のすべての条件をクリアしなければならない。

（二三）このことはⅥの最後の段落に「伊尹相湯、以王於天下。湯崩、太丁未立。外丙二年。仲壬四年。太甲顚覆湯之典刑。伊尹放之於桐三年。太甲悔過、自怨自艾、於桐處仁遷義三年、以聽伊尹之訓己也、復歸于亳。」とある伊尹と太甲の例からも容易に看取できる。

（二四）このような意味で、銭遜氏が「他并不強調禅讓這種形式。」（銭前掲論文「対堯舜禅讓意義的認識」、八二四頁）といったのは最も的確な指摘と思う。

（二五）「在位中の禅讓」、「死亡した場合の禅讓」、「老衰の場合の禅讓」という表現は、板野長八「礼記の大同」（『北海道大学文学部紀要』五、一九五六年三月、九五頁）による。

（二六）板野長八氏が『荀子』正論篇の思想的特徴を述べたところで、尊賢使能の原則が貫徹され聖人王者を戴く人間世界に対する天ないし天命の暗影も払拭されたという意見には同意するが、世襲制の根跡が一掃されたとか世襲制から牽制されることがなかったという見解には賛同できない（同上、九六頁）。もし板野氏の理解のように、正論篇で世襲制の根跡が一掃されたとするると、それはかえって天子の禅讓を認めていることを意味し、言うまでもなく正論篇の主旨に反する。

（二七）『孟子』と『荀子』の尚賢論については、本書第一部第三章第三節の「二」と「三」を参照。

（二八）本書第一部第七章第四節を参照。

（二九）本書第一部第四章第四節を参照。

（三〇）本書第一部第二章第三節を参照。

(三一) 本書第一部第六章第一節及び第五節を参照。
(三二) 本書第一部第五章第三節を参照。
(三三) 本書第一部第三章第二節を参照。
(三四) 池田末利『尚書』(集英社、一九七六年一刷、一九八二年三刷、八四～九〇頁)「補説」を参照。
(三五) 同右、五二頁。
(三六) 金谷治「『尚書』舜典篇の成立――『尚書』の歴史とその思想――」(『金谷治中国思想論集　中巻　儒家思想と道家思想』、平河出版社、一九九七年七月)、一九九頁。
(三七) 趙淡元「《尚書》略論」(『中国歴史文献研究集刊』二、一九八一年十二月)、三九頁。
(三八) 大谷邦彦「「孟子」における舜説話」(『中国古典研究』一四、一九六六年十二月)、三三～三四頁。
(三九) 内山俊彦「堯舜の君子を知るや――読公羊小記――」(『山口大学文学会志』三四、一九八三年十二月)、七三頁。
(四〇) 山辺前掲論文「堯舜禅譲攷」、〔注〕(七)、六八～六九頁。
(四一) 金谷前掲論文「『尚書』舜典篇の成立」、一九八頁。
(四二) 王前掲論文「関于《唐虞之道》的幾個問題」、三〇頁。
(四三) 他にも宗教的儀式や暦・度量衡などの諸制度の整備などといった目的も兼ねている。なお残りの南・西・北も「如岱禮」(岱の礼の如くにす)、「如初」(初めの如くにす)、「如西禮」(西の礼の如くにす)とあるように「東に巡守す」る場合と同様の目的で行われている。
(四四) 本書第一部第二章を参照。
(四五) 大谷前掲論文「「孟子」における舜説話」(二八～三三頁)「三、書における舜」及び小野沢前掲論文「堯舜禅譲説話の思想史的考察」（二一六～二二〇頁）を参照。

（四六）ただ試練には政治的試練の他に、家庭内の試練、宗教的試練があるのも事実である。したがって、政治的試練だけを強調することは本来なら正確な捉え方ではないかも知れない。しかし、堯典篇が全体として堯舜両帝王の官治的性格が強いことを思うと、政治的試練が中心であり、後の二つの試練は副次的なものとみて差し支えないと判断される。なお、『左伝』文公十八年の条にも「舜臣堯、賓于四門、流四凶族、渾敦窮奇檮杌饕餮投諸四裔、以禦螭魅。是以堯崩、而天下如一、同心戴舜、以爲天子。以其擧十六相、去四凶也。故虞書數舜之功、曰愼徽五典、五典克從、無違敎也。曰納于百揆、百揆時序、無廢事也。曰賓于四門、四門穆穆、無凶人也。舜有大功二十、而爲天子。」とあって、ここでも堯舜の帝位継承の直接的な原因が、堯の臣となった時に挙げた政治的功績（具体的には人材登用と悪人の追放）となっている。ただそれは別に試練として描かれているわけではない。ちなみに『左伝』では堯舜の帝位継承が死後に行われたこととなっており、この点、在位中に行われたとされる堯典篇や『唐虞之道』とは異なっている。

（四七）『孟子』万章上篇に「帝使其子九男二女」とあり、『荀子』成相篇に「妻以二女任以事」とあり、『呂氏春秋』求人篇に「妻以二女」とあるように、いずれも堯との姻戚関係を示す内容を共有している。

（四八）以上は顧前掲論文「禅譲伝説起於墨家考」（八五・九二頁）をそれぞれ参照。

（四九）帛書『経法』からの引用は、国家文物局古文献研究室編『馬王堆漢墓帛書（壹）』（文物出版社、一九八〇年）を底本とした。

（五〇）「論」は、好並隆司『商君書研究』（溪水社、一九九二年、四〇七頁）「九　修権篇釈読」「三　和訳」は「論じ」と訳するが、『呂氏春秋』当染篇「古之善爲君者、勞於論人。」の高誘注に「論、猶擇也。」とあるのによって、「採用する」と解した。

(五一)『呂氏春秋』謹聴篇は、『淮南子』斉俗篇には「堯之擧舜也、決之於目、桓公之取甯戚也、斷之於耳而已矣。爲是釋術數而任耳目、其亂必甚矣。夫耳目之可以斷也、反情性也。聽失於誹譽、而目淫於采色、而欲得事正則難矣。」とあり、ここでは、むしろ養生説の立場から謹聴篇を批判的に継承している。

(五二)「壤」を「畔」の錯字とするのは、王念孫の説によった。

(五三)「不」は、王念孫の説によって補った。

(五四)『莊子』から『淮南子』に至る道家の歴史観及びその展開については、拙論「『莊子』の「知」とその思想的展開――『莊子』中の歴史叙述および歴史観の考察を中心にして――」(『中国哲学研究』一三、一九九九年十二月)を参照。

(五五)「天下」を「萬物」に改めるのは、王念孫の説によった。

(五六)本書第一部第五章第三節を参照。

(五七)「秉〈及〉丌(其)又(有)天下也、不以天下爲壐(重)。」の直後にある「又(有)天下弗能益、亡天下弗能貟(損)。」は、『淮南子』精神篇に「無天下、不虧其性、有天下、不羨其和。有天下、無天下、一實也。」とあり、またその比喩として「今贛人敖倉、予人河水、飢而餐之、渴而飲之、其入腹者、不過簞食瓢漿。則身飽而敖倉不爲之減也、腹滿而河水不爲之竭也。有之不加飽、無之不爲之飢、與守其篅笣、有其井、一實也。」とあるのと通じるところがあると思われるが、精神篇の文章の意味は、同篇に「生尊于天下也」とあるように、養生思想に相違ない。

(五八)ここまでの文章と類似の話は『韓詩外伝』巻三にも見える。

(五九)「民」は、その前の「天不能屏勃厲之気、全夭折之人、使爲善之民必壽。」が「天於人無厚也」を具体的に説明したものであり、「此於民無厚也」は下文に見えるので、「人」の錯字とした。

(六〇)以下、礼運篇の研究史的概観は、神谷正男「「礼運」における大同思想の本質」(『東京支那学報』一、一九五五年六月)及び佐藤震二「礼運の大同小康思想」(『東洋の文化と社会』七、一九五八年十二月)の両論考を参照した。

(六一) 木村氏は「固より大同の世の記述は、政治を手段として到達し得る至治の理想社會を描いたのであつて、人間の有限性を超脱せんとするが如き宗敎的な理想境ではない。その意味では、儒家的政治思想の極限と正に相隣接してゐる。然しながら禮法完備の極として見られる社會よりは更に一歩だけ進めて、萬人がおのづからにして賢愚各々その所を得ると云ふ如き、禮法に制約せられざる意味での一種「無爲」的政治の理想境を示してゐる。その點はやはり舊儒家の理想と多少の逕庭があり、老莊的政治思想の極致とよく一致する事は否定出來ない。思ふにこの篇の成立は漢初と推定されるのであつて、從つて當時盛行した黄老學の思想が、おのづからにして禮家に影響を及ぼしたものと解すべきであらう。」(『中国的実在観の研究』、弘文堂書房、一九四八年、二六九頁)とし、板野氏は「大道、公、大同等、大同説話の根本基調をなすものが殆ど全く老子、莊子、即ち道家の其等と一致することが了解される。從つて、大同説話の根本精神は道家の精神に他ならぬと云はねばならない。故に、鄭玄の註が此の線に沿うてなされたことは、其が正しいことを説明するものと云ふべきであらう。」(板野前掲論文「礼記の大同」、八九頁)という。

(六二) 神谷前掲論文「「礼運」における大同思想の本質」(一〇八頁)及び佐藤前掲論文「礼運の大同小康思想」(二三～二七頁)を参照。

(六三) しかし、板野氏は「墨家の尚賢の思想が儒家の尊賢使能の原則と一致し、又は其より徹底したものであることは明かであるが、大同説話とは直接の關係はないと思ふ」といって、『墨子』の尚賢論との関わりを断然と断ち切っている(板野前掲論文「礼記の大同」、一一五頁)。

(六四) 佐藤前掲論文「礼運の大同小康思想」、三一～三四頁を参照。

(六五) 板野前掲論文「礼記の大同」を参照。ただし、老荘思想との思想的影響関係や荀子の矛盾を説いた部分は、筆者と意見を異にする。

（六六）神谷前掲論文「「礼運」における大同思想の本質」、一一〇頁。なお、『漢書』蓋寬饒伝で五帝を「官以傳賢」としたり、『説苑』至公篇で秦始皇帝が五帝を「禪賢」としているのは、『唐虞之道』第六～八号簡に「埜（堯）螽（舜）之行、悉（愛）睪（親）隣（尊）攴（賢）。……六帝興於古、膚（皆）采（由）此也。」とある「六帝」と、帝王の数及び愛親の面は異なるものの、（禅譲を含む）尊賢を言っているのは非常に類似しており、恐らく『唐虞之道』の流れを汲むものと推測される。ただし、『唐虞之道』の六帝という語は、管見の限り、当篇だけに見える非常に独特な用語であり、これについては、六という数字とあわせて、稿を改めて論じてみたい。

（六七）板野前掲論文「礼記の大同」（八九頁）を参照。

（六八）なお、礼運篇の成立年代について、本田成之氏は漢の武帝より宣帝・元帝の間（「礼運篇と秦漢時代の儒家」、『支那学』一―一一、一九二二年七月、一七頁）、木村英一氏は漢初（木村前掲書『中国的実在観の研究』、二六九頁）、武内義雄氏は荀子以後（「礼運考」（『武内義雄全集』三　儒教篇二、角川書店、一九七九年一月、四九三頁。しかし「礼の倫理思想」（同上、四六三頁）では荀子に先立つと言って意見が食い違っている）、佐藤震二氏は戦国末期ないし漢代初期（佐藤前掲論文「礼運の大同小康思想」、二〇頁）、などと言っているように、諸家によって若干のばらつきはあるが、大体のところ、戦国末から漢初の成立と見なされているようである。

（六九）彭前掲論文「郭店《唐虞之道》初論」、七四頁。

（七〇）鄧前掲論文「《唐虞之道》的民本思想」、四五頁。

第二章　『唐虞之道』の愛親と孝思想の特質

前章では、『唐虞之道』のメインテーマである堯舜禅譲説について考察したが、本章及び次章では、堯舜が実践したとされる「愛親」と「尊賢」について順次論じることにする。

まず愛親についてであるが、それは『唐虞之道』第六号簡に、

埜（堯）叁（舜）之行、忎（愛）睪（親）隣（尊）攴（賢）。

堯舜が実践したのは、親を愛し賢者を尊ぶことである。

とあるように、堯舜の実践した二大事績の一つである。この愛親は、第六～七号簡に、

忎（愛）睪（親）、古（故）孝。

親を愛するから孝を尽くす。

とあるのによれば、父母への孝につながり、その孝は、第七号簡に、

孝、忎（仁）之宊（冕）也。

孝は最上の仁である。

とあって、仁の中でも最高の徳目として位置づけられている。ただし、愛親の実例としては、第九号簡に、

古者呉（虞）叁（舜）篙（厚）事宂〈?兂（瞽）〉寞、乃戈〈弌〉丌（其）孝、忠事帝埜（堯）、乃戈〈弌〉丌（其）臣。

　昔虞舜が（その父である）瞽叟に丁重に仕えたときは、もっぱらその孝を尽くし、帝堯に忠義をもって仕えたときは、もっぱらその臣下としての道理を尽くした。[一]

とあり、第二十四号簡に、

　古（故）亓（其）爲宂〈?兆（瞽）〉寞子也、㞢（甚）孝、秉〈及〉亓（其）爲㙓（堯）臣也、㞢（甚）忠。

　そこで、その（父である）瞽叟の子となっては孝を尽くし、その堯の臣下となっては忠誠を尽くした。

とあり、第十号簡に、

　炁（愛）睪（親）尊（尊）攴（賢）、呉（虞）叒（舜）亓（其）人也。

　親を愛し賢者を尊ぶことは、虞舜こそそれをすべて成し遂げた人物なのである。

とあるように、挙げられているのは舜の場合だけであって、堯は、第二十二～二十三号簡に、

　古者㙓（堯）之弆（擧）叒（舜）也、昏（聞）叒（舜）孝、智（知）亓（其）能羪（養）天下之耂（老）也。

　昔堯が舜を登用したのは、舜が親に孝を尽くすことを聞き、天下の年寄りを養うことができることを知っていたからである。

とあるように、舜を挙用する役割しか有していない。つまり、愛親は禅譲される側に要求される徳目として重視されているのである。それに「親」といっても、父母の両方ではなく、父の「瞽寞」（瞽叟あるいは瞽瞍）[二]だけが挙げられているのも、周以来の宗族制が崩壊し、戦国後期から末期以来、父親を中心とする家父長制へと展開する歴史的事象を想起すれば、注目に値する特色である。

　以下では、このような特色を有する『唐虞之道』の愛親と孝思想を、第一に、愛親と親親の意味上の相違、第二に、先秦より前漢時代にかけての孝思想の変容、第三に、忠・孝の対立と矛盾及び一本化の問題、第四に、孝及び愛の観念化・普遍化の問題、の四つに分けて分析する。そうすることによって、愛親をめぐる『唐虞之道』の孝思想の思想的意味、思想史的位置を明らかにすることを目的とする。

第一節　愛親と親親は同義語か

ところで、『唐虞之道』の愛親は、中国の学者たちの間で多くの場合、親親と同義語と見なされ、混同・混用しているのが、往々にして見られる。例えば、陳明氏は「親は、血縁的に関係のある人物を指し、自然人として、家族内の父母兄弟等を表す。……親親（〃愛人〃）は自然の感情であるため、氏族政治の基礎とされた」[三]とし、張立文氏は「儒家において〃愛親〃（親親）と〃尊賢〃は、決して衝突するものではなかった。……中庸篇には『凡そ天下国家を為むるに、九経有り。曰く、身を修むるなり。賢を尊ぶなり。親を親しむなり。……』とあり、また『仁は人なり。親を親しむを大なりと為す。義は宜なり。賢を尊ぶを大なりと為す。』とある」として、愛親を中庸篇の親親と同義語とし、[四]鄧建鵬氏は「『唐虞之道』は孝を〃愛親〃に基づくものとするが、〃愛親〃は自分と血縁関係にある人への愛である」[五]とし、丁四新氏は「〃愛親〃はもともと血縁関係の中での愛であるが、それはさらに子の父に対する愛である」としながらも、「親親は賢賢を包容することができ、賢賢も親親の原則を包容することができるのである」として、やはり愛親と親親とを混同している。[六]その他にも、廖名春氏、羅新慧氏なども愛親を親親と同義語と見なして混用している。[七]この問題は、中国古代の宗族・家族制度の歴史・社会的変遷と深く関わっているので、検討を要する緊要な問題である。

まず愛親について見てみよう。愛親は、『荘子』人間世篇に仲尼のことばとして、

天下有大戒二。其一命也、其一義也。子之愛親、命也。不可解於心。臣之事君、義也。無適而非君也。無所逃於天地之間。是之謂大戒。

天下に大戒二つ有り。其の一つは命なり、其の一つは義なり。子の親を愛するは、命なり。心より解く可からず。臣の君に事うるは、義なり。適くとして君に非ざる無きなり。天地の間に逃るる所無し。是れを之大戒と謂

う。

とあることや、『管子』形勢解篇に、

愛親善養、思敬奉教、子婦之常也。以事其親、終而復始。

親を愛し善く養い、敬を思い教を奉ずるは、子婦の常なり。以て其の親に事え、終りて復た始まる。

とあり、『韓非子』難二篇に、

嚴親在圍、輕犯矢石、孝子之所以愛親也。

厳親囲に在りて、軽しく矢石を犯すは、孝子の親を愛する所以なり。

とあり、『孝経』天子章に、

子曰、愛親者、不敢惡於人。……蓋天子之孝也。

子曰く、親を愛する者は、敢て人を悪まず。……蓋し天子の孝なり、と。

とあるのによれば、『管子』の例を除けば、当時において家族あるいは宗族制度の中核をなす親子関係や父子関係にほぼ限定されているのは言をまたない。

このことは、ニュアンスはやや異なるが、愛親と類似の意味を持つ「事親」や「尊親」の場合も全く同じである。すなわち、事親の場合は、『孟子』離婁上篇に、

信於友有道。事親弗悅、弗信於友矣。

友に信ぜらるるに道有り。親に事えて悦ばれずんば、友に信ぜられず。

とあり（類似の文が『淮南子』主術篇や『礼記』中庸篇に見える）、また同篇に、

事孰爲大。事親爲大。……事親、事之本也。……仁之實、事親是也。

事うること孰れか大なりと為す。親に事うるを大なりと為す。……親に事うるは、事うるの本なり。……仁の実は、親に事うること是れなり。

とあり、また同篇に、

舜盡事親之道、而瞽瞍厎豫。瞽瞍厎豫、而天下化。瞽瞍厎豫、而天下之爲父子者定。此之謂大孝。

舜親に事うるの道を尽して、瞽瞍豫《よろこび》を厎《いた》せり。瞽瞍豫を厎して、天下化せり。瞽瞍豫を厎して、天下の父子為る者定まれり。此れを之大孝と謂う。

とあり、『墨子』非儒下篇に、

夫仁人事上竭忠、事親得孝。務善則美、有過則諫。此爲人臣之道也。

夫れ仁人上に事えて忠を竭し、親に事えて孝を得〈務〉む。善を務〈得〉れば則ち美《よみ》し、過ち有れば則ち諫む。此れ人臣為るの道なり。

とあり、『晏子春秋』内篇問下第四「叔向問人何若則栄晏子対以事君親忠孝章」第二十六に、

叔向問晏子曰、何若則可謂榮矣。晏子對曰、事親孝、無悔往行、事君忠、無悔往辭。……

叔向晏子に問いて曰く、何若にせば則ち栄と謂う可きか、と。晏子対えて曰く、親に事えて孝に、往行を悔ゆること無く、君に事えて忠に、往辞を悔ゆること無し。……、と。

とあり、『荘子』漁父篇に、

孔子愀然曰、請問何謂眞。客曰、眞者、精誠之至也。……其用於人理也、事親則慈孝、事君則忠貞、飲酒則歡樂、處喪則悲哀。……

孔子愀然として曰く、請い問う何をか真と謂う、と。客曰く、真なる者は、精誠の至りなり。……其の人理に用うるや、親に事うれば則ち慈孝に、君に事うれば則ち忠貞に、酒を飲めば則ち歓楽に、喪に処れば則ち悲哀なり。……、と。

とあり、『荀子』王制篇に、

能以事親謂之孝、能以事兄謂之弟、能以事上謂之順、能以使下謂之君。

能く以て親に事うる之を孝と謂い、能く以て兄に事うる之を弟と謂い、能く以て上に事うる之を順と謂い、能く以て下を使う之を君と謂う。

とあり、『孝経』開宗明義章に、

夫孝始於事親、中於事君、終於立身。

夫れ孝は親に事うるに始まり、君に事うるに中し、身を立つるに終る。

とあり（同文が『史記』太史公列伝に見える）、同天子章に、

子曰、愛親者、不敢惡於人。敬親者、不敢慢於人。愛敬盡於事親、然後德教加於百姓、刑於四海。蓋天子之孝也。

子曰く、親を愛する者は、敢て人を悪まず。親を敬する者は、敢て人を慢らず。愛敬親に事うるに尽して、然る後徳教百姓に加わり、四海に刑る。蓋し天子の孝なり、と。

とあり（類似の文が『呂氏春秋』孝行篇にも見える）、同紀孝行章に、

子曰、孝子之事親也、居則致其敬、養則致其樂、病則致其憂、喪則致其哀、祭則致其嚴。五者備矣。然後能事親。事親者、居上不驕、爲下不亂、在醜不爭。……

子曰く、孝子の親に事うるや、居には則ち其の敬を致し、養には則ち其の楽しみを致し、病には則ち其の憂いを致し、喪には則ち其の哀しみを致し、祭には則ち其の厳を致す。五者備わる。然る後能く親に事う。親に事うる者は、上に居れども驕らず、下と為りて乱れず、醜《もろ》もろに在りて争わず、……、と。

とあり、同広揚名章に、

子曰、君子之事親孝。故忠可移於君。……

子曰く、君子の親に事うるには孝。故に忠をば君に移す可し。……、と。

とあり、『礼記』曲礼下篇に、

子之事親也、三諫而不聴、則號泣而隨之。

子の親に事うるや、三たび諫めて聴かれざれば、則ち号泣して之に随う。

とあり、同祭義篇に、

孝以事親、順以聽命、錯諸天下、無所不行。……虞夏殷周、天下之盛王也。未有遺年者。年之貴乎天下久矣。次乎事親也。

孝以て親に事え、順以て命を聴き、諸を天下に錯けば、行われざる所無し。……虞夏殷周は、天下の盛王なり。未だ年を遺るる者有らず。年の天下に貴きこと久し。親に事うるに次ぐなり。

とあり、同祭統篇に、

孝子之事親也、有三道焉。生則養、沒則喪、喪畢則祭。

孝子の親に事うるや、三道有り。生くれば則ち養い、没すれば則ち喪し、喪畢れば則ち祭る。

とあり、同哀公問篇に、

仁人之事親也、如事天、事天、如事親。是故孝子成身。

仁人の親に事うるや、天に事うるが如く、天に事うるや、親に事うるが如し。是の故に孝子は身を成す。

とあり、『淮南子』本経篇に、

事親有道矣、而愛爲務。

親に事うるに道有り、愛を務と為す。

とあり、同氾論篇に、

孝子之事親、和顔卑體、奉帶運履。

孝子の親に事うるは、顔を和らげ体を卑くし、帯を奉げ履を運らす。

とある。次に尊親の場合は、『孟子』万章上篇に、孝子之至、莫大乎尊親。
孝子の至りは、親を尊ぶより大なるは莫し。

とあり、『礼記』祭義篇に、

曾子曰、孝有三。大孝尊親。其次弗辱。其下能養。
曽子曰く、孝は三つ有り。大孝は親を尊ぶ。其の次は辱めず。其の下は能く養う、と。

とあるように、ほぼ親子関係に限定されている。この場合、愛親・事親・尊親は、そのほとんどが子や孝や孝子などの語と結合されている。この子の父母に対する孝は、『論語』学而篇に、

有子曰、其爲人也孝弟、而好犯上者鮮矣。不好犯上、而好作亂者、未之有也。君子務本。本立而道生。孝弟也者、其爲仁之本與。
有子曰く、其の人と為りや孝弟にして、上を犯すことを好む者は鮮なし。上を犯すことを好まずして、乱を作すことを好む者は、未だ之有らざるなり。君子は本を務む。本立ちて道生ず。孝弟なる者は、其れ仁を為すの本か、と。

とあり、また前引の『孟子』離婁上篇、『墨子』非儒下篇、『礼記』哀公問篇にあるように、弟の兄に対する悌とともに、血縁関係による情愛に基づくものとして、家族ないし宗族の秩序を維持する最も基本的なものと考えられ、儒家のみならず諸家において仁の一徳目とされていたのは、ごく一般的な事実である。

それに対して親親は、常識的なことではあるが、次の二つの意味を持っている。一つは「父母に親しむ」、もう一つは「親族に親しむ」（あるいは親族を親族とする）。まず前者の例として『孟子』告子下篇に、

小弁之怨、親親也。親親、仁也。
小弁の怨めるは、親を親しめばなり。親を親しむは、仁なり。

とあるのは、その直後に、

親之過大而不怨、是愈疏也。親之過小而怨、是不可磯也。愈疏、不孝也。不可磯、亦不孝也。

親の過ち大にして怨みざるは、是れ愈いよ疏ずるなり。親の過ち小にして怨むは、是れ磯す可からざるなり。愈いよ疏ずるは、不孝なり。磯す可からざるも、亦た不孝なり。

とあるのによれば、親は父母を意味し、かつ孝と結びついている。また『礼記』文王世子篇で、武王の没後暫時践阼した周公が、幼少な成王を教育した方法について語る仲尼のことばの中に、

父在斯爲子、君在斯謂之臣。居子與臣之節、所以尊君親親也。故學之爲父子焉、學之爲君臣焉、學之爲長幼焉。父子君臣長幼之道得、而國治。語曰、樂正司業、父師司成、一有元良、萬國以貞。世子之謂也。

父在《いま》せば斯に子為り、君在せば斯に之を臣と謂う。子と臣との節に居るは、君を尊び親を親しむ所以なり。故に之に父子為るを学《おし》え、之に君臣為るを学え、之に長幼為るを学う。父子君臣長幼の道得て、国治まる。語に曰く、楽正業を司り、父師成を司り、一元良有れば、万国以て貞し、と。世子の謂いなり。

とある親親の親も、父母を指す。

次に後者の例として、まず告子下篇に、

孟子曰、人之所不學而能者、其良能也。所不慮而知者、其良知也。孩提之童、無不知愛其親者。及其長也、無不知敬其兄也。親親、仁也。敬長、義也。無他、達之天下也。

孟子曰く、人の学ばずして能くする所の者は、其の良能なり。慮らずして知る所の者は、其の良知なり。孩提の童も、其の親を愛するを知らざる者無し。其の長ずるに及びてや、其の兄を敬するを知らざる無し。親を親しむは、仁なり。長を敬するは、義なり。他無し、之を天下に達するなり、と。

とあるが、「其の兄を敬す」が敬長のようにその指している対象が拡大されているので、親親の親も「其の親を愛す」とは違って父母ではなく親族を指すと思われる。また『孟子』万章上篇に、

孟子曰、君子之於物也、愛之而弗仁。於民也、仁之而弗親。親親而仁民、仁民而愛物。

孟子曰く、君子の物に於けるや、之を愛すれども仁せず。民に於けるや、之を仁すれども親しまず。親を親しみて民を仁し、民を仁して物を愛す、と。

とあるのは、紛れもなく親族の親を指すと思われるが、親親を「民を仁」し「物を愛す」ることより最も緊要なものと見ている。その他にも、『商君書』開塞篇に、

上世親親而愛私、中世上賢而説仁、下世貴貴而尊官。……親親者、以私爲道也。

上世は親を親しみて私を愛し、中世は賢を上びて仁を説び、下世は貴を貴びて官を尊ぶ。……親を親しむ者は、私を以て道と為すなり。

とあり、『荀子』礼論篇に、

祭者志意思慕之積也。……彼其所至者甚大動也、案屈然已、則其於志意之積者、惆然不嗛、其於禮節者、闕然不具。故先王案爲之立文、尊尊親親之義至矣。故曰、祭者志意思慕之積也。……

祭なる者は志意思慕の積みたるなり。……彼の其の至る所の者は甚だ大いに動けるに、案《ここ》に屈然として已むなれば、則ち其の志意の積みたるに於ける者は、惆然として嗛《あきた》らず、其の礼節に於ける者は、闕然として具らず。故に先王は案《すなわ》ち之が為に文を立て、尊を尊び親を親しむの義至るなり。故に曰く、祭なる者は志意思慕の積みたるなり。……、と。

とあり、同大略篇に、

親親故故、庸庸勞勞、仁之殺也。貴貴尊尊、賢賢老老長長、義之倫也。行之得其節、禮之序也。

親を親とし故を故とし、庸を庸とし労を労とするは、仁の殺なり。貴を貴とし尊を尊とし、賢を賢とし老を老とし長を長とするは、義の倫なり。之を行いて其の節を得るは、礼の序なり。

とあり、『左伝』僖公二十四年の条に、

大上以德撫民、其次親親以相及也。……庸勳、親親、暱近、尊賢、德之大者也。

大上は徳を以て民を撫し、其の次は親を親しみて以て相及ぼす。……勳を庸い、親を親しみ、近きを暱しみ、賢を尊ぶは、徳の大なる者なり。

とあり、同昭公十三年の条に、

親親與大、賞共罰否、所以爲盟主也。

親を親しみ大に与し、共を賞し否を罰するは、盟主為る所以なり。

とあり、『礼記』大伝篇に、

聖人南面而聽天下、所且先者五、民不與焉。一曰、治親。二曰、報功。三曰、擧賢。四曰、使能。五曰、存愛。五者一得於天下、民無不足、無不贍者。五者一物紕繆、民莫得其死。聖人南面而治天下、必自人道始矣。立權度量、考文章、改正朔、易服色、殊徽號、異器械、別衣服、此其所得與民變革者也。其不可得變革者則有矣。親親也、尊尊也、長長也、男女有別、此其不可得與民變革者也。

聖人南面して天下を聴《おさ》むるに、且《しば》らく先んずる所の者五つ、民は与らず。一に曰く、親を治む。二に曰く、功に報ゆ。三に曰く、賢を挙ぐ。四に曰く、能を使う。五に曰く、愛を存《あき》らかにす。五者一たび天下に得れば、民足らざること無く、贍わざる者無し。五者一物も紕繆すれば、民其の死を得ること莫し。聖人南面して天下を治むること、必ず人道自り始む。権度量を立て、文章を考え、正朔を改め、服色を易え、徽号を殊にし、器械を異にし、衣服を別にするは、此れ其の民と変革することを得る所の者なり。其の変革することを得可からざる者は則ち有り。親を親とし、尊を尊とし、長を長とし、男女別有るは、此れ其の民と変革することを得可からざる者なり。

等々とあるのは、いずれも親族を指す。

親親の親が父母でないことがより明確に示されている例としては、『墨子』非儒下篇に、

儒者曰、親親有術、尊賢有等。言親疏尊卑之異也。其禮曰、喪、父母三年、妻後子三年、伯父叔父・弟兄庶子

其、戚族人五月。

儒者曰く、親を親しむに術有り、賢を尊ぶに等有り、と。親疏尊卑の異なるを言うなり。其の礼に曰く、喪は、父母には三年、妻後子には三年、伯父叔父・弟兄庶子には其（期）、戚族人には五月、と。

とあり、『礼記』文王世子篇に、

其族食世降一等、親親之殺也。

其の族食に世ごとに一等を降すは、親を親しむの殺なり。

とあり、同喪服小記篇に、

親親、以三爲五、以五爲九。上殺下殺旁殺而親畢矣。

親を親とすること、三を以て五に為す、五を以て九に為す。上殺《そ》ぎ下殺ぎ旁ら殺ぎて親畢る。

とあり、（八）同大伝篇に、

上治祖禰、尊尊也。下治子孫、親親也。旁治昆弟、合族以食、序以昭穆。別之以禮義、人道竭矣。

上祖禰を治《ただ》すは、尊を尊ぶなり。下子孫を治すは、親を親しむなり。旁ら昆弟を治すには、族を合せて以て食し、序するに昭穆を以てす。之を別つに礼義を以てして、人道竭く。

等々とあるのがその例である。非儒下篇は、言うまでもなく喪礼における儒教的親疎の差等観の中に潜んでいる矛盾を突き詰める文章であるが、それが儒教の説くところの礼の内容に合致しているか否かの真偽の問題はさておき、ここでの親親の親は、父母、妻、後子、伯父、叔父、弟兄、庶子、戚族人、すなわち男系血族及びその妻の総称である本宗または本族並びに女系血族及び妻の実家や娘の嫁ぎ先など、本宗に非ずして親類関係にあるものの総称である外姻、この両概念を併せたところの「親属」（九）を意味する。それに比して、『礼記』文王世子篇・喪服小記篇・大伝篇はいずれも同宗内の親疎の差等を示しているようで、非儒下篇よりは範囲が狭くなっているように思われる。

以上のように親親の親が父母を指すか親属を指すかは、勿論文脈によって決まることではあるが、親親が父母に限定されて使われたこともある事実は、親親がそもそも父母を含む親属全体を指す概念であったことを勘案するならば、少しも不思議な現象ではないであろう。要するに、親親は愛親に対して上位概念であり、反対に愛親は親親に対して下位概念であって、両者は厳密とまでは言えないものの、それなりの区別はされていたという事実には、十分注意を払うべきであろう。

このような事実は、『礼記』中庸篇においても例外ではない。周知の如く中庸篇は古くから漢代以後の作と疑われるなど（一〇）、未だその成立をめぐって定説を見ない篇の一つである。問題の親親は、まず、

仁者人也。親親爲大。義者宜也。尊賢爲大。親親之殺、尊賢之等、禮所生也。

仁は人なり。親を親しむを大なりと為す。義は宜なり。賢を尊ぶを大なりと為す。親を親しむの殺、賢を尊ぶの等は、礼の生ずる所なり。

とあるが、ここの「親を親しむ」は、「親を親しむの殺」とあることから、その範囲は特定できないにせよ、父母を含む親属全体を指すことは間違いないであろう。これは九経が述べられているところに、

親親、則諸父・昆弟不怨。

親を親しめば、則ち諸父・昆弟怨みず。

とあることからも容易に看取できる。しかも、

尊其位、重其祿、同其好惡。

其の位を尊くし、其の禄を重くし、其の好悪を同じくす。

とあって、これが親親を勧める本とされているが、これは本来ならば、尊賢の原則と矛盾する事柄にもかかわらず、表面的にはそのような矛盾は全く意識されておらず、その両全が期されているのである。

しかし、問題はこのような概念規定だけにあるわけではない。これら諸概念には、相対立し、時には相衝突する政治社会思想上のより深刻かつ本質的な問題を孕んでいる。ここにおいて指摘しておかなければならない一つの事柄が

ある。それは中国古代思想史上、愛親すなわち父子関係を原則とする孝が尊賢と相対立・相衝突するものとして問題視されたことは全くないという事実である。孝と相対立・相衝突するものとして常に問題視されてきた概念は、他ならぬ君臣関係を原則とする忠であり、尊賢と相矛盾・相衝突するものとして問題視されてきたのは、親親である。したがって、『唐虞之道』の愛親を忠と相対立・相衝突するものとして作業仮説を立てることは妥当であるかも知れないが、それを親親と混同し、しかも尊賢と相矛盾・相衝突するものとして作業仮説を立てるのは、そもそも成立しないとしなければならない。(二二)

第二節　「孝は、仁の冕なり」

一　『唐虞之道』の孝とその思想史的位置

さて舜と孝とを結びつけるいわゆる舜の孝子説話は、『尚書』堯典篇にも「孝を以て烝烝とす」とわずかながら見えるが、それが最も強調され、かつ独特の意味合いが附与されるようになるのは、『孟子』を待たなければならない。すなわち、離婁上篇に、

孟子曰、天下大悦、而將歸己。視天下悅而歸己、猶草芥也、惟舜爲然。不得乎親、不可以爲人。不順乎親、不可以爲子。舜盡事親之道、而瞽瞍厎豫。瞽瞍厎豫、而天下化。瞽瞍厎豫、而天下之爲父子者定。此之謂大孝。

孟子曰く、天下大いに悦びて、将に己に帰せんとす。天下悦びて己に帰するを視ること、猶お草芥のごときは、惟だ舜を然りと為す。親に得られずんば、以て人と為す可からず。親に順われずんば、以て子と為す可からず。舜親に事うるの道を尽して、瞽瞍豫を厎せり。瞽瞍豫を厎して、天下化せり。瞽瞍豫を厎して、天下の父子為る

者定まれり。此れを之大孝と謂う、と。

とあり、万章上篇に、

大孝、終身慕父母。五十而慕者、予於大舜見之矣。……孝子之至、莫大乎尊親。尊親之至、莫大乎以天下養。爲天子父、尊之至也。以天下養、養之至也。詩曰、永言孝思。孝思維則、此之謂也。書曰、祇載見瞽瞍、夔夔齋栗。瞽瞍亦允若。是爲父不得而子也。

大孝は、身を終うるまで父母を慕う。五十にして慕う者は、予れ大舜に於て之を見る。……孝子の至りは、親を尊ぶより大なるは莫し。親を尊ぶの至りは、天下を以て養うより大なるは莫し。天子の父為るは、尊ぶの至りなり。天下を以て養うは、養うの至りなり。詩に曰く、永く言《ここ》に孝を思う。孝を思えば維れ則たりとは、此れの謂いなり。書に曰く、載《こと》を祇《つつし》みて瞽瞍に見え、夔夔として斎栗す。瞽瞍も亦た允とし若えり、と。是れを父得て子とせずと為す、と。

とあり、告子下篇に、

堯舜之道、孝弟而已矣。

堯舜の道は、孝弟のみ。

とあるのがその例である。このことから『唐虞之道』が『孟子』より強い影響を受けていることについては、すでに指摘したところである。[一二] しかし、前引の『唐虞之道』第七号簡で（訳は省略）、

孝、忎（仁）之宍（冕）也。

として、孝を仁の中で最高の徳目として位置づけているのは、一考を要する事柄である。

孝は、西周金文や春秋金文においてすでに頻繁に言及されており、その対象は後世に比べて遙かに広く（親だけでなく祖先・君主・親族・朋友を含む）、その具体的な内容は祖先に対する祭祀である、ということについてはすでに先学によって指摘されたことである。[一三]『唐虞之道』第五号簡に、

新（親）事𠀠（祖）潭（廟）、效（教）民孝也。

自ら祖廟に仕えて民衆に孝を教える。

とあるのも、そのような西周春秋以来の祖先祭祀としての孝を反映しているように思われる。このような孝を倫理・道徳の一徳目として位置づけ重視したのは、言うまでもなく儒家である。しかし、その孝の性格の規定においては、儒家の内部においても勿論各時代・各文献ごとに単一的な姿を見せていない。この問題についてはすでに先学による優れた研究があるので、その変化の全容を明らかにすることは割愛することにし、ここでは問題を絞って『唐虞之道』の「孝は、仁の冕なり」という一文の思想的淵源並びにその思想史的展開・意義を考察することにする。

さて孝を儒家的倫理・道徳の一徳目としていち早くその重要性が認識されはじめたのは、周知のように『論語』の中に見える。特に孝と仁の関係を示す文章は、前引の学而篇に、

有子曰く、其の人と為りや孝弟にして、上を犯すことを好む者は鮮なし。上を犯すことを好まずして、乱を作すことを好む者は、未だ之有らざるなり。君子は本を務む。本立ちて道生ず。孝弟なる者は、其れ仁を為すの本か、と。

とある。孔子の弟子の有子（有若）のことばとして掲げられているのを見ると、この文章は恐らく有子の系統を継ぐ人たちの手になるものというのは、容易に推察される。しかも弟と併称されてまだ独立した意味附与がなされていない点、「其れ仁を為すの本か」と言って疑問視されている点、孔子の口から出たことばではない点、それに孔子自身、孝と仁の関係について有子のように規定したことはなく、むしろ仁に比べれば重要性は低かった点など[一四]を斟酌すると、『論語』の段階では、孝が仁の中で最高の徳目として十分認識されるまでにはまだ至っていないと思われる。

親への孝を仁の実質的内容として位置づけたのは、他ならぬ『孟子』である。例えば、離婁上篇に、

孟子曰、仁之實、事親是也。……

孟子曰く、仁の実は、親に事うること是れなり。……、と。

とあるのがその例である。『孟子』はさらに舜を孝子のモデルとして儒家的な解釈を試み、そうすることによって孝を代表する儒家的な聖人として確固不動のものとする作業を意識的に進めたが（前引の離婁上篇・万章上篇・告子下篇）、それと同時に孝の精神を親子関係に限らず、政治社会を動かす根本原理として位置づけようと努めたのである。（一五）そしてその端緒がすでに『論語』の中に見えるのは勿論のことである。（一六）

このように『論語』、『孟子』によって高められた孝の精神はただ儒家内部だけでなく、他学派にも相当の影響を及ぼしたらしく、その一例として、『管子』戒篇で桓公が管仲に教えを請うた際の答えの中に、

孝弟者、仁之祖也。忠信者、交之慶〈度〉也。内不考孝弟、外不正忠信、澤其四經、而誦學者、是亡其身者也。

孝弟は、仁の祖なり。忠信は、交りの慶〈度〉なり。内は孝弟を考《な》さず、外は忠信を正さず、其の四経を沢《す》てて、而も誦学する者は、是れ其の身を亡ぼす者なり。

とあるのは、その好例である。戒篇は、本書第一部第四章第六節の「一」で詳述するように、「仁なるが故に天下を以て利と為さず」、「義なるが故に七十にして政を致す」、「聖人は徳を上ぶ」、「道徳身に当り、故に物を以て惑わず。是の故に身草茅の中に在りて、而も懾意無く、南面して天下を聴きて、而も驕色無し。此の如くにして而る後に、以て天下の王と為る可し。」とあって、『唐虞之道』と類似の語句を多く含んでおり、特に「孝弟は、仁の祖なり」は恐らく『論語』や『孟子』などから影響を受けた人たちの手になるものと思われるが、ここでも孝と弟が分離されずに語られているのを見ると、このような意識はかなり後の時代まで続いていたようである。

孝が弟より分離され、しかも儒家のあらゆる徳目の中で最高の価値を与えられるようになるのは、戦国末期から前

漢初期にかけて成立したと思われる孝関係の一連の文献に見られる。すなわち、『大戴礼記』曽子大孝篇には、

民之本敎曰孝、其行之曰養。養可能也、敬爲難。敬可能也、安爲難。安可能也、久爲難。久可能也、卒爲難。父母既歿、愼行其身、不遺父母惡名、可謂能終也。夫仁者、仁此者也。義者、宜此者也。忠者、忠此者也。信者、信此者也。禮者、體此者也。行者、行此者也。彊者、彊此者也。樂自順此生、刑自反此作。

民の本教を孝と曰い、其の之を行うを養と曰う。養は能くす可きなり、敬を難しと為す。敬は能くす可きなり、安んずるを難しと為す。安んずるは能くす可きなり、久しきを難しと為す。久しきは能くす可きなり、卒るを難しと為す。父母既に歿すれば、慎しみて其の身を行い、父母の悪名を遺さざるを、能く終ると謂う可きなり。夫れ仁は、此れを仁する者なり。義は、此れを宜しくする者なり。忠は、此れを忠にする者なり。信は、此れを信にする者なり。礼は、此れを体する者なり。行は、此れを行う者なり。彊は、此れを彊むる者なり。楽は此れに順う自り生じ、刑は此れに反く自り作る。

とあって、孝の精神のもとに、仁・義・忠・信・礼・行・彊・楽・刑の諸倫理・政教が基礎づけられている。同様のことが、『呂氏春秋』孝行篇には、

民之本敎曰孝、其行孝曰養。養可能也、敬爲難。敬可能也、安爲難。安可能也、卒爲難。父母既沒、敬行其身、無遺父母惡名、可謂能終矣。仁者、仁此者也。禮者、履此者也。義者、宜此者也。信者、信此者也。彊者、彊此者也。樂自順此生也、刑自逆此作也。

民の本教を孝と曰い、其の孝を行うを養と曰う。養は能くす可きなり、敬を難しと為す。敬は能くす可きなり、安んずるを難しと為す。安んずるは能くす可きなり、卒るを難しと為す。父母既に没すれば、敬しみて其の身を行い、父母の悪名を遺すこと無きを、能く終ると謂う可し。仁は、此れを仁する者なり。礼は、此れを履む者な

り。義は、此れを宜しくする者なり。信は、此れを信にする者なり。彊は、此れを彊むる者なり。楽は此れに順う自り生じ、刑は此れに逆らう自り作るなり。

とあって、仁・礼・義・信・彊・楽・刑が、『礼記』祭義篇には、

衆之本敎曰孝、其行曰養。養可能也、敬爲難。敬可能也、安爲難。安可能也、卒爲難。父母既沒、愼行其身、不遺父母惡名、可謂能終矣。仁者、仁此者也。禮者、履此者也。義者、宜此者也。信者、信此者也。強者、強此者也。樂自順此生、刑自反此作。

衆の本教を孝と曰い、其の行いを養と曰う。養は能くす可きなり、敬を難しと為す。敬は能くす可きなり、安んずるを難しと為す。安んずるは能くす可きなり、卒るを難しと為す。父母既に没すれば、慎しみて其の身を行い、父母の悪名を遺さざるを、能く終ると謂う可し。仁は、此れを仁する者なり。礼は、此れを履む者なり。義は、此れを宜しくする者なり。信は、此れを信にする者なり。強は、此れを強むる者なり。楽は此れに順う自り生じ、刑は此れに反く自り作る。

とあって、仁・礼・義・信・強・楽・刑が、考の精神のもとに基礎づけられている。また『大戴礼記』曾子大孝篇には、

夫孝者、天下之大經也。夫孝置之而塞于天地、衡之而衡于四海、施諸後世而無朝夕、推而放諸東海而準、推而放諸西海而準、推而放諸南海而準、推而放諸北海而準。詩云、自西自東、自南自北、無思不服、此之謂也。

夫れ孝なる者は、天下の大経なり。夫れ孝は之を置きて天地に塞がり、之を衡にして四海に衡り、諸れを後世に施して朝夕無く、推して諸れを東海に放ちて準し、推して諸れを西海に放ちて準し、推して諸れを南海に放ちて準し、推して諸れを北海に放ちて準す。詩に云く、西自りし東自りし、南自りし北自りし、思いて服さざる無し

とは、此れの謂いなり。

とあって、孝はあらゆる倫理を基礎づけるものであるが故に、天下の大経であり、天地の普遍的準則であるとされている。(一七)「夫れ孝なる者は、天下の大経なり」という一句はないが、『礼記』祭義篇に、

曾子曰、夫孝置之而塞乎天地、溥之而横乎四海、施諸後世而無朝夕、推而放諸東海而準、推而放諸西海而準、推而放諸南海而準、推而放諸北海而準。詩云、自西自東、自南自北、無思不服、此之謂也。

曽子曰く、夫れ孝は之を置きて天地に塞がり、之を溥《ひろ》めて四海に横たわり、諸れを後世に施して朝夕無く、推して諸れを東海に放ちて準し、推して諸れを西海に放ちて準し、推して諸れを南海に放ちて準し、推して諸れを北海に放ちて準す。詩に云く、西自りし東自りし、南自りし北自りし、思いて服さざる無しとは、此れの謂いなり、と。

とあるのも、その意味するところは曽子大孝篇とだいたい同じである。

ところで、『孝経』開宗明義章に、

夫孝、徳之本也。

夫れ孝は、徳の本なり。

とあり、同三才章に、

夫孝、天之經也、地之義也、民之行也。

夫れ孝は、天の経なり、地の義なり、民の行いなり。

とあり、同聖治章に、

曾子曰、敢問、聖人之徳、亡以加於孝乎。子曰、天地之性、人爲貴。人之行、莫大於孝。……夫聖人之徳、又何

以加於孝乎。……

曾子曰く、敢て問う、聖人の徳は、以て孝に加うること亡きか、と。子曰く、天地の性は、人を貴しと為す。人の行いは、孝より大なるは莫し。……夫れ聖人の徳、又た何を以てか孝に加えんや。……、と。

とあるが、これらの例では、津田左右吉氏がすでに指摘したように、孝悌は仁をなす本であるとか（『論語』学而篇）、堯舜の道は孝弟である（告子下篇）とかといわれていたのに比べると、孝を重んずることがさらに一歩進められている。特に開宗明義章と聖治章のような表現は多くの徳行のあることを容認しているものであるが、孝が徳の本であるというのは、他の徳行をすべて孝に従属させたものである。(一八)

その他にも、『呂氏春秋』孝行篇に、

凡爲天下、治國家、必務本而後末。……務本莫貴於孝。人主孝、則名章榮、下服聽、天下譽。人臣孝、則事君忠、處官廉、臨難死。士民孝、則耕芸疾、守戰固、不罷北。夫孝三皇五帝之本務、而萬事之紀也。

凡そ天下を為め、国家を治むるには、必ず本を務めて末を後にす。……本を務むるは孝より貴きは莫し。人主孝なれば、則ち名章栄に、下服聴し、天下誉《たの》しむ。人臣孝なれば、則ち君に事えて忠、官に処りて廉、難に臨みて死す。士民孝なれば、則ち耕芸疾く、守戦固く、罷北せず。夫れ孝は三皇五帝の本務にして、万事の紀なり。

とあり、また同篇に、

夫執一術而百善至、百邪去、天下從者、其惟孝也。

夫れ一術を執りて百善至り、百邪去り、天下従う者は、其れ惟だ孝なり。

とあって、孝の精神によって国を統治すべきであるという、いわば孝治主義が述べられている。

このようにして戦国末期から前漢初期にかけて、至徳要道としての孝の理念が完成するに至るのであるが、このような孝理念の思想史的展開に照らし合わせて、『唐虞之道』の「孝は、仁の冕なり」を見てみると、思うに、『孟子』に見られる舜の孝子説話からの強い影響を受けており、孝を弟と分離して仁の最高の徳目として位置づけている点において、儒家の諸徳目の中で孝を『論語』や『孟子』より重視する傾向はある。しかしながら、『大戴礼記』『孝経』『呂氏春秋』のように、孝を高く抜き出して、それらの諸徳の統一原理として、自余の諸徳をこれに従属させ、従来の並立関係を従属関係に改めて、孝を『論語』における孔子の仁と同じ位置に置こうとするといった意識にまでは至っていない。この点は『六徳』第三十九〜四十二号簡に、

先王之𧧈（教）民也、司（始）於孝弟。……是古（故）先王之斈（教）民也、不貞（使）此民也㥑（憂）丌（其）身、遊（失）丌（其）豑（體）。孝、杳（本）也。下攸（修）亓（其）杳（本）、可以剸（斷）𡘋（讒）。

先王が民を教えるときは、孝弟より始めた。……それゆえ、先王が民を教えるときは、民が自分の身体のことを憂慮したり、その拠り所を誤ったりしないようにしたのである。孝は根本である。下の人々がその根本を修めれば、讒言を根絶することができる。

とある文章においても、同じことが言えよう。「孝は、杳（本）なり」が諸徳の本という意味ではないことは言うまでもない。

したがって、思想史的な観点からすれば、『唐虞之道』の「孝は、仁の冕なり」は、孝思想が『論語』から『孟子』を経て『大戴礼記』『孝経』『呂氏春秋』へと展開・変容していく橋渡しの役割をしたのではなかろうか。

二　忠と孝

右の結論を別の角度から論じてみよう。それは忠と孝の対立・矛盾及び一本化の問題と関わっている。『唐虞之道』の「孝は、仁の冕なり」という一句の後には、前引の第九号簡に（訳は省略）、

古者呉（虞）𡕕（舜）篙（厚）事穴〈?兆（瞽）〉寞、乃弋〈弌〉丌（其）孝、忠事帝埜（堯）、乃弋〈弌〉丌（其）臣。

とあり、また第二十四〜二十五号簡に、

丌（其）爲穴〈?兆（瞽）〉寞子也、邑（甚）孝、秉〈及〉丌（其）爲埜（堯）臣也、邑（甚）忠。埜（堯）儃（禪）天下而𠬪（授）之、南面而王而〈天〉下而邑（甚）君。古（故）埜（堯）之儃（禪）虖（乎）𡕕（舜）也、女（如）此也。

その（父である）瞽叟の子となっては孝を尽くし、その堯の臣下となっては忠誠を尽くした。堯は天下を譲って舜に授け、（舜は）天子の位について天下に王者となっては君主としての道理を尽くした。堯舜禅讓の実情はこの通りであった。

とある。舜の父への孝は、『孟子』万章上篇などに詳しく記述されており、舜が君になってからの業績も『尚書』や『孟子』などによって垣間見ることができる。ところで、右の文章の中で注意しなければならないのは、舜が堯に対して忠を尽くしたという部分である。これは一見何の変哲もないごく当たり前と見過ごしがちな事柄である。しかし、管見のかぎり、先秦から漢初にかけて現在我々が目にすることのできる如何なる文献においても、舜が堯に忠を尽くしたと明記されているのは見あたらない。

勿論、『尚書』などの記事、例えば、堯が舜に与えた試練の克服や舜の官僚としての能力・手腕が書かれている文章などにより、その一端を推測することはそれほど困難ではないと思われるかも知れない。しかし、『唐虞之道』で

それを忠と明記しているのは、恐らく戦国後期から末期にかけて、忠（忠君・忠誠）が孝とともに政治社会上解決すべき緊要な問題（特に忠と孝の矛盾・対立の問題）としてクローズアップされていく事実と深い関連があって、『唐虞之道』に登場しただろうと思われる。(一九)

この忠あるいは君臣倫理と孝あるいは家族倫理の対立・矛盾の問題は、『論語』においては直躬説話が、そして舜の孝子としての面貌を積極的に主張した『孟子』、すなわち、前引の離婁上篇に、

孟子曰く、天下大いに悦びて、将に己に帰せんとす。天下悦びて己に帰するを視ること、猶お草芥のごときは、惟だ舜を然りと為す。親に得られずんば、以て人と為す可からず。親に順われずんば、以て子と為す可からず。舜親に事うるの道を尽して、瞽瞍豫を厎せり。瞽瞍豫を厎して、天下化せり。瞽瞍豫を厎して、天下の父子為る者定まれり。此れを之大孝と謂う、と。

とあり、万章上篇に、

人悦之、好色富貴、無足以解憂者。惟順於父母、可以解憂。人少則慕父母、知好色則慕少艾、有妻子則慕妻子、仕則慕君、不得於君則熱中。大孝、終身慕父母。五十而慕者、予於大舜見之矣。

人之を悦び、好色富貴あるも、以て憂いを解くに足る者無し。惟だ父母に順わるれば、以て憂いを解く可し。人少ければ則ち父母を慕い、好色を知れば則ち少艾を慕い、妻子有れば則ち妻子を慕い、仕うれば則ち君を慕い、君に得ざれば則ち熱中す。大孝は、身を終うるまで父母を慕う。五十にして慕う者は、予れ大舜に於て之を見る。

とあり、尽心上篇に、

桃應問曰、舜爲天子、皐陶爲士、瞽瞍殺人、則如之何。孟子曰、執之而已矣。然則舜不禁與。曰、夫舜惡得而禁

之。夫有所受之也。然則舜如之何。曰、舜視棄天下、猶棄敝蹝也。竊負而逃、遵海濱而處、終身訢然、樂而忘天下。

桃応問いて曰く、舜天子と為り、皐陶士と為り、瞽瞍人を殺さば、則ち之を如何せん、と。孟子曰く、之を執えんのみ、と。然らば則ち舜は禁ぜざるか、と。曰く、夫れ舜は悪くんぞ得て之を禁ぜん。夫れ之を受くる所有るなり、と。然らば則ち舜は之を如何せん、と。曰く、舜は天下を棄つるを視ること、猶お敝蹝を棄つるがごときなり。窃かに負うて逃れ、海浜に遵いて処り、身を終うるまで訢然として、楽しみて天下を忘れん、と。

などとあるのが、この問題と些か関連があるようだが、厳密に言えば、それほど明確には問題となっていない[二〇]。ただし、『論語』や『孟子』の主張は、国家ないし天下あるいは法（と明記されてはいないが）より父あるいは家族倫理を優先視しているから、その両者は衝突する場合があることを認めていたことを意味し、そのような論理を演繹すると、君臣関係と父子関係が相反する場合後者を選択するという潜在的可能性は十分あると思われる。

それに対して『荀子』は、礼至上主義、すなわち人間が万物の中で至高の存在であり、かつ万物を支配できる原因を社会的規範としての礼義に求め、礼義によって人間社会の諸事象を区分・区別し、そうすることによって社会の調和・安定をはかろうとしたが、その当然の帰結として、個人の道徳より社会全体の秩序・規範・正義を重視し、個々の徳行を社会全体の規範に包摂したのである。これを端的に示しているのが、王制篇に、

水火有氣而無生、草木有生而無知、禽獸有知而無義。人有氣有生有知、亦且有義、故最爲天下貴也。力不若牛、走不若馬、而牛馬爲用何也。曰、人能羣彼不能羣也。人何以能羣。曰、分。分何以能行。曰、義。故義以分則和、和則一、一則多力、多力則彊、彊則勝物。……不可少頃舍禮義之謂也。能以事親謂之孝、能以事兄謂之弟、能以事上謂之順、能以使下謂之君。

水火には気有るも生無く、草木には生有るも知無く、禽獣には知有るも義無し。人には気有り生有り知有り、亦た且お義有り、故に最も天下の貴為るなり。力は牛に若かず、走ることは馬に若かず、而も牛馬の用を為すは何ぞや。曰く、人は能く群し彼は群すること能わざればなり。人は何を以て能く群するや。曰く、分なり。分は何に以り能く行わるるや。曰く、義なり。故に義以て分すれば則ち和し、和すれば則ち一、一なれば則ち力多く、力多ければ則ち彊く、彊ければ則ち物に勝つ。……少頃《しばらく》も礼義を舎つる可からざるの謂いなり。能く以て親に事うる之を孝と謂い、能く以て兄に事うる之を弟と謂い、能く以て上に事うる之を順と謂い、能く以て下を使う之を君と謂う。

とある。『論語』における孝は、親に対する子の生得的自然的感情の現れという側面が強く、[二一]『孟子』においては個人のレベルにおける道徳的義務という側面が強かったのに対し、[二二]『荀子』は、例えば王制篇に、

先王惡其亂也、故制禮義以分之、使有貧富貴賤之等足以相兼臨者、是養天下之本也。

先王は其の乱を悪む、故に礼義を制して以て之を分ち、貧富貴賎の等有りて以て相兼臨するに足らしめし者は、是れ天下を養うの本なればなり。

とあるように、人為的社会的な規範である礼によって、個人のレベルでの倫理道徳は勿論、さらには君主を主体として政治社会上の身分階層・位階秩序を確立しようとしたと言えよう。[二三]このように礼を諸々の徳行の頂点に置く思想は、荀子学派にそのまま受け継がれることになるが、例えば、『荀子』子道篇の冒頭に、

入孝出弟、人之小行也。上順下篤、人之中行也。從道不從君、從義不從父、人之大行也。若夫志以禮安、言以類使、則儒道畢矣。雖舜不能加毫末於是也。

入りては孝出でては弟なるは、人の小行なり。上に順いて下に篤きは、人の中行なり。道に従いて君に従わず、

義に従いて父に従わざるは、人の大行なり。若し夫れ志は礼を以て安んじ、言は類を以て使えば、則ち儒道畢る。舜と雖も毫末をも是に加うること能わず。

とあって、父命や君命より道・義を優越するものとし、それを「人の大行」としているのは、以上のような論理からすれば当然の帰結と言えよう。

ところで、さらに戦国末期から漢代初期になると、前にも述べたように、孝を諸徳の本とし、他の徳行をすべて孝に従属させようとする傾向が顕著になる。忠をたとえて言えば、孝の精神を拡大すれば君への忠に移行できる、あるいは君に仕えることが孝を実現するための手段となるという考え方が現れてくる。このような考え方のもとでは孝と忠の対立・矛盾が自ずと解消されることは言うまでもない。先に見たような孝関係の一連の文献、例えば、『大戴礼記』曽子大孝篇に「忠は、此れを忠にする者なり」とあることや、『呂氏春秋』孝行篇に「人臣孝なれば、則ち君に事えて忠」などとあるのは、まさにその間の消息を端的に示している。その他に『大戴礼記』曽子大孝篇に、

身者、親之遺體也。行親之遺體、敢不敬乎。故居處不莊、非孝也。事君不忠、非孝也。莅官不敬、非孝也。朋友不信、非孝也。戰陳無勇、非孝也。五者不遂、災及乎身。敢不敬乎。

身なる者は、親の遺体なり。親の遺体を行う、敢て敬しまざらんや。故に居処荘ならざるは、孝に非ざるなり。君に事えて忠ならざるは、孝に非ざるなり。官に莅みて敬しまざるは、孝に非ざるなり。朋友に信ならざるは、孝に非ざるなり。戦陳に勇無きは、孝に非ざるなり。五者遂げざれば、災い身に及ぶ。敢て敬しまざらんや。

とあり（『呂氏春秋』孝行篇、『礼記』祭義篇も参照）、同曽子立孝篇に、

是故未有君、而忠臣可知者、孝子之謂也。未有長、而順下可知者、弟弟之謂也。未有治、而能仕可知者、先脩之謂也。故曰、孝子善事君、弟弟善事長。君子一孝一弟、可謂知終矣。

是の故に未だ君有らずして、忠臣知る可き者は、孝子の謂いなり。未だ長有らずして、順下知る可き者は、弟弟の謂いなり。未だ治むる有らずして、能仕知る可き者は、先修の謂いなり。故に曰く、孝子善く君に事え、弟弟善く長に事う、と。君子一に孝一に弟、終りを知ると謂う可し。

とあり、『孝経』開宗明義章に、

仲尼居、曾子侍。子曰、先王有至徳要道、以順天下。民用和睦、上下無怨。汝知之乎。曾子避席曰、參不敏。何足以知之。子曰、夫孝、徳之本也。教之所由生也。復坐。吾語女。身體髮膚、受之父母。弗敢毀傷、孝之始也。立身行道、揚名於後世、以顯父母、孝之終也。夫孝始於事親、中於事君、終立於身。大雅云、亡念爾祖。聿脩厥徳。

仲尼居り、曽子侍す。子曰く、先王至徳要道有り、以て天下に順〈訓《おし》〉う。民用て和睦し、上下怨み無し。汝之を知るか、と。曽子席を避けて曰く、参不敏なり。何ぞ以て之を知るに足らんや、と。子曰く、夫れ孝は、徳の本なり。教えの由りて生ずる所なり。坐に復れ。吾れ女に語らん。身体髪膚は、之を父母に受く。敢て毀傷せざるは、孝の始めなり。身を立て道を行い、名を後世に揚げ、以て父母を顕わすは、孝の終りなり。夫れ孝は親に事うるに始まり、君に事うるに中し、身を立つるに終る。大雅に云く、爾の祖を念うこと亡からんや。厥の徳を聿《の》べ修む、と。

とあり、同広揚名章に、

子曰、君子之事親孝。故忠可移於君。事兄弟。故順可移於長。居家理。故治可移於官。是以行成於内、而名立於後世矣。

子曰く、君子の親に事うるには孝。故に忠をば君に移す可し。兄に事うるには弟。故に順をば長に移す可し。家に居りて理まる。故に治をば官に移す可し。是を以て行いは内に成りて、名は後世に立つ、と。

とあるような例もある。ただし、曽子立孝篇や広揚名章は、なぜ孝から忠へ移行できるかその根拠が示されていない。また曽子大孝篇は自己の身体を親に帰属させることによって自己の身体が自己の所有物ではないとし、そこに自己規制の動機を求めている。さらにひいては、諸々の政治社会的関係における秩序ないし規範への従順へと論理を展開している。その際、秩序ないし規範への従順の拘束性は、「五者遂げざれば、災い身に及ぶ」とあるように、再び（親の遺体としての）自己の身体に還元させている。そのような意味では、自律的規制に近いと言えよう。そして開宗明義章は、曽子大孝篇と同様自己規制の動機を親から受けた身体に求めているが、そこから身体の保全へと焦点が移っているところに曽子大孝篇との相違が見受けられる（曽子大孝篇に「戦陳に勇無きは、孝に非ざるなり」とあるのは身体の保全とは矛盾する）。また自己の道徳的修養及び社会的ポストの向上並びにその結果としての父母の名の高揚を孝の完成と見る考え方も特徴的ではあるが、それより特記すべきは、「親に事うる」ことと「身を立つる」こととの間に「君に事うる」ことを入れている点である。すなわち、本来家族ないし宗族という血縁関係を秩序づける倫理としてその機能が限定されていたはずの孝が、非血縁関係の君臣倫理の領域にまで機能を拡大して孝の本質の一部とされており、忠は拡大された孝に包摂されて、もはや君臣倫理を支える徳目としての本来の機能や価値が半減してしまっているのである。要するに、孝による忠と孝の一本化がこの時期に完成されるのである。この時期の忠・孝一本の孝を板野長八氏のことばを借りて言えば、父が君に直属する所において可能であり、それは封建制度が中央集権的に再編成されたのに即応するものであると言えよう。（二四）

それに比べて、『唐虞之道』では孝と忠が基本的には禅譲される側、すなわち舜の資質として述べられている。その中で忠と孝の矛盾・対立の問題は、舜という理想的で完成された人格の両面として解消化されて表に出る余地はなくなっている。これは、その思想的立場や具体的内容は違っても、忠・孝が礼という社会的規範に包摂されて矛盾・対立の問題が全く意識されずにただ併称されている、『荀子』の場合と軸を同じくすると言えよう。[二五]

さて戦国最末期の孝の性格として重要なものに愛と敬がある。この孝を構成する二要素としての愛と敬の二概念の台頭は、特に『孝経』において顕著になるが、加地伸行氏はそれを対立的なものとして捉えている。[二六]これをふまえて池澤優氏は、愛とは生身の人間として自然に持つ感情の側面を、敬とは個々人が担う社会的役割に応じて求められる行為の側面を意味するが、その際、愛・敬の観念は人間存在自体の二面性、すなわち自然性と社会性を発見したものであるが故に、『孝経』において重要なモチーフであり、親子関係に内在する社会性の側面（敬）があらゆる人間関係に共通することから、孝ならば忠であるとするのである、という。[二七]それに比べて『唐虞之道』においては、第四～五号簡に、

峕（時）事山川、效（教）民又（有）敬（敬）也。

四季折々に山川に仕えて民衆に敬うべきものがあることを教える。

とあるように、敬の字が見えるものの、孝の一側面としての敬は意識されていないことは言うまでもない。

ところで、先に戦国最末期における忠・孝一本の孝は、封建制度が中央集権的に再編成されたのに即応するものであると述べたが、このことを如実に示すものとして、いわゆる孝の階級性の問題がある。周知の如く、これは『孝経』の天子章・諸侯章・卿大夫章・士章・庶人章に最も端的に示されているが、ここに示されている孝は、板野長八氏が指摘したように、人々がそれぞれの地位身分を保つことであり、しかもその地位身分は先王ないし天子の制したものであるから、諸侯以下の者の孝道の実践は結局君主の定めた地位を守ることになり、このような孝道が充実すればするほど、人々は君主によって規定された分をよりよく守り、君主の一元的支配をよりよく可能ならしめたと考え

られる。(二八) このように孝の内容を身分ごとに定めることは恐らく『荀子』の分の思想から影響されたものと思われるが、『孝経』のような君主権力への傾斜・接近の思想と『唐虞之道』の違いは、『唐虞之道』が禅譲説を主張することによって世襲制を否定しているのに対し、『孝経』は天子の制した階級秩序や権威を擁護・維持することを主張し、潜在的には身分の変動をもたらすような禅譲説は容認しないことにあると言えよう。

第三節　「孝の殺は、天下の民を愛す」――墨家の兼愛説と関連して

ここでもう一つ検討しなければならないのは、孝及び愛の観念化・普遍化の問題である。『唐虞之道』においてこの問題とまつわる文章は、第七号簡に次のようにある。

孝之蚕(殺)、㤅(愛)天下之民。

(親に対して)孝を尽くし、ついで天下の民を愛する。

本来家族ないし宗族内に制限されていたはずの孝が、家族ないし宗族を越えて拡大されて観念化・普遍化していくことは、特に儒家系統の文献に多く見られる現象であり、それについてはすでに先学によって指摘されている。ところで、右の文章を孝の観念化・普遍化と見るべきか、それとも愛の観念化・普遍化と見るべきかはまず最初に決しなければならない重要な問題である。問題の所在をより分明にするために、まず右の文章が研究者の間でどのように解釈されているかを見てみよう。朱栄貴氏は「郭店楚簡と『孟子』の孝論の類似点は、孝を聖人が民衆を孝化する主要な方法と見なしていることである」とし、これは『論語』における孝の観点とも通じるという。(二九) また鄧建鵬氏は『唐虞之道』は孝を〃愛親〃に基づくものとするが、〃愛親〃は自分と血縁関係にある人への愛である。親族を親愛することにより拡充して、〃天下の民を愛す〃ることを孝とする。また〃愛親〃を仁と対応させて、〃親を愛

す、故に孝なり〃とし、〃孝は、仁の冕なり〃とする。いわゆる孝は仁にあり、仁はまた天下の民を愛することである」[三〇]と言って、「天下の民を㤅（愛）す」ることを孝の拡充か孝そのものと見なしている。そして丁四新氏は「孝を推して他人に及ぼせば、天下の民を愛することができ、……親を愛することができれば、孝道を行うことができるのである。愛を推して人に及ぼし、それを天下に行って、天下の民を愛すること、これこそ仁道である」と言って、鄧氏とほぼ同様の解釈をしている。[三一]要するに、三者いずれも右の文章を孝精神の観念化・普遍化と見なしているわけであるが、その真偽を判別するためには「蚉（殺）」と「天下の民を㤅（愛）す」とを分けて分析する必要がある。

「蚉（殺）」については、拙稿『唐虞之道』訳注[三二]ですでに詳しく論じたが、議論の便宜上ここでもう一度簡略に要約すれば次の通りである。「蚉」は底本（一五七頁）が「方」の仮借字（あるいは異体字）として以来、次の二つに解釈が分かれている。第一に、「放」の意とする説。第二に、「殺」の古文とする説。前者の説は李零氏が初めて提案したが、「〃放〃は、簡文の字は虫に従い方に従い、整理者は〃方〃に読むが、検討すべきである」[三三]というに止まっており、その根拠は示していない。胡平生氏は李氏の説を支持しつつ、「〃放〃はここでは「押し広める」や「押し広げる」の意である」[三四]というが、なぜ放に読まなければならないかについては、李氏と同様、何の根拠も示していない。

次に後者の説は陳偉氏によって初めて明らかにされたが、陳氏が殺の古文とする根拠は以下の通りである。

(1)当該字が『説文』三下の殺の古文とほぼ同形である点。

(2)『汗簡注釈』（四六六頁）所引の『汗簡』所収の尚書の殺の字、『古文四声韻』所収の崔希裕纂古の殺の字などとほぼ同形である点。[三五]

(3)郭店楚簡『語叢一』第一〇三号簡に「豊（禮）不同、不寍（豐）、不蚉|（殺）ー。」（礼は同じではないが、多すぎてはならず、少なすぎてもよくない）とあり、同『語叢三』第四十号簡に「愍（愛）睪（親）、勛（則）亓（其）蚉|（殺）愍（愛）人ー。」（まず自分の親を愛し、ついで人を愛する。）とあるが、特に『語叢一』第一〇三号簡の

文章は、それと同文が『礼記』礼器篇に「禮不同、不豐、不殺」とある点。[三六]

ここで字形に関して若干補足をすると、郭店楚簡で「〓」に該当する字は「〓」(『唐虞之道』第七号簡)、「〓」(『語叢一』第一〇三号簡)、「〓」(『語叢三』第四十号簡)のように、三例見える。『説文』(一篆一行本)には殺の古文として「〓・〓・〓」の三字が見えるが、その中で「〓」が「〓・〓・〓」と酷似している。また『汗簡』所収の尚書の「殺」(〓)とも類似しており(厳密には一画が少ない)、『古文四声韻』所収の崔希裕纂古の「殺」(〓)とも酷似している。したがって、まず字形から判断して本字は殺の古文と認めてほぼ問題ないと考えられる。

さてこのような陳氏の説は前引の丁氏も賛同しており、周鳳五氏もそれに従っているが、[三七]次に問題となるのは殺の意味である。陳氏はその意味について、前引の『礼記』文王世子篇に、

其の族食に世ごとに一等を降すは、親を親しむの殺なり。

とあることや、同祭統篇に、

此之謂親疏之殺也。

此れを之親疏の殺と謂うなり。

とあり、同喪服篇に、

恩之殺也。

恩の殺なり。

とあり、『荀子』礼論篇に、

文理省、情用繁、是禮之殺也。

文理の省きて、情用の繁きは、是れ礼の殺なり。

とある例を引き合いにして、「衰減」の意とする(ただし、『礼記』喪服篇の場合は衰減の意でよかろうが、文王世子篇及び『荀子』礼論篇の場合は差別・差等の意であろう)。要するに、陳氏は殺を減殺、つまり平等ではなく、親疎に應じて差

別・差等をつけるという意味で捉えているようである。(三八)

ここでこの問題を解くための端緒を別の角度から探ってみることにする。『語叢三』第四十号簡に「睪（親）を憖（愛）し、則（則）ち亓（其）の𢎜（殺）は人を憖（愛）す。」とあるのと類似の文章は、郭店楚簡『五行』第三十三号簡に、

忎（愛）父、亓（其）稺（繼）(三九)忎（愛）人、𢡺（仁）也■。

まず自分の父を愛し、ついで人を愛することが、仁である。

とあるが、これと対照されるほぼ同文が馬王堆帛書五行篇（以下、帛書五行篇と略称）(四〇)第一九二行に（訳は省略）、

㤅（愛）父、亓（其）絲（繼）㤅（愛）人、仁也。

とある。「絲」について、底本「老子甲本巻後古佚書　五行」註釈〔一八〕は、「継の字は、古はもとと䜌に作るが、帛書では絲の字の右傍に二の字を付けて、䜌の字の従うところの「丝」を表している。「其継愛人」とは、その次に人を愛する、を意味するようである」と言って、「繼」の異体字とし、「次」の意とする。ところで、第一九二行の説に当たる第二五四行には、

㤅（愛）父、亓（其）殺（殺）㤅（愛）人、仁也、言㤅（愛）父、而笱（後）及人也。

「まず自分の父を愛し、ついで人を愛することが、仁である」とは、まず自分の父を愛し、その後その愛が人に及ぶという意味である。

とあり、殺については、「老子甲本巻後古佚書　五行」の同注に右の注に続けて、「本篇第二五四行の解説の部分では「愛父、其殺愛人」に作るが、殺は差や減の意であり、継の字と意味が近い」とする。(四一)ただし、『唐虞之道』全体を通観した場合、孝をふまえてはいるものの、差別愛を語る部分あるいはそれへの強い意識はほとんど見受けられな

い――もし差別愛（いわゆる親親主義）が強く意識されているとすると、同じく第七号簡に、

　𢓊（禪）之瀍（流）、世亡（無）忈（隱）直（德）。

　禅譲が広がれば、世に徳のある者で登用されない者はない。

とあるのと矛盾・衝突してしまう。したがって、『唐虞之道』の殺は、「差・減」よりは、「継」（あるいは「次」）の意に解した方が穏当のように思われる。

　以上によって殺の意味が限定されてきたわけであるが、そうすると「孝の蚉（殺）は、天下の民を炁（愛）す」の意味するものは、「天下の民を炁（愛）す」が愛を血縁関係を越えて全天下的な規模で実現させることを意味するから、まずは孝つまり親を愛し、その論理的手続きとして、その愛を全天下的な規模で実現させることであろう。ただし、ここで注意しなければならないのは、「天下の民を炁（愛）す」を堯舜の行いの一つとして位置づけている点、換言すれば、全天下的な規模での愛の実践の主体を帝王としている点である。

　さて「天下の民を炁（愛）す」と類似の表現や思想と思われるものは、古くから儒家系統の文献にも「愛人」などということばとして見えている。例えば、『論語』学而篇に、

　子曰、弟子入則孝、出則弟、謹而信。汎愛衆而親仁。行有餘力、則以學文。

　子曰く、弟子入りては則ち孝、出でては則ち弟、謹しみて信あれ。汎く衆を愛して仁に親しめ。行いて余力有れば、則ち以て文を学べ、と。

とあり、同顔淵篇に、

　樊遲問仁。子曰、愛人。

　樊遅仁を問う。子曰く、人を愛す、と。

とあり、同陽貨篇に、

子之武城、聞弦歌之聲。夫子莞爾而笑曰、割雞焉用牛刀。子游對曰、昔者偃也聞諸夫子。曰、君子學道則愛人、小人學道則易使也。子曰、二三子、偃之言是也。前言戲之耳。

子武城に之き、弦歌の声を聞く。夫子莞爾として笑いて曰く、雞を割くに焉くんぞ牛刀を用いん、と。子游対えて曰く、昔者偃や諸れを夫子に聞けり。曰く、君子道を学べば則ち人を愛し、小人道を学べば則ち使い易しと、と。子曰く、二三子よ、偃の言是なり。前言は之に戯れしのみ、と。

とあって、確かに愛を普遍的に拡大させようとする意図が見られるのも事実である。しかし、すでに先学によって指摘されているように、『論語』においては君子と小人との差異に執着したり、(四二) 族や家族に伴う特権たる容隠を肯定し、したがって族や家族の閉鎖性を当然とすることによって、君臣関係よりも父子関係、ないしは族を重んじたりしており（子路篇に見える直躬説話など）(四三)、概していえば血縁的な愛と考えていた、(四四) ということも紛れもない事実である。

それは『孟子』においてもほぼ同じであって、離婁下篇に、

孟子曰、君子所以異於人者、以其存心也。君子以仁存心、以禮存心。仁者愛人、有禮者敬人。愛人者、人恆愛之、敬人者、人恆敬之。

孟子曰く、君子の人に異なる所以の者は、其の心を存するを以てなり。君子は仁を以て心を存し、礼を以て心を存す。仁者は人を愛し、礼有る者は人を敬す。人を愛する者は、人恆に之を愛し、人を敬する者は、人恆に之を敬す、と。

とあるように、一方では普遍的愛を語ったり、(四五) あるいは前引の尽心上篇に、

孟子曰く、人の学ばずして能くする所の者は、其の良能なり。慮らずして知る所の者は、其の良知なり。孩提の童も、其の親を愛するを知らざる者無し。其の長ずるに及びてや、其の兄を敬するを知らざる無し。親を親しむは、仁なり。長を敬するは、義なり。他無し、之を天下に達するなり、と。

とあるように、仁・義の拡充をいうものの、もう一方では、同じく前引の尽心上篇に、

孟子曰く、君子の物に於けるや、之を愛すれども仁せず。民に於けるや、之を仁すれども親しまず。親を親しみて民を仁し、民を仁して物を愛す、と。

とあるように、物・民・親に対して愛・仁・親と親疎に応じて画然と区別しかつ差等を付けることによって、物・民・親への遇し方に格付けをしている。また現実における普遍的愛の実行については、同じく尽心上篇に、

孟子曰、知者無不知也。當務之爲急。仁者無不愛也。急親賢之爲務。堯舜之知而不偏物、急先務也。堯舜之仁、不偏愛人、急親賢也。

孟子曰く、知者は知らざること無きなり。当に務むべきを之急と為す。仁者は愛せざること無きなり。賢を親しむを急にするを之務めと為す。堯舜の知にして物に偏からざるは、先務を急にすればなり。堯舜の仁にして、人を愛するに偏からざるは、賢を親しむを急にすればなり、と。

とあるように、事実上その実行不可能性を主張する立場にあり、むしろこのような立場がより本質的であったのである。特に「堯舜の仁にして、人を愛するに偏からず」という考え方は、『唐虞之道』第六～七号簡に「埜（堯）坴（舜）の行いは、……天下の民を忎（愛）す」とあるのと決定的な相違を如実に示している。しかも「賢を親しむを急にするを之務めと為す」とあっても、『孟子』の賢人登用論においては、梁恵王下篇に、

孟子見齊宣王曰、所謂故國者、非謂有喬木之謂也。有世臣之謂也。王無親臣矣。昔者所進、今日不知其亡也。王

曰、吾何以識其不才而舍之。曰、國君進賢、如不得已。將使卑踰尊、疏踰戚。可不愼與。

孟子斉の宣王に見えて曰く、所謂故国とは、喬木有るの謂いを謂うに非ざるなり。世臣有るの謂いなり。王には親臣無し。昔者進むる所、今日其の亡きを知らざるなり、と。王曰く、吾れ何を以て其の不才を識りて而して之を舍てん、と。曰く、国君賢を進むるには、已むを得ざるが如くす。将に卑をして尊を踰え、疏をして戚を踰えしめんとす。慎しまざる可けんや、と。

とあるのが大前提となっていることを注意しなければならない。

こうして初期儒家における愛とは本質的には差別愛をいい、宗族や家族に伴う特権たる容隠を肯定し、宗族や家族の閉鎖性を当然とするものであったが、特に『孟子』に至ってそのような現象が一層強められ、普遍的愛の実行不可能性が明確に主張されていることが確認された。それでは先秦時代において、『唐虞之道』のような普遍的愛、しかも帝王を主体とする愛の全天下的な規模における実行を主張したのはどの学派であったのか。それは言うまでもなく墨家であり、いわゆる十論二十三篇の中でも最も古く最も本質的と言われる兼愛論の中に顕著に現れている。

もっとも、兼愛論といっても兼愛三篇がその思想や論理において一貫性を保っているわけではない。そこには初期思想からの明確な変容・変質の痕跡が見られる。(四六)以下それを兼愛上・中・下篇と順序を追って考察するが、(四七)これら三篇についてはすでに先学による多くの優れた研究があるので、それらも随時参照しつつ、ここでは主として『唐虞之道』の「天下の民を忎（愛）す」と関わりのある部分に焦点を合わせて兼愛論との影響関係を探ることにする。

『墨子』諸篇のうち、最も早く成立した一篇、恐らく墨翟の逝去後、数年をへて前五世紀末から前四世紀初頃に著作されたといわれる兼愛上篇(四八)における兼愛論は、冒頭に、

聖人以治天下爲事者也。必知亂之所自起、焉能治之。……聖人以治天下爲事者也。不可不察亂之所自起。

聖人は天下を治むるを以て事と為す者なり。必ず乱の自りて起る所を知り、焉ち能く之を治む。……聖人は天下

　を治むるを以て事と為す者なり。乱の自りて起る所を察せざる可からず。

とあるように、まず聖人の責務を天下を治めることにあるとし、天下を治めるためには乱の原因を知ることを要請する。次に乱の原因の所在については、

　當察亂何自起、起不相愛。

　当《こころ》みに乱は何に自りて起るかを察するに、相愛せざるに起る。

とあるように、「不相愛」にあると提唱し、続けてその不相愛の現象を、具体的には父子・兄弟・君臣の人倫関係や人（個人）・家（大夫）・国（諸侯）の社会単位における相互的な「自愛・自利」行為をもって例証しつつ、いずれも不相愛に原因すると締めくくる。そこでそのような不相愛の打開策としていよいよ「兼相愛」が提唱されるわけであるが、ここで兼相愛とは、不相愛の反対としての相愛を全天下的規模に拡大することを意味するに違いない。すなわち、全人倫関係や社会単位において相互愛を普遍化すること、換言すれば「普遍的相互愛」[四九]を指しているのである。兼相愛によって不相愛に起因する「虧某自利」（某を虧きて自ら利す）といった総体的な社会悪が一掃され天下に治がもたらされることを、得意の論理[五〇]によって示すわけであるが、その際注意しなければならないのは、兼愛論における聖人の役割である。すなわち、

　故聖人以治天下爲事者、惡得不禁惡而勸愛。

　故に聖人の天下を治むるを以て事と為す者は、悪くんぞ悪を禁じて愛を勧めざるを得んや。

とある一文に端的に示されているように、兼愛上篇の作者が構想する聖人の役割とは、せいぜい愛を「勧」める存在にすぎないため、愛の実行への強制性は極力抑えられている。作者はそれを同篇の最後で「不可以不勸愛人」（以て人を愛することを勧めざる可からず）という子墨子の言によって裏付けている。

　ところが、ここで問題は、中・下篇になるにつれ、当初愛を勧める程度の存在として描かれていた聖人が、以後どのように変わっていくかにある。まず兼愛中篇を見てみると、冒頭に、

仁人之所以爲事者、必興天下之利、除去天下之害、以此爲事者也。

仁人の事と為す所以の者は、必ず天下の利を興し、天下の害を除去せんとし、此を以て事と為す者なり。

とあるように、聖人に代わって仁人を登場させ、その責務も乱の原因を知ることから「天下の害を除去せんとす」るように、より直接的現実的になっている。また利と害を二項対立的に示すことによって、問題をより簡明直截にし、そうすることによって緊迫感を増している。(五一)

さて兼愛中篇ではまず天下の害の現状分析を行い、その原因を上篇と同様、不相愛に求めているが、その打開策として交相利を加えて「兼相愛交相利之法」(兼ねて相愛し交ごも相利するの法)を提唱し、具体的な方策として国(諸侯)・家(家主)・身(人)の社会単位や君臣・父子・兄弟の人倫関係における相互愛の強化を計ることになる。その強化策としては、兼愛反対論者を想定しそれを論駁する方法を取っているが、しかしその強化の方向は、兼愛論の実行可能性を強調する手立てとして君主の率先躬行に依存することによって、人と人との愛の相互性は弱められ、君主の万民への平等愛・普遍愛(五二)へと変容することになる。これが兼愛論の治者・権力者への傾斜を示すもの(五三)であることは言うまでもない。例えば、「特上弗以爲政、士不以爲行故也。」(特《ただ》上以て政と為さず、士以て行いと為さざるが故なり。)を二度言い、また「兼相愛交相利」は昔の聖王(禹・文王・武王)によって実行済みであることを立証し、最後に、

故子墨子言曰、今天下之君子、忠實欲天下之富、而惡其貧、欲天下之治、而惡其亂、當兼相愛交相利。此聖王之法、天下之治道也。不可不務爲也。

故に子墨子言いて曰く、今天下の君子、忠実に天下の富を欲して、其の貧を悪み、天下の治を欲して、其の乱を悪まば、当に兼相愛交相利すべし。此れ聖王の法にして、天下の治道なり。務めて為さざる可からざるなり、と。

といっているのがその例である。

それが兼愛下篇になると、池田氏も指摘したように、依然相互愛の跡が存在してはいるものの、ほとんどが「愛人

利人」（人を愛し人を利す）という語に代表されるごとく、他者への愛にさらなる変容を成し遂げ、君主の万民への平等愛・普遍愛も一層強調されるようになる。（五四）例えば、

兼君之言不然、行亦不然。曰、吾聞爲明君於天下者、必先萬民之身、後爲其身。然後可以爲明君於天下。是故退睹其萬民、飢即食之、寒即衣之、疾病侍養之、死喪葬埋之。兼君之言若此、行若此。

兼君の言は然らず、行いも亦た然らず。曰く、吾れ聞く天下に明君為る者は、必ず万民の身を先にし、其の身の為にするを後にす。然る後以て天下に明君為る可し、と。是の故に退きて其の万民を睹るに、飢うれば即ち之に食わしめ、寒ゆれば即ち之に衣せ、疾病には之を侍養し、死喪には之を葬埋す。兼君の言は此の若く、行いは此の若し。

とあるような「兼君」の描写や、

泰誓曰、文王若日若月、乍照光于四方于西土。即此言文王之兼愛天下之博大也、譬之日月兼照天下之無有私也。即此文王兼也。

泰誓に曰く、文王は日の若く月の若く、乍《おこ》りて四方に西土に照り光く、と。即ち此れ文王の天下を兼愛するの博大なるを言いて、之を日月の天下を兼照するの私有る無きに譬うるなり。即ち此れ文王の兼なり。

とあるような兼愛実行者としての文王の描写、そして甚だしきは、

今若夫兼相〔愛交相〕利、此其有利、且易爲也、不可勝計也。我以爲、則無有上説之者而已矣。苟有上説之者、勸之以賞譽、威之以刑罰、我以爲、人之於就兼相愛交相利也、譬之猶火之就上、水之就下也、不可防止於天下。

今夫の兼相〔愛交相〕利の若きは、此れ其れ利有りて、且つ為し易きや、勝げて計る可からざるなり。我れ以為らく、則ち上の之を説ぶ者有る無きのみ。苟も上の之を説ぶ者有りて、之を勧むるに賞誉を以てし、之を威すに刑罰を以てせば、我れ以為らく、人の兼相愛交相利に就くに於けるや、之を譬えば猶お火の上に就き、水の下きに就くがごとく、天下に防止す可からざらん。

とあるように、君主を頂点とする政治秩序の中で賞罰によって兼愛を万人に強制しようとするところに(五五)、そのような傾向が歴然と現れている。

　このように中篇から下篇になるにつれ、君主の万民への平等愛・普遍愛が一層強調され、権力への依存・傾斜の傾向も強くなるのだが、このような傾向が強くなっていったのは、諸家によってすでに指摘されているように、官僚制度が整備され君主の一元的支配が確立されつつあった戦国後期以降の状況を反映している、ということは容易に看取される(五六)。『唐虞之道』の「天下の民を㤅（愛）す」が『論語』や『孟子』の考え方と本質的に異なることについてはすでに指摘したが、そのような情況並びに特に兼愛下篇において君主の万民への平等愛・普遍愛が墨家の兼愛論の最後の段階として完全に定着すること、そして『唐虞之道』においても「天下の民を㤅（愛）す」が堯舜といった帝王の行いとして語られている点などを合わせて考えると、『唐虞之道』が兼愛論の中でもほぼ最終的段階のものから影響を受けてなったものと判断しても、さほど無理な結論ではなかろう。

　墨家の兼愛論からの影響を立証できる、もう一つの貴重な資料がある。それは『孟子』滕文公上篇に次のようにある。

> 夷子曰、儒者之道、古之人若保赤子。此言何謂也。之則以爲、愛無差等、施由親始。……孟子曰、夫夷子信以爲人之親其兄之子、爲若親其鄰之赤子乎。彼有取爾也。赤子匍匐將入井、非赤子之罪也。且天之生物也、使之一本。而夷子二本故也。
>
> 夷子曰く、儒者の道は、古の人赤子を保んずるが若しと。此の言何の謂いぞや。之は則ち以為らく、愛に差等無し、施すこと親由り始む、と。……孟子曰く、夫の夷子は信に人の其の兄の子を親しむこと、其の鄰の赤子を親しむが若しと為すと以為るか。彼は取ること有りて爾るなり。赤子の匍匐して将に井に入らんとするは、赤子の罪に非ざるなり。且つ天の物を生ずるや、之をして本を一にせしむ。而るに夷子は本を二にする故なり、と。

墨子学派の夷子の言った「愛に差等無し、施すこと親由り始む」は、順序の違いを除けば実は『唐虞之道』の「孝の蚉（殺）は、天下の民を炁（愛）す」と全く同様の考え方である。要するに、平等愛・普遍愛を骨子としているわけだが、夷子の質問は儒家の道もそれを指して言うものではないかということであろう。それに対して、孟子は「天の物を生ずるや、之をして本を一にせしむ。而るに夷子は本を二にする故なり」といって完全に否定している。『唐虞之道』の「孝の蚉（殺）は、天下の民を炁（愛）す」も孟子の見地から見れば到底容認できないことは間違いなかろう。このように見てくると、『唐虞之道』が孟子学派の思想と相当の隔たりを持つ一派の手になるものであることは、容易に推定できる。その他にも、以下のことをも考慮に入れるべきであろう。第一に、先の『孟子』の批判とは裏腹に、兼愛上・中・下篇全体において、孝や悌などのような旧来礼的秩序によって安定がはかられてきた宗法的秩序は否定されておらず、それどころかむしろ維持・安定させようとしているところにおいて、『唐虞之道』の孝思想と矛盾しない点。[五七]第二に、『唐虞之道』第一号簡に「埜（堯）鲝（舜）之王、秎（利）天下而弗秎（利）也。」（堯舜が王となったときは、天下に利益を与えることはあっても（天下の利を）自分の利益とはしなかった。）とあり、第七号簡に「孝の蚉（殺）は、天下の民を炁（愛）す」とあるのは、兼愛下篇に「愛人利人」（人を愛し人を利す）とあるのと表現のみならず思想上においても極めて酷似している点。ただし、『唐虞之道』では賞罰による法治を主張しておらず、そこに兼愛下篇とは違った面貌を窺うことができる。

したがって、『唐虞之道』の「孝の蚉（殺）は、天下の民を炁（愛）す」は、墨家との対抗の必要上、墨家の兼愛論、特に兼愛下篇[五八]のような末期思想を積極的に吸収しながらも、賞罰論を主張しないことによってそれとは一線を画し、ひいては支配者として血縁のつながりの強化によって疎外される危険性を多分に有する非血縁関係の人々をも支配権の中に包摂しようとするところに、作者の意図があっただろうと推察される。[五九]このことは次の「禮（禅）の澶（流）るるや、世に忈（隠）直（徳）亡（無）し」という文章とのバランスから考えても容易に看取できよう。

注

（一）これを廖名春氏は「簡文対舜徳行的肯定，是基于一種理論：只有〃孝〃于父，才能〃忠〃于君；只有〃悌〃于弟，才能〃慈〃于民；只有処理好家庭関系的人，才能治理好天下。」（廖論文①、七五頁）と言って、父への孝を忠君を可能にする唯一の条件として解釈しており、張立文氏も「愛親所以孝順父母，尊賢所以禅譲与能。由愛親而推至尊賢，由家庭而推至国家，這是東方中国宗法社会的特徴」（張前掲論文「略論郭店楚簡的〃仁義〃思想」、六六頁）として廖氏と類似の解釈をしているが、いずれも非。『唐虞之道』においては、父への孝と帝堯への忠がただ併称しているところに特色がある。

（二）「宂（瞽？）寞」を瞽叟あるいは瞽瞍と見なすのは、底本【注釈】〔一二〕の「當指舜父瞽叟」によった。

（三）陳前掲論文「《唐虞之道》与早期儒家的社会理念」、二四七頁。

（四）張前掲論文「略論郭店楚簡的〃仁義〃思想」、六六頁。このような傾向は、彭邦本氏、李景林氏も同じ。すなわち、彭氏は「又如在〃親親〃、〃愛親〃、〃尊賢〃等問題上，《唐虞之道》等佚文与《中庸》不仅有共同的議題，而且術語、論点乃至思路的相同、相似及相承亦脈路清晰。」（「郭店《唐虞之道》初論」、七三頁）とし、李氏は「《唐虞之道》乃以尊賢、親親言仁義。……《中庸》以〃仁者仁也，親親為大，義者宜也，尊賢為大〃論治道。其言天下有〃九経〃，首三経即修身、尊賢、親親。」（李前掲論文「従郭店簡看思孟学派的性与天道論」、一〇〇頁。「仁者」の直後の「仁」は「人」の誤り）という。その他に、王前掲論文「郭店楚簡的時代及其与子思学派的関係」（一五五頁）、楊前掲論文「郭店出土儒家竹簡与思孟学派」（四頁）も同様の見解を示している。

（五）鄧前掲論文「《唐虞之道》的民本思想」、四六頁。「血縁関係にある人」は父母に限らないことに注意。

（六）丁前掲書『郭店楚墓竹簡思想研究』、三六二〜三六三頁及び三七七頁。

（七）廖論文①（七四頁）、羅新慧「郭店楚簡与儒家的仁義之弁」（『斉魯学刊』一九九九—五、一九九九年九月、二九頁）。

（八）鄭注に「己上親父、下親子。三也。以父親祖、以子親孫。五也。以祖親高祖、以孫親玄孫。九也。殺謂親益疏者、服之則輕。」とある。

（九）滋賀秀三『中国家族法の原理』（創文社、一九六七年、二一～二二頁）を参照。なお、親属の分類と範囲については、仁井田陞『支那身分法史』（座右宝刊行会、一九四二年発行、一九四三年再版発行）第三章第二節「親族の分類と範囲」を参照。しかし、同書は漢代やそれ以後の資料を混用しているので、親族にまつわる諸概念の歴史的変遷を体系的に捉えるには、やや不便さが感取される。ただし、親族にまつわる諸概念が各時代や文献ごとに必ずしも一定していないことは、同書によって確認できる。

（一〇）中庸篇を『淮南子』より後に作られたとする津田左右吉氏が、その代表的な例（『儒教の研究　三』（『津田左右吉全集』一八、岩波書店、一九六五年、一頁）、『道家の思想と其の展開』（岩波書店、一九三九年発行、一九四〇年第二刷）の第五篇第一章など）。これを受け継いだ楠山春樹氏は、その成立を前漢の武帝のころまで引き下げており（「中庸の成立に関する漢初の資料」、『漢魏文化』四、一九六三年十月、一一頁）、板野長八氏も、武帝時代の産物である『淮南子』、『礼記』楽記篇、『韓詩外伝』とほぼ同時代、または少し遅れた時代に作成されたものであるという（『儒教成立史の研究』、岩波書店、一九九五年、三〇六～三〇七頁）。

（一一）この問題については、本書第一部第三章第二節を参照されたい。

（一二）本書第一部第一章第三節の「一」を参照。

（一三）西周・春秋時代の孝については、李裕民「殷周金文中的〝孝〞与孔丘〝孝道〞的反動本質」（『考古学報』一九七四―二、一九七四年）、野村茂夫「儒教的「孝」の成立以前　尚書を手がかりとして」（『愛知教育大学研究報告』（人文・社会科学）二三、一九七四年）、陳蘇鎮「商周時期孝観念的起源、発展及其社会原因」（『中国哲学』一〇、一九八三年）、王慎行「論西周孝道観的本質」（『人文雑誌』一九九一―二、一九九一年）、池澤優「西周春秋時代の「孝」と祖先祭祀について――「孝」の宗教学・その一――」（『筑波大学地域研究』一〇、一九九二年三月。後に『「孝」思想の宗教学的研究　古代中国における祖先崇拝の思想的発展』（東京大学出版会、二〇〇二年）に収録）、査昌国「西周〝孝〟〝義試探」（『中国史研究』一九九三―二、一九九三年）、等々を参照されたい。

なお、池澤氏は、西周・春秋間の基本的連続性は明らかであり、変化は漸進的なものであったが、西周期の父系出自集団を支える倫理としての古典的孝は、春秋期以降、その有効性を次第に減少させたという。すなわち、春秋期の社会的変化による孝の性格の変化に注目して、孝の対象の狭小化現象（孝の性格の変化）及び宗族集団の細分化現象（社会構造の変化）などが人々の意識にも影響を及ぼし、その結果、春秋期において孝は、西周期のような大規模なリニッジ集団ではなく直系の親族関係の中でのみ働き、孝により表示されていた権威が必ずしも社会全体の権威と一致しなくなる傾向が強くなり、したがって、孝の重要性は恒常不変のものではなく、春秋期頃に一度その重要性が低下したという。同氏はまた『左伝』の中の孝についても概観した後、①孝の対象は親子関係に限定されていること、②孝は社会の一般的権威に対する服従ではなく、諸々の徳行の一つにすぎないこと、③親子関係に限って見ても、子のみが一方的に孝を要求されるのではなく、父の慈に対する子の孝といった具合に相対的相互的な倫理であること、を明らかにしている（九六～一〇四頁）。

（一四）池澤優「中国古代の「孝」思想の思想的意味――「孝」の宗教学・その五――」（『社会文化史学』三一、一九九三年九月。後に『「孝」思想の宗教学的研究』に収録）、一五頁。『論語』の中で、仁は、里仁篇に「子曰、參乎、吾道一以貫之哉。曾子曰、唯。子出。門人問曰、何謂也。曾子曰、夫子之道、忠恕而已矣。」とあり、顔淵篇に「顔淵問仁。子曰、克己復禮爲仁。」とあり、子路篇に「樊遲問仁。子曰、居處恭、執事敬、與人忠。」とあり、陽貨篇に「子張問仁於孔子。孔子曰、能行五者於天下爲仁矣。請問之。曰、恭寛信敏惠。」などとあるが、右の孔子のことばの中で仁と孝の関係を直接表す表現はない。

（一五）告子下篇に「孟子曰、人之所不學而能者、其良能也。所不慮而知者、其良知也。孩提之童、無不知愛其親者。及其長也、無不知敬其兄也。親親、仁也。敬長、義也。無他、達之天下也。」とあるのを参照。

（一六）前引の学而篇に「其爲人也孝弟、而好犯上者鮮矣。不好犯上、而好作亂者、未之有也。」とあり、為政篇に「季康子問。使民敬忠以勸、如之何。子曰、臨之以莊則敬。孝慈則忠。擧善而敎不能則勸。」とあり、また同篇に「或謂孔子曰、子奚不爲政。子曰、書云、孝乎惟孝、友于兄弟。施於有政、是亦爲政也。奚其爲爲政。」などとあるのを参照。

（一七）池澤優「中国戦国時代末期の「孝」思想の諸文献――孝の宗教学・その三――」（『筑波大学地域研究』一一、一九九三年三月。後に『「孝」思想の宗教学的研究』に収録）、四八頁。

（一八）津田前掲書『儒教の研究　三』、二二一～二二三頁。なお、林秀一『孝経学論集』（明治書院、一九七六年、三三一頁）も『大戴礼記』曽子大孝篇、『孝経』開宗明義章・三才章を引きながら、「ここで特に注目すべきは、大戴礼、特に孝経では、孝が論語に見える孝・弟・忠・信の孝のように、他の所徳との並立関係にある孝としてではなく、孝を高く抜き出して、それらの諸徳の統一原理として、自余の諸徳をこれに従属させ、従来の並立関係を従属関係に改めて、孝が論語における孔子の「仁」と同じ位置に置かれていることである。」と指摘して、津田氏と類似の見解を示している。

（一九）例えば、『呂氏春秋』高義篇に「荊昭王之時、有士焉、曰石渚。其爲人也、公直無私。王使爲政。道有殺人者。石渚追之、則其父也。還車而反、立於廷曰、殺人者、僕之父也。以父行法、不忍。阿有罪、廢國法、不可。失法伏罪、人臣之義也。於是乎伏斧鑕、請死於王。王曰、追而不及、豈必伏罪哉。子復事矣。石渚曰、不私其親、不可謂孝子。事君枉法、不可謂忠臣。君令赦之、上之惠也。不敢廢法、臣之行也。不去斧鑕、歿頭乎王廷。正法枉必死、父犯法而不忍、王赦之而不肯。石渚之爲人臣也、可謂忠且孝矣。」（同様の説話は『韓詩外伝』巻二や『史記』循吏列伝にも見える）とあるのは、その間の消息を端

的に示している。なお、板野長八氏は特に『韓詩外伝』に見える君臣倫理と家族倫理との対立・矛盾の問題を分析したところで、①父母より君を重しとする場合、②父を君より重しとする場合、③君と父との両全を期する場合、④父と君とを同時的に肯定し、その結果に対しては法の名の下に目を閉じる場合があり、③はさらにその両全を期するためにはその身を殺さなければならないという極端な手段を余儀なくすることもあって、それらはいずれも君と父との相容れない深刻なる一面を示しているという（板野前掲書『儒教成立史の研究』、九～一一頁）。

（二〇）直躬説話は、『論語』子路篇に「葉公語孔子曰、吾黨有直躬者。其父攘羊。而子證之。孔子曰、吾黨之直者、異於是。父爲子隱、子爲父隱。直在其中矣。」とある（『礼記』壇弓上篇に「事親、有隱而無犯。」とあるのも同様の主旨）。ただし、ここでは孝と忠の問題というより、孝と法の問題と見るべきであろう。そして『孟子』離婁上篇・万章上篇・尽心上篇は、内容を簡単に言えば天下より父を重しとするというものであり、よってここでも直接孝に対して忠が問題となっているわけではない。

（二一）『論語』にも「孟懿子問孝。子曰、無違。樊遲御。子告之曰、孟孫問孝於我。我對曰、無違。樊遲曰、何謂也。子曰、生事之以禮、死葬之以禮、祭之以禮。」とあって、礼に違わないことが述べられているが、ここでの礼は家族あるいは宗族の範囲内でのそれを指しているにすぎず、『荀子』の礼と同質のものではないであろう。なお、加地伸行氏は、親子関係の不合理な血の鎖に生ずるところの、孝的原質とも称すべき無自覚な愛の感情を「零次的孝」と定義し、その感情が、親しい愛する者の死の事実によって与えられる死の現実性の深淵に眩めきつつ自覚する孝意識と、孝を討論する孔子学団における学派的課題性の確立という二個の条件を媒介とするところの哲学的自覚を経て思想化され、「生理的宥和の愛」と「精神的宥和の敬」との二者によって構成される孝思想が生まれるという。この孝の哲学的自覚の始源者が孔子であったとし、このような孝を「一次的孝」と定義する（「曽子と《曽子》学派――孝哲学史研究その二」、『懐徳』三五、一九六四年十月、五三頁）。

（二二）津田左右吉氏は、儒家は子の親に対する自然の愛情によって孝が成り立つとはしなかったとし、その例として『孟子』離婁下篇の「私妻子、不顧父母之養。」、『荀子』性悪篇の「妻子具而孝衰於親」を挙げつつ、妻子に対する情愛が自然のものであるのに、孝は努力して行わねばならないものであり、厳粛なる義務として課せられたものである、とせられたことを示すものであるという（津田前掲書『儒教の研究　三』、一一頁）。

（二三）内山俊彦氏は、礼を制作し、維持し、それを通して「分」の秩序を確保するもの、すなわち政治の作為者は君主であるとし、また「荀子にあっては、「礼」の政治的意義あるいは効用、「礼」が国家秩序の機構としてはたす役割、――『春秋左氏伝』にいわゆる「国の幹」としての面が、大きな比重を占める。「礼」には、個人の行動の基準、『春秋左氏伝』にいう「人（身）の幹」としての面もあり、荀子においても、「礼は人の道の極致である」（礼論篇）、「礼とはそれによって身を正すものである」（修身篇）などと説かれているが、「礼」はこの二面をあわせ持つことによってこそ、国家レヴェルから、国家を構成する個人のレヴェルまでを規定する機能を果たしうる。」という（『荀子』、講談社、一九九九年、一四五・一四八頁）。

（二四）板野長八『中国古代における人間観の展開』（岩波書店、一九七二年）、二三一頁。

（二五）沼尻正隆氏によれば、忠と孝の併称は、『孟子』にはまだ全く見られないところであり、孝が親に対する徳目であるのに対し、忠が臣の君に対する徳目として専用され、忠臣孝子として併称されたのは、『荀子』礼論篇に「使生死終始若一、一足以爲人願、是先王之道、忠臣孝子之極也。」とあるのと、他に二ヶ処に見えるのが初めてである（「呂氏春秋の孝説について」、『研究紀要』一七、一九七五年三月、一二六頁）。また内山俊彦氏も「とくに礼論篇では「忠臣孝子」という言葉を使っている。これは、……伝存する儒家の書で「忠」と「孝」を並列した最初の例で、以後、『孝経』などにつながってゆくものである。」としながらも、郭店楚簡の出土によって、儒家が忠と孝を並列することが荀子から始まるとする従来の説には、修正ないし留保が必要となると指摘している（内山前掲書『荀子』、二八七・三三七頁）。

（二六）加地伸行「孔子における愛と死と〈孝〉と――中国における宗教思想の一前提――　孝哲学史への序章」（『東方宗教』二四、一九六四年）を参照。

（二七）池澤前掲論文「中国戦国時代末期の「孝」思想の諸文献」、四六頁。なお、『孝経』士章篇に「資於事父以事母、其愛同。故資於事父以事君、其敬同。故母取其愛、而君取其敬、兼之者父也。故以孝事君則忠、以弟事長則順。忠順不失、以事其上、然後能保其爵祿、而守其祭祀。蓋士之孝也。」とあるのを参照。

（二八）板野前掲書『儒教成立史の研究』、一九頁。

（二九）朱前掲論文「郭店楚簡的孝道思想」、一六七～一六八頁。

（三〇）鄧前掲論文「《唐虞之道》的民本思想」、四六頁。

（三一）丁前掲書『郭店楚墓竹簡思想研究』、三六二～三六三頁。ちなみに、『唐虞之道』第二十二～二十三号簡に「古者埜（堯）之𢍏（舉）𡕕（舜）也、昏（聞）𡕕（舜）孝、智（知）亓（其）能羕（養）天下之耂（老）也。昏（聞）𡕕（舜）弟、智（知）亓（其）能紂（事）天下之兂（長）也。昏（聞）𡕕（舜）𢆶（慈）虖（乎）弟、〔智（知）亓（其）能〕□□□」とあるのを、彭前掲論文（七四頁）は「按簡文邏輯，孝弟推及天下之老与長」と解釈する。しかし、この文章では直接的には挙用の条件としての挙用される側（舜）の資質（道徳的素養）が問題となっており、孝弟の拡充などのような表現は一向もない。

（三二）前掲拙稿「『唐虞之道』訳注」第三章注（六）を参照。

（三三）李零「郭店楚簡校読記」（陳鼓応主編『道家文化研究』一七（郭店楚簡専号）、三聯書店、一九九九年八月）、四九九頁（二〇〇二年に北京大学出版社から『郭店楚簡校読記』というタイトルで出版）。

（三四）胡平生「郭店楚墓竹簡中的孝与忠」（科研郭店楚簡研究会二〇〇〇年度第三回定例研究会論文、東京大学、二〇〇〇年七

月）、一二頁。なお、胡氏も「孝之蚕（殺）、忎（愛）天下之民。」を孝精神の観念化・普遍化と見なし、『論語』や『孝経』と結びつけて説明している。

(三五) 以上は、陳偉「郭店楚簡別釈」（『江漢考古』一九九八―四、一九九八年十一月、六九頁）を参照。

(三六) 陳偉「文本復原是一項長期艱巨的工作」（『湖北大学学報（哲学社会科学版）』一九九九―二、一九九九年三月）、八頁。

(三七) 周前掲論文「郭店楚墓竹簡〈唐虞之道〉新釈」、「二、注釈」（一〇）、七四七頁。

(三八) なお、周鳳五氏は「孝之蚕（殺）、忎（愛）天下之民。」を「意謂孝親之心稍減，猶足以愛天下之民」と解釈している。同右「二、注釈」（一一）、七四七頁。

(三九) 「𥝌」は、底本「五行釈文注釈」【注釈】〔四二〕の裘按は、「稽」の異体字とし、「繼」の仮借字とする。なお、池田知久「郭店楚墓竹簡『五行』訳注」（東京大学郭店楚簡研究会編『郭店楚簡の思想史的研究』一、一九九九年十一月。後に同氏編『郭店楚簡儒教研究』（汲古書院、二〇〇三年二月）に収録）第十七章注釈【五一】（三九～四〇頁）及び龐樸『竹帛《五行》篇校注及研究』（万巻楼図書有限公司、二〇〇〇年）「竹帛《五行》篇校注」【經一四】の【注】④もあわせて参照。

(四〇) 帛書五行篇からの引用は、国家文物局古文献研究室編『馬王堆漢墓帛書（壹）』（文物出版社、一九八〇年三月）を底本とした。なお、文字を確定したり補ったりする際は、主に龐樸『帛書五行篇研究』（斉魯書社、一九八〇年）、池田知久『馬王堆漢墓帛書五行篇研究』（汲古書院、一九九三年）を参照した。

(四一) 「紤」と「殺」については、池田前掲書『馬王堆漢墓帛書五行篇研究』注（一三）（三〇五頁）及び注（三〇）（三一五頁）もあわせて参照。

(四二) 渡邊卓『古代中国思想の研究――〈孔子伝の形成〉と儒墨集団の思想と行動――』（創文社、一九七三年第一刷、一九八四年第三刷）、五九三頁。

（四三）板野前掲書『儒教成立史の研究』（一四〜一五頁）及び同前掲書『中国古代における人間観の展開』（一〇頁）を参照。

（四四）池田前掲書『馬王堆漢墓帛書五行篇研究』（三〇五頁）注（一三）。

（四五）ただし、「愛人者、人恆愛之」は、恐らく『墨子』兼愛中篇の「夫愛人者、人必從而愛之。」より影響を受けたものと考えられる（赤塚忠「墨子の天志について――墨子の思想体系の復元――」（『研究』哲学篇、神戸大学文学会、一九五五年三月、一七一頁）は、兼愛中篇が「儒家の相互愛を不識不知のうちに自派の支援としている」とし、渡邊卓『墨子』上（集英社、一九七四年一刷、一九八三年三刷、二四四頁）は、「類似の句であるが、先後はにわかに決定しがたい」という）。なぜなら、兼愛中篇の右の句は、増淵龍夫氏がすでに指摘したように（『新版　中国古代の社会と国家』、岩波書店、一九九六年、一六三頁）、報酬的効果を予期する打算的関心に説得の基礎をおいているが、『孟子』においては、例えば公孫丑上篇に「所以謂人皆有不忍人之心者、今人乍見孺子將入於井、皆有怵惕惻隱之心。非所以内交於孺子之父母也。非所以要譽於郷黨朋友也。非惡其聲而然也。」とあるように、報酬的効果や打算的関心などが徹底的に排除された上で、四端説が成立するからである。

（四六）これについては、一貫性を主張する学者もある。例えば、板野長八氏は「上も下も兼愛を説き、事実上相利相愛すべきを説いているのであって、上中下三者の説き方に相違はあっても、その主旨に於ては同じと見てよかろう」という。しかし、筆者はそのような立場には賛同しないものである。なお、墨家思想の変容・展開を重視するか、それとも一貫性を強調するかなどの問題についての研究史的概観は、柴田昇「墨家集団論序説――墨家思想の再構成――」（『名古屋大学東洋史研究報告』二三、一九九九年三月）「二、学説史的検討」に詳しい（ただし日本の研究のみ）。

（四七）渡邊卓氏によれば、兼愛上・中・下篇は、上・中・下の呼称が著作年代の順序を示す部類に属するものである。渡邊前掲書『古代中国思想の研究』、四七四頁。

（四八）渡邊前掲書『古代中国思想の研究』（五一四・六〇一頁）及び『墨子』上（一二九頁）を参照。

（四九）「普遍的相互愛」という用語は、池田知久「『墨子』の兼愛説と尚賢説」（『中哲文学会報』六、一九八一年六月、五三頁。以下、池田論文①と略称）及び同「『墨子』の経・経説と十論」（『中哲文学会報』一〇、一九八五年六月、五頁。以下、池田論文②と略称）を参照。なお、吉永慎二郎「墨翟　兼愛を説かず――『墨子』兼愛論の論理と構造――」（『集刊東洋学』六七、一九九二年五月、一～六頁）は、兼愛上篇の最後の子墨子の言に「兼」の字がないことに着目して、子墨子のことばが「人を愛する」という道徳的実践を一途に説くのに対し、作者の論は「兼相愛」による天下の治を説いている、換言すれば、子墨子の道徳主義に対して作者の政治主義の立場という構図が浮かび上がってくるというが、しかし、愛そのものは道徳的というよりむしろ価値中立的なものではないだろうか。なぜなら、池田氏がすでに指摘したように、自愛すら他者への愛を実行することを可能にする自分の中の基盤として作者によって肯定されているからである（池田論文②注八、一二一頁）。

（五〇）池田知久氏によれば、乱の個別的原因から不相愛を導き出す論理の運びにやや難があるのを除くと、極めて熟練した矛盾律的形式論理学の適用があり、兼相愛という抽象的原理の治の方策としての正しさを保証しているのは、ほとんどその矛盾律的形式論理学のみである。池田論文①、五三頁。

（五一）このように問題を二項対立的に示し、しかも二者択一的に問題を解決していく方法は、上篇にはなく中・下篇において多用されている。例えば、①「然則崇〈崇〉此害、亦何用生哉。[A]以相愛生邪。子墨子言、[B]以不相愛生。」（中篇）、②「[A]夫愛人者、人必從而愛之、利人者、人必從而利之。[B]惡人者、人必從而惡之、害人者、人必從而害之。此何難之有。」（中篇）、③「[A]夫愛人者、人亦從而愛之、利人者、人亦從而利之。[B]惡人者、人亦從而惡之、害人者、人亦從而害之。此何難之有焉。」（中篇）、④「今、天下之君子、[A]忠實欲天下之富、而[B]惡其貧、[A]欲天下之治、而[B]惡其亂、當兼相愛交相利。」（中篇）、⑤「姑嘗本原若衆害之所自生、此胡自生。[A]此自愛人利人生與。既必曰非然也。[B]必曰從惡人賊人生。」（下篇）、⑥「分名乎天下惡人而賊人者、兼與、別與。即必曰別也。」（下篇）、⑦「然即國都不相攻伐、人家不相亂賊、此天下之害與、天下之利與。即必曰天下之利也。」（下篇）、⑧「姑嘗本原若衆利之所自生、此胡自生。此自惡人賊人生與。即必曰非然也。必曰從愛人利人生。」（下篇）、⑨「分名乎天下愛人而利人者、別與、兼與。即必曰兼也。」（下篇）、⑩「誰以爲二士、使其一士者執別、使其一士者執兼。……不識將惡〔擇之〕。也〈它〉家室、奉承親戚、提挈妻子、而寄託之、不識於兼之有是乎、於別之有是乎。……必寄託之於兼之有是也。」（下篇）、等々とあるように、いずれも二者択一させてAあるいはBを選ばせている。特にAとBを挙げてCと答えを出すような形式（⑥⑦⑨⑩）は下篇だけに見える。このような論理形式は、恐らく問題及びその解答を簡明直截に示す効果を狙ったからではないかと推測される。

（五二）池田論文①、五五頁。

（五三）渡邊卓氏は「彼等は兼愛實踐の可能性について「何難之有」と説くそばから、その世に行なわれがたいことを嘆き「特上弗以爲政、士不以爲行故也。」といって治者の率先垂範が兼愛説普及の有力な支點であると強調した。……しかし、こう説くことによって、せっかく中篇において顯著となった弱者支持の立場は弱められ、本來自發心に依存すべき兼愛の基礎は根柢から動搖をきたすことにもなりかねない。これらは中篇の墨家にきざした矛盾であり、治者・權力者への傾斜を示すものにほかならない」という。渡邊前掲書『古代中国思想の研究』、四七八頁。

（五四）池田論文①、五七頁。

（五五）増淵前掲書『新版　中国古代の社会と国家』、一六一頁。

（五六）これと関連する研究をいくつか紹介しよう。まず渡邊卓氏は、兼愛中篇にまず芽ばえ、後になるほど顕著となる墨家の事大的傾向なども一半は領域国家の君主を説得対象とするようになってから生じたのであろうという（渡邊前掲書『古代中国思想の研究』、六〇五頁）。次に板野長八氏は、墨子においては、族的体制から解放された人々は君主に隷属せしめられ、封建的身分関係から解放された庶民は、諸侯・卿・大夫・士ではなく、専制君主の官吏の支配の下に立ったが、墨子が工人、したがって庶民の出身者であったとしても、彼の求めた君主は庶民の代表者ではなく、彼らを支配する君主、しかも一元的に支配する専制君主であったという（板野前掲書『中国古代における人間観の展開』、四五頁）。そして社会史的な見地から墨家の思想を考察した増淵龍夫氏は、墨子のとく兼愛には、春秋中期頃から顕著な形で表れてくるあの新しい主従・党友の関係をささえる生活感情や行動規範と相通ずるものがあったが、兼愛説が、おのれを守り人から愛利を求めるために、人を愛利することを説いたように、当時の新興の勢力もみずからの権力基盤を強化するその目的のために、多く武勇の士を養い、わが身と等しくかれらを親愛厚遇して士の献身を期待した。しかし、この新しい主従・主客の関係により権力の強化をはかる当時の新興勢力もその行動目標を次第に明確化し、その勢力を次第に拡大強化して行くにつれ、その権力強化のために、単にパーソナルな献身に期待するだけではなしに、法による賞罰によってその拡大された人的関係の結合を強化する方向に向かうことは、当時の現実の動きの示すところであり、それは次第にすべてを君権の強化のために資そうとする専制主義的方向に向かう戦国諸国の歴史の動きにつながるものであり、新しい官僚制的国家体制の形成につながる動きであったという（増淵前掲書『新版　中国古代の社会と国家』、一六四頁）。最後に池田知久氏は、かくの如く変化した原因・理由は、兼愛説を一刻も早く実現したいがために戦国後期の君主権強化という社会の現実に妥協して、すべてを上の主導性に依存するようになったからであり、それゆえ上・中篇の相互愛は漸く弱まり、その結果民はほぼ完全に愛の主体でなく客体となった、すなわち政治の主体でなく客体と化したという。そして愛の教説に本来不調和なはずの賞誉・刑罰の強制力が手段として持ち出されるのは、法家からの影響もさることながら基本的には以上の理由によるのだが、かくして一人の君主が等質の万民を無私に兼愛することが目指されるに至ったという（池田論文①、五七～五八頁）。

（五七）兼愛下篇の次のような文章がそれを如実に示している。「不識天下之人、所以皆聞兼而非之者、其故何也。然而天下之非兼者

之言、猶未止。曰、意不忠親之利、而害爲孝乎。子墨子曰、姑嘗本原之孝子之爲親度者、吾不識孝子之爲親度者、亦欲人愛利其親與、意欲人之惡賊其親與。以説觀之、即欲人之愛利其親也。然即吾惡先從事、即得此。若我先從事乎愛利人之親、然後人報我〔以〕愛利吾親乎、意我先從事乎惡〔賊〕人之親、然後人報我以愛利吾親乎。即必吾先從事乎愛利人之親、然後人報我以愛利吾親也。然即之交孝子者、果不得已乎。毋先從事愛利人之親者與。意以天下之孝子爲遇、而不足以爲正乎。姑嘗本原之先王之所書大雅之所道、曰、無言而不讐、無德而不報、投我以桃、報之以李。即此言愛人者必見愛也、而惡人者必見惡也。」。なお、増淵前掲書『新版　中国古代の社会と国家』（一五六頁）を参照。

（五八）渡邊卓氏は兼愛下篇について、前四世紀末から秦帝国成立（前二二一年）前後にかけて著作されたという。渡邊前掲書『古代中国思想の研究』、五一七頁。

（五九）以上のような結論は、池田前掲書『馬王堆漢墓帛書五行篇研究』（三〇五頁）注（一三）及び注（一五）の見解に負うところが多い。

第三章　『唐虞之道』の尊賢思想と先秦時代の尚賢論

第一節　『唐虞之道』の尊賢の特徴

前章では、『唐虞之道』で堯舜の実践した二大事績の一つである愛親について検討したが、本章では二大事績のもう一つである「尊賢」について考察する。尊賢は「尚賢」[一]もしくは「上賢」[二]とも言われ、[三]いずれも賢者を尊ぶべきことを意味し、賢人登用論あるいは賢人政治論が主張される場合に用いられるタームであることは周知のことである（以下、便宜上尚賢論と称する）。尊賢の語は、郭店楚簡の中では『唐虞之道』の外に、『五行』に四例見られる。そして先秦時代から前漢初期にかけて成立した諸文献の中には、例えば、『孟子』、『管子』、『荀子』、『左伝』、『墨子』、『晏子春秋』、『呂氏春秋』、『荘子』、帛書五行篇、帛書『周易』繆和篇、『韓非子』、『韓詩外伝』、『鄧析子』、『礼記』、『史記』、『春秋繁露』、等々、[四]学派を問わず広く見られる。

ただし、『荘子』の場合は、山木篇の市南宜僚・魯侯問答に「吾學先王之道、脩先君之業。吾敬鬼尊賢。親而行之、無須臾離居。」（吾れ先王の道を学び、先君の業を修む。吾れ鬼を敬い賢を尊ぶ。親らして之を行い、須臾も離居する無し。）という立派な政治を行っても憂慮が絶えないとする魯侯に対して、市南宜僚が魯の国を捨て去って「建徳の国」へ行くことを勧告したり、あるいは庚桑楚篇で「夫尊賢授能、先善與利、自古堯舜以然。」（夫れ賢を尊び能に授け、善を先にして利に与するは、古の堯舜自り以て然り。）という弟子のことばに対し、庚桑子が「擧賢則民相軋、任知則民相盜。」

（賢を挙ぐれば則ち民相軋り、知に任ずれば則ち民相盗む。）といってそれを否定するのを見ると、マイナスの意味で用いられている。（五）他にも、『鄧析子』転辞篇に「立君而尊賢與君爭、其亂也、甚於無君。」（君を立つるも而も賢を尊びて君と争えば、其の乱や、君無きより甚だし。）とあるのも、尊賢がマイナスの意味で用いられている。また前引の『墨子』非儒下篇に「儒者曰く、親を親しむに術有り、賢を尊ぶに等有り、と。親疏尊卑の異なるを言うなり。」とあるのは、儒家の身分秩序による差別意識を批判するために用いられており、『韓非子』難三篇の魯穆公・子思問答に見える尊賢の語は、直接韓非学派の思想を示すものではない。このように見てくると、結局、尊賢がプラスの意味で用いられているのは、一部の例外を除き、（六）多くの場合儒家系統の文献であることが分かる。

　したがって、『唐虞之道』の尊賢も、『孟子』以来の儒家思想を前提にして出来たものであろう。しかし、このように表現したからといって、『唐虞之道』が直ちに『孟子』などの儒家思想と全く同質であることを意味するわけではない。『唐虞之道』の尚賢論には他の文献には看取されない特徴がある。それを明らかにするために、まず『唐虞之道』で尊賢と関連する文章を示すことから論を始めると、第六～十二号簡に、

埜（堯）叁（舜）之行、㤅（愛）睪（親）隮（尊）攴（賢）。㤅（愛）睪（親）、古（故）孝。尊（尊）攴（賢）、古（故）𢓊（禪）。孝之殺（殺）、㤅（愛）天下之民。𢓊（禪）之𣶒（流）、世亡（無）忈（隱）直（德）。孝、忎（仁）之宂（冕）也。𢓊（禪）、義之至也。六帝興於古、虘（皆）采（由）此也。㤅（愛）睪（親）忘（忘）攴（賢）、忎（仁）而未義也。尊（尊）攴（賢）遗（遺）睪（親）、我（義）而未忎（仁）也。古者吳（虞）叁（舜）筥（厚）事宂〈?兆（瞽）〉寘、乃弋〈式〉丌（其）孝、忠事帝埜（堯）、乃弋〈式〉丌（其）臣。㤅（愛）睪（親）尊（尊）攴（賢）、吳（虞）叁（舜）丌（其）人也。禹（禹）幻（治）水、䕯（益）幻（治）火、后禝（稷）幻（治）土、足民羖（養）〔生也。伯夷宇（守）〕豊（禮）、畏（夔）宇（守）樂、孙（孫）民效（教）也。𠭁（咎）采（繇）内用五𠛬（刑）、出弋兵鼎（革）、辠滛〈淫〉秦（?）□□

堯舜が実践したのは、親を愛し賢者を尊ぶことである。親を愛するから孝を尽くし、賢者を尊ぶから（位を）譲

ったのである。（親に対して）孝を尽くし、ついで天下の民を愛する。禅譲が広がれば、世に徳のある者で登用されない者はない。孝は最上の仁であり、禅譲は最上の義である。六帝が上古に勃興したのは、皆これによったためである。親を愛するのみで賢者を忘れれば、仁ではあるがまだ義が実現されていない。賢者を尊ぶのみで親を捨て去れば、義ではあるがまだ仁が実現されていない。昔虞舜が（その父である）瞽叟に丁重に仕えたときは、もっぱらその孝を尽くし、帝堯に忠義をもって仕えたときは、もっぱらその臣下としての道理を尽くした。親を愛し賢者を尊ぶことは、虞舜こそそれをすべて成し遂げた人物なのである。禹は治水を行い、益は火を治め、后稷は土地を開拓して、民衆が〔自己の生命を〕十分養うように〔した。伯夷は〕礼を〔守り〕、夔は音楽を守って、民衆が（聖人の）教えに従うようにした。咎繇（＝皋陶）は国内では五刑を用い、他国に対しては武器を用いて、淫乱を起こすものを罰し桼（?）□□

とあり、『唐虞之道』の尚賢論はこの一連の文章の中に集約的に表れている。それをまとめると次のようになろう。

第一に、「埜（堯）叄（舜）の行いは、罜（親）を忎（愛）し攴（賢）を隟（尊）ぶなり。」とあるように、尊賢は堯舜両帝王によって実践・実行済みのものとする。このことは尊賢の語の有無にかかわりなく、『尚書』堯典篇や『孟子』などの文献に詳しく記載されており、したがって『唐虞之道』だけの特徴ではない。

第二に、「攴（賢）を弇（尊）ぶ、古（故）に禮（禅）る」とあるように、尊賢は単なる尚賢論に止まるものではなく、直ちに禅（＝禅讓）とつながるものとされている。つまり、『唐虞之道』の尚賢論は禅譲と直結しており、かつ禅譲は尊賢を前提にするものである。これは同じく第二十号簡に、

逽（禪）也者、上直（德）叐（授）攴（賢）之胃（謂）也。

禅譲とは、有德者を尊び賢者に（位を）授けることを意味する。

とあるのを見れば、一層明らかである。この点は『唐虞之道』の尚賢論の最も重要な特色である。

第三に、「禮（禅）の潼（流）るるや、世に忈（隠）直（徳）亡（無）し。」とあるのはやや難解である。なぜな

ら、禅譲される者は一人に決まっているのに、それが拡大されれば世に徳のある者で挙用されない者はない、とされているからである。したがって一見矛盾しているように感取される。ただし、第二で見たように、禅譲の論理が尊賢の論理と直結していると見るならば、この一文は結局、尊賢を前提にする禅譲の精神が全天下的な規模で拡大されれば徳のある者で挙用されない者はない、ということを意味すると思われる。したがって、人材登用の問題において理論上では、例えば『左伝』隠公三年の条に、

夫賤妨貴、少陵長、遠閒親、新閒舊、小加大、淫破義、所謂六逆也。

夫れ賎の貴を妨げ、少の長を陵ぎ、遠の親を間《へだ》て、新の旧を間て、小の大に加え、淫の義を破るは、所謂六逆なり。

とあり、『国語』晋語四に、

昭舊族、愛親戚、明賢良、尊貴寵、賞功勞、事耇老、禮賓旅、友故舊。胥籍狐箕欒郤柏先羊舌董韓、寔掌近官、諸姫之良、掌其中官、異姓之能、掌其遠官。

旧族を昭らかにし、親戚を愛し、賢良を明らかにし、貴寵を尊び、功労を賞し、耇老に事え、賓旅を礼し、故旧を友とす。胥籍狐箕欒郤柏先羊舌董韓は、寔《まこと》に近官を掌り、諸姫の良は、其の中官を掌り、異姓の能は、其の遠官を掌る。

などとある文章（いずれも顧前掲論文「禅譲伝説起於墨家考」（四三～四五頁）参照）から窺われるような、春秋以来の封建制的身分秩序の狭い範囲に拘泥されない相当開かれたものとなっている（勿論このような表現が身分秩序の打破を意味するものではない）。要するに、このような論理は禅譲説が尚賢論と直結しているからこそ可能な論理であろう。

第四に、「儃（禅）は、義の至りなり。」とあるが、このように禅譲を最上の義とするのは、管見のかぎり、先秦時代から前漢初期にかけての諸文献には見受けられない思想である。

第五に、「罤（親）を㤅（愛）すれども𢀖（賢）を巟（忘）るれば、忎（仁）にして未だ義ならざるなり。𢀖

（賢）を弇（尊）べども睪（親）を遗（遺）つれば、我（義）にして未だ忎（仁）ならざるなり。」とあるのも非常に特色のある思想である。愛親は孝と、尊賢は禅とつながるが、孝と忠の両全を期すべきだということなら先秦から前漢の文献に多く看取され、かつ重大な問題とされてきたことは周知のことであるが、愛親と尊賢の両全を期すべきことについては、管見のかぎり、類例を見ない。この一文については節を改めて論ずることにする。

一方、尚賢論と関連して一つ特色ある文章が第二十七～二十八号簡にある。すなわち、

紿（治）之至、羖（養）不杲（肖）。𤔔（亂）之至、烕（滅）𢎯（賢）。
治世の至上の状態では、愚かなものでも生を成し遂げるようにし、乱世の最悪の状態では、賢者を失ってしまうのである。

とあるのがそれである。ここでは治世の至上の状態と乱世の最悪の状態を対照的に描きつつ、前者の状態では不肖の者さえも養い、後者の場合は賢者を失うとされている。後者は尚賢論の立場から見れば当然の帰結であろうが、前者はなぜ作者がそれを言わなければならなかったのだろうか。一つの可能性として考えられるのは、恐らく尚賢論がもたらしうる差別観への警戒を作者自ら意識していたのではなかろうか。勿論、『唐虞之道』の尚賢論自体には身分秩序などによる差別観は見受けられない。しかし、賢者を尊ぶべきことを主張することは、その反対の不肖の者を自ずと排斥する意識を伴う。その場合、たちまち問題となるのは不肖の者の処理の問題であろう。『唐虞之道』では不肖の者を完全に排斥する方法より、それを養う方法をとることによって問題を解決している。「養」とは『唐虞之道』第十号簡に「足民羖（養）〔生也〕」（民衆が〔自己の生命を〕十分養うように〔した〕）とあり、第十一号簡に「羖（養）眚（性）命之正（正）」（生命の本来の正しさを養う）とあり、同じく第十一号簡に「羖（養）生」（自己の生命を養う）とあり、第二十二～二十三号簡に「智（知）丌（其）能羖（養）天下之𦒱（老）也」（天下の年寄りを養うことができることを知っていたからである）とあり、第二十七号簡に「𨒅（退）而羖（養）丌（其）生」（退いて自己の身体の生命を養った）とあるように、いずれも「養生」の意味で用いられている。とすれば、「不杲（肖）を羖（養）う」とは、官吏

として重用はしないが、与えられた天寿を全うするように政治的経済的社会的になんらかの処置をとることを意味するのであろう。このように『唐虞之道』において尚賢論を唱えながらも不肖の者を排斥しないことをこのような脈絡から考えると、実は『唐虞之道』の孝の思想（「孝の蚕（殺）は、天下の民を忎（愛）す」）、すなわち君主の万民への平等愛・普遍愛の理念ともマッチしているのである（本書第一部第二章第三節）。これを『唐虞之道』の尚賢論の第六の特徴とする。

さて尊賢の語は先に指摘したように、郭店『五行』にも見える。まず郭店『五行』第三十五号簡には、

貴貴、亓（其）𡱝（次）障（尊）臤（賢）、義也■。

まず身分の貴《たか》い者を尊び、ついで賢者を尊ぶことが、義である。

とあるが、ほぼ同文が帛書五行篇第一九三行に（訳は省略）、

●貴貴、亓（其）等〔尊〕贒（賢）、義。

とあり、その説文（第二六二～二六四行）に、

貴貴、〔亓（其）〕等尊贒（賢）、義也、貴貴者、貴𠂑貴也。贒（賢）贒（賢）、長長、親親、爵爵、譔（選）貴者无私焉。亓（其）等尊贒（賢）、義也、尊贒（賢）者、言等贒（賢）者也、言譔（選）贒（賢）者也、言足（措）諸上位。此非以亓（其）貴也、此亓（其）義也。貴貴而不尊贒（賢）、未可胃（謂）義也。

「まず身分の貴い者を尊び、ついで賢者を尊ぶのが、義である」とは、「身分の貴い者を尊ぶ」とは、多くの身分の貴い者を尊ぶことである。具体的には、賢者は賢者として礼遇し、年長者は年長者として尊敬し、親族は親族として親しみ、有爵者は有爵者として待遇して、身分の貴い者をピックアップする際に依怙贔屓がないようにすることである。「ついで賢者を尊ぶことが、義である」とは、「賢者を尊ぶ」とは、賢者を等級づけるという意味であり、賢者を実際にピックアップするという意味であり、ピックアップした賢者を高い地位につけるという意味である。これはその人の身分が貴いからではなく、義が具わっているからである。身分の貴い者を尊ぶも賢

者を尊ばなければ、まだ義が実現されているということはできないのである。

とある。郭店『五行』や帛書五行篇では尊賢のみならず「貴貴」も合わせて義としているので、この点は『唐虞之道』と合致しない。

ところで、同じく郭店『五行』第四十三〜四十四号簡には、

君子智（知）而舁（舉）之、胃（謂）之障（尊）臤（賢）。智（知）而事之、胃（謂）之障（尊）臤（賢）者也。〔歬（前）、王公之障（尊）臤（賢）者也〕。[七] 逡（後）、士之障（尊）臤（賢）者也。■

君子が賢者を知って挙用することを、賢者を尊ぶという。賢者を知ってその人に事えることも、賢者を尊ぶという。前者は、王公が賢者を尊ぶ場合のことを言うものであり、後者は、士が賢者を尊ぶ場合のことを言うものである。

とあるが、ほぼ同文が帛書五行篇第二〇七〜二〇九行に（訳は省略）、

●君子知而舉之、胃（謂）之尊贒（賢）。君子從而事之、胃（謂）之尊贒（賢）。前、王公之尊贒（賢）者〔也。後〕、士之尊贒（賢）者也。

とあり、その説文（第三一三〜三一六行）には、

君子知而舉之、胃（謂）之尊贒（賢）、君子知而舉之也者、猶堯之舉舜〔也、湯〕之舉伊尹也。舉之也者、成舉之也。知而弗舉、未可胃（謂）尊贒（賢）。君子從而士（事）之也〔者〕、猶顔子子路之士（事）孔子也。士（事）之者成士（事）之也。知而弗士（事）、未可胃（謂）尊贒（賢）也。前、王公之尊贒（賢）者也。後、士之尊贒（賢）者也。直之也。

「君子が賢者を知って挙用することを、賢者を尊ぶという」とは、「君子が賢者を知って挙用する」とは、例えば、堯が舜を挙用したことや、湯が伊尹を挙用したような例がそれに当たる。「賢者を挙用する」とは、本当に挙用することである。賢者であることを知りながらその人を挙用しなければ、まだ賢者を尊んでいるということ

はできない。「君子が賢者に従って事える」とは、顔子や子路が孔子に事えたような例がそれに当たる。「賢者に事える」とは、本当に事えることである。賢者であることを知りながらその人に事えなければ、まだ賢者を尊んでいるということはできないのである。「前者は、王公が賢者を尊ぶ場合のことをいうものであり、後者は、士が賢者を尊ぶ場合のことをいうものである」とは、直接そのままの意味である。

とある。さて郭店『五行』や帛書五行篇における尊賢の賢は、その人の倫理性を指し、具体的には「仁・知・義・礼・聖」の五行からなる「君子道」[八]を内容としているので、そのような具体的な内容を有しない『唐虞之道』と必ずしも一致するとは限らない。また尊賢を王公のそれと士のそれとに分けるのも『唐虞之道』にはない特徴であり、さらに王公の尊賢の例として堯舜のみならず湯・伊尹をも挙げているのは、それが尚賢論の範囲に止まることを意味し、したがって尚賢論と禅讓を直結する『唐虞之道』とは一致しない。ただし、賢の内容に倫理的意味を附与しているのは、『唐虞之道』で舜の挙用の理由の一つとして倫理性（孝・弟・慈）を挙げているのと——倫理の具体的な内容は相違するものの——通じるところがある。このように『唐虞之道』が郭店『五行』や帛書五行篇の尚賢論と細部において相違があることは認められるものの、郭店楚簡全体の思想傾向として尚賢論が非常に重要な位置を占めること自体は間違いないと思われる。このことは郭店楚簡『緇衣』第十章（第十七～十八号簡）に、

子曰、大人不新（親）亓（其）所臤（賢）、而訐（信）亓（其）所戔（賤）、𡥈（教）此巳（以）遊（失）、民此巳（以）𡩜（變）。

先生が次のように言った。「大人がもし賢者として取り扱うべき者に親しまず、賤しむべき者を信任すれば、教えは失われ、民は変わってしまう」と。

とあり、同じく『語叢四』第十二～十三号簡に、

臤（賢）人不才（在）昃（側）、是胃（謂）迷惑。

賢人が君主の側にいないこと、これを迷いの状態に置かれているという。

などとあるのを見ても明らかであろう。

第二節　愛親と尊賢は相互矛盾関係にあるか

さて前節で『唐虞之道』の尚賢論には他の文献に看取されない特徴があること、そしてその一つとして愛親と尊賢の両全を期すべきことが唱えられていることを指摘した。本節では愛親と尊賢の両全を期すべきということの意味するところについて考察を加えることにする。まず問題となっている文章を示すと、前引の第八～九号簡に（訳は省略）、

㤅（愛）𦋹（親）巟（忘）㚄（賢）、忎（仁）而未義也。弇（尊）㚄（賢）遗（遺）𦋹（親）、我（義）而未忎（仁）也。

とある。愛親は特に中国の多くの研究者たちが親親と同義語と見なし、それと混同・混用していることについてはすでに指摘した通りである（本書第一部第二章第一節）。つまり、孔子や孟子などの先秦儒家において親親と尊賢は統一されているとしたり（廖名春）、あるいは『礼記』中庸篇に「仁は人なり。親を親しむを大なりと為す。義は宜なり。賢を尊ぶを大なりと為す。親を親しむの殺、賢を尊ぶの等は、礼の生ずる所なり。」とあることや、『孟子』万章下篇に「貴を貴び賢を尊ぶ、其の義一なり」とあるのと同一視するかそれに基づいているとする（廖名春・陳明・鄧建鵬・彭邦本・張立文・李景林・王葆玹・楊儒賓など。本書第一部「はじめに」及び第二章第一節を参照）。要するに、一部の研究者を除き、愛親と尊賢を人材登用に際しての二つの立場、すなわち親親の原則と尊賢の原則を統一するものとして理解する場合がほとんどである。そして、大略このような立場から、『唐虞之道』の成立年代、作者、所属学派の問題を追究して結論を導き出しているのが、このような立場を最も端的に示しているのが、丁四新氏の次のような見解である

（下線は引用者による）。

〝尊賢〟は〝愛親〟と同じではない。すなわち優れた能力（賢能）や優れた徳（賢徳）そのもの、あるいはそれを持っている者を尊敬し尊重することである。当然ながら、このような尊敬や尊重は、単なる感情や生命態度の面に限られるものではない。実際の倫理や治国や平天下の実践の中で、具体的現実的に現れるものであり、禅譲はまさに尊賢が最も具体的で激烈に現れたものである。「禅りて伝えず」とは、血族世襲制的な統治権に反対しつつ、賢者を尊んで位を継がせるという精神を大いに発揚するものである。そのため、〝愛親〟と〝尊賢〟の間に矛盾や張力が存在することは避けられない。〝愛親〟を徹底的に行えば、最高統治権の継承の問題において、必然的に堅持されるのは、血族世襲制であり、〝尊賢〟を徹底的に行えば、同様の問題において体現されるのは、賢人禅譲制である。両者の間に衝突や抵触が生じるのは、誰の目にも明らかである。(九)すなわち、帝位継承の問題において、愛親は、結局のところ、血縁的世襲制につながり、尊賢は禅譲制につながるので、両者が衝突・齟齬するのは自明のことだということである。しかし、『唐虞之道』では事実として愛親と尊賢の両全が述べられているため、「では両者の間の矛盾をいかに調和して、〝愛親〟と〝尊賢〟の統一を実現させるのか」と自問しつつ、結局は「〝愛親〟の原則を〝尊賢〟の原則の中に溶け込ませて、〝愛親〟と〝尊賢〟の統一を実現させる云々」といって、根拠のない曖昧な結論を出している。(一〇)

以上のように、前引の文章を人材登用に際しての二つの立場、すなわち親親と尊賢の両全を期そうとしたものと解釈してしまうと、いよいよ理解に苦しむようになり、『唐虞之道』の意図するところとは全く別個の内容となってしまう。なぜなら、『唐虞之道』の愛親は孝とつながるものであり、孝は当然のことながら人材登用の問題とは全く関係がないからである。したがって、『唐虞之道』における愛親と尊賢は人材登用論と断ち切って考えなければならない。

それでは問題の一文によって作者は何を言おうとしたのであろうか。実はこの一文の直後に書かれている文章に、

すでにその解答が示されている。すなわち（訳は省略）、

古者吳（虞）𡕒（舜）篙（厚）事穴〈?・兆（瞽）〉寞、乃戈〈弌〉丌（其）孝、忠事帝埜（堯）、乃戈〈弌〉丌（其）臣。

とあって、舜が父に孝を尽くし、かつ堯に忠を尽くしたとし、次に（訳は省略）、

㤅（愛）罜（親）弇（尊）亙（賢）、吳（虞）𡕒（舜）丌（其）人也。

とあって、愛親と尊賢の両全は舜だからこそ可能なことだったとし、最後に後者の尊賢の例として「禹・益・后稷・〔伯夷〕・夔・咎繇」が挙げられている。つまり、これらの一連の文章は舜がなぜ堯から天下を譲られたかという、譲位される側の資質・資格を示す文章に相違ない。とすると、愛親と尊賢はいずれも禅譲される前の舜の倫理的政治的能力を指し（二）、したがって、問題の一文は、そのような舜をモデルとして、禅譲される者は倫理的政治的能力を具有しなければならないことを唱える文章とせねばなるまい。また愛親は全天下的な規模での愛につながり（「孝の蚕（殺）は、天下の民を㤅（愛）す。」）、尊賢は非血縁をも包摂する尚賢論につながる（「儃（禅）の湩（流）るるや、世に忘（隠）直（徳）亡（無）し。」）。したがって、もし禅譲される側の人物がこの両方の能力を具有しさえすれば、禅譲制を基盤とする理想的な政治が実現される、ということを作者が構想していたと思われる。このことを堯の尊賢という側面から言えば、舜の出自は全く問われておらず、もっぱらその資質や資格のみが問題となっているので、これは「能力本位の尚賢論」に相違ない。この点、『孟子』万章上篇や『尚書』堯典篇の場合は、舜が挙用される前に堯と姻戚関係を結んでいるので、厳密には「出自本位の尚賢論」を認めているとせねばならない。

要するに、この一つの問題だけを見ても、『礼記』中庸篇や『孟子』万章下篇との類似性や同質性を根拠にして、『唐虞之道』の成立年代・作者・所属学派の問題を追究してきた従来の諸研究がもはや成り立たないことは言うまでもない。

第三節　先秦時代における尚賢論の諸相

以上、二節にわたって『唐虞之道』の尊賢の思想的特徴を考察したが、その結果、第一に、『唐虞之道』の尚賢論は禅譲と直結しており、かつ禅譲は尚賢論を前提にすること、第二に、尚賢論を前提にする禅譲の精神が全天下的な規模で拡大されれば徳のある者で挙用されない者はないという、春秋以来の封建制的身分秩序の狭い範囲に拘泥されない相当開かれたものとなっていること、第三に、禅譲を至上の義とすること、第四に、尊賢は舜の側からすれば禅譲される側の資質・資格の一つとして提唱されているが、堯の側からすれば舜の倫理的政治的資質や資格だけを問題とする能力本位の尚賢論とつながること、第五に、尚賢論を唱えながらも不肖の者を排斥しないが、それは君主の万民への平等愛・普遍愛の理念ともマッチしていること、との大略五つの特徴があることを明らかにした。本節では、このような特徴を持つ『唐虞之道』の尚賢論を、主として儒家・墨家のと比較考察し、それを通じてその思想史的意義を探ってみることにする。（一二）

一　『論語』の場合

まず『論語』の方から見てみよう。結論を先に言えば、『論語』には尚賢について論じている文章はほとんど見受けられない。それが辛うじて見受けられるのは、大略次の三つの文章である。第一に、泰伯篇に、

舜有臣五人、而天下治。武王曰、予有亂臣十人。孔子曰、才難、不其然乎。唐虞之際、於斯爲盛。有婦人焉。九人而已。三分天下有其二、以服事殷。周之德、其可謂至德也已矣。

舜臣五人有りて、天下治まる。武王曰く、予れに乱臣十人有り、と。孔子曰く、才難し、と、其れ然らずや。唐

虞の際、斯に於て盛んと為す。婦人有り。九人のみ。天下を三分して其の二を有ち、以て殷に服事す。周の徳は、其れ至徳と謂う可きのみ。

とあって、「才」(賢人)を得ることの難しさが語られている。第二に、顔淵篇に、

樊遲問仁。子曰、愛人。問知。子曰、知人。樊遲未達。子曰、擧直錯諸枉、能使枉者直。樊遲退、見子夏曰、鄉也吾見於夫子而問知。子曰、擧直錯諸枉、能使枉者直。何謂也。子夏曰、富哉言乎。舜有天下、選於衆擧皐陶、不仁者遠矣。湯有天下、選於衆擧伊尹、不仁者遠矣。

樊遲仁を問う。子曰く、人を愛す、と。知を問う。子曰く、人を知る、と。樊遲未だ達せず。子曰く、直きを挙げて諸れを枉れるに錯けば、能く枉れる者をして直からしむ。樊遲退き、子夏に見えて曰く、鄉に吾れ夫子に見えて知を問う。子曰く、直きを挙げて諸れを枉れるに錯けば、能く枉れる者をして直からしむと。何の謂いぞや。子夏曰く、富めるかな言や。舜天下を有ち、衆に選びて皐陶を挙げしかば、不仁の者は遠ざかれり。湯天下を有ち、衆に選びて伊尹を挙げしかば、不仁の者は遠ざかれり、と。

とあって、樊遲の「知」の質問に対して「人を知る」ことと答え、また人を知ることの実例として、舜が皐陶を挙用し、湯が伊尹を挙用したことによって、不仁の者が遠ざかるというよい結果がもたらされたとされている。このことを裏返せば、皐陶や伊尹はいずれも仁者であったということになり、よって人を知るとはその人が仁者か不仁者かを見極めることを意味することになろう。とすると、孔子の答えは結局、最初の仁に関する問いをそのまま引きずっており、最後の下線部は別に尚賢論を披瀝するためではなく、仁の実現を人材の登用の面に照らして言っただけのことと理解すべきであろう。第三に、子路篇に、

仲弓爲季氏宰、問政。子曰、先有司、赦小過、擧賢才。曰、焉知賢才而擧之。曰、擧爾所知。爾所不知、人其舍諸。

仲弓季氏の宰と為りて、政を問う。子曰く、有司を先にし、小過を赦し、賢才を挙げよ、と。曰く、焉くんぞ賢

才を知りて之を挙げん、と。曰く、爾の知る所を挙げよ。爾の知らざる所、人其れ諸れを舎てんや、と。とあって、孔門の高弟子の一人である仲弓が季氏の宰相となって政治について問うた時に、その答えの一つとして賢才を登用することをアドバイスしている。ただし、賢才の見分け方についての質問に対する孔子の答え「爾の知る所を挙げよ。爾の知らざる所、人其れ諸れを舎てんや」は、非常に楽観論に満ちている。仲弓は雍也篇に「子曰、雍也可使南面。」（子曰く、雍や南面せしむ可し、と。）と言われるほど孔子の信任を得ている人物であるので、このような楽観論もあながち理解できなくもないが、それにしてもあまりにも断片的すぎて具体的ではない。（一三）

以上をまとめると、孔子自身仕官を望んで各国を遍歴した、いわゆる士や客のような立場にあった以上、当然人材の登用に関心がなかったわけではなかろう。しかし、文献の成立の問題はあるものの、『論語』から垣間見うる初期儒家の活動していた時期には、尚賢論が思想上の重要な問題として俎上に載せられるような、換言すれば、士や客の活動が歴史的社会的に顕著になり成熟してくるような歴史的諸条件はまだ整っていなかったようである。それが歴史思想上重要かつ深刻な問題となってくるのは、孟子の時代、すなわち戦国時代の中期を待たなければならない。

二　『孟子』の場合

さて後述するように、時代が下って列国対立の均衡が破れ六国が秦の圧力を意識しはじめた頃、すなわち戦国時代の中期頃になると、いろいろの主張や技能を持つ遊説任侠の士が招聘されたり自薦したりして諸侯を遍歴するような動きが顕著になってくる。列国の君主たちもそのような時代の変動に敏感に反応して、君権の確立や富国強兵のために士や客たちを積極的に利用し、（一四）彼らもまた戦国君主のもとに結集することによって、彼らからなる行政機構が形成されるようになる。同時にまた、封建制的な諸侯と氏族との結合が消滅し、上級氏族がその特権を失ったことによって、才能ある士に、仕官・昇進の機会が広く与えられ、ひいてはさらに、特定の国のみにつかえず諸国を遍歴して有利な活動の場を求める、という流動化現象が現れる（本書第一部第七章第六節を参照）。そこで、これらの中から有能な人材をいかに確保するかという尚賢論が本格的に議論の対象となってくるのは当然のことであろう。

このような時代の動きは『孟子』にもそのまま反映されている。例えば、公孫丑上篇に、

孟子曰、仁則榮、不仁則辱。今惡辱而居不仁、是猶惡濕而居下也。如惡之、莫如貴德而尊士。賢者在位、能者在職、國家閒暇。及是時明其政刑、雖大國必畏之矣。

孟子曰く、仁なれば則ち栄え、不仁なれば則ち辱めらる。今辱めらるるを悪みて不仁に居るは、是れ猶お湿を悪みて下きに居るがごとし。如し之を悪まば、徳を貴びて士を尊ぶに如くは莫し。賢者位に在り、能者職に在り、国家閒暇なりとせん。是の時に及びて其の政刑を明らかにせば、大国と雖も必ず之を畏れん、と。

とあるが、ここでの仁・不仁はこの文章の直前の王霸論、すなわち、

孟子曰、以力假仁者霸。霸必有大國。以德行仁者王。王不待大。湯以七十里、文王以百里。以力服人者、非心服也。力不贍也。以德服人者、中心悅而誠服也。如七十子之服孔子也。

孟子曰く、力を以て仁を仮る者は霸たり。霸は必ず大国を有つ。徳を以て仁を行う者は王たり。王は大を待たず。湯は七十里を以てし、文王は百里を以てす。力を以て人を服する者は、心服に非ざるなり。力贍らざればなり。徳を以て人を服する者は、中心悦びて誠に服するなり。七十子の孔子に服するが如きなり、と。

とあるのを受けている。とすると、仁とは『孟子』特有の王道政治の具現を意味する。一方、「徳を貴びて士を尊ぶ」とは、言うまでもなく有徳者を貴び賢能な士を尊ぶことであるが、これは先に指摘した戦国中期頃に顕著になる士や客の活発な活動を反映したものにほかならない。そうして「賢者位に在り、能者職に在り」とあるように、彼らを高いポストや一定の官職に配置させること、これが『孟子』の王道政治を具現するための具体的な一方法であり、いわゆる尚賢論なのである。つまり、王道政治の実現が『孟子』の最終的な目標であるとすれば、尚賢論はそれに近づくための重要な方法論としてすでに『孟子』思想中に深く浸透していた、ということになる。『孟子』は仁政を唱

えることによって覇者の力政と画然と区別される理想を持ち、尚賢論を主張することによって、大国に対抗できる現実的な力を得ようとしたと考えられる。このように『孟子』において『論語』よりも進んだ尚賢論が構想されえたのは、封建制の崩壊と士や客の活発な活動、などという歴史の諸条件があってはじめて可能であったと考えなければなるまい。

これを裏付ける資料は他にもある。例えば、同じく公孫丑上篇に、

孟子曰、尊賢使能、俊傑在位、則天下之士、皆悦而願立於其朝矣。

孟子曰く、賢を尊び能を使い、俊傑位に在れば、則ち天下の士、皆悦びて其の朝に立たんことを願わん、と。

とあり、万章下篇に、

舜尚見帝。帝館甥于貳室、亦饗舜、迭爲賓主。是天子而友匹夫也。用下敬上、謂之貴貴。用上敬下、謂之尊賢。貴貴尊賢、其義一也。

舜尚して帝に見ゆ。帝甥を貳室に館し、亦た舜を饗し、迭に賓主と為る。是れ天子にして匹夫を友とするなり。下を用て上を敬する、之を貴を貴ぶと謂う。上を用て下を敬する、之を賢を尊ぶと謂う。貴を貴び賢を尊ぶ、其の義一なり。

とあり、また同篇に、

悦賢不能擧、又不能養也、可謂悦賢乎。

賢を悦びて挙ぐる能わず、又た養う能わずんば、賢を悦ぶと謂う可けんや。

とあり、また同篇に、

堯之於舜也、使其子九男事之、二女女焉、百官・牛羊・倉廩備、以養舜於畎畝之中。後擧而加諸上位。故曰、王

公之尊賢者也。

堯の舜に於けるや、其の子九男をして之に事え、二女をして焉れに女し、百官・牛羊・倉廩備え、以て舜を畎畝の中に養わしむ。後挙げて諸れを上位に加う。故に曰く、王公の賢を尊ぶ者なり、と。

とあり、前引の尽心上篇に、

孟子曰く、知者は知らざること無きなり。当に務むべきを之急と為す。仁者は愛せざること無きなり。賢を親しむを急にするを之務めと為す。堯舜の知にして物に偏からざるは、先務を急にすればなり。堯舜の仁にして、人を愛するに偏からざるは、賢を親しむを急にすればなり、と。

などとあるのは、いずれもそのような事実を如実に示している。特に万章下篇の一連の文章は、『孟子』流の君主の尊賢のやり方が具体的に書かれているが、結局賢者に対してしかるべき精神的物質的待遇をすること、及びしかるべき高いポストにつかせることが真の尊賢だ、という主張であろう。ここまで見ると、『孟子』の尚賢論は能力本位の尚賢論を主張しているかの如く見られる。

しかし、これらの文章に見られる尚賢論とは裏腹に、『孟子』の人材登用の真面目は実は別のところにある。というのは、同じく前引の梁恵王下篇に、

孟子斉の宣王に見えて曰く、所謂故国とは、喬木有るの謂いを謂うに非ざるなり。世臣有るの謂いなり。王には親臣無し。昔者進むる所、今日其の亡きを知らざるなり、と。王曰く、吾れ何を以て其の不才を識りて而して之を舎てん、と。曰く、国君賢を進むるには、已むを得ざるが如くす。将に卑をして尊を踰え、疏をして戚を踰えしめんとす。慎しまざる可けんや、と。

とあるように、「世臣」、すなわち譜代の臣によって国政が運営されるのが最も理想的であるが、そのような世臣どこ

ろか親臣さえおらず、やむなく進賢せざるをえない事態が発生した場合（特に「卑をして尊を踰え」「疏をして戚を踰えしめんとする場合）には慎重に慎重を期すべきことが主張されている。この場合慎重を期するとは、具体的には下文に、

左右皆曰賢、未可也。諸大夫皆曰賢、未可也。國人皆曰賢、然後察之、見賢焉、然後用之。左右皆曰不可、勿聽。諸大夫皆曰不可、勿聽。國人皆曰不可、然後察之、見不可焉、然後去之。左右皆曰可殺、勿聽。諸大夫皆曰可殺、勿聽。國人皆曰可殺、然後察之、見可殺焉、然後殺之。故曰、國人殺之也。如此、然後可以爲民父母。

左右皆賢なりと曰うも、未だ可ならざるなり。諸大夫皆賢なりと曰うも、未だ可ならざるなり。国人皆賢なりと曰い、然る後之を察し、賢なるを見て、然る後之を用いよ。左右皆不可なりと曰うも、聴く勿れ。諸大夫皆不可なりと曰うも、聴く勿れ。国人皆不可なりと曰い、然る後之を察し、不可なるを見て、然る後之を去れ。左右皆殺す可しと曰うも、聴く勿れ。諸大夫皆殺す可しと曰うも、聴く勿れ。国人皆殺す可しと曰い、然る後之を察し、殺す可きを見て、然る後之を殺せ。故に曰く、国人之を殺すなり、と。此の如くにして、然る後以て民の父母為る可し、と。

とあるように、「賢」「不可」「可殺」の三つのケースを想定し、それについて左右や諸大夫が申し出た場合は聞き入れず、国中の人々が皆申し出れば、その時にはじめて君主が自分の判断で見極めるべきだ、ということを意味する。これは「出自本位の尚賢論」あるいは「慎重論的尚賢論」に相違ない。また万章下篇には、

齊宣王問卿。孟子曰、王何卿之問也。王曰、卿不同乎。曰、不同。有貴戚之卿、有異姓之卿。王曰、請問貴戚之卿。曰、君有大過、則諫。反覆之而不聽、則易位。王勃然變乎色。曰、王勿異也。王問臣。臣不敢不以正對。王色定、然後請問異姓之卿。曰、君有過、則諫。反覆之而不聽、則去。

斉の宣王卿を問う。孟子曰く、王何の卿を之問うや、と。王曰く、卿同じからざるか、と。曰く、同じからず。貴戚の卿有り、異姓の卿有り、と。王曰く、貴戚の卿を請い問う、と。曰く、君大過有れば、則ち諫む。之を反覆して聴かざれば、則ち位を易う、と。王勃然として色を変ず。曰く、王異《あや》しむこと勿れ。王臣に問う。臣敢て正を以て対えずんばあらず、と。王色定まり、然る後異姓の卿を請い問う。曰く、君過ち有れば、則ち諫む。之を反覆して聴かざれば、則ち去る、と。

とあるが、ここで述べられている「貴戚の卿」に対する孟子の理解は特に注目に値する。貴戚の卿とは、君主と同姓の卿であることは言うまでもないが、君主に重大な過失があるときは諫言し、繰り返し諫言しても聞き入れられなければ易位する存在だと説明されている。これはかつて板野長八氏が指摘したように、君主の位ないし封爵が君主個人のものではなくて、その宗族の所有に属することを示し、このような宗族が兄弟相及ぶことを含めた世襲制の基盤であることを物語っており、宗族の封鎖性を明らかにしていると考えられる。(一五)

以上のことから、『孟子』において当時の貴族制という歴史的制約（出自本位の尚賢論と慎重論的尚賢論）と、尊賢を唱えざるをえない客としての身分的制約（能力本位の尚賢論）とが相まって交差している様子を、容易に窺うことができよう。またこのことは、万章上篇に「唐虞禅り、夏后殷周は継ぐ。其の義は一なり」とあり、万章下篇に「貴を貴び賢を尊ぶ、其の義一なり」とある『孟子』特有の言い方からも容易に看取される。このように見てくると、『孟子』の尚賢論の中に、先に見た『唐虞之道』の尚賢論の第一から第五までの特徴とどれ一つ共通するものがないのは、議論の余地がなかろう。(一六)

三　『荀子』の場合

時代がさらに下って戦国後期以降になると、戦国競争がピークに至り、士や客たちの活動や流動もいよいよ激烈化し、信陵君・春申君・平原君・孟嘗君の例のごとく、私門・豪族たちでさえ彼らを抱えるのが、何千単位を数えるほどになる。この時代になると、尚賢のスローガンはさることながら、君主の支配権の強化や官僚制的秩序を確立し、やがて到来する天下統一に備えるために、より優秀で有能な人材をいかに確保し、かつ集めた人材をいかに適所に配置するかが問題となってくる。このような時代背景を背負って活動したのが荀子及び荀子学派であったが、かれらのテキストである『荀子』の尚賢論を分析してみると、上に述べた時代の特徴をくみとることができる。特に王制篇にそれがよくまとまった形で述べられているので、それを中心に諸他の篇をも合わせて分析すると、以下のような特徴を持っている。

まず第一に、

王者之論。無徳不貴、無能不官、……尚賢使能而等位不遺、……夫是之謂定論。是王者之論也。

王者の論。徳として貴ばざること無く、能として官せざること無く、……賢を尚び能を使いて等位して遺さず、……夫れ是れを之定論と謂う。是れ王者の論なり。

とあるように、徳のある者（＝賢者）として尊ばれない者がないようにすること、能力のある者として官職につかない者がないようにすること、つまり「等位して遺さざる」ようにすることが王者の論ずべきこととされている。同様の論説は王制篇の冒頭に「賢能不待次而擧」（賢能は次を待たずして挙ぐ）と記されている。これは禅譲を除けば、『唐虞之道』の尚賢論の第二の特徴と共通している。

第二に、尚賢使能の基準は、

雖王公士大夫之子孫也、不能屬於禮義、則歸之庶人、雖庶人之子孫也、積文學、正身行、能屬於禮義、則歸之卿相士大夫。

王公士大夫の子孫と雖も、礼義に属〈厲《はげ》〉む能わざれば、則ち之を庶人に帰し、庶人の子孫と雖も、文学を積み、身行を正して、能く礼義に属〈厲〉めば、則ち之を卿相士大夫に帰す。


とあるように、身分的秩序ではなく「礼義」であり、したがって能力本位の尚賢論にほかならない。(一七) このことはまた王覇篇に、

欲是之主竝肩而存、能建是之士不世絶、千歳而不合何也。曰、人主不公、人臣不忠也。人主則外賢而偏擧、人臣則爭職而妒賢、是其所以不合之故也。人主胡不廣焉無卹親疏、無偏貴賤、唯誠能之求。若是則人臣輕職讓賢、而安隨其後。如是則舜禹還至、王業還起、功壹天下、名配舜禹。

是を欲するの主は肩を並べて存し、能く是を建つるの士は世に絶えざるに、千歳にして合わざるは何ぞや。曰く、人主は公ならず、人臣は忠ならざればなり。人主は則ち賢を外にして偏挙し、人臣は則ち職を争いて賢を妒《ねた》む、是れ其の合わざる所以の故なり。人主胡ぞ広焉として親疏を卹みること無く、貴賤に偏すること無く、唯だ誠能を之求めざる。是の若くなれば則ち人臣は職を軽んじて賢に譲り、安ち其の後に随わん。是の如くなれば則ち舜禹も還《すなわ》ち至り、王業も還ち起こり、功は天下を壹にし、名は舜禹に配せん。


とあって、君主が人材を登用する際、血縁の親疎や身分の貴賤に拘束されずに「誠能」を基準とすれば、「功は天下を壹にし、名は舜禹に配」せられるとされることや、君子篇に、

亂世則不然。刑罰怒罪、爵賞踰德、以族論罪、以世擧賢。故一人有罪、而三族皆夷、德雖如舜、不免刑均。是以族論罪也。先祖當賢、後子孫必顯、行雖如桀紂、列從必尊。此以世擧賢也。以族論罪、以世擧賢、雖欲無亂得乎哉。

乱世は則ち然らず。刑罰は罪に怒《す》ぎ、爵賞は徳に踰え、族を以て罪を論じ、世を以て賢を挙ぐ。故に一人に罪有れば、而ち三族皆夷げられ、徳あること舜の如きものと雖も、刑均に免れず。是れ族を以て罪を論ずるなり。先

祖の当《かつ》て賢なれば、後の子孫は必ず顕れ、行うこと桀紂の如きものと雖も、列従は必ず尊し。此れ世を以て賢を挙ぐるなり。族を以て罪を論じ、世を以て賢を挙ぐれば、乱るること無からんと欲すと雖も得んや。

とあって、「世を以て賢を擧ぐ」ことを乱世の政術としているのも、『荀子』の尚賢論が能力本位の尚賢論であることを立証する好例である。これも禅譲を除けば、『唐虞之道』の尚賢論の第四の特徴と共通している。

第三に、王制篇に「罷不能不待頃而廢」（罷不能は頃を待たずして廢す）とあり、成相篇に「基必施、辨賢罷」（基必ず施《お》かんには、賢と罷を弁《わか》つべし）とあるように、賢者・有能者を徹底的に挙用することは、その反対に愚者・無能者を徹底的に廃することを意味する。しかし、それですべての問題が解決されるとは考えていない。つまり、

故姦言・姦説・姦事・姦能・遁逃・反側之民、職而敎之、須而待之、勉之以慶賞、懲之以刑罰、安職則畜、不安職則棄。五疾上收而養之、材而事之、官施而衣食之、兼覆無遺。夫是之謂天德。是王者之政也。

故に姦言・姦説・姦事・姦能・遁逃・反側の民は、職として之を教え、須くして之を待ち、之を勉めしむるに慶賞を以てし、之を懲らしむるに刑罰を以てし、職に安んずれば則ち畜い、職に安んぜざれば則ち棄つ。五疾は上収めて之を養い、材して之を事い、官施して之に衣食し、兼覆して遺すこと無し。夫れ是れを之天徳と謂う。是れ王者の政なり。

とあるように、「姦言・姦説・姦事・姦能・遁逃・反側の民」や「五疾」（身体障害）などの諸々の理由で賢能とされずに捨てられる境遇にある人々には、「之を教え」「之を待ち」、慶賞・刑罰などの手段を動員して仕事に安定させたり、身体障害者の場合は国家がその生活を保障する政策を施すなどして、窮極的には「兼覆して遺すこと無」きの状態に達してこそ、「天徳」であり、「王者の政」とされている。これが『荀子』の描く理想的政治社会であるが、それを支えているのは欲望論・賞罰論・富国論であり、分の思想であり、礼の思想である（一八）（本書第一部第四章第六節の

「二一」を参照）。これは『唐虞之道』の尚賢論の第五の特徴と共通している。[一九] なお、『晏子春秋』内篇問下第四「叔向問君子之大義何若晏子対以尊賢退不肖章」第二十四に、

……齊尚而不以遺罷、……尊賢而不退不肖。此君子之大義也。

……斉《とも》に尚びて而も以て罷を遺てず、……賢を尊びて而も不肖を退けず。此れ君子の大義なり。

とあるのも、恐らく同じ脈絡で考えられよう。[二〇]

第四に、賢の序列化。例えば、君道篇に、

天子三公、諸侯一相、大夫擅官、士保職、莫不法度而公、是所以班治之也。論徳而定次、量能而授官、皆使人載其事而各得其所宜、上賢使之爲三公、次賢使之爲諸侯、下賢使之爲士大夫、是所以顯設之也。

天子は三公、諸侯は一相、大夫は官を擅《もっぱ》らにし、士は職を保ち、法度ありて公ならざること莫きは、是れ之を班治する所以なり。徳を論して次を定め、能を量りて官を授け、皆人をして其の事を載《おこな》いて各おの其の宜しき所を得しめ、上賢は之をして三公為らしめ、次賢は之をして諸侯為らしめ、下賢は之をして士大夫為らしむるは、是れ之を顕設する所以なり。

とあり、正論篇に、

上賢祿天下、次賢祿一國、下賢祿田邑、愿愨之民完衣食。

上賢は天下を禄し、次賢は一国を禄し、下賢は田邑を禄し、愿愨の民は衣食を完うするなり。

とある文章の中の上賢・次賢・下賢というのはその代表的な例である。他にも君道篇に、

材人。……官人使吏之材也。……士大夫官師之材也。……卿相輔佐之材也。

材人。……官人使吏の材なり。……士大夫官師の材なり。……卿相輔佐の材なり。

とあるように、「材」（＝才）を三種類に分けてそれぞれ「官人使吏」、「士大夫官師」、「卿相輔佐」と身分の上下関係を区別するのも、同じく賢の序列化を示すものである。

第五に、第四の賢の序列化は決して王位を含むものではない。つまり天子の下部組織にだけ該当する事柄である。これは正論篇で禅譲説を否定していたことと軌を同じくするものである（本書第一部第一章第三節の「二」を参照）。例えば、先の君道篇の材人の議論の直後に、

能論官此三材者而無失其次、是謂人主之道也。

能く此の三材の者を論官して其の次を失うこと無きは、是れを人主の道と謂うなり。

とあるように、右の三材を官につけてその序列を失わないようにするのが人主の道とされていること、臣道篇に、

明主尚賢使能而饗其盛。

明主は賢を尚び能を使いて其の盛を饗く。

とあるように、明主は尚賢使能してその成果を自分のものとして受ける存在とされていること、王覇篇に、

夫貴爲天子、富有天下、名爲聖王、兼制人、人莫得而制也、是人情之所同欲也。而王者兼而有是者也。

夫れ貴は天子と為り、富は天下を有ち、名は聖王と為り、兼ねて人を制して、人の得て制すること莫きは、是れ人情の同じく欲する所なり。而して王者は兼ねて是れを有つ者なり。

とあるように、王者は人から制されないものとされていること、成相篇に、

曷謂賢。明君臣、上能尊主、下愛民。

曷をか賢と謂う。君臣を明らかにし、上は能く主を尊び、下は民を愛す。

とあるように、君臣の上下関係を明らかにすることや君主を尊ぶことが賢とされていること、等々。これが君主権力

の絶対化につながることは言うまでもない。(二一) またこれは、尚賢論が禅讓と直結しかつ禅讓が尚賢論を前提とする『唐虞之道』の尚賢論とは、大きな相違を示す部分である。なお、これが、本書第一部第一章第五節で板野長八氏が荀子に対して、尊賢使能の原則を一貫して世襲制の制約を受けなかったが、一方で世襲制を本位とする三代を聖代としたのは矛盾である、と指摘したことへの反論にもなる。

四　『呂氏春秋』の場合

時代がさらに下って戦国最末期になると、天下統一を目前にして、戦国競争がいよいよ激化するに伴い、士や客たちの活動はピークに達し、尚賢論の主張も君主個人の安危は勿論、国の存亡にまで関わる問題とされるなど、いよいよ激しさを増していくようになる。例えば、『呂氏春秋』求人篇に、

身定國安、天下治、必賢人。古之有天下也者、七十一聖。觀於春秋、自魯隱公以至哀公十有二世、其所以得之、所以失之、其術一也。得賢人、國無不安、名無不榮。失賢人、國無不危、名無不辱。

身定まり国安んじ、天下治まるには、賢人を必とす。古の天下を有ちし者、七十一聖。春秋を観るに、魯の隠公自り以て哀公に至るまで十有二世、其の之を得る所以、之を失う所以、其の術は一なり。賢人を得れば、国安んぜざる無く、名栄えざる無し。賢人を失えば、国危うからざる無く、名辱しめられざる無し。

とあるのは、その好例である。(二二) 周知のように『呂氏春秋』は呂不韋の食客たちが著したとされる文献であるので、戦国最末期における士や客たちの様子及び彼らの尚賢論の一面を読み取ることのできる恰好の材料である。その特徴を抽出して列挙すると、以下の通りである。

第一に、『荀子』や『唐虞之道』と同様、基本的には能力本位の尚賢論である。例えば、去私篇に、

晉平公問於祁黄羊曰、南陽無令、其誰可而爲之。祁黄羊對曰、解狐可。平公曰、解狐非子之讎邪。對曰、君問可、非問臣之讎也。平公曰、善。遂用之、國人稱善焉。居有閒、平公又問祁黄羊曰、國無尉。其誰可而爲之。對曰、午可。平公曰、午非子之子邪。對曰、君問可、非問臣之子也。平公曰、善。又遂用之、國人稱善焉。孔子聞之曰、善哉、祁黄羊之論也。外擧不避讎、内擧不避子。祁黄羊可謂公矣。

晋の平公祁黄羊に問いて曰く、南陽に令無し、其れ誰か而て《もっ》之を為む可き、と。祁黄羊対えて曰く、解狐可なり、と。平公曰く、解狐は子の讎に非ずや、と。対えて曰く、君可なるものを問う、臣の讎を問うに非ざるなり、と。平公曰く、善し、と。遂に之を用い、国人善しと称す。居ること間《しばら》く有りて、平公又た祁黄羊に問いて曰く、国に尉無し。其れ誰か而て之を為む可き、と。対えて曰く、午可なり、と。平公曰く、午は子の子に非ずや、と。対えて曰く、君可なるものを問う、臣の子を問うに非ざるなり、と。平公曰く、善し、と。又た遂に之を用い、国人善しと称す。孔子之を聞きて曰く、善きかな、祁黄羊の論や。外挙には讎を避けず、内挙には子を避けず。祁黄羊は公なりと謂う可し、と。

とあるように、人薦の際、私怨や血縁の親疎にとらわれない祁黄羊のやり方を孔子の名を借りて「公」とすること。論人篇で「論人」、すなわち人物評価の際、内には「六戚四隠」の方法を用い、外には「八観六験」の方法を用いるべきだとすること。六戚とは「父・母・兄・弟・妻・子」、四隠とは「交友・故旧・邑里・門郭〈郎〉」(二三)、「八観」とは「通・貴・富・聴・止・習・窮・賎」、「六験」とは「喜之・楽之・怒之・懼之・哀之・苦之」をそれぞれ指すが、これによってその人の「情偽・貪鄙・美悪」のすべてが把握できるという。また謹聴篇に、

今周室既滅、而天子已絶。……故當今之世、求有道之士、則於四海之内、山谷之中、僻遠幽閒之所。若此則幸於

得之矣。得之則何欲而不得、何爲而不成。

今周室既に滅びて、天子已に絶ゆ。……故に當今の世、有道の士を求むれば、則ち四海の内〈江海の上〉[二四]、山谷の中、僻遠幽間の所に於てす。此の若くなれば則ち幸いに之を得ん。之を得れば則ち何を欲してか得ざらん、何を為してか成らざらん。

とあって、周室が滅び天子が存在しないので、「有道の士」を求めようとすれば、中央ではなく僻地においてでなければならないとすること。また報更篇に、

士其難知。唯博之爲可。博則無所遁矣。

士は其れ知り難し。唯だ博きをのみ之可と為す。博ければ則ち遁るる所無し。

とあるように、士の才能は察知しがたいので、ひたすら広く集めることを主張すること。また前引の求人篇に、

賢主の賢者に於けるや、物之を妨ぐる莫く、戚愛習故、以て之を害せず。故に賢者聚まる。賢者の聚まる所、天地も壊らず、鬼神も害せず、人事も謀らず。此れ五常の本事なり。

とあるように、賢主が賢者を求める場合には、なにものも――親族・寵臣・旧知さえも――それを妨げたり害する存在はないとすること。以上の例によれば、いずれも賢者の出自性は全く問われていない[二五]。ただし、同じく前引の求人篇に、

堯天下を舜に伝うるや、之に諸侯に礼せしめ、妻わすに二女を以てし、臣とするに十子を以てし、身北面して之を朝せんことを請うは、至卑なり。

という一文が挿入されているのは、厳密に言えば、『孟子』万章上篇、『荀子』成相篇、『尚書』堯典篇と同様、出自本位の尚賢論を認めているとせざるをえない[二六]。

第二に、君主が賢者を得て王者・覇者となる方法として賢者への礼遇を極端に強調するが、礼遇する際の重要な特徴として、身分の上下関係ではなく、水平関係もしくは賢者を上とすることを要請する傾向が際立っている——勿論さりとてこのことが君臣易位を意味するわけではない。例えば、下賢篇に、

有道之士、固驕人主。……賢主則不然。士雖驕之、而己愈禮之。士安得不歸之。士所歸、天下從之帝。帝也者、天下之適也。王也者、天下之往也。

有道の士は、固より人主に驕る。……賢主は則ち然らず。士之に驕ると雖も、己れは愈いよ之を礼す。士安くんぞ之に帰せざることを得ん。士の帰する所は、天下之に従いて帝たり。帝なる者は、天下の適く〔所〕なり。王なる者は、天下の往く〔所〕なり。[二七]

とあって、「有道の士」はもとより人主に対して己れを低くせずにおごり高ぶる存在であるとし、賢明な君主は士がそのようにおごり高ぶってもいよいよ彼らを礼遇するが故に士が帰服し、士が帰服すれば天下の人々も帰服することになって帝王となることもできるとされているのは、賢者への礼遇を強調する一例である。同じく下賢篇には他にも、「得道の人」には五帝や三王ですら帝王たる意識を捨てない限り、彼を友や師とすることはできないとすること、堯が天子であるにもかかわらず「得道の士」である善綣に北面して問うたことを「至公」とすること、「内行」が修まらないとされる斉の桓公が、爵禄を軽んずる小臣の稷を礼遇して、ついには覇業を達成したこと、子産が鄭の国の宰相であるにもかかわらず、賢者である壺丘子林に会いに行った時、彼の弟子たちと同席して下手に出たが、ついには鄭の国に治世をもたらしたこと、魏の文侯が段干木に会った時立ったまま会見し、また多くの士を礼遇して、ついには様々な戦功を立てて諸侯となったこと、等々はいずれも君主が有道の士や賢者を礼遇する際、身分の上下関係ではなく、水平関係もしくは賢者を上とすることを要請する例である。下賢篇に見られるこのような特徴を一言で

定義すれば、「礼遇型尚賢論」と言えよう。（二八）

第三に、『呂氏春秋』の礼遇型尚賢論の議論は、単に身分の問題に止まるものではない。下賢篇の直後に置かれている報更篇には賢者への礼遇の具体的な方法が書かれている。その具体的な方法とは、

國雖小、其食足以食天下之賢者、其車足以乘天下之賢者、其財足以禮天下之賢者、與天下之賢者爲徒。此文王之所以王也。今雖未能王、其以爲安也、不亦易乎。此趙宣孟之所以免也、周昭文君之所以顯也、孟嘗君之所以卻荊兵也。古之大立功名、與安國免身者、其道無他、其必此之由也。堪士不可以驕恣屈也。

国小なりと雖も、其の食は以て天下の賢者を食《やしな》うに足り、其の車は以て天下の賢者を乗するに足り、其の財は以て天下の賢者を礼するに足り、天下の賢者と徒と為る。此れ文王の王たる所以なり。今未だ王たること能わずと雖も、其の以て安きを為すは、亦た易からずや。此れ趙宣孟の免れたる所以、周の昭文君の顕れし所以、孟嘗君の荊の兵を卻けたる所以なり。古の大いに功名を立てたるものと、国を安んじ身を免れたる者とは、其の道他無し、其れ必ず此れに之由れるなり。堪士は驕恣を以て屈す可からず。

とあって、昔文王が王者となった四つの理由を掲げているのがそれである。すなわち、国が小さくとも天下の賢者の食するに足る十分な食料を確保すること、天下の賢者の乗ずるに足る十分な車を確保すること、天下の賢者を礼遇するに足る十分な財貨を確保すること、天下の賢者と仲間となること、の四点である。このうち最後の例は、第二で考察した身分の水平関係の要請にほかならない。ただし、作者の生きていた戦国最末期は文王の時代と当然状況が違うわけだから、文王のように王者にはなれなくても、天下の賢者のために右の四点の礼遇策をとれば、少なくとも昔の趙宣孟、周の昭文君、孟嘗君のように、大いに功名を立てたり国を安泰にさせたり身の安全を保つことはできるとする。そこで、このような理由を論説した後、最後に「堪士不可以驕恣屈也」（堪士は驕恣を以て屈す可からず）といって、士にへりくだることを要請する。ここに謙遜思想が要請されているのは『唐虞之道』と共通している（本書第一

部第七章を参照）。

第四に、賢者を礼遇すべき立場にある君主にも当然しかるべき資質が問われる。例えば、開春篇に、

王者厚其德、積衆善、而鳳皇・聖人皆來至矣。

王者其の徳を厚くし、衆善を積めば、而ち鳳皇・聖人皆来り至る。

とある例は、王者自ら己れの徳を厚くし諸々の善を積むことを要請するものであるが、このことがより詳しく論じられているのは、期賢篇である。その冒頭には、

今夫爚蟬者、務在乎明其火、振其樹而已。火不明、雖振其樹、何益。明火不獨在乎火、在於闇。當今之時、世闇甚矣。人主有能明其德者、天下之士、其歸之也、若蟬之走明火也。凡國不徒安、名不徒顯。必得賢士。

今夫れ蟬を爚らす者は、務め其の火を明らかにし、其の樹を振うに在るのみ。火明るからずんば、其の樹を振うと雖も、何ぞ益せん。火を明らかにするは独り火に在るのみならず、闇きに在り。当今の時、世闇きこと甚だし。人主能く其の徳を明らかにする者有れば、天下の士、其の之に帰するや、蟬の明火に走るが若きなり。凡そ国は徒らには安からず、名は徒らには顕れず。必ず賢士を得ればなり。

とある。ここでは「賢士」を得ることを蟬をとることに比喩して論説している。蟬をとるにあたって蟬・火・闇の三つの条件が揃いさえすれば後は木を揺さぶるだけだとし、それを今度は国の政治に適用する。すなわち、闇は「世闇」、火は人主の「徳」、蟬は「天下の士」（もしくは賢士）にそれぞれ当てはめるわけであるが、闇は作者の当時、条件としてすでに揃っているわけであるので、火の条件さえ揃えば自ずと世の人材がそれに向かって集まってくるという。そして、最後に国を安泰にさせ名声を博するためには、賢士を得なければならないという。その例として、(1)衛が十人の士によって大国の晋の侵略を戦わずに防げたこと、(2)魏の文侯が賢者である段干木に傲慢な態度を取らずにへりくだったこと、(3)魏の文侯が段干木を賢者として手厚く礼遇したことが後の秦の侵略を未然に防げた結果となったこと（文侯の用兵術として説明）、を列挙する。ただし、列挙されている例からは君主に具体的にどのよう

な徳を要請しているのか必ずしも明確ではない。一つの可能性としては、右の(2)(3)、そして第三で指摘したような、謙遜の徳が考えられる。謙遜の徳と関連しては、また前引の求人篇に、

先王の賢人を索むるや以いざる無く、卑きを極め賤しきを極め、遠きを極め労れを極む。

とあるが、「至卑」の例としては、堯が舜に譲位した際、諸侯が彼に礼するようにし、二人の娘を彼と結婚させ、十人の息子を彼の臣下とし、自らも臣下として彼に謁見を請うたことを挙げており、「至賤」の例としては、伊尹や傅説の挙用の例を挙げている。

第五に、君主を主体とする養生論と結合される場合もある。例えば、察賢篇に、

今有良醫於此、治十人而起九人、所以求之萬也。故賢者之致功名也、比乎良醫。而君人者不知疾求。豈不過哉。今夫塞者、勇力・時日・卜筮・禱祠、無事焉。善者必勝。立功名亦然、要在得賢。魏文侯師卜子夏、友田子方、禮段干木、國治身逸。天下之賢主、豈必苦形愁慮哉。執其要而已矣。

今良医此に有り、十人を治めて九人を起こせば、以て之を求むる所のもの万なり。故より賢者の功名を致すや、良医より比〈必〉せり。（一九）而るに人に君たる者疾く求むることを知らず。豈過たずや。今夫れ塞する者、勇力・時日・卜筮・祷祠、事とする無し。善者必ず勝てばなり。功名を立つるも亦た然り、要は賢を得るに在り。魏の文侯卜子夏を師とし、田子方を友とし、段干木に礼して、国治まり身逸す。天下の賢主、豈必ずしも苦形愁慮せんや。其の要を執るのみ。

とあるのがその代表的な例である。ここでは基本的に「賢を得る」ことが政治の要とされているが、該篇の特徴はまた別のところにある。すなわち、君主の統治術として、

宓子賤治單父。彈鳴琴、身不下堂、而單父治。巫馬期以星出、以星入、日夜不居、以身親之、而單父亦治。

宓子賎単父を治む。鳴琴を弾じ、身ら堂を下らず、而して単父治まる。巫馬期は星を以て出で、星を以て入り、日夜居らず、身を以て之を親らし、而して単父亦た治まる。

とあるように（『韓詩外伝』巻二、『説苑』政理篇にもほぼ同様の説話が見える）、宓子賤と巫馬期のケースを二項対立的に捉え、「宓子則君子矣」（宓子は則ち君子なり）といって前者のやり方を高く評価する点である。前者を高く評価する理由は、下文に、

逸四肢、全耳目、平心氣、而百官以治義矣。任其數而已矣。

四肢を逸し、耳目を全くし、心気を平らかにし、而して百官以て治まりて義あり。其の数に任ずるのみ。

とあるように、君主個人の生が全うされるからである。君主個人の生が全うされる理由は、その直前に、

宓子曰、我之謂任人、子之謂任力。任力者故勞、任人者故逸。

宓子曰く、我れを之人に任ずと謂い、子を之力に任ずと謂う。力に任ずる者は故より労し、人に任ずる者は故より逸す、と。

とあるように、国政を「人に任ず」るからである。国政を「人に任ず」るとは、上文の「其の要を執る」ことと同じことであるが、要とは「賢を得る」ことであるから、結局尚賢論に帰着する。要するに、該篇では養生思想と尚賢論とを結合させるところに特徴があり、尚賢論は君主が安逸になる唯一の道とされているのである。(三〇)

第六に、不肖の者の問題については、『荀子』王制篇のように深刻に取り扱ってはいないが、知分篇に、

凡使賢不肖異。使不肖以賞罰、使賢以義。故賢主之使其下也必義、審賞罰、然後賢不肖盡爲用矣。

凡そ賢不肖を使うは異なり。不肖を使うには賞罰を以てし、賢を使うには義を以てす。故に賢主の其の下を使うや必ず義にし、賞罰を審らかにし、然る後賢不肖尽く用を為す。

とあるように「賢不肖尽く用を為す」ことを理想とするものの、不肖の者に対して賞罰を特に強調するのは、王制篇や『唐虞之道』とはやや趣が異なっている。また当賞篇に、

主之賞罰爵祿之所加者宜、則親疏・遠近・賢不肖、皆盡其力而以爲用矣。

主の賞罰爵禄の加わる所の者宜しければ、則ち親疏・遠近・賢不肖、皆其の力を尽くして以て用を為す。

とあるのも、知分篇と同じ主旨である。

五　『墨子』尚賢三篇の場合

ここでは先秦時代の尚賢論の最後として墨家の十口号の一つである尚賢論について考察する。墨家の尚賢論については、先学による優れた研究が数多くあるので、ここで改めて議論するまでもないかも知れない。ただ『唐虞之道』のように地下に埋もれていたものが出土し、そこに尚賢論が繰り広げられている以上、その思想史的意義を考える際、墨家の尚賢論との比較は避けられない。墨家の尚賢論をここで改めて検討する意義はここにある。

さて墨家の尚賢論は言うまでもなく『墨子』尚賢三篇にほとんど出尽くされているが、まずそれを尚賢上篇の方から見ることにする。その論説を整理すると、以下の通りである。

第一に、作者の現在「王公大人」が望んでいるのは、国家の富、人民の衆、刑政の治の三点に尽きるが、しかしその望みとは裏腹に貧・寡・乱を得ている原因は尚賢事能を実行できないことにある。さてこそ、国に賢良の士が多ければよく治まるが、少なければ治まりにくくなるので、大人の責務は「衆賢」すなわち賢者を多く集めることにある。

第二に、衆賢の方法は、

曰、然則衆賢之術、將奈何哉。子墨子言曰、譬若欲衆其國之善射御之士者。必將富之貴之、敬之譽之、然后國之善射御之士、將可得而衆也。況又有賢良之士、厚乎德行、辯乎言談、博乎道術者乎。……亦必且富之貴之、敬之譽之、然后國之良士、亦將可得而衆也。

曰く、然らば則ち賢を衆くするの術、将に奈何せんとするや、と。子墨子言いて曰く、譬えば其の国の善く射御するの士を衆く欲せんとする者の若し。必ず将に之を富まし之を貴び、之を敬し之を誉めんとし、然る后国の善く射御するの士、将《すなわ》ち得て衆くす可きなり。況や又た賢良の士の徳行に厚く、言談に弁に、道術に博き者有るをや。……亦た必ず且に之を富まし之を貴び、之を敬し之を誉めんとし、然る后国の良士、亦た将ち得て衆くす可きなり。

とあるように、例えば国に弓術・御術に優れた士を多く集めようとすれば、必ず彼らに高禄を与えて富まし、高位につけて身分を貴くし、尊敬し、栄誉を与えて称賛すれば多く集めることができるように、徳行に厚く言談が雄弁で道術に博い(三二)賢良の士に対しても、そのような礼遇策をとるべきである。ところで、射御の士の譬喩は、実は『荀子』王覇篇に、

羿蠭門者善服射者也。王良造父者善服馭者也。聰明君子者善服人者也。人服而勢從之、人不服而勢去之。故王者已於服人矣。故人主欲得善射射遠中微、則莫若羿蠭門矣。欲得善馭及速致遠、則莫若王良造父矣、欲得調壹天下制秦楚、則莫若聰明君子矣。其用知甚簡、其爲事不勞、而功名致大、甚易處而綦可樂也。故明君以爲寶、而愚者以爲難。

羿蠭門なる者は善く射を服する者なり。王良造父なる者は善く馭を服する者なり。聡明君子なる者は善く人を服する者なり。人服すれば而ち勢之に従い、人服せざれば而ち勢之を去る。故に王者も人を服するに已むなり。故に人主は善射の遠きを射て微に中つるものを得んと欲すれば、則ち羿蠭門に若くは莫し。善馭の速きに及びて遠きを致すものを得んと欲すれば、則ち王良造父に若くは莫し。天下を調壹して秦楚を制するものを得んと欲すれば、則ち聡明君子に若くは莫し。其の知を用うるは甚だ簡、其の事を為すは労せざるに、而も功名は大を致《きわ》め、甚だ処し易くして綦めて楽しむ可きなり。故に明君は以て宝と為し、愚者は以て難と為す。

とあるのと非常に類似しており、恐らくこれをふまえて書かれたものと思われる。なぜなら、王覇篇では同じ譬喩を用いながら聡明な君子を宝のように大切にすることを主張することで論が終わっているが、尚賢上篇ではそのような人物たちを集めるための具体的な礼遇策をとるべきことを力説しているからである。下文に、

古者聖王之爲政、……高予之爵、重予之祿、任之以事、斷予之令。

古者は聖王の政を為すや、……高く之に爵を予え、重く之に禄を予え、之に任ずるに事を以てし、断ずるに之に令を予う。

とあるのも同じ主旨である。ところで、これは前節で見たように『呂氏春秋』に最も顕著な考え方であり、したがって尚賢上篇は『呂氏春秋』をもふまえて出来たものと考えられる。ただし、『呂氏春秋』の礼遇型尚賢論は、身分の上下関係ではなく水平関係もしくは賢者を上とすることを要請する、つまり賢者の立場を中心とするものであったが、尚賢上篇では、

擧三者、授之賢者。非爲賢賜也。欲其事之成。

三つの者を挙げて、之を賢者に授く。賢の為に賜うに非ざるなり。其の事の成らんことを欲してなり。

とあるように、彼らが賢だからではなく、すべて国の政治のためだとするところは、大きな相違点と言わなければならない。恐らく『呂氏春秋』の礼遇型尚賢論をさらに展開させて、まもなく到来する統一国家に備えようとしたものではないかと推測される。

第三に、賢良の士の機能について「此固國家之珍而社稷之佐也」（此れ固より国家の珍にして社稷の佐なり）とあるのは注目すべきである。この一文は、下文に「故士者所以爲輔相承嗣也」（故に士なる者は輔相承嗣を為す所以なり）とあるのとを合わせて考えると、賢良の士が一君の手足となってその一元的支配を補佐する、ということを意味するものと思われる。[三二] これは、「二一　『荀子』の場合」で賢者を序列化する際、王位は含まれていなかった『荀子』の尚賢論の考え方と基本的には同じである（『荀子』君道篇に「卿相輔佐」の語があったのを想起）。

第四に、尚賢の基準は、

不義不富。不義不貴。不義不親。不義不近。

不義は富まさず。不義は貴ばず。不義は親しまず。不義は近づけず。

とあるように、古代の聖王の客観的な統治原理である「義」とされている。古代の聖王が義を基準としたのは、人材登用において貧富・貴賤・親疎・遠近の差別をなくしたことを意味する。そして義によって政治を行ったがゆえに、

逮至遠鄙郊外之臣、門庭庶子、國中之衆、四鄙之萌人、聞之、皆競爲義。
遠鄙郊外の臣、門庭の庶子、国中の衆、四鄙の萌人に至るに逮ぶまで、之を聞き、皆競いて義を為す。

とあるように、国中の人々が登用されるために貧富・貴賤・親疎・遠近に関係なくみな義につとめることになったが、これこそ古代の聖王の政治であり、尚賢の要とされている。そしてこのことを証明するために、古代の聖王とされる堯・禹・湯・文王がそれぞれ舜・益・伊尹・閎夭・泰顛を登用したことによって、その時代の厚禄尊位にある臣が皆「敬懼して施らざる莫」く、また農・工・肆に従事する人々も「競勧して意を尚《くわ》えざる莫」[三三]きの政治が具現されたことを引き合いにする。この義は、下文に、

曰、上之所以使下者、一物也。下之所以事上者、一術也。
曰く、上の下を使う所以の者は、一物なり。下の上に事うる所以の者は、一術なり。

とあるように、尚同論における義をふまえたものと考えられる。[三四]これは禅譲を除けば、『唐虞之道』・『荀子』と同様、能力本位の尚賢論である。下文に、

雖在農與工肆之人、有能、則擧之。……故官無常貴、而民無終賤。有能、則擧之、無能、則下之。擧公義、辟私怨、此若言之謂也。
農と工肆とに在るの人と雖も、能有れば、則ち之を挙ぐ。……故に官に常貴無くして、民に終賤無し。能有れば、則ち之を挙げ、能無ければ、則ち之を下す。公義を挙げ、私怨を辟くとは、此れ若くのごとき言の謂いなり。

とあるのも同様の主旨である。

第五に、古代の聖王の尚賢政治の実態として、

古者聖王之爲政、列徳而尚賢。……故當是時、以徳就列、以官服事、以勞殿賞、量功而分祿。
古者は聖王の政を為すや、徳を列でて賢を尚ぶ。……故に是の時に当りて、徳を以て列に就き、官を以て事に服し、労を以て賞を殿《さだ》め、功を量りて禄を分かつ。

とあるように、賢の序列化が描かれている。これも『荀子』の尚賢論と共通している。

第六に、尚賢の効果として、

故得士、則謀不困、體不勞、名立而功成、美章而惡不生。則由得士也。
故に士を得れば、則ち謀は困しまず、体は労せず、名立ちて功成り、美章れて悪生ぜず。則ち士を得るに由るなり。

とあるが、「体労せず」は、前節で見た『呂氏春秋』察賢篇に宓子のことばとしてある「力に任ずる者は故より労し、人に任ずる者は故より逸す」と共通し、「名立ちて功成る」は同じく察賢篇の「功名を立つ」と共通している。そして同じく察賢篇に「人に任ず」に代わることばとして「賢を得」という語があるのは、上篇の「士を得」とほぼ同義語である。このように見てくると、尚賢上篇においても尚賢論が君主を主体とする養生論と結合しており、この点は『呂氏春秋』と共通していると言えよう。

第七に、不肖の者の問題は「能無ければ、則ち之を下す」と見えるだけでほとんど配慮されていない。この傾向は『呂氏春秋』の第六の特徴に近く、その意味では『荀子』や『唐虞之道』とはすでに大きくかけ離れていることを意味する。

以上、尚賢上篇の尚賢論を考察し、そこに大略七つの特徴があることを明らかにしたが、中・下篇の尚賢論に入る前に、ここで上篇の成立時期に関する従来の研究を再検討してみよう。(三五) 河崎孝治（原孝治）氏の整理によれば、墨子の門弟子の頃の成立とする説（梁啓超・陳柱・欒調甫・羅根沢・方授楚・大塚伴鹿）、『孟子』の前後の作とする説（赤塚忠）、時代の後れた思想を含んでいるがこれは比較的後の述作であるからか、または後人の増補があるからかのどち

らかであろうとする説（津田左右吉）、等々がある。[三六]

さて『墨子』諸篇の著作年代について最も体系的な研究を行った渡邊卓氏は、論旨が素朴で譬喩を使って日常経験に訴える点など初期墨家に近い要素を含む点、特に古聖王が貧賤疎遠のものにも門戸を開放したと述べるあたりの畳みかける口説は兼愛・非攻の各上篇などと共通する点、ただし古聖王の例として堯舜を引くのは天志下篇の場合において知られたように後次の習慣かあるいは後人の添加があるのかも知れない点、などを指摘しつつ、現存の尚賢上篇は古い要素と共に戦国末ころの加筆を含んでいるとするが、[三七]一方、尚賢上篇原始の段階は宋の田襄子（前三八一年、巨子となる）の活動期から秦墨の台頭期（前三三七年より前三一一年）前後にかけて著作されたという。[三八]

ところで、これより実証的な研究を行った河崎（原）氏は、呂不韋の死後秦を去った墨家が荀子の賢者登用法と法家の法術思想とを斟酌して作ったもので、その成立は秦の天下統一までの間であろうと推定する。その根拠として、『墨子』の十論中における尚賢論の思想的位置を考察すると、それが墨家以外の思想（法家の法術思想など）の影響を受けており、その意味からその成立はかなり後れると思われる点、『荀子』には墨家が自ら事を行って賢者を登用しないことと、墨子の節用・非楽等に見える欲望抑制の観念は賢者の登用を不可能にし、賢人政治の根幹を否定するものと指摘しているが、墨家の尚賢論は荀子の賢者の登用法（筆者流に言えば、能力本位の尚賢論）と極めて近いものであるのに、その矛盾が指摘されていない点、『呂氏春秋』にも墨家の尚賢思想が見えない点、尚賢上篇に見える「言談」「道術」の語は戦国末期から漢初の頃に多く用いられた語である点、墨家に尚賢論が存在したことの初見が『淮南子』氾論篇である点、等々を挙げる。[三九]

他にも、浅野裕一氏が「尚賢論の成立は、墨家集団が活動を開始した春秋末期からそれ程隔っていないと考えられる」と言っているように、春秋末期頃にまで引き上げる説もある。[四〇]

筆者の結論を先に言えば、河崎（原）氏の見解がほぼ妥当であると思う。その理由は、渡邊氏の場合は論拠が実証的というよりもむしろ『墨子』内部における記述様式の特徴を指摘するに止まっている。また浅野氏の見解はその仮説に対する論証が全くなされていない。それに対して河崎（原）氏の場合は『墨子』内部だけでなく思想史的見地において実証的に論証されており、よって最も信頼性が高いからである。ここで河崎（原）氏が指摘していないものを六点ばかり付け加えると、尚賢上篇で述べられている賢者の機能や序列化の構想は『荀子』をふまえている点、『呂氏春秋』のような礼遇型尚賢論は『荀子』では際だった特徴ではなかったが、尚賢上篇では『呂氏春秋』のをふまえながらさらに展開させて国家体制のもとに再編成している点、貧富・貴賤・親疎・遠近の差別をなくすために古代の聖王の客観的な統治原理である義を尚賢の基準としているのは、形式上『荀子』王制篇で礼義を賢者登用の客観的基準としたのをふまえている点、『呂氏春秋』と同様、尚賢論が君主を主体とする養生論と結合している点、不肖の者の問題がほとんど配慮されていないのは『呂氏春秋』に近い点、射御の士の譬喩は『荀子』王覇篇及び『呂氏春秋』をふまえてさらに展開させたものと考えられる点。ただ養生論との結合について考える際、一つ注意すべきことは、前引の王覇篇で君主が聡明な君子を用いれば、

其の知を用うるは甚だ簡、其の事を為すは労せざるに、而も功名は大を致め、甚だ処し易くして綦めて楽しむ可きなり。

という効果がもたらされるとされているように、[四一]君主を主体とする養生論的考え方の端緒が実は『荀子』にすでにある、という事実である。ただし、『荀子』の場合は、同じく王覇篇に、

人主者以官人爲能者也。匹夫者以自能爲能者也。……大有天下小有一國、必自爲之然後可、則勞苦耗顇莫甚焉、如是則雖臧獲不肯與天子易埶業。

人主なる者は人を官するを以て能と為す者なり。匹夫なる者は自ら能くするを以て能と為す者なり。……大は天下を有ち小は一国を有つに、必ず自ら之を為して然る後に可とすれば、則ち労苦耗顇焉れより甚しきは莫く、是の如くなれば則ち臧獲と雖も肯て天子と埶業を易えず。

とあるように、分（縦の分業論）の意識がより強いけれども。[四二]したがって、先秦時代における尚賢論の流れは、『荀

子』→『呂氏春秋』→『墨子』の順序をたどり漢初へと影響を及ぼしたものと考えられる。(四三)

最後に、尚賢上篇よりやや後れて書かれたと考えられる中・下篇の尚賢論の特徴について考察するが、その際、下篇が中篇より先に成立したという渡邊卓氏の説(四四)をも再検討して、尚賢三篇内部の成立順序を明らかにしたい。それは以下の通りである。

第一に、中篇では今の王公大人で「人民に君とし、社稷に主とし、国家を治むる」者が、それを長く保ち失わないことを望むならば、なぜ尚賢が政治の根本であることを見極めないのかと問いただす。これが、上篇の結びの「夫尚賢者、政之本也」(夫れ賢を尚ぶは、政の本なり)からバトンタッチしてなったことは言うまでもないが、下篇には、

子墨子言曰、天下之王公大人、皆欲其國家之富也、人民之衆也、刑法之治也。然而不識以尚賢爲政其國家百姓、王公大人、本失尚賢爲政之本也。

子墨子言いて曰く、天下の王公大人、皆其の国家の富み、人民の衆く、刑法の治まらんことを欲す。然るに賢を尚ぶを以て政を其の国家百姓に為すを識らざるは、王公大人、本賢を尚ぶは政を為すの本たることを失えばなり、と。

とあって、上篇・中篇両方の記述様式をふまえている。中篇ではさらに尚賢がなぜ政治の根本であるかを追究して、「貴且智者」(貴且つ智なる者)が「愚且賤者」(愚且つ賤なる者)を治めれば政治が安定するが、その反対の場合は混乱することを理由として挙げる。しかし下篇では尚賢が政治の根本であることがすでに見失った状態にあると表現されている。そして、それが根本であることを悟らせるために上篇の「射御の士」の譬喩を援用し、上篇で「賢良の士」とあったのを「忠信の士」に変える。しかし、上篇では射御の士や賢良の士を集めるために礼遇策をとるべきことを主張するに止まっていたが、下篇ではさらに王公大人に対して最初から賞罰を導入することを要請している。(四五) 要するに、これだけ見ても、下篇は上・中篇をふまえながらさらに展開させたものとせねばなるまい。

第二に、中篇では古代の聖王の尚賢使能による進賢の実態として、

不黨父兄、不偏貴富、不變顏色。賢者擧而上之、富而貴之、以爲官長、不肖者抑而廢之、貧而賤之、以爲徒役。是以民皆勸其賞、畏其罰、相率而爲賢。者以賢者衆、而不肖者寡。此謂進賢。

父兄に党せず、貴富に偏せず、顔色を變せず。賢者は挙げて之を上らせ、富まして之を貴くし、以て官長と為し、不肖者は抑えて之を廃し、貧しくして之を賤しくし、以て徒役と為す。是を以て民皆其の賞に勧み、其の罰を畏れ、相率いて賢と為る。者〈是〉[四六]を以て賢者は衆くして、不肖者は寡し。此れを賢を進むと謂う。

とあるように、賢者と不肖の者を二項対立的に捉えて、後者を徹底的に排斥・排除しようとすることは、上篇より度を増している。勿論これは能力本位の尚賢論を指し、[四七]かつその目的は下線部のような効果を狙うことにあるが、それをあまりにも強調したために、不肖の者に対する処遇策は全く考慮に入れていない。[四八]そして下篇には不肖の者ということばすら見られない。これは『荀子』や『唐虞之道』と決定的な相違を示すものであり、ここに至って兼愛論の愛の思想はほぼ完全に消滅している。[四九]

第三に、賢の序列化も上篇よりさらに具体的になっている。すなわち、古代の聖王は、進賢の原理によって賢者を多く集め、

然後聖人聽其言、迹其行、察其所能、而愼予官。此謂事能。故可使治國者、使治國、可使長官者、使長官、可使治邑者、使治邑。凡所使治國家官府邑里、此皆國之賢者也。

然る後聖人其の言を聴き、其の行いを迹ね、其の能とする所を察して、慎しみて官を予う。此れを能を事うと謂う。故に国を治めしむ可き者は、国を治めしめ、官に長たらしむ可き者は、官に長たらしめ、邑を治めしむ可き者は、邑を治めしむ。凡そ国家官府邑里を治めしむる所は、此れ皆国の賢者なり。

というように、「聖人」（具体的には下文の堯・舜・禹・湯・文・武を指す）を頂点とする官僚制を構築したという。ここで聖人と国の賢者とを画然と区別することは上篇ではそれほど強く意識されていなかったことである。ところで、聖人はそれぞれ国・官・邑を治める適任者の選抜権及び任命権を持つものとされていることから見ると、恐らく天下統

一後の官僚制度を想定してのことと推定される。[五〇] また、

賢者之治國也、蚤朝晏退、聽獄治政。是以國家治而刑法正。賢者之長官也、夜寢夙興、收斂關市山林澤梁之利、以實官府。是以官府實而財不散。賢者之治邑也、蚤出莫入、耕稼樹藝聚菽粟。是以菽粟多而民足乎食。

賢者の国を治むるや、蚤く朝し晏く退き、獄を聴き政を治む。是を以て国家は治まりて刑法は正し。賢者の官に長たるや、夜に寝ね夙に興き、関市山林沢梁の利を収斂して、以て官府を実たす。是を以て官府実ちて財散ぜず。賢者の邑を治むるや、蚤く出で莫に入り、耕稼樹芸して菽粟を聚む。是を以て菽粟多くして民は食に足る。

とあるように、各序列による仕事の内容も区別されており、より具体的に記述されている。これらの賢者はもはや聖人を頂点とする官僚的性格を有するものに相違ない。

第四に、古代の聖王が賢者を進賢・事能する際に用いた術として「爵位・蓄禄・政令」の「三本」を提示する。これは上篇の第五の特徴をふまえつつ、さらに図式化したものに相違ない。また古代の聖王が三本の術を実行した理由を、上篇の第二をふまえて、「夫豈爲其臣賜哉。欲其事之成也。」（夫れ豈其の臣の為に賜うならんや。其の事の成らんことを欲すればなり。）というが、上篇では「三つの者を挙げて、之を賢者に授く。賢の為に賜うに非ざるなり。」のように賢とあったのが、ここでは臣に置き換えられている。またその直後に『詩』を引用した後、その『詩』を「則此語古者國君諸侯之不可以不執善承嗣輔佐也、……」（則ち此れ古者は国君諸侯の以て承嗣輔佐に執《したし》み善くせざる可からざること、……を語る。）と解釈し、賢明な臣下を補佐官としなければならないと主張する。この二点及び第三の特徴を綜合して考えると、中篇は秦の天下統一を前後した時期に書かれたものと考えざるをえまい。このことは、その直後に古代の聖王と賢人との関係について述べている文章を見れば一層明らかになる。すなわち、

古者聖王唯毋得賢人而使之、般爵以貴之、裂地以封之、終身不厭。賢人唯毋得明君而事之、竭四肢之力、以任君之事、終身不倦。若有美善、則歸之上。是以美善在上、而怨謗在下。寧樂在君、憂慼在臣。故古者聖王之爲政若此。

古者聖王は唯毋《ただ》賢人を得て之を使い、爵を般《わか》ちて以て之を貴くし、地を裂きて以て之を封じ、終身厭わず。賢人は唯毋明君を得て之に事え、四肢の力を竭して、以て君の事に任じ、終身倦まず。若し美善有れば、則ち之を上に帰す。是を以て美善は上に在りて、怨謗は下に在り。寧楽は君に在りて、憂慼は臣に在り。故に古者聖王の政を為すこと此の若し。

といって、聖王は賢人（＝臣）に爵位と禄としての土地とを授け、その代わりに賢人は尽力して政務に精出し、美善がある場合はすべて上に帰する、という関係にあったという。そこで、美善はすべて上に怨謗はすべて下にあることになり、その結果、君は寧楽に臣は憂慼になるというのは、まさに一君万民の体制を言うものにほかならない。[五一]ここでは『呂氏春秋』で見たような士や客たちの生き生きとした活動や流動性、傲慢とも言うべき高いプライドはもはや全く感取されない。このことは下篇でも全く同じである。すなわち、先王の書である『豎年』の記事を引用した後、「此言先王之治天下也、必選擇賢者、以爲其羣屬輔佐。」（此れ先王の天下を治むるや、必ず賢者を選択し、以て其の群属輔佐と為すを言うなり。）と言っていることからも明らかである。

第五に、尚賢が政治の根本であることは、子墨子の言ではなく聖王の道であるとして『距年』や『湯誓』などのいわゆる先王の書の記事を引用し、また尚賢使能の原理は天からとったものである（本書第一部第一章第二節を参照）というのは、勿論上篇には見られない新しい展開であるが、そこには上篇で四度も「子墨子言」として唱えられてきたせっかくの尚賢論の独創性を自ら覆してしまうという逆効果も生じている。[五二]またこのことは下篇にも受け継がれているが、そこには先王の書として『呂刑』『豎年』の記事が引用されている。

以上、尚賢中・下両篇に見られる尚賢論の特徴を、両篇の成立順序も視野に入れて考察した。その結果、中篇は上篇を、さらに下篇は上・中篇をふまえて書かれたというのが明らかになったと思われる。その根拠をここでもう一度整理すると次のようになる。記述様式において、中篇の冒頭部分は上篇の冒頭部分をふまえており、さらに下篇の冒頭部分は上・中篇の冒頭部分をふまえて書かれている点。上・中篇ではただ尚賢使能の実行だけを主張するに止まっていたが、下篇ではそれを実行するために賞罰を導入することを要請した結果、古代の聖王の事績にも跳ね返ってそれに新たな意義付けがなされている点。中篇をふまえてさらに語句を増やした部分がある点（ただし、例えば先王の書の引用など中篇がむしろ下篇より語句の数が多い場合もあるので、必ずしも決定的な根拠とは限らない）。古代の聖王に関する記述の中で、挙用される側の貧賤さが上→中→下になるにつれ身分が低くなっている点。上・中篇には全く見られなかった三利思想が導入されている点。したがって、『墨子』尚賢三篇の内部における成立順序は、渡邊氏の上→下→中説は従いにくく、上→中→下の順に成立したものと考えられる。[五三] そして、各三篇のそれぞれの成立時期は、上篇が『呂氏春秋』の後、中篇が秦の天下統一を前後する時期、下篇は中篇よりやや後れて上篇及び中篇の欠を補い、かつ賞罰論の積極的な主張という新たな転身を成し遂げたものと考えられる。

第四節　『唐虞之道』の尊賢の思想史的位置

以上、三節にわたって、『唐虞之道』の尊賢の思想的特徴、愛親と尊賢の相互関係、各学派すなわち『論語』『孟子』『荀子』『呂氏春秋』『墨子』の尚賢論の特徴、という順序を追って各尚賢論の特徴を考察した。本節では、今までの各考察によって得られた成果に基づいて、『唐虞之道』の尊賢の思想史的位置を明らかにすることで本章の終わりとしたい。

『唐虞之道』の尊賢の思想的特徴については、すでに第一節と第二節で論じた通りであるが、議論の便宜上、第三節の冒頭でまとめたのをもう一度示すことにする。すなわち、第一に、『唐虞之道』の尚賢論は禅譲と直結しており、かつ禅譲は尚賢論を前提にすること、第二に、尚賢論を前提にする禅譲の精神が全天下的な規模で拡大されれば徳のある者で挙用されない者はないという、春秋以来の封建制的身分秩序の狭い範囲に拘泥されない、相当開かれたものとなっていること、第三に、禅譲を至上の義とすること、第四に、尊賢は舜の側からすれば禅譲される側の資質・資格の一つとして提唱されているが、堯の側からすれば舜の倫理的政治的資質や資格だけを問題とする能力本位の尚賢論とつながること、第五に、尚賢論を唱えながらも不肖の者を排斥・排除しないが、それは『唐虞之道』における孝の拡大された精神、すなわち君主の万民への平等愛・普遍愛の理念ともマッチしていること、との大略五つの特徴があった。以下、このような特徴を持つ『唐虞之道』の尚賢論を中国古代思想史の中でどのように位置づけるべきかを論じてみよう。

まず『論語』の場合と比較してみると、『論語』には尚賢について論じている文章がほとんど見受けられないこと、それが辛うじて見受けられるものと比較してみても、賢人を得ることの困難さ（泰伯篇）、舜の皋陶の挙用・湯の伊尹の挙用の例においては、人を知ること、すなわちその人物が仁者か不仁者かを見極めるべきこと、つまり仁が問題となっており、尚賢論は中心テーマとなっていないこと（顔淵篇）、仲弓の政治についての質問に答えた孔子のことばの中に賢才を登用すべきことが語られているが、賢才の見分け方についての質問に関する孔子の答えは具体性に欠けていること（子路篇）、等々によれば、『唐虞之道』の諸特徴と直接結びつくようなものはほとんどない。ただし、顔淵篇で皋陶・伊尹という挙用される側の倫理的資質・資格として仁が問題とされているのは——仁の実質的な内容は一文の中には示されていないものの——『唐虞之道』で禅譲される側（舜）の資質・資格の一つとして仁（＝愛親・孝）が問題とされているのと通じるところがあると考えられる。このことを見ると、『唐虞之道』が必ずしも『論語』と断絶しているとは言えず、そこに一つのつながりがあることは確認される。しかし、『唐虞之道』ではそれと同時に義（＝尊賢・禅）との両全が問題となっているので、この点『論語』とはすでに大きくかけ離れている。

儒家の内部において尚賢論が本格的に議論されはじめるのは、『孟子』からである。『孟子』の尚賢論は、例えば公孫丑上篇で見たように特有の王道政治論を具現化するための具体的な一方法として主張されていたが、それは戦国中期頃顕著になる士や客たちの活発な活動を反映するものであった。具体的には賢者に対してしかるべき精神的物質的待遇をすること及びしかるべき高いポストにつかせることだったが、これだけを見ると『唐虞之道』の第四の特徴と共通しているように見える。しかし、それとは裏腹に『孟子』の人材登用の真面目は実は別のところにあった。すなわち、梁恵王下篇で見たように、世臣によって国政が運営されるのが最も理想的であるが、そのような世臣どころか親臣さえおらず、仕方なく賢を進めざるをえない事態が発生した場合には慎重を期すべきことが主張されていた。また万章下篇で見たように、君臣易位が可能な範囲も貴戚の卿に限定されていた。要するに、人材登用を従来の宗族制・貴族制の範囲内に極力限定しようとする性質を有する、いわば出自本位の尚賢論あるいは慎重論的尚賢論に相違ないものだったのである。このように見てくると、禅譲を抜きにすれば『唐虞之道』の能力本位の尚賢論と共通するかも知れないが、しかしそれは単に尚賢論が述べられているという一般論にすぎず、したがって実質的に『唐虞之道』の諸特徴との共通性はほとんど見いだすことができないとせねばならない。

一方、前三一〇年頃に作られたと推定される中山王嚳壷の銘文中にも尚賢と関連する語句が含まれていた。それは、中山王（嚳）が先王の徳や遺訓にならって尚賢を実践し、かつ「賙」のような賢者を挙用したことによって中山国の政治の安泰に貢献できたことを示すために刻されたものである。しかし、実際には尚賢論はたてまえのことであって、真の目的は当時実権を掌握していた臣下（相邦の賙）を牽制することにあった。ただし、この器物の出土の意義は、燕の国で起きた禅譲劇がその周辺国家の政治のあり方にも甚大な影響を及ぼしていたことが史実として確認されたこと、『孟子』公孫丑下篇にもそれと関連する記事が書かれていることからすると、『孟子』が慎重論的尚賢論を繰り広げざるをえなかった一因ともなっただろうと推測されること、等々にある。

ところで、『荀子』に至ると事情は異なってくる。まず『荀子』と『唐虞之道』との共通点は次の三点である。第一点目に、王制篇に「賢能は次を待たずして挙げ」、「等位して遺さず」とあるのは、禅譲を除けば『唐虞之道』の尚賢論の第二の特徴と共通している。第二点目に、尚賢する際、血縁の親疎や身分の貴賤に拘束されないのは、禅譲を除けば『唐虞之道』の尚賢論の第四の特徴と共通している（王制篇・王覇篇・君子篇）。第三点目に、尚賢論の徹底的な主張によって疎外されがちな不肖の者の部類にもきちんと配慮して、窮極的には「兼覆して遺すこと無」きの状態に達することを理想的政治社会とすること、そして「兼而愛之、……則是聖君・賢相之事也。」（兼ねて之を愛し、……則ち是れ聖君・賢相の事なり。）とあって為政者の万民への平等愛・普遍愛の観念が存在すること（王制篇）は、『唐虞之道』の尚賢論の第五の特徴と共通している。しかし、両者の間には相違点もある。まず第一に、上の第三点目において『荀子』の場合はそれが欲望論・賞罰論・富国論・分の思想・礼の思想などによって支えられており、よって細部においては『荀子』思想の豊富さに及ばない。第二に、『荀子』のような賢の序列化は『唐虞之道』には見られない。第三に、『荀子』の尚賢論において基本的に禅譲と尚賢論とが結合していないのは『唐虞之道』と決定的な相違を示す部分である。

ところが、前述のように、成相篇には「堯舜は賢を尚びて身ら辞譲」し、「堯は賢に譲」り、「堯は能に授」け、「賢を尚び徳を推して天下治まる」とあって、禅譲と尚賢論が直結して述べられている。これは『唐虞之道』の尚賢論の第一の特徴と共通している。ところで、これは今まで見た『荀子』の尚賢論とは相違を示すものであり、したがって『荀子』の内部においては相当異質のものとなっている。しかし、『唐虞之道』が地下から世に現れたことによって、成相篇のこの部分の出所を推定することが一層容易になったと考えられる。つまり、成相篇のこのような特徴は、『唐虞之道』の禅譲説及び尚賢論を前提にして出来たものと考えるならば、従来単に異質のものとして低く評価してきた見方とは裏腹に、一層重要性を増してくるようになる――ただし、両者の尚賢論には重要な相違点もあるものの。成相篇との関係については後に総合的に判断することにする。

次に戦国最末期に書かれた『呂氏春秋』と比較してみると、基本的には『唐虞之道』の尚賢論の第四の特徴である能力本位の尚賢論を主張している点で共通している（去私篇・論人篇・謹聴篇・報更篇・求人篇など）。しかし、『唐虞之道』との共通点はほぼこの一点に限る。『唐虞之道』と『呂氏春秋』との間にはむしろ相違点の方が多い。それは次の通りである。すなわち、求人篇で見たように、『孟子』万章上篇、『荀子』成相篇、『尚書』堯典篇と同様、出自本位の尚賢論を認めている点。賢者への礼遇を極端に強調するが、礼遇する際の重要な特徴として、身分の上下関係ではなく水平関係もしくは賢者を上とすること（下賢篇）及び「食・車・財・徒」のような具体的な礼遇策をとること（報更篇）を要請する礼遇型尚賢論の傾向が著しい点。期賢篇で見たように、礼遇型尚賢論の立場から君主にしかるべき資質（徳）を要請している点（ただし、この徳を謙遜の徳とすれば、『唐虞之道』で舜が天子となって取った態度と通じるところがある）。察賢篇で見たように、尚賢論が君主を主体とする養生論と結合している点（『唐虞之道』にも養生思想は存在するが、しかしそれは主に禅譲説と結合する形で主張されていることに相違点がある）。不肖の者に対して特に賞罰を強調している点（知分篇・当賞篇）。

このように共通点より相違点の方が多いのは、『墨子』尚賢三篇の場合も事情は同じである。勿論禅譲を除けば、『墨子』尚賢三篇も基本的には『唐虞之道』の尚賢論の第四の特徴と同様、能力本位の尚賢論を主張している。しかし、『唐虞之道』との間には次のような相違点がある。まず尚賢上篇の場合は、やがて到来する統一国家の国家体制・官僚制を想定する傾向が強い点、賢者の機能が君主を頂点とする一君万民体制を補佐するところにある点、尚賢の基準が尚同一義の義とされている点（『唐虞之道』の義とは違うことに注意）、賢の序列化が描かれている点、尚賢論が君主を主体とする養生論と結合している点、不肖の者の問題がほとんど配慮されていない点、大略以上の六点においてである。

次に尚賢中・下篇の場合は、次のような相違点がある。まず中篇において賢の序列化が上篇よりもさらに具体的になっており、そこでの賢者は聖人を頂点とする一君万民の国家体制の中の官僚的性格を一層強く帯びている点、中篇で古代の聖王が賢者を進賢事能する際に用いた術として爵位・蓄禄・政令の三本を提示している点、中篇で尚賢論の原理は天からとったものとされている点、両篇とも不肖の者への配慮がほとんどない点、下篇で王公大人に対して尚賢を実行する際賞罰を導入することを要請している点（古代の聖王の事績に対する意義付けにも影響を及ぼしている）、大略以上の五点においてである。

要するに、『唐虞之道』は『荀子』と第一・第二・第四・第五の四つの特徴において共通点があったが、『呂氏春秋』及び『墨子』尚賢三篇とはわずか一つ程度しか共通点を見いだすことができなかった。このように考えてくると、『唐虞之道』と『呂氏春秋』及び『墨子』とはすでに相当かけ離れているとせねばならない。ただし、『唐虞之道』の第三のような重要な特徴を共有する文献は、管見の限り、見いだすことができないのも、見逃せない重要な事実である。したがって、この第三の特徴は『唐虞之道』だけに見られるユニークな面と言えよう。

以上を総じていうと、先秦・秦漢の際の尚賢論の流れは、大略『荀子』（うち荀子の作とされる部分）・『唐虞之道』→『呂氏春秋』・『荀子』成相篇→『墨子』尚賢三篇という順序で成立したものと推定される。その際、成相篇を『呂氏春秋』とほぼ同時期とし尚賢三篇より先にした理由は、次の通りである。すなわち、『呂氏春秋』と成相篇の間には、堯舜帝位継承説話、出自本位の尚賢論（堯と舜との姻戚関係）、謙遜思想など、思想上いくつかの重要な共通項が見受けられるが、尚賢三篇とは、社会的利思想（中篇・下篇）以外はほとんど共通していないからである。特に尚賢三篇に王朝交替論としての堯舜帝位継承説話が説かれていないのは、成相篇との隔たりを示すものではなかろうか。

注

（一）具体的には、『管子』小匡篇に一例、『荀子』王制篇に二例・富国篇に一例・君道篇に三例・臣道篇に一例・議兵篇に一例・彊国篇に一例・君子篇に二例・成相篇に二例・宥坐篇に一例、今本『老子』第三章に一例（マイナスの意味）、『墨子』尚賢上篇に四例・中篇に一五例・下篇に一三例・魯問篇に一例、『荘子』天地篇に一例（マイナスの意味）・天道篇に一例（プラスの意味）・天下篇に一例（彭蒙・田駢・慎到の例、マイナスの意味）、今本『周易』大畜卦の彖伝に一例・繋辞上伝に一例、『淮南子』氾論篇に一例、等々見られる。

（二）具体的には、『商君書』開塞篇に四例、『管子』立政篇に一例・侈靡篇に三例、『韓非子』忠孝篇に三例、帛書『老子』甲本第九十七行及び乙本第二二〇行上にそれぞれ一例（マイナスの意味）、帛書『周易』繋辞篇第二十六行下に一例、『韓詩外伝』巻三に一例、『礼記』王制篇に一例、『淮南子』斉俗篇に一例（今本『老子』第三章の言、マイナスの意味）、等々見られる。

（三）他にも類似の表現として「挙賢」の語もある。それに加えて「挙賢能」、「挙賢良」、「挙賢人」なども類似の表現と思われるのでこれらも含めて挙例すると、『商君書』慎法篇に一例（「挙賢能」、マイナスの意味）、『管子』五輔篇に一例（「挙賢良」）・枢言篇に一例・中匡篇に二例（「挙賢良」「挙賢人」）、『荀子』君子篇に三例、『晏子春秋』内篇に二例、『韓非子』外儲説左上篇に一例（「挙賢」が主テーマではない）、『鶡冠子』道端篇に一例、『荘子』庚桑楚篇に一例（マイナスの意味）、『礼記』礼器篇に一例・大伝篇に一例・楽記篇に一例・儒行篇に一例、『淮南子』天文篇に一例（「挙賢良」）・繆称篇に一例・斉俗篇に一例・泰族篇に二例、等々見られる。

（四）具体的には、『孟子』公孫丑上篇に一例・万章下篇に五例・告子下篇に二例、『管子』幼官篇に一例・幼官図篇に一例、『荀子』儒効篇に一例・彊国篇に一例・天論篇に一例・大略篇に一例、『左伝』僖公二十四年の条に一例、『墨子』非命下篇に一例・非儒下篇に一例、『晏子春秋』内篇に一例、『呂氏春秋』先己篇に一例・長見篇に一例・義賞篇に一例、『荘子』山木篇に一例・庚桑楚篇に一例、帛書五行篇に一三例（欠字も含む）、帛書『周易』繆和篇第五十八行上に一例、『韓非子』難三篇に一例、『韓詩外伝』巻一に一例・巻五に一例・巻九に一例、『鄧析子』転辞篇に一例、『礼記』文王世子篇に一例・郊特牲篇に二例・祭義篇に一例・中庸篇に四例、『史記』陳渉世家に一例・三王世家に一例・李斯列伝に二例、『春秋繁露』度制篇に一例、等々見られる。なお、『論語』子張篇にも「子夏之門人問交於子張。子張曰、子夏云何。對曰、子夏曰、可者與之、其不可者距之。子張曰、異乎吾所聞。君子尊賢而容衆、嘉善而矜不能。我之大賢與、於人何所不容。我之不賢與、人將距我。如之何其距人也。」とあるように尊賢の語が見られるが、この場合は人との交わりにおける一つの態度を指しており、賢人登用論あるいは賢人政治論としての用法とは違う。

（五）庚桑楚篇では堯舜に対しても「夫二子者、又何足以稱揚哉。」とあり、また「吾語汝、大亂之本、必生于堯舜之閒、其末存乎千世之後。千世之後、其必有人與人相食者也。」とあるように、極端に貶している。庚桑楚篇には尊賢・利とあるように、いくつか『唐虞之道』と共通する語が見られ、しかも堯舜を貶しているのを見ると、恐らく『唐虞之道』のような堯舜説話と鋭く対立していたことが窺われる。

（六）『呂氏春秋』の場合、先己篇に「夏后伯啓、與有扈戰於甘澤而不勝。六卿請復之。夏后伯啓曰、不可。吾地不淺、吾民不寡、戰而不勝、是吾德薄而敎不善也。於是乎處不重席、食不貳味、琴瑟不張、鍾鼓不脩、子女不飭、親親長長、尊賢使能、期年而有扈氏服。故欲勝人者、必先自勝、欲論人者、必先自論、欲知人者、必先自知。」とあるのは、尊賢が主テーマとなっているというより、下線部にあるように、人に勝ち、人を論じ、人を知るためには、まずそれらのことを己れに反省しなければならないということを旨とする。次に長見篇に「呂太公望封於齊、周公旦封於魯。二君者甚相善也。相謂曰、何以治國。太公望曰、尊賢上功。周公旦曰、親親上恩。太公望曰、魯自此削矣。周公旦曰、魯雖削、有齊者、亦必非呂氏也。其後齊日以大、至於霸、二十四世而田成子有齊國。魯公〈日〉以削、至於覲存、三十四世而亡。」（類似の文章は『淮南子』斉俗篇にも見える。なお、「公」は劉文典・孫蜀丞などの説に従って「日」に改めた）とあって、国の統治方法として尊賢と親親が二項対立的に捉えられているものの、一方は国が削られ、もう一方は異姓が国を保有することになったとあるように、いずれも一方だけでは望ましくない結果をもたらすとされている。ただし、さりとて両全を期すべきことが主張されているわけでもない。いずれにせよ、尊賢がもっぱらプラスの意味で用いられていないことは明らかであろう。最後に義賞篇に「……反而爲賞、雍季在上。左右諫曰、城濮之功、咎犯之謀也。君用其言、而賞後其身。或者不可乎。文公曰、雍季之言、百世之利也。咎犯之言、一時之務也。焉有以一時之務先百世之利者乎。孔子聞之曰、臨難用詐、足以却敵。反而尊賢、足以報德。文公雖不終始、足以霸矣。」とあるのも論功行賞が主テーマであって、尊賢が議論の直接の対象となっているわけではない。

（七）「冓王公之隮臤者也」の八字は、帛書五行篇によって補う。池田前掲論文「郭店楚墓竹簡『五行』訳注」（四四頁）及び龐前掲書『竹帛《五行》篇校注及研究』（七三頁）も同じ。底本「五行釈文注釈」【注釈】〔五八〕は八字が脱していると指摘している。

（八）池田前掲書『馬王堆漢墓帛書五行篇研究』注（五一）、四七五頁。

（九）丁前掲書『郭店楚墓竹簡思想研究』、三六三〜三六四頁。

（一〇）同右、三六四〜三六五頁。

（一一）「旡（愛）罜（親）隮（尊）攴（賢）」が堯舜の行いとされているが、堯の行いに該当するのは尊賢のみであることについては、本書第一部第一章第一節ですでに指摘した。

（一二）大ざっぱに言うと、法家（『商君書』『韓非子』『鄧析子』など。『管子』は例外）や道家系統の文献（『老子』『荘子』）において、尚賢論が否定的に捉えられていることは、周知の事実である。したがって、本節で法家や道家の尚賢論をめぐる議論を取り上げるのは割愛する。ただし、『商君書』開塞篇に「上世親親而愛私、中世上賢説仁、下世貴貴而尊官。……此三者、非事相反也。民道弊而所重易也。世事變而行道異也。」とあるように、尚賢論を単純に否定するのではなく、過去の歴史の一事象として客観的に捉えようとする見解もあること、『荘子』においても天道篇に「宗廟尚親、朝廷尚尊、郷黨尚歯、行事尚賢、大道之序也。」とあるように、肯定的に捉えられる場合もあること、を注意しなければならない。

（一三）このような意味で、顧頡剛氏が「孔子決不是澈底主張尚賢主義的一個人。」（顧前掲論文「禅譲伝説起於墨家考」、四七頁）とし、片倉望氏が「賢者の登用が単発のものであり、賢者相互の序列化構想を伴わないことと相俟って、孔子の尚賢思想を極めて無自覚的で切実さを欠いた性質のものにしている」（「儒・墨の「天」と尚賢論」、『集刊東洋学』五三、一九八五年五月、四頁）とする指摘は賛同できる。

（一四）その一例として、『史記』田敬仲完世家に「宣王喜文學游説之士、自如騶衍淳于髡田駢接予愼到環淵之徒七十六人、皆賜列第、爲上大夫、不治而議論。是以齊稷下學士復盛、且數百千人。」とあるように、斉の宣王が稷下の学士七六人を優遇したのは特に有名である。ただし、彼らは政治には直接関与しなかったとされている。

（一五）板野前掲論文「礼記の大同」（九四頁）を参照。板野氏はまた別の書で、孟子は人材登用に際しての二つの立場、すなわち尊尊親親と尊賢使能に対して、「尊尊親親と尊賢使能との両全を期している」ものの、「世臣を尊重し、かつ「国君進賢、如不得已、将使卑踰尊、疏踰戚、可不慎与」と言っているところから考えると、尊賢使能よりも尊尊親親に重きを置いていたものと思われる」という（板野前掲書『儒教成立史の研究』、一三頁）。

（一六）本部の「はじめに」の冒頭で若干ふれた中山王青銅器の銘文の中にも尚賢論と関連する語句が含まれている。すなわち、中山王嚳壺に「舉（擧）孯（賢）速（使）能」とあるのがそれであるが、この一句は中山王が先王の徳や遺訓にならって尚賢を実践したことを示すために刻されたものである。そして、この一句の直後には、王に代わって中山国の政治に専任して見事な治績を上げた相邦の賙を賞賛する文章が続いている。とすると、挙賢の賢は結局、賙を指してのことであり、また先王代々の徳や遺訓が自分の代にもちゃんと実現されていることを示すためのものと推量される。しかし、問題はこれが尚賢論を積極的に主張するために刻されたものではなく、別の目的を帯びていることにある。その別の目的について小南一郎氏は次のようにいう。「銘文にも見えるように、中山王はすでに實際の政治權力からは隔離されて、専ら「遊夕」をこととし、相邦の賙が国政に「専任」しているという情況からいって、賙が中山王に譲位を迫るといった事態はもう目前のことであったと言えよう。それをなんとか回避すべく、中山王嚳の生前の戒めを遺言として随葬の彝器に刻し、嗣王の好盗の、その戒めを守り先王の徳を承け継ぎたいという誓言を彝器に刻してこれも墓中に蔵して、その双方からの言葉が死せる王の宗教的な威力によって支えられ、賈の行動を牽制することになるよう願っているのである。銘文の中で燕王子噲のあやまりがさまざまに強調して述べられるのは、中山国において同様の事態がおこってはならぬという裏の意味であり、特に相邦の賈も「人臣でありながら反《かえ》ってその宗《きみ》を臣とした」燕国の「不順」「不義」を揚言して燕国討伐に従軍したのだと明記して、賈自身が同様の「不順」「不義」をなさぬよう、一種の言質となそうとしているのである。」（「中山王陵三器銘とその時代背景」、林巳奈夫編『戦国時代出土文物の研究』、京都大学人文科学研究所、一九八五年三月、三三〇頁）。つまり、尚賢論はたてまえのことであって、真の目的は実権を掌握していた臣下（相邦の賈）を牽制することにあったのである。この器物の出土により、燕の国で起きた禅譲劇がその周辺国家の政治のありかたにまで甚大な影響を及ぼしていたことが史実として確認されたことは勿論、『孟子』公孫丑下篇にもそれと関連する記事が書かれていることからすると、『孟子』が慎重論的尚賢論を繰り広げざるをえなかった一因ともなっただろうと推測される。なお、中山王嚳壺からの引用は、河北省文物研究所『嚳墓――戦国中山国国王之墓』上・下（文物出版社、一九九六年）を底本とした。そして文字を判定する際は、朱徳熙・裘錫圭「平山中山王墓銅器銘文的初歩研究」（『文物』一九七九―一、一九七九年一月）、張克忠「中山王墓青銅器銘文簡釈――附論墓主人問題」（『故宮博物院院刊』一九七九―一、一九七九年二月）、李学勤・李零「平山三器与中山国史的若干問題」（『考古学報』一九七九―二、一九七九年四月）、于豪亮「中山三器銘文考釈」（『考古学報』一九七九―二、一九七九年四月）、孫稚雛「中山王嚳鼎・壺的年代史実及其意義」（『古文字研究』一、一九七九年八月）、張政烺「中山王嚳壺及鼎銘考釈」（『古文字研究』一、一九七九年八月）、徐中舒・伍仕謙「中山三器釈文及宮堂図説明」（『中国史研究』一九七九―四、一九七九年十二月）、商承祚「中山王嚳鼎、壺銘文芻議」（『古文字研究』七、一九八二年六月）、小南前掲論文、赤塚忠「中山国諸器銘文の考釈」（赤塚忠著作集第七巻、『甲骨・金文研究』一、一九七九年八月）、趙誠「《中山壺》《中山鼎》銘文試釈」（『古文字研究』一、一九七九年八月）

究』、研文社、一九八九年一月）なども参照した。

（一七）ただし、『荀子』も儒家である以上、例えば、君子篇に「尚賢使能、等貴賤、分親疏、序長幼、此先王之道也。故尚賢使能、則主尊下安、貴賤有等、則令行而不流、親疏有分、則施行而不悖、長幼有序、則事業捷成、而有所休。」とあるように、出自性を完全に取り払うものではない。しかし、それが『孟子』のように顕著ではないことは言うまでもない。なお、礼論篇に「先王案爲之立文、尊尊親親之義至矣。」とあり、大略篇に「親親故故、庸庸勞勞、仁之殺也。貴貴尊尊、賢賢老老長長、義之倫也。行之得其節、禮之序也。」とあるように、尊尊・親親・貴貴など、あたかも出自性を強調するかのような表現が見られる。しかし、礼論篇の場合は祭と関わる文章であり、大略篇の場合は人倫関係を表現したものであって、尚賢論とは直接関連がないことに注意しなければならない。

（一八）『荀子』の尚賢論が欲望論の上に成り立つことは、正論篇に子宋子の情欲寡浅説を否定して「子宋子曰、人之情欲寡、而皆以己之情爲欲多、是過也。故率其羣徒、辨其談説、明其譬稱、將使人知情之欲寡也。……古之人爲之不然。以人之情爲欲多而不欲寡。故賞以富厚、而罰以殺損也。是百王之所同也。故上賢祿天下、次賢祿一國、下賢祿田邑、愿慤之民完衣食。今子宋子以人之情爲欲寡而欲寡而不欲多也。然則先王以人之所不欲者賞、而以人之所欲者罰邪。亂莫大焉。」とある文章によって立証できる。なお、この問題については河崎孝治（原孝治）「墨子尚賢論の成立期について」（『日本中国学会報』二四、一九七二年十月、四〇頁）もあわせて参照。

（一九）富国篇にも「兼而愛之……則是聖君賢相之事也。」とあって、為政者の万民への平等愛・普遍愛の観念が存在することに注意。

（二〇）この文章をめぐる従来の見解については、谷中信一『晏子春秋』上（明治書院、二〇〇〇年、三七三～三七四頁）「余説」もあわせて参照。それによれば、一文は従来墨家思想（尚賢論と兼愛論）との関わりでしばしば議論されてきたようだが、筆者の考えでは、むしろ『荀子』との関わりを考慮すべきだろうと思う。それは賢者と不肖の者に対して『墨子』の尚賢三篇でどのように捉えられているかを考察すれば一層明らかになるだろう。これについては後述する。なお、類似の考え方は、他にも『荘子』天道篇に「是故古之明大道者、……賞罰已明而愚知處宜、貴賤履位、仁賢不肖襲情、必分其能、必由其名。以此事上、以此畜下、以此治物、以此脩身。知謀不用、必歸其天、此之謂太平。治之至也。」とあって、不肖の者をも包容する政治が最上の政治とされている。

(二一)河崎（原）前掲論文「墨子尚賢論の成立期について」、四〇頁。

(二二)同じく求人篇には、また下文に「……是（賢人を指す）國可壽也。有能益人之壽者、則人莫不願之。今壽國有道、而君人者而不求、過矣。」とあって、賢者は国の寿命を延ばす役割も演じるとされている。また同じく先識篇には「凡國之亡也、有道者必先去、古今一也。地從於城、城從於民、民從於賢。故賢主得賢者而民得、民得而城得、城得而地得。夫地得、豈必足行其地、人説其民哉。得其要而已矣。」とあって、賢者（ここでは「有道者」）の有無が国の存亡と関わっているとする。そして同じく賛能篇には「賢者善人以人、中人以事、不肖者以財。得十良馬、不若得一伯樂。得十良劍、不若得一歐冶。得地千里、不若得一聖人。舜得皐陶而舜受之、湯得伊尹而有夏民、文王得呂望而服殷商。夫得聖人、豈有里數哉。」とあって、賢者（ここでは聖人）さえ得れば、領土の広さなどは問題にならないという。

(二三)「郭」は、孫詒讓『札迻』・陳奇猷『呂氏春秋校釈』などの説に従って、「郎」に改めた。

(二四)「四海之内」は、同じく觀世篇に「故欲求有道之士、則於江海之上、山谷之中、僻遠幽閒之所。若此則幸於得之矣。」とあるのによって、「江海之上」に改めた（王叔岷『呂氏春秋校補』・陳奇猷『呂氏春秋校釈』などを参照）。

(二五)他にも、同じく知度篇に「人主之患、必在任人而不能用之、用之而與不知者議之也。絶江者託於船、致遠者託於驥、霸王者託於賢。伊尹呂尚管夷吾百里奚、此霸王者之船驥也。釋父兄與子弟、非疏之也。任庖人釣者與仇人僕虜、非阿之也。持社稷

立功名之道、不得不然也。猶大匠之爲宮室也、量小大而知材木矣、訾功丈而知人數矣。故小臣呂尚聽、而天下知殷周之王也、管夷吾百里奚聽、而天下知齊秦之霸也。豈特驥遠哉。」とあるのも、能力本位の尚賢論を指す一例である。ただし、「釋父兄與子弟、非疏之也。」とあるように、出自性を完全に否定するものではない。

（二六）この点に関しては、河崎（原）前掲論文「墨子尚賢論の成立期について」註（一五）もあわせて参照（四九～五〇頁）。

（二七）両「所」の字を補うことについては、楠山春樹『呂氏春秋』中（明治書院、一九九七年、四四九頁）を参照。

（二八）同じく本味篇に「雖有賢者、而無禮以接之、賢奚由盡忠。」とあるのも、礼遇型尚賢論の一例である。

（二九）「比」は、許維遹『呂氏春秋集釈』などの説により「必」に改める。

（三〇）同じく士節篇に「賢主勞於求人、而佚於治事。」とあるのも参照。

（三一）河崎孝治（原孝治）氏は、尚賢上篇に「厚乎德行、辯乎言談、博乎道術」とある賢者としての三条件は、結局兼愛の実践者を指すと指摘する（河崎（原）前掲論文「墨子尚賢論の成立期について」、四一～四二頁）。特に「道術」については、「呂氏春秋の頃から用い始められた道家常用の語であったと見て大過あるまい。」という（「墨家の終期について」、『池田末利博士古稀記念東洋学論集』、一九八〇年九月）。なお、河崎（原）氏の挙例していない文献中、『管子』制分篇に「道術知能、不爲愛官職。」とあり、同じく君臣下篇に「道術德行、出於賢人。」とあり、『晏子春秋』内篇問上第三「景公問治国何患晏子対以社鼠猛狗章」第九に「有道術之士」とある。『晏子春秋』の成立については戦国説が有力視されているようだが（谷中前掲書『晏子春秋』上、一〇～一二頁）、戦国のいつ頃かについてはまだ議論の余地があるようである。『管子』右引の両篇については、金谷治『管子の研究――中国古代思想史の一面――』（岩波書店、一九八七年、三三一～三三三頁）によれば、制分篇は戦国末期ないし秦・漢の際の作であり、君臣下篇は戦国最末期ないし秦・漢の際の政治思想を現す、とされている。このように見てくると、道術の語が、大略『呂氏春秋』を前後する時期に常用されていたことは、ほぼ認めてよかろう。

（三二）池田前掲論文「『墨子』の兼愛説と尚賢説」、六三～六四頁。

（三三）「莫不敬懼而施」及び「莫不競勸而尚意」の二句の解釈は、前句について「前半に述べた富貴親近」の人々の心境変化と共同決議との条を要約して表現したもの」とし、後句について「後半「遠者聞之……皆競為義」に述べる疎外された人人の奮起と共同決意との条を要約したもの」とする渡邊氏の解釈が説得力があると考えられるので、それに従った（渡邊前掲書『墨子』上、一一二～一一三頁）。

（三四）尚同上篇に「壹同鄉之義・壹同國之義・壹同天下之義」とあり、中篇に「一同其里之義・一同其鄉之義・一同其國之義・一同天下之義」とあり、下篇に「尚同一義・同一天下之義」とあるのを参照。なお、この点については、宇都木章「墨子尚賢論の一側面」（『史苑』二六―二・三、一九六六年、四八頁）及び池田前掲論文「『墨子』の兼愛説と尚賢説」（六〇頁）に指摘がある。

（三五）尚賢中・下篇の成立時期については、かつて渡邊氏が「早くて戦国末もおしつまったころ、晩ければ秦帝国成立の当初にまで降る」とする説の中で、特に後者の晩い方に賛同する（渡邊前掲書『古代中国思想の研究』、五〇六頁）。

（三六）河崎（原）前掲論文「墨子尚賢論の成立期について」註（二）、四九頁。

（三七）渡邊前掲書『古代中国思想の研究』、五〇三・七六二頁。

（三八）同右、五一五～五一六頁。

（三九）河崎（原）前掲論文「墨子尚賢論の成立期について」、四八～四九頁。

（四〇）浅野裕一「『墨子』尚賢論の特性について」（『国学院雑誌』七七―六、一九七六年六月、五四頁）注（七）。

（四一）同じく王覇篇に「若夫論一相以兼率之、使臣下百吏莫不宿道鄉方而務、是夫人主之職也。若是則一天下、名配堯禹。之主者守至約而詳、事至佚而功。垂衣裳不下簟席之上、而海内之人莫不願得以爲帝王。夫是之謂至約、樂莫大焉。」とあるのも、同様の考え方を示すものである。

(四二)王博氏が『唐虞之道』と墨家との思想の相違について指摘した第一の問題、すなわち『唐虞之道』で養生思想が述べられていることについて、「在《唐虞之道》中，天子禅譲的一個重要理由是耳目聡明衰，故需要退而養其生。而墨家理想的聖王形象，応該象大禹一様，以自苦為極。這里絲毫容不下養生的観念。」と極めつけているのは、極めて一面的で表面的な捉え方にすぎないと言わねばならない（王前掲論文「関于《唐虞之道》的幾個問題」、三三頁）。そして、浅野裕一氏は、墨家と儒家の尚賢論の相違を主張したところで、特に荀子が墨家の尚賢論に対して激しい反発を示したとし、その証拠として富国・王覇・解蔽・非十二子篇に見える墨家批判の文章を挙げている（浅野前掲論文「『墨子』尚賢論の特性について」、五二～五三頁）。しかし、それらの墨家批判はいずれも非楽論や節用論などに向けられており、尚賢論とは全く関連性がないことは、すでに河崎（原）氏が指摘した通りである（河崎（原）前掲論文「墨子尚賢論の成立期について」、三九～四四頁）。

(四三)ただし、『管子』やいわゆる黄老学派の尚賢論の思想史的位置づけは、今回は配慮されなかった。この問題についてはまた別の機会に論じてみたい。

(四四)渡邊前掲書『古代中国思想の研究』、五〇三～五〇六頁。

(四五)中篇では進賢の段階で賢者を挙げ不肖の者を廃すれば、「民皆其の賞に勧み、其の罰を畏れ、相率いて賢と為る」といったり、あるいは尚賢を実行しないと賞罰がうまく機能しないと指摘したことはあっても、下篇のように王公大人に向かって「忠信之士」には賞を、「不忠信之士」には罰を実行してみよ、そうすると誰が喜び誰が懼れるか、というような問いかけは一切ない。下篇でそのような問いかけをした後、さらに下文に「今惟毋以尚賢爲政其國家百姓、使國爲善者勸、爲暴者沮、大以爲政於天下、使天下之爲善者勸、爲暴者沮。」とあるのは、まさに賞罰を現実に実行することを要請するものであろう（賞罰の語は見えないが、「勧・沮」が中篇に「勸其賞、畏其罰」とあったように、賞罰と関連する語であることを斟酌すれば、賞罰の実行を要請しているといっても大過なかろう）。このことは、かつて上・中篇でただ尚賢を実行した例として挙げられていた「堯・舜・禹・湯」（上篇）もしくは「堯・舜・禹・湯・文・武」（中篇）の事績にも跳ね返って新たな意義付けがなされている。すなわち、「然昔吾所以貴堯舜禹湯文武之道者、何故以哉。以其唯毋臨衆發政而治民、使天下之爲善者可而勸也、爲暴者可而沮也。」とあるように、彼らの政治原理（道）もまた賞罰によるものであったとし、これこそ作者（吾）自身がこれらの聖王を貴ぶ理由だと主張するまでに至っている。これも上・中篇にはなかった下篇だけの新しい展開とせねばならない。

（四六）「者」は、俞樾・孫詒讓・呉毓江などの説に従って「是」に改めた。なお、本書で使用した『墨子』の底本及び参考書については、本書第一部第四章注（一〇）を参照。

（四七）能力本位の尚賢論を思わせるものとして、下文に「親戚、則使之、無故富貴面目佼好、則使之。夫無故富貴面目佼好、則使之、豈必智且慧哉。若使之治國家、則此使不智慧者治國家也、國家之亂既可得而知已。」とあり（底本には「且」の直後に「有」字があるが、王念孫などの説に従って衍字とした）、「故古者聖王唯能審以尚賢使能爲政、無異物雜焉。」とあること、また下文に「堯・湯・武丁」がそれぞれ「舜・伊摯・傅説」を挙用した例を述べた後、そのように古代の聖王が貧賤な者を挙用した理由について、「始賤卒而貴、始貧卒而富、則王公大人、明乎以尚賢使能爲政。」と述べていることを参照。そしてこのことは下篇でも「是故古之聖王之治天下也、其所富、其所貴、未必王公大人骨肉之親、無故富貴、面目美好者也。是故昔者舜耕於歴山、陶於河瀕、漁於雷澤、灰於常陽、堯得之服澤之陽、立爲天子、使接天下之政、而治天下之民。昔伊尹爲莘氏女師僕、使爲庖人。湯得而擧之、立爲三公、使接天下之政、治天下之民。昔者傅説居北海之洲圜土之上。衣褐帶索、庸築於傅巖之城。武丁得而擧之、立爲三公、使之接天下之政、而治天下之民。是故昔者堯之擧舜也、湯之擧伊尹也、武丁之擧傅説也、豈以爲骨肉之親、無故富貴、面目美好者哉。惟法其言、用其謀、行其道、上可而利天、中可而利鬼、下可而利人。是故推而上之。」とあるように、中篇をほぼそのままの形でふまえていることから見れば、下篇も基本的には能力本位の尚賢論である。しかし、下篇では上・中篇をさらに展開させた部分がある。第一に、中篇には見られなかった「骨肉之親」を新しく付け加えている点、第二に、挙用される側の貧賤さも上↓中↓下になればなるほど身分が低くなっている点（顧前掲論文「禅讓伝説起於墨家考」（四八頁）、池田前掲論文「『墨子』の兼愛説と尚賢説」註九（六五頁）、山辺前掲論文「堯舜禅讓攷」（五七～五八頁）を参照）、第三に、上・中篇にはなかった三利思想（本書第一部第四章第四節の「三」を参照）――三利思想は篇末にも「尚賢者、天鬼百姓之利、而政事之本也。」と見られる――まで動員している点がその証拠である。その他にも、小大の弁の譬喩として中篇では「一衣裳と良工」、「一牛羊と良宰」の二つの例しか挙げられていなかったが、下篇では「一牛羊の財と良宰」、「一衣裳の財と良工」、「一罷馬と良医」、「一危弓と良工」のように倍に増えている。

（四八）下文に「國家治則刑法正、官府實則萬民富。……内有以食飢息勞、將養其萬民」とあるが、これは別に不肖の者を念頭においてのことではあるまい。進賢事能を実行した結果を総じて単純に示したものにすぎない。また下文に「若苟賢者不至乎王公大人之側、則此不肖者在左右也。不肖者在左右、則其所譽不當賢、而所罰不當暴。王公大人尊此、以爲政乎國家、則賞亦必不當賢、而罰亦必不當暴。若苟賞不當賢、而罰不當暴、則是爲賢者不勸、而爲暴者不沮矣。」とあって、繰り返し賢者と不肖の者とを二項対立的に捉えているのも参照。なお、渡邊卓氏は「尚賢論は、……しかるに中篇は「賢者は之を擧げて上《の》ぼらしめ、之を富まし貴くして官長と爲し、不肖者は之を抑へて廢し、之を貧しくし賤しくして徒役となす。是をもって民みな其の賞に勸み、其の罰を畏れ、相率ゐて賢となる」といって賞罰により尚賢の實をあげるべきことを全體にわたって強調し」ていると分析している（渡邊前掲書『古代中国思想の研究』、六〇五～六〇六頁）。しかし、中篇ではまだ賞罰の本格的な導入を主張していないことに十分注意しなければならない。前に指摘したように、それが積極的に主張されるのは下篇を待たなければならない。

(四九) 池田前掲論文「『墨子』の兼愛説と尚賢説」、六一～六八頁。特に中篇に「然則富貴爲賢、以得其賞者、誰也。曰、若昔者三代聖王堯舜禹湯文武者、是也。所以得其賞、何也。曰、其爲政乎天下也、兼而愛之、從而利之、又率天下之萬民、以尚尊天事鬼、愛利萬民。」と兼愛論が説かれている部分について、「戦国末の現代において天子たらんと欲する者に兼愛説等を実行させるために書かれているのでなく、尚賢説が天から法を取った正当なものである証拠の一つとして紹介され、従って尚賢説を実行させるために書かれている、という論理構造には然るべく注意が払われねばならない。かかる兼愛説はもはや尚賢説を説明するための材料・手段でしかなく、かつて存在していた愛の教説としての生命の殆ど失われてしまったものと評価すべきであろう。」という指摘は参考となる。なお、下篇にも「爲賢之道、將奈何。曰、有力者、於疾以助人、有財者、勉以分人、有道者、勸以教人。若此則飢者得食、寒者得衣、亂者得治。若飢則得食、寒則得衣、亂則得治。此安生生。」とあって、兼愛論の実践を唱えているかのように見える表現がある。しかし、これはこの一文の直前に「曰、今也天下之士君子、皆欲富貴、而惡貧賤。曰、然、女何爲而得富貴、而辟貧賤。莫若爲賢。」とあるように、今の「天下の士君子」の報酬的関心打算的効果に説得の基礎が置かれているとせねばなるまい。この点についても池田氏の前掲論文をあわせて参照されたい。

(五〇) 下文に「故唯昔三代聖王堯舜禹湯文武之所以王天下正諸侯者、此亦其法已。」とあり、また篇末に「今王公大人、欲王天下正諸侯。夫無德義、將何以哉。其説將必挾震威彊。今王公大人、將焉取挾震威彊哉。傾者民之死也。民生爲甚欲、死爲甚憎。所欲不得、而所憎屢至。自古及今、未嘗能有以此王天下正諸侯者也。今大人欲王天下正諸侯、將欲使意得乎天下、名成乎後世、故不察尚賢爲政之本也。此聖人之厚行也。」（底本は「未」と「嘗」の間に「有」字があるが蘇時学などの説によって衍字とした）とある文章の中に、「王天下正諸侯」という表現が四度も見られるのは、その好例である。

(五一) 板野前掲書『中国古代における人間観の展開』（四五頁）及び池田前掲論文「『墨子』の兼愛説と尚賢説」（六三・六六頁）もあわせて参照。

（五二）渡邊前掲書『古代中国思想の研究』（五〇六頁）及び（一一五～一一六・一三三頁）を参照。
（五三）池田前掲論文「『墨子』の兼愛説と尚賢説」、「六」の註九（六四～六五頁）もあわせて参照。

第四章　『唐虞之道』の社会的利思想

本章では、『唐虞之道』の思想のうち、「天下を利して利とせず」を分析の対象とし、それを中国古代の文献資料に見られる利思想と比較考察することによって、『唐虞之道』の社会的利思想の思想的特徴、思想史的位置を明らかにしたいと思う。

今まで考察したように、『唐虞之道』のメインテーマは堯舜禅譲説であるが、それはさらに愛親と尊賢の両思想によって支えられていた。ところで、『唐虞之道』の堯舜禅譲説を支える思想には、愛親、尊賢の他に、「天下を利して利とせず」、養生説、知命、謙遜思想などがある。就中「天下を利して利とせず」（以下、本句と略称）は、禅譲とともに唐虞の歩んだ二つの道の一つとして、非常に重視されている。したがって、本句は、『唐虞之道』の思想的特徴、成立時期、所属学派などの諸問題と密接な関わりを有しており、そういった意味でその解明は緊急を要する問題である。本章で本句を問題とする理由はまさにここにある。

本章では、以上のような重要な意義を持つ本句を考察の対象とするが、その際、次のような手順で分析を行うことにする。まず、本句の思想的特徴を明らかにし、次に従来の研究に潜んでいる諸問題点を指摘する。そして、先秦時代から漢代初期に成立した諸学派の文献に見られる利思想と比較考察し、最後に、以上のような作業を通して、本句の思想史的位置を論じることにする。

第一節　『唐虞之道』の「天下を利して利とせず」の思想的特徴

本句と関連する文章は、『唐虞之道』では以下の三箇所に見られる。

①湯（唐）吴（虞）之道、𢕼（禪）而不徸（傳）。埜（堯）叁（舜）之王、𥝢（利）天下而弗𥝢（利）也。𢕼（禪）而不徸（傳）、𦔻（聖）之盛也。𥝢（利）天下而弗𥝢（利）也、忎（仁）之至也。古（故）昔（昔）叏（賢）忎（仁）𦔻（聖）者女（如）此。身竆（窮）不㬐（惌）、夂（沒）而弗𥝢（利）、竆（躬）忎（仁）歖（矣）。（第一～三号簡）

唐虞の歩んだ道は、（賢者に位を）譲って（血筋に）伝えなかったことである。堯舜が王となったときは、天下に利益を与えることはあっても（天下の利を）自分の利益とはしなかった。（賢者に位を）譲って（血筋に）伝えないことは、最上の聖であり、天下に利益を与えることはあっても（天下の利を）自分の利益としないことは、最上の仁である。昔の賢者が実現した仁と聖の内容はこのようであった。我が身が窮地に陥っても憂えず、死ぬまで（天下の利を）自分の利益としなかったのは、仁が身に具わっているからである。

②亟（極）忎（仁）之至、𥝢（利）天下而弗𥝢（利）也。（第十九～二十号簡）

この上なく最上の仁は、天下に利益を与えることはあっても（天下の利を）自分の利益としないことである。

③古者𦔻（聖）人廿（二十）而冒（冒（冃））、卅（三十）而又（有）家、五十而紿（治）天下、七十而至（致）正（政）。亖（四）枳（肢）朕（倦）陸（惰）、耳目䎡（聰）明衰、𢕼（禪）天下而𠬝（授）叏（賢）、𨓏（退）而羕（養）亓（其）生。此㠯（以）智（知）亓（其）弗𥝢（利）也。（第二十五～二十七号簡）

昔聖人は二十歳で成人となり、三十歳で家庭を持ち、五十歳で天下を統治し、七十歳で政治の場を退いて賢者に譲った。（老衰して）四肢が疲れ、耳目の聡明さが衰えてくると、天下を譲って賢者に授け、退いて自己の身体の生命を養った。このことから（天下の利を）自分の利益としなかったことが分かるのである。

右の三つの文章を分析すると、次のような点がその特徴として浮き彫りにされる。第一に、本句は「禪（禅）りて傳（伝）えず」とともに、『唐虞之道』の主旨を最も集約的に表す一句であり、堯・舜が王となったときに行った政治のありかたの一つとして強調されている点。第二に、「利天下」と「弗利」は同じ意味の違う表現であることは言うまでもないが、利を社会的利（利天下）と個人的利（弗利）とに使い分けていることが明確に看取される点。この場合、弗利の主体は最高統治者、つまり天子であることは言うまでもない。第三に、本句を仁と結びつけている点。①では本句を最上の仁（忎（仁）の至り）とし、②ではそれをさらに強調して「亟（極）忎（仁）の至り」として、仁の最高峰として位置づけている。そこでは仁の意味への新たな定義が行われている。第四に、弗利を自覚している聖人の政治術・処世術として、老衰による政界引退（正（政）を至（致）す）→賢者への譲位（天下を禪（禅）りて臤（賢）に受（授）く）→養生（湶（退）きて丌（其）の生を羧（養）う）のように具体的に描かれている点。このことは、弗利の中には禅譲だけでなく、養生もまた重要な一要素として内包されていることを意味しており、これは『唐虞之道』の思想的特質を窺える一つの鍵となる。（二）

第二節　「天下を利して利とせず」に関する先行研究概観

ところで、本句について、中国ではおおむね次のような見解が出されている。

すなわち、鄧建鵬氏は『唐虞之道』は〝利天下〟より論を展開し、禅譲を通じて利民の趣旨に達し、最後に帰結するところは民であって、〝民貴〟思想の趨勢を初歩的ながら体現している。このような思想の帰属するところを探ることは、先秦の民本思想の発展の筋を研究する上で重要な意義を有している」[二]といって、利天下を『孟子』尽心下篇の民貴思想と直接結びつけて解釈する。

また彭邦本氏は「『唐虞之道』の冒頭には「唐虞の道は、禅りて伝えず。堯舜の王たるや、天下を利して利とせざるなり」とある。作者は、天下を賢才に禅譲して位を子に伝えることがないこと、これは天下を利して自分の利益としないという至聖・至仁の行為だと考えている。またこれは儒家の尊ぶ「人独り其の親を親とせず、独り其の子を子とせず」や、「天下を公と為し、賢を選び能に与う」という理想社会の境地でもある。言うまでもなく、〝唐虞の道〟とは、まさに『礼記』礼運篇で、孔子の口を借りて描く〝大同〟の社会が実行された、いわゆる〝大道〟のことである」[三]といって、『礼記』礼運篇の大同のユートピア思想と結びつける。

そして、丁四新氏は「ただし、このことは、『唐虞之道』のある観念、さらには非常に重要な観点において、墨家と一致するところがあることを否定するものではない。しかしながら、このような一致は、より崇高で、より普遍的な観念の上で一致するのみである。「天下を利して利とせず」のような一句は、『墨子』及び『荘子』天下篇の論述に依拠しており、墨家がこれらの思想を持っていると考えることは全く言いすぎではない。この観念はたとえ墨家が持っているとしても、墨家だけが持っていたわけではない。『詩』『書』から、『論語』、『礼記』、『孟子』の諸書に至るまで、これらの思想は、異なる言語表現形式で、何度も繰り返し現れたことがあるのである」[四]といって、『墨子』にもあるが、『論語』『孟子』などの儒家系の文献にも別のことばで同様の思想が表現されているとして、『墨子』との関係を断ち切り、『唐虞之道』が宣伝するのは、唐堯と虞舜が「禅りて伝えず」、「天下を利して利としなかった」(第一簡)仁聖王道であり、その実質において、偽書と攻撃された『尚書』大禹謨篇に「人心惟れ危く、道心惟れ微なり、惟れ精惟れ一、永《ママ》く厥の中を執れ」とある趣旨と基本的に一致している。堯舜の人格の生命は、完全に道心の流行する生命であり、ごくわずかの私的な人欲もない」(五)といって、偽古文『尚書』大禹謨篇によって無理に解釈しようとする。

これに対し、銭遜氏は「天下を利して利とせずとは、天下のために天下を治めるという思想であり、重要な意義があることは疑いを入れない。ただし、『論語』や『孟子』等の書物の中では、このような思想は見あたらない」と言って、本句のような思想は『論語』や『孟子』にないことを指摘し、また『孟子』万章上篇で、天子となった舜の不仁な弟への待遇の問題に関する孟子の答えには、肉親への差別愛を重視する親親主義を示す文章があるが、銭氏はそれを「天子という地位に昇れば弟を富貴にしなければならないことをはっきりと肯定しており、これは「天下を利して利とせず」という精神にもとっている」と言って、本句に相反するという。(六)

一方、程一凡氏は『唐虞之道』を基本的に儒家典籍と認めるものの、墨家の利との関係に着目して右引の研究とは別の角度から本句の解釈を試みている。程氏はまず「「利」の墨子思想の中での働きは極めて広く、彼は考えを練る際、それをよく用いた」と言って、墨子思想の中で利が重要な位置を占めていることを指摘し、次にそのような利は郭店楚簡『尊徳義』や『性自命出』にも見えるが、特に『唐虞之道』に最も普及しているとし、それは「墨学の政治社会的な価値系統が風靡する中で現れてくるものである」という。しかし、「総じて言えば、『唐虞之道』は、あらゆる徳性は儒学で示す基本的な徳行を始めとしなければならず、まず徳があってはじめて政治があり、「愛親」と「尊賢」の二つの立派な行為の中でも、前者を先とすべきであることを説明するに成功している。その上、「賢人」そのものについて言えば、我々儒家も精妙な政治の素養を掲げており、なんじの墨学の及ぶべきものではない。比べてみると、墨学の掲げる「尚賢」はただ「親を用いない」という義を強調するに過ぎないが、我々儒家は家と国の両方に配慮を加えており、政治理論の提示は墨者に比べて一層整っている。『唐虞之道』は一篇の戦国時代の儒学の文章としてほとんど手抜かりがない」(七)といって、結局は墨家との影響関係をほぼ捨象してしまっている。

第三節　『論語』及び『孟子』における利

一　『論語』における利

右の諸見解の真偽の如何及び本句の思想史的位置を解明するためには、当然のことながら、先秦時代において各学派が利をどのように捉えていたかを考察することから論を始めなければならない。そこで、まず『論語』において利がどのように捉えられているかを考察するが、衛霊公篇に「必先利其器」(必ず先ず其の器を利くす)(鋭利にする、研ぐ)とあり、陽貨篇に「惡利口之覆邦家者」(利口の邦家を覆す者を悪む)(口達者)などとあるような利の別の用例を除き(『孟子』の場合も同じ)、「利害」という場合の利の用例だけに絞ってまとめてみると、まず里仁篇には、

子曰、不仁者不可以久處約。不可以長處樂。仁者安仁、知者利仁。

子曰く、不仁の者は以て久しく約に処る可からず。以て長く楽しきに処る可からず。仁者は仁に安んじ、知者は仁を利とす、と。

とあって、知者を仁者よりワンランク下に位置づけているが、「知者は仁を利とす」とは仁を利益という観点で利用することを意味するのであろう。(八)その意味するところは、同篇に、

子曰、君子喩於義、小人喩於利。

子曰く、君子は義に喩《さと》り、小人は利に喩る。

とあるのと大差なかろう。一方、この一文では君子と小人を区分するものとして義と利が対蹠的に捉えられているが、同篇には、

子曰、放於利而行、多怨。

子曰く、利に放《よ》りて行えば、怨み多し、と。

とあり、また子路篇には、

子夏爲莒父宰、問政。子曰、毋欲速。毋見小利。欲速、則不達。見小利、則大事不成。

子夏莒父の宰と為りて、政を問う。子曰く、速やかならんと欲すること毋かれ。小利を見ること毋かれ。速やかならんと欲すれば、則ち達せず。小利を見れば、則ち大事成らず、と。

とあって、利による行動や政治を戒めている。これらの文章では、言うまでもなく利は価値的道徳的に低い次元のものとされている。このように利より義に重きを置いていることは、憲問篇に、

子路問成人。子曰、若臧武仲之知、公綽之不欲、卞莊子之勇、冉求之藝、文之以禮樂、亦可以爲成人矣。曰、今之成人者、何必然。見利思義、見危授命、久要不忘平生之言、亦可以爲成人矣。

子路成人を問う。子曰く、臧武仲の知、公綽の不欲、卞莊子の勇、冉求の芸の若き、之を文《かざ》るに礼楽を以てせば、亦た以て成人と為す可し、と。曰く、今の成人は、何ぞ必ずしも然らん。利を見ては義を思い、危うきを見ては命を授く、久要平生の言を忘れざる、亦た以て成人と為す可し、と。

とある文章からも窺い知ることができる。また子罕篇には、

子罕言利與命與仁。

子罕に利と命と仁とを言う。

とあって、利の字が見え、「與命與仁」をいかに解釈するかという難題はあるが、いずれにせよ、孔子が利を口にすることを憚ったということを意味することは間違いない。そして堯曰篇に、

子張問於孔子曰、何如斯可以從政矣。子曰、尊五美、屏四惡、斯可以從政矣。子張曰、何謂五美。子曰、君子惠而不費。……。子張曰、何謂惠而不費。子曰、因民之所利而利之。斯不亦惠而不費乎。……

子張孔子に問いて曰く、何如なれば斯れ以て政に従う可き、と。子曰く、五美を尊び、四悪を屏《しりぞ》くれば、斯れ以て政に従う可し、と。子張曰く、何をか五美と謂う、と。子曰く、君子恵して費えず。……、と。子張曰く、何をか恵して費えずと謂う、と。子曰く、民の利とする所に因りて之を利す。斯れ亦た恵して費えざるにあらずや。……、と。

とあるのは、言うまでもなく孔子の政治思想の一端を示す文章であるが、ここにきて里仁篇や子路篇などとは明らかに違って「民利」の肯定へと利の捉え方が一変している。このような現象について渡邊卓氏は、戦国中期以後における墨家の影響をうけた儒家の擬作である、[九]と指摘したが、これと同様の現象が『孟子』尽心上篇の「利之而不庸」（之を利するも庸とせず）という一文にも見えており、儒家内部における重要な変化の一端を示すものと考えられる。

以上によれば、『論語』における利の捉え方は、里仁篇に「君子は義に喩り、小人は利に喩る」とあるのが最も典型的で代表的なものであり、堯曰篇を除けば、利より義に重きを置いていると言えよう。ただし、利に対する態度は、「拒利」という利の完全否定よりは、緩やかな「抑利」の立場に近いように思われる。

二　『孟子』における利

このような『論語』の利の捉え方を受けて、より強い拒利的立場を打ち出したのは、言うまでもなく『孟子』である（勿論拒利という語が『孟子』にあるわけではないが、利に対するその全体的な主張から判断して拒利に近いという意）。その最も典型的な例は、梁恵王上篇の冒頭を飾る次の有名な一文であろう。

孟子見梁惠王。王曰、叟、不遠千里而來。亦將有以利吾國乎。孟子對曰、王何必曰利。亦有仁義而已矣。王曰何以利吾國、大夫曰何以利吾家、士庶人曰何以利吾身、上下交征利、而國危矣。……苟爲後義而先利、不奪不饜。未有仁而遺其親者也。未有義而後其君者也。王亦曰仁義而已矣。何必曰利。

孟子梁の恵王に見ゆ。王曰く、叟、千里を遠しとせずして来る。亦た将に以て吾が国を利する有らんとするか、と。孟子対えて曰く、王何ぞ必ずしも利と曰わん。亦た仁義有るのみ。王は何を以て吾が国を利せんと曰い、大夫は何を以て吾が家を利せんと曰い、士庶人は何を以て吾が身を利せんと曰い、上下交ごも利を征《と》れば、国危うし。……苟も義を後にして利を先にすることを為さば、奪わずんば饜《あ》かず。未だ仁にして其の親を遺つる者有らざるなり。未だ義にして其の君を後にする者有らざるなり。王も亦た仁義と曰わんのみ。何ぞ必ずしも利と曰わん、と。

この文章についてしばらく見てみると、当時諸子百家の様々な理論攻防があったにもかかわらず、自家の説である仁義を損なうものとして最も危機感を抱いていたのが利だったことを背景としており、説得対象が『論語』よりさらに限定されてきている（主に国君や卿大夫などの為政者）。ところで、ここで利は、あらゆる闘争の原因、人倫を乱すものとされており、利益追求という人間の自然な欲望の問題に対し、最初から倫理道徳的にマイナスの評価を下し、その当然の結果として、利をニュートラルに見る視点を最初から遮断してしまっている。以上の諸点から推察すると、当篇の最大の論敵は、墨子学派や宋鈃学派以外に考えられない（この点については後述）。そして、ここに見える「何

ぞ必ずしも利と曰わん」という拒利に近い考え方は、滕文公下篇に、

陳代曰、不見諸侯、宜若小然。今一見之、大則以王、小則以霸。且志曰、枉尺而直尋。宜若可爲也。孟子曰、……且夫枉尺而直尋者、以利言也。如以利、則枉尋直尺而利、亦可爲與。

陳代曰く、諸侯を見ざるは、宜《ほと》ど小なるが若く然り。今一たび之を見ば、大は則ち以て王たらしめ、小は則ち以て霸たらしめん。且つ志に曰く、尺を枉げて尋を直くす、と。宜ど為す可きが若し、と。孟子曰く、……且つ夫れ尺を枉げて尋を直くすとは、利を以て言うなり。如し利を以せば、則ち尋を枉げ尺を直くして利あらば、亦た為す可きか、と。

とあり、離婁下篇に、

齊人有一妻一妾、而處室者。其良人出、則必饜酒肉、而後反。其妻問所與飲食者、則盡富貴也。其妻告其妾曰、良人出、則必饜酒肉、而後反。問其與飲食者、盡富貴也。而未嘗有顯者來。吾將瞯良人之所之。蚤起、施從良人之所之。徧國中、無與立談者。卒之東郭墦閒之祭者、乞其餘。不足又顧而之他。此其爲饜足之道也。其妻歸、告其妾曰、良人者、所仰望而終身也。今若此。與其妾、訕其良人、而相泣於中庭。而良人未之知也。施施從外來、驕其妻妾。由君子觀之、則人之所以求富貴利達者、其妻妾不羞也、而不相泣者、幾希矣。

斉人一妻一妾にして、室に処る者有り。其の良人出づれば、則ち必ず酒肉に饜きて、而る後に反る。其の妻与に飲食する所の者を問えば、則ち尽く富貴なり。其の妻其の妾に告げて曰く、良人出づれば、則ち必ず酒肉に饜きて、而る後に反る。其の与に飲食する者を問えば、尽く富貴なり。而も未だ嘗て顕者の来ること有らず。吾れ将に良人の之く所を瞯《うかが》わんとす、と。蚤に起き、施《なな》めに良人の之く所に従う。国中を徧くするも、与に立ちて談ずる者無し。卒に東郭墦間の祭る者に之きて、其の余りを乞う。足らざれば又た顧みて他に之く。此れ其の饜足

を為すの道なり。其の妻帰り、其の妾に告げて曰く、良人なる者は、仰ぎ望みて身を終うる所なり。今此の若し、と。其の妾と与に、其の良人を訕《そし》りて、中庭に相泣く。而るに良人は未だ之を知らざるなり。施施として外従り来り、其の妻妾に驕れり。君子由り之を観れば、則ち人の富貴利達を求むる所以の者、其の妻妾羞じず、而も相泣かざる者、幾んど希なり。

とあり、告子下篇に、

宋牼將之楚。孟子遇於石丘。曰、先生將何之。曰、吾聞秦楚構兵。我將見楚王、説而罷之。楚王不悅、我將見秦王、説而罷之。二王我將有所遇焉。曰、軻也請、無問其詳、願聞其指。説之將何如。曰、我將言其不利也。曰、先生之志、則大矣。先生之號、則不可。先生以利説秦楚之王、秦楚之王、悅於利、以罷三軍之師、是三軍之士、樂罷而悅於利也。爲人臣者、懷利以事其君、爲人子者、懷利以事其父、爲人弟者、懷利以事其兄、是君臣・父子・兄弟、終去仁義、懷利以相接。然而不亡者、未之有也。先生以仁義説秦楚之王、秦楚之王悅於仁義、而罷三軍之師、是三軍之士、樂罷而悅於仁義也。爲人臣者、懷仁義以事其君、爲人子者、懷仁義以事其父、爲人弟者、懷仁義以事其兄、是君臣・父子・兄弟、去利懷仁義、以相接也。然而不王者、未之有也。何必曰利。

宋牼将に楚に之かんとす。孟子石丘に遇う。曰く、先生将に何くに之かんとする、と。曰く、吾れ秦楚兵を構うと聞く。我れ将に楚王に見えて、説きて之を罷めしめんとす。楚王悦ばずんば、我れ将に秦王に見えて、説きて之を罷めしめんとす。二王のうち我れ将に遇う所有らんとす、と。曰く、軻や請う、其の詳を問うこと無く、願わくは其の指を聞かん。之を説くこと将に何如せんとする、と。曰く、我れ将に其の不利を言わんとす、と。曰く、先生の志は、則ち大なり。先生の号は、則ち不可なり。先生利を以て秦楚の王に説かんに、秦楚の王、利を悦び、以て三軍の師を罷めば、是れ三軍の士、罷むるを楽しみて利を悦ばん。人の臣為る者、利を懐きて以て其の君に事え、人の子為る者、利を懐きて以て其の父に事え、人の弟為る者、利を懐きて以て其の兄に事えば、是れ君臣・父子・兄弟、終に仁義を去り、利を懐きて以て相接するなり。然り而して亡びざる者は、未だ之有らざるなり。先生仁義を以て秦楚の王に説かんに、秦楚の王仁義を悦び、而して三軍の師を罷めば、是れ三軍の士、罷むるを楽しみて仁義を悦ばん。人の臣為る者、仁義を懐きて以て其の君に事え、人の子為る者、仁義を懐きて以て其の父に事え、人の弟為る者、仁義を懐きて以て其の兄に事えば、是れ君臣・父子・兄弟、利を去り仁義を懐きて、以て相接するなり。然り而して王たらざる者は、未だ之有らざるなり。何ぞ必ずしも利と曰わん、と。

とあり、尽心上篇に、

孟子曰、雞鳴而起、孳孳爲善者、舜之徒也。雞鳴而起、孳孳爲利者、跖之徒也。欲知舜與跖之分、無他、利與善之間也。

孟子曰く、雞鳴にして起き、孳孳とし善を為す者は、舜の徒なり。雞鳴にして起き、孳孳とし利を為す者は、跖の徒なり。舜と跖との分を知らんと欲せば、他無し、利と善との間なり、と。

とあるように、他の諸篇にもそのまま受け継がれていく。そして、尽心上篇に、

孟子曰、霸者之民、驩虞如也。王者之民、皞皞如也。殺之而不怨、利之而不庸。民日遷善、而不知爲之者。夫君子所過者化、所存者神。上下與天地同流。豈曰小補之哉。

孟子曰く、霸者の民は、驩虞如たり。王者の民は、皞皞如たり。之を殺すも怨みず、之を利するも庸とせず。民日に善に遷りて、而も之を為す者を知らず。夫れ君子の過ぐる所の者は化し、存する所の者は神なり。上下天地と流を同じうす。豈に之を小補すと曰わんや、と。

とあるのは、先に述べた通りだが、尽心下篇に、

孟子曰、周于利者、凶年不能殺。周于德者、邪世不能亂。

孟子曰く、利に周き者は、凶年も殺すこと能わず。徳に周き者は、邪世も乱すこと能わず、と。

とあるように、利と徳とをただ併称し、かつ並立的でニュートラルな立場からする分析も見られるのは、恐らく墨家の利思想から影響を受けたものと思われる。

以上、『論語』や『孟子』における利を検討したが、総じて言えば、利と義を二分法的に捉えて全く別物化し、一部の例外を除き、倫理道徳的な見地から利の追求を抑制あるいは排除しようとしていたと結論づけられよう。このように見てくると、次に問題となるのは墨子学派及び宋銒学派において利がどのように捉えられているかということになる。そこでまず墨子学派の利思想を考察し、引き続き宋銒学派について考察する。ここで宋銒学派を取り上げる理由は、言うまでもなく前引の告子下篇にその名が見え（宋牼）、そこに同じく前引の梁恵王上篇のような典型的な論理をもって孟子が彼を論破しようとする場面が描かれているからである。のみならず『唐虞之道』の利思想を解く重要な端緒となることは言をまたない。

第四節　『墨子』の利――社会的利思想の誕生とその展開

さて周知のように、中国古代において、『論語』『孟子』流の儒家とは反対に、プラスの方面において利に道徳的価値を付与し、生身の人間の自然な欲求と認め、利の追求という自然な感情に自己の思想や理論を託して論理を展開しかつそれを最初に実現しようとしたのは、墨家である。このような利思想が、墨家の各口号の至る所で、それらを根拠づける、あるいはそれらに現実味を与えるものとして定着していることは、すでに指摘された事実である。

しかし、『墨子』の利に関する従来の研究に全く問題がないわけではない。それどころか、そこには大きな誤解が潜んでおり、しかもその誤解が『墨子』テキスト中、中期以降の作品とされる諸篇に見られる利の解釈にも影響を及ぼして、さらなる誤解を招いている。その最初の誤解は、『墨子』[一〇]諸篇のうち最も古い層に属するものといわれる兼愛上篇・非攻上篇[一一]における利についての解釈から起きている。[一二]

一　兼愛上篇・非攻上篇の利——いわゆる拒利説をめぐって

まず兼愛上篇についてであるが、そこでは説得の対象が明確に示されていない。主旨は次の通りである。まず聖人の責務は天下を治めることにあるとし、そのためには必ず乱の原因を知らなければならないが、「某を虧きて自ら利す」という乱の現象を分析した後、その原因は結局、不相愛にあり、その解決策として兼相愛を提起するという論理の流れとなっている。その際注意しなければならないのは、上篇における聖人の役割や位置づけである。すなわち、同篇の末尾で、

聖人の天下を治むるを以て事と為す者は、悪くんぞ悪を禁じて愛を勧めざるを得んや。

とし、また最後に、

故に子墨子曰く、以て人を愛することを勧めざる可からずとは、此れなり、と。

といって、開祖の言を引いて上篇全体の主張を締めくくるところにも見えるように、他者への愛を勧める微々たる存在にすぎない。

次に非攻上篇は、説得対象が天下の君子となっている。冒頭では「入人園圃、竊其桃李」（人の園圃に入りて、其の

桃李を窃む）とあり、「攘人犬豕雞豚」（人の犬豕雞豚を攘《ぬす》む）とあり、「入人欄廏、取人馬牛」（人の欄廏に入りて、人の馬牛を取る）とあり、「殺不辜人也、扡其衣裘、取戈劍」（不辜の人を殺し、其の衣裘を扡《うば》い、戈剣を取る）とあるように、日常発生する諸犯罪の軽重を分析して、人に損害を与える（「虧人自利」（人を虧きて自ら利す）、「虧人」（人を虧く））犯罪の度が増すにつれ、人を思いやらぬ心がますます増え（「其不仁茲甚」（其の不仁茲ます甚し））、罪の度もいよいよ増す（「罪益厚」（罪益ます厚し））ことを示し、それが不義であることは天下の君子も知っているという。しかし、「国を攻める」という最大の犯罪については、それが不義であることを知らずに、それを書物に記録して正当化したり擁護したりして、義と不義とを弁える弁別力に混乱がある、ということを指摘することで終わっている。

ここで先に述べた従来の研究の問題点とは、ほかならぬ「自利」の理解・解釈の仕方にある。すなわち、兼愛上篇では乱の現象として、非攻上篇では不義・不仁とされ非難や処罰の理由として掲げられているが、それを乱の原因と間違って解釈することにより、両篇においてあたかも個々の利の追求そのものが否定されているかのように結論づけているのである。この点を最も強調したのは、渡邊卓氏である。例えば、次のような文章がその一例である（下線は引用者による）。

特に注意すべきは、「子自愛不愛父。故虧父而自利。弟自愛不愛兄。故虧兄而自利。臣自愛不愛君。故虧君而自利。此所謂亂也。雖父之不慈子、兄之不慈弟、君之不慈臣、此亦天下之所謂亂也。父自愛也不愛子。故虧子而自利。兄自愛也不愛弟。故虧弟而自利。君自愛也不愛臣。故虧臣而自利」といい、「不相愛」の發露として「自利」を考え、自己だけを愛し他者を侵害する點が排撃されている。上篇の立場は明らかに兼愛拒利である。……さらに特に注意すべきは上篇において「不相愛」の發露であり、「天下之亂」の根源であった「自利」という語は中篇においては影を沒し、最初から「天下之利」が提起される。換言すれば「利」という語はひたすら《利他》の意に限定されて「愛」のなかに包攝され、墨家に特有な「兼相愛、交相利」という口號が初めて成立する。……つぎに非攻篇はどうであろうか。……まず上篇は日常的な生活經驗を譬喩にとって、侵略戰を否定し「天下之君子」を啓蒙しようとする。……注意すべきは「利」が「仁」または「義」の反對概念だと考えられている點である。すでに兼愛上篇において「利」は「相愛」に反對する概念だという主張に接したわれわれは、同じような主張が非攻上篇にも確實に存在することを承認しなくてはならない。換言すれば非攻上篇は兼愛上篇と同じ段階にある拒利思想によって全體が構想されているのである。[一三]

このような論調は渡邊氏の書全体に首尾一貫している。つまり、兼愛上篇・非攻上篇では自利を乱の根源（あるいは原因）[一四]として否定する拒利の立場を取っていたが、中・下篇になるとそれが交利に転換するようになる、という論旨である。

しかし、そこには次のような大きなミスがある。

第一に、「某を虧きて自ら利す」とあるのは、乱の原因ではなく現象にすぎない点。乱の原因は不相愛に求められている。それは「当に乱は何に自りて起るかを察するに、相愛せざるに起る。」から議論が始まっており、また渡邊氏所引の文章の直後にも「是何也。皆起不相愛。」（是れ何ぞや。皆相愛せざるに起る。）と中間結論し、同様な手法で、

雖至天下之爲盗賊者、亦然。盗愛其室、不愛其異室。故竊異室、以利其室。賊愛其身、不愛人。故賊人、以利其身。此何也。皆起不相愛。

天下の盗賊を為す者に至ると雖も、亦た然り。盗其の室を愛して、其の異室を愛せず。故に異室に窃みて、以て其の室を利す。賊其の身を愛して、人の〔身〕を愛せず。故に人の〔身〕を賊いて、[一五]以て其の身を利す。此れ何ぞや。皆相愛せざるに起る。

とし、また、

雖至大夫之相亂家、諸侯之相攻國者、亦然。大夫各愛家、不愛異家。故亂異家、以利家。諸侯各愛其國、不愛異國。故攻異國、以利其國。天下之亂物具此而已矣。察此何自起、皆起不相愛。

大夫の家を相乱し、諸侯の国を相攻むる者に至ると雖も、亦た然り。大夫各おの〔其の〕家を愛して、異家を愛せず。故に異家を乱して、以て〔其の〕家を利す。(一六) 諸侯各おの其の国を愛して、異国を愛せず。故に異国を攻めて、以て其の国を利す。天下の乱物此に具るのみ。此れ何に自りて起るかを察するに、皆相愛せざるに起る。

とあるのによっても明らかであろう。(一七)

第二に、最も重要なことであるが、決して自利そのものを否定しているわけではない点。兼愛上篇には勿論、拒利ということばはない。そして自利を言う前に必ず「虧某」（某には父・兄・君・子・弟・臣がそれぞれ入る）という限定語が付き、続く「～以利某」（某には其室・其身・其家・其國がそれぞれ入る）にも同様に「異室に窃む」、「人を賊う」、「異家を乱す」、「異国を攻む」という限定語が付いている。(一八) つまり、直接的にはこれら限定語にあたる事柄こそ乱の原因である不相愛から起きているのである。このことは非攻上篇においても全く同じである。そこにおいて自利は兼愛上篇とはやや違って、不義・不仁とされ非難や処罰の理由として掲げられているが、その場合も「虧人」が限定語として必ず付いており、しかもその直後の六例の虧人には自利という語が一切付いていない。よって、そのような限定語を除いた自利そのものは自愛がそうであるように、(一九) 決して否定されていないのである。この点にいち早く注目して渡邊氏の説に批判したのが千葉仁氏である。しかし、千葉氏も半分は合っているが半分は間違っている。千葉氏は次のようにいう（下線は引用者による）。

墨子の拒利の主張は利全般の拒絶ではなく、利己的利の拒絶である。その表現は、利する對象が兼愛上篇では

「利其身・利其家・利其國」など必ず利的行爲者自身とされているのに對して、中下篇では「利人・天下之利・交相利」などと自己以外の者とされている。つまり拒絶すべき利は他を賊害し亂を招く自利であり、拒自利の主張はそのまま利他の主張を、利他の主張はそれ自體、交相利・天下之利の主張を内含しているわけで、墨子において拒自利と交利は同一主張である。拒自利という個人的・利己的利の拒絶の上にこそ天下的・普遍的な兼愛交利が成立し、かく拒自利こそ兼愛論成立の基盤である。この論理は尚同論で一人一義を拒絶して初めて天下の義の統一ができ、一人一義の拒絶そのものが天下の義の統一に他ならないとする論理と同一である。故に拒自利は兼愛と矛盾せず、却ってその基盤であると言えよう。(二〇)

千葉氏が「墨子の拒利の主張は利全般の拒絶ではなく、利己的利の拒絶である」とする最初の指摘は、筆者も賛同する。しかし「拒自利」を主張したという見解には賛同できない。その理由は次の通りである。

第一に、利する対象が上篇では「其の身を利す」、「其の家を利す」、「其の国を利す」と利的行為者自身とされているとするが、その利の前には先に指摘したように、「異室に窃む」、「人を賊う」、「異家を乱す」、「異国を攻む」という限定語が付いていることを全く無視している。

第二に、中下篇では「人を利す」、「天下の利」、「交相利」などと自己以外の者とされているというが、人を利し天下の利をなす主体は「仁人」(＝最高統治者としての君主) とされているから論外にして、交相利の場合は自己を排除した利他を意味するものではない。というのは、例えば中篇に「若視其國」(其の国を視るが若く)、「若視其家」(其の家を視るが若く)、「若視其身」(其の身を視るが若く) とあるのは自己を利することを意味し、若の前にそれぞれ「視人之國」(人の国を視ること)、「視人之家」(人の家を視ること)、「視人之身」(人の身を視ること) があって利他の意味になる。したがって、相利とは自己を利する程度の利し方を自己と他者と (中篇では国同士・家同士・個人同士・君臣・父子・兄弟）が相互に行うことを意味し、（一二）交相利は恐らくそのような相互利を全天下的全社会的規模で実践することを意味するものと思われる。

第三に、「拒絶すべき利は他を賊害し亂を招く自利」と的確に指摘したにもかかわらず（ただし自利を「乱を招く」ものとしたのは誤り）、利己的行為を伴わない利的行為（千葉氏の表現を借りれば個人的利）もひとまとめに拒自利としている。しかし、自利はすでに述べたように、他者への利の実行を可能ならしめる自分の中の基盤として作者によって肯定されているのである。

結局千葉氏は、渡邊氏の拒利説を批判しながらも、拒自利＝利他とし、それをさらに交相利と混同したことによって、兼愛上篇・非攻上篇全体の主旨を損なうに至ったと言えよう。

このように、兼愛上篇・非攻上篇で自利そのものは否定されることはなかったにもかかわらず、利は全体として愛に包摂されて表面に出ることはなかった。しかもその場合の利とは自利の範囲を超えるものではなかった。したがって、この段階においては利への道徳的価値付け、あるいは根拠付けはまだなされていなかった。そして聖人（実際には君主）の役割・影響力・位置づけも、特に兼愛上篇で確認したように、非常に微々たる存在にすぎなかった。利の意味や範囲が全天下的全社会的な規模にまで拡大されるには、中・下篇を待たなければならない。そしてそれは聖人の役割・影響力・位置づけにも跳ね返って、画期的な変容を成し遂げるようになる。

二　兼愛中篇・非攻中篇の利——社会的利思想の誕生

それをまず兼愛中篇で確認してみよう。中篇では、まず説得対象が「上・士」とあるように為政者階級に限定されるが、主には最高統治者である君主を対象としていると思われる。次に上篇で聖人とあったのが仁人に変わり、その仁人の政治的責務は、「必ず天下の利を興し、天下の害を除去せんとす」ということにあるとして、問題の所在をより直截かつ現実化し、天下の害の発生の原因を上篇と同じく不相愛に求める。ここで注目すべきは、天下の利を興すことを君主の仁的行為として意義づけている点、及び中篇において初めて「天下の利」とあるように全天下的あるいは全社会的利という観念が見られる点である。ただし、全天下的全社会的といっても、前にも述べたように社会単位においては国同士・家同士・身（個人）同士の、人倫関係においては君臣・父子・兄弟の相互利（相互愛も含む）という基盤が前提となっていることは勿論のことであるが。(二二)こうしてこの段階において利を道徳的に根拠づけること、(二三)及び墨家的な社会的利思想が定立されるようになるのである。(二四)このように見てくると、『孟子』尽心上篇に、

墨子兼愛。摩頂放踵、利天下爲之。

墨子は兼愛す。頂を摩して踵に放《いた》るも、天下を利するは之を為す。

とあるのは、的確な指摘であったことが確認される——ただし、その文章を素直に読めば、墨子（恐らく墨子学派）が「利天下」の主語となっており、その点、君主を主語とする兼愛中篇とのずれが窺われる。(二五)さて天下の害の発生の原因である不相愛を撥無するための対策案としていよいよ兼相愛交相利を主張するようになるが、その直後に法とあるように、この段階ではその口号が徐々に教条化・定型化し、かつ当の政治権力への接近が始まる。それは「特上以て政と為さず、士以て行いと為さざるが故なり」が二度出てくることからも容易に看取される。そこにはまた、

夫愛人者、人必從而愛之、利人者、人必從而利之。惡人者、人必從而惡之、害人者、人必從而害之。

夫れ人を愛する者は、人必ず従いて之を愛し、人を利する者は、人必ず従いて之を利す。人を悪む者は、人必ず

従いて之を悪み、人を害する者は、人必ず従いて之を害す。

とあるように、報酬的効果を期待する打算的関心に説得の基礎が置かれるようになる。それは恐らく兼愛論を自己の生きている時代にすぐ実現させようとする焦りの結果とも想像されるが、それと同時に己れの利のためでもあるのである。その場合の己れとは終局的には君主であり、人（＝民）を愛利しなければならないというのは、天下のすべての民からの愛利を期待するため、すなわち天子の利のため、君権の強化のために違いない。[二六] これは上篇では見られなかった重大な変質である。

このような君権への接近は、上篇において微々たる存在にすぎなかった聖人観にも影響を及ぼすようになるが、それは、兼相愛交相利は昔の聖王、禹・文王・武王によってすでに実行済みであることを証明するという手法を取ってなされる。特に利と関連しては、禹の事績について、

古者禹治天下、西爲西河・漁竇、以泄渠孫皇之水、北爲防・原・泒、注后之邸・嘑池之竇。洒爲底柱、鑿爲龍門、以利燕・代・胡・貉與西河之民。東方漏之陸・防・孟諸之澤、灑爲九澮、以楗東土之水、以利冀州之民。南爲江・漢・淮・汝、東流之、注五湖之處、以利楚・荊・越與南夷之民。此言禹之事。吾今行兼矣。

古者は禹の天下を治むるや、西は西河・漁竇を為《おさ》め、以て渠孫皇の水を泄し、北は防・原・泒を為め、后之邸・嘑池の竇に注がしむ。洒ちて底柱と為し、鑿ちて龍門と為し、以て燕・代・胡・貉と西河との民を利す。東は之を陸・防・孟諸の沢に漏らすことを方〈為〉し、灑しては九澮と為し、以て東土の水を楗り、以て冀州の民を利す。南は江・漢・淮・汝を為め、之を東流せしめ、五湖の処に注がしめ、以て楚・荊・〔干〕・越と南夷との民を利す。此れ禹の事を言う。吾れも今兼を行わんとす。[二七]

とあって、もっぱら治水事業によって東西南北四方、すなわち全天下の民利を開いた聖王として描かれている。そし

て「此れ禹の事を言う。吾れも今兼を行わんとす」とあるのは——他の二王についても同様の形式を取っているが——そのように締めくくることによって、兼相愛交相利の理論を権威づけ客観化する効果が期待されている。しかしその反面、上篇において子墨子の言とされていたのは、もはや抛棄されてしまっている。ここで注目すべきは、兼相愛交相利は聖王が実践したこととなり、以後古の理想的聖王とされるものであれば、だれでも当てはまってしまう一つの枠組みが形成されるようになったという点である。この点は下篇で確認することにする。こうして兼相愛交相利の法が聖王の法とされ天下の治道とされるのは、以上の論理からすれば当然の帰結であろう。

兼愛中篇ではこのように天下の利、すなわち社会的利を興すことが全面に打ち出されているが、非攻中篇ではそのような利思想は見られない。それは恐らく侵略戦争否定という消極論的な傾向に起因するものかも知れない。さりとて民の用と民の利が配慮されていないわけではないが、説得対象が王公大人であったがゆえに、非攻論を論ずる際の焦点が、侵略戦争が果たして君主にとって実利的か否かに集中されてしまったことに起因するとも考えられる。それは、侵略戦争が結局消耗戦にすぎないにもかかわらず、戦争が起こる原因はどこにあるかと質問した場合に、戦争を肯定する君主たちが「我貪伐勝之名及得之利故爲之」（我れ勝つの名と及び得るの利とを貪り伐るが故に之を為す）と答えることを予想し、それを、

子墨子言曰、計其所自勝、無所可用也。計其所得、反不如所喪者之多。……

子墨子言いて曰く、其の自ら勝つ所を計るに、用う可き所無きなり。其の得る所を計るに、反って喪う所の者の多きに如かず。……、と。

と駁論し、また、

子墨子言曰、古者王公大人、情欲得而惡失、故安而惡危。故當攻戰、而不可不非。

子墨子言いて曰く、古〈今〉者は王公大人、情に得を欲して失を悪み、安を故〈欲〉して危を悪む。故に攻戦の当《ごと》きは、而ち非とせざる可からず、と。(二八)

とし、また篇末で、

是故子墨子言曰、古者有語。曰、君子不鏡於水、而鏡於人。鏡於水、見面之容、鏡於人、則知吉與凶。今以攻戰爲利、則蓋嘗鑒之於智伯之事乎。此其爲不吉而凶、既可得而知矣。

是の故に子墨子言いて曰く、古者に語有り。曰く、君子は水に鏡みずして、人に鏡みる。水に鏡みれば、面と容とを見、人に鏡みれば、則ち吉と凶とを知る、と。今攻戦を以て利と為さば、則ち蓋《なん》ぞ嘗に之を智伯の事に鑒みざるや。此れ其の不吉にして凶為ること、既に得て知る可きのみ、と。

とするのによっても明らかであろう。これを要するに、非攻中篇に社会的利思想は見られないにしろ、非攻論を支える中核概念は兼愛中篇と同様、利にほかならず、君主を説得対象としている面も兼愛中篇と軸を同じくしていると言えよう。

三　末期墨家における社会的利思想の展開

このような兼愛中篇・非攻中篇の利思想は、下篇になると中篇で形成された理論や論理の枠組みを継承しつつ、新しい要素を加味してさらなる展開・変容を遂げることになる。それはまた君権にほぼ完全に密着した形を呈する。ここでは継承している部分と新しい要素を加味して展開・変容している部分とを対比させつつ、それをまず兼愛下篇において考察する。

第一に、説得対象が中篇と同様、君主となっている点（王公大人・君子）及び、第二に、仁人の責務を「必務求興天下之利、除天下之害」（必ず務めて天下の利を興し、天下の害を除かんことを求む）としている点はそのまま継承している。ただし、務の字を加えることによって社会的利を興すことをさらに強調している。

第三に、中篇では天下の害の原因を不相愛に求めたが、下篇では天下の諸害の原因を「愛人利人」（人を愛し人を利す）の対蹠的概念である「悪人賊人」（人を悪み人を賊う）に求めている。これは中篇に「夫れ人を愛する者は、人必ず従いて之を愛し、人を利する者は、人必ず従いて之を利す。人を悪む者は、人必ず従いて之を悪み、人を害する者は、人必ず従いて之を害す。」とあることから展開されたものと考えられる。

第四に、「兼」（「人を愛し人を利す」を縮約した語）が一つの固有の概念として定立されている点。これも下篇になって初めて見られる現象である。それの反対概念として「別」（「人を悪み人を賊う」を縮約した語）を想定し、後者は全社会の諸害（＝天下の大害）をもたらすもの、前者は全社会の諸利（＝天下の大利）をもたらすものとして後者を退ける。

第五に、第四を受けて士を「兼士」（「兼を執る」士）と「別士」（「別を執る」士）とに、同様に君も「兼君」と「別君」とに二項対立させて前者を選択させる。

第六に、中篇で兼相愛交相利は古の聖王、禹・文・武により実行済みであるとして、兼愛論の権威づけ客観化が試みられたが、下篇でも同様の試みがなされている。ただし、その試みは中篇とは違って泰誓・禹誓・湯説・周詩のような古書を引用する手法を用いている点においてより洗練さ・徹底さが看取される。それに古の理想の聖王として湯が追加されることにより数が増えている。この現象がまさに、前にも指摘したように、一度枠組みが形成されさえすれば誰を当てはめても通用してしまう、ということの一例となろう。このような現象は時代が下がれば下がるほど増えることになる。例えば、天志中篇には、

夫愛人利人、順天之意、得天之賞者、誰也。曰、若昔三代聖王堯舜禹湯文武者、是也。

夫れ人を愛し人を利し、天の意に順いて、天の賞を得たる者は、誰ぞや。曰く、昔の三代の聖王たる堯舜禹湯文武の若き者は、是れなり、と。

とあり、下篇には、

昔也三代之聖王堯舜禹湯文武之兼愛天下也、従而利之、移其百姓之意。

昔や三代の聖王堯舜禹湯文武の天下を兼愛するや、従いて之を利し、其の百姓の意を移す。

とあって、堯舜も兼愛論の実践者とされるに至っている。それに、

雖子墨子之所謂兼者、於文王取法焉。

子墨子の所謂兼なる者と雖も、文王に於て法を取る。

といって（他の三聖王も同じ）、兼愛論が開祖の独創説ではないとしたことにより、中篇より自己疎外の度を増している。

第七に、中篇における君権への接近よりさらに進んで、君権へのほぼ完全な密着が見られる。すなわち、まず兼愛反対論として実行が困難であるという主張を想定しそれへの答えとして、荊の霊王・越王の句践・晋の文公がそれぞれ小要・勇・苴服を好んだ際、皆が過度に節食したり身を焼いたり粗服を着たりした理由は、いずれも「即求以郷其上也」（即ち以て其の上に郷わんことを求むればなり）にあったと分析し、兼愛はそうした目的の実現にとって効果的な手段である上に、それよりも断然実行容易なものであることを強調する。にもかかわらず、兼愛が実行されない理由

は、

我以爲、則無有上説之者而已矣。

我れ以為らく、則ち上の之を説ぶ者有る無きのみ。

つまり君主が喜び好まないことにあるとし、引き続き、

苟有上説之者、勸之以賞譽、威之以刑罰、我以爲、人之於就兼相愛交相利也、譬之猶火之就上、水之就下也、不可防止於天下。

苟も上の之を説ぶ者有りて、之を勧むるに賞誉を以てし、之を威すに刑罰を以てせば、我れ以為らく、人の兼相愛交相利に就くに於けるや、之を譬えば猶お火の上に就き、水の下きに就くがごとく、天下に防止す可からざらん。

といって、兼愛の強制的実行を君主に強く要請する。このような賞誉と刑罰による強制的執行の主張は、誰もが指摘するように、君権へのほぼ完全な密着であると同時に、上篇以来の本質的な変質にほかならない。

その他、中篇で上篇からの変質とした点、すなわち説得の基礎を君主への報酬的効果を期待する打算的関心に置いていた点は、下篇では、

故兼者聖王之道也。王公大人之所以安也。萬民衣食之所以足也。……此聖王之道、而萬民之大利也。

故に兼なる者は聖王の道なり。王公大人の安んずる所以なり。万民衣食の足る所以なり。……此れ聖王の道にして、万民の大利なり。

とあるように、やや反省も込めてより慎重に、民利を考慮する立場へと変更されている点も、看過できない重要な違いである。

次に非攻下篇でも、説得対象は「王公大人」や「好攻伐之君」（攻伐を好むの君）とあるように君主である。下篇においで上・中篇からの展開・変容のうち著しいものとしては、誰もが指摘するように、戦争を正義の戦争と侵略戦争とに分けて、前者を「誅」、後者を「攻」とすることが挙げられよう。これは従来の非攻論から見れば大きな変質であることは言うまでもない。

さて利思想と関連して、同じ上・中篇は勿論、兼愛下篇にもない思想が見られる。すなわち、冒頭に、

今天下之所譽善者、其説將何〔哉〕。……必將曰、爲其上中天之利、而中中鬼之利、而下中人之利、故譽之。今天下之所同義者、聖王之法也。

今天下の誉めて善〈義〉とする所の者は、其の説将何ぞ〔や〕。……必ず将に曰わんとす、其の上は天の利に中り、中は鬼の利に中り、下は人の利に中るが為の、故に之を誉む、と。今天下の同じく義とする所の者は、聖王の法なり。[二九]

とあるように、利をさらに三つに分けた、いわゆる「三利」思想がそれである。ここで三利とは、天下の人々が誉めて義とするものとあっても、それはそのような一般的なレベルでものを言う立場ではなく、結局は当篇の作者の考え方を示すものと考えられる。その考え方とは、三利を義、すなわち社会的正義の準則とし、かつすべての行動の準則とする考え方である。下文に、

古之知者之爲天下度也、必順慮其義、而後爲之行。……而順天鬼百姓之利、則知者之道也。

古の知者の天下の為に度るや、必ず其の義を順慮して、而る後に之が行いを為す。……天鬼百姓の利に順うは、則ち知者の道なり。

とあるのもそれを意味する。これが恐らく経上篇・経説下篇に「義、利也」（義は、利なり）とあることや、大取篇に

「義利」（利を義とす）とあることの原型となるものではなかろうか。

三利というのは具体的には「率天下之百姓、以農臣事上帝山川鬼神、利人多」（天下の百姓を率いて、以て農《つと》めて上帝山川の鬼神に臣事し、人を利すること多し）という行為を指す。ところで、それをなす目的はどこにあるのだろうか。それは結局、

> 天賞之、愚富之、人譽之。使貴爲天子、富有天下、名參乎天地、至今不廢。
> 天之を賞し、愚〈鬼〉（三〇）之を富まし、人之を誉む。貴きことは天子と為り、富は天下を有ち、名は天地と参《なら》び、今に至るまで廃れざらしむ。

とあるように、君主が三利に基づいて思慮し行動しさえすれば、最高の名誉・富、絶対権威・絶対権力は天・鬼・人によって保証されるというところにある。これは先に兼愛中篇で見た報酬的効果・打算的関心に説得の基盤を置いていたのとなんら変わりがない。つまり君主の一元的支配を擁護・強化するためのものである。このような三利思想が一旦確立すれば、侵略戦争への反対理論の組み立てがより容易になることはいうまでもない。つまり、まず侵略戦争のマイナスの側面を取り上げ、それが三利にもとることを機械的に指摘し否定していけば済むのである。それは、この三利思想が他の篇でどのように応用されているかを見れば一層明らかになろう。まず前引の尚賢中篇には、

> ……然らば則ち富貴にして賢を為し、以て其の賞を得たる者は、誰ぞや。曰く、昔者の三代の聖王堯舜禹湯文武の若き者、是れなり、と。其の賞を得たる所以は、何ぞや。……又た天下の万民を率いて、以て天を尊び鬼に事え、万民を愛利することを尚ぶ。是の故に天鬼之を賞し、立てて天子と為し、以て民の父母と為す。万民従いて之を誉めて、聖王と曰い、今に至るも已めず。則ち此れ富貴にして賢を為し、以て其の賞を得たる者なり。

とあり、ここには利の字はないが、内容上、三利をふまえていると判断しても差し支えないと思う。そして、ここで

は堯・舜・禹・湯・文・武が天子となり聖王と呼ばれるようになった理由の一つが三利に当たるとされている。次に尚賢下篇には、

昔者堯之擧舜也、湯之擧伊尹也、武丁之擧傅説也、豈以爲骨肉之親、無故富貴、面目美好者哉。惟法其言、用其謀、行其道、上可而利天、中可而利鬼、下可而利人。是故推而上之。

昔者堯の舜を挙ぐるや、湯の伊尹を挙ぐるや、武丁の傅説を挙ぐるや、豈骨肉の親、無故富貴、面目美好なる者為るを以てせんや。惟其の言に法り、其の謀を用い、其の道を行えば、上は而《もっ》て天を利す可く、中は而て鬼を利す可く、下は而て人を利す可し。是の故に推して之を上べるなり。

とあって、賢人登用の重要な根拠とされており、また同篇には、

尚賢者、天鬼百姓之利、而政事之本也。

賢を尚ぶは、天鬼百姓の利にして、政事の本なり。

とあって、結論として尚賢が三利に当たることが主張されている。また利の字はないが、天志上篇には、

子墨子言曰、昔三代聖王禹湯文武、此順天意、而得賞也。……然則禹湯文武、其得賞、何以也。子墨子言曰、其事上尊天、中事鬼神、下愛人。故天意曰、此之我所愛、兼而愛之、我所利、兼而利之。愛人者、此爲博焉。利人者、此爲厚焉。故使貴爲天子、富有天下。業萬世、子孫傳稱其善、方施天下、至今稱之、謂之聖王。

子墨子言いて曰く、昔の三代の聖王禹湯文武は、此れ天意に順いて、賞を得たり。……然らば則ち禹湯文武の、其の賞を得たるは、何を以てなるや、と。子墨子言いて曰く、其れ上は天を尊び、中は鬼神に事え、下は人を愛するを事となしたればなり。故に天意に曰く、此れ我が愛する所に之《おい》て、兼ねて之を愛し、我が利する所、兼ねて之を利す。人を愛する者、此れ博しと為す。人を利する者、此れ厚しと為すと。故に貴きこと天子と為り、富

は天下を有たしむ。万世を業ぎ、子孫は其の善を伝称し、方《あまね》く天下に施し、今に至るまで之を称し、之を聖王と謂う、と。

とあって、禹・湯・文・武が兼愛の実践とともに三利政策を通じて天の賞を勝ち取ったとし、しかも天志中篇には、

夫愛人利人、順天之意、得天之賞者、誰也。曰、若昔三代聖王堯舜禹湯文武者、是也。堯舜禹湯文武、焉所従事。曰、従事兼、不従事別。……觀其事、上利乎天、中利乎鬼、下利乎人。三利無所不利。是謂天德。聚斂天下之美名、而加之焉。曰、此仁也義也。……不止此而已。書於竹帛、鏤之金石、琢之槃盂、傳遺後世子孫。……帝善其順法則也。故擧殷以賞之、使貴爲天子、富有天下。名譽至今不息。

夫れ人を愛し人を利し、天の意に順いて、天の賞を得たる者は、誰ぞや。曰く、昔の三代の聖王堯舜禹湯文武の若き者は、是れなり。堯舜禹湯文武は、焉れの所にか事に従える、と。曰く、事に兼に従い、事に別に従わず。……其の事を観るに、上は天を利し、中は鬼を利し、下は人を利す。三利は利せざる所無し。是れを天徳と謂う。天下の美名を聚斂して、之に加う、と。曰く、此れ仁なり義なり。……止《ただ》に此れのみならず。竹帛に書き、之を金石に鏤め、之を槃盂に琢り、後世の子孫に伝え遺す、と。……帝其の法則に順えるを善《よみ》せるなり。故に殷を挙げて以て之を賞し、貴きことは天子為り、富めることは天下を有たしむ。名誉今に至るも息まず。

とあって、さらに堯舜が加えられており、兼愛とともに三利を実行して天の賞を勝ち取って、仁義の聖王と呼ばれるまでになったとする。ここでも利は仁義と自然に結びついているのが確認できる。それに対して、同篇に、

夫憎人賊人、反天之意、得天之罰者、誰也。曰、若昔者三代暴王桀紂幽厲者、是也。……觀其事、上不利乎天、中不利乎鬼、下不利乎人。三不利無所利。是謂天賊。聚斂天下之醜名、而加之焉。曰、此非仁也非義也。……

夫れ人を憎み人を賊い、天の意に反き、天の罰を得たる者は、誰ぞや。曰く、昔者の三代の暴王桀紂幽厲の若き

者は、是れなり。……其の事を観るに、上は天に利ならず、中は鬼に利ならず、下は人に利ならず。三不利は利する所無し。是れを天賊と謂う。天下の醜名を聚斂して、之に加う。曰く、此れ仁に非ず義に非ず。……、と。

とあるのは、その反対のケースを想定して記述したにすぎない。しかも天志下篇には、

今天下之士君子、欲爲義者、則不可不順天之意矣。曰、順天之意者兼也。反天之意者別也。兼之爲道也、義正。別之爲道也、力正。曰、義正者何若。曰、大不攻小也。強不侮弱也。衆不賊寡也。詐不欺愚也。貴不傲賤也。富不驕貧也。壯不奪老也。……若事上利天、中利鬼、下利人。三利而無所不利。是謂天德。故凡從事此者、聖知也、仁義也、忠惠也、慈孝也。是故聚斂天下之善名、而加之。是其故何也。則順天之意也。曰、力正者何若。曰、大則攻小也。強則侮弱也。衆則賊寡也。詐則欺愚也。貴則傲賤也。富則驕貧也。壯則奪老也。……若事上不利天、中不利鬼、下不利人。三不利而無所利。是謂之賊。故凡從事此者、寇亂也、盜賊也、不仁不義、不忠不惠、不慈不孝。是故聚斂天下之惡名、而加之。是其故何也。則反天之意也。

今天下の士君子、義を為さんと欲せば、則ち天の意に順わざる可からず。曰く、天の意に順う者は兼なり。天の意に反く者は別なり。兼の道為るや、義正。別の道為るや、力正、と。曰く、義正とは何若、と。曰く、大なるものは小なるものを攻めざるなり。強きものは弱きものを侮らざるなり。衆きものは寡きものを賊わざるなり。詐しきものは愚かなるものを欺かざるなり。貴きものは賤しきものに傲らざるなり。富めるものは貧しきものに驕らざるなり。壮のものは老いたるものに奪わざるなり。……若の事は上は天を利し、中は鬼を利し、下は人を利す。三利にして利せざる所無し。是れを天徳と謂う。故に凡そ此れに従事する者は、聖知なり、仁義なり、忠恵なり、慈孝なり。是の故に天下の善名を聚斂して、之に加う。是れ其の故何ぞや。則ち天の意に順えばなり、と。曰く、力正とは何若、と。曰く、大なるものは則ち小なるものを攻むるなり。強きものは則ち弱きものを侮

るなり。衆きものは則ち寡きものを賊うなり。詐しきものは則ち愚かなるものを欺くなり。貴きものは則ち賤しきものに傲るなり。富めるものは則ち貧しきものに驕るなり。壮のものは則ち老いたるものに奪うなり。……若の事は上は天を利せず、中は鬼を利せず、下は人を利せず。三不利にして利する所無し。是れを之〈天〉（三一）賊と謂う。故に凡そ此れに従事する者は、寇乱なり、盗賊なり、不仁不義なり、不忠不恵なり、不慈不孝なり。是の故に天下の悪名を聚斂して、之に加う。是れ其の故何ぞや。則ち天の意に反けばなり、と。

とあって、仁義のみならず、聖知・忠恵・慈孝とも結びついている。その他にも天志上篇には、

順天意者、義政也。反天意者、力政也。然義政將柰何哉。子墨子言曰、處大國、不攻小國、處大家、不篡小家。強者不劫弱、貴者不傲賤、多詐者不欺愚。此必上利於天、中利於鬼、下利於人。三利無所不利。故舉天下美名加之、謂之聖王。力政者、則與此異。言非此、行反此、猶倖馳也。處大國、攻小國、處大家、篡小家。強者劫弱、貴者傲賤、多詐欺愚。此上不利於天、中不利於鬼、下不利於人。三不利無所利。故舉天下惡名加之、謂之暴王。

天意に順う者は、義政なり。天意に反く者は、力政なり。然らば義政は将に柰何せんとするや。子墨子言いて曰く、大国に処りては、小国を攻めず、大家に処りては、小家を簒わず。強き者は弱きに劫らず、貴き者は賤しきに傲らず、詐多き者は愚を欺かず。此れ必ず上は天を利し、中は鬼を利し、下は人を利す。三利は利せざる所無し。故に天下の美名を挙げて之に加え、之を聖王と謂う。力政なる者は、則ち此れと異なり。言は此れに非き、行いは此れに反き、猶お倖〈俏〉（三二）馳するがごとし。大国に処りては、小国を攻め、大家に処りては、小家を簒う。強き者は弱きに劫り、貴き者は賤しきに傲り、詐多き〔者〕（三三）は愚を欺く。此れ上は天を利せず、中は鬼を利せず、下は人を利せず。三不利は利する所無し。故に天下の悪名を挙げて之に加え、之を暴王と謂う、と。

とあって、天意に順う「義政」とその反対の「力政」とを対比させつつ、前者は「三利」を行うもの、後者は「三不利」

を行うものであるという。ここで初めて三不利という概念が派生している（前引の天志下篇も同じ。ただより詳細になっている）。また非命上篇には、

今用執有命者之言、則上不聽治、下不從事。……故命上不利於天、中不利於鬼、下不利於人。而強執此者、此持凶言之所自生、而暴人之道也。

今有命を執る者の言を用うれば、則ち上は治を聴かず、下は事に従わず。……故に命なるものは上は天を利せず、中は鬼を利せず、下は人を利せず。而るに強いて此れを執る者は、此れ持〈特〉[二四]に凶言の自りて生ずる所にして、暴人の道なり。

とあって、有命論が三利にもとるとし、貴義篇には、

子墨子曰、凡言凡動、利於天鬼百姓者爲之、凡言凡動、害於天鬼百姓者舍之。……

子墨子曰く、凡そ言凡そ動、天鬼百姓に利ある者は之を為し、凡そ言凡そ動、天鬼百姓に害ある者は之を舍つ。……、と。

とあって、あらゆる「言・動」の準則の一つとされており、魯問篇には、

魯君謂子墨子曰、吾恐齊之攻我也、可救乎。子墨子曰、可。昔者三代之聖王禹湯文武、百里之諸侯也、説忠行義、取天下。三代之暴王桀紂幽厲、讐怨行暴、失天下。吾願主君之上者尊天事鬼、下者愛利百姓、厚爲皮幣、卑辭令、亟徧禮四鄰諸侯、敺國而以事、齊患可救也。非此顧無可爲者。

魯君子墨子に謂いて曰く、吾れ斉の我れを攻めんことを恐る、救う可きか、と。子墨子曰く、可なり。昔者は三代の聖王禹湯文武は、百里の諸侯なり、忠を説び義を行いて、天下を取る。三代の暴王桀紂幽厲は、怨を讐とし暴を行いて、天下を失う。吾れ願わくは主君の上は天を尊び鬼に事え、下は百姓を愛利し、厚く皮幣を為り、辞

令を卑くし、亟かに偏く四鄰の諸侯に礼し、国を毆って以て事とすれば、斉の患いは救う可きなり。此れに非ざれば顧（固）《まこと》に為す可き者無し、と。

とあって、他国の侵略から国を守る一方法とされている。[三五]

このように三利思想は、兼愛論・非攻論のみならず、尚賢論・天志論・非命論などにも浸透し、しかも古の理想の聖王とされる堯・舜・禹・湯・文・武によってすでに実行済みであるという考え方が定着している。特に注意すべきは、前引の尚賢中篇・天志上篇・天志中篇・天志下篇では、三利を実行すれば、最高の名誉・富、絶対権威・絶対権力は天・鬼・人によって保証されるという、報酬的効果・打算的関心に説得の基盤が置かれているということである。これを要するに、兼愛中・下篇以来、一方では「天下の利を興し、天下の害を除く」こと、あるいは万民の大利を提唱するもの[三六]、他方では一君主の名誉・富、絶対権威・絶対権力の擁護・強化をはかる、といった両方の傾向が、十論の各三篇の中で相互補完し、かつある程度バランスを保ちつつ、主張されているのである。

しかし、その内部においては各口号の性質上、利が上下の間で一方に偏って強調される現象が生ずる場合もあった。例えば、尚同三篇は上の利に偏りが生じた例で、特に上・中篇では「尚同一義」や「賞罰審察」が強調される一方で、そこには社会的利の観念や思想はほとんど見られない。[三七]それに対して、節用二篇では民利の立場から無用の費をなくすことが力説されており[三八]、節葬下篇では「厚葬久喪」を批判する論拠として「三務」[三九]が提唱されている。よって、このような利のアンビヴァレントな性質は、兼愛中・下篇以来、尾を引いていたと言えよう。

第五節　宋鈃学派と利

次に宋鈃学派について見てみよう。宋鈃学派の開祖であり戦国中期頃に活躍したと言われる宋鈃は、前引の『孟子』告子下篇にはその名が宋牼となっているが、一般的には宋鈃（『荀子』非十二子篇、『荘子』天下篇）という名でより多く知られており、別名「宋栄子」（『荘子』逍遥遊篇、『韓非子』顕学篇）、「宋栄」（『韓非子』顕学篇）、「宋子」（『荀子』天論篇・解蔽篇）、「子宋子」（『荀子』正論篇）ともいう。宋鈃については、『孟子』以外に以上のような文献に断片的にしか残っていないため、周知の如くその著作や根本思想、学派所属などの諸問題においていまだ謎めいた部分が多く、今でも喧しい議論の対象となっている。したがって、ここで交錯状態にある従来の宋鈃研究について、ひとまず整理をする必要がある。

まず、著作について見てみると、一般に『漢書』芸文志に著録されている『宋子』十八篇が彼の著作とされているが、それよりもかつて劉節・郭沫若両氏[四〇]がいわゆる『管子』四篇の全部あるいは一部を宋鈃の作品と発表して以来、それについて賛同したり批判したり、あるいは賛否を示さずに自説を展開する研究が続々と出されたことで、一気に世間の注目を浴びるようになったと思われる。[四一]しかし、すでに諸家によって様々な角度から分析がなされているように、それらを直ちに宋鈃の作と認めるのはやはり無理のようである（この問題については本章注（四一）のⅡで挙げた諸論考を参照）。

次にその思想的特徴として特に有名なものを掲げると、非戦と軍備の撤廃による平和論、[四二]独特の栄辱観による闘争の否定、[四三]情欲寡浅説[四四]という三大スローガンが最も代表的であり、戦国後期から前漢初期にかけて当時の思想界によく知られていたようである。勿論さらに細部にわたって検討すると、『荀子』非十二子篇に「不知一天下建國家之権稱」（天下を一にし国家を建つるの権称を知らず）、「上功用」（功用を上ぶ）、「大儉約」（倹約を大《たっと》ぶ）、「優差等」（差等を優《あなど》る）とあり、『荘子』天下篇に「白心」（心を白《きよ》くす）、「別宥」、「心之容」（心の容）とあるなど、墨家や道家思想との関連を思わせる語句やことばも見られるが、そこにはその篇の作者が宋鈃を意識的に墨家や道家に引きつけて理解しようとした嫌いが看取されなくもない——ただし、これは彼の思想の中にそのような要素が全くなかったということを主張するものではない。

最後に学派所属の問題に関しては、一般に宋尹学派と称する場合が多く、特に中国の学者たちの間ではそれを前提にして学派の問題を論ずる研究が大半を占めている。ここでは一々その例を挙げることは割愛し、宋鈃だけに限定して整理してみると、墨家とする説、名家とする説、黄老派とする説、稷下黄老派とする説、老荘思想の先駆とする説、学派的分類に拘らずに戦国時代の独立した一流派とする説、等々がある。(四五)もっとも、この問題を解くためには各文献の性質に留意しながら、実際どのように記載されているかを見て判断するのが最も有効であろう。それを念頭において見てみると、前引の『孟子』告子下篇、『荘子』逍遥遊篇、『荀子』天論篇・正論篇・解蔽篇、『韓非子』顕学篇のようにその名が単独に見られるのが最も多い。また周知のように『荀子』非十二子篇では墨翟と、『荘子』天下篇では尹文と並称しているが、それだけでなく『韓非子』外儲説左上篇に「李・恵・宋・墨」とあるように、四人を並称する例もある。そして誰もが指摘しているように、『漢書』芸文志諸子略小説家者流には宋鈃の作とされる宋子十八篇が小説家に著録されているが（尹文子一篇は名家に著録されている）、続く班固の「孫卿道宋子、其言黄老意。(四六)」（孫卿宋子を道い、其の言は黄老の意なり。）という注によれば、小説家でありながら黄老思想を説いていたということになる。こうしてみると、いずれの学派にも属するかのように見えると同時に、いずれの学派とも限定しにくいことが分かる。

以上によって次の三つのことが考えられよう。第一に、先秦諸子との師承関係や学派の所属を明確に示す文献がない点。第二に、他説を否定して自説を主張するために、あるいはある一定の観点から哲学史・思想史を描くために、あるいは文献整理の必要上、作者の主観的判断（極端に言えば恣意的判断）が介入していることを否めない点。第三に、『荀子』正論篇に、

今子宋子嚴然而好説、聚人徒、立師學、成文典。

今子宋子は厳然として説を好み、人徒を聚め、師学を立て、文典を成す。

とあるように、正論篇が成書された現代において宋子学派がすでに形成されていたようなことを窺わせる記事がある点。これらの情況を斟酌した場合、結局特定の学派に無理矢理結びつける必要はないのではなかろうか。よって、唐鉞氏や赤塚忠氏が指摘したように、[四七]先秦時代の諸子との思想上の相互的影響関係は認められるものの、学派上は独立した一派をなしていたと考える方が穏当のように思われる。

こうして宋鈃学派は独立した一派をなして戦国中期頃に上記の三大スローガンを主として実践的に活動したことが明らかになったが、ここで『唐虞之道』の利思想の来源の問題と関わる前引の『孟子』告子下篇の文章に論を戻そう。そこには三大スローガンの一つの非戦を王に説得するために楚国へ行こうとする宋牼が石丘という地で孟子と会って会話を交わす場面が描かれているが、その要点について孟子に質問された時、「我れ将に其の不利を言わんとす」、すなわち、戦争が国利にもとることを言おうとすると答えている。ここで両者の問答をまとめてみると次のようになろう。まず説得対象が楚王・秦王のように君主になっている。次に三大スローガンの一つの非戦を裏付ける最大の根拠が利とされている。そして孟子は前引の梁恵王上篇と同様、得意の仁義によってそれを論破しようとしている。そのうち、最も重要なのは、利が非戦を説得する際の中核概念となっている点である。この点は先学によってすでに指摘されているように墨家が非攻を論じる際の論法と酷似していることは言うまでもなかろう。[四八]またこれはあまり注目されていない事柄であるが、『荘子』天下篇で宋鈃尹文の学説を説くところに、

以爲無益於天下者明之、不如已也。

以為らく天下に益無き者にして之を明らかにするは、已むに如かざるなり。

とある文章も、告子下篇の利と関連して考えると、宋鈃思想の重要な一面を示唆していると思われる。これは胡家聡氏も指摘するように、(四九)『墨子』非楽上篇に、

利人乎、即爲、不利人乎、即止。

人を利せんか、即ち為し、人を利せざらんか、即ち止む。

とある文章と相似ている。それと同時に、君主を説得対象としているのは中期以降の墨家思想と相通じる点、そして先秦諸子の中で、全天下的全社会的な規模での利を自家の中核概念として全面に打ち出しているのは墨子学派以外に見受けられない点などを考慮すると、宋鈃の利思想は墨家から直接影響を受けたものと認めてもよかろう。このように見てくると、文献資料に見る限り、孟子以前あるいは孟子が活動していた当時、利を一つのスローガンとしていたのは墨家及び宋鈃学派ということになり、彼らが『孟子』の仁義説の最大の脅威・障害物だったことは、『孟子』告子下篇の前引の文章によっても垣間見ることができよう。

第六節　戦国後期以降の社会的利思想――弗利という理想

一　法家系の諸文献における社会的利思想の特徴

ところで、中期墨家以降の利思想には、各口号の性質上、利が上下の間で一方に偏って強調される現象が生ずる場

合もあった。そのような利のアンビヴァレントな性質は、十論の各三篇の中で相補完し、かつある程度バランスを保ちつつ主張されていたことも事実である。しかし、特に兼愛中篇に端を発し、尚同三篇、尚賢中篇、天志三篇に顕著に見られたように、各口号が徐々に教条化・定型化し、当の政治権力へ接近・密着していくにつれ、最高の名誉・富、絶対権威・絶対権力が天・鬼・人によって保証されるという、報酬的効果・打算的関心に説得の基盤が置かれ、その傾向がいよいよ強くなっていったのも事実である。それに対し、本句には弗利（君主に対する語）とあって、天下の利を君主に帰することをあえて断ち切っている。この点、右のような墨家内部の君権依存への強い願望とは異なる、あたかもそれへの強い反撥を示すようなものとも思われる。

そこで次は、この弗利の問題について考察することにする。この問題を解くのに有効な資料は、戦国後期から前漢初期に成立したと思われる法家系の文献や『呂氏春秋』『淮南子』などにいくつか見られる。まず『商君書』修権篇には、次のような文章がある。

凡人臣之事君也、多以主所好事君。君好法、則臣以法事君。君好言、則臣以言事君。君好法、則端直之士在前、君好言、則毀譽之臣在側。公私之分明、則小人不疾賢、而不肖者不妬功。故堯舜之位天下也、非私天下之利也、爲天下位天下也。論賢擧能而傳焉、非疏父子親越人也。明於治亂之道也。故三王以義親、五伯以法正諸侯。皆非私天下之利也、爲天下治天下。是故擅其名而有其功、天下樂其政、而莫之能傷也。今亂世之君臣、區區然皆擅一國之利、而管一官之重、以便其私。此國之所以危也。故公私之交、存亡之本也。

凡そ人臣の君に事うるや、多くは主の好む所を以て君に事う。君法を好めば、則ち臣は法を以て君に事う。君言を好めば、則ち臣は言を以て君に事う。君法を好めば、則ち端直の士前に在り、君言を好めば、則ち毀誉の臣側に在り。公私の分明らかなれば、則ち小人は賢を疾まず、而して不肖者は功を妬まず。故に堯舜の天下に位するや、天下の利を私するに非ざるなり、天下の為に天下に位するなり。賢を論じ能を挙げて伝え、父子を疏んじ越人に親しめるに非ざるなり。治乱の道に明らかなればなり。故に三王は義を以て親しみ、五伯は法を以て諸侯を正せり。皆天下の利を私するに非ざるなり、天下の為に天下を治む。是の故に其の名を擅にして其の功有り、天下其の政を楽しみて、之を能く傷う莫かりしなり。今乱世の君臣は、区区然として皆一国の利を擅にし、一官の重きを管して、以て其の私に便す。此れ国の危き所以なり。故に公私の交は、存亡の本なり。

ここで君主の「好」に作者の思想の実現を依託していることや、堯舜や三王の時代の政治のありかたを「天下の利を私するに非ざるなり」と表現していることは、恐らく兼愛中篇などの中期墨家以降、兼愛論の実現を君主に依存したことや社会的利思想をふまえていると思われる。ただし、ここで堯舜や三王を登場させたのは、禅譲や義による政治を主張するためではないことは言うまでもなかろう。それは恐らく五伯の法による政治を導くための伏線として示しただけのものと考えられる。というのは、右引の文章の前後に「公私の分明らかなれば」とか「公私の交」とある公は、具体的には法を指し、法による政治の実現にその真の目的があるからである。したがって、五伯の時代の政治が堯舜・三王と同等のレベルで語られているのは、修権篇の作者にとってはごく自然なことであったろう。[五〇]というより、その底辺には『商君書』の独特の歴史観がそれを支えていると思われる。その歴史観とは、修権篇にも、

不以法論知能・賢不肖者惟堯。而世不盡爲堯。是故先王知自議譽私之不可任也。故立法明分。

法を以て知能・賢不肖を論ぜざる者は惟だ堯のみ。而も世は尽くは堯為らず。是の故に先王は自議誉私の任ず可からざるを知るなり。故に法を立て分を明らかにす。

と見えているが、八説篇・開塞篇に典型的に見られ、『韓非子』五蠹篇とも深く関連しあっている。それは一言で言えば、時や事の歴史的・時間的変化を正確に捉えることを主眼とする歴史観と言えよう。[五一]

いずれにせよ、堯舜・三王・五伯の政治を「天下の利を私するに非ざるなり、天下の為に天下に位するなり」とする主張に、墨家の社会的利思想をふまえながらも、本句のような弗利の側面が全面に打ち出されているのは、墨家思想とは違う一つの特徴と言えよう。ただし、修権篇に「君臣釋法任私必亂」（君臣法を釈《す》てて私に任ずれば必ず乱る）、「立法明分、而不以私害法、則治。」（法を立て分を明らかにして、私を以て法を害せざれば、則ち治まる。）、「惟明主愛權重信、而不以私害法。」（惟だ明主のみ権を愛し信を重んじ、而して私を以て法を害わず。）、「世之爲治者、多釋法而任私議。此國之所以亂也。」（世の治を為す者、多く法を釈てて私議に任ず。此れ国の乱るる所以なり。）、「法者、國之權衡也。夫倍法度、而任私議、皆不知類者也。」（法は、国の権衡なり。夫れ法度に倍きて、私議に任ずるは、皆類を知らざる者なり。）等々とあるような特有の公私論、君臣という為政者全般に対して終始、拒私を力説していることから見れば、修権篇に弗利の側面が全面に打ち出されているのは当然の帰結とも思われる。しかし、注意すべきは、弗利の論理が一貫してはいないことである。すなわち、修権篇にはまた「是の故に其の名を擅にして其の功有り」とあって、中期墨家以降に見られた報酬的効果・打算的関心は、それほど強くはないにせよ、ここでも依然存続している。このような公私論的見地から弗利の思想が展開しているのは、戦国最末期に成立した前引の『呂氏春秋』貴公篇にも、

昔先聖王の天下を治むるや、必ず公を先にす。公なれば則ち天下平らかなり。平らかなるは公より得。嘗試に上志を観るに、天下を得ること有る者衆し。其の之を得るは公を以てし、其の之を失うは必ず偏を以てす。凡そ主の立つや、公より生ず。……天下は一人の天下に非ざるなり。天下の天下なり。陰陽の和は、一類を長ぜず。甘露時雨は、一物に私せず。万民の主は、一人に阿らず。伯禽将に行かんとし、魯を治むる所以を請う。周公曰く、利して利とすること勿かれ、と。

とあって、弗利の思想を周公に言わせるのは、この篇だけに見られる特徴と言えよう。これも、前に墨家の社会的利

を説いたところで、一つの枠組みが形成されれば、古の理想的聖王（もしくは聖人）とされるものなら、だれでも当てはめてしまうもう一つの例になろう。このように、弗利や拒私の立場が全面に打ち出されているのは修権篇と同じである。ただし、この場合の公が法ではないことは言うまでもない。

弗利と関連する思想は、特に『管子』の中にいくつか見られる。まず戒篇の桓公・管仲問答に管仲のことばとして、

仁従中出、義従外作。仁故不以天下爲利。義故不以天下爲名。仁故不代王。義故七十而致政。是故聖人上徳而下功、尊道而賤物。道徳當身、故不以物惑。是故身在草茅之中、而無懾意、南面聽天下、而無驕色。如此而後、可以爲天下王。

仁は中従り出で、義は外従り作る。仁なるが故に天下を以て利と為さず。義なるが故に天下を以て名と為さず。仁なるが故に王に代らず。義なるが故に七十にして政を致す。是の故に聖人は徳を上びて功を下とし、道を尊びて物を賤しむ。道徳身に当り、故に物を以て惑わず。是の故に身草茅の中に在りて、而も懾意無く、南面して天下を聴きて、而も驕色無し。此の如くにして而る後に、以て天下の王と為る可し。

とある。この文章には『唐虞之道』と類似の句が次のようにいくつか見られる。第一に、「仁なるが故に天下を以て利と為さず」とあるように、弗利の立場が明確に打ち出されており、それを仁と結合しているのも『唐虞之道』と類似している。第二に、「義なるが故に七十にして政を致す」も、本章第一節で引用した③の文章に類似の句が見える。第三に、「聖人は徳を上ぶ」は、『唐虞之道』第二十号簡に「𨗨（禪）也者、上直（德）𤔲（授）𢀩（賢）之胃（謂）也。」（禅譲とは、有徳者を尊び賢者に（位を）授けることを意味する。）とあるのと文字面は相似ているが、戒篇では禅譲の意味としては使われていないところに相違がある。第四に、最後のところの下線部は、『唐虞之道』第十五

〜一八号簡に「夫古者⿱夋土（舜）佢（居）於艸（草）茅之中而不𢚧（憂）、斗〈升〉爲天子而不喬（驕）。……君民而不喬（驕）、卒王天下而不矣（疑）。」（そもそも昔舜は、在野に身を置いても憂えることはなく、天子という高い地位についてもおごり高ぶることはなかった。……君主でありながらおごり高ぶることがなければ、ついには天下に王者となって疑われることはない。）とあるのと酷似している。このように戒篇に禅譲についての言及はないにせよ、『唐虞之道』との類似性や、『唐虞之道』と同様弗利の立場が明確に示されている点などは、単なる偶然の一致とは思えない。両篇の間に何らかの連絡があったということは十分予想される。また『管子』版法解篇には、

凡衆者、愛之則親、利之則至。是故明君設利以致之、明愛以親之。徒利而不愛、則衆至而不親。徒愛而不利、則衆親而不至。愛施倶行、則説君臣、説朋友、説兄弟、説父子。愛施所設、四固不能守。故曰、説在愛施。凡君所以有衆者、愛施之德也。愛有所移、利有所并、則不能盡有。故曰、有衆在廢私。……凡人者、莫不欲利而惡害。是故與天下同利者、天下持之、擅天下之利者、天下謀之。天下所謀、雖立必隳、天下所持、雖高不危。故曰、安高在乎同利。

凡そ衆は、之を愛すれば則ち親しみ、之を利すれば則ち至る。是の故に明君は利を設けて以て之を致し、愛を明らかにして以て之を親しましむ。徒らに利するも愛せざれば、則ち衆至れども親しまず。徒らに愛するも利せざれば、則ち衆親しめども至らず。愛施倶に行わるれば、則ち君臣を説ばせ、朋友を説ばせ、兄弟を説ばせ、父子を説ばす。愛施の設くる所は、四固も守ること能わず。故に曰く、説ばすは愛施に在り、と。凡そ君の衆を有つ所以は、愛施の徳なり。愛移〈私〉(五二)する所有り、利并する所有れば、則ち尽くは有つこと能わず。故に曰く、衆を有つは私を廃するに在り、と。……凡そ人は、利を欲して害を悪まざるは莫し。是の故に天下と利を同じくする者は、天下之を持《たす》け、天下の利を擅にする者は、天下之を謀る。天下の謀る所は、立つと雖も必ず隳れ、天下

の持くる所は、高しと雖も危からず。故に曰く、高きに安んずるは利を同じくするに在り、と。

とあって、中期墨家以降の愛と利の思想をふまえながらも、もう一歩踏み込んで愛と利の同時遂行を主張し、またそれらがある特定の者に集中されることや、君主一人が天下の利を独占することも警戒している。しかし「之を愛すれば則ち親しみ、之を利すれば則ち至る」のような報酬的心理、「凡そ君の衆を有つ所以は、愛施の徳なり」のような打算的関心を喚起する表現が残存しており、その点では先の戒篇と少々違っている。ただし、同じ篇には（前引）、

凡そ所謂能く利せざる所を以て人を利する者は、舜是れなり。舜は歴山に耕し、河浜に陶し、雷沢に漁し、其の利を取らずして、以て百姓に教う。百姓挙げて之を利とす。此れ所謂能く利せざる所を以て人を利する者なり。

とあって、本句とほぼ同様の思想が述べられている。内容から判断して恐らく末期墨家（尚賢中・下篇、天志三篇）の利思想から影響を受け、さらには戒篇をもふまえて書かれたものと思われる。版法解篇の右の文章が舜の場合だとすると、堯の立場から弗利の実態を説明する文章もある。時代は下がるが、前引の『淮南子』主術篇に、

堯の天下を有つや、万民の富を貪りて人主の位を安しとするに非ざるなり。以為らく、百姓力征し、強は弱を凌ぎ、衆は寡を暴う、と。是に於て堯乃ち身ら節倹の行いを服し、相愛するの仁を明らかにして、以て之を和輯す。是の故に茅茨翦らず、采椽斲らず、大路画らず、越席縁とらず、大羹和せず、粢食毇げず。巡狩して教を行い、天下に勤労し、五岳に周流す。豈其の奉養楽しむに足らざらんや。以て社稷の為とし、利とする有ること非ざりしなり。年衰え志憫えて、天下を挙げて之を舜に伝うるに、猶お卻行して蹝を脱ぐがごときなり。

とあって、文章全体が墨家思想の影響を濃厚に被っていることは言うまでもないが、最後に書かれているのは、弗利の立場を示しており、養生思想はないものの、それが禅譲によって根拠づけられているのは、『唐虞之道』前引③に「亖（四）枳（肢）胅（倦）陸（惰）し、耳目の𦕒（聡）明衰うれば、天下を褈（禅）りて叏（賢）に受（授）け、遉（退）きて丌（其）の生を羖（養）う。此を㠯（以）て丌（其）の秎（利）とせざるを智（知）るなり。」とある

のと全く同じである。このことは、同じく前引の繆称篇に、

君は根本なり、臣は枝葉なり。根本美ならずして、枝葉茂る者は、未だ之を聞かざるなり。有道の世には、人を以て国に与う。無道の世には、国を以て人に与う。堯天下に王として憂い解けず、舜に授けて憂い釈く。憂うるも之を守りて、賢に与うるを楽しみ、終に其の利を私せず。

とある文章において再度確認できる。

二　『荀子』の欲望論と利

このように、墨家から端を発した社会的利思想が、戦国中期以降各学派に受容され、それぞれの理論や聖人観などに深く浸透していくにつれ、[五三]儒家の内部においてもそのような時代の流れに敏感に反応する動きが出始める（前引の『論語』堯曰篇及び『孟子』尽心上篇でも確認したごとく）。それは言うまでもなく荀子学派である。ただ荀子やその学派のテキストである『荀子』によれば、修身篇に、

保利棄義、謂之至賊。

利を保ちて義を棄つるは、之を至賊と謂う。

とあり、同篇に、

卑溼重遲貪利、則抗之以高志、……夫是之謂治氣養心之術也。

卑溼重遅貪利ならば、則ち之を抗《あ》ぐるに高志を以てし、……夫れ是れを之気を治め心を養うの術と謂うなり。

とあり、同篇に、

利少而義多爲之。
利は少きも而も義の多ければ之を為す。

とあり、同篇に、
君子之求利也略、其遠害也早。
君子の利を求むるは略なるも、其の害に遠ざかるは早し。

とあり、不苟篇に、
言無常信、行無常貞、唯利所在、無所不傾。若是則可謂小人矣。
言に常の信無く、行いに常の貞無く、唯だ利の在る所には、傾かざる所無し。是の若くんば則ち小人と謂う可し。

とあり、栄辱篇に、
義之所在、不傾於權、不顧其利、擧國而與之、不爲改視、重死持義而不橈、是士君子之勇也。
義の在る所にして、権に傾かず、其の利を顧みず、国を挙げて之に与うるとも、改視を為さず、死を重んじ義を持して橈《まが》らざるは、是れ士君子の勇なり。

とあり、同篇に、
先義而後利者榮、先利而後義者辱。
義を先にして利を後にする者は栄え、利を先にして義を後にする者は辱めらる。

とあり、仲尼篇に、
然而仲尼之門、五尺之豎子、言羞稱乎五伯、是何也。……依乎仁而蹈利者也、小人之傑也。

然らば而ち仲尼の門、五尺の豎子も、言うに五伯を称するを羞づるは、是れ何ぞや。……仁に依りて利を蹈む者なり、小人の傑なり。

とあり、儒効篇に、

君子無爵而貴、無祿而富、不言而信、不怒而威、窮處而榮、獨居而樂。……鄙夫反是、比周而譽愈少、鄙爭而名愈辱、煩勞以求安利、其身愈危。

君子は爵無けれども貴く、禄無けれども富み、言わざるも信あり、怒らざるも威あり、窮処するとも栄え、独居するとも楽しむ。……鄙夫は是れに反し、比周して誉れは愈いよ少く、鄙争して名は愈いよ辱められ、煩労して以て安利を求むるも、其の身は愈いよ危うし。

とあり、同篇に、

不學問無正義、以富利爲隆、是俗人者也。

学問せずして正義無く、富利を以て隆しと為すは、是れ俗人なる者なり。

とあり、王覇篇に、

國者巨用之則大、小用之則小。……巨用之者、先義而後利、……小用之者、先利而後義。

国なる者は之を巨用すれば則ち大、之を小用すれば則ち小なり。……之を巨用すとは、義を先にして利を後にし、……之を小用すとは、利を先にして義を後にす。

とあり、同篇に、

大國之主也、而好見小利、是傷國。

大国の主なるも、小利を見るを好めば、是れ国を傷う。

とあり、君道篇に、

上好貪利、則臣下百吏乘是而後豐取刻與、以無度取於民。

上利を貪るを好めば、則ち臣下百吏是れに乗じて而る後に豊取刻与し、無度を以て民より取る。

とあり、彊国篇に、

人君者、隆禮尊賢而王、重法愛民而霸、好利多詐而危、權謀傾覆幽險而亡。

人君なる者は、礼を隆び賢を尊べば而ち王たり、法を重んじ民を愛すれば而ち覇たり、利を好み詐多ければ而ち危うく、権謀傾覆幽険なれば而ち亡ぶ。

とあり（類似の文章は天論篇と大略篇にも見える）、楽論篇に、

亂世之徴。其服組、其容婦、其俗淫、其志利、其行雜、其聲樂險、其文章匿而采、其養生無度、其送死瘠墨、賤禮義而貴勇力、貧則爲盜、富則爲賊。治世反是也。

乱世の徴。其の服は組、其の容は婦、其の俗は淫、其の志は利、其の行いは雑、其の声楽は険、其の文章は匿にして采、其の養生は度無く、其の送死は瘠墨、礼義を賎みて勇力を貴び、貧しければ則ち盗を為し、富めば則ち賊を為す。治世は是れに反するなり。

とあり、大略篇に、

上好義則民闇飾矣、上好富則民死利矣。二者治亂之衢也。

上義を好めば則ち民は闇にも飾し、上富を好めば則ち民は利に死す。二者は治乱の衢《みち》なり。

とあり、法行篇に、

君子苟能無以利害義、則恥辱亦無由至矣。

君子苟《まこと》に能く利を以て義を害うこと無ければ、則ち恥辱も亦た由りて至ること無し。

等々とあるように、個人（主に君子）の修養論、君子小人の弁、王覇の弁、義利の弁、上位者の私利私欲、治乱の弁、等々のような立場から利が議論される場合は、たいてい低い評価が与えられている。これは言うまでもなく初期儒家からの根強い伝統であり、『荀子』においても変えられぬ原則であった。

しかしながら、不苟篇に「君子……欲利而不為所非。」（君子は……利を欲するも而も非なる所を為さず。）とあり、君子篇に「論法聖王、則知所貴矣、以義制事、則知所利矣。」（論、聖王に法れば、則ち貴ぶ所を知り、義を以て事を制すれば、則ち利とする所を知る。）などとあるように、利を『孟子』のように野放しで否定することはしない。『荀子』において利が否定されない理由は、栄辱篇に、

材性知能、君子小人一也。好榮惡辱、好利惡害、是君子小人之所同也。若其所以求之之道則異矣。

材性知能は、君子も小人も一なり。栄を好みて辱を悪み、利を好みて害を悪むは、是れ君子と小人との同じき所なり。其の之を求むる所以の道の若きは則ち異なれり。

とあり、また同篇に、

凡人有所一同。飢而欲食、寒而欲煖、勞而欲息、好利而惡害、是人之所生而有也。

凡そ人には一同なる所有り。飢うれば而ち食を欲し、寒ければ而ち煖を欲し、労るれば而ち息を欲し、利を好みて害を悪むは、是れ人の生れながらにして有る所なり。

とあり、また同篇に、

堯禹者非生而具者也。夫起於變故、成乎脩爲、待盡而後備者也。人之生固小人、無師無法、則唯利之見爾。人之生固小人、又以遇亂世得亂俗。……君子非得勢以臨之、則無由得開内焉。

堯禹なる者も生れながらにして具わる者に非ず。夫れ変故に起り、修為に成り、尽くすを待ちて而る後に備わる者なり。人の生れつきは固より小人なり、師無く法無ければ、則ち唯だ利を之見るのみ。人の生れつきは固より小人なるに、又た以て乱世に遇いて乱俗を得たり。……君子も勢を得て以て之に臨むに非ざれば、則ち開《みちび》き内るるを得るに由無し。

とあり、非相篇に、

飢而欲食、寒而欲煖、勞而欲息、好利而惡害、是人之所生而有也。是無待而然者也。

飢うれば而ち食を欲し、寒ければ而ち煖を欲し、労すれば而ち息を欲し、利を好みて害を悪むは、是れ人の生れながらにして有る所なり。是れ待つ無くして然る者なり。

とあり、大略篇に、

義與利者、人之所兩有也。

義と利とは、人の両有する所なり。

などとある一連の文章に示されているように、人間が利を追い求めることを生身の人間の自然の欲求と認めているからである。これは荀子学派の欲望論と深く関連している。この点、墨家の利の見方と同質のようであるが、しかし『荀子』はそれを欲望論を基盤にして展開しており、そこに相違がある。

では、『荀子』の欲望論とは如何なるものであるか。それは正名篇に、

性者天之就也。情者性之質也。欲者情之應也。以所欲以爲可得而求之、情之所必不免也。

性なる者は天の就せるなり。情なる者は性の質なり。欲なる者は情の応なり。欲する所を以て得可しと以為《おも》いて之を求むるは、情の必ず免れざる所なり。

とある文章に端的に示されているように、『荀子』が欲望を人間の本質的なものとして認めていることは、周知のことである。また性悪篇に、

今人之性生而有好利焉。……夫好利而欲得者、此人之情性也。

今人の性は生れながらにして利を好むこと有り。……夫れ利を好みて得んことを欲するは、此れ人の情性なり。

とあるように、利は当然欲望の格好の対象であるから、人間が利を好むこともまた生まれつきのものとしなければならない。しかし、その生まれつきの本性を放任しておけば、当然社会は大混乱に陥るので、それをコントロールする装置が必要となってくる。礼論篇に、

禮起於何也。曰、人生而有欲。欲而不得、則不能無求。求而無度量分界、則不能不爭。爭則亂、亂則窮。先王惡其亂也。故制禮義以分之、以養人之欲、給人之求、使欲必不窮乎物、物必不屈於欲、兩者相持而長。是禮之所起也。

礼は何より起るや。曰く、人は生れながらにして欲有り。欲して得ざれば、則ち求むる無きこと能わず。求めて度量分界無ければ、則ち争わざること能わず。争えば則ち乱れ、乱るれば則ち窮す。先王は其の乱るるを悪みしなり。故に礼義を制して以て之を分ち、以て人の欲を養い、人の求めを給し、欲をして必ず物に窮せず、物をして必ず欲に屈せず、両者をして相持して長せしむ。是れ礼の起る所なり。

とあるように、礼とされるものがそれである。その際、礼を支えているのは度量分界、すなわち分にほかならない。それは王制篇に、

人何以能羣。曰、分。分何以能行。曰、義。故義以分則和、和則一、一則多力、多力則彊、彊則勝物。故宮室可得而居也。故序四時、裁萬物、兼利天下、無它故焉。得之分義也。

人は何を以て能く群するや。曰く、分なり。分は何を以て能く行わるるや。曰く、義なり。故に義以て分すれば則ち和し、和すれば則ち一、一なれば則ち力多く、力多ければ則ち彊く、彊ければ則ち物に勝つ。故に宮室得て居る可きなり。故に四時を序し、万物を裁して、天下を兼利するは、它の故無し。之が分義を得ればなり。

とあり、富国篇に、

人之生不能無羣、羣而無分則爭、爭則亂、亂則窮矣。故無分者人之大害也。有分者天下之本利也。

人の生は群する無きこと能わず、群して分無ければ則ち争い、争えば則ち乱れ、乱るれば則ち窮す。故に分無きは人の大害なり。分有るは天下の本利なり。

とあるのによって明らかである。人間が群をなす以上、まず分（身分秩序や分業論）が守られなければならない。そしてその分を規定するのは、義すなわち社会的規範としての礼にほかならず、[五四]礼の基盤の上ではじめて全天下的全社会的利の実現が可能であるとするのが、『荀子』の社会的利思想の特徴である。

『荀子』の社会的利思想のもう一つの特徴は、特有の富国論にある。その富国論を支える基本論理は、富国篇に、

下貧則上貧、下富則上富。

下貧しければ則ち上も貧しく、下富めば則ち上も富む。

とある一文にある。すなわち、上が富裕になるためには、まず下を富裕にしなければならない、というのが大前提である。では、下を富裕にするためにどのような方法が考えられていたのか。富国篇によれば、

足國之道、節用裕民、而善臧其餘。節用以禮、裕民以政。

国を足らしむるの道は、用を節して民を裕かにし、而して善く其の余りを臧するにあり。用を節するに礼を以てし、民を裕かにするに政を以てす。

とあるように、「節用」と「裕民」によってもたらされるが、節用と裕民はまたそれぞれ礼と政によって実現される。ここで礼というのは、

　禮者、貴賤有等、長幼有差、貧富輕重皆有稱者也。
礼なる者は、貴賤に等有り、長幼に差有り、貧富軽重に皆称有る者なり。

とあるように、身分・階層・年齢などによる差等、すなわち分を意味する。ところで、この分を統制するものは、「人君者所以管分之樞要也」（人君なる者は分を管る所以の枢要なり）[五五]とあるように、人君である。そういうわけで、

　故美之者、是美天下之本也。安之者、是安天下之本也。貴之者、是貴天下之本也。
故に之を美にする者は、是れ天下の本を美にするなり。之を安んずる者は、是れ天下の本を安んずるなり。之を貴ぶ者は、是れ天下の本を貴ぶなり。

とあるように、最も尊貴な存在として下々の頂点に立ち、政治社会・日常生活のあらゆる面において最高の待遇をされることになるわけであるが、その代わりに、

　若夫重色而衣之、重味而食之、重財物而制之、合天下而君之、非特以爲淫泰也、固以爲一天下、治萬變、材萬物、養萬民、兼利天下者、爲莫若仁人之善也。
夫の色を重ねて之を衣、味を重ねて之を食い、財物を重ねて之を制し、天下を合して之に君たるが若きは、特に以て淫泰を為すのみに非ず、固より以て天下を一にして、万変を治め、万物を材し、万民を養い、天下を兼利すと為す者は、仁人の善に若くもの莫しと為せばなり。

という責務が伴われる。よって、

　夫故其知慮足以治之、其仁厚足以安之、其德音足以化之。得之則治、失之則亂。

夫れ故に其の知慮は以て之を治むるに足り、其の仁厚は以て之を安んずるに足り、其の徳音は以て之を化するに足る。之を得れば則ち治まり、之を失えば則ち乱る。

とあるように、君主にはその責務を遂行できるような能力が要請されるのに対し、民衆は、

百姓誠頼其知也、故相率而爲之勞苦、以務佚之以養其知也。

百姓誠に其の知を頼む、故に相率いて之が為に労苦し、以て務めて之を佚せしめて以て其の知を養うなり。

とあるように、その能力に頼りそのために労苦するという、分によって守られる相互依存関係が形成されるのである。このような相互依存関係は君主と民衆の間だけでなく、

君子以徳、小人以力。力者徳之役也。……兼足天下之道、在明分。撩地表畝、刺屮殖穀、多糞肥田、是農夫衆庶之事也。守時力民、進事長功、和齊百姓、使人不偸、是將率之事也。……若夫兼而覆之、兼而愛之、兼而制之、歳雖凶敗水旱、使百姓無凍餒之患、則是聖君賢相之事也。

君子は徳を以てし、小人は力を以てす。力なる者は徳の役なり。……天下を兼ね足らしむるの道は、分を明らかにするに在り。地を撩《おさ》めて畝を表し、屮を刺りて穀を殖し、糞を多くして田を肥やすは、是れ農夫衆庶の事なり。時を守りて民を力めしめ、事を進めて功を長じ、百姓を和斉し、人をして偸《おこた》らざらしむるは、是れ将率の事なり。……若し夫れ兼ねて之を覆い、兼ねて之を愛し、兼ねて之を制し、歳に凶敗水旱ありと雖も、百姓をして凍餒の患い無からしむるは、則ち是れ聖君賢相の事なり。

とあるように、支配層と被支配層の全般にわたって形成される。これがいわゆる縦の分業論である。この縦の分業論は、また、

百技所成、所以養一人也。而能不能兼技、人不能兼官。離居不相待則窮、羣而無分則爭。窮者患也、爭者禍也。

救患除禍、則莫若明分使羣矣。
百技の成す所は、一人を養う所以なり。而るに能も技を兼ぬること能わず、人も官を兼ぬること能わず。離居して相待たざれば則ち窮し、群して分無ければ則ち争う。窮なる者は患なり、争なる者は禍なり。患を救い禍を除くには、則ち分を明らかにして群せしむるに若くは莫し。

とあるように、横の分業論とあいまって十全たる分業が成り立つわけだが、このような横的縦的分業によって社会の生産力がアップし上下の利益がともにもたらされるというのが、『荀子』の富国論の概略である。(五六)墨家の社会的利思想より影響を受けながらも、(五七)欲望論から出発して分と礼を徹底的に主張し、それによって全社会のシステムを構想するところは、墨家思想との相違を歴然とさせるものである。

こうして分によってもたらされた民利を全天下的全社会的規模で実現させることが君主の責務(分)とされた以上、富国篇で、

不利而利之、不如利而後利之之利也。不愛而用之、不如愛而後用之之功也。利而後利之、不如利而不利者之利也。愛而後用之、不如愛而不用者之功也。利而不利也、愛而不用也者、取天下矣。利而後利之、愛而後用之者、保社稷矣。不利而利之、不愛而用之者、危國家也。
利せずして之を利とするは、利して而る後に之を利とするの利なるには如かざるなり。愛せずして之を用うるは、愛して而る後に之を用うるの功あるには如かざるなり。利して而る後に之を利とするは、利して利とせざる者の利なるには如かざるなり。愛して而る後に之を用うるは、愛して用いざる者の功あるには如かざるなり。利して利とせず、愛して用いざる者は、天下を取らん。利して而る後に之を利とし、愛して而る後に之を用うる者は、社稷を保たん。利せずして之を利とし、愛せずして之を用うる者は、国家を危うくせん。

というのは、上記の論理からすれば当然の帰結であろう。この点は『荀子』の聖人観にも投影されて、非十二子篇

に、

一天下財萬物、長養人民、兼利天下、通達之屬莫不從服、六説者立息、十二子者遷化、則聖人之得勢者、舜禹是也。

天下を一にし万物を財し、人民を長養し、天下を兼利し、通達の属は従服せざる莫く、六説者も立ちどころに息め、十二子者も遷化するは、則ち聖人の勢を得たる者にして、舜と禹と是れなり。

とあり、王覇篇に、

用國者、得百姓之力者富、得百姓之死者彊、得百姓之譽者榮。三德者具而天下歸之、三德者亡而天下去之。天下歸之之謂王、天下去之之謂亡。湯武者、循其道、行其義、興天下同利、除天下同害、天下歸之。

国を用《おさ》むる者は、百姓の力を得る者は富み、百姓の死を得る者は彊く、百姓の誉れを得る者は栄ゆ。三徳なる者具わらば而ち天下も之に帰し、三徳なる者亡くば而ち天下も之を去る。天下の之に帰するを之王と謂い、天下の之を去るを之亡と謂う。湯武なる者は、其の道に循い、其の義を行いて、天下の同じき利を興し、天下の同じき害を除きて、天下も之に帰せり。

とあり、正論篇に、

世俗之爲説者曰、桀紂有天下、湯武簒而奪之。是不然。……湯武非取天下也。脩其道、行其義、興天下之同利、除天下之同害、而天下歸之也。

世俗の説を為す者曰く、桀紂天下を有ちしに、湯武簒して之を奪えり、と。是れ然らず。……湯武は天下を取るには非ざるなり。其の道を修め、其の義を行い、天下の同じき利を興し、天下の同じき害を除き、而して天下之に帰せり。

とあり、前引の成相篇に、

請成相、道聖王。堯舜尚賢身辭讓。……堯讓賢、以爲民、氾利兼愛德施均、辨治上下、貴賤有等、明君臣。

請う相を成して、聖王を道わん。堯舜は賢を尚びて身ら辞譲す。……堯は賢に譲りて、以て民の為にし、氾利兼愛して徳の施し均しく、上下を弁治し、貴賤に等有り、君臣を明らかにす。

などとあるように、堯・舜・禹・湯・武を社会的利の実現者とする認識は、今まで述べてきた『墨子』『商君書』『管子』などと共通している。ただし、注意すべきは、『墨子』『荀子』両方とも、利を全天下的全社会的規模で実現させることを君主の責務としているが、(五八)『荀子』の方が弗利の側面をより強く全面に打ち出している点である。この点に限ってみれば、むしろ『商君書』『管子』『呂氏春秋』などと共通している。

以上全六節にかけて、本句の思想的特徴を考察し、それを、先秦時代から漢代初期に成立した諸文献、すなわち『論語』『孟子』『墨子』『商君書』『管子』『荀子』『呂氏春秋』『淮南子』などに見られる利と比較考察しながら論じてきた。では最後に、今まで論じてきたことを再確認しつつ、本句の思想史的位置を考察することで本章の結びとしたい。

まず『論語』や『孟子』においては、利と義を二分法的に捉えて全く別物化し、一部の例外を除き、倫理道徳的な見地から利の追求を抑制あるいは排除しようとしていたと結論づけられよう。

次に先秦時代において、『論語』『孟子』流の儒家とは反対に、プラスの方向で利に道徳的価値を付与し、生身の人間の自然な欲求と認め、利の追求という自然な感情に自己の思想や理論を託して論理を展開し、かつそれを最初に実現しようとしたのは墨家であった。しかし、同じ墨家と言っても、利が初期から末期に至るまで、決して同一の思想内容をもって主張されていたわけではない。

すなわち、初期墨家の思想においては、利そのものは決して否定されることはなかったが、しかし全体として愛に包摂されて表面に出ることはなかった。しかもその場合の利とは自利の範囲を超えるものではなかった。またその当然の帰結として、利への道徳的価値づけや根拠づけはまだなされていなかった。そして聖人（現実的には君主）の役割・影響力・位置づけも非常に微々たるものにすぎなかった。

それが中期になると、説得対象が君主に限定され、天下の利を興すという墨家的な社会的利思想が初めて誕生し——ただし、同じ中期の作品であっても論点の相違のため、社会的利思想が見えない場合もあった——かつそれを君主の仁的行為とすることによって、利の道徳的根拠づけがなされるようになった。またその口号が徐々に教条化・定型化し当の政治権力への接近が始まったが、それは報酬的効果や打算的関心に説得の基礎が置かれていた。換言すれば、人（＝民）を愛利することは、それによって天下の万民からの愛利が期待されるからだとされたが、それは結局、君権の強化に働きかけるものとなったのである。このような君権への接近は、上篇において微々たる存在にすぎなかった聖人観にも影響を及ぼしたが、それは、兼相愛交相利は昔の聖王によってすでに実行済みであることを証明する方法をもってなされた。その結果、兼相愛交相利の理論は権威づけられ客観化されるようになり、また理想的聖王とされるものであれば、だれでも当てはめてしまう一つの枠組みが形成されるようになった。

さらに末期になると、中期に現れた諸特徴は一層強化されるようになる。すなわち、社会的利思想の強調、「兼—別」「兼士—別士」「兼君—別君」などの固定概念の定立、兼愛論の権威づけ・客観化の徹底化、社会的利を実践する聖人観の完成（三聖王→四聖王→六聖王）、社会的利思想の細分化（三利）、社会的利の道徳的根拠づけの強化（三利と仁義をはじめとする諸徳目との結合）、戦争観の変容、君権への完全な密着（賞罰による兼愛の強制など）、等々といった方向へと向かうものであった。ただし、末期墨家の内部においては各口号の性質上、利が上下の間で一方に偏って強調される現象が生ずる場合もあった。そのような利のアンビヴァレントな性質は、十論の各三篇の中で相互補完し、かつある程度バランスを保ちつつ主張されていたと言えよう。『孟子』告子下篇に映し出されている孟子と宋牼との対話は、非攻論の思想的展開から見れば、恐らく中期から末期に至る期間に成立したものと推量される。

このように見てくると、利の全天下的規模における実現という考え方は、文献資料による限り、基本的には墨子学派に最も顕著な思想であることが判明した。それは特に中期墨家以降になって現れはじめたが、それを理論的に根拠づけるために古代の聖王を引き合いにしたり、現実の政治に一刻も早く実現させるために君権へ密着していったのは、恐らく戦国後期以降、官僚制が整備され君主の一元的支配が強化されていく中で、そのような時代的要請に順応していこうとする側面の現れのように思われる。そして、それは恐らくそれ以後の中国思想史に多大な影響を及ぼして、宋鈃学派のようにそれに共感を覚えた学派もあれば、孟子学派のように猛烈に批判した学派もあったと思われる。

そうすると、本句の思想史的位置も自ずと決まってくるだろう。すなわち、社会的利の実現を強調し、それを堯舜が王となった時に実行したものとし、しかもそれを最上の仁と言って道徳的に根拠づけている点は、中期墨家以降、というよりほとんど末期の社会的利思想・聖人観と連絡し合っていると考えられる。なぜなら、『論語』や『孟子』の中で比較的古い層に当たる部分には、古の聖王を社会的利の実現者と意義づける思想は全く見えず、しかも利は仁義の対蹠的な概念にすぎなかったからである。また『墨子』テキストの中で堯舜が社会的利の実現者として初めて登場するのは、末期に成立したとされる諸篇（特に尚賢中・下篇、天志中・下篇）に見られるからである。そのように考えてこそ、『唐虞之道』前引①に「秎（利）天下而弗秎（利）也、忎（仁）之至也。古（故）啚（昔）叏（賢）忎（仁）聖（聖）者女（如）此。」（天下を秎（利）して秎（利）とせざるは、忎（仁）の至りなり。古（故）に啚（昔）の叏（賢）の忎（仁）聖（聖）なる者此くの女（如）し。）とある考え方が始めて成立可能になると思われる。勿論『墨子』のテキストも中期から末期に至る間に他学派の思想から影響を受けていると思われるので、本句の成立を単線的に決めることはあまりにも危険である。しかし、少なくとも古い儒家思想では利が抑制・拒否されており、たとえ社会的利であるにせよ、仁や義によってそれを道徳的に根拠づけることは考えられておらず、よってその聖人観においても『墨子』のような聖人観は最初から成立不可能であることは、ほぼ間違いなかろう。『荀子』解蔽篇に、

墨子蔽於用而不知文、……故由用謂之道、盡利矣。

墨子は用に蔽われて文を知らず、……故に用に由りて之を道と謂えば、利を尽くす。

とあるのは、その間の消息を如実に示している。

さて中期墨家から端を発した社会的利思想は、各口号の性質という内的条件及び君権強化という時代的変化への適応という外的条件によって、利が上下の間で一方に偏って強調される現象が生じたが、特に兼愛中篇、尚同三篇、尚賢中篇、天志三篇に顕著に見られたように、報酬的効果・打算的関心に説得の基盤が置かれ、その傾向がいよいよ強くなっていった。そのような思想的傾向は本句の弗利思想と究極において両立できないことは言うまでもない。ところで、戦国後期以降に成立したと思われる諸篇、すなわち『商君書』『管子』『荀子』『呂氏春秋』『淮南子』の前引の諸篇などには、報酬的効果・打算的関心に説得の基盤を置く傾向が完全に拂拭されてはいないものの、たてまえとしては、本句のような君主の弗利を理想とし強調する傾向が強かった。特に『荀子』においてはそれが分と礼によって支えられ、いわゆる儒家的徳治の一つのありかたとして完全に定着していることが確認された。この点から見る限り、本句の社会的利思想を成立可能にする儒家思想史の内的外的条件として、『荀子』及びそれを前後する諸学派の利思想を決して看過してはならないことは明らかであろう。(五九)

注

（一）『唐虞之道』の養生思想については、本書第一部第五章を参照。

（二）鄧前掲論文「《唐虞之道》的民本思想」、四六頁。

（三）彭前掲論文「郭店《唐虞之道》初論」、七四頁。

（四）丁前掲書『郭店楚墓竹簡思想研究』、三七八頁。

（五）丁四新「郭店簡書的天人之弁」（武漢大学中国文化研究院等主辦『郭店楚簡国際学術研討会　論文匯編』一、武漢大学・珞珈山荘、一九九九年十月）、三一三頁。

（六）銭前掲論文「対尭舜禅譲意義的認識」（八二三・八二五頁）。ただし、『唐虞之道』の愛親と尊賢が孟子と一致するとしたり、あるいは尽心上篇に「舜視棄天下、猶棄敝蹝也。」とあることや、離婁上篇に「天下大悦、而將歸己。視天下悅而歸己、猶草芥也、惟舜爲然。」とあるのが、『唐虞之道』第十九号簡に「不㠯（以）天下爲㙯（重）」とあるのと意味が近いなどとする説には賛同できない。愛親と尊賢については、本書第一部第二章及び第三章で詳述しているので、そちらを参照されたい。そして、尽心上篇・離婁上篇の場合は、父と天下、もしくは父子関係と君臣関係を鋭く対立させ、両者が矛盾・衝突する場合、前者を選択することを意味し、家族ないし宗族を基盤とする『孟子』思想の一端を示す文章である。しかし、「不㠯（以）天下爲㙯（重）」は、勿論そのような意味で天下を重しとしないという意味ではない。この句の直後に「又（有）天下弗能益、亡（無）天下弗能貟（損）。亟（極）忎（仁）之至、𥝢（利）天下而弗𥝢（利）也。」とあり、また第二十六号簡〜第二十七号簡に「亖（四）枳（肢）朕（倦）陸（惰）、耳目聉（聰）明衰、儃（禪）天下而𠭯（授）臤（賢）、𨓏（退）而羖（養）丌（其）生。此㠯（以）智（知）丌（其）弗𥝢（利）也。」とあるのをあわせて考えると、恐らく天下より身を重視するという養生思想と密接な関連があろう。

（七）程一凡「墨孟之間：以智性資源観念看郭簡儒籍」（武漢大学中国文化研究院等主辦『郭店楚簡国際学術研討会　論文匯編』二、武漢大学・珞珈山荘、一九九九年十月）、一八六〜一八八頁。

（八）類似の思想や文章が、天下の「五達道・三達徳」を述べる『礼記』中庸篇に「或安而行之、或利而行之、或勉強而行之。」とあり、同表記篇に「仁者安仁、知者利仁、畏罪者強仁。」とある。ただし、中庸篇の場合はそのすぐ後に「及其成功一也」とあって、行動を起こす際、動機よりも結果を重視するような表現となっており、この点、里仁篇や表記篇とは趣が異なっていることに注意。

（九）渡邊前掲書『古代中国思想の研究』注（三三）、六二九頁。

（一〇）『墨子』は、孫詒譲『墨子簡詁』（諸子集成四、中華書局、一九五四年第一版、一九九三年第八次印刷）を底本とした。そして、王念孫『読書雑志』（中華書局、一九九一年）、蘇時学『墨子刊誤』（中華書局、一九二八年）、兪樾『墨子平議』（『諸子平議』所収、中華書局、一九五四年）、渡邊卓『墨子』上（集英社、一九七四年一刷、一九八三年三刷）、新田大作『墨子』下（集英社、一九七七年一刷、一九八三年三刷）、呉毓江『墨子校注』（西南師範大学出版社、一九九二年）などの諸説も参照した。

（一一）渡邊前掲書『古代中国思想の研究』、五九二頁。

（一二）以下、渡邊卓氏の時期区分にそって、十論二十三篇のうち兼愛・非攻三篇の利をまず考察し、それが他の八論でどのように展開されているかを論じてみたい。そして十論以外の諸篇に見られる利についてはここでは割愛するが、その点に関しては別の機会に稿を改めて論じてみたい。

（一三）渡邊前掲書『古代中国思想の研究』、四七七・四八〇頁。なお、渡邊氏に先立って大塚伴鹿『墨子の研究』（森北書店、一九四三年、一四三頁）も「兼愛は自利自愛の否定的媒介によつて可能であることは既に墨經に於て看てきたところである」といって、自利・自愛を否定しているという。

(一四) 渡邊前掲書『古代中国思想の研究』、六五五頁。なお、大久保荘太郎「墨子の自利思想」(『羽衣学園短期大学紀要』四、一九六七年十二月、九頁)も「兼愛の上篇においては、一切の社会秩序の混乱が、互に相手を踏み台にし犠牲にする人間の自利心にもとづくことを細かに説明し」たといって類似の見解を示しており、佐竹靖彦「義の観念の社会的展開について——殷周～前漢——」(『史林』五六—三、一九七三年五月、七八頁)も「乱の原因として「虧人自利」が、治の原因として「兼相愛」がとかれる」という。

(一五) 両「身」字は、兪樾・孫詒讓・呉毓江などの説に従って補った。

(一六) 両「其」字は、孫詒讓・呉毓江などの説に従って補った。

(一七) 池田前掲論文「『墨子』の兼愛説と尚賢説」(五三頁)を参照。

(一八) このことは他の篇、例えば明鬼下篇においても「……奪人車馬衣裘、以自利者、竝作由此始、是以天下亂。」とあるように、自利の前に限定句が付いている。

(一九) 池田前掲論文「『墨子』の経・経説と十論」注八(二二頁)は、自愛(=「若其身」「若其室」等)は他者への愛を実行することを可能にする自分の中の基盤として作者によって肯定されているという。

(二〇) 千葉仁「墨子原初思想試探——兼愛論と非攻論——」(『日本中国学会報』二〇、一九六八年十月)、三六頁。

(二一) 「相利」ではないが、「相愛」に関する池田知久氏の分析を参照されたい(池田前掲論文「『墨子』の経・経説と十論」注八、二二頁)。池田氏の分析は相利の場合にもそのまま適用できると思う。

(二二) 小島祐馬『中国思想史』(創文社、一九六八年第一刷、一九八七年第二刷、八六頁)は、この社会的利と関連する問題について、「もっとも墨子に従えば、「義、利也」(経上)(義は、利なり)とあるごとく、墨子のいう利には道徳的意味が含まれる。むしろ利自体が道徳であると解する方が適切である。ただその利は、個人的な利、もしくは一部の階級の利ではなく、社会全体からみての利である。社会全体の立場からみた利を計ることが、墨子のいう義、すなわち道徳と一致する。」という。

(二三) この点については大塚伴鹿氏も「戦国末期に於ける墨家の所謂利なる観念は既に義と同じ倫理的意義を有」すると指摘しているが（大塚前掲書『墨子の研究』、一四五頁）、渡邊卓氏の時期区分によれば、その動きは既に中期にも見えている。

(二四) 佐竹前掲論文「義の観念の社会的展開について」、七九頁。ただし、社会的利といっても、それは赤塚忠氏が指摘したように、天下を利という共同目的営為の全体として捉えそれを志向する、という程度の意味でおさえておきたい（赤塚前掲論文「墨子の天志について」、一九七頁）。

(二五) 渡邊卓氏は、『孟子』尽心上篇の文章を兼愛・非攻上中下篇の各成立時期を判断する際の一つの基準として重視している。渡邊前掲書『古代中国思想の研究』（四八五頁）を参照。

(二六) 中篇の最後に「子墨子言」として「今天下之君子、忠實欲天下之富、而惡其貧、欲天下之治、而惡其亂、當兼相愛交相利。」とあるのは、それを如実に示している。なお、この点については増淵前掲書『新版　中国古代の社会と国家』（一六三頁）を参照。

(二七)「漁」は、孫詒讓は「渭」の誤りではないかとするが、呉毓江は「漯」の誤りではないかとする。「渠孫皇」は、孫詒讓は「蒲弦澤」に作るべきとする。「后之邸」は、孫詒讓は「昭余祁」ではないかとする。「干」は、王念孫・孫詒讓・呉毓江などの説に従って補った。

(二八)「古」は、王念孫・孫詒讓などの説によって「今」に改めた。「故」は、呉毓江の説によって「欲」に改めた。なお、呉氏によれば、潜本・宝暦本・緜眇閣本・陳本はいずれも「欲」に作る。

（二九）「善」は、呉毓江所引の王景羲の説に従って、「義」に改めた。「哉」は、王念孫・孫詒讓・呉毓江などの説に従って補った。「必將曰」の「將」は底本は「曰」の直後にあるが、渡邊卓の説に従って「曰」の直前に移した。

（三〇）呉毓江によれば、宝暦本は「鬼」に作る。

（三一）「之」は、兪樾・孫詒讓・呉毓江などの説に従って、「天」に改めた。

（三二）「倖」は、呉毓江によれば、潜本・緜眇閣本・繹史本は「倩」に作る。

（三三）「者」は、呉毓江によれば、宝暦本にはある。

（三四）「持」は、呉毓江によれば、宝暦本・李本は「特」に作る。

（三五）法儀篇にも「昔之聖王、禹湯文武、兼〔愛〕天下之百姓、率以尊天事鬼、其利人多。故天福之、使立爲天子、天下諸侯皆賓事之。」とあって、三利思想を思わせるものが見える。なお「愛」は底本にはないが、呉毓江によれば、潜本・緜眇閣本・陳本・『羣書治要』には「愛」の字がある。

（三六）「興天下之利、除天下之害」や「萬民之大利」と同様または類似の文章は、尚同中篇・節用上篇・節葬下篇・天志中篇・明鬼下篇・非楽上篇・非命下篇・非儒下篇などにも見える。

（三七）尚同中篇にも「故古者聖王明天鬼之所欲、而避天鬼之所憎、以求興天下之利、除天下之害。」とあるが、また下文に「故古者聖王、唯而以尚同爲政。是故上下請通。上有隱事遺利、下得而利之、下有蓄怨積害、上得而除之。」とあって、ここでは利する対象が顛倒している。よって、前者が常套語以上の意味を持たないことは明らかであろう。ただし、下篇には「子墨子曰、今天下王公大人士君子、中情將欲爲仁義、求爲〔上〕士、上欲中聖王之道、下欲中國家百姓之利、故當尚同之説、而不可不察。尚同爲政之本而治要也。」とあって、上下の利のバランスを取り戻そうとする試みも見られる。下篇で下線を引いた部分は、他にも尚賢下篇・尚同下篇・非攻下篇・節葬下篇・天志下篇といずれも下篇にだけ見える。なお、中篇に「唯而以尚同爲政。是故上下請通。」とあるのは、底本は「唯而審以尚同、以爲正長。是故上下情請爲通。」に作るが、「唯而審以尚同」は呉毓江の説に従って「唯而以尚同」に、「以爲正長」は兪樾の説に従って「爲政」に、「是故上下情請爲通」は王念孫の説に従って「是故上下請通」に、それぞれ改めた。そして、下篇の「〔上〕士」は、底本は「士」に作るが、王念孫・孫詒讓・呉毓江の説によって「上」を補った。

（三八）上篇に「無不加用而爲者」、「故子墨子曰、去無用之費、聖王之道、天下之大利也。」とあり、中篇に「諸加費不加于民利者、聖王弗爲。」とあるのを参照。

（三九）「三務」とは、①「天下貧、則從事乎富之」（経済政策）、②「人民寡、則從事乎衆之」（人口政策）、③「衆而亂、則從事乎治之」（治安維持政策）、の三つを指す。三務は、下文では「計厚葬久喪、奚當此三利者」とあるように、三利という語に言い換えられている。

（四〇）劉節の説は、最初羅根沢『管子探源』（中華書局、一九三一年、四七一頁）に紹介・論駁されたが、その後「管子中所見之宋鈃一派学説」（『古史考存』、人民出版社、一九五八年、二三八〜二五八頁）を著して正式に公表し、これに同調したのが郭沫若「宋鈃尹文遺著考」（『青銅時代』、群益出版社、一九四六年）である。なお、郭氏の説については「稷下黄老学派的批判」（『十批判書』、東方出版社、一九九六年）もあわせて参照。

（四一）Ⅰ　劉・郭両氏の説に賛同する研究

①杜国庠『先秦諸子思想概要』（三聯書店、一九四九年）、①―一『先秦諸子的若干研究』（三聯書店、一九五五年）。

②侯外廬・趙紀彬・杜国庠『中国思想通史』第一巻（人民出版社、一九五七年第一版、一九九二年第六次印刷）。

③関鋒「論宋尹学説」（『哲学研究』一九五九―五、一九五九年）。

④貝塚茂樹『諸子百家』（岩波書店、一九六一年）。

⑤任継愈主編『中国哲学史』一（人民出版社、一九六三年第一版、一九八五年第四版、一九九四年第十三次印刷）。
⑥福永光司『荘子』雑篇下（朝日新聞社、一九七八年）。
⑦潘富恩・施昌東「論宋尹学派形而上的思想特徴」（『復旦学報』一九八〇―五、一九八〇年九月）。
⑧胡家聡「稷下学宮史鈎沈」（『文史哲』一九八一―四、一九八一年七月）、等々。

Ⅱ

劉・郭両氏の説に異説を唱えたり批判的立場に立つ研究
①馮友蘭「先秦道家所謂道底物質性」（『中国哲学史論文集』、上海人民出版社、一九五八年）、①―一『中国哲学史新編』一九八三年修訂本二（人民出版社、一九六四年第一版、一九八四年第二版、一九九二年第二次印刷）。
②町田三郎「管子四篇について」（『文化』二五―一、一九六一年三月）。
③山田統「宋鈃という人間とその思想」（『国学院雑誌』六三―一二、一九六二年十二月）。
④金谷治「宋鈃の思想について」（『中国古典研究』一四、一九六六年十二月）、④―一金谷前掲書『管子の研究』。
⑤赤塚忠「道家思想の原初の形態」（『東京大学文学部研究報告』三、一九六八年三月）、⑤―一『荘子』下（集英社、一九七七年一刷、一九八二年三刷）。
⑥祝瑞開「《管子・心術上、下》等篇非宋鈃、尹文遺著弁――兼説其在中国哲学史上的地位和影響」（『西北大学学報（哲学社会科学版）』一九七七―三、一九七七年八月）、⑥―一『先秦社会和諸子思想新探』（福建人民出版社、一九八一年）。
⑦北京大学哲学系中国哲学史教研室編写『中国哲学史』上冊（中華書局、一九八〇年第一版、一九八二年第二次印刷）。
⑧裘錫圭「馬王堆《老子》甲乙本巻前後佚書与〝道法家〟――兼論《心術上》《白心》為慎到田駢学派作品」（『中国哲学』二、三聯書店、一九八〇年三月）、⑧―一「稷下道家精気説的研究」（『道家文化研究』二、一九九二年八月）。

⑨張岱年『中国哲学史史料学』（三聯書店、一九八二年）、⑨―一「管子的《心術》等篇非宋尹著作考」（『道家文化研究』二、一九九二年八月）。

⑩胡家聡「稷下道家従老子哲学継承并推衍了什麼？――心術上和内業的研究」（『中国社会科学戦線』一九八三―四、一九八三年十月）、⑩―一「《管子》中道家黄老之作新探」（『中国哲学史研究』一九八七―四、一九八七年十月）。

⑪池田知久『荘子』下（学習研究社、一九八六年初版、一九九二年第六刷）。

⑫白奚『稷下学研究：中国古代的思想自由与百家争鳴』（三聯書店、一九九八年）など。

ただし、『管子』四篇の文献上の価値や宋尹との密接な関係を指摘した学問上の貢献は認めるべきだと再評価を促す意見もある（Ⅱ―①、Ⅱ―⑨―一、Ⅱ―⑪など）。

Ⅲ　賛否を示さずに自説を展開する研究

①陳麗桂『戦国時期的黄老思想』（聯経、一九九一年）「第三章　《管子》中的黄老思想」。

②史華慈（Benjamin Schwartz）「黄老学説：宋銒和慎到論評」（『道家文化研究』四、一九九四年三月）。

③胡家聡「宋銒思想及其道、墨融合的特色」（『道家文化研究』八、一九九五年十一月）、③―一『稷下争鳴与黄老新学』（中国社会科学出版社、一九九八年）など。

なお、一九六〇年代中半以前の宋銒研究の動向については、主に山田（Ⅱ―③）、金谷（Ⅱ―④）の両論考を参照した。

(四二)『孟子』告子下篇に「吾聞秦楚搆兵。我將見楚王、説而罷之。楚王不悦、我將見秦王、説而罷之。」とあり、『荘子』天下篇に「禁攻寢兵、救世之戰。」とあり、また同篇に「以禁攻寢兵爲外」とあるのを参照。

(四三)『荘子』逍遥遊篇に「擧世而譽之、而不加勸、擧世而非之、而不加沮。」とあり、また同篇に「辯乎榮辱之竟」とあり、『荀子』正論篇に「子宋子曰、明見侮之不辱、使人不鬭。人皆以見侮爲辱、故鬭也。知見侮之爲不辱、則不鬭矣。」とあり、また同篇に「子宋子曰、見侮不辱。」とあり、同正名篇に「見侮不辱」とあり、『韓非子』顕学篇に「宋榮子之議、設不鬭爭、取不隨仇、……見侮不辱」とあり、『莊子』天下篇に「見侮不辱、救民之鬭」とあるのを参照。これについては、あるいは（実践的）無抵抗主義と定義する意見もある（山田前掲論文「宋銒という人間とその思想」（一〇～一一頁）、福永光司『莊子』内篇（朝日新聞社、一九七八年第一刷、一九八七年第三刷、四〇頁）、同前掲書Ⅰ―⑥（二〇八頁）、池田知久『莊子』上（学習研究社、一九八三年初版、一九九二年第四刷）の逍遥遊篇の補註三三（三五六頁））。なお、「見侮不辱」の解釈は、金谷前掲論文「宋銒の思想について」（四三～四六頁）及び『管子の研究』（二六一頁）を参照。当句を「侮らるるも辱じず」あるいは「辱とせず」と解せず、「辱ならず――辱ではない」の意とし、「「何事かを恥ずかしいと思う」とか「思わない」というような主観的なことではなくて、「見侮」という事実を説明するもっと客観的な判断を示すもの」と指摘するところに特徴がある。

(四)『荀子』天論篇に「宋子有見於少無見於多。」とあり、同正論篇に「子宋子曰、人之情欲寡、而皆以己之情爲欲多、是過也。」とあり、同解蔽篇に「宋子蔽於欲而不知得」とあり、同正名篇に「情欲寡」とあり、『莊子』天下篇に「以情欲寡淺爲内」とあるのを参照。「情欲寡浅」は郭沫若氏が最初寡欲説と解釈して以来、おおむねこのような方向での解釈が主流をなしていた。しかし、それに対して馮友蘭氏は『管子』四篇を宋銒尹文の作とする劉節・郭沫若両氏の説を批判するところで、「《管子》四篇是認為人応該〝寡欲〟，不是説人本来〝欲寡〟。這四篇講〝寡欲〟，目的在于保存〝精気〟以求長生。宋銒、尹文講〝欲寡〟，目的在于禁攻寝兵。這其間有很大的不同。」（馮前掲書『中国哲学史新編』、一〇一頁）といって、寡欲の意味ではないことを明らかにし、金谷治氏も「人間の情として欲望は本来少ないものだということを述べているのであって、欲を寡なくせよとか無くせよといっているのではない。」（金谷前掲論文「宋銒の思想について」、四六頁）といって、同様の意見を述べている。他にも白前掲書『稷下学研究』（一八八～一八九頁）も同様の見解を示している。以上馮氏らの説が妥当のように思われる。

(四五) 学派所属の問題に関する研究史の整理については、山田前掲論文「宋銒という人間とその思想」(三〜一〇頁) が最も詳しい。ただ、六〇年代以前の研究史整理という限界があるので、それ以後出された研究の一部を整理してみると、以下の通りである (「※」を付けたのは、宋銒・尹文を同一学派と認めそれを前提としていることを意味する)。なお、山田氏自身は明確な見解は示していないが、今本『老子』と『荘子』天下篇記載の宋銒の思想との対比を通じて、その来源を『老子』に求めている (一五〜二〇頁)。

Ⅰ　宋尹学派を独立した学派とする説

①張前掲論文「管子的《心術》等篇非宋尹著作考」→「宋尹学派可以説是戦国時期的一個独立的学派」。

②胡前掲論文「宋銒思想及其道、墨融合的特色」、同前掲書『稷下争鳴与黄老新学』→「宋銒、尹文及其弟子結成一個学派，自当以宋銒為首。」。

Ⅱ　墨家とする説

①※馮前掲書『中国哲学史新編』→「後期墨家的支流」。

②渡邊前掲書『古代中国思想の研究』→「墨家またはそれに近い指導的思想家」。

③白前掲書『稷下学研究』→「墨学的支裔流亜」(宋尹学派の存在は否定する)。

Ⅲ　稷下黄老派 (もしくは稷下道家) とする説

楊寛『戦国史』(増訂本、上海人民出版社、一九五五年第一版、一九九八年第三版)。

Ⅳ　老荘思想の先駆とする説

池田知久『老荘思想』(改訂版、放送大学教育振興会、二〇〇〇年)。

Ⅴ　学派的分類に拘らずに戦国時代の独立した一流派とする説
①唐鉞「尹文和尹文子」(『清華学報』四―一、一九二七年六月)。
②赤塚前掲論文「道家思想の原初の形態」及び前掲書『荘子』下。

(四六) 宋銒を墨子学派とする白奚氏は、この文章を孫卿が「黄老意」をもって宋子に言った、すなわちこの場合の「黄老意」というのは孫卿にかかるものであり、それが班固の原意であるという(「〃孫卿道宋子，其言黄老意〃正解」(『中国哲学史』一九九六―四、一九九六年)及び前掲書『稷下学研究』(二〇一頁))。しかし、そのように解釈してしまうと、「宋子十八篇」に対する説明としてはあまりにも貧弱になり、ほとんど意味を持たなくなる。従来の解釈の方が穏当のように思われる。

(四七) 本章注(四五)のⅤを参照。

(四八) 銭穆氏は「宋牼欲罷秦楚兵而説之以利，孟子則主説之以仁義，此亦儒墨之異同也。」(『先秦諸子繫年』「宋銒攷」、東大図書公司、一九三五年商務印書館初版、一九五六年香港大学増訂初版、一九八六年台北東大初版、一九九〇年台北東大再版、三七六頁)とし、馮友蘭氏は「據孟子所説，宋牼將見秦楚之王，説令罷兵。其所持理由，爲戰之「不利」，是亦墨家之説也。」(『中国哲学史』上冊(中華書局、一九六一年新一版、一九九二年第三次印刷、一八九頁)。なお馮前掲書『中国哲学史新編』(九七頁)もあわせて参照)といって、いずれも墨家との関連性を指摘する。その他、山田前掲論文「宋銒という人間とその思想」(三頁)、史華慈前掲論文「黄老学説」(一三二頁)、胡前掲論文「宋銒思想及其道、墨融合的特色」(一九五・二〇九頁)なども参照。

(四九) 胡前掲論文「宋銒思想及其道、墨融合的特色」、二〇九頁。

(五〇) 『管子』形勢解篇には、堯舜はないが、「古者三王五伯、皆人主之利天下者也。」とある。

(五一) 『韓非子』五蠹篇、『商君書』八説篇・開塞篇の歴史観については、前掲拙論「『荘子』の「知」とその思想的展開」(七五〜

七六頁）を参照。

(五二)「移」は、豬飼彦博『管子補正』の説に従って「私」に改めた。

(五三)道家系の文献、例えば、郭店楚簡『老子』（以下、郭店『老子』と略称）甲本第一～二号簡には「𢇍（絶）𣉻（智）弃𢍌（辯）、民利（利）百（百）伓（倍）■。𢇍（絶）攷（巧）弃利（利）、覜（盜）惻（賊）亡（無）又（有）■。𢇍（絶）𢡺（僞）弃慮（慮）、民复（復）季〈孝〉子（慈）■。三言㠯（以）爲𠰋（事）不足、或命之或虖（乎）豆（續）■。視（示）索（素）保𡙁（樸）、少厶（私）須〈寡〉欲（欲）■。」とあって、民利が肯定されている。民利の場合の利と「𢇍（絶）攷（巧）弃利（利）」の場合の利とは区別しなければなるまい。後者の利は『荘子』胠篋篇などに見られるような、為政者側の私利を意味するものと思われる。ただし、天の領域と人の領域を画然と区別し、あらゆる人為的なものを排除した上で天の意義を求める『荘子』においては、利は人為的なものであり、排除されるべきものにすぎないとされる傾向が強く、それが様々な角度や立場から議論されている。それについては前掲拙稿「郭店楚簡『唐虞之道』訳注」注【七一】で若干言及したが、その他にも、例えば譲王篇に「不以利累形」とあり、また同篇に「見利輕亡其身」とあるように、養生説の立場から利を身体（の生命）を害するものとして排除する場合もある。このような考え方は、『呂氏春秋』審為篇にも「世之走利、有似於此。危身傷生、刈頸斷頭、以徇利、則亦不知所爲也。」とあり、また「重生。重生、則輕利。」とある（ほぼ同様の文章が『荘子』譲王篇、『淮南子』道応篇、『文子』下徳篇にも見える）。なお、郭店『老子』本文の仮借字・異体字・錯字を判定する際は、底本以外に、池田知久『郭店楚簡老子研究』（東京大学文学部中国思想文化学研究室、一九九九年）、李前掲書『郭店楚簡校読記』などを参照した。

(五四)王制篇の義は、その下文に「不可少頃舍禮義之謂也。」とあるように、礼義とほぼ同義語である。

(五五)王覇篇にはまた「若夫論一相以兼率之、使臣下百吏莫不宿道郷方而務、是夫人主之職也。……人主者以官人爲能者也。匹夫者以自能爲能者也。」とある。

（五六）「横の分業論」「縦の分業論」というタームは、内山前掲書『荀子』（一七六～一八〇頁）による。

（五七）この点に関しては、渡邊前掲書『古代中国思想の研究』（四八四頁）もあわせて参照。

（五八）『荀子』の場合は、君道篇に「君者民之原也。原清則流清、原濁則流濁。故有社稷者、而不能愛民不能利民、而求民之親愛己、不可得也。」とある文章に、そのことが端的に示されている。

（五九）時代は下がるが、『史記』五帝本紀に「堯知子丹朱之不肖、不足授天下、於是乃權授舜。授舜、則天下得其利而丹朱病。授丹朱、則天下病而丹朱得其利。堯曰、終不以天下之病而利一人。而卒授舜以天下。堯崩、三年之喪畢、舜讓辟丹朱於南河之南。諸侯朝覲者不之丹朱而之舜、獄訟者不之丹朱而之舜、謳歌者不謳歌丹朱而謳歌舜。舜曰、天也。夫而後之中國踐天子位焉、是爲帝舜。」とあって、後半は『孟子』万章上篇を踏襲しているが、前半は天下の利が堯舜禅譲の最も重要な論拠となっている。後半部分はともかく、前半部分は『唐虞之道』の利思想と酷似している。

第五章　『唐虞之道』の養生思想

「養生」は、「貴生」もしくは「全生」、「尊生」とも呼ばれ、言うまでもなく個人の身体の生命を重視する思想である。それは戦国初期か中期ごろから主張され始めたと言われるが、思想史的な見地から眺望した時、非常に大雑把に言うと、おおむね次の二つの時期に区分できよう。

第一期は、政治権力とは断絶もしくは鋭く対立した形で、個人の生命にのみ関心があった時期。禅譲説は当然否定されている。戦国初期か中期ごろ。

第二期は、主に道家的な性向を有する思想家たちに受け継がれ、様々な様相を帯びて変容・発展する時期であるが、この時期の養生思想はまた二つの部類に分けることができる。第一部類は、政治権力と断絶もしくは鋭く対立した形で、個人の生命にのみ関心があった初期の思想から一変して、自己や万物・民の生命を国家より重視する人物にこそ国家の政治を任せるべきだという、よりポジティブな政治論に転身を成し遂げる部類。禅譲説は肯定的に捉えられている。第二部類は、養生思想の理論化・概念化が顕著に現れたり、道家的な「道」「天」「無為」などの思想と結合したり、消極的ではあるが、政治権力への接近が見られたりする部類。ただし、天下より君主個人の養生が依然重視される。いずれも戦国後期以降。

本章では、従来ほとんど注目されることのなかった『唐虞之道』の養生思想の特質を明らかにすることを目的としている。その際、まず以上の両時期の養生思想の実相を概観し、それを禅譲説及び弗利思想と密接な関わりのある『唐虞之道』のそれと比較考察することによって、当篇の養生思想の思想史的位置を究明したい。

第一節　初期の養生思想――個人の身体の生命の重視と禅譲説否定

それでは、上記の両時期の養生思想を順次考察してみよう。まず第一期について。その代表的な人物として記録に残っているのは、周知の如く楊朱・子華子・詹何などが挙げられる。(二) これらの人物たちの思想が記録されている資料は非常に限られており、したがって、今は彼らの思想のごく一面しか窺うことができない。それを例示すると、以下の通りである。

（一）楊　朱：①『孟子』滕文公上篇「楊氏爲我。是無君也。」（楊氏は我が為にす。是れ君を無みするなり。）

②同右尽心上篇「楊子取爲我。拔一毛而利天下、不爲也。」（楊子は我が為にするを取る。一毛を抜きて天下を利するも、為さざるなり。）

③『呂氏春秋』不二篇「陽生貴己。」（陽生は己れを貴ぶ。）

④『淮南子』氾論篇「全性保眞、不以物累形、楊子之所立也。」（性を全くし真を保ち、物を以て形を累わさざるは、楊子の立つる所なり。）

（二）子華子：①『呂氏春秋』貴生篇「全生爲上、虧生次之、死次之、迫生爲下。」（全生を上と為し、虧生之に次ぎ、死之に次ぎ、迫生を下と為す。）

②『呂氏春秋』審為篇「兩臂重於天下也。身又重於兩臂。」（両臂は天下より重きなり。身は又た両臂よ

り重し。)

(三) 詹　何：　『呂氏春秋』審為篇「重生。重生、則輕利。」(生を重んぜよ。生を重んずれば、則ち利を軽んず。)

楊朱について『孟子』に「我が為にす」と歪曲された評価が下されていることはさておき、これら断片的な材料から見るかぎり、養生説がその初期の段階においては、天下より個人の身体・生命の重視に関心が向けられていたことは容易に看取される。禅譲説も、このような考え方から当然否定されていた。例えば、時代は下がるが、『呂氏春秋』離俗篇で、舜が天下を友人の石戸之農に譲ろうとしたが、そのような舜を徳がまだ足りないとして、妻と子供を連れて海の中へ去って帰ってこなかったという説話や[二]、『荘子』譲王篇で、同じく舜が天下を善巻に譲ろうとしたが、自分は肉体的にも精神的にも充実していて天下を統治しようなど気もおこらないという説話は[三]、そのことを物語っている。これらはいずれも天下より個人の身体・生命を重視する第一期の養生説を背景にして出来た説話であろう。またこのような養生もしくは貴生の思想は、天下の王となることが最高の富であり、最高の貴であるという考え方が背景にあり、それを踏まえつつ批判したものと考えられる。例えば、『呂氏春秋』重己篇の次のような文章は、それを端的に示している。

吾生之爲我有、而利我亦大矣。論其貴賤、爵爲天子、不足以比焉。論其輕重、富有天下、不可以易之。論其安危、一曙失之、終身不復得。此三者、有道者之所愼也。有愼之而反害之者、不達乎性命之情也。不達乎性命之情、愼之何益。

吾が生の我が有為《ゆうた》りて、我れを利するは亦た大なり。其の貴賤を論ずるに、爵は天子と為るも、以て焉れに比ぶるに足らず。其の軽重を論ずるに、富は天下を有するも、以て之に易う可からず。其の安危を論ずるに、一曙に之を失わば、身を終うるまで復びは得ず。此の三者は、道有る者の慎む所なり。之を慎みて反って之を害する者

有るは、性命の情に達せざればなり。性命の情に達せざれば、之を慎むも何の益かあらん。(四)

このような個人の生を重視する思想は、例えば『論語』雍也篇に「仁者壽」(仁者は寿ながし)とあり、『尚書』洪範篇に「五福、一曰壽」(五福、一に曰く寿)とあり、『礼記』中庸篇に「大德、……必得其壽」(大徳は、……必ず其の寿を得)とあるように、儒家の側でも全く意識していないわけではない。しかし、道徳の至上を言う儒家にとって、生か道義かという二者択一に迫られれば、『論語』衛霊公篇に、

志士仁人、無求生以害仁。有殺身以成仁。

志士仁人は、生を求めて以て仁を害すること無し。身を殺して以て仁を成すこと有り。

とあり、『孟子』告子上篇に、

生亦我所欲也。義亦我所欲也。二者不可得兼、舍生而取義者也。

生も亦た我が欲する所なり。義も亦た我が欲する所なり。二者兼ぬるを得可からずんば、生を舍てて義を取る者なり。

とあるように、仁・義を守るためには一身を犠牲にすべきことが要請されている。(五)特に『孟子』の場合は、滕文公下篇に、

楊朱・墨翟之言、盈天下。天下之言、不歸楊則歸墨。楊氏爲我。是無君也。……楊墨之道不息、孔子之道不著。是邪説誣民、充塞仁義也。……距楊墨放淫辭、邪説者不得作。

楊朱・墨翟の言、天下に盈つ。天下の言、楊に帰せざれば則ち墨に帰す。楊氏は我が為にす。是れ君を無みするなり。……楊墨の道息まざれば、孔子の道著れず。是れ邪説民を誣い、仁義を充塞すればなり。……楊墨を距ぎ淫辞を放ち、邪説の者作るを得ざらしむ。

とあるように、墨家とともに楊朱の学説である養生説を邪説と規定し、その盛行を防ぐことこそ、儒家が生き残るための最大の課題としていたことを改めて想起する必要がある。

第二節　戦国後期以降の養生思想――ネガティブな養生思想とポジティブな養生思想

ところで、このように個人の生命にのみ関心のあった初期の養生説は、時代が下がって戦国後期以降になると、主に道家的な性向を有する思想家たちに受け継がれ、様々な様相を帯びて変容・発展するようになる。それらを列挙すれば、第一に、初期の素朴な養生説が「形」「神」「精」「気」「性」などの概念を取り入れて、養生論として徐々に理論化・概念化していく傾向、(六) 第二に、養生法の一環として君主に無為虚静の態度を取ることを唱える傾向（いわゆる『管子』四篇）(七)、第三に、身体の養生から、天地の万物を化育する働きに参加する養生(八)へと関心の転換を要求する傾向（『荘子』達生篇首章などに顕著）、等々が現れるようになる。

が、その前に特にここで注目したいのは、個人への関心が最高統治者たる君主やその下の貴族へと転移して、君主や貴族に対して養生の重要性を力説するという方向へと転換するようになる傾向である。この傾向の場合は、一種の個人の意味の変化――政治に無関心な個人という意味から最高統治者たる君主やその下の貴族という意味へ――を示す現象と言えようが、このような現象は、前二三九年に書かれたとされる『呂氏春秋』という書物の中に集中して見られる。(九) 例えば、本生篇に、

始生之者、天也。養成之者、人也。能養天之所生而勿攖之、謂之天子。天子之動也、以全天爲故者也。此官之所自立也。立官者、以全生也。今世之惑主、多官而反以害生。則失所爲立之矣。譬之、若脩兵者、以備寇也、今脩

兵而反以自攻、則亦失所爲脩之矣。

始めて之を生ずる者は、天なり。養いて之を成す者は、人なり。能く天の生ずる所を養いて之に攖《もと》る勿き、之を天子と謂う。天子の動くや、天を全くするを以て故と為す者なり。此れ官の自りて立つ所〔以〕なり。官を立つるは、以て生を全くするなり。今の世の惑主は、官多くして反って以て生を害す。則ち之を立つる所為《ゆえん》を失う。之を譬うるに、兵を修むるは、以て寇に備うるがためなるを、今兵を修めて反って以て自ら攻むれば、則ち亦た之を修むる所為を失うが若し。

とあるのは、五官を働かせすぎてかえって生を損なうことへの警戒に、そして重己篇に、

世之人主貴人、無賢不肖、莫不欲長生久視。而日逆其生、欲之何益。凡生之長也、順之也。使生不順者、欲也。故聖人必先適欲。

世の人主貴人、賢不肖と無く、長生久視を欲せざるは莫し。而るに日に其の生に逆らわば、之を欲するも何の益かあらん。凡そ生の長きや、之に順えばなり。生をして順ならざらしむる者は、欲なり。故に聖人は必ず先ず欲を適にせり。

とあり、貴生篇に、

聖人深慮天下、莫貴於生。夫耳目鼻口、生之役也。耳雖欲聲、目雖欲色、鼻雖欲芬香、口雖欲滋味、害於生則止。在四官者不欲、利於生者則爲。由此観之、耳目鼻口、不得擅行、必有所制。譬之若官職不得擅爲、必有所制。此貴生之術也。

聖人深く天下を慮るに、生より貴きものは莫し。夫れ耳目鼻口は、生の役なり。耳声を欲すと雖も、目色を欲すと雖も、鼻芬香を欲すと雖も、口滋味を欲すと雖も、生に害あれば則ち止む。四官に在る者欲せずとも、生に利

あれば則ち為す。此れに由りて之を観れば、耳目鼻口、擅に行うことを得ず、必ず制せらるる所有り。之を譬うれば官職の擅に為すことを得ずして、必ず制せらるる所有るが若し。此れ生を貴ぶの術なり。

とあり、情欲篇に（情欲篇―①）、

古人得道者、生以壽長、聲色滋味、能久樂之、奚故。論早定也。論早定、則知早嗇。知早嗇、則精不竭。秋早寒、則冬必煖矣。春多雨、則夏必旱矣。天地不能兩。而況於人類乎。人之與天地也同。萬物之形雖異、其情一體也。故古之治身與天下者、必法天地也。

古人の道を得る者、生は以て寿長く、声色滋味、能く久しく之を楽しむは、奚の故ぞ。論早く定まればなり。論早く定まれば、則ち早く嗇しむことを知る。早く嗇しむことを知れば、則ち精竭きず。秋早く寒ければ、則ち冬必ず煖《あたた》かく、春多く雨ふれば、則ち夏必ず旱す。天地すら両ながらする能わず。而るを況や人類に於てをや。人と天地と同じ。万物の形異なると雖も、其の情は一体なり。故に古の身と天下とを治めし者は、必ず天地に法りしなり。

とあるのは、いずれも欲望の過度な追求や官能的快楽への警戒に目的がある。また同篇に（情欲篇―②）、

天生人而使有貪有欲。欲有情、情有節。聖人脩節以止欲。故不過行其情也。……聖人之所以異者、得其情也。由貴生動、則得其情矣、不由貴生動、則失其情矣。此二者、死生存亡之本也。

天人を生じて貪有り欲有らしむ。欲に情有り、情に節有り。聖人は節を修めて以て欲を止む。故に其の情を行うを過ごさざるなり。……聖人の異なる所以の者は、其の情を得ればなり。生を貴ぶに由りて動けば、則ち其の情を得、生を貴ぶに由らずして動けば、則ち其の情を失う。此の二者は、死生存亡の本なり。

とあるのは、人間の本具的な欲望を自然の情として認めているのは他と異なるが、主旨はやはり過度な欲望追求への

警戒にあり、また同篇に（情欲篇―③）、

尊酌者衆則速盡。萬物之酌大貴之生者衆矣。故大貴之生、常速盡。非徒萬物酌之也。又損其生以資天下之人、而終不自知。功雖成乎外、而生虧乎内、耳不可以聴、目不可以視、口不可以食、胸中大擾、妄言想見。臨死之上、顚倒驚懼、不知所爲。用心如此。豈不悲哉。

尊酌む者衆ければ則ち速やかに尽く。万物の大貴の生を酌む者衆し。故に大貴の生、常に速やかに尽く。徒に万物之を酌むのみに非ざるなり。又た其の生を損して以て天下の人に資え、而も終に自ら知らず。功外に成ると雖も、生内に虧き、耳は以て聴く可からず、目は以て視る可からず、口は以て食らう可からず、胸中大いに擾れ、妄言想見す。死に臨むの上、顚倒驚懼するも、為す所を知らず。心を用うること此くの如し。豈悲しからずや。

とあるのは、国の政治に追われて内なる自己の生を顧みないことへの警戒、審為篇に（審為篇―①）[一〇]、

韓魏相與争侵地。子華子見昭釐侯。昭釐侯有憂色。……子華子曰、……自是觀之、兩臂重於天下也。身又重於兩臂。韓之輕於天下遠。今之所争者、其輕於韓又遠。君固愁身傷生以憂之。戚不得也。

韓魏相与に争いて地を侵す。子華子昭釐侯に見ゆ。昭釐侯憂色有り。……子華子曰く、……是れに自りて之を観るに、両臂は天下より重きなり。身は又た両臂より重し。韓の天下より軽きこと遠し。今の争う所の者、其れ韓より軽きこと又た遠し。君固《かえ》って身を愁えしめ生を傷いて以て之を憂う。得ざるに戚《ちか》きか、と。

とあるのは、魏国との領土争いより君主自身の生命が大事だとする説、また同篇に（審為篇―②）[一一]、

中山公子牟謂詹子曰、身在江海之上、心居乎魏闕之下、奈何。詹子曰、重生。重生、則輕利。中山公子牟曰、雖知之、猶不能自勝也。詹子曰、不能自勝、則縦之。神無惡乎。不能自勝而強不縦者、此之謂重傷。重傷之人、無壽類矣。

中山の公子牟詹子に謂いて曰く、身は江海の上に在り、心は魏闕の下に居る、奈何にすべき、と。詹子曰く、生を重んぜよ。生を重んずれば、則ち利を軽んず、と。中山の公子牟曰く、之を知ると雖も、猶お自ら勝うること能わざるなり、と。詹子曰く、自ら勝うること能わずんば、則ち之を縦《はな》て。神も悪むこと無からん。自ら勝うること能わずして強いて縦たざる者は、此れを之重ねて傷うと謂う。重ねて傷うの人は、寿類無し、と。

とあるのは、「重傷」せずに長生きする方法について、そして先己篇に、

湯問於伊尹曰、欲取天下、若何。伊尹對曰、欲取天下、天下不可取。可取、身將先取。凡事之本、必先治身。嗇其大寶、用其新、棄其陳、腠理遂通、精氣日新、邪氣盡去。及其天年、此之謂眞人。

湯伊尹に問いて曰く、天下を取らんと欲す、若何、と。伊尹対えて曰く、天下を取らんと欲すれば、天下は取る可からず。取る可くんば、身将に先ず取るべし。凡そ事の本は、必ず身を治むるを先とす。其の大宝を嗇しみ、其の新を用い、其の陳を棄つれば、腠理は遂通し、精気は日びに新たに、邪気は尽く去る。其の天年に及べば、此れを之真人と謂う。

とあるのは、天下を取ることより養生が大事であるということを、それぞれ説いている。要するに、情欲篇―③・審為篇・先己篇以外は、いずれも奢侈や欲望、官能的快楽を戒めるいわば寡欲説の主張であり、(二二)総じていうと、自己の天寿の生を全うできる、あるいは生命を尊重する君主こそ真の君主であるとされている。ただし、政治思想という面からいうと、依然としてネガティブな政治論に止まっている。

さて君主というのは、当然政を行う主体であるから、先に引用した『呂氏春秋』重己篇で性命の情を体得していない人に国政を任せると、(二三)「若此人者、天之所禍也。」（此くの若き人は、天の禍いする所なり。）として天の禍を受けると し、また「以此治國、必殘必亡。」（此れを以て国を治むれば、必ず残い必ず亡びん。）として必ず国を損なうか滅亡させる

という[一四]。それに対して全生を体得している人の場合は、例えば、『呂氏春秋』本生篇に、

聖人之制萬物也、以全其天也。天全、則神和矣、目明矣、耳聰矣、鼻臭矣、口敏矣、三百六十節、皆通利矣。若此人者、不言而信、不謀而當、不慮而得、精通乎天地、神覆乎宇宙。其於物、無不受也、無不裹也、若天地然。上爲天子而不驕、下爲匹夫而不惛。此之謂全德之人。

聖人の万物を制するや、以て其の天を全くするなり。天全ければ、則ち神和し、目は明らかに、耳は聡に、鼻は臭に、口は敏に、三百六十節、皆利に通ず。此くの若き人は、言わずして信に、謀らずして当り、慮らずして得、精は天地に通じ、神は宇宙を覆う。其の物に於けるや、受けざる無く、裹まざる無きこと、天地の若く然り。上は天子と為りて驕らず、下は匹夫と為りて惛《もだ》えず。此れを之全徳の人と謂う。

とあるように、自己の生命を十全にして、ついにはその精・神が天地宇宙と一体となるとし、そのように天地宇宙と一体となった聖人は、物に対しても、天地があらゆる物を包摂・包容するように、その働きに参加するという[一五]。ここで養生を体得した聖人のありかたとして、「上は天子と為りて驕らず、下は匹夫と為りて惛えず」とあるのは、『唐虞之道』との関わりを窺えるよい材料として注目に値する。これについては後述する。

このように聖人が、自己の生と物との両方を十全にできる者（全徳の人）として位置づけられるならば、これは先に検討したネガティブな政治論、特に情欲篇―③・審為篇・先己篇とは全く違った意味での、ポジティブな政治論に展開できる可能性を秘めているのではなかろうか。そして、それは実際に、自己や万物・民の生命を国家より重視するものにこそかえって国家の政治を任せるべきだという、より積極的な政治論に転身を成し遂げていく。その例を挙げると、例えば、国王となることを拒んでまでも自己の生命を損なおうとしなかった越国の王子の捜を、越の人々が君主に推戴しようとした話（『呂氏春秋』貴生篇、『荘子』譲王篇）[一六]や、狄人が侵略した時、国の領土より民の生命を大事

にした太王亶父（周の文王の祖父）の話（『呂氏春秋』審為篇、『莊子』譲王篇）[一七]などもその例であるが、しかしその萌しは、すでに郭店『老子』乙本第七〜八号簡に明確に記されている。すなわち、

〔貴爲身於〕爲天下、若可㠯（以）厇（託）天下矣ー。悉（愛）㠯（以）身爲天下、若可㠯（以）迲（寄）天下矣■。

自己の身体を治めることを、天下を治めることよりも重視する者にこそ、天下を託することができる。自己の身体を治めることを、天下を治めることよりも愛する者にこそ、天下を託することができる。

とある。この文章は、馬王堆帛書『老子』甲本第一一五行には、

貴爲身於爲天下、若可以⿺辶石（託）天下矣。愛以身爲天下、女（如）可以寄天下。

とあり、乙本第二二八行上〜二二八行下には、

貴爲身於爲天下、若可以橐（託）天下〔矣〕。愛以身爲天下、女（如）可以寄天下矣。

とあり、また今本『老子』（王弼本）第十三章に、

貴以身爲天下、若可寄天下。愛以身爲天下、若可託天下。

とあるのをあわせて参照すると、「悉（愛）㠯（以）身」の「㠯（以）」は「為」と同義と見なして差し支えなかろう。ところで、このような新しい帝王像は、一方では、政治権力と距離をおいた形で個人の養生を主張した初期の思想とは、もはや相容れない隔たりを示しているが、他方では、養生を帝王たるものの最も重要な資質として提示することによって、政治権力と融合できる理論的基盤を与える役割も演じたと考えられる。この新しい帝王像は、例えば、無為の政治を主張する『莊子』にも影響を及ぼして、在宥篇に、

君子不得已而臨莅天下、莫若無爲。無爲也而後安其性命之情。故貴以身於爲天下、則可以託天下。愛以身於爲天

下、則可以寄天下。……吾又何暇治天下哉。

君子已むを得ずして天下に臨莅すれば、無為に若くは莫し。無為にして而る後其の性命の情に安んず。故に身を以《おさ》むるを天下を為むるよりも貴べば、則ち以て天下を託す可し。身を以むるを天下を為むるよりも愛すれば、則ち以て天下を寄す可し。……吾れ又た何の暇ありてか天下を治めんや。

とあるように、天下の統治を人為として拒否していた当初の考え方から、無為による政治であれば、天下の統治も是認できるという考え方への転換を可能にする理論的基盤として作用している。また『淮南子』道応篇には、

大王亶父居邠。翟人攻之。事之以皮帛珠玉而弗受。翟人之所求者地、無以財物爲也。大王亶父曰、與人之兄居而殺其弟、與人之父處而殺其子、吾弗爲。皆勉處矣。爲吾臣、與翟人奚以異。且吾聞之也、不以其所養害其養。杖策而去。民相連而從之、遂成國於岐山之下。大王亶父可謂能保生矣。雖富貴、不以養傷身、雖貧賤、不以利累形。今受其先人之爵祿、則必重失之、所自來者久矣、而輕失之、豈不惑哉。故老子曰、貴以身爲天下、焉可以託天下。愛以身爲天下、焉可以寄天下矣。

大王亶父邠に居る。翟人之を攻む。之に事うるに皮帛珠玉を以てすれども受けず。翟人の求むる所の者は地にして、財物を以て為す無きなり。大王亶父曰く、人の兄と居りて其の弟を殺し、人の父と処りて其の子を殺すを、吾れは為さず。皆勉めて処れ。吾が臣為ると、翟人たると奚を以てか異ならん。且つ吾れ之を聞く、其の養う所を以て其の養を害せず、と。策を杖《ひ》きて去る。民相連なりて之に従い、遂に国を岐山の下に成す。大王亶父は能く生を保つと謂う可し。富貴なりと雖も、養いを以て身を傷らず、貧賤なりと雖も、利を以て形を累わさず。今其の先人の爵禄を受くれば、則ち必ず之を失わんことを重じ、〔生の〕自りて来る所の者久しきに、而も之を失わんことを軽んずるは、豈惑わざらんや。故に老子曰く、身を以むるを天下を為むるよりも貴べば、焉ち以て天

下を託す可し。身を以むるを天下を為むるよりも愛すれば、焉ち以て天下を寄す可し、と。

とあって、『呂氏春秋』審為篇や『荘子』譲王篇にある大王亶父の説話を援用しつつ、それを立証するための証拠として『老子』第十三章を挙げているのは、自説を権威づけるという意味は当然のことながら、天下の統治にネガティブな従来の養生思想にポジティブな意味合いを持たせるという、少なくとも両方の狙いが作者にあったのではないかと推察される。そして、天下を統治することに対してポジティブな態度に転身した養生思想は、今度は禅譲説を否定していた初期の考え方にも跳ね返って、それを肯定し、かえって積極的に語る原動力となってくる。例えば、『呂氏春秋』貴生篇に、

堯以天下譲於子州支父。子州支父對曰、以我爲天子猶可也。雖然、我適有幽憂之病、方將治之。未暇在天下也。天下重物也、而不以害其生、又況於它物乎。惟不以天下害其生者也、可以託天下。

堯天下を以て子州支父に譲らんとす。子州支父対えて曰く、我れを以て天子と為すは猶お可なり。然りと雖も、我れ適たま幽憂の病有り、方に将に之を治めんとす。未だ天下を在《おさ》むるに暇あらず、と。天下は重物なり、而も以て其の生を害せず、又た況や它物に於てをや。惟だ天下を以て其の生を害せざる者や、以て天下を託す可し。(一八)

とあるのは、それを如実に示す例である。すなわち、まず、ある人物を登場させ、彼に自己の養生と天下の政治を対立させて養生を取らせた後、次に、そのように自己の養生を重視する人物こそかえって天下の政治を行うに適しいと提唱するものであるが、これによれば、天下や国家を支配する政治の課題は万民の「生を養う」ことに他ならず、それを行うに適しい為政者は自ら「生を養」っている者だけである(一九)、ということを意味しており、ここで禅譲説が否定されていないことは注意すべきである。(二〇)

第三節　『唐虞之道』の養生思想の特徴とその意義

以上のことを念頭に置きつつ、『唐虞之道』の養生思想を見てみよう。まず第十一・二十二号簡に、

①即（節）虖（乎）脂（肌）膚血㔃（氣）之靑（情）、𢼛（養）眚（性）命之𤴓（正）、安命而弗宎（夭）、𢼛（養）生而弗敡（傷）。

皮膚や血気の欲望を節制し、生命の本来の正しさを養い、人為の及ばない命に身を任せて夭折することなく、自己の生命を養ってそれを損なうようなことはしない。

とあり、また第二十五〜二十七号簡に、

②古者𦔻（聖）人廿（二十）而冒（冒（冃））、卅（三十）而又（有）家、五十而紿（治）天下、七十而至（致）正（政）。亖（四）枳（肢）胅（倦）陸（惰）、耳目䎘（聰）明衰、儃（禪）天下而受（授）攴（賢）、𨒨（退）而𢼛（養）丌（其）生。此㠯（以）智（知）丌（其）弗𥝢（利）也。

昔聖人は二十歳で成人となり、三十歳で家庭を持ち、五十歳で天下を統治し、七十歳で政治の場を退いて賢者に譲った。（老衰して）四肢が疲れ、耳目の聡明さが衰えてくると、天下を譲って賢者に授け、退いて自己の身体の生命を養った。このことから（天下の利を）自分の利益としなかったことが分かるのである。

とある。①には「宎（夭）せず」、「生を𢼛（養）う」、「眚（性）命の𤴓（正）を𢼛（養）う」、(三) ②には「丌（其）の生を𢼛（養）う」という語が見えていることからも、これらの文章が養生思想を表す文章であることは容易に看取される。その他にも、①の「脂（肌）膚血㔃（気）の靑（情）を即（節）す」は、前引の『呂氏春秋』情欲篇—①に、

天人を生じて貪有り欲有らしむ。欲に情有り、情に節有り。聖人は節を修めて以て欲を止む。故に其の情を行う

を過ごさざるなり。

とあるのと類似の考え方であり、『淮南子』泰族篇に、

治身、太上養神、其次養形。……神清志平、百節皆寧、養性之本也。肥肌膚、充腸腹、供嗜慾、養生之末也。

身を治むるに、太上は神を養い、其の次は形を養う。……神清く志平らかに、百節皆寧きは、性を養うの本なり。肌膚を肥し、腸腹を充し、嗜慾に供するは、生を養うの末なり。（類似の文章は今本『文子』下徳篇にも見える）

とある文章とも若干の関連性が見られる。そして①の「賊（傷）なわず」は、前引の『呂氏春秋』審為篇―①の「生を傷う」、同じく審為篇―②の「重ねて傷う」とも関連が見られる。また①の「眚（性）命の疋（正）を羖（養）う」は、第一節で引用した『呂氏春秋』重己篇に、

之を慎みて反って之を害する者有るは、性命の情に達せざればなり。性命の情に達せざれば、之を慎むも何の益かあらん。

とあって、性命の情に達することを提唱することや、同じく重己篇の最後の部分に「節乎性」（性に節す）とある語句とも関わりがある。

②は養生を聖人（実際は帝王）が最終段階で取るべき処世術として位置づけている点で、他の諸思想家の禅譲説には全く見られないユニークな特色を呈している。ところで、養生の観点から②を見ると、次の三つの重要な特徴が浮き彫りにされる。第一に、聖人が七十歳になって「正（政）を至（致）す」、すなわち、政界から引退する時期に、天下を譲って賢者に授け、退いて自己の身体の生命を養うという一連の行為は、政治権力より自己の生命を重視するという第二期の養生思想の基本的な立場と一致している（七十歳になる以前は政治に与っているので第一期の養生思想とは

合致しない)。第二に、養生思想と禅譲説を結びつけている点も、第二期第一部類において禅譲説が肯定的に捉えられていた傾向と関連性が見られる。ただし、第二期第一部類の養生思想においては、禅譲される側の資質として養生が要請されていたが、②では禅譲する側に要請されているところに大きな相違があることは注意しなければならない。第三に、七十歳になって老衰すれば譲位して養生に取り組むという聖人の姿から、弗利、すなわち天下の利を自分の利益としなかったことが分かるという『唐虞之道』の作者の判断は、前引の『呂氏春秋』審為篇—②に「詹子曰く、生を重んぜよ。生を重んずれば、則ち利を軽んず、と。」とあるのとも関連性が窺われるが、それよりも『呂氏春秋』有度篇の次の文章が、『唐虞之道』の思想的意義を考える際、一つの有益な材料を提供してくれると考えられる。すなわち、

(A)客有問季子、曰、奚以知舜之能也。季子曰、堯固已治天下矣。舜言治天下、而合己之符、是以知其能也。(B)若雖知之、奚道知其不爲私。季子曰、諸能治天下者、固必通乎性命之情。者、當無私矣。夏不衣裘、非愛裘也、暖有餘也。冬不用翣、非愛翣也、清有餘也。(C)聖人之不爲私也、非愛費也、節乎己也。節己、雖貪汙之心猶若止、又況乎聖人。

(A)客季子に問うもの有り、曰く、奚を以て舜の能を知るか、と。季子曰く、堯固より已に天下を治む。舜天下を治むるを言いて、己れの符に合う、是を以て其の能を知るなり、と。(B)若し之を知ると雖も、奚に道りて其の私を為さざるを知るか、と。季子曰く、諸もろの能く天下を治むる者は、固より必ず性命の情に通ず。〔性命の情に通ずる〕(三)者、当に私無かるべし。夏に裘を衣ざるは、裘を愛しむに非ず、暖余り有ればなり。冬に翣を用いざるは、翣を愛しむに非ず、清余り有ればなり。(C)聖人の私を為さざるや、費えを愛しむに非ず、己れに節なればなり。己れを節すれば、貪汙の心と雖も猶《なお》若止む、又た況や聖人をや、と。

とあるが、(A)では堯と舜の天下の統治方法が互いに合致していたとし、(B)では舜が私利を求める人物ではないことをどうして分かったかという質問に対して、天下をうまく統治した歴代の帝王らはいずれも「性命の情に通ず」、すなわち養生に優れていたとし、養生に優れていたからこそ、「無私」、つまり依怙贔屓しなかったという。最後に、(C)では私利を求めないのは、「己れを節す」、つまり自己を節制したからだという。

これらのことから次のことが窺われる。第一に、少なくとも戦国末期かそれ以前の道家系統の思想家たちの間で、堯舜を養生家の代表格として位置づけていた点、第二に、前引の『呂氏春秋』審為篇―②に「詹子曰く、生を重んぜよ。生を重んずれば、則ち利を軽んず、と。」とあるのと、有度篇(B)の「私を為さず」、「無私」とをあわせて考えると、『唐虞之道』の弗利思想は養生思想とも密接な関係があると考えられる点、第三に、有度篇(B)で「私を為さず」、「無私」を可能にする方法として節己を提唱することや、前引の『呂氏春秋』先己篇に「凡そ事の本は、必ず身を治むるを先とす。」とあり、また同篇に、

　昔者先聖王、成其身而天下成、治其身而天下治。
　昔者先聖王は、其の身を成して天下成り、其の身を治めて天下治まれり。

とあるのは、『唐虞之道』の冒頭にある、

　北(必)是(正)丌(其)身、肰(然)后(後)正(正)世、聖(聖)道備歖(矣)。
　必ず我が身を正しくしてから世を正しくすれば、聖の道が完備するのである。

という文章と関連性が見られる点。その他にも、『唐虞之道』第十号簡に、

　③墨(禹)幻(治)水、膉(益)幻(治)火、后禝(稷)幻(治)土、足民羖(養)〔生也〕。[一三]
　禹は治水を行い、益は火を治め、后稷は土地を開拓して、民衆が〔自己の生命を〕十分養うように〔した〕。

とあるのは、第二期の養生思想を想起させる。また第十一号簡の末尾と第二十二号簡に、

④智（知）〔羖（養）眚（性）命〕(二四)之正（正）者、能㠯（以）天下儃（禪）歖（矣）。

〔生命の〕本来の正しさを〔養うことを〕知る者こそ、天下を〔賢者に〕譲ることができるのである。

とあるが、もし第十一号簡と第二十二号簡とを連続する簡と見なし、かつ「之」の直前に「羖眚命」の三字を補っても差し支えないならば、これは『唐虞之道』前引②を可能にする大前提として養生思想と禅譲説とが結合したもう一つの例になると考えられる。

以上のことを総じていうと、『唐虞之道』は、自己や万物・民の生命を天下より重視する人物にこそ天下の政治を任せるべきだというよりポジティブな政治論に転身することによって、その初期においては否定されていた禅譲説を肯定的に捉えるようになっていく第二期第一部類の養生説と通じるところがあると思われる。ただし、主に舜の資質だけがクローズアップされ、禅譲する側の資格についてはほとんど問われることのなかった従来の養生思想や堯舜帝位継承説話とは違って、禅譲する側（堯）の資格や弗利の実践として養生を提唱しているのは、管見の限り『唐虞之道』だけに見られるユニークな面と言えよう。(二五)

注

（一）この点については、池田前掲書『老荘思想』（一〇七～一〇九頁）を参照。

（二）原文は、「舜讓其友石戸之農。石戸之農曰、棬棬乎、后之爲人也。葆力之士也。以舜之德爲未至也。於是乎夫負妻戴、攜子以入於海去之、終身不反。」とあり、またこれとほぼ同文が『荘子』譲王篇に「舜以天下讓其友石戸之農。石戸之農曰、捲捲乎、后之爲人。葆力之士也。以舜之德爲未至也。於是夫負妻戴、子攜以入於海、終身不反也。」とある。

（三）原文は、「舜以天下讓善卷。善卷曰、余立於宇宙之中、冬日衣皮毛、夏日衣葛絺。春耕種、形足以勞動、秋收斂、身足以休食。日出而作、日入而息、逍遙於天地之閒、而心意自得。吾何以天下爲哉。悲夫、子之不知余也。遂不受。於是去而入深山、莫知其處。」とある。

（四）『呂氏春秋』貴生篇に「道之眞、以持身、其緒餘、以爲國家、其土苴、以治天下。由此觀之、帝王之功、聖人之餘事也。非所以完身養生之道也。今世俗之君子、危身棄生以徇物。彼且奚以此之也、彼且奚以此爲也。」とあることや、同じく審為篇に「身者所爲也。天下者所以爲也。審所以爲、而輕重得矣。今有人於此、斷首以易冠、殺身以易衣、世必惑之。是何也。冠所以飾首也。衣所以飾身也。殺所飾、要所以飾、則不知所爲矣。世之走利、有似於此。危身傷生、刈頸斷頭、以徇利、則亦不知所爲也。」とあるのも、同様の脈絡で理解できよう。

（五）楠山春樹「養生家の帝王観」（『斯文』一〇四、一九九六年三月、一〇八～一〇九頁）を参照。

（六）この傾向の場合は、食事法、感情のコントロール、気象の激しい変化が人体に及ぼす影響、伝統的な呪術的治療法への批判などに見られるように（『呂氏春秋』尽数篇など）、後世の養生術や医学論につながるような様々な議論がなされるようになる。

（七）『管子』四篇の養生説について、鬼丸紀「『管子』四篇における養生説について」（『日本中国学会報』三五、一九八三年十月）は、初期道家の考え方が現れており、また心術上篇→心術下篇→内業篇の順に成立したとするが（白心篇の成立時期は明確でないという）、それには賛成できない。その理由は心術上篇を見ればすぐ分かる。すなわち、第一に、養生説の初期段階においては、天下の政治とは距離をおいた意味での個人の養生が最も重視されていたのに対し、心術上篇は「心之在體、君之位也。九竅之有職、官之分也。……上離其道、下失其事。……夫正〈聖〉人無求也、故能虛。……君子不休〈怵〉乎好、不迫乎惡、恬愉無爲、去智與故。有道之君〔子〕、其處也、若無知、其應物也、若偶之、靜因之道也。」とあるように、政治色を濃厚に帯びた一つの理論（聖人もしくは君子の無為虚静論）としてすでに定着している点。第二に、心術上篇に「九竅之有職、官之分也。」とあるのは、『荀子』の分の思想から影響を受けている点。第三に、心術上篇の「去智」「無知」は、郭店『老子』甲本第一号簡に「㡭（絶）智（智）」とあることや、『莊子』斉物論篇（齧欠・王倪問答）をふまえての表現である点。第四に、これが最も重要な事柄であるが、馬王堆帛書『老子』乙本第一七五行下〜一七六行上（今本『老子』第三十八章）に「失道而后（後）德、失德而句（後）仁、失仁而句（後）義、失義而句（後）禮。」とあって、道を最上のものとし、徳・仁・義・礼は段階的に価値の低いものとして、道から否定・疎外されていくものであったが、心術上篇では「道之與德無閒」とあり、「故禮出乎理、理出乎義、義因乎宜者也。」とあり、「事督乎法、法出乎權、權出乎道。」とあって、道と徳とを同一視したり、礼を最終的には義から出たものとして肯定したり、法すら最終的には道から出たものとして積極的肯定的な意味を附与している点。この今本『老子』第三十八章に該当する文章について、池田知久氏は「老莊思想が儒家の「仁義」「礼楽」などに対して次第に宥和的肯定的になっていったことについては、ある文章群、それらは「天」や「道」を重んずる立場から「仁義」「礼楽」などを否定してはいるけれども、同時に逆に「仁義」「礼楽」などの肯定に転ずることを可能にするロジックをも胚胎している」という。またこのロジックがさらに展開すれば、例えば『莊子』天道篇などに見られるように、「初期道家以来あれほど情熱をこめて否定してきた「人」の一切合切が、「古の大道を明らかにする」ことと称して肯定され」るようになるという（池田前掲書『老莊思想』、二三四〜二三八頁）。これらの点を見ると、心術上篇の成立は大分新しいことと推定される。

（八）池田前掲書『老莊思想』、二四七頁。

（九）『呂氏春秋』にこのような現象が集中的に見られる理由を考える際、「全體と個との關係についていえば、「呂氏春秋」のではそれが鋭く意識され問題とされているのに對して、「莊子」では應帝王篇三や在宥篇三・四や讓王篇などで、政治よりは治身という形で問題とされているとはいえ、全般的に見ればすでに解決ずみのこととされるためか、表だって重要な問題とはなっていない。特に養生主篇・達生篇では全く問題となっていないことが注意される。それは「呂氏春秋」のが、爲政者への進言であることからして、そのことに触れざるを得なかったという事情があったためかと思われる。」（傍点は引用者による）という沢田多喜男氏の指摘も、一つの可能性として参考になろう（「先秦の養生説試論――その思想と系譜――」、『日本中国学会報』一七、一九六五年十月、三三頁）。

（一〇）ほぼ同文が『荘子』譲王篇にも見える。

（一一）同様の主旨の文が、『荘子』譲王篇や『淮南子』道応篇にも見える。

（一二）その他に、本生篇に「是故聖人之於聲色滋味也、利於性、則取之、害於性、則舍之。此全性之道也。世之貴富者、其於聲色滋味也、多惑者。日夜求、幸而得之、則遁焉。遁焉、性惡得不傷。……貴富而不知道、適足以爲患。不如貧賤。貧賤之致物也難。雖欲過之、奚由。出則以車、入則以輦、務以自佚、命之曰招蹷之機。肥肉厚酒、務以自彊、命之曰爛腸之食。靡曼皓齒、鄭衛之音、務以自樂、命之曰伐性之斧。三患者、貴富之所致也。故古之人、有不肯貴富者矣。由重生故也。非夸以名也、爲其實也。則此論之不可不察也。」とあるのは、奢侈を戒める寡欲説である。また貴生篇に「子華子曰、全生爲上、虧生次之、死次之、迫生爲下。故所謂尊生者、全生之謂。所謂全生者、六欲皆得其宜也。所謂虧生者、六欲分得其宜也。虧生則於其尊之者薄矣。其虧彌甚者也、其尊彌薄。所謂死者、無有所以知、復其未生也。所謂迫生者、六欲莫得其宜也、皆獲其所甚惡者。服是也、辱是也。辱莫大於不義。故不義迫生也。而迫生非獨不義也。故曰、迫生不若死。奚以知其然也。耳聞所惡、不若無聞。目見所惡、不若無見。故雷則揜耳、電則揜目。此其比也。凡六欲者、皆知其所甚惡、而必不得免、不若無有所以知。無有所以知者、死之謂也。故迫生不若死。嗜肉者、非腐鼠之謂也。嗜酒者、非敗酒之謂也。尊生者、非迫生之謂也。」とあるのは、欲望や官能的快楽の抑制を主張する寡欲説である。

（一三）「性命之情」を体得していない具体的な例として、重己篇では「①是師者之愛子也、不免乎枕之以糠。②是聾者之養嬰兒也、方雷而窺之于堂。有殊弗知愼者。」が比喩として挙げられている。

（一四）同じく情欲篇に「俗主虧情、故每動爲亡敗。耳不可贍、目不可厭、口不可滿。身盡府種、筋骨沈滯、血脈壅塞、九竅寥寥、曲失其宜。雖有彭祖、猶不能爲也。其於物也、不可得、之爲欲、不可足、之爲求、大失生本。民人怨謗、又樹大讎。意氣易動、蹻然不固、矜勢好智、胸中欺詐、德義之緩、邪利之急。身以困窮、雖後悔之、尚將奚及。巧佞之近、端直之遠、國家大危、悔前之過、猶不可反。聞言而驚、不得所由。百病怒起、亂難時至。以此君人、爲身大憂。耳不樂聲、目不樂色、口不甘味、與死無擇。」とあるのも、同様の主旨を表す文章であろう。

（一五）天地の働きに参加するという面は、先に指摘した『莊子』達生篇の首章と類似している。しかし、達生篇の場合は、真に生命を保つためには、肉体的な養生への執着を忘れなければならないとされており、またそのためには「夫欲免爲形者、莫如棄世。」とあるように世間との関わりを棄てなければならず、そうすることによって、天地の万物を化育する働きに参加できるということが主張されている。この点、本生篇の思想とは全く異なっている。

（一六）原文は、「越人三世殺其君。王子搜患之、逃乎丹穴。越國無君、求王子搜而不得、從之丹穴。王子搜不肯出、越人薰之以艾、乘之以王輿。王子搜援綏登車、仰天而呼曰、君乎、獨不可以舍我乎。王子搜非惡爲君也、惡爲君之患也。若王子搜者、可謂不以國傷其生矣。此固越人之所欲得而爲君也。」とある。

（一七）この話は『孟子』梁惠王下篇にも見えるが、このことから推測すると、恐らく戦国中期を前後する比較的早い段階からこの説話が流布していたと思われる。しかし、梁惠王下篇では、小国である滕の文公が大国からの侵略に免れうる方法を孟子に聞いたところ、孟子が出した二つの対案の中の一つとして用いられているだけであって、養生説とは全く結びついていない点は注意しなければならない。

(一八) これと類似の文が、『荘子』譲王篇に「堯以天下譲許由。許由不受。又譲於子州支父。子州支父曰、以我爲天子、猶之可也。雖然、我適有幽憂之病、方且治之。未暇治天下也。夫天下至重也。而不以害其生。又況他物乎。唯無以天下爲者、可以託天下也。」とある。

(一九) 池田前掲書『老荘思想』、二五一～二五二頁。

(二〇) 顧頡剛氏は、この文章（顧氏は『荘子』譲王篇の方を引用している）について「他以爲天下之重只該託付給不肯犧牲自己的人，但不肯犧牲自己的人又哪裏肯任受天下之重，豈非太矛盾了嗎？」と指摘し、道家が禅譲説を軽蔑した一つの証拠としている（顧前掲論文「禅譲伝説起於墨家考」、八七頁）。顧氏の指摘も一理はある。しかし、少なくとも『呂氏春秋』貴生篇や『荘子』譲王篇の作者が、それを矛盾と思っていないことが、むしろ重要であろう。

(二一) 劉笑敢氏・崔大華氏によれば、戦国中期、すなわち孟子及び孟子以前の時代には、道徳・性命・精神という熟語は使われておらず、それが使われるようになるのは、戦国後期、大略荀子が生きていた時代に至って、はじめてこれらの概念が出現し広まるようになった、という（劉笑敢『荘子哲学及其演変』（中国社会科学出版社、一九九三年、一二頁）及び崔大華『荘学研究』（人民出版社、一九九二年、九五～九六頁）を参照）。『唐虞之道』の性命もそのような情況を考慮に入れて考えるべきであろう。

(二二) 「通乎性命之情」の六字を補うことについては、楠山春樹『呂氏春秋』下（明治書院、一九九八年、九二七頁）に説がある。

(二三) 「足民羖」の直後に「生也」の二字を補うことについては、前掲拙稿「郭店楚簡『唐虞之道』訳注」注【九四】を参照。

(二四) 周前掲論文「郭店楚墓竹簡〈唐虞之道〉新釈」の「二、注釈」（二九）（七五四頁）は、「智」の直後の三字の缺字に「養性命」を補っている。『唐虞之道』第十一号簡に「羖害命之正」という語があり、また第二十六～二十七号簡に「三枳朕陞、耳目耻明衰、儃天下而受支、遉而羖丌生。」とあって、禅譲説と養生説とが結合しているのを見ると、周氏の説には十分説得力があると思われる。ただし、ここでは第十一号簡に「羖𡨦命之正」とあるのによって「羖𡨦命」を補う。

（三五）ただし、『荀子』成相篇には「堯讓賢、以爲民、氾利兼愛德施均、辨治上下、貴賤有等、明君臣。……堯有德、勞心力、干戈不用三苗服、擧舜甽畝、任之天下、身休息。」とあり、『淮南子』精神篇には「輕天下則神無累矣、……今高臺層榭、人之所麗也。而堯樸桷不斲、素題不枅。珍怪奇味、人之所美也。而堯糲粢之飯、藜藿之羹。文繡狐白、人之所好也。而堯布衣揜形、鹿裘御寒。養性之具不加厚、而增之以任重之憂。故擧天下而傳之於舜、若解重負然。非直辭讓、誠無以爲也。此輕天下之具也。」とあって、若干の関連性のある語句が見られる。詳しいことは、本書第一部第一章第三節の「二」を参照。

第六章　『唐虞之道』の知命と中国古代の命論

第一節　『唐虞之道』の知命

中国古代において、命という語は、運命・宿命、国命・革命・使命、王命・君命・命令、生命・寿命、等々のように、多様な語義を持ち、至高の存在の天と熟して天命ともいう。特に天命・運命・宿命という場合の命は、基本的には不可知のものであり、人為の及ばないものとされたが、にもかかわらず死生・存亡・治乱・吉凶・禍福・貧富・寿夭・道徳など、人間のあらゆる生の営みと深く関わりのあるものとして認識されたがゆえに、喜びや畏敬の対象でもあり、怨みや嘆きの対象でもあり、場合によっては批判や否定の対象でもあった。勿論そのような感情の対象としてのみ捉えられたわけではない。宗教的存在、あるいは超越的存在、あるいは倫理道徳の根源的存在として捉えられる場合もあった。あるいはただ単に世俗的に盲目的に信仰された場合も十分ありうる。それゆえ、後に諸子百家といわれる当時の知識人にとって、それをどう捉え、それにどう対処するかが、思想上重要な課題の一つだったのである。

さて『唐虞之道』には堯舜禅譲説を特徴づけるキーワードの一つとして「知命」ということばが含まれている。ところで、従来の研究の中には、この知命ということばを根拠に、当篇は命に対し肯定的な態度を取っており、その点において、それを否定する墨家の基本的な立場とは矛盾しているという主張もある。あるいは知命の命を運命論を意

味するものとして捉える見解もある。前者は王博氏の説であり、(一) 後者は田中智幸氏の説である。(二)

しかしながら、このような見解に従うと、『唐虞之道』にはあたかも宿命論や運命論的な考え方が色濃く反映されており、それが当篇の重要な思想的特徴の一つであるかのような誤解を招きかねない。さらに言えば、この問題は当篇全体の思想的性質という問題にまで波及する深刻さをも有している。本章で知命という概念の問題を取り上げる理由はまさにここにある。

さて『唐虞之道』の知命という語をめぐる諸問題を解明するためには、まずそれがどのような文脈で使われているかを検討するのが順序であろう。そこでこの語を含む前後の文章を掲げてみると、第十四～十七号簡に次のようにある。

Ⓐ古者埜（堯）生於天子而又（有）天下、聖（聖）以愚（遇）命、忎（仁）以逢（逢）旹（時）。未嘗愚（遇）□□

Ⓐむかし堯が天子に生まれて天下を保つことができたのは、聖の徳によって命にめぐり会い、仁の徳によって時にめぐり会ったからである。未嘗愚（遇）□□

Ⓑ竝於大旹（時）、神明將（?）從、天埅（地）右之。從（縱）忎（仁）聖（聖）可与（舉）、旹（時）弗可秉〈及〉歆（矣）。Ⓒ夫古者鍪（舜）佢（居）於艸（草）茅之中而不悥（憂）、Ⓓ斗〈升〉爲天子而不喬（驕）。Ⓒ-1佢（居）艸（草）茅之中而不悥（憂）、智（知）命也。Ⓓ-1斗〈升〉爲天子而不喬（驕）、不湩（流）也。……君民而不喬（驕）、卒王天下而不矣（疑）。

Ⓑ大時（天の時?）とともにし、宇宙の霊妙な作用がまさに働こうとし、天地もこれを助けてくれた。しかし、仁と聖の徳を具有するものは挙用されるとしても、時というのは（人為の）及ばないものである。Ⓒそもそも、むか

し舜は、在野に身を置いても憂えることはなく、(D)天子という高い地位についてもおごり高ぶることはなかった。(C)在野に身を置いても憂えることがなかったのは、命を知っていたからであり、(D)天子という高い地位についてもおごり高ぶることがなかったのは、身勝手な振舞をしなかったからである。……君主でありながらおごり高ぶることがなければ、ついには天下に王者となって疑われることはない。

右の文章のうち、(A)(B)を前半部分、(C)(D)を後半部分とすると、前半部分は(A)の終わりの部分と(B)の始まりの部分との間に欠文があるため、非常に難解な部分である。大意は次の通り。(A)は、堯が天子の身分に生まれて天下を保つことができた理由は、「聖・仁」といったすぐれた徳性を具有し、かつ「命・時」にめぐり会ったからである。以下、欠字。欠字の前に「未だ嘗て□□に䢒（遇）わず」とあるが未詳。(B)は特に難解である。欠字の部分と合わせてこれと関連する先行研究をいくつか挙げてみると、次の通りである。

①「古者堯生爲天子而有天下，聖以遇命，仁以逢時，未嘗遇〔賢。雖〕秉於大時，神明將從，天地佑之，縱仁聖可舉，時弗可及矣。」（李零氏の釈文[三]）

②「古者堯生於天子而有天下，聖以遇命，仁以逢時。未嘗遇【命而】替於大時，神明慍，縱天地佑之，縱仁聖可舉，時弗可及矣。」（周鳳五氏の釈文[四]）

③「古者堯生于天。子而有天下，聖以遇命，仁以逢時。未嘗遇□□，并于大時，神明均（？）従，天地佑之，縱仁、聖可与，時弗可及矣。」（丁四新氏の釈文[五]）

まず三氏の欠字の補い方を見ると、李氏は恐らく下文に舜のことが書かれていることから「賢」の字を補ったと推測されるが、それはそれなりに説得力があると思われる。ただ次の「雖」を補うことには疑問がある。雖は言うまでもなく仮定逆接条件を表す接続助詞であるが、李氏はその後の「縱仁聖可舉」の「縱」も同様に雖の意で読んでいるらしい。そうすると仮定逆接条件文が一つの文章の中に二度出現することになり、文章の流れが不自然になってしまう。

周氏の釈文も「縱天地佑之，縱仁聖可舉」とあるように、仮定逆接条件文が二度出現しており、同じく不自然である。また「命而」を補った根拠について「上文に「聖以遇命，仁以逢時」とあり、下文に「替於大時」とあるのによれば、ここの欠文は「命」と関係があることが分かる。もし下文と連読するとすれば、文意から「命而」の二字を補うことができる。そうすると、全句は「未嘗遇命而替於大時」に作り、上文に「聖以遇命、仁以逢時」とあるのとちょうど反対の意味になる。このように繰り返し述べることで、論証は周到綿密となり、文意ははじめて周延されるのである」という。すなわち、周氏は最後にある「縱仁聖可舉，時弗可及矣。」を強く意識したあまり、「未嘗遇」以下が「聖以遇命，仁以逢時」の反対のことを意味すると判断して「命而」を補ったらしい。そして「替於大時」は「時の廃するところとなることを指し、生まれて時にめぐり逢わないという意味である」とし、「縱天地佑之，縱仁聖可舉，時弗可及矣。」は「たとえその人に天地の加護があり、かつ仁と聖が具わっているとしても、もし生まれて時にめぐり逢わなければ、どうしようもないということを意味する。大意は『窮達以時』と同じであり、実は孔門の一貫した道である」とするのによれば、「未嘗遇【命而】替於大時，神明將從」を条件文とし、以下をその結果を表す文章として読むようである。しかし、すでに指摘したように、仮定逆接条件文が二度出現して文章の流れが不自然であり、「命而」を補う根拠も説得力に乏しく、仮借字の判定や文章の句読、「時弗可及矣」の解釈などにも無理がある。(六)

最後に、丁氏は「天命」を補った上で、次のようにいう。すなわち、「この引用文によれば、権力が禅譲される過程で、たとえ仁聖の徳が禅譲によって位を授ける基本条件を完全に満たしているとしても、しかし、もしまだ時と命とにめぐりあわず、神明も従わず、天地も祐けてくれないならば、その人が徳によって命を承けるとしても、天子の玉座にのぼることはできない」というが、(七) この解釈によれば、「未嘗遇□□，并于大時，神明均（？）従，天地佑之」までを否定条件文として読んでいるようである。しかし、天命を補う根拠も示しておらず、また「未」を四句全部にかかるものとするのも、漢文読みとしてやはり不自然さを免れ得まい。

三氏の解釈は、いずれも(A)と(B)を連続して読もうとするところから無理が生じたものと思われる。だからといって、筆者も決定的な解決案を持っているわけではないが、恐らく(A)で文章が終わるのではなく、「未だ嘗て□□に堣（遇）わず」と「大旹（時）に並ぶ」との間に、ストーリーの続く散佚した竹簡がいくつかあったのではないかと推量する次第である。ただし、「旹（時）は秉〈及〉ぶ可からず」という一句の意味は、周氏が言うように「もし生まれて時にめぐり逢わなければ、どうしようもない」や、丁氏が言うように「その人が徳によって命を承けるとしても、天子の玉座にのぼることはできない」という意味ではなく、「時」というのは人為の及ばないもの、という意味ではなかろうか。「弗」は通常目的語を伴わない動詞を否定する否定詞、すなわち代名詞目的語「之」を内包する否定詞とされる。(八) とすると、「時」が主語で「之」に該当する目的語が別にあるとするのが自然な捉え方であるが、そうすると「時」の上に「時」の及ばない何かの存在を想定しなければならなくなる。しかし、そのような存在は現に『唐虞之道』には該当するものがない。ところで、「可」の構文においては、一般に主語が目的語となるが、そのことを考えると、「時」を「及」の目的語と取るのは、文法上からも自然な捉え方である。例えば、『呂氏春秋』聴言篇に「周書曰、往者不可及、……」（周書に曰く、往く者は及ぶ可からず……）とあり、『淮南子』繆称篇に「故唐虞之法可效也、其論人心不可及也。」（唐虞の法は効う可きなり、其の人心を論すことは及ぶ可からざるなり）とあり、『鶡冠子』備知篇に「其時命者不可及也。」（其の時命なる者は及ぶ可からざるなり）とある「不可及」の例は、いずれも『唐虞之道』の一文と同様の文章構造をなしている。ただ『唐虞之道』のが「不」ではなく「弗」を使っているのは、恐らく「時」

を強調するためではないかと推量される。[九]

次に(C)(D)について見てみよう。大意は、(C)は舜が在野に身を置いても憂慮することがなかったこと、(D)は天子になってもおごり高ぶることがなかったことが述べられている。(C)―一は再び(C)を取り上げてその理由を「命を智（知）ればなり」としており、(D)―一も同様の手法で「湩《ほしいまま》（流）にせざればなり」としている。これを要するに、(C)及び(C)―一は命と関係があり、(D)及び(D)―一は上位者の下位者に対する謙遜の徳（もしくは態度）と関連があることは容易に看取される。ここで注意すべきことは、知命は禅譲される前の舜の態度・能力を指し、「斗〈升〉りて天子と為れども喬（驕）らず」は禅譲された後の舜の為政者としての態度を指している事実である。本章ではそのうち(C)及び(C)―一について考察することにする。

第二節　墨家の非命論の特徴

さて王博氏は、二つの点において『唐虞之道』の見解が墨家のそれと矛盾するとし、前述のようにその一つとして命に対する見方を挙げて、次のようにいう。

『唐虞之道』の中では命について言及しており、また舜を知命の人とする。言うまでもなく、当篇は命に対して一種の肯定的な態度を取っている。そして、周知のように、墨家は命の存在を否定する。[一〇]

この王氏の見解を要約すると、次の二つにまとめられよう。第一に、『唐虞之道』で舜を知命の人とするが、それは命を肯定する態度である点。第二に、墨家は命の存在を否定している点。王氏はこの二点を根拠にして『唐虞之道』が墨子学派の文献ではなく儒家の文献であるという。また田中智幸氏は、

（『荀子』）成相篇と『唐虞之道』とに共通する重要な思想として、両書の帝位継承の理念には徹頭徹尾尭一人の意思によった譲位ではなく、すでに指摘したように、そこには運命論の要素が抜き難く織り込まれていることに注目しなければならない。『唐虞之道』資料3に「天子に生まれて天下を有つは、聖以て命に遇ひ、仁以て時に逢へばなり」「縦ひ仁聖は与にす可きも、時は及ぶ可からざるなり」、資料4に「草茅の中に居れども憂へざるは、命を知ればなり」とあるように、尭が天子に生まれて天下を保つことができたのは、運命・時節にめぐり会ったからであり、この「時」は人為の及ばないものであること、舜が在野に身を置いていても憂えることがなかったのは、運命というものを知っていたからであると記されている。[一一]

といって、ここの知命は運命論を意味するという。とすると、田中氏は明言こそしないものの、先に王氏が指摘したような、墨家の批判する宿命論または運命論的な命が『唐虞之道』に反映されている、ということになる。

確かに知命は命の存在を前提とする見地からの議論であり、墨家の非命論は有命論者を批判・排斥することを目的として書かれたものであるので、表面上ではそのように認めても間違いはなさそうである。しかし、『唐虞之道』の知命と墨家の非命論を命の有無の問題として単純に処理しては、両者の違いは勿論、共通点を見いだすことはできない。よって、まず墨家の非命論が何を批判し何を克服しようとしたのか、またそれを批判・克服することによって何を目指していたのかを改めて確認する必要が生じてくる。結論を先にいえば、批判・克服しようとしたのは有命論者の説であり、目指していたのは人間（王公大人・百姓）の人為的な努力による富国、人口の増加、刑政の確立である。[一二]

まず批判・克服の対象となっている有命論者の説を非命上・中・下篇の順序で見てみると、上篇でまず第一に、

執有命者之言曰、命富則富、命貧則貧、命衆則衆、命寡則寡、命治則治、命亂則亂、命壽則壽、命夭則夭。命雖強勁何益哉。

有命を執る者の言に曰く、命富めば則ち富み、命貧しければ則ち貧しく、命衆ければ則ち衆く、命寡ければ則ち寡く、命治まれば則ち治まり、命乱るれば則ち乱れ、命寿なれば則ち寿に、命夭なれば則ち夭なり。命は強勁と雖も何ぞ益さんや、と。

とあるのは、人間のみならず国家・社会の貧富・人口の衆寡・治乱・寿夭は命により定まっているとする説である。次に第二に、

執有命者之言曰、上之所賞、命固且賞、非賢故賞也。(一三)

有命を執る者の言に曰く、上の賞する所、命固より且《よろ》しく賞すべし、賢の故に賞するに非ざるなり、と。

とあり、また第三に、

執有命者言曰、上之所罰、命固且罰、不暴故罰也。(一四)

有命を執る者言いて曰く、上の罰する所、命固より且しく罰すべし、暴の故に罰するに不《あら》ざるなり、と。

とあるのは、君主の賞罰も宿命的なもので、行為の結果である賢・暴によるものではないとする説である。そして第四に、

然則何以知命之爲暴人之道。昔上世之窮民、貪於飲食、惰於從事。是以衣食之財不足、而飢寒凍餒之憂至。不知曰我罷不肖、從事不疾、必曰我命固且貧。

然らば則ち何を以てか命の暴人の道為るを知る。昔上世の窮民、飲食を貪り、事に従うことを惰る。是を以て衣食の財足らず、飢寒凍餒の憂い至る。我れ罷不肖にして、事に従うこと疾からずと曰うを知らずして、必ず我が命固より且しく貧なるべしと曰う。

とあり、また第五に、

昔上世暴王、不忍其耳目之淫心涂之辟、不順其親戚、遂以亡失國家、傾覆社稷。不知曰我罷不肖、爲政不善、必曰吾命固失之。

昔上世の暴王、其の耳目の淫・心涂の辟を忍めず、其の親戚に順わず、遂に以て国家を亡失し、社稷を傾覆す。我れ罷不肖にして、政を為すこと善からずと曰うを知らずして、必ず吾が命固より之を失うと曰う。

とあるのは、上世の窮民や暴王のような過去における宿命論信奉の実状を指摘し批判するために掲げられたものである。

次に中篇を見てみよう。まず第一に、

今夫有命者言曰、我非作之後世也。自昔者三代、有若言以傳流矣。今故先生對之。

今有命を夫〈執る〉(二五)者の言に曰く、我は之を後世に作るに非ざるなり。昔者三代自り、若《こ》の言有りて以て伝流す。今故ぞ先生は之を対《うらみ》とするか、と。

とあるのは、宿命論は三代より伝わっていたとする説である。次に第二に、

是故昔者三代之暴王、……是故國爲虛厲、身在刑僇之中、不肎曰我罷不肖、爲刑政不善、必曰我命故且亡。

是の故に昔者は三代の暴王、……是の故に国は虚厲と為り、身は刑僇の中に在り、肎て我れ罷不肖にして、刑政を為すこと善からずと曰わずして、必ず我が命故より且しく亡ぶべしと曰う。

とあり、また第三に、

雖昔也三代之窮民、亦由此也。……衣食之財不足、使身至有饑寒凍餒之憂、必不能曰我罷不肖、我從事不疾、必曰我命固且窮。

昔の三代の窮民と雖も、亦た由《な》お此のごときなり。……衣食の財は足らず、身をして饑寒凍餒の憂い有るに至ら

しめて、必ず我れ罷不肖にして、我が事に従うこと疾からずと曰うこと能わずして、必ず我が命は固より且しく窮すべしと曰う。

とあるのは、上篇第四・第五と同様、三代の暴王・窮民の宿命論信奉の実状を説く文章である。

最後に下篇には、第一に、

然今以命爲有者、昔三代暴王桀紂幽厲。……其言不曰吾罷不肖、吾聽治不強、必曰吾命固將失之。

然らば今命を以て有りと為す者は、昔の三代の暴王桀紂幽厲なり。……其の言に吾れ罷不肖にして、吾れ治を聴くに強めずと曰わずして、必ず吾が命固より将に之を失わんとすと曰う。

とあり、また、

雖昔也三代罷不肖之民、亦猶此也。……其言不曰吾罷不肖、吾從事不強、又曰吾命固將窮。

昔の三代の罷不肖の民と雖も、亦た猶お此のごときなり。……其の言に吾れ罷不肖にして、吾れ事に従うことを強めずと曰わずして、又〈必ず〉[一六]吾が命固より将に窮せんとすと曰う。

とある。ここでは上篇第一・第二・第三及び中篇第一がすべて省略され、上篇第四・第五及び中篇第二・第三にならって、三代の暴王「桀紂幽厲」と「罷不肖の民」の宿命論信奉の実状のみが掲げられている。要するに、人事にまつわるあらゆる事柄は、命によってすでに定まっており、人為的努力によって左右されないもの、つまり人為の及ばないもの、ということを骨子としている。[一七]

こうして見ると、非命三篇の駁論の焦点は自ずと定まってくる。つまり、命を人為的努力の及ばないものと信ずる場合に発生するあらゆる弊害を指摘し、かつあらゆる人事は人為的努力の結実であることを証明することに論を集中させることで所期の目的は達せられるのである。それを証明する方法として、周知の如く、上篇では言論の基準として「三表」、中・下篇では「三法」を提示し、(一八)それに照らして論破していく。そして、そこに現れている最も中心的な考え方は、言うまでもなく人為的努力の強調にほかならない。(一九)

第三節　『唐虞之道』の知命と墨家の非命論の共通点と相違点

一　共通点と相違点――墨家の非命論を中心に

『唐虞之道』の知命と墨家の非命論の共通点と相違点を論ずる前に、一つ指摘しておかなければならないのは、墨家の非命論で批判されている「有命」と、『唐虞之道』の知命とは同様の思想ではないことである。もっとも、人為によって左右されないものとしての命の存在を認めている点は共通している。しかし、命の存在を認めた後、人間世界のあらゆる事象への対応の仕方においては、全く正反対の方向を示している。すなわち、前者は、

命雖強勁何益哉。
命は強勁と雖も何ぞ益さんや。

と言うが、ほぼ同様のことが『墨子』非儒下篇の下線部に、

有強執有命以説議曰、壽夭・貧富・安危・治亂、固有天命。不可損益。窮達・賞罰・幸否、有極。人之知力不能爲焉。羣吏信之、則怠於分職、庶人信之、則怠于從事。吏不治則亂、農事緩則貧。貧且亂、政之本。而儒者以爲道教。是賊天下之人者也。
有た強いて有命を執りて以て説議して曰く、寿夭・貧富・安危・治乱には、固より天命有り。損益す可からず。

窮達・賞罰・幸否には、極有り。人の知力為す能わず、と。群吏之を信ずれば、則ち分職に怠り、庶人之を信ずれば、則ち事に従うに怠る。吏治めざれば則ち乱れ、農事緩めば則ち貧し。貧しく且つ乱るるは、政の本を〔失う〕(一〇)。而るに儒者は以て道の教えと為す。是れ天下の人を賊する者なり。

とあり、また同じく公孟篇の下線部に、

公孟子曰、貧富壽夭、齰然在天、不可損益。又曰、君子必學。子墨子曰、教人學、而執有命、是猶命人葆而去亓冠也。

公孟子曰く、貧富寿夭、齰然として天に在り、損益す可からず、と。又た曰く、君子は必ず学ぶ、と。子墨子曰く、人に学ぶことを教えて、有命を執るは、是れ猶お人に葆を命じて亓（其）の冠を去るがごときなり、と。

とある。そして、最後の公孟篇を除き、前の二例は人為的努力の無用論に帰結している。この場合、命は、非儒下篇では天命、公孟篇では天に置き換えられているのによれば、この三者がほぼ同義で使われていることが分かるが、命は要するに天に属する性質のものと考えて差し支えなかろう。

それに対して、『唐虞之道』の知命の場合は、命を自覚していることを意味すると思われる。というのは、知命は舜に対する表現ではあるが、途中で欠字や散佚した竹簡があると推測されるので、堯について書かれている文章から推察すると、「古者埜（堯）天子に生まれて天下を又（有）つは、𦔻（聖）以て命に堣（遇）い、忎（仁）以て旹（時）に遣（逢）えばなり。」とあるのは、結局、聖・仁(一一)という人に属する性質のものと命・時という天に属する性質のもの、換言すれば、天の領域と人の領域とを意識的に切り離しているように思われる。

ところで、舜の場合は、天子となる前に「艸（草）茅の中に佢（居）る」という在野に身を置く試練の時期を物語る説話がすでに一般化されていたと思われ(一二)、よって「従（縦《たと》）い忎（仁）𦔻（聖）は与（挙）ぐ可きも、旹（時）は秉〈及〉ぶ可からず。」とあるのは、それを前提にして書かれたものではなかろうか。「峕（時）は秉〈及〉ぶ可からず」とは天の領域にほかならず、知命とは、天の領域は人為の及ばないもの、ということを自覚していることであろう。それと同時に、舜の「屮（草）茅の中に佢（居）れども悳（憂）えず」という意識的行為は、『唐虞之道』第一〜三号簡で、「唐虞の道」と「堯舜の王」について述べた後、

身竆（窮）不𡍮（悤）、……竆（躳）忎（仁）歖（矣）。

我が身が窮地に陥っても憂えず、……仁が身に備わっているからである。

とし、また続けて、

𢎘（必）昰（正）亓（其）身、肰（然）后（後）正（正）世、聖（聖）道備歖（矣）。

必ず我が身を正しくしてから世を正しくすれば、聖の道が完備するのである。

としているのと深く関連しあっていると思われる。そうすると、これらの文章はまさに人為的努力の重要性を強調したり、あるいは人為的努力そのものを語るものにほかならない。そのことはまた、第六〜七号簡に、

𡍬（堯）𠇚（舜）之行、忎（愛）睪（親）𨻰（尊）攴（賢）。忎（愛）睪（親）、古（故）孝。𢍜（尊）攴（賢）、古（故）𧼛（禪）。

堯舜が実践したのは、親を愛し賢者を尊ぶことである。親を愛するから孝を尽くし、賢者を尊ぶから（位を）譲ったのである。

とあり、第九〜十号簡に、

古者呉（虞）𠇚（舜）篙（厚）事亢〈?兜（瞽）〉寘、乃戈〈弌〉亓（其）孝、忠事帝𡍬（堯）、乃戈〈弌〉亓（其）臣。忎（愛）睪（親）𢍜（尊）攴（賢）、呉（虞）𠇚（舜）亓（其）人也。

昔虞舜が（その父である）瞽叟に丁重に仕えたときは、もっぱらその孝を尽くし、帝堯に忠義をもって仕えたときは、もっぱらその臣下としての道理を尽くした。親を愛し賢者を尊んだのは、まさに虞舜その人だからである。

とあり、第二十二～二十三号簡に、

古者埜（堯）之弅（擧）叁（舜）也、昏（聞）叁（舜）孝、智（知）丌（其）能㺯（養）天下之耇（老）也。昏（聞）叁（舜）弟、智（知）丌（其）能紿（事）天下之兂（長）也。昏（聞）叁（舜）丝（慈）虖（乎）弟、〔智（知）丌（其）能〕□□□

昔堯が舜を登用したのは、舜が親に孝を尽くすことを聞き、天下中のお年寄りを養うことができることを知っていたからである。また舜が年長者に悌を尽くすことを聞き、天下中の年長者に仕えることができることを知っていたからである。さらに舜が弟に慈愛深いことを聞き、□□□することができることを知っていたからである。

……

とあり、第二十四～二十五号簡に、

古（故）丌（其）爲宂〈?兜（瞽）〉寞子也、甚（甚）孝、秉〈及〉丌（其）爲埜（堯）臣也、甚（甚）忠。埜（堯）禮（禪）天下而㸚（授）之、南面而王而〈天〉下而甚（甚）君。

そこで、その（父である）瞽叟の子となっては孝を尽くし、その堯の臣下となっては忠誠を尽くした。堯は天下を譲って舜に授け、（舜は）天子の位について天下に王者となっては君主としての道理を尽くした。

とあり、第二十八号簡に、

紿（治）之至、㺯（養）不喿（肖）。乿（亂）之至、烕（滅）𢼸（賢）。忎（仁）者、爲此進

治世の至上の状態では、愚かなものでも生を成し遂げるようにし、（その反対に）乱世の最悪の状態では、賢者を
失ってしまうのである。仁者は、このために進めて……

とあることからも窺い知ることができる。要するに、『唐虞之道』は全篇において、宿命論や運命論のような天の領域より、人為的努力という人の領域の強調に重きが置かれていると言えよう。したがって、有命論者の語る命と『唐虞之道』の知命とは本質的に異なるものであることは、以上によって解明されたと思われる。

このように見てくると、墨家の非命論との共通点・相違点も自ずと判明してくる。すなわち、命の有無の問題に関する限り、両者の立場は両立できない。しかし、両者とも最高統治者を対象としており、人為的努力を強調している点は、共通している。

そして、(A)の場合においても、人の領域に属する聖・仁と天の領域に属する命・時とを意識的に区別しており、しかもその場合、天の領域は「𦔻（聖）以て命に壘（遇）い、忎（仁）以て旹（時）に逢（逢）う」とあるように、人の領域がその前提条件として提示されるという形となっている。ということは、先に引用した『墨子』非命三篇において批判の的となっている有命論者の命論、すなわち、人事にまつわるあらゆる事柄は、命によってすでに定まっているといって、人為的努力を完全に否定する考え方とは一線を画しているとしなければなるまい。そのような意味で『唐虞之道』の命論を運命論とする田中氏の説は賛同できない。

二　類似点と相違点——天人相互関係の思想を中心に

ところで、両者の間には見逃すことのできないもう一つの類似点がある。『唐虞之道』の(B)の上段の文章をもう一

度吟味してみよう（訳は省略）。

竝於大峕（時）、神明將（？）從、天埅（地）右之。

右の一文は、欠字や文字の判定などの問題もあって、真意をはかることは容易ではない。しかし、一つ疑問として浮かび上がるのは、「天埅（地）之を右く」とはいったい何を意味するか、である。それを解明するためには、まずこの一句が何を対象としているかを明らかにしなければならないが、それも容易ではない。ただし、堯にまつわる記事と舜にまつわる記事との間にこの一句があることから推測すると、恐らく堯が舜にめぐり会ったこと（李零氏の説）、あるいはめぐり会って禅譲したことを内容とするいくつかの散佚した竹簡があり、それをふまえてこのように表現したのかも知れない。

それはともかく、「天埅（地）之を右く」という一句は、堯や舜の何らかの行為と関連していることは間違いあるまい。とすると、堯舜は言うまでもなく天子であり、その天子の何らかの行為に対して天地がそれを右けるという意味であるから、これは天人相互関係を示し、[一三] その中でも特に瑞祥説と何らかの関係のあることが予想される。

さて天人相互関係を示す文章は、実は『墨子』非命三篇にも見える。まず災異説について見てみると、上篇に、

仲虺之告曰、我聞于夏人矯天命、布命于下。帝伐之惡、龔喪厥師。此言湯之所以非桀之執有命也。

仲虺之告に曰く、我聞く、夏人の天命を矯めて、命を下に布く。帝之が悪を伐ち、龔にて厥の師を喪したり、と。此れ湯の桀の有命を執るを非とする所以を言うなり。

とあり、中篇に、

先王之書、仲虺之告曰、我聞、有夏人矯天命、布命于下。帝式是惡、用闕師。此語夏王桀之執有命也、湯與仲虺共非之。

先王の書、仲虺之告に曰く、我聞く、有夏の人天命を矯め、命を下に布く。帝式て是れ悪み、用て師を闕く、と。此れ夏王桀の有命を執るや、湯と仲虺と共に之を非とすることを語る。

とあり、下篇に、

仲虺之告曰、我聞、有夏人矯天命于下。帝式是増、用爽厥師。……昔者桀執有命而行。湯爲仲虺之告、以非之。

仲虺之告に曰く、我聞く、有夏の人天命を下に矯む。帝式て是れ増《にく》み、用て厥の師を爽わしむ、と。……昔者桀有命を執りて行う。湯仲虺之告を為り、以て之を非とす。

とあるのは、帝の命令である天命と宿命としての命とは異質のものであることを大前提に、天命をかってに変えて宿命論を押しつけた悪政への帝の罰（あるいは憎悪）として「夏人」（あるいは「有夏人」）の軍隊を全滅させる災異を下した例である。次に上篇に、

太誓曰、紂夷處、不肎事上帝鬼神、禍厥先神禔不祀、乃曰、吾民有命。無廖排漏。天亦縱棄之而弗葆。此言武王所以非紂執有命也。

太誓に曰く、紂夷処して、肎て上帝鬼神に事えず、厥の先神の禔を禍《こぼ》ち祀らず、乃ち曰く、吾が民命有り、と。無廖漏らすこと排《あら》ず。天亦た之を縦ち棄てて葆たず、と。此れ武王紂の有命を執るを非とする所以を言うなり。

とあり、中篇に、

先王之書、太誓之言然曰、紂夷之居、而不肎事上帝、棄闕其先神、而不祀也。曰、我民有命、毋僇其務。天不亦棄縱而不葆。此言紂之執有命也、武王以太誓非之。

先王の書、太誓の言も然く曰く、紂夷居して、肎て上帝に事えず、其の先神を棄闕して、祀らざるなり。曰く、

我が民は命有り、と。毋僇其れ務む。天も不亦《また》棄て縦ちて葆たず、と。此れ紂の有命を執るや、武王太誓を以て之を非とすることを言う。

とあるのは、上帝・鬼神に仕えず、祖先神を祭らない紂に対して、天がその君主を見放す程度の災異を下した例である。そして、下篇に、

禹之總德有之、曰、允不著惟天。民不而葆。既防凶心、天加之咎。不愼厥德、天命焉葆。

禹之総徳に之有り、曰く、允に著れざらんや惟れ天。民葆す而《あた》わず。凶心を防ぐ既〈无〉[二四]くんば、天之に咎を加えん。厥の徳を慎まずんば、天命焉ぞ葆《たす》けん、と。

とあるのは、天は全知全能であって人間の如何なる行動も隠すことができず、「凶心」、すなわち邪悪な心を抑制できなかった場合は天が災異を下すとされる例である。そこで「厥の徳を慎まずんば、天命焉ぞ葆けん」ということが要請されるわけであるが、これを逆に取ると、後述するように、天が助力する、ということになる。

以上は上帝や天が、特に「執有命」、すなわち有命論信奉によって悪政を招いた君主に対して災異を下すという災異説の例であるが、瑞祥を下す例もある。まず上篇には、

義人在上、天下必治、上帝・山川・鬼神必有、幹主萬民、被其大利。

義人上に在れば、天下必ず治まり、上帝・山川・鬼神必ず有《たす》け[二五]、万民を幹主して、其の大利を被らしむ。

とあって、「義人」が天子の位につけば、必ず天下が治まり、上帝・山川・鬼神が必ず助けてくれるが、その瑞祥の具体的な内容は、万民を主管させ、大きな利益をもたらさせることとなっている。これは言うまでもなく天子となることを指す。次に、下篇には、

太誓之言也、於、去發曰、惡乎君子、天有顯德、其行甚章。爲鑑不遠、在彼殷王。……

太誓に言《いわ》く、於、去〈子〉(二六)発曰く、悪乎君子、天は顕徳を有《たす》け、其の行い甚だ章らかなり。鑑を為すこと遠からず、彼の殷王に在り。……

とあって、瑞祥の具体的な内容は示されていないが、天の助ける対象が「顕徳」となっている。顕徳は武王のことばとして引用されているものではあるが、結局は先の義人とほぼ同義語であろう。

こうして見ると、「天墬（地）之を右く」と「上帝山川鬼神必ず有く」及び「天顕徳を有く」とは、勿論表現上の違いはあるけれども、その根柢にある考え方や思想には類似性があると認めてよかろう。ただし、非命三篇に見られる天（＝上帝）(二七)は、人（＝君主もしくは天子）の善悪——勿論儒教道徳的意味における善悪ではない——に応じて災異・瑞祥を下すものであり、好悪の感情を持ち、全知全能なものであった。この意味では宗教的色彩を濃厚に帯びているのもまた事実である。

ところで、上篇に義人とあるのは、具体的にはその直後に例として挙げられている湯と文王を指すが、彼らの行動原理というのは非命論の他に、「與其百姓兼相愛交相利、移則分」（其の百姓と兼ねて相愛し交ごも相利し、移〈利〉(二八)は則ち分つ）とあるように兼愛論にほかならない。それが墨家のいう天意に合致することは「是以天鬼富之、云々」（是を以て天鬼之を富まし、云々）とあるのによって垣間見ることができるが、そのような天人相互関係の思想が最も典型的に現れているのは、周知のように天志三篇である——ただし、必ずしも兼愛論だけに限るものではない。一例だけ挙げると、天志上篇に、

故天子者、天下之窮貴也。天下之窮富也。故於富且貴者、當天意、而不可不順。順天意者、兼相愛交相利、必得賞。反天意者、別相惡交相賊、必得罰。

故より天子なる者、天下の窮貴なり。天下の窮富なり。故に富み且つ貴からんと於〈欲〉(二九)する者は、天意に当り

ては、順わざる可からず。天意に順う者は、兼ねて相愛し交ごも相利し、必ず賞を得。天意に反く者は、別ちて相悪み交ごも相賊い、必ず罰を得。

とあるのがその例である。上篇の天人相互関係の思想が賞罰論によって基礎づけられていることは言うまでもないが、その場合の賞とは瑞祥の具体的事象、罰とは災異の具体的事象と言えよう。天志上篇において確立された天志論は、以後中篇・下篇は勿論、尚賢中篇・尚同中篇・非攻下篇・節葬下篇・非楽上篇などの各篇において多用されているように、末期墨家思想の中核理論として定着していることは言うまでもない[三〇]。そして、このような災異・瑞祥説を言う窮極的目的、あるいはその思想の基底にあるのは、畢竟、天の賞である瑞祥がもたらされるような行為を君主に要請することにあるに相違ない。

『唐虞之道』においては、墨家の各口号は勿論、天志論・非命論などに見られるような特有の強い宗教性・賞罰論などの思想は看取されない。というより、むしろそのような宗教性・天意性は極力抑えられているように見える。ただし、その反面、『唐虞之道』第四～五号簡に、

夫𦔻（聖）人上事天、效（教）民又（有）𢍜（尊）也。下事埅（地）、效（教）民又（有）新（親）也。旹（時）事山川、效（教）民又（有）敬（敬）也。新（親）事且（祖）𡪞（廟）、效（教）民孝也。

そもそも聖人は、上は天に仕えて、民衆に尊貴なものがあることを教え、下は地に仕えて、民衆に親しいものがあることを教える。四季折々に山川に仕えて、民衆に敬うべきものがあることを教え、自ら祖廟に仕えて、民衆に孝を教える。

とあるように、宗教儀礼と政治における民衆の支配原理（尊・親・孝など）との結合は依然存続している。このようなことを斟酌すれば、「天埅（地）之を右く」という考え方は突如として現れたものではないことは明らかであろう。

つまり、両者には、天の賞罰の基準や災異説の有無など相違点もあるものの、その根底に墨家の瑞祥説のような天人相互関係の思想と類似性があることは認められよう。(三一) ただし、『唐虞之道』の場合、それがまだ明確な形で天人相互関係思想としての理論的体系をなしていないのは、注意すべき点である。それが天人相互関係思想としての特徴を帯びて登場するのは、次章で述べるように、多くの場合漢代になってからである。(三二)

以上の点は、『論語』『孟子』『荀子』のような儒家系の文献に見られる天の観念と比較することによって一層明らかになろう。まず『論語』においては、公冶長篇に、

子貢曰、夫子之文章、可得而聞也。夫子之言性與天道、不可得而聞也。

子貢曰く、夫子の文章は、得て聞く可きなり。夫子の性と天道とを言うは、得て聞く可からざるなり、と。

とあるのによれば、「怪力乱神」(三三)や「死」(三四)や「性」などとともに、孔子が天そのものについて語らない、あるいは語ることを好まなかったことが窺われ、これが恐らく基本姿勢だったと推量される。ただし、天そのものについては語らなかったにしても、次のような様々な状況や場面において、よく天を持ち出していることは周知のことである。例えば、八佾篇に、

王孫賈問曰、與其媚於奧、寧媚於竈、何謂也。子曰、不然、獲罪於天、無所禱也。

王孫賈問いて曰く、其の奧に媚びん与りは、寧ろ竈に媚びよとは、何の謂いぞや、と。子曰く、然らず、罪を天に獲れば、祷る所無きなり、と。

とあるのは、畏敬の対象としての天ではあるが、とはいっても天が罰を下すという考え方ではない。次に述而篇には、

子曰、天生德於予、桓魋其如予何。

子曰く、天徳を予れに生ぜしならば、桓魋其れ予れを何如せん、と。

とあって、窮地に陥った際、それを乗り越えるための孔子自身の信念のほどを天によって裏付けているが、同様の考え方は、子罕篇に次のようにある。

子畏於匡。曰、文王既沒。文不在茲乎。天之將喪斯文也、後死者不得與於斯文也。天之未喪斯文也、匡人其如予何。

子匡に畏る。曰く、文王既に没す。文茲こに在らずや。天の将に斯の文を喪ぼさんとするや、後死の者斯の文に与かることを得ざるなり。天の未だ斯の文を喪ぼさざるや、匡人其れ予れを何如せん、と。

あるいは先進篇に、

顏淵死。子曰、噫、天喪予。天喪予。

顔淵死す。子曰く、噫、天予れを喪ぼせり。天予れを喪ぼせり、と。

とあるように、孔子の弟子顔淵への期待を死をもって裏切る存在でもあり、あるいは陽貨篇に、

子曰、予欲無言。子貢曰、子如不言、則小子何述焉。子曰、天何言哉。四時行焉、百物生焉。天何言哉。

子曰く、予れ言うこと無からんと欲す、と。子貢曰く、子如し言わずんば、則ち小子何をか述べん、と。子曰く、天何をか言うや。四時行われ、百物生ず。天何をか言うや、と。

とあるのは、子貢のような弁舌巧みな人を念頭においての発言とも思われるが、(三五)人格の排除された自然の法則性を思わせる場合もある。このような陽貨篇の天観念は、恐らく『孟子』にも影響していると思われる（後述）。

その他にも、泰伯篇に、

子曰、大哉、堯之爲君也巍巍乎。唯天爲大。唯堯則之。蕩蕩乎民無能名焉。巍巍乎其有成功也。煥乎其有文章。

子曰く、大なるかな、堯の君為るや巍巍乎たり。唯だ天を大なりと為す。唯だ堯之に則る。蕩蕩乎として民能く名づくること無し。巍巍乎として其れ功を成す有り。煥乎として其れ文章有り、と。

とあるように、堯の偉大さの程度を形容する語として用いられる場合もあるが、憲問篇に、

子曰、莫我知也夫。子貢曰、何爲其莫知子也。子曰、不怨天、不尤人。下學而上達。知我者其天乎。
子曰く、我れを知ること莫きかな、と。子貢曰く、何為れぞ其れ子を知ること莫きや、と。子曰く、天を怨みず、人を尤めず。下学して上達す。我れを知る者は其れ天か、と。

とあるように、孔子自身が不遇に終わることを嘆くことから、天を人為の及ばないものと自覚し、人為的努力を積み重ねることによって、天への期待へと転化させる場面もある。このように見ると、顔淵篇に、

司馬牛憂曰、人皆有兄弟。我獨亡。子夏曰、商聞之矣、死生有命、富貴在天。君子敬而無失、與人恭而有禮、四海之内、皆兄弟也。君子何患乎無兄弟也。
司馬牛憂えて曰く、人皆兄弟有り。我独り亡し、と。子夏曰く、商之を聞く、死生命有り、富貴天に在り。君子敬して失無く、人と与わるに恭しくして礼有らば、四海の内、皆兄弟なり。君子何ぞ兄弟無きを患えんや、と。

とある子夏のことばは、恐らく憲問篇のような考え方をふまえていると思われる。以上を要するに、『論語』に見られる天は、いくつかの例外を除き、孔子という個人に投影・濾過された天が語られる場面が多く、したがって、そこには天が君主の倫理的政治的行為の如何に対して災異や瑞祥を下すという天人相互関係の思想は看取されない。

『孟子』においても、天の観念として特徴的なものは、それほど多くない。その中でも最も特徴的なのは、万章上篇で堯舜の禅譲について弟子の万章と問答する一連の文章の中に現れる天の観念であろう。そこに見られる天観念を要約すると、第一に、堯が天下を舜に与えたのは、堯が人為的に与えたものではなく、天が与えた点。第二に、しかし天には人格性がなく、行いと事とによってのみ示すとある点。これは前述した『論語』陽貨篇の文章をふまえていると思われる。第三に、その場合の行いとは、結局、舜への宗教的試練を指し、事とは政治的力量と関わる試練を指す。その他にも、禅譲が行われるまでの様々な条件が述べられており、それをすべてクリアしなければならないことを述べる文章が続く。このように見てくると、万章上篇に「天が与える」とあるのが瑞祥説と相似ているように見え

るが、しかしそれが君主の善悪に対して語るものではないことは、「之を為すこと莫くして為る者は、天なり。之を致すこと莫くして至る者は、命なり」とある一節によっても明らかであろう。この場合の天・命とは、人為の及ばないものにほかならない。(三六)

最後に、『荀子』の天観念についてであるが、周知のごとく、それは天論篇の「天人之分」の思想に代表されるように、天の領域と人の領域を画然と区分することを最も特徴としている。天論篇ではそのように両領域を区分した後、

不爲而成、不求而得、夫是之謂天職。如是者、其人雖深、不加慮焉、雖大、不加能焉、雖精、不加察焉、夫是之謂不與天爭職。……唯聖人爲不求知天。

為さずして成り、求めずして得、夫れ是れを天職と謂う。是の如き者は、其の人深なりと雖も、慮を加えず、大なりと雖も、能を加えず、精なりと雖も、察を加えず、夫れ是れを之天と職を争わずと謂う。……唯だ聖人のみ天を知るを求めずと為す。

とあるように、人為の及ばないところにある天の働きに思慮を巡らさずに、

君子敬其在己者、而不慕其在天者。……君子敬其在己者、而不慕其在天者、是以日進也。

君子は其の己に在る者を敬みて、其の天に在る者を慕わず。……君子は其の己に在る者を敬みて、其の天に在る者を慕わず、是を以て日びに進むなり。

とあるように、己れにあるものを日々努力して進歩させていくことを要請する。(三七)こうして天（もしくは天地）に拘束されない人（＝聖人）が定立することになるわけであるが、ここにおいて、

天有其時、地有其財、人有其治、夫是之謂能參。舍其所以參、而願其所參、則惑矣。

天に其の時有り、地に其の財有り、人に其の治有り、夫れ是れを之能く参なりと謂う。其の参なる所以を舍て
て、其の参なる所を願うは、則ち惑いなり。

という『荀子』特有の「三才」思想が誕生する基盤が成立することが可能になったと思われる。この三才思想は、『荀子』の中では他にも、不苟篇・儒効篇・王制篇・臣道篇・性悪篇・成相篇・賦篇などの諸篇に見られる。それを要するに、「塗之人」ないし「君子」などの人間が、まず「礼義」「仁・義」や「礼楽」などの倫理規範を行ってそれを習慣化し、積み重ね極愛してそれに一意専念し、しかも長期間それに安住することで元来の「志質」をも変えた結果ついに聖人となって、次に後王の定めた政治準則でもあるその礼義・礼楽などを遵守しながら、天地の生じたものである万物・民を有効に支配する、[三八]ということを意味する。したがって、このような天人の分の思想の中から天（もしくは天地）の助力を期待するような思想が出てこられないことは言うまでもなく、現に『荀子』の中にはそのような思想は存在しない。[三九]

第四節　『荀子』以後の天人相関思想の展開

さて馬王堆漢墓帛書『周易』[四〇]（以下、帛書『周易』と略称）六十四卦大有卦の尚（上）九の爻辞には、

自天右之、吉、无不利。
天の助けがある。吉であり、すべてにおいて利がある。

とあって、『唐虞之道』と類似の語句が見られる。『易』の爻辞がいつ頃成立したかは定かではないが、[四一]この爻辞の一節だけをもって天人相関思想と結びつけることは無理のように思われる。ところで、同じく帛書『周易』繫辞篇（以

下、繫辞篇と略称）第二十六行上～二十六行下には、

易曰、自天右之、吉、无不利。右之耂（者）、助之也。天之所助耂（者）、順也。人之所助也耂（者）、信也。體（體）[四一]信、思乎順、〔以〕上賢。是以自天右之、吉、无不利也。

『易』に「天自り之を右く、吉にして、利あらざる无し」とある。右とは助けるの意味である。天が助けるのは、それに順う者である。人が助けるのは、信実な者である。信実の徳を身につけ、天に従順ならんことを思い、さらに賢者を尊ぶ。だからこそ、「天自り之を右く、吉にして、利あらざる无し」というのである。

とあり、同じく繫辞篇第三十四行上～三十五行上には、

神戎（農）是沒、黃帝堯舜是（氏）作。迵亓（其）變、使民不乳（亂）。神而化之、使民宜（宜）之。易冬（終）則變、迵則久。是以自天右之、吉、无不利也。黃帝堯舜陲（垂）衣常（裳）而天下治、蓋取耂（諸）鍵（乾）川（坤）也。

神農氏が没し、黄帝・堯・舜が相次いで帝位についた。これらの帝王は、変化が通るようにして、人民の生活が混乱に陥らないようにし、その変化を神妙にして、人民がそれを喜んで受け入れるようにした。易の原理は、終われば変化し、通ずれば長く続く。だからこそ、「天自り之を右く、吉にして、利あらざる无し」というのである。黄帝・堯・舜が衣裳を垂れたまま、ことさらの作為も施さずに天下が治まったのは、恐らく乾坤の卦から思いついたことであろう。

とあって同じ文辞が含まれている。[四二] 特に前漢末期の書物である『塩鉄論』論菑篇には、

大夫曰、……日月在天、其徵在人。菑異之變、夭壽之期、陰陽之化、四時之敘、水火金木妖祥之應、鬼神之靈、祭祀之福、日月之行、星辰之紀、曲言之故。何所本始。……。文學曰、始江都相董生、推言陰陽四時相繼。……

天菑之證、禎祥之應、猶施與之望報。各以其類及。故好行善者、天助以福。符瑞是也。易曰、自天祐之、吉、無不利。好行惡者、天報以禍。妖菑是也。春秋曰、應是而有天菑。……大夫曰く、……日月は天に在りて、其の徴は人に在り。菑異の変、夭寿の期、陰陽の化、四時の敍、水火金木妖祥の応、鬼神の霊、祭祀の福、日月の行、星辰の紀は、曲げて之が故を言う。何に本始する所ぞ。……、と。文学曰く、始め江都の相董生は、陰陽四時相継を推言す。……天菑の証、禎祥の応は、猶お施与の報を望むがごとし。各おの其の類を以て及ぶ。故に好みて善を行う者は、天助くるに福を以てす。符瑞是れなり。易に曰く、天自り之を祐く、吉にして、利あらざる無しと。好みて悪を行う者は、天報ゆるに禍を以てす。妖菑是れなり。春秋に曰く、応是にして天菑有りと。……

とあって、文学は災異瑞祥説に関する御史大夫の質問への答えをまず「董生」、すなわち董仲舒によりつつ、瑞祥説を述べる件では前述の大有卦の爻辞が引用されている。実際、『漢書』董仲舒伝の対策には、

夫周道衰於幽厲、非道亡也、幽厲不繇也。至於宣王、思昔先王之德、興滯補弊、明文武之功業、周道粲然復興、詩人美之而作。上天祐之、爲生賢佐、後世稱誦、至今不絕。此夙夜不解行善之所致也。孔子曰、人能弘道、非道弘人也。故治亂廢興在於己、非天降命不可得反、其所操持誖謬失其統也。

夫れ周道の幽厲に衰うるは、道亡ぶるに非ず、幽厲繇らざるなり。宣王に至りて、昔先王の徳を思い、滞を興し弊を補い、文武の功業を明らかにすれば、周道は粲然として復興し、詩人は之を美として作る。上天は之を祐け、為めに賢佐を生じ、後世も称誦して、今に至るまで絶えず。此れ夙夜解らず善を行うの致す所なり。孔子曰く、人能く道を弘む、道人を弘むるに非ざるなり、と。故に治乱廃興は己れに在り、天の命を降して反るを得可からざるに非ず、其の操持する所誖謬して其の統を失えばなり。

とあって、大有卦の爻辞と非常に類似した表現が見られる。そして、ここに見える董仲舒の真意は、「上天之を祐く」などの瑞祥がもたらされるのは、天子の日々絶えぬ行善の結果であり、したがって、国家の「治乱廃興」の責任の所在は天子自身にあるのであって、天命にあるのではない、という天子の主体的な努力の強調にあるにほかならない。(四四)このような考え方は、『荀子』の天人の分の思想の帰結するところと全く同じであるが、しかしその上に瑞祥説が加わっていることに相違点がある。(四五)その反面、墨家の天志論・非命論(四六)や『唐虞之道』とは共通しているように見える。

ただし、『唐虞之道』の天は、董仲舒のように「天心」を持つもの、墨家の天志論のように「天意」(四七)を持つもの、と明示されているわけではない。その意味では宗教性は非常に弱い。また『唐虞之道』は命の存在を前提としている。したがって、董仲舒系列の天人相関論と同一視することはできない。ところで、『管子』形勢篇には、

持満者、與天、安危者、與人。失天之度、雖満必涸。上下不和、雖安必危。欲王天下、而失天之道、天下不可得而王也。得天之道、其事若自然。失天之道、雖立不安。其道既得、莫知其爲之。其功既成、莫知其釋之。藏之無形、天之道也。……其功順天者、天助之、其功逆天者、天違之。天之所助、雖小必大、天之所違、雖成必敗。順天者、有其功、逆天者、懷其凶、不可復振也。

満を持する者は、天と与にし、危を安んずる者は、人と与にす。天の度を失えば、満つと雖も必ず涸る。上下和せざれば、安しと雖も必ず危し。天下に王たらんと欲して、天の道を失えば、天下は得て王たる可からざるなり。天の道を得ば、其の事自ら然るが若し。天の道を失えば、立つと雖も安からず。其の道既に得れば、其の之を為すを知ること莫し。其の功既に成れば、其の之を釈つるを知ること莫し。之を形無きに蔵するは、天の道なり。……其の功天に順う者は、天之を助け、其の功天に逆う者は、天之に違く。天の助くる所は、小なりと雖も

必ず大に、天の違く所は、成ると雖も必ず敗る。天に順う者は、其の功有り、天に逆う者は、其の凶を懐《きた》し、復た振《すく》う可からざるなり。

とあって、『唐虞之道』の「天墜（地）之を右く」と類似の語句が見え、天（もしくは天の道）に順うか否かによって、天の助けを得られるか得られまいかという相反する結果がもたらされる、とある。これが形勢解篇になると、

明主、上不逆天、下不壙地。故天予之時、地生之財。亂主、上逆天道、下絶地理。故天不予時、地不生財。故曰、其功順天者、天助之、其功逆天者、天違之。古者、武王天之所助也。故雖地小而民少、猶之爲天子也。桀紂天之所違也。故雖地大民衆、猶之困辱而死亡也。故曰、天之所助、雖小必大。天之所違、雖大必削。

明主は、上は天に逆わず、下は地を壙しくせず。故に天之に時を予え、地之に財を生ず。乱主は、上は天道に逆い、下は地理を絶つ。故に天時を予えず、地財を生ぜず。故に曰く、其の功天に順う者は、天之を助け、其の功天に逆う者は、天之に違く、と。古者、武王は天の助くる所なり。故に地小にして民少しと雖も、猶お之天子と為りしなり。桀紂は天の違く所なり。故に地大にして民衆しと雖も、猶お之困辱して死亡せしなり。故に曰く、天の助くる所は、小なりと雖も必ず大に、天の違く所は、大なりと雖も必ず削らる、と。

とあって、天が時、地が財と関連づけられていることから見れば、恐らく農業生産のことと関連していると思われる。また天の助けを得られるか得られまいかは、武王や桀紂の例で明らかなように、国の存亡と関わっている。このように見ると、金谷治氏が指摘したように、これも天を模範とする一種の天人相関論といってよいかもしれない。(四八)

しかし、形勢篇の冒頭に、

上無事、則民自試。

上事無くして、則ち民自ら試《もち》う。

とあるように、道家の中でも特に上の無為、下の自然を説く黄老思想が取り入れられている点、そして先に「之を形無きに蔵するは、天の道なり」とあるのは、例えば『荘子』大宗師篇に、

夫道、有情有信、無爲無形。

夫れ道は、情有り信有れども、為す無く形無し。

とある道の性質と相通じる点などから見れば、この天は、宗教性や天意性を持つ天ではなく、また君主に倫理性を求めることもないのは明らかである。よって董仲舒に見られるような天人相関論と異なることは言うまでもない。

『唐虞之道』の「天墬（地）之を右く」と類似の句を含む文章は、他にも、『荘子』庚桑楚篇に、

宇泰定者、發乎天光。發乎天光者、人見其人。人有脩者、乃今有恆。有恆者、人舍之、天助之。人之所舍、謂之天民、天之所助、謂之天子。

宇の泰いに定まる者は、天光を発す。天光を発する者は、人ごとに其の人を見る。人の修まる有る者は、乃ち今恆有り。恆有る者は、人之に舎り、天之を助く。人の舎る所は、之を天の民と謂い、天の助くる所は、之を天の子と謂う。

と見られる。ここに見られる天子は「宇の泰いに定まる者」、すなわち心の大いに安定している者であり、「人の修まる有る者」、すなわち道家的な道を修得している者であり、「恆有る者」、すなわち道の恒常普遍性を具有する者とされている。このような人間には、下は人が寄ってくるし、上は天が助けてくれるので、天民・天子と称する、というのが大意であろう。勿論ここの天にも宗教性や天意性はなく、また君主に倫理性を求めることもない。よって、ここに道家的な道を具有するものとして描かれている点は、『唐虞之道』と隔たりがある。ただし、立場はそれぞれ異なっても、道家系・法家系の文献や『唐虞之道』において、君主に対して天が助力をするという思想が含まれている点

は、三者の共通点として指摘できるし、戦国後期以降の思想界の一つの特色として位置づけられるのではなかろうか。

そうして、「天墜（地）之を右く」の一句と関わる問題は、後漢にまで尾を引く。一つだけ例を挙げれば、『論衡』書虚篇に、

傳書言、舜葬於蒼梧、象爲之耕、禹葬會稽、鳥爲之田。蓋以聖德所致、天使鳥獸報祐之也。世莫不然。考實之、殆虛言也。……

伝書に言う、舜は蒼梧に葬らるるや、象之が為に耕し、禹の会稽に葬らるるや、鳥之が為に田す。蓋し聖徳の致す所なるを以て、天の鳥獣をして之に報祐せしめしならん、と。世然りとせざる莫し。之を考実すれば、殆ど虚言なり。……

とあるのがその例である。ここで述べられている論旨は、解するまでもなく「天之を祐く」の虚偽性への批判・否定に相違ない。

第五節　再び『唐虞之道』の知命について

では、『唐虞之道』に見える知命とは結局何を意味するものであろうか。それを解明するために、知命が書かれている文章をもう一度引用してみよう（訳は省略）。

夫古者鍪（舜）佢（居）於艸（草）茅之中而不悥（憂）、斗〈升〉爲天子而不喬（驕）。佢（居）艸（草）茅之中而不悥（憂）、智（知）命也。斗〈升〉爲天子而不喬（驕）、不湩（流）也。

ここに「艸（草）茅の中に佢（居）る」とあるのは、舜が天子となる前の困窮・貧困の状態を、「斗〈升〉りて天子と為る」は、天子となった後の栄達の状態を指すと理解して大過あるまい。それは、『唐虞之道』の冒頭の当該箇所と対応していると思われる文章に、

身窮（窮）不璧（慇）、夂（沒）而弗利、窮（躬）忎（仁）歖（矣）。

我が身が窮地に陥っても憂えず、死ぬまで（天下の利を）自分の利益としなかったのは、仁が身に具わっているからである。

とあって、前者の長い文章が「身窮（窮）」と簡単に縮約されていることからも十分推察される（以下、「身窮」という語を代用する）。

そうすると、直ちに問題となるのは、「身窮」「不悫（憂）」と知命という三つのキーワードの関係をどのように理解すべきか、である。しかし、管見の限り、右の文章をうまく説明できる同様の表現や類似の文章は、先秦から前漢時代に書かれた文献の中にはほとんど見られない。(四九)

勿論『論語』では、例えば子罕篇に「仁者不憂」（仁者は憂えず）とあり、憲問篇に「子曰、君子道者三、我無能焉。仁者不憂、……」（子曰く、君子の道なる者三つ、我れ能くすること無し。仁者は憂ず、……、と）とあるように、片言隻句を吐いているから、あたかも『唐虞之道』の冒頭の表現と類似しているかのように見える。しかし、これらは非常に抽象的な表現に止まっており、どのような場面を想定しているのか、これだけでは不分明である。しかもそこには最も重要なキーワードである命の字もない。あるいは顔淵篇に「死生有命、富貴在天。」（死生命有り、富貴天に在り。）とあって命の字が見えるが、そこでは死生が問題となっていて、命に関する議論の対象が『唐虞之道』とずれている。他にも、為政篇に「五十而知天命。」（五十にして天命を知る。）とあり、憲問篇に「子曰、道之將行也與、命

也。道之將廢也與、命也。」（子曰く、道の将に行われんとするや、命なり。道の将に廃れんとするや、命なり、と。）とあり、季氏篇に「孔子曰、君子有三畏。畏天命、畏大人、畏聖人之言。」（孔子曰く、君子に三畏有り。天命を畏れ、大人を畏れ、聖人の言を畏る。）とあり、堯曰篇に「孔子曰、不知命、無以爲君子也。」（孔子曰く、命を知らざれば、以て君子為ること無きなり。）とあるように命が見えるが、どれ一つ『唐虞之道』の当該箇所と直接関連するものはない。ただ初期儒家において早くから命が重要なモチーフとして意識されていた、ということが推察されるだけである。

ところで、この問題を解くための端緒は、実は『莊子』の中にいくつか見られる。まず徳充符篇の哀公・仲尼問答の中の次の文章を見てみよう。

哀公曰、何謂才全。仲尼曰、死生存亡、窮達貧富、賢與不肖毀譽、饑渴寒暑、是事之變、命之行也。日夜相代乎前、而知不能規乎其始者也。故不足以滑和、不可入於靈府。使之和豫通、而不失於兌、使日夜無郤、而與物爲春。是接而生時乎心者也。是之謂才全。

哀公曰く、何をか才全しと謂う、と。仲尼曰く、死生存亡、窮達貧富、賢と不肖と毀誉、饑渇寒暑は、是れ事の変なり、命の行りなり。日夜相前に代りて、知も其の始めを規る能わざる者なり。故に以て和を滑すに足らず、霊府に入る可からず。之をして和予して通ぜしめて、兌びを失わず、日夜に郤無からしめて、物と春を為す。是れ接して時を心に生ずる者なり。是れを之才全しと謂う、と。

この文章は醜男の哀駘它という人物に対して、仲尼が、

今哀駘它未言而信、無功而親、使人授己國、唯恐其不受也。是必才全而德不形者也。

今哀駘它は未だ言わずして信ぜられ、功無くして親しまれ、人をして己れに国を授けて、唯だ其の受けざるを恐るるのみならしむるなり。是れ必ず才全くして徳形われざる者なり。

と高く評価したことばの中に出てくる「才全」の意味に関する問答である。ここには「窮・命」のように、『唐虞之道』の三つのキーワードの中の二つと共通することばが見えている。『唐虞之道』の「斗〈升〉りて天子と為る」を達の一事象と見なすならば、窮達は、他の死生・存亡・貧富・賢不肖・毀誉・饑渴・寒暑とともに命に属する性質のもの、ということになる。そうすると、知命とは、窮というのが命に属する性質のものだということを自覚する、ということではなかろうか（その根拠については後述）。

これでひとまず『唐虞之道』の三つのキーワードの中の窮と命とがどのような関係にあるものかが明らかになった。そうすると、残る問題は一つ、この二つのキーワードが「不悳（憂）」とどのような関係にあるかさえ解明されれば、知命にまつわる大略の意味を掴むことができる。そして、それを解明するに役立つ文章が、同じく秋水篇に次のようにある。

孔子遊於匡。宋人圍之數匝、而弦歌不惙。子路入見曰、何夫子之娯也。孔子曰、來。吾語女。我諱窮久矣、而不免命也。求通久矣、而不得時也。當堯舜、而天下無窮人、非知得也。當桀紂、而天下無通人、非知失也。時勢適然。夫水行不避蛟龍者、漁父之勇也。陸行不避兕虎者、獵夫之勇也。白刃交於前、視死若生者、烈士之勇也。知窮之有命、知通之有時、臨大難而不懼者、聖人之勇也。由、處矣。吾命有所制矣。

孔子匡に遊ぶ。宋人之を囲むこと数匝なれども、弦歌して惙まず。子路入り見えて曰く、何ぞ夫子の娯しめるや、と。孔子曰く、来れ。吾れ女に語らん。我れ窮を諱むこと久し、而れども免れざるは命なり。通を求むること久し、而れども得ざるは時なり。堯舜に当りて、天下に窮人無きは、知の得たるに非ざるなり。桀紂に当りて、天下に通人無きは、知の失えるに非ざるなり。時勢適たま然ればなり。夫れ水行して蛟龍を避けざる者は、漁父の勇なり。陸行して兕虎を避けざる者は、猟夫の勇なり。白刃前に交わるも、死を視ること生の若き者は、烈士の勇なり。窮の命有るを知り、通の時有るを知り、大難に臨みて懼れざる者は、聖人の勇なり。由よ、処れ。吾が命は制する所有り、と。

ここには、『唐虞之道』の三つのキーワードが出そろっている。すなわち、窮は「我窮を諱むこと久し」、「天下に窮人無し」、「窮の命有るを知る」と三度見え、命は「而れども免れざるは命なり」、「窮の命有るを知る」と二度見えている。ただ「不悬（憂）」の字はないが、「大難に臨みて懼れざる者」(五〇)とある「不懼」と意味的には大差ないと認められる。こうしてみると、『唐虞之道』の「𦬁（草）茅の中に伹（居）れども悬（憂）えざるは、命を𦑗（知）ればなり」は、秋水篇の「窮の命有るを知り、……大難に臨みて懼れず」と上下の句の順序が逆になってはいるものの、その意味するところはほぼ同一と見なしてもよいのではなかろうか。

ここで、秋水篇の順序を追って再度その意味するところを確認してみよう。孔子自身は窮（＝困窮）をずっと以前より嫌ってきたが、それは命であるがゆえに、今回の匡という土地での困窮もそこから抜け出すことはできない。しかし、それは時勢により偶然そうなっただけであって、困窮というのは人為の及ばない命であることを自覚していれば、どんな災難に臨んでも恐れる必要はない、これこそ聖人の勇気である、ということになろう。(五一)これは栄達の場合もそのまま適用される。(五二)

以上によって、『唐虞之道』の当該箇所の意味は、在野に身をおいても（＝困窮）それを憂慮しない理由は、それが人為の及ばない命であることを自覚しているからである、と解釈することができよう。したがって、当該箇所は徳充符篇・秋水篇、就中後者と密接な関係があること、特に命の思想をめぐっては、相互同一の基盤の上に立ち、相互影響しあいながら成り立っていると言えよう。(五三)ただし、それが単なる運命論や宿命論を主張するものではないことは、前述した通りである。

ところで、秋水篇の「匡」遭難説話は、古くから荘子や荘子学派の手になるものではないと疑われてきた作品である。中でも張恒寿氏が最も代表的な例である。張氏は、まず『荀子』栄辱篇、『荘子』秋水篇、墨家の佚書とされる『胡非子』に見える「勇」論を比較して、秋水篇は栄辱篇の勇論の影響を受けてそれに倣って成立し、『胡非子』は秋水篇に基づいて成立したとし、最後には宣穎の「是撥無以故滅命」という見解を批判して清朝学者の林雲銘の説によりつつ、荘子学派の作ではないという。その根拠として、第一に、本来儒家や墨家が尊崇し、荘子の哲学においては重要視されることのなかった勇が述べられている点。第二に、命の問題においても、荘子の命は主として死生のような大きな問題に向けられており、個人の窮通などといった小さな事には関心がなかった点。大体この二点を挙げている。(五四)

しかし、このような見解は次のように論駁できよう。前者の勇の問題は、『荘子』の他の諸篇においてさほど重要な概念ではないことは事実として認められようが、さりとてそれによって秋水篇が荘子学派の作でないとする直接的な根拠にはならない。憶測を言えば、子路は普通勇を好む者であることが恐らく当時一般的に知られていただろう(五五)し、秋水篇の作者がそれにひかれて勇論を展開したかも知れない。しかし、より直接的にはやはり『荀子』栄辱篇や『胡非子』に見えるような勇論の影響を受けたのであろう。後者の命についても、『荘子』の命が必ずしも死生だけにかかわる問題ではないことは、先の徳充符篇を見ても明らかである。(五六)

先に『唐虞之道』の命が『荘子』のそれと密接な関係があると述べたが、それにはもう一つの理由がある。というのは、『唐虞之道』第十一号簡にある「安命」ということばは、恐らく『荘子』人間世篇に、

天下有大戒二。其一命也、其一義也。……自事其心者、哀樂不易施乎前、知其不可奈何、而安之若命、德之至也。

天下に大戒二つ有り。其の一つは命なり、其の一つは義なり。……自ら其の心に事うる者は、哀楽前に易施せず、其の奈何ともす可からざるを知りて、之に安んじ命に若うは、徳の至りなり。

とあり、徳充符篇に、

知不可奈何、而安之若命、唯有徳者能之。

奈何ともす可からざるを知りて、之に安じて命に若うは、唯だ有徳者のみ之を能くす。

とあるのをふまえたものと考えられるからである。以上の二つの情況を考え合わせると、両文献の影響関係は甚大であると言えよう。そして、その先後の問題について言えば、『唐虞之道』より徳充符篇にオリジナリティがあり、したがって、『唐虞之道』及び秋水篇は、人間世篇と徳充符篇の影響下にあるものであろう。

こうして当該箇所の意味が解明されたわけであるが、このように見てくると、同じく郭店楚簡の中の一篇である『窮達以時』[五七]及びそれと関連するその周辺の文献（『呂氏春秋』慎人篇、[五八]『荘子』山木篇、[五九]『荀子』宥坐篇、[六〇]『韓詩外伝』巻七、[六一]『説苑』雑言篇、[六二]『孔子家語』在厄篇）[六三]との思想上の類似性に気づくだろう。

確かに『唐虞之道』と『窮達以時』及びその周辺の文献とには、用語上いくつかの共通点が見いだされる。ところで、命の問題と関連して、『荘子』山木篇を除き、残りの諸文献において見逃せない最も重要な共通点は、次のことであろう。それは、例えば、『荀子』宥坐篇に「君子博學深謀、脩身端行、以俟其時。」（君子は博学深謀し、身を修め行いを端して、以て其の時を俟つ。）とある一文に端的に示されているように、天の領域と人の領域とを意識的に区別し、両方に同等の意義を附与した上で、人の領域である人間の人為的努力を決して怠らないこと、この一点に集約されると考えられる。『唐虞之道』がこのような思想と軸を同じくすることは言うまでもあるまい。

以上を要するに、運命・宿命を別の言い方で定命というと、これと関連する中国古代の命論は、おおよそ次の三つのタイプに類型化することが可能であろう。

第一に、定命を肯定すると同時に人為的努力の無用を主張する説――『墨子』非命三篇所収の有命論者の説の系統。

第二に、定命を否定し人為的努力を強調する説――墨家の非命論の系統。

第三に、定命を肯定し人為的努力をも強調する説――『唐虞之道』の系統。(六四)

言うまでもないが、我々が今後命論を議論する際、第一と第三が本質的に相異なることを注意しなければなるまい。

注

(一) 王前掲論文「関于《唐虞之道》的幾個問題」。

(二) 田中前掲論文「郭店楚簡『唐虞之道』と『呂氏春秋』」。

(三) 李前掲論文「郭店楚簡校読記」、四九八頁。

(四) 周前掲論文「郭店楚墓竹簡〈唐虞之道〉新釈」、七四〇頁。

(五) 丁前掲書『郭店楚墓竹簡思想研究』、三七二頁。なお、「未嘗遇□□」の二字の欠字には、「天命」を補っている。

(六) 周前掲論文「郭店楚墓竹簡〈唐虞之道〉新釈」、「二、注釈」(二一)及び(二二)、七五二頁。

(七) 丁前掲書『郭店楚墓竹簡思想研究』、三七二〜三七三頁。

(八) 「弗」の用法については、大西克也「上古中国語の否定詞「弗」「不」の使い分けについて――批判説の再検討――」(『日本中国学会報』四〇、一九八八年十月)に詳しい。

(九) この問題については、筆者の学力の限界を感じ、電子メールを通じて大西克也先生(東京大学准教授)に御教示を請うた。

その結果、①助動詞「可」は一般に他動詞を後に従え、「N＋可＋Vｔ」という構文では、主語NはVｔ（他動詞）に対して論理的には目的語になり、したがって一文では「時」が「及」の意味上の目的語になる点、②「N＋可＋Vｔ」が更に目的語を伴うことは通常ない点、③「弗」は「不之」に相当するので、「時弗可及矣」は「時不可及之矣」ということになる点、④一文に「弗」が使われているのは例外的な表現であり、かつ「及」の意味的な目的語（時）に対する一種の強調表現だろうという点、⑤「可」字句がさらに目的語を取るのは大変珍しい言い方であるが、文献上に例がないわけではなく、例えば『孟子』公孫丑上篇に「孟子曰、人皆有不忍人之心。先王有不忍人之心、斯有不忍人之政矣。以不忍人之心、行不忍人之政、治天下可運之掌上。」という例がある点、大略以上の五点につき御教示をいただいた。ここに記して大西先生の御教示御厚意に感謝の微意を表したい。

（一〇）王前掲論文「関于《唐虞之道》的幾個問題」、二三三頁。

（一一）田中前掲論文「郭店楚簡『唐虞之道』と『呂氏春秋』」、一八五頁。ここでは「運命論の要素」という言い方をするが、一八九頁では「『唐虞之道』の帝位継承の論に運命論が見える」という。

（一二）非命上篇の篇首に「子墨子言曰、古〈今〉者王公大人、爲政國家者、皆欲國家之富、人民之衆、刑政之治。然而不得富而得貧、不得衆而得寡、不得治而得亂、則是本失其所欲、得其所惡。是故何也。子墨子言曰、執有命者、以襍於民間者衆。」とあり、篇末に「是故子墨子言曰、今天下之士君子、忠實欲天下之富、而惡其貧、欲天下之治、而惡其亂、執有命者之言、不可不非。此天下之大害也。」とあるのを参照。篇首・篇末の下線部は、正確に言えば「王公大人・天下之士君子」の望むところとなっているが、それが同時に作者の望むところでもあることは言うまでもあるまい。なお「古」は、渡邊前掲書『墨子』上（五一七頁）の説に従って「今」に改めた。

（一三）底本にはこの文章の直後に「上之所罰、命固且罰、不暴故罰也。」の十三字があるが、兪樾・呉毓江などの説に従って衍字とした。

（一四）底本にはこの文章の直後に「上之所賞、命固且賞、非賢故賞也。」の十三字があるが、兪樾・呉毓江などの説に従って衍字とした。

（一五）「夫」は、孫詒讓は「有命上疑挩執字。」とし、呉毓江は「夫，當爲丮字之誤也。隷書丮字與夫形近。」とするが、呉氏がまた「潛本、緜眇閣本、陳本並作執。」とするのに従って、「執」の錯字とした。

（一六）「又」は、呉毓江によれば、宝暦本・堂策檻本・四庫本は「必」に作る。今はそれに従って「必」の錯字とした。

（一七）沢田多喜男「墨家の非命説」（『東海大学紀要』文学部一九七四―二二、一九七五年一月、一四頁）は、主に非命上篇と尚賢中篇とを比較して、「賢と賞・暴と罰との因果の連続を否定する〈有命〉論者とは、実は〈義〉という身分制社会の不合理を否定する、新たな人材登用の基準による〈尚賢〉を行わぬ者にほかならない。伝統的な身分制社会の不合理を改変しようとせず、それを墨守する人々、これこそ名を変えた宿命論者なのである。」とし、また非命論者は尚賢論者にほかならないとして、「墨家の〈非命〉論はいわゆる宿命論批判ではないことがいえるのではなかろうか。それは、むしろ宗族制信奉者批判・血縁的身分制擁護者批判の色彩が濃いように思われる。」と結論づける。傾聴すべきところもあるが、すべてを賛同することもできない。その理由は、先に検討した有命論者の説によっても自明であるが、他に沢田氏の論証にも問題があるからである。例えば、非命上篇の「非賢故賞也」「不暴故罰也」を「賢と賞・暴と罰との因果の連続を否定する」ものであるとし、それは尚賢中篇に「不肖者在左右、則其所譽不當賢、而所罰不當暴。王公大人尊此、以爲政乎國家、則賞亦必不當賢、而罰亦必不當暴。若苟賞不當賢、而罰不當暴、則是爲賢者不勸、而爲暴者不沮矣。〈以下省略〉」とあるのとも同工異曲であるとするが、尚賢中篇に「非賢故賞也」「不暴故罰也」にあたる文章はどこにも存在しない。また逆に沢田氏の説をひっくり返してみて、非命三篇の有命論者批判に果たして「〈義〉という身分制社会の不合理を否定する、新たな人材登用の基準による〈尚賢〉を行」おうとする意図があるかといえば、そのようなものは全く看取されない。よって、従来の解釈通り、有命論者＝宿命論者と見るのが最も穏当だろうと思われる。

（一八）「三表」（中・下篇では「三法」）とは、上・中・下篇いずれも「有本之者（下篇では「有考之者」）・有原之者・有用之者」を指すが、それぞれの具体的な内容は各篇ごとに少しずつ異なっている。すなわち、上篇では「有本之者」は「上本之於古者聖王之事」、「有原之者」は「下原察百姓耳目之實」、「有用之者」は「廢以爲刑政、觀其中國家百姓人民之利」を指すが、中篇では同様の順番で「考之天鬼之志、聖王之事」、「徵以先王之書」、「發而爲刑〔政〕」を指し、下篇では「考先聖大王之事」、「察衆之耳目之請」、「發而爲政乎國、察萬民而觀之」を指す。なお、「政」を補うことは、呉毓江などの説に従った。

（一九）上篇ではそれが明確に示されていないが、「義人在上、天下必治、上帝山川鬼神必有、幹主萬民、被其大利。」とある「義人」は、努力によって治世を実現する理想的人間像であるに相違なかろう。ところで、それが中・下篇になると段々と明確に示されるようになる。例えば、中篇に「古之聖王、擧孝子、而勸之事親、尊賢良、而勸之爲善、發憲布令、以敎誨、明賞罰、以勸沮。若此、則亂者可使治、而危者可使安矣。……安危治亂、在上之發政也。則豈可謂有命哉。」とあり、また「天下皆曰、其力也。」とある例や、下篇に「故昔者三代聖王禹湯文武、方爲政乎天下之時、曰、必務擧孝子、而勸之事親、尊賢良之人、而敎之爲善。是故出政施敎、賞善罰暴。且以爲若此、則天下之亂也、將屬可得而治也。社稷之危也、將屬可得而定也。……天下之治也、湯武之力也。……若以此觀之、夫安危治亂、存乎上之爲政也。則夫豈可謂有命哉。……夫豈可以爲命哉。故以爲其力也。……亦豈以爲其命哉。又以爲力也。」とあり、「今也王公大人之所以蚤朝晏退、聽獄治政、終朝均分、而不敢怠倦者、何也。曰、彼以爲強必治、不強必亂、強必寧、不強必危。故不敢怠倦。」とあり、「今也卿大夫之所以竭股肱之力、殫其思慮之知、內治官府、外斂關市山林澤梁之利、以實官府、而不敢怠倦者、何也。曰、彼以爲強必貴、不強必賤、強必榮、不強必辱。故不敢怠倦。」とあり、「今也農夫之所以蚤出暮入、強乎耕稼樹藝、多聚叔粟、而不敢怠倦者、何也。曰、彼以爲強必富、不強必貧、強必飽、不強必飢。故不敢怠倦。」とあり、「今也婦人之所以夙興夜寐、強乎紡績織紝、多治麻統〈絲〉葛緒、捆布縿〈繰〉、而不敢怠倦者、何也。曰、彼以爲強必富、不強必貧、強必煖、不強必寒。故不敢怠倦。」とあるのがその例である。篇が上→中→下に変わるにつれ、有命論者の説の挙例は減り、人為的努力を強調する文章が増えているのが確認できる。

（二〇）「失」は、呉毓江の説に従って補った。

（二一）ここの聖・仁は、単なる一般的な意味における人間の内なる道徳性を意味するものではあるまい。それは恐らく、『唐虞之道』の冒頭にある「禪（禪）而不傳（傳）、聖（聖）之盛也。𥝢（利）天下而弗𥝢（利）也、忎（仁）之至也。」を前提にしていると思われる。

（二二）例えば、『戦国策』趙策二に「昔者堯見舜於草茅之中、席隴畝而廕庇桑、陰移而授天下傳。」とあるのを参照。

（二三）「天地」とあるのは、恐らく『唐虞之道』第四号簡にある「夫聖（聖）人上事天、效（教）民又（有）弇（尊）也。下事墬（地）、效（教）民又（有）新（親）也。」とある文章をふまえていると思われるが、地は往々にして天の範疇に包摂されるものであることを考えれば、「天人相互関係」と表現してもあながち無理ではなかろう。なお、池田知久氏によれば、前漢武帝期の儒教の代表的な思想家である董仲舒の天人相関論に先行する天人相互関係の思想には、第一に、戦国中期の儒家である孟子の、人が仁義を行って彼のもとに民衆が帰服すれば、天命が革まってその人が天子となるとする革命思想、第二に、戦国末期～前漢初期の黄老学派の、「天道」を把握した「聖人」の一元的な支配者としての役割を重視する政治思想、第三に、戦国後期～前漢初期の各学派に広く受容されていた、同類の「物」と「物」とが互いに引きあい応じあうとする同類感応の思想、第四に、戦国最末期以後の時令思想の、「天子」が機械的な自然の運行のリズムに適合するような月令を出すべきであり、これに違反すれば「天」から災異が下されると主張する思想、第五に、戦国末期の墨家の、「天子」は「天意」が兼愛論の実現にあることを知って、「天の賞」を得るように勉めなければならないとする天志論、などがあったという（「中国古代の天人相関論――董仲舒の場合」、溝口雄三・浜下武志・平石直昭・宮嶋博史編『アジアから考える［七］　世界像の形成』、東京大学出版社、一九九四年十二月、二六頁）。「天墬（地）右之」と比較されるのは、第五番目の天人相互関係の思想である。

（二四）「既」は、渡邊卓氏の説に従って「旡」の錯字とした。

（二五）「有」は、渡邊卓氏の説に従って「たすける」と読んだ。

（二六）「去」は、渡邊卓氏の説に従って「子」に改めた。

（二七）山辺進「『墨子』の天について――伝統的天観との比較を中心として――」（『東方学』八四、一九九二年七月、一三頁）注（一）によれば、『墨子』では天の名称の用い方において上帝との混用が認められ、かつ称呼を異にするが、その権能は同一と認められる。

（二八）「移」は、呉毓江所引の劉載賡の説に従って「利」の錯字とした。

（二九）「於」は、呉毓江などの説に従って「欲」の錯字とした。

（三〇）これについての詳論は、赤塚前掲論文「墨子の天志について」、山辺前掲論文「『墨子』の天について」、池田前掲論文「中国古代の天人相関論」などを参照されたい。

（三一）他方、墨家の天観を伝統的天観との比較を通じて、特に殷代の「帝」の性格と墨子学派の天鬼の伝承に一致があるとする説（赤塚前掲論文「墨子の天志について」、一八九頁）や、あるいは前者が後者の延長線上に位置するとする説（山辺前掲論文「『墨子』の天について」、九頁）もある。ただし、それはそれで認められるにしても、戦国時代に自説の理論強化のために目的意識的に積極的に受容・活用したのは、やはり墨家であることには変わりがない。その意味では、馮友蘭氏が「墨翟所

説的〃天〃，雖然和西周以来伝統宗教中的〃天〃同是〃主宰之天〃，但照墨翟所説的，主宰的目的是不相同的。墨翟的〃天〃的主宰的目的，在于兼愛天下。」（『中国哲学史新編』一九八〇年修訂本第一冊、人民出版社、一九六四年第一版、一九八二年第三版、一九九二年第二次印刷、二二一～二二二頁）と言ったのが、より的確な指摘だと思われる。

（三二）ただし、先秦時代の文献にそのような例が全くないわけではない。例えば、『容成氏』第十六～十七号簡には「堂（當）是夏（時）也、鬳（癘）逹（疫）不至、祆恙（祥）不行、祡（禍）才（災）迲（去）亡、禽（禽）獸（獸）肥大、卉木晉（蓁）兂（長）。苗（昔）者天埅（地）之𢀩（佐）夋（舜）而右善、女（如）是脜（状）也。」とあって、『唐虞之道』の「天埅（地）之を右く」と類似の表現が見られる。『容成氏』の場合は、「鬳（癘）逹（疫）不至」、「祆恙（祥）不行」、「祡（禍）才（災）迲（去）亡」、「禽（禽）獸（獸）肥大」、「卉木晉（蓁）兂（長）」の五つの点が、まさに瑞祥に当たるのであろう。

（三三）述而篇に「子不語怪力亂神。」とあるのを参照。

（三四）先進篇に「季路問事鬼神。子曰、未能事人。焉能事鬼。曰、敢問死。曰、未知生。焉知死。」とあるのを参照。

（三五）先進篇に「德行、顏淵・閔子騫・冉伯牛・仲弓。言語、宰我・子貢。政事、冉有・季路。文學、子游・子夏。」などとあるのを参照。

（三六）他にも、尽心上篇に「仁義忠信、樂善不倦、此天爵也。」とあるように、天が人間の内なる徳性を意味する場合もあり、あるいは告子下篇に「孟子曰、舜發於畎畝之中、傅説舉於版築之閒、膠鬲舉於魚鹽之中、管夷吾舉於士、孫叔敖舉於海、百里奚舉於市。故天將降大任於是人也、必先苦其心志、勞其筋骨、餓其體膚、空乏其身、行拂亂其所爲。所以動心忍性、曾益其所不能。」とあるように、逆境というのを、むしろ天が大任を与えるチャンスとする、観点の転換を喚起する例もある。

（三七）天論篇に「大天而思之、孰與物畜而裁之。從天而頌之、孰與制天命而用之。望時而待之、孰與應時而使之。因物而多之、孰與騁能而化之。思物而物之、孰與理物而勿失之也。願於物之所以生、孰與有物之所以成。故錯人而思天、則失萬物之情。」と

あるのも参照。「天・時・物」に拘束されない人為的努力が強調されており、そこに人間の主体性が確立される基盤が設けられている。

(三八) 池田知久「儒家の「三才」と『老子』の「四大」」(『中村璋八博士古稀記念東洋学論集』、汲古書院、一九九六年一月)、七頁。

(三九) このような意味で、「董仲舒が継承した戦国時代の儒家の思想は、孟子や荀子の思想であるが、そもそも彼らはともに(災異説や祥瑞説を伴う)天人相関論を唱えてはいなかった」とする池田知久氏の見解は、賛同できよう。池田前掲論文「中国古代の天人相関論」、二二一～二二三頁。

(四〇) 帛書『周易』六十四卦及び繋辞篇からの引用は、傅挙有・陳松長編著『馬王堆漢墓文物』(湖南出版社、一九九二年)を底本とした。ただし、六十四卦の場合は図版があるのみで、釈文が付されていない。よって、六十四卦に関する釈文は、馬王堆漢墓帛書整理小組「馬王堆帛書《六十四卦》釈文」(『文物』一九八四―三、一九八四年三月／黄寿祺・張善文編『周易研究論文集』一(北京師範大学出版社、一九八七年)の「附録」)を底本とした。その他に、釈文は、張立文『周易帛書今注今訳』上・下(台湾学生書局、一九九一年)、韓仲民『帛易説略』(北京師範大学出版社、一九九二年)、陳松長「帛書《繋辞》釈文」(陳鼓応主編『道家文化研究』三(馬王堆帛書専号)、上海古籍出版社、一九九三年八月)、廖名春「帛書《繋辞》釈文」(『国際易学研究』一、華夏出版社、一九九五年一月)、陳松長編著『馬王堆帛書芸術』(上海書店出版社、一九九六年)、鄧球柏『帛書周易校釈(増訂本)』(湖南出版社、一九八七年第一版、一九九六年第二版)、Edward L. Shaughnessy, *I CHING: THE CLASSIC OF CHANGES*, The Ballantine Publishing Group, First Hardcover Edition: 1997, First Trade Paperback Edition: 1998、廖名春『帛書《易伝》初探』(文史哲出版社、一九九八年)、趙建偉『出土簡帛《周易》疏証』(万巻楼図書有限公司、二〇〇〇年)、等々を参照した。しかし、文字の確定や仮借字・異体字を判定する際は、直接図版を見て筆者の判断によって直した部分が少なくない。

(四一)『周易』六十四卦の卦辞爻辞の成立の問題に関しては、最近、包山楚簡に見える「貞」の字の分析から、その編纂が完成するのはいくら早くても戦国中期末頃だろう、という見解も出されている。Kondō Hiroyuki, "The Silk-Manuscript *Chou-i* from Ma-wang-tui and Divination and Prayer Records in Ch'u Bamboo Slips from Pao-shan: A Tentative Study of the Formation of the *Chou-i* as Seen from the Pao-shan Ch'u Bamboo Slips", *ACTA ASIATICA: BULLETIN OF THE INSTITUTE OF EASTERN CULTURE*, No.80, February, 2001 を参照。

(四二)「醴」は、陳前掲論文「帛書《繫辭》釈文」(四二〇頁)及び Shaughnessy 前掲書 *I CHING*(二〇〇頁)は、「禮」の仮借字とし、鄧前掲書『帛書周易校釈』(四二九頁)は「醴，即〃体〃字，通〃履〃。〃履〃，行也。」と言って、「履」と通仮するという。「醴信」は、『礼記』礼運篇に「故禮之不同也、不豐也、不殺也、所以持情而合危也。故聖王所以順、山者不使居川、不使渚者居中原、而弗敝也。用水火金木、飲食必時。合男女、頒爵位、必當年德。用民必順。故無水旱昆蟲之災、民無凶饑妖孽之疾。故天不愛其道、地不愛其寶、人不愛其情。故天降膏露、地出醴泉、山出器車、河出馬圖、鳳凰麒麟、皆在郊棷、龜龍在宮沼。其餘鳥獸之卵胎、皆可俯而闚也。則是無故。先王能脩禮以達義、體信以達順、故此順之實也。」とある。よって、「醴」は「體」の仮借字とする。諧声符が同じであるので、仮借可能。

(四三)その他にも、今本『周易』繫辞上伝に「聖人設卦、觀象繫辭焉、而明吉凶。剛柔相推、而生變化。是故吉凶者、失得之象也。悔吝者、憂虞之象也。變化者、進退之象也。剛柔者、晝夜之象也。六爻之動、三極之道也。是故君子所居而安者、易之序也。所樂而玩者、爻之辭也。是故君子居則觀其象而玩其辭、動則觀其變而玩其占。是以自天祐之、吉、无不利。」とある。

(四四)この点に関しては、池田前掲論文「中国古代の天人相関論」(五九頁)もあわせて参照。

(四五)『荀子』天論篇に「治亂天邪。曰、日月星辰環歴、是禹桀之所同也。禹以治、桀以亂。治亂非天也。」とあるのを参照。

(四六)『墨子』非命上篇に「然而今天下之士君子、或以命爲有。蓋嘗尚觀於聖王之事。古者桀之所亂、湯受而治之、紂之所亂、武王受而治之。此世未易、民未渝、在於桀紂、則天下亂、在於湯武、則天下治。豈可謂有命哉。」とあるのを参照。

(四七)『漢書』董仲舒伝に「臣謹案春秋之中、視前世已行之事、以觀天人相與之際、甚可畏也。國家將有失道之敗、而天乃先出災害以譴告之。不知自省、又出怪異以警懼之。尚不知變、而傷敗乃至。以此見天心之仁愛人君而欲止其亂也。自非大亡道之世者、天盡欲扶持而全安之。」とある。

(四八)金谷前掲書『管子の研究』、二五五頁。

(四九)知命という語は、『孟子』、『荀子』、『呂氏春秋』、『周易』、『左伝』、『淮南子』、『鄧析子』、『論衡』などの文献に見えてはいるが、いずれも『唐虞之道』の内容と緊密な関係があるとは認められない。

(五〇)「臨大難而不懼者」は、恐らく『論語』述而篇の「臨事而懼」をひねくった表現とも考えられる。

(五一)劉笑敢氏が徳充符篇の命を「一切都是命，命是人力无可奈何之事。」と、秋水篇のそれを「人生遭遇有貧困、有通達，貧困与通達決定于〝命〞〝和〞〝時〞，這里的命与時是互文，都是指人力无可奈何的必然性。」と説明したのは、的確な解釈であると考えられる。劉前掲書『荘子哲学及其演変』（一三〇頁）を参照。

(五二)この類の命の観念は、特に道家系統の文献に最も多く見られる。いくつかの例を挙げれば、『荘子』繕性篇に「古之所謂隱士者、非伏其身而弗見也。非閉其言而不出也。非藏其知而不發也。時命大謬也。當時命而大行乎天下、則反一無迹。不當時命而大窮乎天下、則深根寧極而待。此存身之道也。」とあり、『淮南子』繆称篇に「性者、所受於天也。命者、所遭於時也。有其材、不遇其世、天也。太公何力、比干何罪。循性而行指、或害或利。求之有道。得之在命。故君子能爲善、而不能必得其福。不忍爲非、而未能必免其禍。」とあり、同じく詮言篇に「君子爲善、不能使福必來。不爲非、而不能使禍無至。福之至也、非其所求、故不伐其功。禍之來也、非其所生、故不悔其行。内脩極而横禍至者、皆天也、非人也。故中心常恬漠、不累其德、狗吠而不驚、自信其情。故知道者不惑、知命者不憂。」とあるのを参照。

（五三）『論語』の天の観念を検討したところですでに述べたように、述而篇・子罕篇には、窮地に陥った際、それを乗り越えるための孔子自身の信念のほどが天によって裏付けられていたり、あるいは憲問篇に、孔子自身が不遇に終わることを嘆くことから、天を人為の及ばないものと自覚し、人為的努力を積み重ねることによって、天への期待へと転化させる場面があるのも事実である。そして、顔淵篇に子夏のことばとして「死生有命、富貴在天。」とあるのは、恐らく憲問篇のような考え方をふまえていると推測されたが、そこには『莊子』徳充符篇で一律的に「命之行」とされているものが、命と天とに分けて述べられている相違はあるものの、主旨はほぼ同一のものと考えられなくもない。したがって、天と命が混用されている嫌いや『論語』そのものの成立時期などの問題はあるが、いずれにせよ、そこに『唐虞之道』の命とも関連しそうな要素も含まれていると考えねばなるまい。こうしてみると、『唐虞之道』の命を初期儒家と断絶させて、もっぱら『莊子』との影響関係だけを強調する必要はないかも知れない。ただし、『孟子』尽心上篇に見える「正命」は、命そのものをまた意図的に「正」なるものとそうでないものとに分けて、人間のなすべき命とそうでない命とを画然と区別しようとするものである。恐らく万章上篇の命をふまえつつそれをさらに展開・変容させた後代のものと考えられる。しかし、以上のような側面があるにせよ、すでに指摘したように、『論語』や『孟子』には『唐虞之道』の命思想と直接繋がるような文言がないのも事実であり、よって、『唐虞之道』の成立を考える際、『莊子』との関係を第一次的に考慮しなければならないことには変わりがない。

（五四）張恒寿『莊子新探』（湖北人民出版社、一九八三年）、一八三頁及び一八九～一九一頁。

（五五）例えば、『論語』陽貨篇に「子路曰、君子尚勇乎。子曰、君子義以爲上。君子有勇而無義爲亂。小人有勇而無義爲盜。」とあるのを参照。

（五六）徳充符篇にも死生の他に、張氏が「并不関心于個人的窮通等小事。」といった窮達の語が明確に記されており、それを「命之行」と言っている。にもかかわらず、「本篇除末一章外，内容大体一致，都是用一個形体残廃的人和一般聖哲相比，説明所謂〞才全徳不形〞的理想。這和荘子派作品的傾向是一致的。」（張前掲書『荘子新探』、七八頁）と言って、徳充符篇についてだけ荘子学派の作品と認めるのは、明らかに矛盾である。

（五七）『窮達以時』の全文は、池田知久監修『郭店楚簡の研究（一）』所収の『窮達以時』（大東文化大学郭店楚簡研究班編、一九九九年八月）を参照されたい。

（五八）『呂氏春秋』慎人篇には「功名大立、天也、爲是故、因不慎其人不可。夫舜遇堯、天也。舜耕於歴山、陶於河濱、釣於雷澤、天下説之、秀士從之、人也。……舜之耕漁、其賢不肖與爲天子同。其未遇時也、以其徒屬、掘地財、取水利、編蒲葦、結罘網、手足胼胝不居、然後免於凍餒之患。其遇時也、登爲天子、賢士歸之、萬民譽之、丈夫女子、振振殷殷、無不戴説。……孔子窮於陳蔡之閒、七日不嘗食、藜羹不糝。……子貢曰、如此者可謂窮矣。孔子曰、是何言也。君子達於道之謂達、窮於道之謂窮。今丘也拘仁義之道、以遭亂世之患、其所也、何窮之謂。故内省而不疚於道、臨難而不失其德。……古之得道者、窮亦樂、達亦樂。所樂非窮達也。道得於此、則窮達一也、爲寒暑風雨之序矣。」とある。このうち、孔子の陳蔡遭難に関する説話は、それとほぼ同様の説話が『荘子』譲王篇にも見える。なお、慎人篇が儒家（特に荀子学派）の手になるものであることについては、池田前掲論文「郭店楚簡『窮達以時』の研究」（一〇八～一〇九頁）を参照。

（五九）『荘子』山木篇には「孔子窮於陳蔡之閒、七日不火食。……顏回端拱還目而窺之。仲尼恐其廣己而造大也、愛己而造哀也。曰、回、無受天損易、無受人益難。無始而非卒也。人與天一也。夫今之歌者、其誰乎。回曰、敢問無受天損易。仲尼曰、飢渇寒暑、窮桎不行、天地之行也、運物之泄也。言與之偕逝之謂也。爲人臣者、不敢去之。執臣之道猶若是。而況乎所以待天乎。」とある。

（六〇）『荀子』宥坐篇には「孔子南適楚、厄於陳蔡之閒。七日不火食、藜羹不糂、弟子皆有飢色。子路進問之曰、由聞之、爲善者、天報之以福、爲不善者、天報之以禍。今夫子累德積義、懷美行之日久矣。奚居之隱也。孔子曰、由不識。吾語汝。……夫遇不遇者、時也。賢不肖者、材也。君子博學深謀、不遇時者多矣。由是觀之、不遇世者、何獨丘也哉。……君子之學、非爲通也。爲窮而不困、憂而意不衰、知禍福終始、而心不惑也。夫賢不肖者、材也。爲不爲者、人也。遇不遇者、時也。死生者、命也。今有其人、不遇其時、雖賢其能行乎。苟遇其時、何難之有。故君子博學深謀、脩身端行、以俟其時。」とある。

(六一)『韓詩外伝』巻七には「孔子困於陳蔡之閒、即三經之席、七日不食、藜羹不糝、弟子皆有飢色、讀書習禮樂不休。子路進諫曰、爲善者、天報之以福。爲不善者、天報之以賊。今夫子積德累仁、爲善久矣。意者當〈尚〉〔有〕遺〈遺〉行乎、奚居之隱也。孔子曰、由、來。汝小人也、未講於論也。居、吾語汝。……君子博學深謀、不遇時者衆矣。豈獨丘哉。賢不肖者、材也。遇不遇者、時也。今無有時、賢安所用哉。故虞舜耕於歷山之陽、立爲天子、其遇堯也。……夫學者、非爲通也。爲窮而不困、憂而志不衰、先知禍福之始、而心無惑焉。故聖人隱居深念、獨聞獨見。夫舜亦賢聖矣、南面而治天下、惟其遇堯也。使舜居桀紂之世、能自免於刑戮之中、則爲善矣、亦何位之有。……故君子務學脩身端行、而須其時者也。子無惑焉。」とある。

(六二)『説苑』雑言篇には「孔子困於陳蔡之閒、居環堵之内、席三經之席、七日不食、藜羹不糝、弟子皆有飢色、讀詩書治禮不休。子路進諫曰、凡人爲善者、天報以福。爲不善者、天報以禍。今先生積德行、爲善久矣。意者尚有遺行乎、奚居之隱也。孔子曰、由、來。汝不知、坐、吾語汝。……夫君子博學深謀、不遇時者衆矣。豈獨丘哉。賢不肖者、才也。爲不爲者、人也。遇不遇者、時也。死生者、命也。有其才、不遇其時、雖才不用。苟遇其時、何難之有。故舜耕歷山、而逃〔陶〕於河畔、立爲天子、則其遇堯也。……故學者、非爲通也。爲窮而不困也、憂而志不衰也、此知禍福之始、而心而〈不〉惑也。聖人之深念、獨知獨見。舜亦賢聖矣、南面治天下、唯其遇堯也。使舜居桀紂之世、能自免刑戮固可也、又何官得治乎。……故君子積學脩身端行、以須其時也。」とある。

(六三)『孔子家語』在厄篇には「楚昭王聘孔子。孔子往拜禮焉、路出于陳蔡。陳蔡大夫相與謀曰、孔子聖賢。其所刺譏、皆中諸侯之病。若用於楚、則陳蔡危矣。遂使徒兵距孔子。孔子不得行、絶糧七日、外無所通、黎羹不充、從者皆病。孔子愈慷慨、講誦絃歌不衰。乃召子路而問焉曰、詩云、匪兕匪虎、率彼曠野。吾道非乎、奚爲至於此。子路慍作色而對曰、君子無所困。意者夫子未仁與、人之弗吾信也。意者夫子未智與、人之弗吾行也。且由也、昔者聞諸夫子。爲善者、天報之以福。爲不善者、天報之以禍。今夫子積德懷義、行之久矣、奚居之窮也。子曰、由未之識也、吾語汝。……夫遇不遇者、時也。賢不肖者、才也。君子博學深謀、而不遇時者衆矣。何獨丘哉。……君子脩道立德、不爲窮困而改節。爲之者、人也。生死者、命也。……故居下而無憂者、則思不遠。處身而常逸者、則志不廣。庸知其終始乎。……」とある。

(六四)本章第四節の(一)で引用した『墨子』公孟篇は、非命三篇よりさらに展開して、この第三の系統までも視野に入れて批判を加えた例と言えよう。

第七章　『唐虞之道』の謙遜思想

第一節　道家系統の諸文献に見られる謙遜思想

さて『唐虞之道』の特徴的な思想を表すものとして、まだ解明されていないもう一つの文章がある。それは前章で知命とペアーとなって見えていた、第十五～十八号簡の次の文章である。

夫古者𡘋（舜）、……斗〈升〉爲天子而不喬（驕）。……斗〈升〉爲天子而不喬（驕）、不湩（流）也。……君民而不喬（驕）、卒王天下而不矣（疑）。

そもそも昔舜は、……天子という高い地位についてもおごり高ぶることはなかった。……天子という高い地位についてもおごり高ぶることがなかったのは、身勝手な振舞をしなかったからである。……君主でありながらおごり高ぶることがなければ、ついには天下に王者となって疑われることはない。

これは、前に述べたように禅譲された後、舜が為政者として取った態度を示す文章である。その態度とは、「喬（驕）らず」とあるが、これは言うまでもなく謙遜の態度を意味する。次に作者は、舜が謙遜の態度を取った理由を「湩（流《ほしいまま》）にせざればなり」という。「湩」は、楚系文字の中で類似の字形を探すことは難しく、そのような事情もあっていまだ諸説紛々としているが、[一] いずれにしても大意にそれほど大きな支障はない。そして最後には支配者となって謙遜の態度を取ると、ついには天下の王者となり、誰もそのような人物を疑ったりはしない、つまり確固たる政権が維持できる、とされている。

以上をまとめると、『唐虞之道』の謙遜思想は、次のように特徴づけられよう。第一に、対人関係における一般的な処世術としての謙遜の徳を指すのではなく、その主体は、舜という最高統治者（＝天子）である。第二に、君主が謙遜というマイナスの態度を取ることとの窮極の目的は、天下の王となることにある。要するに、君主を主体とする君主観としての謙遜が述べられていることに十分注意を払わなければならない。

それでは、このような謙遜思想はどこに由来するだろうか。結論から言えば、『老子』や『荘子』といった道家系統の人々が最も盛んに唱えたが、その後に出てきた儒家（特に荀子学派）も、『老子』や『荘子』によって定立された謙遜思想に触発されて、それを積極的に取り入れるようになる。以下その始発点と言える『老子』の謙遜思想についてまず考察するが、現存する『老子』の最古のテキストである郭店『老子』に以下のようにある。まず甲本第二～五号簡（今本第六十六章。以下、甲本①と略称）に、

江海（海）所㠯（以）爲百（百）浴（谷）王、㠯（以）亓（其）能爲百（百）浴（谷）下、是㠯（以）能爲百（百）浴（谷）王。聖人之才（在）民歬（前）也、㠯（以）身遂（後）之。亓（其）才（在）民上也、㠯（以）言下之。亓（其）才（在）民上也、民弗亳（厚）也。亓（其）才（在）民歬（前）也、民弗𥁮（害）也。天下樂（樂）進（推）而不詀（猒）。以丌（其）不靜（爭）也、古（故）天下莫能弇（与）之靜（爭）。

大きな河や海が百谷の王となる理由は、それがよく百谷の下に位置するから、百谷の王となりうるのである。聖人が民衆の前に立つのは、自分の身を譲って民衆の後に退くからである。また聖人が民衆の上に立つのは、謙虚なことばをもって民衆にへりくだるからである。だから聖人は民衆の上に立っても、民衆はそれを重荷とは感ぜ

ず、民衆の前に立っても、民衆は聖人に危害を加えない。[二] 天下の人々は喜んで聖人を推戴して厭わない。（このように）聖人は争わないから、だから天下に聖人と争いうる者はいないのである。

とあるが、ここでは江海が百谷の王者となる理由を比喩的に説明し、そこから聖人と民の政治的関係を演繹的に説明している。また「亓（其）の民の歬（前）に才（在）るや」、「亓（其）の民の上に才（在）るや」とあるように、聖人が民に君臨するための条件として、身を退けるという行為、並びに謙虚なことばを用いるということば、の両面における謙虚さが挙げられている。「言」（謙虚なことば）とは、従来今本『老子』第三十九章や第四十二章に見える「孤寡不穀」を指すとされてきたが、しかし郭店『老子』にはそれらの章に当たるものがない。ただし、現段階ではそれ以外に考えられる材料もないので、一応それによって理解するしかない。いずれにせよ、謙遜・謙虚な態度を取ることによって君主となり、かつその権力基盤が民衆によって後押しされる、という点に重要なポイントがある。そして最後の一節に見える「靜（争）わず」は、帛書『老子』甲本第一〇五～一〇六行（今本第八章）には「上善治（似）水。……夫唯不靜（爭）、故无尤。」（最上の善は水に譬えられる。……そもそも争うことがないからこそ、咎めを受けることもないのである）[三] とあるように「水」の比喩として、同じく乙本第二〇六行上（今本八十一章）には「人之道、爲而弗爭。」[四]（人の道は、あらゆる仕事を営んで争奪に走らないのである）とあるように「人の道」として、同じく乙本第二一一行下（今本第七十三章）には「天之道、不單（戰）而善胜（勝）。」[五]（天の道は、戦争を行うこともなくうまく勝つ）とあるように「天の道」として、それぞれ見える。が、謙遜思想と関連してより参考になる例は、同じく甲本第七十～七十一行（今本第六十八章）に、

善爲士者不武、善戰者不怒、善勝敵者弗〔與〕、善用人者爲之下。〔是〕胃（謂）不靜（爭）之德、是胃（謂）用人、是胃（謂）天、古之極也。

ひとかどの人物は武勇を誇らず、優れた軍人は怒りに任せず、巧みに敵を打ち負かす者は相手に向かっていかず、上に立ってうまく人々を使う者は相手にへりくだる。これを争わない道の生命力とし、また人々の力をうまく使うこととも言う。さらにこれを天との一致とも言うが、古来の究極の規範なのである。

とある文章で、よく人を用いる者は謙遜の態度を取るが、それが「靜（争）わざるの徳」の一つとされている。したがって、謙遜は争わない態度と通じるが、聖人がそのような態度を取れば彼と争う者がいないというのは、聖人、すなわち統治者の絶対権力を保障するものに違いあるまい。(六)

また郭店『老子』甲本第六～八号簡（今本第三十章）には、

㠯（以）衍（道）㝵（佐）人宔（主）者、不谷（欲）㠯（以）兵弜（強）於天下。善者果而已（已）、不㠯（以）取强（強）。果而弗𢧐（伐）、果而弗喬（驕）、果而弗矜（矜）。是胃（謂）果而不强（強）。亓（其）事好。(七)

道をもって人主を補佐する者は、（その国を）兵をもって天下に強大たらしめようとはしない。（臣下として）仕事をよくする者は、ただ果敢に遂行して（その仕事）を成し遂げるだけ、決して強大の名を取ろうとはしない。成し遂げてもそれを誇らず、成し遂げてもそれをおごり高ぶらず、成し遂げてもそれを思い上がらない。このようなことを成し遂げても強大になろうとしないという。そのような政治こそ最も好ましいのだ。

とあって、人主を補佐する臣下にも「弗伐・弗驕・弗矜・不強」の謙遜の態度を取ることが要求されている。ただし、臣下の場合は、謙遜の態度によって天下の王者となるなどとは全くされていないことに注意しなければならない。臣下にはただ「果」(八)だけが要求されているのである。

以上によって、郭店『老子』における謙遜思想の思考パターンはほぼ確立していたと見なされよう。すなわち、第一に、謙遜の主体は聖人（＝君主）である。第二に、謙遜の窮極の目的は天下に王者となることにある。ここまでは『唐虞之道』の謙遜思想とほぼ同じである。第三に、謙遜は君主の絶対権力を保障するものとされている。第四に、謙遜は君主を補佐する臣下にも要請されるが、ただし、臣下の場合は、それによって天下の王者となるとはされていない。以上を要するに、『唐虞之道』の謙遜思想が『老子』のそれを確実に受け継いでいることは間違いあるまい。

こうして確立された謙遜思想は、また少しずつ形を変えながら展開していく。例えば、帛書『老子』甲本第四十八～五十行（今本第六十一章）に、

大邦者、下流也、天下之牝、天下之郊也。牝恆以靚〔靜〕勝牡、爲〔以〕亓〔其〕〔靚〔靜〕也、故〕宜爲下。故大邦〔以〕下小〔邦〕、則取小邦。小邦以下大邦、則取於〔大〕邦。故或下以取、或下而取。〔故〕大邦者不過欲兼畜人、小邦者不過欲入事人。夫皆得亓〔其〕欲、〔故大邦者宜〕爲下。

大国というのは、大河の下流のようなものであり、巨大な天下の牝のようなものであり、天下の郊外のようなものである。牝がいつも静かさを保って牡に勝つのは、静かさを保つからである。さてこそ下手に出るがよい。大国でありながら小国の下手に出るならば、小国を併合することになる。小国でありながら大国の下手に出るならば、大国に併合されることになる。だから、一方は下手に出ることによって併合し、他方は下手に出ることによって併合される。したがって、大国もただ小国を併合して、すべての人を統治しようと望んでいるに過ぎないし、小国もただ大国に併合されて、その君主に事えたいと願っているにすぎない。一体、両者ともにその願望を実現するのであるから、大国の方こそ下手に出るがよい。

とあって、大国を下流や静を本質とする牝に比喩するのは、「宜しく下と為るべし」、すなわち謙遜・謙虚を導くためにほかならず、謙遜の態度は大国と小国両方の望みをかなえてくれるものであるが、そのためには大国がまず小国に

下手に出ることが要請されている。ここで大国が下手に出る目的は結局、小国を取ることにほかならない。このように謙遜思想は、一国内の君民関係だけでなく、国際関係にまで広げて適用されている。（九）

また同じく乙本第一七七行下～一七八行上（今本第三十九章）には、

必貴以賤爲本、必高矣而以下爲圻（基）。夫是以矦（侯）王自胃（謂）孤寡不橐（穀）。此亓（其）賤之本與、非也。（一〇）

貴い身分を手に入れたい場合は、必ず賤しい身分を根本としなければならず、高い地位を手に入れたい場合は、必ず低い地位を基礎としなければならない。そうであればこそ、侯王は自分のことを孤・寡人・不穀と呼んでへりくだるのである。これこそ賤しい身分を根本とすることではなかろうか。

とあって、貴・高が賤・下を根本もしくは基礎とすること、その例証として侯王が自らを孤寡不穀と称することを挙げており、言うまでもなく上記の謙遜思想をふまえている。同じく甲本第六十八行（今本第六十七章）には、

我恒有三葆（寶）、〔市（持）而寶〕之。一曰茲（慈）、二曰檢（儉）、〔三曰不敢爲天下先〕。

私には三つの常に変わらない宝があり、それを大切に守り続けている。一つは慈しみ、二つは倹約、三つは天下の先頭に立たないことである。

とあって、謙遜の態度が三宝の一つとされている。あるいは同じく甲本第一〇三～一〇五行（今本第七章）には、

天長地久。天地之所以能〔長〕且久者、以其不自生也。故能長生。是以聲（聖）人芮（退）其身而身先、外其身而身存。非以其〔无私〕輿。故能成其私。

天と地とは、永遠悠久な存在である。天地が永遠悠久でありうる理由は、自ら生きようとしないからであり、だからこそ、かえって永遠悠久でありうるのである。それゆえ、聖人は我が身を人の後ろに置くけれども、かえっ

て人の先頭に立ち、我が身を度外視するけれども、かえって身を保全する。それは聖人に私心がないからではなかろうか。だからこそ、かえって私心を成就することができるのである。

とあって、天地が「自ら生ぜざる」ことによって永遠悠久でありうるように、その理法を支配原理とする聖人のありかたもまたマイナスの態度を取るとされている。下線部は前引の郭店『老子』に「聖人の民の歬（前）に才（在）るや、身を㠯（以）て之に遂（後）るればなり」とある一文と相通じることは言うまでもない。そして最後には、自己の主体性を全面に出さないことによってかえって主体性が確立される、という主体性論にも拡大されている。

このように見てくると、『莊子』天下篇に「古之博大眞人哉」（古の博大なる真人なるかな）と最高の評価を下す関尹と老耼の学術の特徴を述べるところに、

建之以常無有、主之以太一、以濡弱謙下爲表、以空虚不毀萬物爲實。

之を建つるに常に有る無きを以てし、之を主とするに太一を以てし、濡弱にして謙下するを以て表と為し、空虚にして万物を毀たざるを以て実と為す。

とあって、謙下という語が見え、特に老耼について「未嘗先人、而常隨人」（未だ嘗て人に先んぜずして、常に人に随う）とし、また老耼のことばとして「人皆取先、己獨取後」（人皆先を取りて、己れ独り後を取る）とあるのは、老耼の実在性や『老子』との関係は明らかでないにせよ、少なくとも天下篇の作者が『老子』の謙遜思想をふまえてそれを老耼と結びつけたと考えることは可能ではなかろうか。

こうして明らかになった『老子』の謙遜思想の思考パターンは、それ以後、恐らくそれをふまえて書かれたと思われる道家系統や諸他の文献の中でも容易に見いだすことができる。例えば、『莊子』徐無鬼篇に、

以德分人、謂之聖、以財分人、謂之賢。以賢臨人、未有得人者也。以賢下人、未有不得人者也。

徳を以て人に分かつ、之を聖と謂い、財を以て人に分かつ、之を賢と謂う。賢を以て人に臨めば、未だ人を得る者有らざるなり。賢を以て人に下れば、未だ人を得ざる者有らざるなり。

とあり、同盜跖篇に、

勢爲天子、而不以貴驕人。富有天下、而不以財戲人。計其患、慮其反、以爲害於性。故辭而不受也。非以要名譽也。

勢い天子と為るも、貴きを以て人に驕らず。富みて天下を有するも、財を以て人に戯れず。其の患いを計り、其の反するを慮りて、以て性に害ありと為す。故に辞して受けざるなり。以て名誉を要むるに非ざるなり。

とあり、『呂氏春秋』下賢篇に、

有道之士、固驕人主。人主之不肖者、亦驕有道之士。日以相驕、奚時相得。若儒墨之議與齊荊之服矣。賢主則不然。士雖驕之、而己愈禮之。士安得不歸之。士所歸、天下從之帝。帝也者、天下之適也。王也者、天下之往也。

有道の士は、固より人主に驕る。人主の不肖なる者も、亦た有道の士に驕る。日に以て相驕れば、奚の時にか相得ん。儒墨の議と斉荊の服との若し。賢主は則ち然らず。士之に驕ると雖も、己れは愈いよ之を礼す。士安くんぞ之に帰せざることを得ん。士の帰する所は、天下之に従いて帝たり。帝なる者は、天下の適く〔所〕なり。王なる者は、天下の往く〔所〕なり。

とあり、また同篇に、

周公旦文王之子也、武王之弟也、成王之叔父也。所朝於窮巷之中甕牖之下者、七十人。文王造之而未遂、武王遂之而未成、周公旦抱少主而成之。故曰成王。不唯以身下士邪。

周公旦は文王の子なり、武王の弟なり、成王の叔父なり。窮巷の中甕牖の下に朝する所の者、七十人あり。文王之を造《はじ》めて未だ遂げず、武王之を遂げて未だ成さず、周公旦少主を抱きて之を成せり。故に成王と曰う。唯だ身を以て士に下るのみならずや。

とあり、『戦国策』斉策四に、

老子曰、雖貴必以賤爲本、雖高必以下爲基。是以侯王稱孤寡不穀。是其賤之本與、非。夫孤寡者、人之困賤下位也。而侯王以自謂。豈非下人而尊貴士與。夫堯傳舜、舜傳禹、周成王任周公旦。而世世稱曰明主。是以明乎士之貴也。

老子曰く、貴と雖も必ず賤を以て本と為し、高と雖も必ず下を以て基と為す。是を以て侯王は孤寡不穀と称す。是れ其れ賤を之本とするか、非か、と。夫れ孤寡なる者は、人の困賤の下位なり。而れども侯王以て自ら謂う。豈人に下りて士を尊貴するに非ざるか。夫れ堯は舜に伝え、舜は禹に伝え、周の成王は周公旦に任ず。而して世世称して明主と曰う。是を以て士の貴きを明らかにするなり。

とあり、『管子』形勢解篇に、

天之道、滿而不溢、盛而不衰。明主法象天道。故貴而不驕、富而不奢、行理而不惰。故能長守貴富、久有天下而不失也。故曰、持滿者與天。

天の道は、満ちて溢れず、盛んにして衰えず。明主は象を天道に法る。故に貴くして驕らず、富みて奢らず、理を行いて惰らず。故に能く長く貴富を守り、久しく天下を有ちて失わざるなり。故に曰く、満を持する者は天と与にす、と。

とあり、『淮南子』説山篇に、

江河所以能長百谷者、能下之也。夫惟能下之、是以能上之。

江河の能く百谷に長たる所以の者は、能く之に下ればなり。夫れ惟だ能く之に下る、是を以て能く之に上たり。

とあり、『文子』守弱篇に、

天之道、抑高擧下、損有餘、補不足。江海處地之不足。故天下歸之奉之、故聖人卑謙。……是以聖人執雌牝、去驕奢、不敢行強梁之氣。執雌牝、故能立其雄牡。不敢驕奢、故能長久。

天の道は、高きを抑えて下きを挙げ、余り有るを損して、足らざるを補う。江海は地の足らざるに処す。故に天下之に帰し之を奉じ、故に聖人卑謙す。……是を以て聖人は雌牝を執り、驕奢を去り、敢て強梁の気を行わず。雌牝を執る、故に能く其の雄牡を立つ。敢て驕奢せず、故に能く長久す。

とあるのがその例である。しかし、その思考パターンはそのまま固定的な姿を見せているわけではない。各文献各篇ごとに思想内容の性質によって、謙遜思想をベースにしながらも、指向するところは『老子』と異なる場合もある。換言すれば、必ずしも天下に王者となることを指向して書かれているわけではない、ということである。一例を挙げれば、前引の『荘子』盗跖篇の場合がその例で、そこでは謙遜よりむしろ性が問題となっている。それは『老子』の謙遜思想をふまえながらさらに展開させたものと考えられるが、その反面、当初の謙遜思想の思考パターンは、諸他の思想的要素と結合することによって段々と曖昧になっていったと思われる。(一二)

それでは、儒家の陣営では、『老子』によって定立された謙遜思想にどう対応していたのか。次節ではこの問題について考察することにする。

第二節　儒家系統の諸文献に見られる謙遜思想

さて初期儒家においても謙遜やそれに近い事柄について言及・思案されていたことは事実である。例えば、『論語』学而篇に、

子貢曰、夫子温良恭儉讓以得之。……。有子曰、……恭近於禮、遠恥辱也。……

子貢曰く、夫子は温良恭倹譲以て之を得たり。……、と。有子曰く、……恭礼に近づけば、恥辱に遠ざかる。……、と。

とあり、泰伯篇に、

子曰、如有周公之才之美、使驕且吝、其餘不足觀也已。

子曰く、如し周公の才の美有りとも、驕り且つ吝《やぶさ》かならしめば、其の余は観るに足らざるのみ、と。

とあり、顔淵篇に、

子張問、士何如斯可謂之達矣。……子曰、……夫達也者、質直而好義、察言而觀色、慮以下人。在邦必達、在家必達。……

子張問う、士何如なれば斯ち之を達と謂う可き、と。……子曰く、……夫れ達なる者は、質直にして義を好み、言を察して色を観、慮りて以て人に下る。邦に在りても必ず達し、家に在りても必ず達す。……、と。

とあり、子路篇に、

子曰、君子泰而不驕、小人驕而不泰。

子曰く、君子は泰《ゆた》かにして驕らず、小人は驕りて泰かならず、と。

とあり、憲問篇に、

子曰、貧而無怨難、富而無驕易。

子曰く、貧しくして怨むこと無きは難く、富みて驕ること無きは易し。

等々とあるのがその例である。しかし、いずれも一般的な処世術としての謙遜の域を超えるものではなく、『唐虞之道』や『老子』で見たような君主を主体とする謙遜思想ではない。しかも恭を言う場合も礼という規範に拘束されてはじめて肯定的な意味を持つ。そうでない場合は、公冶長篇に、

子曰、巧言令色足恭、左丘明恥之。丘亦恥之。……

子曰く、巧言令色足恭なるは、左丘明之を恥づ。丘も亦た之を恥づ。……、と。

とあり、泰伯篇に、

子曰、恭而無禮則勞。……

子曰く、恭にして礼無ければ則ち労す。……、と。

とあるように退けられる。あるいは学而篇で、

貧而無諂、富而無驕、何如。

貧しくして諂うこと無く、富みて驕ること無きは、何如。

という子貢の質問に対して、

子曰、可也。未若貧而好樂、富而好禮者也。

子曰く、可なり。未だ貧しくして楽を好み、富みて礼を好む者には若かざるなり、と。

と答えているように、「驕ること無き」という消極的態度より「礼を好む」という積極的態度に重きが置かれている。あるいは子張篇に、

子貢曰、紂之不善、不如是之甚也。是以君子惡居下流。天下之惡皆歸焉。

子貢曰く、紂の不善、是の如く之甚しからざるなり。是を以て君子は下流に居ることを悪む。天下の悪皆焉れに帰す、と。

とあるのは、象徴的な表現であるので真意をつかむことは容易ではないが、いずれにせよ、『老子』の江海の比喩と相反する。

このような事情は『孟子』の場合も同じである。例えば、公孫丑上篇に、

孟子曰、伯夷隘。柳下惠不恭。隘與不恭、君子不由也。

孟子曰く、伯夷は隘なり。柳下恵は不恭なり。隘と不恭とは、君子由らざるなり、と。

とあり、離婁上篇に、

孟子曰、恭者不侮人。儉者不奪人。侮奪人之君、惟恐不順焉。惡得爲恭儉。恭儉、豈可以聲音笑貌爲哉。

孟子曰く、恭者は人を侮らず。倹者は人より奪わず。人を侮り奪うの君は、惟だ順わざらんことを恐る。悪くんぞ恭倹と為すを得ん。恭倹は、豈声音笑貌を以て為す可けんや、と。

とあり、告子上篇に、

恭敬之心、禮也。

恭敬の心は、礼なり。

などとあるのは、いずれも一般的な意味での「恭しさ」という意味である。また滕文公上篇に、

賢君必恭儉禮下、取於民有制。

賢君は必ず恭倹にして下を礼し、民に取るに制有り。

とあるのは、徴税の問題、離婁上篇に、

責難於君、謂之恭。

難きを君に責むる、之を恭と謂う。

とあるのは、君主への直諫と関わる問題、尽心上篇に、

孟子曰、食而弗愛、豕交之也。愛而不敬、獸畜之也。恭敬者、幣之未將者也。恭敬而無實、君子不可虛拘。

孟子曰く、食《やしな》いて愛せざるは、之を豕交するなり。愛して敬せざるは、之を獣畜するなり。恭敬なる者は、幣の未だ将《おこな》わざる者なり。恭敬にして実無ければ、君子虚拘す可からず、と。

とあるのは、上位者が下位者に遇する際の問題（恭敬という精神面と実という物質面の両全）〔一一〕であって、『老子』や『唐虞之道』にあるような君主を主体とする謙遜思想は存在しない。

以上を要するに、『老子』の謙遜思想のような思考パターンを初期儒家において見いだすことができないのは、事実として判明したと考えられる。

それでは、儒家が君主を主体とする謙遜思想を積極的に取り入れはじめるのは、いつごろからであろうか。結論を先に言えば、文献資料による限り、恐らく荀子や荀子学派が活動した時期になって、はじめてその問題に深刻に取り組んだと考えられる。しかも『老子』の謙遜思想の思考パターンをほぼそのまま忠実に取り入れる形で、自己の君主観の中に盛り込むようになる。そして、それは戦国末期以降、儒家が『易』を儒教経典の一つとして取り入れるために、それに様々な解釈を施すことと相まって、さらに拍車がかけられるようになる。以下、その先駆となった『荀子』の謙遜思想から順次見ていくことにする。

まず『荀子』非十二子篇に、

兼服天下之心、高上尊貴不以驕人、聰明聖知不以窮人、齊給速通不爭先人、剛毅勇敢不以傷人。不知則問、不能

則學。雖能必讓、然後爲德。遇君則脩臣下之義、遇鄉則脩長幼之義、遇長則脩子弟之義、遇友則脩禮節辭讓之義、遇賤而少者則脩告導寛容之義。無不愛也、無不敬也、無與人爭也、恢然如天地之苞萬物。如是則賢者貴之、不肖者親之。如是而不服者、則可謂訞怪狡猾之人矣。雖在子弟之中、刑及之而宜。

天下の心を兼服するには、(A)高上尊貴なるも以て人に驕らず、聡明聖知なるも以て人を窮《くる》しめず、斉給速通なるも人に争い先んぜず、剛毅勇敢なるも以て人を傷わず。知らざれば則ち問い、能わざれば則ち学ぶ。能うと雖も必ず譲り、然る後に徳ありと為す。君に遇えば則ち臣下の義を修め、郷に遇えば則ち長幼の義を修め、長に遇えば則ち子弟の義を修め、友に遇えば則ち礼節辞譲の義を修め、賤しくして少き者に遇えば則ち告導寛容の義を修む。愛せざる無く、敬せざる無く、人と争う無く、恢然として天地の万物を苞むが如くす。是の如くなれば則ち賢者も之を貴び、不肖者も之に親しむ。是の如くにして服せざる者は、則ち訞怪狡猾の人と謂う可し。子弟の中に在りと雖も、刑之に及びて宜しきなり。(三)

とあるが、この文章の特徴は次のように要約できよう。第一に、その主旨が、全天下の心を帰服させる方法について論じられている点。第二に、その方法として謙遜・謙虚な態度を取ることが要請されている点。第三に、「～に遇えば則ち～の義を修む」とあるように、儒家的な倫理思想と融合した形で謙遜思想が述べられている点。第四に、『老子』の謙遜思想の思考パターンの主なものが取り入れられている点。第四の特徴をさらに具体的に言うと、「以て人に驕らず」は今本『老子』第九章の「富貴而驕、自遺其咎」(富貴にして驕れば、自ら其の咎を遺す)、第三十章の「果而勿驕」(果にして驕る勿かれ)と相通じ、「人に争い先んぜず」は第七章の「聖人後其身而身先」(聖人は其の身を後にして身先んず)、第六十六章の「欲先民、必以身後之」(民に先んぜんと欲すれば、必ず身を以て之に後る)、第六十七章の「我有三寶、……三曰、不敢爲天下先」(我れに三宝有り、……三に曰く、敢て天下の先と為らず)と相通じ、「人と争う無し」

は第八章の「水善利萬物而不爭、……夫唯不爭、故無尤」（水は善く万物を利して争わず、……夫れ唯だ争わず、故に尤め無し）、第二十二章の「夫唯不爭、故天下莫能與之爭」（夫れ唯だ争わず、故に天下能く之と争う莫し）、第六十六章の「以其不爭、故天下莫能與之爭」（其の争わざるを以てす、故に天下能く之と争う莫し）、第六十八章の「是謂不爭之德」（是れを争わざるの徳と謂う）、第七十三章の「天之道、不爭而善勝」（天の道は、争わずして善く勝つ）、第八十一章の「聖人之道、爲而不爭」（聖人の道は、為して争わず）と相通じる。『老子』においてこれらが語られる場合は、そのほとんどが先に見たように、謙遜思想と深く関わっている。したがって、この三句は非十二子篇の作者が『老子』から取り入れたものと見なしても大過はないと考えられる。ただし、作者が対象としているのは、「遇君・遇長・遇友・遇賤」とあるように、君主とされておらず、その点においてまだ君主を主体とする思想にまではなっていない。とはいえ、「天下の心を兼服す」とあるように、やがて君主一人に向けられる潜在的な可能性は十分ある。そしてそれは、次の君子篇の文章を見れば一層明らかになる。

尚賢使能、等貴賤、分親疏、序長幼、此先王之道也。故尚賢使能、則主尊下安、貴賤有等、則令行而不流、親疏有分、則施行而不悖、長幼有序、則事業捷成、而有所休。故仁者仁此者也。義者分此者也。節者死生此者也。忠者惇愼此者也。兼此而能之備矣。備而不矜、一自善也、謂之聖。不矜矣、夫故天下不與爭能、而致善用其功。有而不有也、夫故爲天下貴矣。

賢を尚び能を使い、貴賤を等し、親疏を分かち、長幼を序するは、此れ先王の道なり。故に賢を尚び能を使わば、則ち主は尊くして下は安く、貴賤に等有らば、則ち令は行われて流《とどま》らず、親疏に分有らば、則ち施は行われて悖らず、長幼に序有らば、則ち事業は捷く成りて、休う所有り。故に仁とは此れを仁《よろこ》ぶ者なり。義とは此れを分かつ者なり。節とは此れに死生する者なり。忠とは此れに惇く慎《したが》う者なり。此れを兼ねて之を能くすれ

> ば備わる。備わりて矜らず、一に自ら善くする、之を聖と謂う。矜らず、夫の故に天下与に能を争わずして、善く其の功を用うることを致す。有れども有りとせず、夫の故に天下の貴と為る。

これは君子篇の最後を飾る文章であるが、ここには主語は明記されていない。ただ篇首に天子（もしくは聖王）と明記されており、それを篇全体の主語と見なしても差し支えない。ここで先王の道とされる四つの条目、すなわち尚賢論（賢を尚び能を使う）、貴賤の差等（貴賤を等す）、親疎の区別（親疏を分かつ）、長幼の序列（長幼を序す）は、儒家の中でも『荀子』が特に強調するものではあるが、しかし従来の儒家においてもある程度言及されていた事柄であり、したがって、それほど目新しさはない。ただその四つの条目を目的化し、仁・義・節・忠の徳目を手段化しているのは、従来、仁あるいは仁・義を最高の徳目としていた儒家とは全く異なっている。それより、さらに重要なことは、仁・義・節・忠の四徳が完備してもまだ不十分であるとし、それを統一した上位概念として聖が提唱されている点である。しかし、それはただ単に四徳を統一しただけのものではない。四徳を完備し、その上にもう一つの徳目が要請されている。もう一つの徳目とは、言うまでもなく謙遜の徳（矜らず）である。換言すれば、仁・義・節・忠の四徳をすべて自己のものとし、その上さらにそれをおごり高ぶらず、意識しないこと（有れども有りとせず）、これこそ聖とされているのである。

論はこれで終わらない。謙遜の徳を実践すれば、「夫の故に天下与に能を争わず」、「夫の故に天下の貴と為る」という結果がもたらされるとされている。前者は『老子』で見たように、君主の絶対権力が保障されるという意味であり、後者は一元的支配が実現されるという意味で、結局同じことを意味する。したがって、ここでは明らかに『老子』の謙遜の徳が主となっており、儒家の諸徳目は従となっている。というのは、「矜らず」は今本『老子』第二十二章の「不自矜、故長」（自ら矜らず、故に長し）、第二十四章の「自矜者不長」（自ら矜る者は長からず）、前引の第三十章の「果にして矜る勿かれ」と相通じ、「有れども有りとせず」は第二章・第十章・第五十一章の「生而不有」（生じて有せず）と相通じ、「夫の故に天下の貴と為る」は第二十二章の「聖人抱一爲天下式」（聖人は一を抱きて天下の式と為る）、第二十八章の「知其白守其黑、爲天下式」（其の白を知りて其の黑を守れば、天下の式と為る）、第三十九章の「侯王得一以爲天下貞」（侯王は一を得て以て天下の貞と為る）、第四十五章の「清靜爲天下正」（清静にして天下の正と為る）、第五十六章・六十二章の「故爲天下貴」（故に天下の貴と為る）と相通じており、(一四)『老子』なしではこれらの諸句の出所は考えられない（「夫の故に天下与に能を争わず」については先の非十二子篇を参照）。またこれらの諸句が『老子』において、一部の例外を除き、謙遜思想と深く関わっていることは再三述べてきたことである。以上を要するに、君子篇になって『老子』の謙遜思想の担う役割は以前より増大しており、かつ謙遜思想の思考パターンの最もオーソドックスな側面をすべて取り入れていると言えよう。これは従来の儒家には全くなかった、君子篇独特の展開である。

このような『荀子』の謙遜思想は、荀子後学の作といわれる宥坐篇になると、(一五)かの有名な宥坐の器をめぐる孔子と弟子たちの説話と一体となって、一層多彩を帯びて篇首を飾るようになる。ところで、宥坐の器の説話は、『荀子』宥坐篇だけでなく、儒家系統の文献では『韓詩外伝』巻三・『説苑』敬慎篇・『孔子家語』三恕篇、道家系統の文献では『淮南子』道応篇・『文子』守弱篇のように、前漢初期から末期にかけての主要な文献に収録されている。それを儒家系統と道家系統とに分け、さらに成書年代順にならべてみると以下の通りである。すなわち、儒家系統の文献では、まず『荀子』宥坐篇に、

孔子觀於魯桓公之廟、有欹器焉。孔子問於守廟者曰、此爲何器。守廟者曰、此蓋爲宥坐之器。孔子曰、吾聞、宥坐之器者、虛則欹、中則正、滿則覆。孔子顧謂弟子曰、注水焉。弟子挹水而注之、中而正、滿而覆、虛而欹。孔子喟然而歎曰、吁、惡有滿而不覆者哉。子路曰、敢問、持滿有道乎。(A)孔子曰、聰明聖知、守之以愚、功被天下、

守之以讓、勇力撫世、守之以怯、富有四海、守之以謙。此所謂挹而損之之道也。

孔子魯の桓公の廟を観るに、欹器有り。孔子廟を守る者に問いて曰く、此れ何の器と為すか、と。廟を守る者曰く、此れ蓋し宥坐の器と為さん、と。孔子曰く、吾れ聞けり、宥坐の器なる者は、虚《うつろ》なれば則ち欹《かたむ》き、中《なかほど》なれば則ち正しく、満つれば則ち覆る、と。孔子顧みて弟子に謂いて曰く、水を注げ、と。弟子水を挹《く》みて之に注げるに、中なれば而ち正しく、満つれば而ち覆り、虚なれば而ち欹きたり。孔子喟然として歎じて曰く、吁、悪くんぞ満ちて覆らざる者有らんや、と。子路曰く、敢て問わん、満を持するに道有るか、と。Ⓐ孔子曰く、聡明聖知は、之を守るに愚を以てし、功の天下を被《おお》うは、之を守るに譲を以てし、勇力の世を撫うは、之を守るに怯を以てし、富の四海を有つは、之を守るに謙を以てす。此れ所謂挹《ひ》きて之を損するの道なり、と。

とあり、『韓詩外伝』巻三（以下、外伝①と略称）に、

孔子觀於周廟、有欹器焉。孔子問於守廟者曰、此謂何器也。對曰、此蓋爲宥座之器。孔子曰、聞、宥座之器、滿則覆、虛則欹、中則正。有之乎。對曰、然。孔子使子路取水試之、滿則覆、中則正、虛則欹。孔子喟然而嘆曰、嗚呼、惡有滿而不覆者哉。子路曰、敢問、持滿有道乎。孔子曰、持滿之道、抑而損之。子路曰、損之有道乎。Ⓐ孔子曰、德行寬裕者、守之以恭、土地廣大者、守之以儉、祿位尊盛者、守之以卑、人衆兵強者、守之以畏、聰明睿智者、守之以愚、博聞強記者、守之以淺。夫是之謂抑而損之。詩曰、湯降不遲、聖敬日躋。

孔子周廟を観るに、欹器有り。孔子廟を守る者に問いて曰く、此れ何の器と謂う、と。対えて曰く、此れ蓋し宥座の器と為さん、と。孔子曰く、宥座の器は、満つれば則ち覆り、虚なれば則ち欹き、中なれば則ち正しと聞けり。之有るか、と。対えて曰く、然り、と。孔子子路をして水を取りて之を試みしむるに、満つれば則ち覆り、中なれば則ち正しく、虚なれば則ち欹きたり。孔子喟然として嘆じて曰く、嗚呼、悪くんぞ満ちて覆らざる者有

らんや、と。子路曰く、敢て問わん、満を持するに道有るか、と。孔子曰く、満を持するの道は、抑えて之を損せよ、と。子路曰く、之を損するに道有るか、と。孔子曰く、徳行寛裕なる者は、之を守るに恭を以てし、土地広大なる者は、之を守るに倹を以てし、禄位尊盛なる者は、之を守るに卑を以てし、人衆く兵強き者は、之を守るに畏を以てし、聡明睿智なる者は、之を守るに愚を以てし、博聞強記なる者は、之を守るに浅を以てす。夫れ是れ之を抑えて之を損すと謂う。詩に曰く、湯の降ること遅からず、聖敬日に躋る、と。

とあり、『説苑』敬慎篇に、

孔子觀於周廟、而有欹器焉。孔子問守廟者曰、此爲何器。對曰、蓋爲右坐之器。孔子曰、吾聞、右座之器、滿則覆、虚則欹、中則正、有之乎。對曰、然。孔子使子路取水而試之、滿則覆、中則正、虚則欹。孔子喟然歎曰、嗚呼、惡有滿而不覆者哉。子路曰、敢問、持滿有道乎。孔子曰、持滿之道、挹而損之。子路曰、損之有道乎。孔子曰、高而能下、滿而能虚、富而能儉、貴而能卑、智而能愚、勇而能怯、辯而能訥、博而能淺、明而能闇。是謂損而不極。能行此道、唯至德者及之。易曰、不損而益之、故損、自損而終、故益。

孔子周廟を観るに、而ち欹器有り。孔子廟を守る者に問いて曰く、此れ何の器と為すか、と。対えて曰く、蓋し右坐の器と為さん、と。孔子曰く、吾れ聞けり、右座の器は、満つれば則ち覆り、虚なれば則ち欹き、中なれば則ち正しと。之有るか、と。対えて曰く、然り、と。孔子子路をして水を取りて之を試みしむるに、満つれば則ち覆り、中なれば則ち正しく、虚なれば則ち欹きたり。孔子喟然として歎じて曰く、嗚呼、悪くんぞ満ちて覆らざる者有らんや、と。子路曰く、敢て問わん、満を持するに道有るか、と。孔子曰く、満を持するの道は、挹きて之を損せよ、と。子路曰く、之を損するに道有るか、と。孔子曰く、高くして而も能く下り、満ちて而も能く虚に、富みて而も能く倹に、貴にして而も能く卑に、智にして而も能く愚に、勇にして而も能く怯に、弁にして而も能く訥に、博にして而も能く浅に、明にして而も能く闇にす。是れを損して極まらずと謂う。能く此の道を行うは、唯だ至徳の者のみ之に及ぶ、と。易に曰く、損せずして之を益す、故に損し、自ら損して終る、故に益す、と。

とあり、『孔子家語』三恕篇に、

孔子觀於魯桓公之廟、有欹器焉。夫子問於守廟者曰、此謂何器。對曰、此蓋爲宥坐之器。孔子曰、吾聞、宥坐之器者、虚則欹、中則正、滿則覆。明君以爲至誡。故常置之於坐側。顧謂弟子曰、試注水焉。乃注之水、中則正、滿則覆。夫子喟然歎曰、嗚呼、夫物惡有滿而不覆哉。子路進曰、敢問、持滿有道乎。Ⓐ子曰、聰明叡知、守之以愚、功被天下、守之以讓、勇力振世、守之以怯、富有四海、守之以謙。此所謂損之又損之之道也。

孔子魯の桓公の廟を観るに、欹器有り。夫子廟を守る者に問いて曰く、此れ何の器と謂う、と。対えて曰く、此れ蓋し宥坐の器と為さん、と。孔子曰く、吾れ聞けり、宥坐の器なる者は、虚なれば則ち欹《かたむ》き、中なれば則ち正しく、満つれば則ち覆る。明君以て至誡と為す。故に常に之を坐の側らに置く、と。顧みて弟子に謂いて曰く、試みに水を注げ、と。乃ち之に水を注げるに、中なれば則ち正しく、満つれば則ち覆る。夫子喟然として歎じて曰く、嗚呼、夫れ物は悪くんぞ満ちて覆らざるもの有らんや、と。子路進みて曰く、敢て問わん、満を持するに道有るか、と。Ⓐ子曰く、聡明叡知は、之を守るに愚を以てし、功天下を被うは、之を守るに譲を以てし、勇力世に振うは、之を守るに怯を以てし、富の四海を有つは、之を守るに謙を以てす。此れ所謂之を損して又た之を損するの道なり、と。

とある。次に道家系統の文献では、『淮南子』道応篇に、

孔子観桓公之廟。有器焉、謂之宥卮。孔子曰、善哉、予得見此器。顧曰、弟子取水。水至灌之、其中則正、其盈

則覆。孔子造然革容曰、善哉、持盈者乎。子貢在側曰、請問持盈。曰、益而損之。曰、何謂、益而損之。曰、夫物盛而衰、樂極則悲、日中而移、月盈而虧。(A)是故聰明睿知、守之以愚、多聞博辯、守之以陋、武力毅勇、守之以畏、富貴廣大、守之以儉、徳施天下、守之以讓。此五者先王所以守天下而弗失也。反此五者、未嘗不危也。故老子曰、服此道者不欲盈。夫唯不盈、故能弊而不新成。

孔子桓公の廟を観る。器有りて、之を宥巵と謂う。孔子曰く、善きかな、予れの此の器を見るを得ること、と。孔子顧みて曰く、弟子水を取れ、と。水至りて之に潅ぐに、其れ中なれば則ち正しく、其れ盈つれば則ち覆る。孔子造然として容を革めて曰く、善きかな、盈を持する者や、と。子貢側に在りて曰く、請う盈を持するを問う、と。曰く、益〈挹〉きて之を損せよ、と。曰く、何の謂いぞ、益〈挹〉きて之を損すとは、と。曰く、夫れ物は盛なれば衰え、楽しみ極まれば則ち悲しみ、日中すれば移り、月盈つれば虧く。(A)是の故に聡明睿知、之を守るに愚を以てし、多聞博弁、之を守るに陋を以てし、武力毅勇、之を守るに畏を以てし、富貴広大、之を守るに倹を以てし、徳天下に施して、之を守るに譲を以てす。此の五者は先王の天下を守りて失わざる所以なり。此の五者に反けば、未だ嘗て危からずんばあらざるなり、と。故に老子曰く、此の道を服する者は盈つるを欲せず。夫れ唯だ盈たず、故に弊《ふる》きに能えて新に成さず、と。

とあり、『文子』守弱篇に、

老子曰、天道極即反、盈即損、日月是也。故聖人日損而沖氣不敢自滿、日進以牝、功徳不衰、天道然也。人之情性皆好高而惡下、好得而惡亡、好利而惡病、好尊而惡卑、好貴而惡賤。衆人爲之、故不能成、執之、故不能得。是以聖人法天、弗爲而成、弗執而得、與人同情而異道。故能長久。故三皇五帝有戒之器、命曰侑巵。其中則正、其滿則覆。夫物盛則衰、日中則移、月滿則虧、樂終而悲。(A)是故聰明廣知、守以愚、多聞博辯、守以儉、武力勇毅、守以畏、富貴廣大、守以狹、徳施天下、守以讓。此五者先王所以守天下也。服此道者不欲盈。是以能弊不新成。

老子曰く、天道は極まれば即ち反り、盈つれば即ち損す、日月是れなり。故に聖人は日に損して沖気敢て自ら満ちず、日に進むに牝を以てし、功徳衰えざるは、天道然り。人の情性は皆高きを好みて下きを悪み、得るを好みて亡うを悪み、利を好みて病を悪み、尊きを好みて卑しきを悪み、貴きを好みて賤しきを悪む。衆人は之を為す、故に成すこと能わず、之を執る、故に得ること能わず。是を以て聖人は天に法り、為さずして成し、執らずして得、人と情を同じくして道を異にす。故に能く長久す。故に三皇五帝に戒めの器有り、命けて侑卮と曰う。其れ中なれば則ち正しく、其れ満つれば則ち覆る。夫れ物は盛なれば則ち衰え、日中なれば則ち移り、月満つれば則ち虧き、楽しみ終れば而ち悲しむ。(A)是の故に聡明広知は、守るに愚を以てし、多聞博弁は、守るに倹を以てし、武力勇毅は、守るに畏を以てし、富貴広大は、守るに狭を以てし、徳天下に施して、守るに譲を以てす。此の五者は先王の天下を守る所以なり。此の道を服する者は盈つるを欲せず。是を以て弊きに能えて新に成さず、と。

とある。これら宥坐の器をめぐる諸篇の特徴は次のようにまとめられよう。

第一に、宥坐の器の説話の原型は、言うまでもなく『荀子』宥坐篇である。ただし、宥坐篇の(A)部分は、実はそれに近いものが、すでに前引の非十二子篇に、

天下の心を兼服するには、高上尊貴なるも以て人に驕らず、聡明聖知なるも以て人を窮《くる》しめず、斉給速通なるも人に争い先んぜず、剛毅勇敢なるも以て人を傷わず。

と見えている。ただし、宥坐篇の場合は非十二子篇より謙遜思想に近い書き方をしている。よって、作者は非十二子篇を参考にしながら、それに工夫をこらして謙遜思想にさらに近づけたと推測される。

第二に、いずれも『老子』の強い影響を受けている。例えば、子路や子貢の質問に見える「満を持す」や「盈を持す」は今本『老子』第九章の「持而盈之、不如其已」(持して之を盈たすは、其の已むに如かず)と相通じ、孔子の答

えに見える「之を損す」や「之を損して又た之を損す」は、言うまでもなく今本『老子』第四十八章の「損之又損、以至於無爲」（之を損し又た損して、以て無為に至る）や『荘子』知北遊篇の「損之又損之、以至於無爲。」（之を損して又た之を損し、以て為す無きに至る。）と相通じる。もっとも、『老子』第九章も「富貴而驕、自遺其咎。功遂身退、天之道。」（富貴にして驕れば、自ら其の咎を遺す。功遂げ身退くは、天の道なり。）とあるのによれば、謙遜思想と全く無関係とは言えないものの、それがはっきりと示されてはいなかった。また第四十八章は本来謙遜思想とはあまり関係のない章のはずである。しかも第九章と第四十八章とを結びつけることは『荀子』以前の道家系統の文献にはなかった現象である。ただ第四十八章は「無爲而無不爲。取天下、常以無事。」（無為にして為さざる無し。天下を取るは、常に事無きを以てす。）とあるように、マイナスの態度がかえってプラスの結果をもたらすことを主旨としている反面、第九章はマイナスの態度を取ることを主張することで論が終わっている。しかも第九章では「持して之を盈たす」がひたすら否定されているが、これらの諸篇ではむしろ「満を持す」「盈を持す」、すなわち満の状態を維持すること自体が目的化されている。特に『淮南子』道応篇に「孔子造然として容を革めて曰く、善きかな、盈を持する者や」とあるのは、それを如実に示している。これは『老子』からの新しい展開としなければならない。

第三に、時代が下るにつれ、思想の展開が看て取れる。(1)問答の内容の増加。『荀子』宥坐篇では子路の「満を持するに道有るか」という質問に対して、(A)が先に来、最後に「挹きて之を損す」と締めくくる形となっているが（『孔子家語』三恕篇はそれを忠実に再現している）、外伝①では「抑えて之を損す」という結論を孔子に先に言わせ、次に(A)を述べ、それから同様の結論を導き出す、という形となっている。宥坐篇より論理の整然さが看て取れる（『説苑』敬慎篇及び『淮南子』道応篇も同じ。ただ道応篇は別の結論に切り替えられている）。(2)「挹きて之を損す」や「抑えて之を損す」の具体的な内容の増加。宥坐篇と三恕篇は愚・譲・怯・謙と四つ、外伝①は恭・倹・卑・畏・愚・浅の六つ、敬慎篇は下・虚・倹・卑・愚・怯・訥・浅・闇の九つ、道応篇は愚・陋・畏・倹・譲の五つ、守弱篇は愚・倹・畏・狭・譲の五つであるが、三恕篇を除き、宥坐篇→成書時期の相近いと思われる外伝①・道応篇・守弱篇→敬慎篇になるにつれ、損に属する性質の各事象が増えているのが確認できる。

第四に、学派系統による内容の相違。儒家系の諸文献は、(A)はいずれも「孔子曰く」あるいは「子曰く」といって、孔子の言としているが、道応篇は孔子の言としながらも、最後に「故に老子曰く」といって老子の言で締めくくっており、そうすることによって本説話自体を道家の祖である老子の説を敷衍したもののように脚色している。つまり、孔子の言より老子の言に権威が附与されている。このような傾向は守弱篇においてさらに著しい。守弱篇は本説話の主人公の孔子及びストーリーの導入部分に当たる弟子との会話の部分まで削除し、かつ「老子曰く」と冠しつつ、しかも宥坐の器を「三皇五帝に戒めの器有り、命けて侑卮と曰う」とすることによって、儒家色を完全に払拭している。道家の立場を一貫させるための削除の故意さは、道応篇よりも徹底化している。

第五に、儒家系の諸文献における謙遜思想は、『老子』の思考パターンを忠実に取り入れてはいない。例えば、必ずしも君主を主体としているとも言えず、特に謙遜の態度を取ることによって期待される効果については、結局「満を持す」にあるだけで、君主の絶対権力の保障や一元的支配の実現については全く言及されていない。道家系の諸文献は、その意味では「満を持す」の他に、「此の五者は先王の天下を守りて失わざる所以なり」(道応篇)とあり、「此の五者は先王の天下を守る所以なり」(守弱篇)とあって、それらしきものが附加されてはいるが、『老子』に比べれば消極的な主張に止まっている。

第六に、諸篇の(A)部分及び儒家系の諸文献に見られる「挹きて之を損す」「抑えて之を損す」「之を損して又た之を損す」は、いずれも謙遜思想と関連があるのは事実である。ただし、この説話を見る限り、謙そのものはまだ独立した意味を持っていない。

以上、『荀子』及びそれと関連する諸文献における謙遜思想を考察したが、非十二子篇や宥坐篇のように具体的な内容においては『老子』の謙遜思想の思考パターンが忠実に取り入れられていない例もあったものの、君子篇で見たように、ほぼ完全な形で影響を受けている場合もあった。したがって、儒家における謙遜思想は『荀子』が先駆をなすものと認めても大過ないであろう。ただし、謙そのものはまだ独立した意味を持っていなかった。それが独立した意味を持つようになるのは、卜筮の書にすぎなかった『易』を儒家が経典として取り入れる段階でなされる。次節ではそれについて考察する。

第三節　馬王堆漢墓帛書『周易』の謙遜思想と謙

帛書『周易』は、周知のように、経に当たる六十四卦と、いわゆる易伝（以下、帛書易伝と称する）に当たる二三子問篇・繫辞篇・易之義篇・要篇・繆和篇・昭力篇と、合わせて七篇から構成されている。これらのうち、六十四卦及び繫辞篇以外の五篇は今には伝わらない佚書である（ただし易之義篇と要篇は今本易伝の一部を含んでいる）[二六]。本節で主に検討するのは、易伝の佚書の一つである繆和篇に見られる謙遜思想である。その理由は、繆和篇にこそ最もまとまった形で謙遜思想が述べられているからである。

しかし、このことは繆和篇以外の諸篇に謙遜思想がないということを意味するものではない。例えば、二三子問篇第二十五行下～二十七行下（これを二三子①と称する）に、

●卦曰、嗛（謙）〔君子、有〕終、吉。孔子曰、〔此言〕□□□□□〔也。嗛（謙）〕、上川（坤）而下根（艮）。

川（坤）、也。根（艮）、精質也。君子之行也、□□□□□□□□□、吉焉。吉、嗛（謙）也。凶、橋（驕）也。(B)天乳（亂）驕而成嗛（謙）、地徹（撤）驕而實嗛（謙）、鬼神禍〔驕而〕福嗛（謙）、人亞（惡）驕而好〔嗛（謙）〕。□□□□□□□□□□□□□□好善不伐也。夫不伐德者、君子也。亓（其）盈如□□□□□□□擧而再說。亓（其）有終也、亦冝（宜）矣。

卦にいう、「謙たる君子、終り有り、吉」と。孔子は次のように言った。「これは□□□□□を意味する。謙卦は上は坤、下は艮から構成されている。坤とは……ということである。艮とは潔くて飾りけのないことである。君子の行いは、□□□□□□□□□であり、吉である。吉の結果を得るのは、謙遜な態度を取るからであり、凶の結果を招くのは、驕り高ぶる態度を取るからである。(B)天は驕り高ぶる者を乱して謙遜な者を成功させ、地は驕り高ぶる者を取りのけて謙遜な者で満たし、鬼神は驕り高ぶる者に禍いを下して謙遜な者に福をもたらし、人は驕り高ぶる者を憎んで謙遜な者を好む。□□□□□□□□□□□□□□善を好んでそれを自慢することはない。そもそも徳のあることを自慢しないのが君子である。そのような人は盈たされていて□□□□□□□称賛されて再度喜ぶ。そのような人が終わりを全うするのは、また当然のことである。」

とあって、謙卦について、まず卦辞を掲げ、次に孔子がそれについて説明するという形式をもって解釈がなされており、帛書易伝の中では、これが謙卦についての最初の解釈である。そして、そこには、謙遜・謙虚であれば吉で、その反対におごり高ぶれば凶と、謙と驕の二項対立的な捉え方がはっきりと示されている。より重要なことは、(B)の記述である。(B)は謙が吉で驕が凶である理由を原理的に敷衍説明した文章と思われる。そこには謙と驕に対する二項対立的な捉え方を、天・地・鬼神・人といったより高次元において普遍的に位置づけようとする試みも見られる。すなわち、天・地といった自然界、人といった人間界は勿論、[一七]鬼神といった宗教界、換言すれば、人間を含むあらゆる存在に共通するありかたとして謙を位置づけている（この部分が後述する繆和篇には「天道……、地道……、〔鬼神……〕、人道……」となっている）。謙の意味・意義にこのような普遍性・独立性が与えられているのは、例えば、前節で引用した謙遜思想を説く『荀子』宥坐篇でもまだ存在しなかったことである。これは六十四卦という性質上、謙が他の諸卦と同様、一つの卦として独立した意義を持ち、それと同時に謙卦の卦爻辞が、謙に対していずれも肯定的な占断を下しているのに大きく作用されたのではなかろうか。(一八) ただし、謙を行う主体は「君子」とあって、それが一般人を指すか、それとも君主を指すか定かではない。なお、「夫れ徳を伐らざる者」とあるのは、『老子』の影響によるものと見られる。(一九) また繫辞篇第十五行上～十六行上にも、

勞溓（謙）君子、有冬（終）、吉。子曰、勞而不代（伐）、〔有〕功而不𢡱徳、(二〇) 厚（厚）之至也。語以亓（其）功下人耂（者）也。徳言成（盛）、醴（禮）言共（恭）也。溓（謙）也耂（者）、至（致）共（恭）以存亓（其）立（位）耂（者）也。

謙卦九三の爻辞には「労謙たる君子、終り有り、吉」とある。これについて先生は次のように言われた。「苦労をしてもそれを自慢せず、手柄があってもそれを徳としないのは、最も重厚な態度である。この爻辞は、手柄を立てながら人にへりくだる者のことを物語るものである。徳についてはそれを盛んにすることが肝要であり、礼については、恭しい態度を取ることが肝要である。謙とは恭しさを尽くすことで、自分の地位を永久に保つものである。」

とあって、「労溓（謙）たる君子」の「労溓（謙）」を、「労して代（伐）らず」、「功有りて𢡱徳とせず」と『老子』的な意味で解釈した後、(二一)「亓（其）の功を以て人に下る」者のことをいうと明記している。のみならず、「溓（謙）なる耂（者）は、共（恭）を至（致）して以て亓（其）の立（位）を存する耂（者）なり」とあるのは、依然主語が

明記されていないけれども、恐らく君主権力の絶対化にすぐつながる論理と見られる。(二二)

第四節　馬王堆漢墓帛書『周易』繆和篇の謙遜思想

一　莊但・先生問答の場合

さてこのように謙卦にまつわる帛書易伝の謙遜思想は、前述のように、繆和篇に最もまとまった形で見られる。それは二つの章にまたがっており、弟子と先生の問答体の形式を取って詳細な議論がなされている。まず第三十行上～三十五行下に次のようにある（これを繆和①と称する）。

(1) ●莊但〔問〕於先生曰、敢問、於古今之世、聞（問）學談説之士君子、所以皆牧焉勞亓（其）四枳（肢）之力、渇（竭）亓（其）腹心而（之）索（素?）耂（者）、類非宎（安）樂而爲之也。以但之私心論之、此大耂（者）求尊嚴顯貴之名、細者欲富厚（厚）宎（安）樂〔之〕實。是以皆行□必勉、輕奮亓（其）所穀（由）、幸於天下耂（者）、殆此之爲也。今易濂（謙）之初六、亓（其）辭（辭）曰、嗛（謙）嗛（謙）〔君子〕、用渉大川、吉。將何以此論也。

(2) 子曰、夫務尊顯耂（者）、亓（其）心又（有）不足者也。君子不然。昒（忽）焉不〔自〕明（明）也、不自尊〔也〕、〔不自〕高世〔也〕。嗛（謙）之初六、嗛（謙）之明（明）夷也。耶（聖）人不敢又（有）立（位）也、以又（有）知爲无知也、以又（有）能爲无能也、以又（有）見爲无見也。憧（瞳）焉无敢設也。以使亓（其）下、所以治人請（情）、牧羣臣之僞也。〔嗛（謙）嗛（謙）〕君子耂（者）、夫□□□□然以不□□於天下。故奢多（侈）廣大、斿（游）樂之鄉（向）、不敢渝亓（其）身焉。是以而〈天〉下驩然歸之而弗猒也。用涉大川、吉耂＝（者）、夫明（明）夷离（離）下而川（坤）上。川（坤）耂＝（者）、順也。君子之所以折亓（其）身者、明（明）察所以□□□□。是以能既致天下之人而又（有）之。且夫川（坤）耂＝（者）、下之爲也。故曰、用涉大川、吉。

(3)子曰、能下人若此、亓（其）吉也、不亦宜（宜）乎。舜取天下也、當此卦也。(A)子曰、芯（聰）明（明）夐（叡）知、守以愚、〔博〕聞強誠（識）守〔以淺、尊祿富〕貴而守以卑。若此、故能君人。非舜、亓（其）孰（孰）能當之。

(1)莊但が先生に次のように質問した。「お伺いしますけれども、昔と今の世において、学問を修め談説を行う世の士君子たちが、みなつとめて（？）その四肢の力を労し、精神の寨（？）を尽くす理由は、自分の心身が安楽でそうやっているわけではどうもなさそうです。私の個人的な考えを申しますと、その理由というのは、大きなことは地位が尊くて威厳があり世に知られて貴いという名声を求め、小さなことは金持ちで安楽に暮らすという実利を望んでいるためのようです。そのため、みな□を行って必ず努力し、輕奮亓所穀（？）、天下に幸運を得ているのは、恐らくこのように振る舞っているからでしょう。ところが、いま『易』謙卦初六のその爻辞には『謙謙たる君子、用て大川を渉る、吉』とありますが、これをどのように理解すべきでしょうか。」

(2)先生は次のように言われた。「いったい、地位が高く名声が世に知れわたることを努める者は、その心に足りないものがある者である。しかし君子はそうではない。ぼうっとしていて自ら賢いとせず、自ら尊貴な存在とせず、自ら名声が世に知れわたっているとしない。謙卦の初六は、謙卦の諸爻の中で明夷卦の意味を持つ爻である。聖人は決してことさらに位を保有しようとせず、知恵がありながらないように振る舞い、能力がありながらないように振る舞い、見識がありながらないように振る舞う。無心に見つめていて、決してことさらに施そうとしない。このような態度でもって下の人々を用いることこそ、人情を正しくする手立てであり、群臣を治める作為である。『謙謙たる君子』とは、そもそも□□□□でいて、天下に□□しない者である。さてこそ世間で贅沢な暮らしが蔓延し、世の中の人々が逸楽な生活に耽っても、決して自分自身を変質させるようなことはしない。だから天下の人々は喜んで帰服して彼のことを嫌わないのである。『用て大川を渉る、吉』とは、そもそも明夷卦は、離が下、坤が上に位置する卦である。坤は従順を意味する。君子が自分の身を折り曲げる理由は、□□□□するところを明らかに見抜いているからである。だからこそ天下の人々をことごとく招き寄せて保有することができるのである。さらに『坤』とは、へりくだる態度を取ることを意味する。だから『用て大川を渉る、吉』というのである。」

(3)先生は次のように言われた。「人にへりくだることがこのようであれば、それが吉であるのは、また当然のことではないか。舜が天下を手に入れたことは、この卦に該当する。」(A)先生は次のように言われた。「すべてをよく聞きよく見よく通じよく知りながら、愚鈍をもってこれを守り、広く物事を聞き知ってそれをよく記憶しながら、浅薄をもってこれを守り、地位が尊く俸禄が重く富貴な立場にありながら、卑賤をもってこれを守る。このような態度を取ったから、帝王になることができたのである。舜でなければ、いったい誰がこのようなことができただろうか。」

(1)は弟子の荘但の質問である。質問の要点は、現実の士君子たちが追い求めるものと、『易』の謙卦初六の爻辞の意味するものとの間のギャップをどう理解すればよいかにある。換言すれば、世の士君子たちがみな精神的肉体的に尽力して、大きい場合は尊厳顕貴の名を求め、小さい場合は富厚安楽の実を得ようとつとめているのは、『易』の理想とする「嗛（謙）嗛（謙）たる〔君子〕」と合わないのではないか、ということであろう。その裏面には恐らく、『易』になぜ『老子』の謙遜思想が盛り込まれているかという伏線が敷かれていると思われる。

これに対する先生の答え(2)は実に道家的である。それは尊顕を追い求める士君子の態度を低く評価した後、君子と聖人の取る態度を示しているところによく現れている。すなわち、「君子は然らず。曶（忽）焉として〔自ら〕明（明）るしとせず、自ら尊しとせず、〔自ら〕世に高しとせ〔ず〕」とあり、「耶（聖）人は敢て立（位）を又（有）

たず、又（有）知を以て无知と為し、又（有）能を以て无能と為し、又（有）見を以て无見と為す。墥（瞳）焉として敢て設くる无きなり。」とあるのがそれである。いずれも謙遜の態度を現していることは言うまでもない。そして、これらは今本『老子』第二十二章に「不自見……。不自是……。不自伐……。不自矜……。」（自ら見《あらわ》さず……。自ら是とせず……。自ら伐らず……。自ら矜らず……。）とあり、第十章に「明白四達、能無知乎」（明白にして四達し、能く無知ならんか）とあり、第七十二章に「是以聖人、自知不自見、自愛不自貴」（是を以て聖人は、自ら知りて自ら見さず、自ら愛して自ら貴しとせず）などとあるのを明らかにふまえている。[二三] その他にも、「墥（瞳）焉として」は『荘子』知北遊篇に「汝瞳焉如新生之犢、而無求其故。」[二四]（汝は瞳焉として新生の犢の如くにして、其の故を求むる無かれ。）とあるのを、「敢て設くる无し」はいわゆる『管子』四篇の一篇である心術上篇に「無求無設、則無慮。無慮則反覆（復）虚矣。天之道、虚其無形。」（求むる無く設くる無ければ、則ち慮り無し。慮り無ければ則ち虚に反覆（復）す。天の道は、虚にして其れ形無し。）とあるのをふまえた表現であろう。「墥（瞳）焉として」は無知を意味し、「敢て設くる无し」は無慮とつながる。

それでは、君子や聖人のように君主が謙遜を実践すると、どのような政治的効果が現れるとされているのか。まず「奢多（侈）広大、斿（游）楽に之郷（向）うも、敢て亓（其）の身を渝せず」が原因で「是を以て而〈天〉下驩然として之に帰して猒《いと》わざるなり」という結果がもたらされるとし、また同様の論理で「君子の亓（其）の身を折る所以の者は、以て□□□□する所を明（明）察すればなり」が原因で「是を以て能く既《ことごと》く天下の人を致して之を又（有）つ」という結果がもたらされると言う。これは、郭店『老子』甲本第二～五号簡で、謙遜を実践する聖人に対し「天下進（推）すを楽しみて詀（猒）わず」という結果がもたらされるといった論理と全く同じである。このような論理が、現実において適用されるならば、君権の絶対化につながることは相違ない。

(3)では、謙遜の態度をもって統治すると吉になるのは当然であるといってそれを強調し、古代の聖王たる舜がこの卦によって天下を取ったという形で権威づけをしている。そして(A)は、前引の『荀子』宥坐篇の(A)と共通している。

そして最後に謙遜を実践すれば、君主になれるとし、また繰り返し舜の例を挙げて最後の締めくくりとしている。特に(3)は『唐虞之道』と密接な関係があり注目に値する。なぜなら、両方とも舜を謙遜を実践した古代の聖王として位置づけているからである。中国古代の南方の地域において、舜をめぐってこうした同様の思想が見られるのは、恐らく戦国後期から漢初にかけて、舜と謙遜思想を結びつける新しい傾向があったことを想像させる。そのような意味で、『唐虞之道』と繆和篇のこのような明確な共通点は決して単なる偶然ではなかろう。

二　張射・先生問答の場合

さて繆和篇で謙遜思想を現すもう一つの文章は、第三十五行下～四十行下に次のようにある（これを繆和②と称する）。

(1)●張射問先生曰、自古至今、天下皆貴盛盈。今周易曰、嗛（謙）亯（亨）、君子又（有）冬（終）。敢問、君子何亯（亨）於此乎。

(2)子曰、□問是也。□□□□埶（勢）列尌（爵）立（位）之尊、明（明）厚（厚）賞慶之名、此先君之所以勸亓（其）力也宜（宜）矣。彼亓（其）貴之也、此非耶（聖）君之所貴也。夫耶（聖）君卑體（體）屈貇（？）以郤（？）孫（遜）、以下亓（其）人、能至（致）天下之人而又（有）之。□□□□〔非耶（聖）君亓（其）〕孰（孰）能以此冬（終）。

(3)子曰、天之道、禀（崇）高神明（明）而好下。故萬勿（物）歸命焉。地之道、精博以（已）尚（常）而安（安）卑。故萬勿（物）得生焉。耶（聖）君之道、尊嚴敻（叡）知而弗以驕人、嗛〔然〕比（庇）德而好後。故〔萬勿（物）〕□□〔焉〕。

(4)易曰、溓（謙）亯（亨）、君子又（有）冬（終）。子曰、嗛（謙）耂（者）、溓（謙）然不足也。亯（亨）耂

（者）、嘉好之會也。夫君人耂（者）、以德下亓（其）人、人以死力報之。亓（其）亯（亨）也、不亦宜（宜）乎。

(5)子曰、天道[B]毀（毀）盈而益嗛（謙）、地道銷〔盈而流〕嗛（謙）、〔鬼神害盈而福嗛（謙）〕、〔人道〕亞（惡）〔盈〕而好溓（謙）。溓（謙）者、一物而四益耂（者）也。盈耂（者）、一物而四損者也。故耶（聖）君以爲豐茬（財）、是以盛盈。使[B]祭服忽、屋成加荳（錯）、宮成枊（缺？）隅。溓（謙）之爲道也、君子貴之。故曰、溓（謙）亯（亨）、君〔子又（有）冬（終）〕。□□□盛盈而〔安〕下。非君子亓（其）孰（孰）當之。

(1)張射が先生に次のように質問した。「昔から今に至るまで、天下の人々はみな盈満と繁栄を重んじてきました。ところが、いま『周易』には『謙は亨く、君子は終り有り』[二五]とあります。お伺いしますけれども、この卦において君子はなぜ願いが叶うのでしょうか。」

(2)先生が次のように言われた。「□質問は正しい。□□□□□権勢のある地位や爵位のような尊貴なもの、手厚い恩賞のような名誉あるもの、これらがもてる力を発揮するよう先君がすすめた手段だったのはまた当然のことである。しかし先君はそれを貴んだが、これは聖君が貴んだものではない。いったい聖君は体を低くし身を屈めてへりくだり、人々の下手に出ることによって、天下の人々を招き寄せて保有することができたのである。□□□□聖君でなければ、いったい誰がこの卦によって終わりを全うすることができようか。」

(3)先生が次のように言われた。「天の道は、高いところにあってすぐれた認識能力を有しながら、へりくだることを好む。だから万物は天の命に帰順するのである。地の道は、精密かつ広大で久しきにわたって変わらないながら、低いところに安んずる。だから万物は地から生命を受けるのである。聖君の道は、位が尊厳で優れた知恵を有しながら、それでもって人におごり高ぶらず、満足するほど徳を身に具えていながら、人の後ろにつくことを好む。だから万物は□□するのである。」

(4)『易』には「謙は亨く、君子は終り有り」とある。先生は次のように言われた。『謙』とは、へりくだって不足しているような様である。『亨』とは、素晴らしいものの集合である。いったい君主たる者が、徳によって人々にへりくだると、人々は死力を尽くしてそれに報いる。君主の願いが叶うのも、また当然のことではないか。」

(5)先生は次のように言われた。「天道[13]は満ちているものを破ってへりくだるものにつぎ足し、地道は満ちているものを溶かしてへりくだるものに流し込み、鬼神は満ちているものに危害を加えてへりくだるものに福をもたらし、人道は満ちているものを憎んでへりくだるものを好む。謙というのは、それ一つで四つの利益をもたらすものである。盈というのは、それ一つで四つの損失をもたらすものである。だからこそ聖君は人々の財物を豊かにして、自らも盈満・繁栄するのである。祭祀[13]をするとき祭服は粗末なものにし、家屋が出来上がれば拙さを加え、宮殿が出来上がればその隅を切りとる。謙の道というのは、君子はこれを貴ぶ。さてこそ『謙は亨く、君子は終り有り』というのである。□□□盈満・繁栄していて下に安んずる。君子でなければ、いったい誰がこのようなことができようか。」

この文章は、弟子の張射と先生との間の問答であるが、その大意は次の通りである。

(1)の張射の質問は、天下の人々がみな「盛盈」（盈満繁栄の意、下文の「溓（謙）然として足らず」の反対語）になることを貴ぶのが世の通念であるが、『易』ではなぜその反対に「嗛（謙）」の態度を取れば君子にとって万事かなうとされているのか。大意的には繆和①の荘但の質問と共通している。

(2)からはその質問に対する先生の答えである。まず(2)では張射の見解を部分的には肯定しつつ（□問いは是なり）、しかし、先君と聖君のありかたを対比させながら、最終的には下手に出て天下の人々を招き寄せて支配する後者のありかたに謙卦の卦辞を投影して高く評価する。

(3)では、「稟（崇）高神明（明）」でありながら「下るを好」み、「精博にして以（已）《はなは》だ尚（常）《なが》」く「卑きに安」んずることが、それぞれ天の道・地の道であるように、それをモデルとする聖君の道も尊厳叡知でありながら人におごり高ぶらず、「嗛〔然〕として徳を比（庇《そなえ》）」（満足するほど徳が身に具わっている様）[二六]ていながら人の後についてゆくことを好む。それが原因で万物が「命を焉れに帰」し、「生を焉れに得」、「□を〔焉れ〕に□」すという結果がもたらされる。

(4)では、「嗛」〔謙〕とは不足の状態を、「亯（亨）」とは素晴らしいことの総体を意味する。君主が徳をもって人々にへりくだれば、人々は死力を尽くしてそれに報いるので、謙遜が素晴らしいことの総体であるのは当然であるとする。ここで「嗛」もしくは「溓」（いずれも不足の意）が、「謙」（謙遜）と通仮の関係にあり、よって意味的に相通じることは言うまでもない。このような思想が現実に適用されるならば、君権の強化・絶対化につながることは相違ない。

(5)では、天道・地道・〔鬼神〕がいずれも盈（盈満）の状態を減らして「嗛（謙）」の状態を増やすことを本質としているとし、人道もまた例外なくそれを本質としているという。[二七]こうして「嗛（謙）」の状態にあるものは天道・地道・〔鬼神〕・人道の四者によって増やされるが、盈の状態にあるものは反対に損ぜられる。したがって、下手に出る聖君は財を豊かにすることができ、だから盛盈の状態になれる。君子は盛盈ではなく「溓（謙）」の道を貴ぶので、盛盈の状態にありながら下に安んずることは、君子だからこそ可能なことである。(B)は二三子①の(B)と共通しているが、「使祭服忽、屋成加昔（錯）、宮成杒隅。」の三句がさらに増えている。しかも天・地・人を天道・地道・人道としている点で、二三子①より理法化の度合を増している。

さてこの文章にも『老子』の影響が見られる。例えば、「後るを好む」は前引の今本『老子』第七章の「聖人は其の身を後にして身先んず」、第六十六章の「民に先んぜんと欲すれば、必ず身を以て之に後る」、第六十七章の「我れに三宝有り、……三に曰く、敢て天下の先と為らず」と相通じ、「天道は盈を毀（毀）ちて嗛（謙）を益す」は第七十七章の「天之道、其猶張弓與。高者抑之、下者擧之。有餘者損之、不足者補之。天之道、損有餘而補不足。」（天の道は、其れ猶お弓を張るがごときか。高き者は之を抑え、下き者は之を挙ぐ。余り有る者は之を損し、足らざる者は之を補う。天の道は、余り有るを損して足らざるを補う。）をふまえた表現と思われる。しかし、特に後者の場合は『老子』と大きく異なっている（これについては後述する）。

第五節　馬王堆漢墓帛書『周易』繆和篇は道家の手になるものか

以上、繆和篇の謙遜思想が記述されている二つの文章について考察したが、両者は次のような点で共通している。第一に、君主を主体としている。第二に、謙遜に最高の価値を与えている。第三に、謙遜を実践すれば天下の人々を招き寄せて支配することができるとし、聖人・聖君がその理想像となっている。第四に、謙遜を唱える究極の目的は君権の強化・絶対化にある。一つだけ相違を言うならば、繆和②は「嗛（謙）」もしくは「溓（謙）」に普遍性・理法性を与えているが、繆和①はそのような哲学的意義づけが相対的に弱いことである。いずれにせよ、これらが『老子』の謙遜思想の思考パターンを忠実にふまえてそれを謙卦の解釈に反映している、ということは事実として認めることができよう。

それでは、繆和①②は道家の手になるものと結論づけるべきであろうか。結論を先に言えば、道家の作品ではなく、厳然たる儒家の作品である、と筆者は考える。というのは、思想的に影響を受けているのは道家だけでなく、そこには明らかに『荀子』思想の影響が見られるからである。繆和①に、

以使亓（其）下、所以治人請（情）、牧羣臣之僞也。

とある一文を見てみよう。この一文は謙遜の態度を示す一連の文章を受けており、最初の「以」は恐らくそのような一連の文章全体を指すと思われる。とすると、一文は、

以て亓（其）の下を使うや、人請（情）を治むる所以にして、群臣を牧むるの偽なり。

と読めないだろうか。このように読むと、結局、謙遜は「偽」だ、ということになる。

周知のように、偽は『荀子』思想の中核概念の一つである。しかし、謙遜思想と偽を直接結びつけるのは『荀子』には見られない。そうすると、これは道家の謙遜思想によって『荀子』思想を変容したものと考えるべきであろうか。実はそうではなく、その逆であろう。というのは、偽は、例えば、『荀子』礼論篇に、

性者、本始材朴也。僞者、文理隆盛也。

性なる者は、本始材朴なり。偽なる者は、文理隆盛なり。

とあり、同じく正論篇に、

生之所以然者、謂之性、……性之好惡喜怒哀樂、謂之情。……心慮而能爲之動、謂之僞、慮積焉能習焉而後成、謂之僞。

生の然る所以の者は、之を性と謂い、……性の好悪喜怒哀楽は、之を情と謂う。……心慮りて能く之が動を為すは、之を偽と謂い、慮積み能く習いて而る後に成るものも、之を偽と謂う。

などとあるのによって明らかなように、作為を意味する。また性悪篇では、

不可學、不可事、而在人者、謂之性。可學而能、可事而成之在人者、謂之僞。是性僞之分也。

学ぶ可からず、事とす可からずして、人に在る者、之を性と謂う。学びて能くす可く、事として之を成す可くして人に在る者、之を偽と謂う。是れ性偽の分なり。

といって、性偽の分を強調し、また、

古者聖王以人之性惡、以爲偏險而不正、悖亂而不治、是以爲之起禮義制法度、以矯飾人之情性而正之、以擾化人

之情性而導之也。使皆出於治、合於道者也。
古者聖王は人の性の悪なるを以て、以て偏険にして正しからず、悖乱にして治まらずと為し、是を以て之が為に礼義を起し法度を制し、以て人の情性を矯飾して之を正し、以て人の情性を擾化して之を導けり。皆治に出でて、道に合せしむる者なり。

といって、性情は礼義によってよい方向にむかうよう矯正していかなければならないという。その場合、礼義とは、同篇に、

禮義者、聖人之所生也。
礼義なる者は、聖人の生ずる所なり。

とあるように、聖人が作り出したものである。換言すれば、同篇に、

凡禮義者、是生於聖人之僞。
凡そ礼義なる者は、是れ聖人の偽より生ず。

とあるように、聖人の作為によって生み出されたものである。このように見てくると、繆和①に偽とあるのは、最初の弟子の質問、すなわち、『易』でなぜ道家の謙遜を言っているかに関する先生の明確な答えと見るべきであろう。すなわち、『易』で謙遜を言うのは、道家的な無為の政治を言うものではない、それによって「人請（情）を治め」「群臣を牧める」作為なのだ、ということを意味するものに相違ない。要するに、道家的な謙遜思想とは違う、ということを明確に示す作者のシグナルと考えるべきであろう。

事情は繆和②の場合も同じである。繆和②に「天道は盈を毀ちて嗛（謙）を益す」とあるのは、今本『老子』第七十七章をふまえた表現と考えられた。しかし、繆和②の場合はその後に「人道は盈を亜（悪）みて溓（謙）を好む」とあって、人道にも天道と同様のはたらきを認めている。それに対して第七十七章の場合は、

人之道則不然。損不足以奉有餘。孰能有餘以奉天下、唯有道者。是以聖人、爲而不恃、功成而不處、其不欲見

賢。

人の道は則ち然らず。足らざるを損して以て余り有るに奉ず。孰か能く余り有りて以て天下に奉ずるものぞ、唯だ道を有する者のみ。是を以て聖人は、為して恃まず、功成りて処らず、其れ賢を見すを欲せず。

といって、人の道にひたすらマイナスの評価を与えている。これも両者の決定的な相違を示す好例の一つであろう。一方、中国の一部の学者の間では、易伝を道家の一派の作品とする見解が出されている。陳鼓応氏がその代表的な例で、例えば「我々は『易伝』の学派を道家の別派と称することができよう」とするのがその一例である。(二八)しかし、このような見解には賛同できない。その理由は右の説明によって十分判明したと思われる。

このように帛書易伝、特に繆和篇において謙卦に一貫した解釈が試みられ、かつ最高の価値が認められたが、しかし、謙に儒家の一徳目としての確固たる地位が与えられるようになるには、もう少し時間が要されたと思われる。なぜなら、そこでは「嗛（謙）」もしくは「溓（謙）」が強調されてはいるが、「謙徳」ということばはまだ存在しないからである。ところで、『韓詩外伝』巻三（以下、外伝②と略称）には、

周公踐天子之位七年、布衣之士所贄而師者十人、所友見者十二人、窮巷白屋先見者四十九人、時進善百人、敎士千人、宮朝者萬人。成王封伯禽於魯、周公誡之曰、往矣。子無以魯國驕士。吾文王之子、武王之弟、成王之叔父也、又相天下。吾於天下亦不輕矣。然一沐三握髮、一飯三吐哺、猶恐失天下之士。吾聞、(A)德行寛裕、守之以恭者榮、土地廣大、守之以儉者安、祿位尊盛、守之以卑者貴、人衆兵強、守之以畏者勝、聰明睿智、守之以愚者善、博聞強記、守之以淺者智。夫此六者、皆謙德也。夫貴爲天子、富有四海、由此德也。不謙而失天下、亡其身者、桀紂是也。可不愼歟。故易有一道、大足以守天下、中足以守其國家、近足以守其身。謙之謂也。(B)夫天道虧盈而益謙、地道變盈而流謙、鬼神害盈而福謙、人道惡盈而好謙。是以衣成則必缺衽、宮成則必缺隅、屋成則必加拙。示

不成者、天道然也。易曰、謙亨、君子有終、吉。詩曰、湯降不遲、聖敬日躋。誡之哉。其無以魯國驕士也。

周公天子の位を践むこと七年、布衣の士贄もて師とする所の者十人、友として見ゆる所の者十二人、窮巷白屋先に見ゆる者四十九人、時に善を進むるもの百人、士に教えらるるもの千人、宮朝する者万人なり。成王伯禽を魯に封ずるや、周公之を誡めて曰く、往け。子魯国を以て士に驕る無かれ。吾れ文王の子、武王の弟にして、成王の叔父なり、又た天下に相たり。吾れ天下に於て亦た軽からず。然れども一沭〈沐〉に三たび髪を握り、一飯に三たび哺を吐き、猶お天下の士を失わんことを恐る。(A)吾れ聞く、徳行寛裕は、之を守るに恭を以てすれば栄え、土地広太は、之を守るに倹を以てすれば安く、禄位尊盛は、之を守るに卑を以てすれば貴く、人衆く兵強きは、之を守るに畏を以てすれば勝ち、聡明睿智は、之を守るに愚を以てすれば善く、博聞強記は、之を守るに浅を以てすれば智たりと。夫れ此の六者は、皆謙徳なり。夫れ貴は天子と為り、富は四海を有つは、此の徳に由ればなり。謙ならずして天下を失い、其の身を亡ぼす者は、桀紂是れなり。慎まざる可けんや。故に易に一道有り、大は以て天下を守るに足り、中は以て其の国家を守るに足り、近きは以て其の身を守るに足る。謙の謂いなり。(B)夫れ天道は盈を虧きて謙を益し、地道は盈を変じて謙に流き、鬼神は盈を害して謙に福し、人道は盈を悪みて謙を好む。是を以て衣成れば則ち必ず袵を欠き、宮成れば則ち必ず隅を欠き、屋成れば則ち必ず拙を加う。成らざるを示すは、天道然ればなり。易に曰く、謙は亨く、君子終り有り、吉、と。詩に曰く、湯の降ること遅からず、聖敬日に躋る、と。之を誡めよや。其の魯国を以て士に驕る無かれ、と。(二九)

とあり、これとほぼ同様の内容が『説苑』敬慎篇に、

昔成王封周公、周公辭不受。乃封周公子伯禽於魯。將辭去。周公戒之曰、去矣。子其無以魯國驕士矣。我文王之子也、武王之弟也、今王之叔父也、又相天子。吾於天下亦不輕矣。然嘗一沐三握髮、一食而三吐哺、猶恐失天下

之士。(A)吾聞之、曰、徳行廣大、而守以恭者榮、土地博裕、而守以儉者安、祿位尊盛、而守以卑者貴、人衆兵強、而守以畏者勝、聰明睿智、而守以愚者益、博聞多記、而守以淺者廣。此六守者、皆謙徳也。夫貴爲天子、富有四海。不謙者、先天下、亡其身、桀紂是也。可不愼乎。故易有一道、大足以守天下、中足以守國家、小足以守其身。謙之謂也。(B)夫天道毀滿而益謙、地道變滿而流謙、鬼神害滿而福謙、人道惡滿而好謙。是以衣成則缺衽、宮成則缺隅、屋成則加錯。示不成者、天道然也。易曰、謙亨、君子有終、吉。詩曰、湯降不遲、聖敬日躋。其戒之哉。子其無以魯國驕士也。

昔成王周公を封じ、周公辞して受けず。乃ち周公の子の伯禽を魯に封ず。将に辞去せんとす。周公之を戒めて曰く、去れ。子其の魯国を以て士に驕る無かれ。我れ文王の子、武王の弟にして、今王の叔父なり、又た天子に相たり。吾れ天下に於て亦た軽からず。然れども嘗て一沐に三たび髪を握り、一食に三たび哺を吐き、猶お天下の士を失わんことを恐れり。(A)吾れ之を聞く、曰く、徳行広大は、而ち守るに恭を以てすれば栄え、土地博裕は、而ち守るに倹を以てすれば安く、禄位尊盛は、而ち守るに卑を以てすれば貴く、人衆く兵強きは、而ち守るに畏を以てすれば勝ち、聡明睿智は、而ち守るに愚を以てすれば益し、博聞多記は、而ち守るに浅を以てすれば広しと。此の六守は、皆謙徳なり。夫れ貴は天子と為り、富は四海を有つ。謙ならずして、天下を先〈失〉い、其の身を亡ぼすものは、桀紂是れなり。慎まざる可けんや。故に易に一道有り、大は以て天下を守るに足り、中は以て国家を守るに足り、小は以て其の身を守るに足る。謙の謂いなり。(B)夫れ天道は満を毀ちて謙を益し、地道は満を変じて謙に流き、鬼神は満を害して謙に福し、人道は満を悪みて謙を好む。是を以て衣成れば則ち衽を欠き、宮成れば則ち隅を欠き、屋成れば則ち錯を加う。成らざるを示すは、天道然ればなり。易に曰く、謙は亨く、君子終り有り、吉、と。詩に曰く、湯の降ること遅からず、聖敬日に躋る、と。其れ之を戒めよや。子其の魯国を以て士に驕る無かれ、と。

とある。これらは成王が周公の子の伯禽を魯の国に封じた時に、周公が自分の子に、その国の士におごり高ぶらないよう戒めた文章である。その中で、(A)は第二節で引用した『荀子』宥坐篇及び外伝①の宥座の器の説話、そして繆和①を受けており、(B)は繆和②の(B)及び(B)―一を受けている。つまるところ、宥坐篇と繆和篇が先にあって、これらの篇が成立したと思われる。そして、両方とも『老子』の謙遜思想の思考パターンがすべて盛り込まれていることは言うまでもないが、外伝②に「夫れ貴は天子と為り、富は四海を有つは、此の徳に由ればなり。謙ならずして天下を失い、其の身を亡ぼす者は、桀紂是れなり。慎まざる可けんや。故に易に一道有り、大は以て天下を守るに足り、中は以て其の国家を守るに足り、近きは以て其の身を守るに足る。謙の謂いなり。」とあり、敬慎篇に「夫れ貴は天子と為り、富は四海を有つ。謙ならずして、天下を先〈失〉い、其の身を亡ぼすものは、桀紂是れなり。慎まざる可けんや。故に易に一道有り、大は以て天下を守るに足り、中は以て国家を守るに足り、小は以て其の身を守るに足る。謙の謂いなり。」とあるように、今まで見てきた儒家文献よりそれが一層強調されているのは、この両文献の特徴と言わなければならない。もう一つ重要な特徴は、両文献とも(A)をまとめて「謙徳」といって、儒家の最も重要な徳目の一つとして昇華させている点である。この点は、『韓詩外伝』巻八（以下、外伝③と略称）の次の文章に、より明確に反映されている。

孔子曰、易先同人後大有、承之以謙、不亦可乎。故天道虧盈而益謙、地道變盈而流謙、鬼神害盈而福謙、人道惡盈而好謙。謙者、抑事而損者也。持盈之道、抑而損之。此謙徳之於行也。順之者吉、逆之者凶。五帝既沒、三王既衰。能行謙徳者、其惟周公乎。文王之子、武王之弟、成王之叔父。假天子之尊位七年、所執贄而師見者十人、所還質而友見者十三人、窮巷白屋之士所先見者四十九人、時進善者百人、宮朝者千人、諫臣五人、輔臣五人、拂臣六人、載干戈以至於封侯、而同姓之士百人。……故德行寬容、而守之以恭者榮、土地廣大、而守之以儉者安、位尊祿重、而守之以卑者貴、人衆兵強、而守之以畏者勝、聰明睿智、而守之以愚者哲、博聞強記、而守之以淺者不溢。此六者、皆謙德也。易曰、謙亨、君子有終、吉。能以此終吉者、君子之道也。貴爲天子、富有四海。而德不謙、以亡其身者、桀紂是也。而況衆庶乎。夫易有一道焉、大足以治天下、中足以安家國、近足以守其身者、其惟謙徳乎。詩曰、湯降不遲、聖敬日躋。

孔子曰く、易は同人を先にして大有を後にし、之を承くるに謙を以てす、亦た可ならずや。故に(B)天道は盈を虧きて謙を益し、地道は盈を変じて謙に流き、鬼神は盈を害して謙に福し、人道は盈を悪みて謙を好む。謙なる者は、事を抑えて損する者なり。盈を持するの道は、抑えて之を損す。此れ謙徳の行いに於けるなり。(C)之に順う者は吉、之に逆らう者は凶。五帝は既す没し、三王は既す衰えり。能く謙徳を行う者は、其れ惟だ周公か。文王の子、武王の弟にして、成王の叔父なり。天子の尊位を仮りること七年、贄を執りて師として見ゆる所の者十人、質を還して友として見ゆる所の者十三人、窮巷白屋の士先に見ゆる所の者四十九人、時に善を進むる者百人、宮朝する者千人、諫臣五人、輔臣五人、払臣六人、干戈を載せて以て封侯に至る、同姓の士百人、と。……故に(A)徳行寛容は、而ち之を守るに恭を以てすれば栄え、土地広大は、而ち之を守るに倹を以てすれば安く、位尊く禄重きは、而ち之を守るに卑を以てすれば貴く、人衆く兵強きは、而ち之を守るに畏を以てすれば勝ち、聡明睿智は、而ち之を守るに愚を以てすれば哲るく、博聞強記は、而ち之を守るに浅を以てすれば溢れず。此の六者は、皆謙徳なり。易に曰く、謙は亨く、君子終り有り、吉、と。能く此れを以て終に吉なる者は、君子の道なり。貴は天子と為り、富は四海を有つ。而れども徳謙ならずして、以て其の身を亡ぼす者は、桀紂是れなり。而るを況んや衆庶をや。夫れ易に一道有り、大は以て天下を治むるに足り、中は以て家国を安んずるに足り、近きは以て其の身を守るに足る者は、其れ惟だ謙徳のみか、と。詩に曰く、湯の降ること遅からず、聖敬日に躋る、と。

ここには、(A)(B)は勿論、(C)すなわち第二節で考察した宥坐の器の説話にあった「挹きて之を損す」や「満を持するの道は、抑えて之を損す」まで盛り込んで謙とし、さらに「謙徳の行いに於けるなり」としている。しかも謙徳ということばが四度も登場している。これは要するに、儒家の謙遜思想は、『韓詩外伝』に至ってはじめて最高の徳目の一つとして完全に定着するようになった、ということを意味するものではなかろうか。(三〇)

第六節　謙遜思想の歴史社会的背景

儒家において『荀子』から端を発した謙遜思想は、『韓詩外伝』に至って儒家の最高の徳目の一つとして定着するようになったが、その間に帛書易伝、特に繆和篇の謙卦をめぐる一貫した議論が非常に大きな役割を演じたことは、前節で述べた通りである。本節では、このような謙遜思想がどのような歴史社会的背景下で誕生したかについて考えてみることにする。ただし、その前に一つ確認しておくべきことがある。それは郭店『五行』第二十二号簡にも「不⿰阝尊（尊）不共（恭）」（尊厳が身に具わらなければ、恭しく振る舞うことはできない）とあって、謙遜思想を窺わせるような文章があることである。ただこれだけでは何を意味するかはっきりしない。一方、帛書五行篇の経文にもこれとほぼ同様の文章があるが、説文に当たる第二四一～二四二行には、

不尊不共（恭）也、〔共（恭）者、用上〕敬下也。

「尊厳が身に具わらなければ、恭しく振る舞うことはできない」とは、「恭しい」とは、上位にある者が下位にある者に敬意を表することである。

とあって、重要な部分に文字が欠けてはいるものの、恐らく恭、すなわち謙遜が上位者を主体とするものである、という意味らしい。それは、郭店『五行』第三十七号簡に、

⿰阝尊（尊）而不喬（驕）、共（恭）也。

尊厳が身に具わっても驕り高ぶらないのが、恭しい振舞である。

とあるのが、帛書五行篇で説文に当たる第二六八～二七〇行に、

〔尊而不驕（驕）、共（恭）〕也、言尊而不有□□。亓（其）己事君與師長者、弗胃（謂）共（恭）矣。故斯

（斷）役人之道〔而〕敂（後）〕共（恭）焉。

「尊厳が身に具わっても驕り高ぶらないのが、恭しい振舞である」とは、尊厳が身に具わっても□□を有しないという意味である。その人が君主と師長とに従属している者については、（たとえ驕り高ぶらなかったとしてもそれを）恭しい振舞とは言わない。それゆえ、下の者を使役する道であってはじめて、それを恭しいという。

とあって、ここに恭が上位者を主体とするということが明記されていることからも明らかである。要するに、郭店楚簡の段階で上位者（主に君主）を主体とする謙遜思想が、徐々に形を整えていったと言えよう。

しかしながら、儒家が『老子』の謙遜思想を積極的に摂取して自己のものとしようとしたのを、単に道家からの思想的影響によるものとして片づけるのは、あまりにも単線的な理解に止まる恐れがある。確かにその思考パターンは『老子』より受けたものであろうが、それと同時に歴史的現実的な要請が彼らに働きかけていたと思われる。その一例として、『史記』呂不韋列伝に、

莊襄王即位三年薨。太子政立爲王。尊呂不韋爲相國、號稱仲父。……不韋家僮萬人。當是時、魏有信陵君、楚有春申君、趙有平原君、齊有孟嘗君。皆下士、喜賓客、以相傾。呂不韋以秦之彊、羞不如、亦招致士、厚遇之、至食客三千人。是時諸侯多辯士。如荀卿之徒、著書布天下。呂不韋乃使其客人人著所聞、集論以爲八覧・六論・十二紀二十餘萬言。以爲備天地萬物古今之事。號曰呂氏春秋。布咸陽市門、懸千金其上、延諸侯游士賓客、有能増損一字者予千金。

莊襄王位に即きて三年にして薨ず。太子政立ちて王と為る。呂不韋を尊びて相国と為し、号して仲父と称す。……不韋の家僮万人あり。是の時に当り、魏に信陵君有り、楚に春申君有り、趙に平原君有り、斉に孟嘗君有り。皆士に下り、賓客を喜び、以て相傾く。呂不韋秦の彊きを以てして、如かざるを羞じ、亦た士を招致し、厚く之

を遇し、食客三千人に至る。是の時諸侯に弁士多し。荀卿の徒の如き、書を著して天下に布く。呂不韋乃ち其の客をして人人聞く所を著さしめ、集論して以て八覧・六論・十二紀二十余万言を為る。以為らく天地万物古今の事を備うと。号して呂氏春秋と曰う。咸陽の市門に布き、千金を其の上に懸け、諸侯の游士賓客を延《ひ》く、能く一字を増損する者有らば千金を予えん、と。

とあるが、これは戦国競争がいよいよ激しくなった戦国末期の一面を現す記事である。ここには呂不韋の『呂氏春秋』編纂に至る経緯が書かれているが、注目すべきは次の二点である。一つは、呂不韋が相国となっていた当時、信陵君・春申君・平原君・孟嘗君といったいわゆる戦国私門の四公子がこぞって士を招き客として厚遇したが、その際、彼らは士に対して皆へりくだる態度を取ったとされている点である。(三二)もう一つは、『呂氏春秋』著作の動機として、特に荀子学派の活動及び著作が挙げられているが、これは今本『荀子』の一定の部分が『呂氏春秋』の編纂される前にすでに出来上がっていて、しかもかなりの程度流布していたことを窺わせる点である。

さて呂不韋列伝の四公子のような例は、ただこの時代に始まった現象ではなかろう。それは士や客が初めて登場してきた時、例えるならば、春秋末期の孔子にまで溯れるかも知れない。しかし、それがある人々や集団ないし学派の思想に反映され、思想として形成されるためには、ある一定の歴史的社会的契機がなければならない。結論を先に言えば、士や客の活動が歴史的社会的に顕著になり成熟してくるのは、渡邊卓氏が指摘したように前三〇〇年、すなわち、戦国中期を前後する時期であろう。渡邊氏は、戦国時代の中期、すなわち列国対立の均衡がやや破れ、いわゆる六国が秦の圧力を意識しだしたころ、年代からいえば、前三〇〇年を中心とする時代に、いろいろの主張や技能をもつ遊説任侠の士が招聘されたり自薦したりして諸侯を遍歴したのは顕著な事実であるとし、そのような風潮が発生するために必要な契機とならなければならないものとして、次の五つの点を挙げる。第一に、いわゆる周の封建制の統制力が衰え、列国が対立状態にありながらも富国強兵というごとき同一の目的をもつこと、第二に、封建制の組織力が弛み特に卿大夫士など世襲官人の中核層に政治的経済的異変があること、第三に、かかる新情勢に対処するためには君主たちがもはや世襲または土著の官人組織に全くは依存しがたくなること、第四に、主義なり弁舌なり武技なり謀略なり何か一二の生活技術を身につければ、それが上のごとき状態にある、いずれの君主の要求にもほぼ適合すること、第五に、社会的経済的状態が多くの大夫・士・庶民を遊民化し、かかる生活技術の案出を余儀なからしめるような事情を醸成すること。(三二)こうした諸条件が整ってくると、君主たちは君権の確立や富国強兵のために士や客たちを積極的に利用することになり、彼らも戦国君主たちのもとに結集することによって、彼らからなる行政機構が作られたであろう。同時にまた、封建制的な諸侯と氏族との結合が消滅し、上級氏族がその特権を失ったことによって、才能ある士に、仕官・昇進の機会が広く与えられ、ひいてはさらに、特定の国のみにつかえず諸国を遍歴して有利な活動の場を求めるものも出てくる。(三三)

このような歴史的社会的諸条件のもとで新しい支配階級として登場した士や客と、君主や私門・豪族、すなわち主との関係における最も重要な特徴は、内山俊彦氏が指摘したように流動性にある。(三四)流動の原因は色々とあるだろうが、その一例として、主の客に対する遇し方によって、一人の主のもとに大勢の客が集まったり立ち去ったりする例は、『史記』などの文献の至る所に見られる。(三五)

以上のような歴史的社会的変動をいち早くキャッチして——歴史的具象にそって表現すれば主の客に対する遇し方としての——謙遜を自己の思想として定立したのが、『老子』だったのであろう。儒家は『老子』よりやや出遅れた結果となったが、それでも遅れることそれほどかけ離れない時期に、特に荀子やその学派によって積極的に取り入れるようになったのであろう。なぜなら、先の四公子の例によっても明らかなように、荀子やその学派が活動していた時期は、戦国競争がすでにピークに至り、したがって士や客たちの流動も激烈化していたと考えられるからである。

こうして荀子やその学派によって謙遜思想を儒家思想の内部に取り入れる試みが本格化したが、そこにはもう一つ、いわゆる秦漢期に『易』を儒教の経典として取り入れようとする動きによってさらに拍車がかけられた。特に『易』の謙卦はそのような動きにまさに恰好の材料だったのであろう。その際、卦辞・爻辞の解釈の方向は『老子』の謙遜思想の思考パターンをほぼそのまま継承し、それをさらに補強する方向へ向けられた。それは君主を主体とする思想、君主の絶対権力を保障するものであり、戦国後期から末期にかけて君主の一元的支配が確立されていく時代の流れを反映するものであった。

ところで、『老子』によって定立された謙遜思想の思考パターンは戦国最末期になると、また君主に対して有道の士あるいは賢人に一方的にへりくだり礼遇すべきことを極端に強調する新たな様相も現れた。それは『呂氏春秋』尊師篇・謹聴篇・下賢篇・期賢篇・求人篇などに最も顕著に見られる。『呂氏春秋』は『史記』によれば呂不韋が食客たちに命じて編纂したものであるが、『呂氏春秋』の作者群が当代知識人の遊民化して客となった者であるとするならば、それは当然すぎる帰結であろう。[三六] これはいわば、賢人（実際は客）を主体とする謙遜思想と言わなければならない。

このように見てくると、『老子』によって創案された謙遜思想は、時代の変化や作者の立場などの様々な要因により、大ざっぱに分けて二つの方向に展開していったと考えられる。すなわち、君主を主体とするものと賢人を主体とするものがそれである。しかし、後者の立場は恐らく当代の君主たちにそれほど魅力を感じさせるものではなく、したがって自然淘汰される運命にあったと思われる。なぜなら、賢人を主体とする謙遜思想は、『呂氏春秋』の後に成書された一連の文献にはほとんど見られないからである。その反面、時代の流れをより的確に把握した荀子学派を中心とする儒家の君主を主体とする謙遜思想は、恐らく当時の君主たちにそれほど違和感なく受け入れられたと想像される。謙徳という語の成立は、まさにその間の消息を如実に示すものである。なぜなら、謙徳を言う究極の目的は、外伝②に「夫れ貴は天子と為り、富は四海を有つは、此の徳に由ればなり。謙ならずして天下を失い、其の身を亡ぼす者は、桀紂是れなり。慎まざる可けんや。故に易に一道有り、大は以て天下を守るに足り、中は以て其の国家を守るに足り、近きは以て其の身を守るに足る。謙の謂いなり。」とあり、外伝③に「貴は天子と為り、富は四海を有つ。而れども徳謙ならずして、以て其の身を亡ぼす者は、桀紂是れなり。而るを況んや衆庶をや。夫れ易に一道有り、大は以て天下を治むるに足り、中は以て家国を安んずるに足り、近きは以て其の身を守るに足る者は、其れ惟だ謙徳のみか。」とあり、敬慎篇に「夫れ貴は天子と為り、富は四海を有つ。謙ならずして、天下を先〈失〉い、其の身を亡ぼすものは、桀紂是れなり。慎まざる可けんや。故に易に一道有り、大は以て天下を守るに足り、中は以て国家を守るに足り、小は以て其の身を守るに足る。謙の謂いなり。」とあったように、君権の強化・絶対化に直ちにつながるものに相違ないからである。なお、儒家の内部において、かかる謙遜思想が謙徳という君主のなすべき一徳目として重要視された背景には、『易』の謙卦をめぐる一貫した議論が決定的役割を演じたのであろう。儒家の謙遜思想はこうして確立したのである。

以上を総じて言うと、『唐虞之道』の謙遜思想は、儒家が『老子』に代表される道家の影響を受けて、それを自家の説として確立しようと動き出したまさにその時点で、堯舜の禅譲説を積極的に主張する人々の手によって書かれたものと考えられる。そして、古くから伝えられていた舜に関する事績、就中天子となる前と、なった後の劇的な身分の変化を物語る様々な説話が存在し、『唐虞之道』の作者はそれを命と謙遜思想によって統一するヒントを特に道家思想より得たのであろう。こうして、舜はまた謙遜まで実践した最も理想的な帝王という確固不動の地位を得、『唐虞之道』の後に成立した儒家の思想家たちにも直接影響を及ぼしたと思われる。

『唐虞之道』の謙遜思想の思想史的意義は次の二点にまとめることができる。第一は、『荀子』によってはじめて取り入れられた謙遜思想が帛書易伝に展開される間の橋渡しの役割を演じたと思われる点である。具体的にいうと、(1)『荀子』非十二子篇が最も早く、(2)君子篇・郭店『五行』『唐虞之道』はほぼ同時期の成立、(3)宥坐篇から繆和篇、(4)『韓詩外伝』、(5)『説苑』、のような順序をたどったのであろう。ところで、(3)にはもう一つ宥坐篇と大略同時期に成立したと思われる成相篇に「堯舜は賢を尚びて身ら辞譲す」とあるのを見落とすわけにはいかない。成相篇が(3)に位置づけられる理由は、成相篇も『唐虞之道』を前提にしなければ出来なかったと判断されるからである。なぜなら、舜と謙遜思想を結びつけて論ずるのは、『唐虞之道』を溯るいかなる文献にも存在しないからである。そして第二は、『易』の謙卦を舜・禹のような聖王の名のもとで権威づける段階において、一つの重要な材料となったと考えられる点である。先に見たように成相篇には「堯舜は賢を尚びて身ら辞譲す」とあり、繆和①には「舜天下を取るや、此の卦に当るなり。……舜に非ざれば、亓（其）れ孰（孰）れか能く之に当らん」とあったが、『唐虞之道』の謙遜思想はまさにその先駆をなすものに違いない。

さて『易』の謙遜の徳は、やがて十七世紀になると、井川義次「十七世紀イエズス会士の『易』解釈――『中国の哲学者孔子』の「謙」卦をめぐる有神論性の主張――」（『日本中国学会報』四八、一九九六年十月）が明らかにしているように、当時中国布教のため、キリスト教同様の神的存在を、中国哲学の根源にあるものとされた『易』の中から見いだそうとする試みが、イエズス会士たち（就中、中国哲学有神論派の宣教士ら）によってなされるようになる。その際、彼らが最も注目したのは、『易』の諸卦の中でも特に謙卦である。その理由を井川氏は次のようにまとめる。「一つには「天」や「鬼神」などの謙遜な者に対する称賛や、その意志的・主体的な関与を読み取れると見たことがあげられる。しかしさらに重要なことは、キリスト教の徳目中、「謙遜」の徳はもっとも重大なものであり、中国人も同じくこれを重視していたのだということを示そうとした、そういうことが考えられるのである。」（二三〇頁）と。こうして、先秦秦漢時代の謙卦をめぐる議論は、イエズス会士による中国哲学有神論・無神論論争というまた別の次元・意味において、しかも今度は西洋人によって、再燃することになるのである。

また先秦時代に『老子』から端を発した君主を主体とする謙遜思想は、中国のみならずその周辺国にも影響を及ぼすことになる。その一例として、朝鮮時代前期に日本の朱子学に大きな影響を与えたことで有名な李滉（号は退溪、一五〇一～一五七〇）の『周易』乾卦上九の爻辞の解釈（「乾卦上九講義」（『退溪先生全書』巻七の「経筵講義」所収））には、『老子』の謙遜思想の思考パターンがほぼそのままの形で見られる。本来なら謙遜思想とは無関係のはずの乾卦上九の爻辞を、しかも朝鮮朱子学の二大学派の一つである嶺南学派の祖とされる彼が、『老子』の謙遜思想をもって解釈したということは、非常に興味深いとせねばならない。この問題については、また別の機会に稿を改めて論じたいと思う。

〔附記〕本章のもととなったものは、博士論文の執筆当時、筆者が東京大学の池田知久教授（現在大東文化大学教授）の演習に参加した際に、多くの示唆を得てなったものである。ここに記して感謝の微意を表したい。なお中国古代の謙遜思想については、池田教授の著「《周易》与〃謙譲之徳〃」（『国際易学研究』七、二〇〇一年九月）もあわせて参照されたい。そして、本章の最後の部分でふれた李退溪の「乾卦上九講義」は、二〇〇三年七月二十五～二十七日に北海道大学で開催された日本周易学会国際学術会議（科研易学国際学術会議）で発表された崔英辰氏の論文「16세기 성리학자들의 경전 해석——퇴율의 역학을 중심으로——」（七～一〇頁）を参照した。ただし、崔氏の論文では『老子』の謙遜思想との関係については言及していない。

注

（一）「湩」字については、前掲拙稿「『唐虞之道』訳注」第三章注（七）を参照。

（二）「民弗盇（害）」は、馬王堆帛書『老子』甲本・乙本は「民弗害」に作る。通行諸本はいずれも「不」に作るが、古本系統の范応元本は「弗」に作る（島邦男『老子校正』（汲古書院、一九七三年、一九四頁）による。以下、通行諸本の文字の異同はすべて島氏の研究書によるが、特別な場合を除き、一々該当個所を指摘することは割愛する）。「弗」が代名詞目的語「之」を内包する否定詞であることについては前章ですでに述べたが、本句において「之」に当たるのは言うまでもなく聖人であるので、「弗盇（害）」は「聖人を害さない」と解さなければならない。したがって、本句を「民が聖人すなわち統治者を「害」さないの意」とする池田知久氏の解釈が最も正しい（池田前掲書『郭店楚簡老子研究』、七三頁）。このような解し方をしない例には、斉藤晌『老子』（集英社、一九七九年一刷、一九八三年四刷）がある（帛書本の解釈の例）。

（三）以下、帛書『老子』を訳する際は、池田知久『老子』（馬王堆出土文献訳注叢書、東方書店、二〇〇六年）を参照した。

（四）甲本は欠文。「人之道」「弗争」は、今本『老子』第八十一章は、それぞれ「聖人之道」「不争」に作る（ただし、想爾本系統の敦煌成玄英本は除く）。

（五）甲本は欠文。「不單（戰）」は、今本『老子』第七十三章は「不爭」に作る。

（六）同じく甲本第一三六～一三八行（今本第二十二章）にも「曲則金（全）、枉則定（正）、洼（窪）則盈、敝則新、少則得、多則惑。是以聲（聖）人執一以爲天下牧。不〔自〕視（示）故明、不自見故章、不自伐故有功、弗矜故能長。夫唯不爭、故莫能與之爭。古〔之所謂曲全者幾〕語才（哉）。誠金（全）歸之。」とあって「不争」という語が見える。ここで道家の道である「一」を執って天下の王者となった聖人が取る態度として示されている「不〔自〕視（示）」「不自見」「不自伐」「弗矜」は、表現は違ってもいずれも謙遜の態度と関連していると思われる。ただし、これらと「不争」とは一見区別されているようだが、しかし今本第六十八章に当たる文章及び『荀子』君子篇に「不矜矣、夫故天下不與爭能、而致善用其功。有而不有也、夫故爲天下貴矣。」などとあるのとつき合わせて考えると、「不争」は謙遜の態度そのものか、謙遜の態度に通じるものと考えられる。君子篇にそのような『老子』的な謙遜思想が積極的に取り入れられていることは注目に値する。

（七）底本【注釈】〔一七〕（一一四頁）は、「「其事好」之下當脱一「還」字。」とするが、実際写真版にはないのでわざわざ補うことはしなかった。

（八）「果」は、『説文解字』に「果、木實也。」とあり、段玉裁注に「引伸假借爲誠實勇敢之偁。」とあるのによれば、果敢に仕事を遂行して達成するの意。

（九）福永光司『老子』下（朝日新聞社、一九八七年第一刷、一九九二年第七刷、一二五〜一二六頁）は、この一文が『孟子』梁惠王下篇に「惟仁者爲能以大事小。是故湯事葛、文王事昆夷。惟智者爲能以小事大。故大王事獯鬻、句踐事呉。以大事小者、樂天者也。以小事大者、畏天者也。樂天者保天下、畏天者保其國。」とあるのと類似していることから、『孟子』の論述を念頭におきながら、それを老子的な表現に改作した文章であるという疑いを抱かせる」と指摘する。このような思想史的位置づけも可能性としては十分ありうるであろう。しかし、『孟子』においては謙遜思想の思考パターンが見られないことには十分注意すべきである。

（一〇）この部分は甲本にも一部文字の見える帛片が存在するが、破損が酷く、文字に起こすことが非常に困難なため乙本の方を引用した。

（一一）その他にも『呂氏春秋』下賢篇に「堯不以帝見善綣、北面而問焉。堯天子也、善綣布衣也。何故禮之若此其甚也。善綣得道之士也。得道之人不可驕也。堯論其德行達智而弗若。故北面而問焉。此之謂至公。非至公、其孰能禮賢。」とあり、同じく求人篇に「先王之索賢人無不以也、極卑極賤、極遠極勞。……堯傳天下於舜、禮之諸侯、妻以二女、臣以十子、身請北面朝

之、至卑也。伊尹庖厨之臣也、傅説殷之胥靡也。皆上相天子、至賤也。」とあるように、君主に対して有道の人あるいは賢人に一方的にへりくだらなければならないといって、君主の謙遜だけが極端に強調されている文章もある。このような例は、恐らく『老子』の謙遜思想を取り入れながら、独自の尚賢論を展開させた結果と推量される。

（一二）「恭敬而無實」の一句の解釈は、「恭敬の心だけあっても、幣帛の礼物がなくては、君子を空手で引き留められるものではない」とする宇野精一氏の見解に従った。宇野前掲書『孟子』（四八三頁）補説を参照。

（一三）『韓詩外伝』巻六にも酷似の文章がある。

（一四）君子篇に見える「～爲天下～矣（也）」という構文は、『荀子』には他に、王制篇に「人有氣有生有知、亦且有義、故最爲天下貴也。」とあるだけである。しかし王制篇の文章は君子篇とは別の意味で使われており、結局君子篇にしかないということになる。この意味でもこの一句が『老子』から借用したものであることは、ほぼ確実と言えよう。

（一五）内山俊彦氏によれば、現在のテキストで最後に置かれている、大略篇から堯問篇までの六篇は、荀子以後の後継者たちの思想傾向を示す資料である（内山前掲書『荀子』、六八頁）。

（一六）帛書『周易』の整理過程や編目構成については、池田知久「『馬王堆漢墓帛書周易』要篇の研究」（『東洋文化研究所紀要』一二三、一九九四年二月、一一五～一一八頁）及び近藤浩之「馬王堆漢墓帛書『周易』研究概説　上――帛書『周易』研究二十年の動向――」（『中国哲学研究』八、一九九四年七月、四～一六頁）を参照されたい。なお、帛書易伝のうち、二三子問篇・易之義篇・繆和篇からの引用は、以下の諸テキストを参照した。まず図版について。二三子問篇は湖南省博物館編『馬王堆漢墓研究文集――一九九二年馬王堆漢墓国際学術討論会論文選』（湖南出版社、一九九四年）所収の図版貳・図版参・図版肆・図版伍を参照したが、他の二篇は現在未公表である。ただ廖前掲書『帛書《易伝》初探』の「附録二　帛書易伝図版」に写真図版が掲載されているので、それを参照した。次に釈文について。陳松長・廖名春「帛書《二三子問》、《易之

義》、《要》釈文」（『道家文化研究』三（馬王堆帛書専号）、上海古籍出版社、一九九三年八月）、廖名春「帛書《二三子問》釈文」・同「帛書《易之義》釈文」・同「帛書《繆和》釈文」（いずれも朱伯崑主編『国際易学研究』一（華夏出版社、一九九五年一月）所収）、陳松長「馬王堆帛書《繆和》、《昭力》釈文」（『道家文化研究』六、上海古籍出版社、一九九五年六月）、鄧前掲書『帛書周易校釈』、廖名春「馬王堆帛書周易経伝釈文」（『続修四庫全書』一・経部・易類、上海古籍出版社、一九九六年）、Shaughnessy 前掲書、林亨錫『漢前周易易伝佚篇之研究――以帛書《繆和》、《昭力》篇為中心』（清華大学修士学位論文、一九九七年五月）の「附録Ⅰ　『繆和』・『昭力』한글풀이」及び「附録Ⅲ　『繆和』・『昭力』改進釈文」、東京大学馬王堆帛書研究会編『『馬王堆漢墓出土帛書周易』二三子問篇訳注（三）』（東京大学文学部中国思想文化学研究室、一九九八年。以下、東大訳注と略称）、廖名春氏の右の書、趙前掲書『出土簡帛《周易》疏証』、等々を参照した。その他にも、一九九六年度から二〇〇〇年度にかけて、東京大学大学院における池田知久教授の演習に参加した際に配布された、芳賀良信（当時東京大学大学院博士課程）・小寺敦（当時同大学大学院博士課程）・廣瀬薫雄（当時同大学大学院修士課程）三氏の発表レジュメも参考にした。しかし、文字を確定したりあるいは補ったり、仮借字・異体字・錯字などを判定する際は、筆者自ら図版に目を配り、独自の見解を示した部分も少なくない。ただし、特別な場合を除き、それについて一々注を付けるのは割愛する。さて帛書『周易』六十四卦及び帛書易伝の中で篇名がついているのは、要篇・繆和篇・昭力篇の三篇であり、その他は篇名がついていない、というのが一般的な認識である。ところで、最近、易之義篇の篇名は「衷」であると主張する学者がいる。廖名春氏がその張本人で、その間の詳細な事情については、近藤浩之「馬王堆漢墓帛書『周易』研究概説　中――『帛書周易』研究の現状と課題――」（『中国哲学研究』一一、一九九八年三月、八六頁）を参照。ただし、そのような見解はまだ学者たちの間で一般化されていないため、ここでは従来通りの篇名の付け方に準じた。

（一七）ここに天・地・人とともに鬼神がならべられているのは、恐らく『墨子』の影響によるものであろう。『墨子』の中には天・

鬼神・人をならべて論説する例が多く、それにさらに地を加えたものと推測される。なお、『墨子』中の天・鬼神・人の配列の用例は、東大訳注（井ノ口哲也氏担当箇所【注二六】、六二一〜六三頁）を参照。

（一八）謙卦は、帛書『周易』六十四卦に「〔嗛（謙）亨、君〕子有終。初六、嗛（謙）嗛（謙）〔君〕子、用渉大川、吉。六二、鳴嗛（謙）、貞吉。九三、勞嗛（謙）君子、有終吉。六四、无不利、譌（撝）嗛（謙）。六五、不〔富以〕亓（其）鄰、〔利用侵伐、无〕不利。尚（上）六、鳴嗛（謙）、利用行師、征邑國〕。」とあるように、卦辞及び六五・上六などの爻辞の一部に欠文があるため、正確なことは言えない。ただし、今本『周易』の卦爻辞と大差ないことを考えると、謙に対して全体的に肯定的な占断になっていると判断してもよかろう。なお、上博楚簡『周易』第十二〜十三号簡の謙卦の卦爻辞も、一部欠けている部分はあるものの、帛書本や今本とほぼ同じである。

（一九）今本『老子』第二十二章に「不自伐、故有功。」とあり、第二十四章に「自伐者無功。」とあり、第三十章に「果而勿伐。」とあるのを参照。第二十四章を除き、他の二章はいずれも『老子』の謙遜思想を現す章である。

（二〇）「聽」の「□」は、図版によれば、元来「德」を書こうとしたが誤って「聽」を書いたということを示す訂正のしるしである。

（二一）「有功而不聽德」は、今本『老子』第三十八章の「上德不德、是以有德。」、第五十一章の「生而不有、爲而不恃、長而不宰、是謂玄德。」などをふまえた表現であろう。

（二二）現に繆和篇第九行上〜十二行上に同じ爻辞について、「〔易嗛（謙）之九〕三〔曰、勞嗛（謙）君子、又（有）冬（終）、吉〕。……以高下、故曰嗛（謙）。禹之取天〔下老（者）〕、當此卦也。……吉䡅（孰）大焉。故曰、勞〔嗛（謙）〕君子、又（有）冬（終）、吉、不亦宜（宜）乎。」とあって、禹がこの卦によって天下を取ったとされているのは、まさにその好例であろう。つまり、禹がこの卦によって天下を取ったというのは、現実の君主もこの卦を自己のものとすれば、天下に王者となることを暗示するものにほかならない。なお、「勞〔嗛（謙）〕君子」を禹に譬えることは、『墨子』をふまえてのことと考えられる。

（二三）「耶（聖）人不敢又（有）立（位）也、……」から始まる文章を、鄧前掲書（五一〇頁）は『論語』泰伯篇に「曾子曰、以能問於不能、以多問於寡、有若無、實若虛、犯而不校。昔者吾友、嘗從事於斯矣。」とあるのと意味が近いとする。確かに表現上類似の部分がなくもない。しかし、結論的に言えば、間違いとせねばならない。なぜなら、繆和篇は「君子・耶（聖）人」（＝君主）を対象にしているのに対し、泰伯篇は「吾友」とあるように、ごく一般的な意味で語られているからである。つまり、問題や議論の次元が全く異なっている。

（二四）「瞳」は『経典釈文』に「李云、未有知貌。」とあり、「瞳焉」は成玄英疏に「無知直視之貌。」とあるのを参照。

（二五）「亯（亨）」を「うく」と解釈することについては、西山尚志「『周易』中の「亨」について」（『人文科学』一一、二〇〇六年三月）、近藤浩之・大野裕司「『日書』より見た『周易』卦爻辞の用語・語法に関する考察」（渡邉義浩編『両漢における易と三礼』、汲古書院、二〇〇六年九月）を参照。

（二六）「嗛」は、古代の文献において「足りない」と「足りる」の背反する両方の意味を同時に持っていたらしい。例えば、『荀子』仲尼篇「滿則慮嗛」の楊倞注に「嗛、不足也。」とあり、同じく正名篇「故嚮萬物之美、而不能嗛也。」の楊倞注に「嗛、足也、快也。」とあるのは、その好例である（『説文通訓定声』にも「嗛、叚借爲歉。」「嗛、叚借爲慊。」と両方の意味が掲げられている）。ここは、どちらかと言うと、後者の意味で解した方がよいと思われる。なぜなら、ここは前の「尊嚴夐（叡）知而弗以驕人」と同様に解釈した方が理解しやすいからである。すなわち、「嗛〔然〕比德」は「尊嚴夐（叡）知」と、「好後」は「弗以驕人」とそれぞれ対応していると見ると分かりやすくなる。なお「嗛〔然〕」は、『荀子』非十二子篇に「正其衣冠、齊其顏色、嗛然而終日不言、是子夏氏之賤儒也。」とあり、楊倞注に「嗛與慊同、快也。謂自得之貌。」とあるのを参照。「比徳」の「比」は、試みに「庇」あるいは「庀」（両方とも「具える」の意）で解してみた。

（二七）これが恐らく、今本『周易』謙卦・彖伝に「曰、謙亨。天道下濟而光明、地道卑而上行。天道虧盈而益謙、地道變盈而流謙、鬼神害盈而福謙、人道惡盈而好謙。謙、尊而光、卑而不可踰、君子之終也。」とあるものの原型をなすものだったと推測される。なお、「謙、尊而光」は、易之義篇第四十行上に「嗛、奠而光。」とある。

（二八）陳鼓応『易伝与道家思想』（三聯書店、一九九六年）、一〇一頁。なお、陳氏も同書の「帛書《繆和》、《昭力》中的老学与黄老思想之関係」の中で、「《繆和》、《昭力》這両篇古佚易説，就出現了更為濃厚的黄老思想成分。」とした上で、繆和篇と『老子』の表現上の類似性を指摘しており、繆和篇の謙遜思想についても「謙卑遜下，為老子的独特思想。」といって筆者と同様の見解を示している。その他にも、黄老道家にもその徳行が継承されているとして、馬王堆帛書『経法』四度篇に「以強下弱」とあり、同篇に「以貴下賤」とあり、同『十六経』前道篇に「君子卑身以従道」とあり、『慎子』民雑篇に「君人者，好爲善以先下」とあるのを引用しているのは参考になる。

（二九）この文章は、恐らく『荀子』堯問篇に「吾語女。我文王之爲子、武王之爲弟、成王之爲叔父。吾於天下不賤矣。然而吾所執贄而見者十人、還贄而相見者三十人、貌執之士者百有餘人、欲言而請畢事者千有餘人。於是吾僅得三士焉、以正吾身、以定天下。吾所以得三士者、亡於十人與三十人中、乃在百人與千人之中。故上士吾薄爲之貌、下士吾厚爲之貌。人人皆以我爲越踰好士、然故士至。士至而後見物、見物然後知其是非之所在。戒之哉。女以魯國驕人幾矣。夫仰祿之士、猶可驕也、正身之士、不可驕也。彼正身之士、舍貴而爲賤、舍富而爲貧、舍佚而爲勞。顏色黎黑、而不失其所。是以天下之紀不息、文章不廢也。」とあるのを下敷きにして出来たものであろう。ただし、「吾語女」の「女」は、上文に「伯禽將歸於魯。周公謂伯禽之傅曰」とあるように、「伯禽」ではなく彼の「傅」を指しており、外伝②と聞き手が異なっている。

（三〇）『韓詩外伝』の謙徳の前提となるものが、実は易之義篇第三十八行下〜三十九行下に「上卦九老（者）、贊以德而占以義者也。履也耂（者）、德之丕（基）也。嗛（謙）也者、德之枋（柄）也。復也耂（者）、德之本也。恆也耂（者）、德之固也。損也耂（者）、德之脩也。益〔也耂（者）、德〕之譽也。困也者、德之欲也。井耂（者）、德之地也。渙也耂（者）、德〔之〕制也。」とある文章の中に見えるのも事実である。しかし、そこでは他の八つの卦と並称されており、独立した意味を持っていない。さらに同じく『韓詩外伝』の中にも謙徳という語はあっても、他の八つの卦名の直後に徳が付されている例はない。このことは乾卦や坤卦の場合も例外ではない。なお、『左伝』宣公十二年の条に「其君能下人。」とあり、『孝経』諸侯章に「在上不驕、高而不危。」とあり、同紀孝行章に「事親者、居上不驕、爲下而不亂、在醜不爭。居上而驕則亡、爲下而亂則刑、在醜而爭則兵。」とあり、『礼記』中庸篇に「是故居上不驕、爲下不倍。」とあり、『韓詩外伝』巻八に「臣聞貴而下賤、別衆弗惡也。」とあり、『尸子』明堂篇に「古者明王之求賢也、不避遠近、不論貴賤、卑爵以下賢、輕身以先士。故堯從舜於畎畝之中、北面而見之。」などとあって断片的に見られるのも、いずれも君主を主体とする謙遜思想を表すものであろう（ただし、中庸篇の場合は必ずしも君主に限定されるものではない）。したがって、戦国末期から『韓詩外伝』の成立する漢代初期にかけて、君主や知識人の間で謙遜思想が幅広く共鳴を得ていたことが分かる。これについてはまた後述する。

（三一）その他にも、『史記』魏公子列伝及び信陵君列伝に「昭王薨、安釐王即位、封公子爲信陵君。……公子爲人、仁而下士、士無賢不肖、皆謙而禮交之、不敢以其富貴驕士。士以此方數千里、爭往歸之。致食客三千人。」とあり、同じく春申君列伝に「春申君既相楚、是時齊有孟嘗君、趙有平原君、魏有信陵君。方爭下士、招致賓客、以相傾奪、輔國持權。」などとある例は、繆和①に「君子之所以折亓（其）身者、明（明）察所以□□□□。是以能既致天下之人而又（有）之。」とあり、繆和②に「以下亓（其）人、能至（致）天下之人而又（有）之。」とある文章の実態を如実に示すものであろう。

（三二）渡邊前掲書『古代中国思想の研究』、三七七頁。

（三三）内山前掲書『荀子』、二〇頁。

（三四）同右、一九～二五頁。

（三五）例えば、平原君虞卿列伝に「平原君家樓臨民家。民家有躄者、槃散行汲。平原君美人、居樓上臨見、大笑之。明日、躄者至平原君門、請曰、臣聞君之喜士、士不遠千里而至者、以君能貴士而賤妾也。臣不幸有罷癃之病、而君之後宮臨而笑臣、臣願得笑臣者頭。平原君笑應曰、諾。躄者去、平原君笑曰、觀此豎子、乃欲以一笑之故殺吾美人、不亦甚乎。終不殺。居歳餘、賓客門下舍人稍稍引去者過半。平原君怪之、曰、勝所以待諸君未嘗敢失禮、而去者何多也。門下一人前對曰、以君之不殺笑躄者、以君爲愛色而賤士、士即去耳。於是平原君乃斬笑躄者美人頭、自造門進躄者、因謝焉。其後門下乃復稍稍來。」とあるのは、その一例である。

（三六）士（もしくは有道の人）を帝王（実際は君主）よりも上なる存在とし、君主が彼らに至卑の態度を取らなければならないことを力説するのは、前述したように尊師篇・謹聽篇・下賢篇・期賢篇・求人篇などに顕著に見られる。渡邊卓氏はこのような『呂氏春秋』の特徴を客の生活感情という視角から次の三点にまとめる。第一に、ほとんど全篇にわたって客の絶対必要性を力説している点、第二に、賢人を得る方法として、積極的であれ消極的であれ至卑に任じ徳を明らかにする主の心術ないし一方的責務が要請されている点、第三に、かかる謙譲な心術は礼という行為形式が含まれている点。『呂氏春秋』に見える客のこのような生活感情は、客は主にとり絶対に必要であること、したがって、主は謙譲なる心術と周到なる礼遇と豊富なる贈遺とにより客の獲得に努むべきであること、という二条件を常に主に対して要請するものであるという。前者は遊民化した知識人の存在価値を主張し、後者は彼らの寄食条件の向上を要請するものであるので、『呂氏春秋』の作者群が当代知識人の遊民化して客となった者であるとするならば、これは当然すぎる帰結であるという。渡邊前掲書『古代中国思想の研究』（三八〇～三八三頁）を参照。

おわりに　『唐虞之道』の成立時期と所属学派

本書第一部の「はじめに」で検討したように、『唐虞之道』に関する先行研究、就中中国で陸続と刊行されている諸研究の一般的な傾向は、細部において多少の違いや例外はあるものの、当篇を儒家思想と見なすことはほぼ共通認識となっていた。そして、そのほとんどが当篇を『尚書』――孔子――子思――孟子のライン上にある、他学派の影響を全く受けていない純然たる儒家思想として位置づけていた。

そこで、『唐虞之道』の成立年代や作者・所属学派の問題もその延長線上で捉えられ、成立年代については、前五世紀中期偏晩、孟子に近い時期、前三一八年以前、前三〇〇年前後、前二七八年以前の成立、作者の問題については、孔子やその弟子の作、あるいは子思やその門人の作、あるいは孟子やその後学の作、所属学派の問題については、子思学派や思孟学派に属するという見解が主流をなしていた。

その中でも特に子思を開祖とするいわゆる思孟学派との関連は、事実『唐虞之道』だけでなく郭店楚簡儒家系統の文献すべてにおいて、現在最もクローズアップされておりかつ有力視されている。また、そこにはかつて顧頡剛氏によって主張された堯舜禅譲説の墨家起源説への批判も重要な目的として兼ねられており、当篇はそれを反証するための恰好の材料として利用されてきた。しかし、それらの見解には賛成できない様々な問題が内在している。

本書第一部では右のような先行研究の諸問題を解決するために、『唐虞之道』の思想的特質を全七章に分けて考察した。すなわち、第一章では『唐虞之道』のメインテーマである堯舜禅譲説、第二章と第三章では堯舜の実践した二大事績である愛親と尊賢、第四章では「天下を利して利とせず」にまつわる社会的利思想及び弗利の観念、第五章では養生思想、第六章では禅譲される前の舜の態度・能力を指す知命、第七章では禅譲された後の舜の為政者としての態度を指す謙遜思想、をそれぞれ中心テーマに据えた。そして、それらを主として先秦時代から前漢初期にかけて成立した諸文献と比較考察し、かつ郭店楚簡の諸他の篇、湖南省で出土した馬王堆帛書、河北省で出土した中山王青銅器銘文なども活用することによって、当篇の思想的特徴、思想史的位置、その意義、成立時期、所属学派、等々の諸問題について随時照明をあてつつ、それらを各章の中で明らかにしてきた。その結果、当篇は、当篇に先立って先秦時代に花開いた多様な思想から甚大な影響を受けて出来たものであることが判明したわけであるが、ここで『唐虞之道』の思想的影響関係を、(1)儒家の外部から見た場合、(2)儒家の内部から見た場合、の二つに分けて整理し、当篇の成立時期及び所属学派の問題を明らかにしたい。

まず(1)儒家の外部から見た場合。それは、第一に、墨家の社会的利思想、第二に、中期墨家以降の普遍的愛の思想、第三に、墨家に顕著な天人相互関係の思想、第四に、『商君書』『管子』などに見られる弗利思想、第五に、ポジティブな政治論を特色とする戦国後期以降の養生思想、第六に、戦国末期かそれ以前の道家の思想家たちの間で、堯舜を養生家の代表格として位置づけ、かつ弗利思想をも展開する思想傾向、第七に、道家の命及び安命思想、第八に、道家によって確立した君主を主体とする謙遜思想、大略以上のような諸家の思想から影響を受けたり、あるいは逆に影響を与えたりしたと考えられる。その中でも、特に墨家及び道家の諸思想は、『唐虞之道』の成立にあたって最も甚大な影響を及ぼした思想である。しかし、さりとてこのことが、当篇が墨家や道家の手になったことを意味するものではない。なぜなら、今まで繰り返し指摘したように、右の諸家の思想と当篇とでは、思想的相違や相容れない面も多々あるからである。

次に(2)儒家の内部から見た場合。『論語』との関連性は、有子のことばに見られる孝思想や、挙用される側の倫理的資質・資格として仁を問題としていたことのみにほぼ尽きる。『孟子』の場合も舜の孝子説話や、禅譲される側に倫理性を求めること以外は、ほとんど共通点を見いだすことができなかったが、共通点どころか、堯舜禅譲説、普遍愛の思想、尚賢論、社会的利思想、養生思想など、『唐虞之道』の最も特徴的な諸思想と本質的に相容れない性質を持っていた。したがって、当篇を子思学派や思孟学派の作とする、現在中国で最も支配的な見解に従うことが到底無理であることは言うまでもない。

それらの見解に従いにくい理由をもう一つ挙げてみよう。『唐虞之道』の堯舜禅譲説が、堯の在位中の禅譲を重要な特徴としていることは、すでに指摘した通りである。そして、これが君臣の上下関係の逆転を意味することは言うまでもない。さて堯の在位中に禅譲が行われたとする堯舜禅譲説は、『孟子』万章上篇で弟子の咸丘蒙の質問にもあったように（本書第一部第一章第三節の「二」）、当時すでに一般的に知られていたと考えられる。

ところで、孟子はそのような説に対して、君子の言ではなく、斉東野人の語と言って激しく批判している。とすると、もし『唐虞之道』を子思学派や思孟学派の作とすると、孟子には到底容認できない斉東野人の語を、子思やその後学並びに孟子が主張し、さらに孟子がそれを激しく批判した、ということになる。換言すれば、子思学派を主張する説に従うならば、子思やその後学と孟子は当時鋭く対立していたとせねばならない。また思孟学派を主張する説に従うならば、開祖の子思のみならず孟子も在位中の禅譲を唱えていたが、孟子は開祖の言のみならず自己の見解にも抗議しかつものすごく低く評価する、という自己矛盾・自家撞着に陥っていたとせねばならない。しかし、周知の如く『孟子』の中で子思の思想に抗議したり、あるいは低く評価したりする箇所は勿論、孟子自身の禅譲説にも矛盾と見られるような箇所は一向もない。ちなみに、『尚書』堯典篇でも堯の在位中の帝位継承が描かれていたことも想起すべきであろう。

そうすると、冒頭で述べたように中国の学者たちが一般的に描いている『尚書』――孔子――子思――孟子のラインも自ずと崩れることは言をまたない。したがって、子思学派説や思孟学派説がもはや成り立たないことは、これ以上議論の余地がないと思われる。

さて儒家の内部から見た場合、『唐虞之道』と最も近いのは『荀子』である。すなわち、第一に、忠と孝が並称されたりかつ立場は違うが両者の矛盾・衝突をより高い次元で統一・解消している点、第二に、能力本位の尚賢論、第三に、『荀子』の社会的利思想、第四に、弗利思想、第五に、人間の人為的努力を強調する天人思想（ただし『唐虞之道』のような天人相互関係思想は『荀子』とは一致しない）、第六に、君主を主体とする謙遜思想、大略以上の諸思想において当篇の先駆をなしている。

しかし、『荀子』と『唐虞之道』の決定的な相違は両者の禅譲説にある。つまり、『荀子』正論篇は禅譲否定論（ただし諸侯の場合の禅譲は容認）であり、『唐虞之道』はいわば禅譲称揚論であって、右のような諸共通点にもかかわらず、この問題に限り両者は尖鋭に対立している。

ではこの問題をどのように理解すればよいだろうか。この問題を解く一つのカギは、実は『荀子』の内部にある。成相篇がそれである。成相篇と『唐虞之道』は、舜禹の禅譲や出自本位の尚賢論の要素などを除けば、多くの共通要素を包有している。つまり、『唐虞之道』と最も密接な関係がある一篇であることは相違ないが、それは直ちに正論篇と対蹠的であることを意味する。ところで、成相篇が書かれたと思われる戦国末期には、正論篇であれほど天子の禅譲説が徹底的に批判・否定されたにもかかわらず、多くの場合堯舜禅譲説に様々な意味合いが附与されて肯定的積極的に活用されていた。ということは、『唐虞之道』を境にして少なくとも前漢初期までは、禅譲否定論も勿論姿を消すことはなかったが、それとともに称揚論がいよいよ活気をもって主張されていたことを意味する。つまり、戦国末期以降、禅譲称揚論が一つのブームになる契機となったのが、恐らく『唐虞之道』ではなかったか、ということである。しかし、正論篇のような禅譲否定論を称揚論に転換させるためには、どうしても正論篇の主張や論理を反省・克服しなければならない。

一方、正論篇はなぜ禅譲否定論を繰り広げたのであろうか。そこには次のような三つの可能性が考えられる。①燕の国における禅譲劇とその失敗、②『孟子』による禅譲劇批判、人為的譲位の否定、王朝交替論としての禅譲説の否定、世襲制の容認、③君主権力の強化。①と②は直接的な原因とまでは言えないが、しかし『荀子』の頃も依然としてその影響は尾を引いていたと推測される。③は前にも述べたように、最も直接的な原因だったと考えられる。

それでは、『唐虞之道』ではなぜ禅譲を最高の義とまで言わなければならなかったのだろうか。一つの可能性として考えられるのは、士や客たちの活動及び流動化現象が大きく作用しただろうと思われる。ただし、『荀子』も『唐虞之道』もそのような歴史的背景を共有していたわけだが、前者がそれを君主権力の強化及び世襲制の擁護という方面から受け止めたとするならば、『唐虞之道』は君主権力の抑制とまでは言えないものの、士や客の立場の代弁という方面から受け止めたのではなかろうか。前述した『唐虞之道』の尚賢論の第一から第三の特徴は、恐らくそれと関連性があるかも知れない。

さて正論篇の禅譲否定論を称揚論に転換させるためには、その否定の論理を克服しなければならないが、『唐虞之道』はそれをどのように克服したのであろうか。正論篇の論理の中で実際『唐虞之道』で覆されているのは、次の二点である。すなわち、在位中の禅譲及び老衰による禅譲。残りの一つ、死後の禅譲は、在位中の禅譲が説かれているので、自ずと議論の対象からはずされる。

では、ここで正論篇の否定の論理を再検討し、それが『唐虞之道』でどのように克服されているかをみてみよう。まず在位中の禅譲については、天子はその勢位が最も尊貴であり、それに匹敵する者がないとする。よって、匹敵する者がないから譲る者もないという論理につながる。次に道徳的にも知的にも完全無欠で絶対的な存在であるとする。ところが、これらを『唐虞之道』では舜の能力・資質を描きなおすことによって克服を計っている。すなわち、『唐虞之道』で舜は倫理的な面（孝・弟・慈）並びに政治的な面（尊賢）の両面において能力及び資質を具有しているとされている。のみならず臣下となっては堯に忠を尽くした存在、命を知る存在、謙遜を実践した存在、とほぼ完全無欠な人格として描いている。このような舜の描き方は、従来の儒家のみならず、先秦時代のどの学派の文献にも見られない『唐虞之道』だけの特色である。つまり、舜を堯よりも完全無欠な人格として描き出すことによって、正論篇の論理を克服しようとしたものと考えられる。

次に老衰による禅譲については、天子は血気や筋力は衰えることはあっても知慮による判断力は衰えることがない、換言すれば、精神的に耄碌することはないとする。また天子はその位は最も尊貴であり、肉体は最も安逸、心は最も愉快で、志はどんなことも思いどおりになる存在であるとする。このような論理は、天子を肉体的精神的に最も高貴な存在と見る『荀子』の立場（富国篇など）から見れば当然の論理かも知れない。しかし、いつかは老衰して死を迎えるという人間一般の現象からすれば完全な論理とは言えない。恐らくそこをつきつめたのが『唐虞之道』の養生思想と弗利思想だったのではなかろうか。つまり、天子の老衰による禅譲を単に人間一般の老化現象として処理せずに、当時流行していた、天下より個人の身体の生命を重視する養生思想をもって、禅譲する側の譲位の行為に新しい意味を附与し、それと同時に禅譲そのものに弗利という新しい意味を附与したものと考えられる。換言すれば、一方は天子個人の次元であり、もう一方は全天下的全社会的利の次元である。とすると、禅譲とは天子個人の肉体的精神的次元においても有益であり、かつ社会的次元においても有益である、という論理になる。これもやはり『唐虞之道』だけに見られる特色である。

こうして正論篇よりやや後れて、正論篇の論理を克服できる理論をそなえた『唐虞之道』の禅譲説は、恐らく当篇の後に出来たと思われる諸文献に大きな影響を与えたと思われるが、その最も代表的なのが成相篇である。つまり、成相篇は『唐虞之道』及び開祖の思想、そして当時すでに盛行していた堯舜禹の禅譲説話や堯の二女と舜の婚姻説話なども摂取して出来た、いわば禅譲称揚論の縮小版とも言うべきものであろう。成相篇だけではない。『商君書』修権篇、『管子』戒篇・版法解篇、『呂氏春秋』本生篇・有度篇・下賢篇、帛書『周易』繆和篇、『大戴礼記』曽子大孝篇・『孝経』・『呂氏春秋』孝行篇のような孝関係の一連の文献、『淮南子』精神篇・主術篇・繆称篇・詮言篇、『史記』五帝本紀、そして『唐虞之道』以後、堯舜禅譲説を肯定的に捉える諸思想、等々も恐らく『唐虞之道』よりなんらかの形で影響を受けたものと推定される。

以上によって、『唐虞之道』は、『荀子』正論篇よりやや後れて、それ以前の諸学派のいくつかの最も特徴的かつ重要な諸思想を積極的に旺盛に取り入れて、既存の堯舜禅譲説を再構築しようと試みた儒家の一派の手になったものと考えられる。

付章　『唐虞之道』の本文・訓読・口語訳

筆者は『唐虞之道』について今まで二度にわたり全訳を発表したことがある。「郭店楚簡『唐虞之道』訳注」（東京大学郭店楚簡研究会編『郭店楚簡の思想史的研究』一、一九九九年十一月）がその初訳であり、その後、池田知久編『郭店楚簡儒教研究』（汲古書院、二〇〇三年）に訳注編の一篇として収録する際、一度篇全体の内容に再検討を行った。その後さらに四年という歳月が経過したが、当篇に関する研究のさらなる進展や上博楚簡の公表などにより、当篇の文字の判定は勿論、内容の中にも一部修正もしくは訂正しなければならない部分があることが判明した。本章はこうした諸般の事情をふまえて、当篇の釈文・訓読・口語訳を全面的に検討しなおしたものである。なお、一字一句の解釈の根拠や思想内容については、右の訳注を参照されたい。ちなみに、右の雑誌と本には『魯穆公問子思』の訳注も収録されているので、そちらもあわせて参照されたい。

第一章（第一～四号簡）

本文

湯（唐）呉（虞）之道、儃（禪）而不𢔎（傳）。埜（堯）𡕥（舜）之王、𥝢（利）天下而弗𥝢（利）也。儃（禪）而不𢔎（傳）、琞（聖）之（第一号簡）盛也。𥝢（利）天下而弗𥝢（利）也、忎（仁）之至也。古（故）昔（昔）支

(賢)忎(仁)聖(聖)者女(如)此。身躳(窮)不㬪(慇)、夂(没)(第二号簡)而弗秎(利)、躳(躬)忎(仁)歖(矣)。比(必)是(正)亓(其)身、肰(然)后(後)正(正)世、聖(聖)道備歖(矣)。古(故)湯(唐)吳(虞)之□□(第三号簡)也。(第四号簡)

訓　読

湯(唐)吳(虞)の道は、徸(禪)りて𢔶(傳)えず。垚(堯)𡕥(舜)の王たるや、天下を秎(利)して秎(利)とせざるなり。徸(禪)りて𢔶(傳)えざるは、聖(聖)の盛なるなり。天下を秎(利)して秎(利)とせざるは、忎(仁)の至りなり。古(故)に昔(昔)の𢀩(賢)の忎(仁)聖(聖)なる者此くの女(如)し。身躳(窮)すれども㬪(慇《うれ》)えず、夂(沒)するまで秎(利)とせざるは、忎(仁)を躳(躬《み》)にすればなり。比(必)ず亓(其)の身を是(正)し、肰(然)る后(後)に世を正(正)せば、聖(聖)道備わる。古(故)に湯(唐)吳(虞)の□□なり。

口 語 訳

唐虞の歩んだ道は、(賢者に位を)譲って(血筋に)伝えなかったことである。堯舜が王となったときは、天下に利益を与えることはあっても(天下の利を)自分の利益とはしなかった。(賢者に位を)譲って(血筋に)伝えないことは、最上の聖であり、天下に利益を与えることはあっても(天下の利を)自分の利益としないことは、最上の仁である。昔の賢者が実現した仁と聖の内容はこのようであった。我が身が窮地に陥っても憂えず、死ぬまで(天下の利を)自分の利益としなかったのは、仁が身に具わっているからである。必ず我が身を正しくしてから世を正しくすれば、聖の道が完備するのである。さてこそ、唐虞の□□である。

第二章（第四～六号簡）

本　文

夫𦔻（聖）人上事天、效（教）民又（有）尊（尊）也。下事埅（地）、效（教）民又（有）新（親）也。旹（時）事山川、效（教）民（第四号簡）又（有）敬（敬）也。新（親）事𦎫（祖）𤅭（廟）、效（教）民孝也。大（太）教（學）之中、天子𦎫（親）齒（齒）、效（教）民弟也。先𦔻（聖）（第五号簡）牙（與）逡（後）𦔻（聖）、考逡（後）而湶（歸）先、效（教）民大川（順）之道也。（第六号簡）

訓　読

夫れ𦔻（聖）人は上は天に事えて、民に尊（尊）きもの又（有）るを效（教）うるなり。下は埅（地）に事えて、民に新（親）しきもの又（有）るを效（教）うるなり。旹（時）に山川に事えて、民に敬（敬）うべきもの又（有）るを效（教）うるなり。新（親）ら𦎫（祖）𤅭（廟）に事えて、民に孝を效（教）うるなり。大（太）教（學）の中、天子は齒（齒）に𦎫（親）しみて、民に弟を效（教）うるなり。先𦔻（聖）と逡（後）𦔻（聖）とは、考逡（後）而湶（歸）先、民に大川（順）の道を效（教）うるなり。

口語訳

そもそも聖人は、上は天に仕えて民衆に尊貴なものがあることを教え、下は地に仕えて民衆に親しいものがあることを教える。四季折々に山川に仕えて民衆に敬うべきものがあることを教え、自ら祖廟に仕えて民衆に孝を教える。太学の中で、天子は年長者に親しくして民衆に弟（悌）を教える。上古の聖人とその後の聖人は、考逡（後）而湶

（歸）先（?）、民衆に大いなる随順の道を教えた。

第三章（第六～十号簡）

本　文

埜（堯）𡈼（舜）之行、㤅（愛）睪（親）𨺓（尊）支（賢）。㤅（愛）（第六号簡）睪（親）、古（故）孝。尊（尊）支（賢）、古（故）徸（禪）。孝之蚉（殺）、㤅（愛）天下之民。徸（禪）之湩（流）、世亡（無）忈（隱）直（德）。孝、忎（仁）之穴（冕）也。（第七号簡）徸（禪）、義之至也。六帝興於古、膚（皆）采（由）此也。㤅（愛）睪（親）亢（忘）支（賢）、忎（仁）而未義也。尊（尊）支（賢）（第八号簡）遺（遺）睪（親）、我（義）而未忎（仁）也。古者吳（虞）𡈼（舜）篙（厚）事宄〈?兆（瞽）〉寞、乃戈〈弍〉丌（其）孝、忠事帝埜（堯）、乃戈〈弍〉丌（其）臣。（第九号簡）㤅（愛）睪（親）尊（尊）支（賢）、吳（虞）𡈼（舜）丌（其）人也。（第十号簡）

訓　読

埜（堯）𡈼（舜）の行いは、睪（親）を㤅（愛）し支（賢）を𨺓（尊）ぶなり。睪（親）を㤅（愛）す、古（故）に孝なり。支（賢）を尊（尊）ぶ、古（故）に徸（禪）る。孝の蚉（殺）は、天下の民を㤅（愛）す。徸（禪）の湩（流）るるや、世に忈（隱）直（德）亡（無）し。孝は、忎（仁）の穴（冕）なり。徸（禪）は、義の至りなり。六帝の古に興るは、膚（皆）此れに采（由）ればなり。睪（親）を㤅（愛）すれども支（賢）を亢（忘）るれば、忎（仁）にして未だ義ならざるなり。支（賢）を尊（尊）べども睪（親）を遺（遺）つれば、我（義）にして未だ忎

（仁）ならざるなり。古者呉（虞）𡕘（舜）は篙く亢〈?兆（瞽）〉寞に事うるに、乃ち丌（其）の孝を戈〈弌《もっぱら》〉にし、帝埜（堯）に忠事するに、乃ち丌（其）の臣を戈〈弌〉にす。罤（親）を㤅（愛）し臤（賢）を弇（尊）ぶは、呉（虞）𡕘（舜）丌（其）の人なり。

口語訳

堯舜が実践したのは、親を愛し賢者を尊ぶことである。親を愛するから孝を尽くし、賢者を尊ぶから（位を）譲ったのである。（親に対して）孝を尽くし、ついで天下の民を愛する。禅譲が広がれば、世に徳のある者で登用されない者はない。孝は最上の仁であり、禅譲は最上の義である。六帝が上古に勃興したのは、皆これによったためである。親を愛するのみで賢者を忘れれば、仁ではあるがまだ義が実現されていない。賢者を尊ぶのみで親を捨て去れば、義ではあるがまだ仁が実現されていない。昔虞舜が（その父である）瞽叟に丁重に仕えたときは、もっぱらその孝を尽くし、帝堯に忠義をもって仕えたときは、もっぱらその臣下としての道理を尽くした。親を愛し賢者を尊ぶことは、虞舜こそそれをすべて成し遂げた人物なのである。

第四章（第十・十二号簡）

本文

禹（禹）幻（治）水、膉（益）幻（治）火、后稷（稷）幻（治）土、足民羖（養）〔生也。伯夷〕（第十号簡）〔宔（守）〕豊（禮）、愳（夔）宔（守）樂、孫（孫）民效（教）也。臯（咎）采（繇）内用五剄（刑）、出戈兵革（革）、

皐滛〈淫〉桊（？）□□（第十二号簡）

訓　読

禹（禹）は水を紿（治）め、膉（益）は火を紿（治）め、后禝（稷）は土を紿（治）めて、民〔生〕を羧（養）うに足らしむる〔なり。伯夷は〕豊（禮）を〔宊（守）り〕、悬（夔）は樂を宊（守）りて、民を效（教）えに孫《したが》（孫）わしむるなり。叴（咎）采（繇）は内には五剕（刑）を用い、出でては兵革（革）を戈（試）いて、滛〈淫〉を皐し桊（？）□□

口語訳

禹は治水を行い、益は火を治め、后稷は土地を開拓して、民衆が〔自己の生命を〕十分養うように〔した。伯夷は〕礼を〔守り〕、夔は音楽を守って、民衆が（聖人の）教えに従うようにした。咎繇（＝皐陶）は国内では五刑を用い、他国に対しては武器を用いて、淫乱を起こすものを罰し桊（？）□□

第五章（第十三号簡）

本　文

用戱（威）、虽（夏）用戈、足（征）不備（服）也。炁（愛）而足（征）之、吳（虞）虽（夏）之紿（治）也。禮（禪）而不遣（傳）、義豗（恆）□□（第十三号簡）

訓　読

戡（威）を用い、虽（夏）戈を用うるは、備（服）せざるを足（征）すればなり。悉（愛）して之を足（征）するは、吳（虞）虽（夏）の紿（治）なり。僮（禪）りて遣（傳）えざれば、義は巫（恆）に□□

口語訳

……威勢を用い、夏が武器を用いたのは、服従しないものを征伐しようとしたからである。愛をもって治めながらも服従しないものを征伐したのが、虞夏の政治である。（賢者に位を）譲って（血筋に）伝えなければ、義は常に□□

第六章（第十四～十五号簡）

本　文

紿（治）也。古者堯（堯）生於天子而又（有）天下、聖（聖）㠯（以）𡍒（遇）命、忎（仁）㠯（以）逢（逢）旹（時）。未嘗𡍒（遇）□□（第十四号簡）竝於大旹（時）、神明將（?）從、天陛（地）右之。從（縱）忎（仁）聖（聖）可与（擧）、旹（時）弗可秉〈及〉歖（矣）。（第十五号簡）

訓　読

紿（治）なり。古者堯（堯）天子に生まれて天下を又（有）つは、聖（聖）㠯（以）て命に𡍒（遇）い、忎（仁）㠯（以）て旹（時）に逢（逢）えばなり。未嘗𡍒（遇）□□大旹（時）に竝び、神明將（?）に從わんとし、天陛

（地）之を右く。從（縱《たと》）い忎（仁）聖（聖）は与（擧）ぐ可きも、峕（時）は秉〈及〉ぶ可からず。

口語訳

……治である。昔堯が天子に生まれて天下を保つことができたのは、聖の徳によって命にめぐり会い、仁の徳によって時にめぐり会ったからである。未嘗壐（遇）□□大時（天の時？）とともにし、宇宙の霊妙な作用がまさに働こうとし、天地もこれを助けてくれた。しかし、仁と聖の徳を具有する者は挙用されるとしても、時というのは（人為の）及ばないものである。

第七章（第十五〜十八号簡）

本　文

夫古者（第十五号簡）𡕘（舜）佢（居）於艸（草）茅之中而不悳（憂）、斗〈升〉爲天子而不喬（驕）。佢（居）艸（草）茅之中而不悳（憂）、智（知）命（第十六号簡）也。斗〈升〉爲天子而不喬（驕）、不漟（流）也。浗（求）虖（乎）大人之興、散（微）也。今之戈於直（德）者、未（第十七号簡）秊（年）不戈、君民而不喬（驕）、卒王天下而不矣（疑）。（第十八号簡）

訓　読

夫れ古者𡕘（舜）は艸（草）茅の中に佢（居）れども悳（憂）えず、斗〈升〉りて天子と爲れども喬（驕）らず。艸

（草）茅の中に佢（居）れども悹（憂）えざるは、命を智（知）ればなり。斗〈升〉りて天子と爲れども喬（驕）らざるは、澅（流）《ほしいまま》にせざればなり。大人の興るを浗（求）むるは、敚（微）なればなり。今の直（德）を弋（弋）する者は、未だ

秊（年）不戈、民に君たりて喬（驕）らざれば、卒に天下に王たりて矣（疑）われず。

口語訳

そもそも昔舜は、在野に身を置いても憂えることはなく、天子という高い地位についてもおごり高ぶることはなかった。在野に身を置いても憂えることがなかったのは、命を知っていたからであり、天子という高い地位についてもおごり高ぶることがなかったのは、身勝手な振舞をしなかったからである。（舜のような）偉大な人物の出現を追い求めるのは、彼が貧賤な境涯にあったからである。今徳を射止めて天下を取る者は、未だ……

秊（年）不戈（？）、君主でありながらおごり高ぶることがなければ、ついには天下に王者となって疑われることはない。

第八章（第十八～十九号簡）

本文

方才（在）下立（位）、不㠯（以）仄〈匹〉夫爲（第十八号簡）巠（輕）、秉〈及〉丌（其）又（有）天下也、不㠯（以）天下爲垩（重）。又（有）天下弗能益、亡（無）天下弗能貟（損）。（第十九号簡）

訓　読

方に下立（位）に才（在）りては、仄〈匹〉夫を㠯（以）て巠（輕）しと爲さず、丌（其）の天下を又（有）つに秉〈及〉ぶや、天下を㠯（以）て坙（重）しと爲さず。天下を又（有）つも益する能わず、天下を亡《うしな》うも貟（損）する能わず。

口語訳

まさに下の地位にある時には、匹夫を軽んずることはせず、その天下を保有するようになっても、天下を重んずることはしない。天下を保有しても利益になることはなく、天下を失っても損害になることはない。

第九章（第十九～二十一号簡）

本　文

亟（極）忎（仁）（第十九号簡）之至、𥝢（利）天下而弗𥝢（利）也。遖（禪）也者、上直（德）䍃（授）叏（賢）之胃（謂）也。上直（德）昊（則）天下又（有）君而（第二十号簡）世明。䍃（授）叏（賢）昊（則）民興效（教）而蠆（化）虖（乎）道。不遖（禪）而能蠆（化）民者、自生民未之又（有）也。（第二十一号簡）

訓　読

亟（極）忎（仁）の至りは、天下を𥝢（利）して𥝢（利）とせざるなり。遖（禪）なる者は、直（德）を上《たっと》びて叏

(賢) に受 (授) くるの胃 (謂) いなり。直 (徳) を上べば貝 (則) ち天下に君又 (有) りて世明らかなり。攴 (賢) に受 (授) くれば貝 (則) ち民效 (教) えに興りて道に蠱 (化) せらる。遣 (禪) らずして能く民を蠱 (化) する者は、生民自り未だ之又 (有) らざるなり。

口語訳

この上なく最上の仁は、天下に利益を与えることはあっても (天下の利を) 自分の利益としないことである。禅譲とは、有徳者を尊び賢者に (位を) 授けることを意味する。有徳者を尊べば、天下に君主があって世は明らかになる。賢者に (位を) 授ければ、民衆は教化に奮い立って道に化育される。(位を賢者に) 譲らずに民衆を化育できたものは、人類が生まれ出て以来あったためしがない。

第十章 (第十一・二十二号簡)

本　文

即 (節) 虖 (乎) 脂 (肌) 膚血𣱼 (氣) 之青 (情)、羖 (養) 眚 (性) 命之正 (正)、安命而弗宎 (夭)、羖 (養) 生而弗駃 (傷)。智 (知) 〔羖 (養) 眚 (性) 命〕 (第十一号簡) 之正 (正) 者、能㠯 (以) 天下儃 (禪) 歖 (矣)。(第二十二号簡)

訓　読

脂（肌）膚血㷊（氣）の青（情）を即（節）し、眚（性）命の𤴓（正）を羖（養）い、命に安んじて宎（夭）せず、生を羖（養）いて戕（傷《そこ》）なわず。〔眚（性）命〕の𤴓（正）を〔羖（養）うを〕智（知）る者は、能く天下を㠯（以）て𢓜（禪）る。

口語訳

皮膚や血気の欲望を節制し、生命の本来の正しさを養い、人為の及ばない命に身を任せて夭折することなく、自己の生命を養ってそれを損なうようなことはしない。〔生命の〕本来の正しさを〔養うことを〕知る者こそ、天下を（賢者に）譲ることができるのである。

第十一章（第二十二〜二十五号簡）

本　文

古者埅（堯）之弅（舉）叁（舜）也、昏（聞）叁（舜）孝、智（知）亓（其）能羖（養）天下（第二十二号簡）之耇（老）也。昏（聞）叁（舜）弟、智（知）亓（其）能紂（事）天下之兄（長）也。昏（聞）叁（舜）丝（慈）虖（乎）弟、〔智（知）亓（其）能〕□□□（第二十三号簡）爲民宔（主）也。古（故）亓（其）爲宂〈?兆（瞽）〉寞子也、𠰌（甚）孝、秉〈及〉亓（其）爲埅（堯）臣也、𠰌（甚）忠。埅（堯）𢓜（禪）天下（第二十四号簡）而𠬝（授）之、南面而王而〈天〉下而𠰌（甚）君。古（故）埅

（堯）之德（禪）虖（乎）叁（舜）也、女（如）此也。（第二十五号簡）

訓　読

古者埜（堯）の叁（舜）を弆（舉）ぐるや、叁（舜）の孝なるを昏（聞）き、丌（其）の能く天下の耂（老）を羖（養）うを智（知）ればなり。叁（舜）の弟なるを昏（聞）き、丌（其）の能く天下の兂（長）に紂（事）うるを智（知）ればなり。叁（舜）の弟に兹（慈）なるを昏（聞）き、〔丌（其）の能く〕□□□〔を智（知）ればなり〕。民の宔（主）と爲るなり。古（故）に丌（其）の穴〈?・兆（瞽）〉寞の子と爲るや、昆（甚）だ孝なり、丌（其）の埜（堯）の臣と爲るに秉〈及〉びてや、昆（甚）だ忠なり。埜（堯）は天下を禮（禪）りて之に叓（授）け、南面して而〈天〉下に王たりて昆（甚）だ君たり。古（故）に埜（堯）の叁（舜）に禮（禪）るや、此くの女（如）きなり。

口語訳

昔堯が舜を登用したのは、舜が親に孝を尽くすことを聞き、天下の年寄りを養うことができることを知っていたからである。また舜が年長者に悌を尽くすことを聞き、天下の年長者に仕えることができることを知っていたからである。さらに舜が弟に慈愛深いことを聞き、□□□することができることを知っていたから……民衆の主となる。そこで、その（父である）瞽叟の子となっては孝を尽くし、その堯の臣下となっては忠誠を尽くした。堯は天下を譲って舜に授け、（舜は）天子の位について天下に王者となっては君主としての道理を尽くした。堯舜禅譲の実情はこの通りであった。

第十二章（第二十五～二十七号簡）

本　文

古者聖（聖）人廿（二十）而（第二十五号簡）冒（冒（冃））、丗（三十）而又（有）家、五十而紿（治）天下、七十而至（致）正（政）。亖（四）枳（肢）胅（倦）陸（惰）、耳目聰（聰）明衰、禮（禪）天下而（第二十六号簡）孴（授）攴（賢）、滖（退）而羧（養）丌（其）生。此㠯（以）智（知）丌（其）弗秎（利）也。（第二十七号簡）

訓　読

古者聖（聖）人は廿（二十）にして冒（冃）し、丗（三十）にして家を又（有）ち、五十にして天下を紿（治）め、七十にして正（政）を至（致）す。亖（四）枳（肢）胅（倦）陸（惰）し、耳目の聰（聰）明衰うれば、天下を禮（禪）りて攴（賢）に孴（授）け、滖（退）きて丌（其）の生を羧（養）う。此を㠯（以）て丌（其）の秎（利）とせざるを智（知）るなり。

口語訳

昔聖人は二十歳で成人となり、三十歳で家庭を持ち、五十歳で天下を統治し、七十歳で政治の場を退いて賢者に譲った。（老衰して）四肢が疲れ、耳目の聡明さが衰えてくると、天下を譲って賢者に授け、退いて自己の身体の生命を養った。このことから（天下の利を）自分の利益としなかったことが分かるのである。

第十三章（第二十七～二十九号簡）

本　文

呉（虞）陔（詩）曰、大明不出、丏（萬）勿（物）虘（皆）訇（揞）。聖（聖）（第二十七号簡）者不才（在）上、天下朼（必）堁（壞）。幻（治）之至、羖（養）不喿（肖）。嬰（亂）之至、烕（滅）攴（賢）。忎（仁）者、爲此進（第二十八号簡）女（如）此也。■（第二十九号簡）

訓　読

呉（虞）陔（詩）に曰く、大明出でざれば、丏（萬）勿（物）虘（皆）訇（揞《かく》）る。聖（聖）者上に才（在）らざれば、天下朼（必）ず堁（壞《やぶ》）る、と。幻（治）の至りは、不喿（肖）を羖（養）う。嬰（亂）の至りは、攴（賢）を烕（滅《うしな》）う。忎（仁）者は、此れが爲に進めて此くの女（如）きなり。■

口語訳

虞詩には次のようにある。「太陽と月とが出なければ、万物は皆隠れてしまう。聖人が上にいなければ、天下は必ず混乱に陥ってしまう」と。治世の至上の状態では、愚かなものでも生を成し遂げるようにし、乱世の最悪の状態では、賢者を失ってしまうのである。仁者は、このために進めて……このようである。■

第二部　『性自命出』の性情説と礼楽説の研究

はじめに

『性自命出』は、本書第一部で考察した『唐虞之道』と同様、郭店一号墓から出土した儒家系の文献中の一篇である。当篇は、裘錫圭氏が底本所収の「性自命出釈文注釈」で『性自命出』の冒頭の「眚（性）自命出、命自天降」（性は命より出、命は天より降される）を『礼記』中庸篇の「天命之謂性」（天の命ぜる、之を性と謂う）と意味が類似していると注記して以来（【注釈】〔二〕、一八二頁）、世界中の多くの研究者たちによって活発な議論がなされ、数多くの研究が発表されている。

　ところで、一篇全六七枚の構成とされた当初の整理結果については疑問視する学者も多かった。その主な原因は、全六七枚の中に当篇のメインテーマである性情説や礼楽説とはあまり関係のない内容が含まれていて、全体の内容に緊密な繋がりや整合性が見られないことにあったようである。また当篇の竹簡の尺寸・形状・編綴及び字体が『成之聞之』『尊徳義』『六徳』の三篇とほぼ一致し、内容的にも相互関連する部分があることから、これら四篇の編連を完全に見直そうとする見解も出された。[一]

　しかし、このような疑問や疑いは、上博楚簡（一）（上海古籍出版社、二〇〇一年）の出版にともない、『性自命出』とほぼ同様の内容を持つ『性情論』が公表されることによって、『性自命出』の当初の整理（ただし竹簡の配列順序は除外）がほぼ正しかったことが立証された。[二]『性情論』の発見はこの点だけでもその意義は大きいが、『性自命出』の文字や欠文・編連等において、従来問題とされた部分を補える貴重な情報を含んでいるという意味においても存在価値は計り知れない。

さて『性自命出』に関しては数多くの論著がすでに発表されているわけだが、当篇の思想的特徴や思想史的位置づけ等が十分に解明されているかというと、必ずしもそうではない。というより、簡報で提示された郭店一号楚墓の推定年代、すなわち戦国中期偏晩説による年代の位置づけがほぼ完全に固定化してしまった結果、当篇に内在する重要な諸問題はほとんど意識されないまま放置されている。(三)

ここでは、意識されないまま放置されている一つの重要な問題、すなわち性情説と礼楽説との関係という問題に焦点を当てて、『性自命出』の思想的特徴は勿論、思想史的位置と意義、成立年代、所属学派等の問題に関する従来の見解を全面的に見直し、ひいては『性自命出』が漢代の性情説や礼楽説の展開にどう影響したかを明らかにすることを目的とする。

第一章　問題の所在

『性自命出』については今まで数多くの論著が出されていることは前述の通りだが、そのほとんどは性情説に集中していると言っても過言ではない。本論考でこれから述べようとする点との相違を明確にするために、まず『性自命出』に関する先行研究を簡単にまとめると次のようである。

『性自命出』は、特に中国では、一部の例外を除き、(四)おおむね子思や子思以前の作か子思学派あるいは思孟学派の作とする説、子游・公孫尼子・子思を一系とし当篇を『漢書』芸文志に著録されている『公孫尼子』に属するとする説、子游の作とする説がある。

例えば、子思との関連を主張するのは李学勤氏がその代表的な例で、郭店楚簡『緇衣』をはじめ『五行』『成之聞之』『尊徳義』『性自命出』『六徳』はいずれも『漢書』芸文志に著録されている『子思子』に属するという。(五)これは前述したように、『性自命出』の冒頭の「眚自命出」以下の数句が『礼記』中庸篇の首章と一致し、『史記』孔子世家に子思が『中庸』を作ったとあるのが根拠となっている。(六)

それに対して、『公孫尼子』に属すると主張するのは陳来氏がその代表的な例である。陳氏はその主な根拠として、『性自命出』第三十四～三十五号簡の「憙（喜）𣅀（斯）慆（陶）」（喜べばその喜びが心の中にたまってくる）以下の数句が、子游が有子の話に答えた『礼記』檀弓下篇の文章の中に類似の形で含まれていること、当篇と『礼記』楽記篇（公孫尼子の作とする）との間に類似の思想が見られること、当篇と中庸篇との間に類似の思想が見られること、以上の三点を挙げている。(七)

そして子游との関連を主張するのは廖名春氏がその代表的な例で、陳来氏が指摘した檀弓下篇が根拠となっている。(八)

ただし、陳来氏や廖名春氏の説については批判の声もあって、(九)必ずしも支持を得ているとは言えない。細部においては若干の異見はあるものの、現在に至るまでやはり李学勤氏のような子思との関連を見いだそうとする説の方が幅広い支持を得ている。

こうした中国における『性自命出』研究の一般的な傾向は日本の学界にも直ちに影響を及ぼし、いくつかの研究が出されている。例えば、末永高康氏の一連の研究、(一〇)陳仲奇氏、(一一)竹田健二氏、(一二)渋谷由紀氏、(一三)橋本昭典氏(一四)などによる研究がある。これらの研究は、郭店一号楚墓の考古学的推定年代を大前提に、『性自命出』の成立年代を『孟子』以前と見なした上で論を展開している。その点においては李学勤氏を筆頭とする中国の研究と共通している。ただ子思や子思学派と安直に結びつけない点は異なっている。しかしながら末永氏や竹田氏のように、『性自命出』を中庸篇の思想と非常に近いかほぼ同様のものとして位置づけようとする傾向は依然強い。またそれを根拠に、秦の始皇帝の統一以後というのが今までほぼ定説であった中庸篇の成立が、戦国中期以前にまで引き上げられる可能性を提示する点に

おいても両研究は共通している。（一五）

ところが、最近中庸篇との類似句を手がかりに、『性自命出』全体を中庸篇と同じ心性論と見なすことに反対し、両者はむしろ思想の基本的な立場において違っているとして、この問題に警鐘を鳴らす重要な研究が出された。金谷治氏の研究がそれである。金谷氏の研究は、『性自命出』に出てくる「天・命・性・心・情・物・道・教」といった主要な概念を、先入観にとらわれずになるべく正確に分析することによって、当篇の全体としての性格づけを試みたものである。その結果、『性自命出』と中庸篇の決定的な相違について、中庸篇の内容の主意は「誠」の哲学を説くことにあるが『性自命出』にはそれがなく、むしろ「化性」や「求心」といった外「物」を借りて本「性」を改変するという経験的具象的な方法を説いていると指摘する。これを「天・命」の世界の強調と「道・教」の世界の重視という対照的違いを示すものともいう。（一六）金谷氏の研究は、細部においては筆者と見解を異にする部分もあるが、（一七）全体的にはこれで『性自命出』と中庸篇首章との立場や内容の相違がほぼ明らかになったと考える。

また金谷氏より先に池田知久氏は、『性自命出』第十四号簡にある「衍（道）の四述（術）」を分析した論考の中で、当篇の四術は馬王堆帛書『周易』繆和篇・通行本『周易』謙卦象伝の四つの道から直接影響を受けて書かれたものであり、成書年代は戦国末期というユニークな見解を発表している。（一八）

ただし、これで『性自命出』の思想的特徴がすべて解明されたかというと、実はそうではない。当篇のもう一つの根本的な問題は、実はまだ意識されていないのだ。それはすなわち礼楽の根源に関する問題である。

補　記

最近、中嶋隆藏氏の著「郭店楚簡所謂「性自命出」篇小考」（『東洋古典学研究』二三、二〇〇七年五月）という論考が出されたので、ここでその見解を紹介し、いくつか疑問に思う点について述べておきたい。中嶋氏は、同論考の中で、郭店楚簡『性自命出』及び上博楚簡『性情論』の篇名の問題、「生」「眚」「性」の三字の読替の問題、両文献の思想的特色の問題、所属学派の問題、以上大略四点について考察を加えている。

第一点目の篇名の問題については、整理者の篇名の付け方が不適切であることを指摘し、新たに「奠志」を篇名とすることを提唱する。首肯できる部分もあるが、本論考では最初に整理に携わった関係者の意見を尊重し、かつ余計な混乱を避けるために、底本の篇名をそのまま用いることにした。

第二点目からは筆者は少し疑問を持っている。まず第二点目の文字の読替の問題において、安易な音通互用説への同氏の警戒については、筆者も基本的には賛同する。しかし、生と眚もしくは生と性の音通の問題はともかく、眚を性に読み替える問題についての同氏の説については賛同できない。同氏はこの問題について、眚は物や心が取り出さなければ外に現れない全く能動性を欠如したものという意味で、心と生とから成る性の字を用いないのは自然のように思われるとし、「「心」とはひとまず区別されながら時に無自覚的に「心」と混同されがちな「眚」字が、後世「性」字が用いられるようになると、次第に「性」字に取って代わられ、その意味の核心部分を剥奪されて、例えば、後漢の許慎の『説文解字』の解釈に収斂されるような、否定的で辺縁的側面を意味するだけの文字として用いられるようになることも容易に推測できよう」（一七頁）という。しかし、これだけでは眚と性の両字の間に、本質的・根本的な違いがあるとは認められない。よってこの両字を区別しなければならない積極的な理由はないように思える。

第三点目の思想的特色の問題において、「「有為」という概念を繰り返し用いて展開される「無為」を意識した「有為」の主張は、該文献に特色を与えている」（二五頁）という見解は、筆者も大いに賛成である。ただし、当篇には有為の主張のみならず、それとは反対の自然的秩序観も含まれている。この問題はまさに本論考の中心課題の一つであるので、後に詳述することにする。

第四点目の所属学派の問題においては、いわゆる子思・孟子学派に属するとする説を批判する。この見解も筆者は基本的に賛成である。しかし、当篇が雑家に属するとする同氏の結論（二四頁）は賛同できない。その前に同氏は当篇の立場は、『孟子』にしろ『荀子』にしろ、それらの中に、同質性とともに異質性も認められるとし、儒道両思想の交渉のことも触れてはいるが（二三～二四頁）、その具体像について十分論証されているとは言いにくい。この問題も本論考の中心課題の一つであるので後に詳述するが、筆者は基本的に儒家に属するものと考えている。しかし、儒家といっても『論語』『孟子』『荀子』といった従来の儒家とは違う、相当新しい儒家だと考えている。

第二章　『性自命出』の性情説

当初の整理者の整理に従えば、『性自命出』(一九)は「性・心・志」並びに「志」と「物・悦・習」といった人間の内面の構造的特質及び主体と客体の関係性をまず問題にする。すなわち、第一～二号簡に、

凡人售（雖）又（有）眚（性）、心亡（無）奠忐（志）。㝵（待）勿（物）而句（後）复（作）、㝵（待）兑（悦）而句（後）行、㝵（待）習（習）而句（後）奠。

人にはみな性があるが、心には安定した志がない。外部の物と接触してはじめて志が発生し、そのとき悦びの感情が生まれてはじめて志が動きだし、さらに習うことによってはじめて志が安定する。

とある。性と心の関係はまだ明確ではないが、心と志の関係は、志が心に具わる構造となっている(二〇)。ところが、その志というのは自己完結的なものではなく、「物・悦び・習い」（以下、これを広義の物と称する）を待ってから安定したものになるという、不安定なものとして定義されている。ただ不安定な状態は決して望ましい状態ではなく、いずれは安定化に向かわなければならない。その場合、心と志を安定させる原因は自己の内部にのみあるのではなく、物・

悦び・習いのように自己の外部にもあるとされる。要するに、志や心は不変的・固定的・孤立的・自己完結的なものではなく、自己の外部にある物（悦・習を含む）に影響されるもの、物との接触や学習によって質的変化を遂げるもの、そのような意味で社会性や実践性を有するもの、つまり相互依存的・可変的・流動的・社会的・実践的・発展的なものとして捉えられていると思う。

それは性の場合も同じであるが、その前に性は第二～三号簡に、

眚（性）自命出、命自天降。

性は命より出、命は天より降される。

と定義されている。ここに性は「命」から出たもの、命は「天」から降されたものとあるのは、性の根源に関わる問題であるが、それは後に朱子学で定義するような性即理説、つまり孟子の性善説のような自己完結的な思考を前提とするようなことを指意するものではあるまい（ただし、天人を連続するものとしてとらえる点は、『孟子』と共通している）。このことは、その直前に、

憙（喜）𢙐（怒）𢜩（哀）悲之𣱵（氣）、眚（性）也。及亓（其）見於外、昗（則）勿（物）取之也。

喜び・怒り・哀しみ・悲しみ（楽しみの誤りか）といった諸感情の気は、人間の性である。これらが外に現れるのは、外界の物がこれらを取り出すためである。

とあって、性を四つの感情の「気」、つまり非固定的・流動的なものとして捉えたり、(二一) あるいは物と相互依存関係にあるものとして捉える文章からも窺い知ることができる。(二二)

また第四～五号簡には、

好亞（惡）、眚（性）也。所好所亞（惡）、勿（物）也。善不［善、眚（性）也］。(二三) 所善所不善、埶（勢）也。

好む・憎むという判断をくだすのは、人間の性である。好む・憎むの対象は、外界の物である。善い・善くないという判断をくだすのは、人間の性である。善い・善くないの対象は、外界の物の固有の性質である。

とあって、性には感情や欲望に通じる「好悪」の判断能力や「善不善」といった価値判断能力[二四]が生まれつき具わっているとし、[二五]かつこの二つの判断の対象をそれぞれ物や勢[二六]とするのは、性を固定的・孤立的なものとして見ずに、やはり他者との関係性の中から相互依存的なものとして捉えていることを物語るものであろう。

さて作者が心・志・性の性質及び広義の物との関係を本来的・自然的な関係として認識していることは間違いあるまい。しかし、勿論だからといって、このような相互依存関係に止まっていることが望ましいとは決して考えていない。第七〜九号簡の次の文章を見てみよう。

牛生而倀（長）、𢉖（鴈）生而軐（伸）、亓（其）眚（性）〔弌（一）也〕[二七]。而斈（學）或（有）貞（使）之也、凡勿（物）亡（無）不異也者。剛之梪（尌）也、剛取之也。柔之約、柔取之也。四海（海）之内、亓（其）眚（性）弌（一）也。亓（其）甬（用）心各畀（異）、𡥈（教）貞（使）肰（然）也。

牛は生まれつき体が長く、雁は生まれつき首が伸びているように、それぞれの性はみな同じである。しかしながら、学習がその性に働きかけるならば、いかなる物も同じであるものはない。堅いものがまっすぐ立つのは、別の堅いものがその性質を取り出すからである。柔らかいものが撓むのは、別の柔らかいものがその性質を取り出すからである。四つの海に囲まれたこの世の中で、人間の性はみな同じである。しかしながら、その心のもちかたがそれぞれ異なるのは、教育がそうさせるのである。

ここでは、まず人間以外の自然界における物の代表として「牛」と「鴈」を取り上げ、物の生まれつき性の同一性と物の多様性を二項対立的に捉える観点が提示されている。それと同じように、人間界においても生まれつき性の同一性と心（のもちかた・ありかた）の多様性を二項対立的に捉える観点が提示されている。自然界においては「学」（学習）が多様性の原因とされており、人間界においては「教」（教育・教化）がその原因とされている。

ところが、それに続く第九〜十四号簡には、

凡眚（性）或數（動）之、或逹（逆）之、或寏（節）之[二八]、或萬（厲）之、或出之、或羕（養）之、或兂（長）

之。凡數（動）眚（性）者、勿（物）也。逹（逆）眚（性）者、兌（悅）也。寠（節）眚（性）者、古（故）也。萬（厲）眚（性）者、宜（義）也。出眚（性）者、埶（勢）也。羕（養）眚（性）者、習（習）也。兏（長）眚（性）者、衍（道）也。凡見者之胃勿（物）。𢖵（快）於吕（己）者之胃兌（悅）。勿（物）之埶（勢）者之胃（謂）埶（勢）。又（有）爲也者之胃（謂）古（故）。義也者、羣善之茲（蕝）也。習（習）也者、又（有）㠯（以）習（習）亓（其）眚（性）也。衍（道）者、羣勿（物）之衍（道）。

おおよそ性は、それを動かすものがあり、それを迎えるものがあり、それを節制するものがあり、それを磨くものがあり、それを引き出すものがあり、それを養うものがあり、それを成長させるものがある。いったい性を動かすものは、外界の物である。性を迎えるものは、悦びの感情である。性を節制するものは、目的意識的な作為である。性を磨くものは、義である。性を引き出すものは、外界の物の固有の性質である。性を養うものは、習いである。性を成長させるものは、道である。おおよそ形を持って外に現れているものを、物という。自分自身によい気持ちを与えるものを、悦びという。物の固有の性質を、勢という。作為をもって目的意識的に行うことを、故という。義とは、あらゆる善の中で最高のものである。習いとは、人間の性を習わせる方法があることである。道とは、あらゆる物の中に内在する道である。

とあって、性の同一性を多様性へと導く広義の七つの教、すなわち「物・悦・故・義・勢・習・道」が提示されている。このことは、性は生まれつきのままでは不完全なものだから、そのままでは望ましくなく――だからといってネガティブな意味づけはしない――外部からの教によって変化・成長させてこそ望ましい性質のものになることを意味するものではなかろうか。望ましい性質へと変化・成長させるには勿論一定の方向性がなければならないが、その問題はこの段階ではまだ提示されていない。それはともかく、ここでも前述したように性を流動的・相互依存的（「動かす」「逆える」「出す」）、可変的・社会的（「節する」）、実践的・発展的（「厲く」「養う」「長ずる」）なものとして捉える視点は一貫している[二九]。これが第一の特徴である。

続けて、第十四～十五号簡では、以上の広義の七つの教の中で最も重要な「道」について論じるわけであるが、この道についてはその前の第三号簡に、

衍（道）司（始）於青（情）、青（情）生於眚（性）。司（始）者近青（情）、夂（終）者近義。𣉻（知）〔青（情）者能〕出之、𣉻（知）寊（義）者能内（入）之。(三〇)

道は人間の情から始まり、情は性から生まれる。始めは情に近いが、終わりは義に近い。情を理解する者は、これを内から外へと引き出すことができ、義を理解する者は、これを外から内へと規制することができる。

とあって、非常に興味深いことが書いてある。道はまず性より生じた「情」、すなわち人間の内なる自然から出発したものだという。このように道の始発点を情に置く思想は、他の先秦資料には例を見ないから興味深い。ここで第二の特徴は、道の始原や根源を情に求める点である。(三一)

しかしこれは勿論決して道＝情（あるいは情＝義）という意味ではあるまい。なぜなら、その直後に「司（始）めは青（情）に近く、夂（終）りは義に近し。」とあるように、その始発点は情に近いものの、終着点は「義」に近いと言っているからである。この場合の情と義は、一方は人間の自然の感情を、もう一方は人間を外から内に向かって規制する規範性のあるものを指すだろうから、(三二)両者は連続してはいるものの、その内実は当然質的に異なっているとしなければなるまい。(三三)

さらにその場合の道とは第十四～十五号簡に、

衍（道）者、羣勿（物）之衍（道）。凡衍（道）、心述（術）爲宔（主）。衍（道）四述（術）、售（唯）人衍（道）爲可衍（道）也。亓（其）厽（三）述（術）者、衍（道）之而巳（已）。

道とは、あらゆる物の中に内在する道である。いったい道は、心のありかたを主とするものである。道の四つの術の中では、ただ人道のみを道とすることができる。他の三つの術は、人々がそれらを道としているに過ぎない。(三四)

とあるように、ありとあらゆる物に内在する群物の道であるが、その道をさらに四つに分けて、人道のみを道とすべきであるとしているように、人間社会のレベルに限定された道なのである。そして人道といった場合も、さらに焦点を絞って「心術」、すなわち人間の心のありかたやもちかたを主たる問題にするというところは注目に値する。上文に「用心」とあるのと考え合わせると、作者が当篇を通じて発信しようとする主要なメッセージは、性の同一性より、性に由来する心の多様性（「心に奠まれる忎（志）亡（無）し」「心を用う」）と、そのような性や心をある一定の方向へ向かわせる規範性（教）とにあるのではないかと思う。これを第三の特徴とする。

第三章　『性自命出』の礼楽説——礼楽の根源

先に『性自命出』の第二の特徴として、道の始原や根源を情に求めていることを指摘した。これとほぼ同様の考え方が第十八～二十号簡の次の文章に見える。

荳（禮）复（作）於靑（情）、或舁（興）之也。堂（當）事因方而斱（制）之、亓（其）先逯（後）之舍（敍）、昊（則）宜（義）衍（道）也。或（有）舍（敍）爲之卽（節）、昊（則）曼（文）也。至（治）頌（容）宙（貌）、所已（以）曼（文）卽（節）也。

礼は情から発生するが、その場合それを興すものがある。ある事を行うにあたっては、人々の等級によってこれを統御し、その際に先後の順序があることが、義の道である。尊卑・貴賤などの序列があって程よく調節することが、文（文飾）である。容貌を整えるのは、程よく調節して文飾する手立てである。

ここではまず道の代わりに「礼」が情から起こるとする。このことから我々は、作者が礼の根源も道と同様、情に求めていることが分かる。このような観念は礼の根源を人間の内なる自然によるものと見なす自然的秩序観につながるか、あるいは少なくともその端緒は見られると思う。またこのような観念が、郭店楚簡『語叢一』第三十一・九十七号簡に、

豊（禮）因人之悳（情）而爲之卽（節）憂（文）者也（三五）。

礼は人間の情に基づいて、程よく調節し文飾するものである。

とあり、同『語叢二』第一号簡に、

悳（情）生於眚（性）、豊（禮）生於悳（情）。

情は性から生まれ、礼は情から生まれる。

とあることから考えると、郭店楚簡の段階で、このような観念がある程度定着していたことは容易に看て取れる。

ところが、その直前の第十五～十八号簡には、

訔（詩）箸（書）豊（禮）樂（樂）、亓（其）司（始）出皆生於人。訔（詩）、又（有）爲爲之也。箸（書）、又（有）爲言之也。豊（禮）樂（樂）、又（有）爲䢎（擧）之也。聖人比亓（其）頪（類）而侖（論）會（會）之、雚（觀）亓（其）之〈先〉逡（後）而逆（逆）訓（順）之、體（體）亓（其）宜（義）而卽（節）憂（文）之、里（理）亓（其）青（情）而出内（入）之、肰（然）句（後）遉（復）㠯（以）𡥈（教）。𡥈（教）、所㠯（以）生悳（德）于宙（中）者也。

『詩』『書』『礼』『楽』は、その起こりはみな人間によって生じたものである。『詩』は、人為的に作ったものである。『書』は、人為的にことばにしたものである。『礼』『楽』は、人為的に行ったものである。聖人は類似のものを比較して、それらを秩序立てて蒐集し（『詩』）、然るべき先後の順序をよく見て政治の逆順の道理を見極め（『書』）、義を体得してそれを程よく調節・文飾し（『礼』）、人間の情を治めてそれを発散させたり規制したりし（『楽』）、そうしてはじめてそれらを教育に用いた。教育とは、心の中に徳を生じさせるためのものである。

とあって、「詩書礼楽」はいずれも「人」によって生じたものとされている。その「人」とは下文に「聖人」とあるから、それと同義であることが分かる。しかも、「詩、有為～」、「書、有為～」、「礼楽、有為～」とあるから、詩書礼楽はいずれも人や聖人が人為的・作為的に作ったものだということを意味する。いわゆる詩書礼楽の聖人制作説である。

周知のように、この自然的秩序観と聖人制作説とは、実は相容れない性質のものである。なぜなら、そもそも一方は人為の否定の上に成り立つ観念であり、もう一方は逆に人為の肯定の上に成り立つ観念だからである——以下、行論の便宜上「礼」「詩書礼楽」とあるのを礼に代表させて議論することにする。

では、『性自命出』にはなぜこの両観念が錯綜した状態にあるのか。この問題を解決するためには、儒家の内部において礼の根源の問題がいつ頃から問題視されたのか、さらにそれはなぜ問題になったのか等の問題をまず考えなければならない。この問題を追究するためには、本来なら礼あるいは礼楽論を中心とする儒家的世界観全体の構造的形成と歴史的推移を丹念に追っていかなければならないが、それは別の機会にし、今はその概略的なことだけをまとめてみると次の通りである。

まず『論語』においては、子貢が告朔の礼に用いる生け贄の羊をやめようとした際、「爾愛其羊。我愛其禮。」（爾は其の羊を愛む。我れは其の礼を愛む。）と言い（八佾篇）、また泰伯篇に「興於詩、立於禮、成於樂。」（詩に興こり、礼に立ち、楽に成る。）とあるように、日常の礼儀作法のレベルから国家的なレベルに至るまで礼の重要性や効用を説く文章は少なくない。例えば、為政篇に、

子曰、道之以政、齊之以刑、民免而無恥。道之以德、齊之以禮、有恥且格。

子曰く、之を道びくに政を以てし、之を斉うるに刑を以てすれば、民免れて恥無し。之を道びくに徳を以てし、之を斉うるに礼を以てすれば、恥有りて且つ格る、と。

とあるのは、従来徳治の典型といわれていたように、政治における礼の重要性や効用を端的に表す文章である。また

八佾篇には、

林放問禮之本。子曰、大哉問。禮與其奢也寧儉。喪與其易也寧戚。

林放礼の本を問う。子曰く、大なるかな問いや。礼は其の奢らん与りは寧ろ倹せよ。喪は其の易めん与りは寧ろ戚《いた》めよ、と。

とあって、礼の本質や根本義についての問答も見える。ところが、同じく八佾篇に、

子曰、人而不仁、如禮何。人而不仁、如樂何。

子曰く、人にして仁ならずんば、礼を如何せん。人にして仁ならずんば、楽を如何せん、と。

とあるのによれば、「仁」を根底にすえ、それに包摂させる形で礼楽を位置づける場合もある。いずれにせよ、『論語』の中には礼の重要性や効用を強調する文章は多くとも、礼の根源について語る文章は全くない。

『孟子』の場合も事情は同じである。『孟子』の中には「礼曰」とあって、礼について書かれている書物が存在しそれを知っていた可能性を窺わせる文章がある。また縦横家の人物とされる景春に対して「子未學禮乎」（子未だ礼を学ばざるか）と詰問する場面もある。したがって、それらを見ると、孟子が礼に関する知識を何らかの形で習得していたようにも思える。ところが、かの有名な四端説を披瀝する公孫丑上篇の文章の中に、

惻隱之心、仁之端也。羞惡之心、義之端也。辭讓之心、禮之端也。是非之心、智之端也。……凡有四端於我者、知皆擴而充之矣。若火之始然、泉之始達。

惻隠の心は、仁の端なり。羞悪の心は、義の端なり。辞譲の心は、礼の端なり。是非の心は、智の端なり。……凡そ我れに四端有る者、皆拡して之を充すことを知らん。火の始めて然え、泉の始めて達するが若し。

とあり、また弟子の公都子に性善説を説く告子上篇の文章の中に、

乃若其情、則可以爲善矣。乃所謂善也。若夫爲不善、非才之罪也。惻隱之心、人皆有之。羞惡之心、人皆有之。恭敬之心、人皆有之。是非之心、人皆有之。惻隱之心、仁也。羞惡之心、義也。恭敬之心、禮也。是非之心、智

也。仁義禮智、非由外鑠我也。我固有之也。弗思耳矣。

乃ち其の情の若きは、則ち以て善を為す可し。乃ち所謂善なり。夫の不善を為すが若きは、才の罪に非ざるなり。惻隠の心は、人皆之有り。羞悪の心は、人皆之有り。恭敬の心は、人皆之有り。是非の心は、人皆之有り。惻隠の心は、仁なり。羞悪の心は、義なり。恭敬の心は、礼なり。是非の心は、智なり。仁義礼智は、外由り我れを鑠するに非ざるなり。我れ之を固有するなり。思わざるのみ。

とあって、礼は人間共通の心の中にある徳目の一つで、それを拡充するという観念を持っており、また礼は外からメッキのように心を飾り立てるものではないと考えていたようである。ここには性についての記述はないが、性についても恐らく同様のことを考えていたに違いない。[三六] 要するに、性善説的な論理からは、『性自命出』のような広義の教によって心や性を変化・成長させるという論理はそもそも成り立たないのだ。[三七] あるいは離婁上篇には、

仁之實、事親是也。義之實、從兄是也。……禮之實、節文斯二者是也。樂之實、樂斯二者。

仁の実は、親に事うること是れなり。義の実は、兄に従うこと是れなり。……礼の実は、斯の二者を節文すること是れなり。楽の実は、斯の二者を楽む。

とあって、礼楽の実質は「仁義」の二者を節文（調節・文飾）するか楽しむことといって、仁義に包摂させる見解も示されている。これは義があるのを除けば、先の『論語』の観念と軸を同じくするものである。そして『孟子』の場合も礼の根源について語る文章は全く含まれていない。

では、これは果たして偶然であろうか。筆者はそうは思わない。これら両文献に礼の重要性や効用が強調されてはいるものの、それはあくまでも即自的なものに過ぎない。それは礼の根源を真剣に考えるような思想史的条件が、この時期にはまだ整っていないところに原因があるとしか考えられないのではなかろうか。

では、この問題は儒家の内部においていつごろ顕現するようになるのか。言うまでもなく『荀子』である。まず性悪篇の冒頭には、

人之性惡、其善者僞也。今人之性、生而有好利焉。順是、故爭奪生、而辭讓亡焉。生而有疾惡焉。順是、故殘賊生、而忠信亡焉。生而有耳目之欲好聲色焉。順是、故淫亂生、而禮義文理亡焉。然則從人之性、順人之情、必出於爭奪、合於犯分亂理、而歸於暴。故必將有師法之化禮義之道、然後出於辭讓、合於文理、而歸於治。用此觀之、然則人之性惡明矣。其善者僞也。……今人之性惡、必將待師法、然後正、得禮義、然後治。

人の性は悪にして、其の善なる者は偽なり。今人の性は、生れながらにして利を好むこと有り。是れに順う、故に争奪生じて、辞譲亡ぶ。生れながらにして疾み悪むこと有り。是れに順う、故に残賊生じて、忠信亡ぶ。生れながらにして耳目の欲の声色を好むこと有り。是れに順う、故に淫乱生じて、礼義文理亡ぶ。然らば則ち人の性に従い、人の情に順えば、必ず争奪に出で、犯分乱理に合いて、暴に帰す。故に必将《かなら》ず師法の化・礼義の道有り、然る後に辞譲に出で、文理に合いて、治に帰す。此れを用て之を観る、然らば則ち人の性の悪なること明らかなり。其の善なる者は偽なり。……今人の性は悪にして、必将ず師法を待ちて、然る後に正しく、礼義を得て、然る後に治まる。

とあって、人の性の性質を「好利」「疾悪」「耳目之欲」の三つに分析し、このような性質を持つ性（情を含む）に従えば、必ず秩序を乱し混乱を起こす結果を将来するから「師法」と「礼義」によって正しくし治めなければならないという。このような論理から性を悪、「偽」（人為・作為）を善とするわけだが、続く文章には、

古者聖王以人之性惡、以爲偏險而不正、悖亂而不治、是以爲之起禮義制法度、以矯飾人之情性而正之、以擾化人之情性而導之也。使皆出於治、合於道者也。

古者聖王は人の性の悪なるを以て、以て偏険にして正しからず、悖乱にして治まらずと為し、是を以て之が為に礼義を起し法度を制し、以て人の情性を矯飾して之を正し、以て人の情性を擾化して之を導けり。皆治に出でて、道に合せしむる者なり。

とあって、古の聖王が人の性を悪と見て、礼義を起こし「法度」を制して、人の「情性」を「矯飾」「擾化」したと

いう。[三八]ここに礼義は聖王が人為的作為的に起こしたものだという、礼の根源に関する作者の見解が明確に表明されているが、これは言うまでもなく礼の聖人制作説を意味する。このような聖人制作説は同篇の中に遍在する。例えば、

凡性者、天之就也、不可學、不可事者也。禮義者、聖人之所生也、人之所學而能、所事而成者也。

凡そ性なる者は、天の就せるなり、学ぶ可からず、事とす可からざる者なり。礼義なる者は、聖人の生ずる所なり、人の学びて能くする所、事として成る所の者なり。

とあり、また、

問者曰、人之性惡則禮義惡生。應之曰、凡禮義者、是生於聖人之僞、非故生於人之性也。……聖人積思慮、習僞故、以生禮義、而起法度。然則禮義法度者、是生於聖人之僞、非故生於人之性也。

問う者曰く、人の性悪ならば則ち礼義は悪くんぞ生ずるや、と。之に応えて曰く、凡そ礼義なる者は、是れ聖人の偽より生じ、人の性より生ずるに非ざるなり。……聖人は思慮を積み、偽故を習い、以て礼義を生じて、法度を起す。然らば則ち礼義法度なる者は、是れ聖人の偽より生じ、故《もと》人の性より生ずるに非ざるなり。……、と。

とあり、また、

聖人化性而起僞、僞起而生禮義、禮義生而制法度。然則禮義法度者、是聖人之所生也。

聖人は性を化して偽を起し、偽の起りて礼義を生じ、礼義の生じて法度を制す。然らば則ち礼義法度なる者は、是れ聖人の生ずる所なり。

とあるのがその例である。

では、『荀子』はなぜ礼の聖人制作説を唱えたのだろうか。『荀子』は何のきっかけなしに、しかも偶然こんなことを主張したのだろうか。この問題と関連して礼論篇の次の文章を見てみよう。

禮起於何也。曰、人生而有欲。欲而不得、則不能無求。求而無度量分界、則不能不爭。爭則亂、亂則窮。先王惡其亂也。故制禮義以分之、以養人之欲、給人之求、使欲必不窮乎物、物必不屈於欲、兩者相持而長。是禮之所起

也。

礼は何より起るや。曰く、人は生れながらにして欲有り。欲して得ざれば、則ち求むる無きこと能わず。求めて度量分界無ければ、則ち争わざること能わず。争えば則ち乱れ、乱るれば則ち窮す。先王は其の乱るるを悪みしなり。故に礼義を制して以て之を分ち、以て人の欲を養い、人の求めを給し、欲をして必ず物に窮せず、物をして必ず欲に屈せず、両者をして相持して長せしむ。是れ礼の起る所なり。……、と。

この一文は礼の起源と根源について語る文章である。人には生まれつき「欲」がある。欲は満たされないと無限に追求しようとする性質を有しているから、それに一定の「度量分界」がなければ、つまり自然状態のままでは、ホッブズの言うような万人の万人に対する闘争が起きて社会が混乱に陥ってしまう。先王はそれを悪み嫌ったので礼義を制定して分界・限度（分）を設け、欲と物の両者がバランスの取れるようにしようとしたため、礼が発生したのだという。この文章によれば、礼の実質的な機能・役割は分（区別・区分）にあるが、それは王制篇に、

人生不能無羣、羣而無分則爭、爭則亂、亂則離、離則弱、弱則不能勝物。

人は生るれば群する無きこと能わず、群して分無ければ則ち争い、争えば則ち乱れ、乱るれば則ち離れ、離るれば則ち弱く、弱ければ則ち物に勝つこと能わず。

とあるように、生まれて「群」、つまり集団をなす人間にとって、その集団を存立させる根拠でもあった。

以上を要するに、人間は自然的に群を形成するが、しかし人の性は悪であるゆえに、彼らが群をなして成立した社会は、秩序を自生的に実現することができない。群に必要な秩序とは分であるが、この分は、「先王」（聖王・聖人）の作為によって、人為的に実現する、と考えられていたと言えよう。(三九)

ところで、礼論篇の先の文章の後には、

人一之於禮義、則兩得之矣、一之於情性、則兩喪之矣。故儒者將使人兩得之者也。墨者將使人兩喪之者也。是儒墨之分也。

人之を礼義に一にすれば、則ち両《ふたつながら》之を得、之を情性に一にすれば、則ち両之を喪う。故に儒者は将に人をして両之を得しめんとする者なり。墨者は将に人をして両之を喪わしめんとする者なり。是れ儒墨の分なり。

とあって、「儒墨の分」について述べる文章がある。ここで「之」とは、上文に、

故に礼義を制して以て之を分ち、以て人の欲を養い、人の求めを給し、欲をして必ず物に窮せず、物をして必ず欲に屈せず、両者をして相持して長せしむ。是れ礼の起る所なり。

とある「欲」と「物」を指し、「両得」の「両」も同様に欲と物を指すだろう。一文の主旨は、儒者は礼義を重んじるから、人に欲と物の両方を満足させようと心がけるものであるのに対し、墨者は礼義を軽んじるから、両方を失わせようとするものである。だからこそ儒墨の相違を明らかにしよう、ということである。ところで、これを裏返してみれば、諸子百家の中でも特に墨家の儒家批判を主なターゲットにして礼の起源や根源の問題を取り上げていると言えるのである。

周知のように、墨家が早くから当時の思想界に大きな影響力を持っていたことは、『孟子』滕文公下篇に「楊朱墨翟之言、盈天下。天下之言、不歸楊則歸墨。」（楊朱墨翟の言、天下に盈つ。天下の言、楊に帰せざれば則ち墨に帰す。）とあり、諸子百家の文献に「儒墨」という表現がよく熟して登場することからも十分想像できる。ところで、滕文公下篇にはその直後に「楊墨之道不息、孔子之道不著。是邪説誣民、充塞仁義也。」（楊墨の道息まざれば、孔子の道著れず。是れ邪説民を誣い、仁義を充塞すればなり。）とあるように、そこでは礼はまだ問題とされていない。

さて墨家の代表的なキャッチフレーズに「尚賢・尚同・節用・節葬・非楽・非命・尊天・事鬼・兼愛・非攻」（『墨子』魯問篇）という十論があることは周知のことである。ところで、この十論の中で特に儒家の礼楽に批判的に触れていると思われるのは、節用中篇（「俛仰周旋威儀の礼」批判）、節葬下篇（「厚葬久喪」批判）、非楽上篇（音楽批判）等であるが、それが果たして儒家のみをターゲットにしているかどうか疑わしい場合もある。儒家を明示した形で礼楽批判がなされているのは、『墨子』の中でも成立の遅いといわれる非儒下篇であろう。(四〇)その中でも、

孔某之齊、見景公。景公説、欲封之以尼谿、以告晏子。晏子曰、不可。夫儒浩居而自順者也、不可以教下。好樂而淫人、不可使親治。立命而怠事、不可使守職。宗喪循哀、不可使慈民。機服勉容、不可使導衆。孔某盛容脩飾以蠱世、弦歌鼓舞以聚徒、繁登降之禮以示儀、務趨翔之節以觀衆。儒學不可使議世、勞思不可、絫壽不能盡其學、當年不能行其禮、積財不能贍其樂。繁飾邪術以營世君、盛爲聲樂以淫遇民、其道不可以期世、其學不可以導衆。今君封之、以利齊俗。非所以導國先衆。善。於是禮、留其封、敬見而不問其道。

孔某斉に之き、景公に見ゆ。景公説び、之を封ずるに尼谿を以てせんと欲し、以て晏子に告ぐ。晏子曰く、不可なり。夫れ儒は浩居して自ら順《よろこ》ぶ者なり、以て下を教う可からず。楽を好みて人を淫す、親ら治めしむ可からず。命を立てて事を怠る、職を守らしむ可からず。喪を宗び哀を循《と》ぐ、民を慈しましむ可からず。機服勉容、衆を道かしむ可からず。孔某盛容修飾して以て世を蠱《まどわ》し、弦歌鼓舞して以て徒を聚め、登降の礼を繁くして以て儀を示し、趨翔の節を務めて以て衆に観《しめ》す。儒〈博〉学なるも世を議せしむ可からず、労思するも〔以て民を補う〕可からず、寿を絫《かさ》ぬるも其の学を尽くすこと能わず、当年も其の礼を行うこと能わず、財を積むも其の楽を贍すこと能わず。邪術を繁飾して以て世君を営《まどわ》し、盛んに声楽を為して以て遇〈愚〉民を淫す、其の道以て世に期す可からず、其の学以て衆を導く可からず。今君之を封じて、以て斉の俗を利〈移〉さんとす。国を導き衆に先んずる所以に非ず、と。〔公曰く〕、善し、と。是に於て〔其の〕礼を〔厚〕くして、其の封を留め、敬い見るも其の道を問わず。(四二)

とある説話は、儒家批判の最も典型的な例であろう。篇そのものの成立時期はともかく、『荀子』礼論篇がわざわざ儒墨の分について触れているのは、墨家の礼に対する批判が、特に礼を最も重視する『荀子』にとって、以前よりまして重大な試練であったことを物語るものであろう。またこれこそ、礼論篇の作者が礼の起源や根源の問題を自覚することとなった一つのきっかけや原因であったのである。

『荀子』にそれ以前の儒家には見られなかった礼の起源や根源の問題が取り上げられている直接的な原因はこれだ

けではあるまい。もう一つ考えなければならないのは孟子と荀子の間における道家の介在である。すなわち、道家の儒家に対する人為批判である。そして道家がターゲットとしているのは仁義をはじめ色々様々であるが、その中で礼楽批判は仁義とセットで行われる場合が多い。そしてその礼楽批判は、「天」と「人」とを分離した上で、天を肯定し人を否定するという形で行われる場合がある。例えば、『荘子』大宗師篇には、孟子反・子琴張が友人の子桑戸の死を前に、まだ葬儀も済んでいないのに、歌詞を作り琴をかき鳴らしながら歌うという、世俗的な礼に外れた畸人ぶりが書かれている。ところで作者はそれを孔子の口を借りて、

　畸人者、畸於人、而侔於天。故曰、天之小人、人之君子、人之君子、天之小人也。

　畸人なる者は、人に畸《こと》なりて、天に侔し。故に曰く、天の小人は、人の君子なり、人の君子は、天の小人なり、と。

と評する。ということは、上文に「無為の業」・「道」・「道術」等のようなことばがあることから考えると、[四二]恐らく礼に外れた畸人ぶりを「天」、そして礼を「人」に規定して前者を肯定し後者を否定したものと考えられる。したがって、『荀子』解蔽篇で、

　荘子蔽於天而不知人。

　荘子は天に蔽われて人を知らず。

と批判するのは、同じく天人の分に立ちながら、道家の批判した人為や人道を再確認し、聖人の偽（人為）になる礼を価値標準とし、礼による聖人の教化を決定的なものと考えつつ、[四三]それによってこそ社会が安定すると考えていた『荀子』にとっては当然であろう。

　ところが、礼論篇・性悪篇のような、人の性を情欲とほぼ同義にとらえて悪とし、それを矯飾・擾化し、あるいは養ってこそ完成するという論駁の仕方は、道家の思想家たちにとってあまり大きな打撃にはならなかったようである。それはある意味で道家がかつて否定した人為を再確認したにすぎないからである。というか、道家の思想家たち

の人為批判に、かえって新たな理論的根拠を与えて逆襲を受ける結果となったのではないかと思われる。例えば、駢拇篇に、

> 夫待鉤繩・規矩而正者、是削其性也。待繩約・膠漆而固者、是侵其德也。屈折禮樂、呴兪仁義、以慰天下之心者、此失其常然也。
>
> 夫れ鉤繩・規矩を待ちて正す者は、是れ其の性を削るなり。繩約・膠漆を待ちて固むる者は、是れ其の徳を侵すなり。礼楽に屈折し、仁義に呴兪して、以て天下の心を慰むる者は、此れ其の常然を失わしむるなり。

とあるように、常然の性を損なうものとして礼楽や仁義を批判・否定するのは、その典型的な例である。また「至徳の世」のユートピア思想が描かれている馬蹄篇に、

> 夫至德之世、同與禽獸居、族與萬物竝。惡乎知君子・小人哉。同乎無知、其德不離。同乎無欲、是謂素樸。素樸而民性得矣。及至聖人、蹩躠爲仁、踶跂爲義、而天下始疑矣。澶漫爲樂、摘僻爲禮、而天下始分矣。故純樸不殘、孰爲犧樽。白玉不毀、孰爲珪璋。道德不廢、安取仁義。性情不離、安用禮樂。
>
> 夫れ至徳の世は、同じく禽獣と居り、族まりて万物と並ぶ。悪くんぞ君子・小人を知らんや。同乎として無知なり、其の徳離れず。同乎として無欲なり、是れを素樸と謂う。素樸にして民の性得らる。聖人に至るに及びて、蹩躠して仁を為し、踶跂して義を為して、天下始めて疑う。澶して楽を為し、摘僻して礼を為して、天下始めて分かる。故に純樸残われざれば、孰れか犧樽を為らん。白玉毀たれざれば、孰れか珪璋を為らん。道徳廃せられざれば、安くんぞ仁義を取らん。性情離されざれば、安くんぞ礼楽を用いん。

とあるのは、素樸・純樸（削らないままのアラキ）のような至徳の世は聖人の出現によってむしろだめになったが、生まれつきの自然の性が実現される本来の世に取り戻すためには、知・欲・情[四四]のみならず、それを基礎にして成り立つ仁義や礼楽をも排除しなければならないことを主張するところに狙いがある。これは同篇の下文に、

> 夫赫胥氏之時、民居不知所爲、行不知所之、含哺而熙、鼓腹而遊。民能以此矣。及至聖人、屈折禮樂、以匡天下

之形、縣跂仁義、以慰天下之心。而民乃始踶跂好知、爭歸於利、不可止也。此亦聖人之過也。

夫れ赫胥氏の時、民は居るに為す所を知らず、行くに之く所を知らず、哺を含みて熙《たの》しみ、腹を鼓ちて遊ぶ。民の能は此れに以《っ》く。聖人に至るに及びて、礼楽に屈折して、以て天下の形を匡し、仁義に県跂して、以て天下の心を慰む。而して民乃ち始めて踶跂して知を好み、争いて利に帰し、止む可からざるなり。此れ亦た聖人の過ちなり。

とあるのによっても分かるように、これらの文章が『荀子』の性悪説や聖人制作説を批判の対象としていることは明らかである。(四五)それは礼などによって外から性に人為を加えることは、かえって天与の性を損なうことだというロジックであり、それによって礼を排除しようとする動きに拍車がかけられたと言える。

また天運篇には、『詩』『書』『礼』『楽』『易』『春秋』の六経を身につけ、各国を遍歴しながらそれを政治に生かそうとして失敗した孔子に対し、老耼の口を借りて六経を先王の陳迹とした上で、「性不可易、命不可變。」(性は易う可からず、命は変う可からず。)とするのによれば、荀子系統の性説のみならず、性を易える具体的実践的な手段でもある経典批判にまで及んでいることが分かる。

以上見てきたように、礼の起源や根源の問題が『荀子』において初めて自覚されたのは決して偶然なことではないことが分かった。とすると、『性自命出』に詩書礼楽の聖人制作説が含まれているのは、まさに『荀子』のそれをほぼそのままの形で継承するものであり、かつ当篇において性を広義の教によって変化・成長させるべきものとしているのは、『荀子』の性悪説の必然的な帰結と軸を同じくするものと考えなければならない。

しかし、このような性悪説の理論が、それを受けて立つ道家の思想家たちによって、今度は性を損なうものとして猛烈な批判を受けることになったことは、前述した通りである。ここで仁義礼楽を始めとする儒家の根本義はもう一度大きな打撃を受けることになるが、このような道家の批判を受けて立ったのが『性自命出』ではなかろうか。(四六)

では『性自命出』の作者は、以上のような道家の批判をどのように克服しようとしたのか。それはまず性を悪とし善を偽に帰するのを根本的に改めることから始めたと思う。そこで性偽の分は天人の分に基づくものであるから、それをまず天人の連続として捉え直す。(四七)『性自命出』の冒頭で、性を天が降した命から生じたものとしたのがそれである。換言すれば、人間の内なる自然を肯定する根拠として天を設定し直したとも言える。これは道家が天与の性を真なるものとして捉えていたのを自己の性説の中に吸収したとも考えられる。

ところが、道家のように天与の性を十全なものとしてしまうと、詩書礼楽のような教は意味を持たなくなってしまう。(四八)よって教の存在意義を再確認するためには、性はやはり自然状態では自生的な秩序を形成することができない、不完全なものとして規定するしか方法がない。それを完成へと導く装置として詩書礼楽のような教を再確認し、それを聖人が制作したものとするのは、儒家の立場からすればむしろ当然のことであろう。

しかしこのままではまた道家からの同じ批判を免れることはできない。そこで着目したのが人間の内なる自然である情だったのではなかろうか。(四九)そのためには情に欲望の側面をなるべく排除しなければならない。『性自命出』において情に情欲や欲望としての意味づけがほとんど全く見えないのはそのためであろう。こうして礼の根源を情に置くこと、それは礼は単なる作為になるものではないのだということを意味する。したがって、『性自命出』において情が非常に重要な意味を持つのは、以上のような観点から見ればむしろ当然であろう。(五〇)情をこのように捉え直すこと、それは実は性悪篇に、

今人之性、飢而欲飽、寒而欲煖、勞而欲休、此人之情性也。今人飢見長、而不敢先食者、將有所讓也。勞而不敢求息者、將有所代也。夫子之讓乎父、弟之讓乎兄、子之代乎父、弟之代乎兄、此二行者、皆反於性而悖於情也。然而孝子之道、禮義之文理也。故順情性、則不辭讓矣、辭讓則悖於情性矣。用此觀之、然則人之性惡明矣。其善者僞也。

今人の性、飢うれば飽かんことを欲し、寒ければ煖かならんことを欲し、労るれば休わんことを欲するは、此れ人の情性なり。今人の飢えて長を見るも、敢て先に食わざる者は、将に譲る所有らんとすればなり。労るるも敢

て息うを求めざる者は、将に代わる所有らんとすればなり。夫れ子の父に譲り、弟の兄に譲ることと、子の父に代わり、弟の兄に代わることと、此の二つの行いは、皆性に反して情に悖るなり。然り而して孝子の道、礼義の文理なり。故に情性に順えば、則ち辞譲せず、辞譲せば則ち情性に悖る。此れを用て之を観る、然らば則ち人の性の悪なること明らかなり。其の善なる者は偽なり。

とある「情性」と「辞譲」つまり礼とのアンチノミーな関係を解消する意味をも持つものである。一方、道家が人間の自然の性に人為を加えることを否定する理由は、それが天与のものであるが故に絶対視し、それを人間の本質たる真・神・天にほかならないものとして捉えていたからであるが、[五一] その意味において性と仁義礼楽等をアンチノミーな関係で捉えるのは、実は『荀子』と全く同じであった。[五二] このようになってしまった原因は、一方が人（作為）、もう一方が天（作為の反対）のみによって自説を構築しようとしたことにあると思われる。とすると、『性自命出』は、両者の限界を天・人の両方を自己の理論の中に吸収することによって解決を試みたとも考えられるのではなかろうか。

第四章　『性自命出』の礼楽説の漢代儒教への影響

礼の根源を聖人と情の両方に求める『性自命出』の試みは、両者がそもそも両立できないものであったために、自己の内部に矛盾を残したままの形になってしまった。しかし、『性自命出』の以上のような全く新しい発想の転換や試みは、当篇の後に成立したと思われる様々な文献に甚大な影響を与え、そこからさらに様々な方向へと派生していくことになる。その方向とは、第一は、礼の根源を聖人に求めるのを排除し、人間の内なる自然、つまり情のみに求めることである。第二は、礼の根源を人間の外なる自然、つまり天や天地などに求めることである。その意味で、この場合は『性自命出』から直接影響を受けたものと見なすことはできない。(五三)第三は、礼の根源を人間の内外の自然と同時に聖人にも求めることである。

まず第一の場合であるが、例えば『韓詩外伝』巻三に、

嫁女之家、三夜不息燭、思相離也。取婦之家、三日不擧樂、思嗣親也。是故昏禮不賀、人之序也。三月而廟見、稱來婦也。厥明見舅姑、舅姑降于西階、婦升自阼階、授之室也。憂思三日、不殺三月、孝子之情也。故禮者、因人情爲文。

女を嫁するの家は、三夜燭を息めず。相離るるを思えばなり。婦を取るの家は、三日楽を挙げず。親に嗣ぐを思えばなり。是の故に昏礼賀せざるは、人の序なればなり。三月にして廟見し、来婦と称す。厥の明に舅姑に見え、舅姑は西階に降り、婦は阼階自り升るは、之に室を授くればなり。憂思すること三日にして、三月を殺せざるは、孝子の情なればなり。故に礼は、人の情に因りて文を為す。

とあり、(五四)『礼記』坊記篇に、

子云、小人貧斯約、富斯驕。約斯盜、驕斯亂。禮者、因人之情而爲之節文、以爲民坊者也。故聖人之制富貴也、使民富不足以驕、貧不至於約、貴不慊於上、故亂益亡。

子云く、小人は貧しきときは斯に約《くるし》み、富むときは斯に驕る。約むときは斯に盜み、驕るときは斯に乱る。礼は、人の情に因りて之が節文を為して、以て民の坊を為す者なり。故に聖人の富貴を制するや、民をして富みて以て驕るに足らず、貧しくして約むに至らず、貴くして上に慊せざらしむ。故に乱益ます亡し。

とあり、同じく問喪篇に、

或問曰、杖者以何爲也。曰、孝子喪親、哭泣無數、服勤三年、身病體羸、以杖扶病也。則父在不敢杖矣、尊者在故也。堂上不杖、辟尊者之處也。堂上不趨、示不遽也。此孝子之志也、人情之實也、禮義之經也。非從天降也、非從地出也、人情而已矣。

或ひと問いて曰く、杖くは何を以ての為めぞ、と。曰く、孝子親を喪い、哭泣すること数無く、勤めに服すること三年、身病み体羸る。杖を以て病いを扶くるなり。則ち父在すときは敢て杖かず、尊者在すが故なり。堂上には杖かず、尊者の処を辟くるなり。堂上には趨らず、遽かならざるを示すなり。此れ孝子の志なり、人情の実なり、礼義の経なり。天従り降るに非ざるなり、地従り出づるに非ざるなり、人情のみ、と。

とあり、『史記』礼書の劈頭に、

太史公曰、洋洋美徳乎。宰制萬物、役使羣衆、豈人力也哉。余至大行禮官、觀三代損益、乃知緣人情而制禮、依人性而作儀、其所由來尚矣。……

太史公曰く、洋洋たる美徳なるかな。万物を宰制し、群衆を役使す。豈人力ならんや。余れ大行礼官に至りて、三代の損益を観、乃ち人の情に縁りて礼を制し、人の性に依りて儀を作るは、其の由りて来る所尚しきことを知る。……、と。

とあるのがその例である。

次に第二の場合であるが、例えば『左伝』昭公二十五年の条に、

夫禮天之經也、地之義也、民之行也。天地之經、而民實則之。則天之明、因地之性、生其六氣、用其五行。氣爲五味、發爲五色、章爲五聲。淫則昏亂、民失其性。是故爲禮以奉之。

夫れ礼は天の経なり、地の義なり、民の行いなり。天地の経にして、民実に之に則る。天の明に則り、地の性に因り、其の六気を生じ、其の五行を用う。気五味と為り、発して五色と為り、章れて五声と為る。淫すれば則ち昏乱して、民其の性を失う。是の故に礼を為して以て之を奉ず。

とあって、礼を天経地義とし、（先王や聖人は）こうした天地の理法に則って、民がその性を養って失うことのないようにするために、礼を制定したという。このことは、上博楚簡『容成氏』第十四・八号簡に、

尭（堯）南面、坌（舜）北面。坌（舜）於是虖（乎）飼（始）語尭（堯）天陛（地）人民之道。與之言正

（政）、敓（説）柬㠯（以）行、與之言樂（樂）、敓（説）咊（和）㠯（以）兂（長）、與之言豊（禮）、敓（説）
敀（博）㠯（以）不逆。先（堯）乃敓（悦）。

堯は南面し、舜は北面した。舜はそこで堯に天地人民の道について語った。彼と政治の話をすると、（不義を）的確に選び出して実際に行動に移すものと述べ、音楽の話をすると、調和を保ってこそ長く続くものと述べ、礼の話をすると、幅広く交わりながら（礼は）きちんと守られるべきものと述べた。堯は気に入った。

とあるのも、『左伝』に楽はないものの、礼楽を天地に属する事象として位置づける点において、『左伝』と思想的基盤を同じくするものと思われる。（五五）

次に第三の場合であるが、例えば『礼記』楽記篇に、

樂者、天地之和也、禮者、天地之序也。……樂由天作、禮以地制。……明於天地、然後能興禮樂也。

楽は、天地の和なり、礼は、天地の序なり。……楽は天に由りて作り、礼は地を以て制す。……天地に明らかにして、然る後に能く礼楽を興すなり。

とあるのは、礼楽の根源を天地に求める思考であるが、同篇に、

王者功成作樂、治定制禮。其功大者其樂備、其治辯者其禮具。

王者功成りて楽を作り、治定まりて礼を制す。其の功大なる者は其の楽備わり、其の治弁き者は其の礼具わる。

とあるのは、礼楽の根源を王者に求めることである。ところが、また同篇に、

聖人作樂以應天、制禮以配地。禮樂明備、天地官矣。

聖人楽を作りて以て天に応じ、礼を制して以て地に配す。礼楽明らかに備わりて、天地官す。

とあるのによれば、王者や聖人は天地に包摂されているので、より根源的なのは天地であるとしなければならないが、また一方では、

先王本之情性、稽之度數、制之禮義。

先王之を情性に本づけ、之を度数に稽え、之を礼義に制す。

とあり、また、

樂也者、情之不可變者也。禮也者、理之不可易者也。樂統同、禮辨異。禮樂之説、管乎人情矣。……禮樂偩天地之情、達神明之徳。

楽なる者は、情の変ず可からざる者なり。礼なる者は、理の易う可からざる者なり。楽は同を統べ、礼は異を弁ず。礼楽の説は、人情を管す。……礼楽は天地の情に偩《よ》り、神明の徳に達す。

とあることから考えると、礼の根源を多角的総合的に考えていたと理解するのが穏当のようである。このことは、『韓詩外伝』巻五に、

禮者、則天地之體、因人之情而爲之節文者也。無禮、何以正身。無師、安知禮之是也。禮然而然、是情安於禮也。師云而云、是知若師也。情安禮、知若師、則是君子之道。言中倫、行中理、天下順矣。

礼は、天地の体に則り、人の情に因りて之が節文を為す者なり。礼無ければ、何を以て身を正さん。師無ければ、安くんぞ礼の是たるを知らん。礼然《かくのごと》くして然くするは、是れ情、礼に安んずるなり。師云いて云うは、是れ知師の若くなるなり。情礼に安んじ、知師の若くなるは、則ち是れ君子の道なり。言倫に中り、行い理に中れば、天下順う。

とあるのともやや似ている。このように礼の根源を多角的総合的に考えるのは、同じく『礼記』礼運篇・喪服四制篇の他、『説苑』修文篇、『孔子家語』礼運篇などにも見える。

『性自命出』の性情説や礼楽説が及ぼした影響は儒家内部だけではない。道家系の文献にもそれが表れている。例えば、『管子』四篇の一篇である心術上篇に、

禮者、因人之情、緣義之理、而爲之節文者也。故禮者謂有理也。理也者、明分以諭義之意也。故禮出乎義、義出乎理、理因乎宜者也。

礼は、人の情に因り、義の理に縁りて、之が節文を為す者なり。故に礼は理有るを謂うなり。理なる者は、分を明らかにして以て義を諭すの意なり。故に礼は義より出で、義は理より出で、理は宜に因る者なり。

とあり、『淮南子』斉俗篇に、

禮者、實之文也。仁者、恩之效也。故禮因人情而爲之節文、而仁發怲以見容。禮不過實、仁不溢恩也、治世之道也。

礼は、実の文なり。仁は、恩の効なり。故に礼は人の情に因りて之が節文を為し、而して仁は怲に発して以て容に見わす。礼、実に過ぎず、仁、恩に溢れざるは、治世の道なり。(五六)

とあるのがその好例である。ところが、斉俗篇の場合は、礼の根源を情に求める思想を『性自命出』のような儒家から受容したにもかかわらず、その直後に、

夫三年之喪、是強人所不及也、而以僞輔情也。三月之服、是絶哀而迫切之性也。夫儒墨不原人情之終始、而務以行相反之制。

夫れ三年の喪は、是れ人の及ばざる所を強い、而して偽を以て情を輔くるなり。三月の服は、是れ哀を絶ちて之が性を迫切するなり。夫れ儒墨は人情の終始に原づかずして、務めて以て相反するの制を行う。

とあるように、『性自命出』のような性情説や礼楽説をもって、今度は逆に「三年の喪」や「三月の服」に代表される儒墨の礼制を批判している。しかしながら、自家撞着的なこの批判が、これ以上説得力を持ちえないのは、すでに時代の趨勢であった。なぜなら、道家の内部においても、例えば『荘子』繕性篇に、

夫德、和也、道、理也。德無不容、仁也。道無不理、義也。義明而物親、忠也。中純實而反乎情、樂也。信行容體而順乎文、禮也。禮樂偏行、則天下亂矣。彼正而蒙己德。德則不冒、冒則物必失其性也。

夫れ徳は、和なり、道は、理なり。徳の容れざる無きは、仁なり。道の理めざる無きは、義なり。義明らかにして物親しむは、忠なり。中、純実にして情に反るは、楽なり。信、容体に行われて文に順うは、礼なり。礼楽偏

（偏）えに行わるれば、則ち天下乱る。彼れ正さんとして己が徳を蒙う。徳は則ち冒われず、冒えば則ち物必ず其の性を失うなり。

とあるように、かつて性を損なうものとして厳しく批判していた仁義や礼楽を、自分たちの主張する「道」や「徳」と同質のものと見なし、制限付きではあるが、その効用を認める動きさえ現れてしまったからである。(五七)またこのことは『淮南子』泰族篇に、

民有好色之性、故有大婚之禮。有飲食之性、故有大饗之誼。有喜樂之性、故有鍾鼓筦絃之音。有悲哀之性、故有衰絰哭踊之節。故先王之制法也、因民之所好、而爲之節文者也。因其好色、而制婚姻之禮、故男女有別。因其喜音、而正雅頌之聲、故風俗不流。因其寧家室、樂妻子、敎之以順、故父子有親。因其喜朋友而敎之以悌、故長幼有序。然後脩朝聘、以明貴賤、饗飲習射、以明長幼、時搜振旅、以習用兵也、入學庠序、以脩人倫。此皆人之所有於性、而聖人之所匠成也。

民に色を好むの性有り、故に大婚の礼有り。飲食の性有り、故に大饗の誼有り。楽を喜ぶの性有り、故に鐘鼓筦絃の音有り。悲哀の性有り、故に衰絰哭踊の節有り。故に先王の法を制するや、民の好む所に因りて、之が節文を為す者なり。其の色を好むに因りて、婚姻の礼を制す、故に男女別有り。其の音を喜ぶに因りて、雅頌の声を正す、故に風俗流れず。其の家室を寧んじ、妻子を楽しむに因りて、之に教うるに順を以てす、故に父子親有り。其の朋友を喜ぶに因りて、之に教うるに悌を以てす、故に長幼序有り。然る後に朝聘を修めて以て貴賤を明らかにし、饗（郷）飲習射して、以て長幼を明らかにし、時に搜び旅を振えて、以て用兵を習わし、学に庠序に入りて、以て人倫を修む。此れ皆人の性に有する所にして、聖人の匠成する所なり。

とあることからも明らかである。(五八)これは恐らく、道家の中に儒家を包摂しようというのが本来の目的だったと思われるが、しかしそれがかえって自己矛盾・自己破綻の潜在的可能性を秘めることにもなったのである。

ところが、さらに重要なことは、実は別のところにある。泰族篇の右の文章に続く次の文章を見てみよう。

故無其性、不可敎訓。有其性、無其養、不能遵道。繭之性爲絲、然非得工女煮以熱湯、而抽其統紀、則不能成絲。卵之化爲雛、非慈雌嘔煖覆伏、累日積久、則不能爲雛。人之性有仁義之資、非聖人爲之法度而敎導之、則不可使郷方。故先王之敎也、因其所喜、以勸善、因其所惡、以禁姦。故刑罰不用、而威行如流、政令約省、而化燿如神。故因其性、則天下聽從。拂其性、則法縣而不用。

故に其の性無ければ、教訓す可からず。其の性有るも、其の養無ければ、道に遵う能わず。繭の性は絲と為る、然れども工女の煮るに熱湯を以てし、其の統紀を抽くを得るに非ざれば、則ち絲を成すこと能わず。卵の化して雛と為るも、慈雌の嘔煖覆伏すること、日を累ね久しきを積むに非ざれば、則ち雛と為る能わず。人の性に仁義の資有るも、聖人之が法度を為りて之を教導するに非ざれば、則ち方に郷わしむ可からず。故に先王の教や、其の喜ぶ所に因りて、以て善を勧め、其の悪む所に因りて、以て姦を禁ず。故に刑罰用いずして、威行わるること流るるが如く、政令約省にして、化燿くこと神の如し。故に其の性に因れば、則ち天下聴従し、其の性に払れば、則ち法県くれども用いられず。

これは『性自命出』の礼楽の根源の問題に重要な示唆を与える文章であるが、ここでは次の二点に注目したい。一つは、『性自命出』において未解決のまま残されていた自然的秩序観と聖人制作説の矛盾の問題が見事に解決されている点。もう一つは、礼楽の根源の問題を政治論に転用している点（前の文章の下線部もあわせて参照）。前者の場合、『性自命出』の作者が自然的秩序観と聖人制作説を矛盾として感じていなかったのは、もしかすると、泰族篇のこの文章のような思考を持っていたからかも知れない。特に後者の場合は、人間の性は聖人の「教導」を待ってこそ完成しうるとする点、その意味で『荀子』と同様、人間（泰族篇の場合は民）は社会の秩序を自生的・自主的に実現することはできず、先王や聖人の法や法度（礼楽も含む）あるいは教や教訓のような人為・作為によってこそ実現されるとする点、為政者が人間の内なる自然（性）による政治を行いさえすれば、安定した権力を確保・維持することができるとする点、大体以上の三つの特徴を有するものと考えられる。これが君主権力・政治権力の強化にすぐ繋がりうるものであることは言うまでもあるまい。『性自命出』の場合は、それがまだ未熟な段階に止まっていた。[五九] それが漢代になって現実味を帯びてくることとなった意義は、非常に大きいと思う。[六〇]

さて『性自命出』は以上のような諸子百家の礼思想のみならず、漢代の儒教成立の草創期においても少なからぬ影響を及ぼしたと思われる。その一端は、『史記』劉敬叔孫通列伝に見える。漢の五年（前二〇二年）、秦の厳しい儀法をすべて廃止し簡便にしたところ、群臣が朝廷で酒を飲んで酔っぱらって乱暴をふるうことが多発していた。高祖はそれを憂慮していたが、そのことを察知した叔孫通は、朝廷での儀礼の制定を建議することになる。ところで、その建議のことばの中には、

　五帝異樂、三王不同禮。禮者、因時世人情爲之節文者也。故夏殷周之禮所因損益可知者、謂不相復也。臣願頗采古禮、與秦儀雜就之。

　五帝は楽を異にし、三王は礼を同じくせず。礼は、時世・人情に因り之が節文を為す者なり。故に夏殷周の礼は因りて損益する所知る可しとは、相復せざるを謂うなり。臣願わくは頗る古の礼を采り、秦の儀と雑えて之を就さん。

とあって、礼の根源を「人情」に求める思想が見える。また人情とともに「時世」ということばがあるのは、礼を可変的・歴史的なものとして捉える新たな観点として注目に値する。周知のように、叔孫通は、秦漢の二代にわたって博士に在官し、[六一] 同列伝の末尾で太史公が「叔孫通希世度務制禮、進退與時變化、卒爲漢家儒宗。」（叔孫通は世を希い務めを度り礼を制し、進退は時と変化し、卒に漢家の儒宗と為る。）と評した人物である。ということは、漢初における礼制の制定に際しても、『性自命出』のような思想が一つの理論的根拠を提供する役割を演じたと考えられるのではなかろうか。

おわりに

今まで、『性自命出』の性情説と礼楽説との関係に焦点を当てつつ、それを中国古代思想史の大きな流れの中に正しく位置づけることを心がけて論じてきた。本論考での未解決の問題や本論考からさらに派生していく問題は恐らく山積しているだろうが、ここで一旦今までの議論をまとめてみると次のようになる。

儒家の礼楽説の大きな流れの中で、礼の起源や根源の問題が初めて自覚されたのは『荀子』であった。そのような自覚の原因・理由は儒家の内部から自生的に発生したというより、墨家や道家等の礼楽批判・人為批判といった外部からの圧力に大きな打撃を受けたことに触発されたものであった。これを第一の危機と呼ぼう。

これを克服することを一つの重大な課題として登場したのが『荀子』であった。その方向は、道家の天人の分の思想を利用しながら、天を外化し人を再確認することであった。それは人間論にも及んで人偽の分という『荀子』特有の思想が生まれたわけだが、そこから性を悪とし善を偽に帰することによって、聖人の教化や聖人の偽になる礼義の存立基盤を確固たるものにした。

しかし、このような性悪説は道家の側から見れば、それ以前から道家が主張してきた人為批判を再確認したことにすぎないものであった。また聖人の偽による性の完成という『荀子』の理論が、はからずも天与の性を損なうものとして捉え直すきっかけを提供したことによって、今度は人為と人間の内なる自然をめぐる論争が再燃し、道家による儒家批判は絶頂に達していった。これを第二の危機と呼ぼう。

これを受けて立ったのが『性自命出』であろう。『性自命出』は『荀子』の性悪説と道家の性情説及び人為批判の両極を克服する糸口として情に着眼し、おおむね否定的な意味合いが附与されていた情を肯定的なものに捉え直した。その際、情を保証するものとして提唱されたのが忠信である。そうすることによって、情と礼楽、あるいは性と礼楽をアンチノミーな関係で考えていた『荀子』や『荀子』以降の道家思想の限界を克服する基盤が形作られたのである。道家の人為批判は、これでその理論的根拠をほぼ完全に喪失してしまったと言えよう。

このような意味で、『荀子』の性悪説や道家、就中『荘子』系の道家の性説は、基本的にいわば「性礼の分」あるいは「情礼の分」の上に立っているが、『性自命出』をはじめ、前引の『淮南子』、賈誼『新書』、さらには『韓詩外伝』、『礼記』中のいくつかの篇は、いずれも「性礼の連続」あるいは「情礼の連続」の上に立っていると考えられる。

さて礼とは、古代中国において個人のレベルだけでなく、国家的・国際的レベルにおいても、それらを根柢から支える政治社会的行動規範の一つであった。したがって、道家のような諸子百家が、そのような礼を否定することは、単に儒家という一学派の理念や存立基盤のみを否定することではなく、国家社会を支える規範を根柢から揺るがすことをも意味するものだったと考えられる。その意味において非常に深刻な事態を招きかねない、そういうようなものではなかったのだろうか。

そのような意味で、『性自命出』における人間の内なる自然を意味する情の再発見・再認識は、中に矛盾を孕んだままではあったが、人間の外なる自然を意味する天や天地とともに、漢代以降の礼楽説のみならず、漢初の礼制の制定にまで一つ重要な方向性を与えたと考えられる。その方向性とは、儒教の主要な徳目や礼楽を人間の内なる自然によるものとする観念である。こうした重要な意味を持つ『性自命出』が発見されたことは、『荀子』と漢代儒教との間の空白を見事に埋めてくれたということで、その意義は計り知れないほど大きい。のみならず、それは後に名教自然論へと展開する儒教思想史の流れとも軸を同じくするものである。そしてさらにその影響は、例えば、『朱文公文集』巻七二に「夫天生蒸民、有物有則。君臣之義、根於情性之自然、非人之所能爲也。」（夫れ天の蒸民を生ずる、物有れば則有り。君臣の義は、情性の自然に根ざし、人の能く為す所に非ざるなり。）とあるように、実は宋学にまで及んでいるのである。(六二)

本論考の以上のような分析からすると、『性自命出』の成立年代は、現在多くの学者たちによって支持されている子思あるいは孟子以前とする説は、到底賛成できない。如上のように荀子及び荀子を批判の対象とした道家の思想を受けて立つものと位置づけると、その成立は戦国後期から末期の間とするのが最も穏当のように思われる。

最後に、『性自命出』の性情説と礼楽説の意義についてであるが、大体次の三点のことが考えられる。まず思想史的には、諸子百家の儒家への厳しい批判、特に礼楽批判を克服する理論を整え、漢代における儒教の存立基盤に確固たる根拠を提供したこと、これが第一点である。次に漢代の政治権力との関係において、先の叔孫通列伝にあったように、皇帝権力に接近しつつ、儒教の礼による朝廷内の秩序形成や礼制の確立、ひいては、先の『韓詩外伝』・賈誼『新書』・『淮南子』・『礼記』などにあったように、漢初の国家・社会の秩序形成（つまり分）と安定化に一つの理論的根拠を与える重要な機能と役割を演じたこと、これが第二点である。そしてこのように儒教が他の諸子の思想に打ち克って、思想界のトップに躍り出、やがては国教化あるいは官学化に向かう、その草創期に当たる時期に、礼楽の内面化を意味する自然的秩序の思想、並びに礼楽の普遍妥当性の保証としての聖人に意義を求める作為的制度観、そして聖人あるいは先王・聖王の作った諸々の教による善性の完成という理念のもとで、礼楽の存在意義と価値を再定立するきっかけを与えたと考えられること、これが第三点である。

注

（一）例えば、陳偉「関于郭店楚簡《六徳》諸篇編連的調整」（武漢大学中国文化研究院編『郭店楚簡国際学術研討会論文集』、湖北人民出版社、二〇〇〇年五月／『江漢考古』二〇〇〇―一、二〇〇〇年）がその代表的な例である。

（二）以上『性自命出』の編連の問題については、廖名春「郭店簡《性自命出》的編連与分合問題」（『中国哲学史』二〇〇〇―四、二〇〇〇年十一月）が参考になる。

（三）戦国中期偏晩説に内在する方法論上の諸問題については、本書の結論の部分を参照されたい。

（四）陳前掲論文「《太一生水》与《性自命出》発微」や高華平「論述《郭店楚墓竹簡・性自命出》的道家思想」（武漢大学中国文化研究院等主辦『郭店楚簡国際学術研討会　論文匯編』一、武漢大学・珞珈山荘、一九九九年十月／武漢大学中国文化研究院編『郭店楚簡国際学術研討会論文集』、湖北人民出版社、二〇〇〇年五月）のように、道家からの影響を強調する研究もある。後述するように、筆者も基本的には道家の影響を認める立場にある。その意味においては両者の研究と共通していると言える。しかしながら、実際の中身においては、筆者と見解を異にする部分も多々ある。

（五）李前掲論文「先秦儒家著作的重大発現」、一五～一六頁。

（六）龐樸氏も『性自命出』の冒頭の数句と中庸篇の首章は同様の思想を表すものとし、儒家の心性説の展開を孔子――『性自命出』――中庸――孟子のように描いている（「孔孟之間――郭店楚簡的思想史地位」、『中国社会科学』一九九八―五、一九九八年五月／復印報刊資料『中国哲学』一九九八―一〇、一九九八年十二月／『中国哲学』二〇（郭店楚簡研究）、遼寧教育出版社、一九九九年一月（「孔孟之間――郭店楚簡中的儒家心性説」と改題）、二二～三四頁／復印報刊資料『先秦、秦漢史』一九九九―一、一九九九年二月／国際儒学聯合会編『国際儒学研究』六、一九九九年二月（「孔孟之間――郭店楚簡中的儒家心性説」と改題））、同「古墓新知――漫読郭店楚簡」（国際儒学聯合会聯絡工作委員会・国際儒学聯合会秘書処編『国際儒学聯合会簡報』一九九八―二、一九九八年六月／『中国哲学』二〇（郭店楚簡研究）、遼寧教育出版社、一九九九年一月、八～九頁／『読書』一九九八―九、一九九八年）。他にも、姜前掲論文「郭店楚簡与《子思子》」（八四頁）は、『性自命出』を中庸篇より成立は早いが、いずれも子思の作とする。

（七）陳来「郭店楚簡之《性自命出》篇初探」（『孔子研究』一九九八―三、一九九八年九月／『中国哲学』二〇（郭店楚簡研究）、遼寧教育出版社、一九九九年一月（「荊門楚簡之《性自命出》篇初探」と改題）、三〇六～三〇九頁）。

（八）廖論文②、五八～六二頁。

（九）丁四新「論《性自命出》与公孫尼子的関係」（『武漢大学学報（哲学社会科学版）』一九九九―五、一九九九年九月／復印報刊資料『中国哲学』一九九九―一二、二〇〇〇年二月）、同「論《性自命出》与思孟学派的関係」（『中国哲学史』二〇〇〇―

四、二〇〇〇年十一月)、同前掲書『郭店楚墓竹簡思想研究』がその例。丁氏は公孫尼子の作の可能性を完全に否定はしないが、子思の作の可能性が最も高いとする。

(一〇) 末永高康「もう一つの「天人の分」――郭店楚簡初探」(『鹿児島大学教育学部研究紀要』第五〇巻別冊、一九九九年三月)、同「「性」即「気」――郭店楚簡『性自命出』の性説」(『鹿児島大学教育学部研究紀要』第五一巻別冊、二〇〇〇年三月)、同「『礼記』中庸篇の「誠」の説について」(『中国の礼制と礼学』、朋友書店、二〇〇一年十月)、同「仁内義外考――郭店楚簡と孟子の仁義説――」(『鹿児島大学教育学部研究紀要』五四、二〇〇三年三月)。

(一一) 陳仲奇「郭店楚簡『性自命出』篇の「命《めい》」について」(『北東アジア研究』一、二〇〇一年三月)。

(一二) 竹田健二「郭店楚簡『性自命出』と上海博物館蔵『性情論』との関係」(『日本中国学会報』五五、二〇〇三年十月。後にタイトルを一部変えて浅野前掲書『古代思想史と郭店楚簡』に収録)、同「郭店楚簡『性自命出』・上博楚簡『性情論』の性説」(『国語教育論叢』一四、二〇〇五年三月。後に浅野前掲書『古代思想史と郭店楚簡』に収録)、同「第四章　人間の本性は善か悪か」(浅野・湯浅前掲書『諸子百家〈再発見〉』所収)。

(一三) 渋谷由紀「「性」と「心」――《性自命出》の分析を通じて」(『中国出土資料研究』八、二〇〇四年三月)。

(一四) 橋本昭典「郭店楚簡『性自命出』における「情」について 」(『中国研究集刊』三六(特集号「戦国楚簡と中国思想史研究」)、二〇〇四年十二月)。

(一五) 山田崇仁「『礼記』中庸篇の成書時期について――N-gramモデルを利用した分析――」(『中国古代史論叢　続集』、二〇〇五年三月)のように、末永氏と竹田氏の説を批判する声もある(九八~九九頁)。ちなみに、山田氏は現行本『中庸』の成書年代を前三世紀の中頃(前二五〇年前後~荀子没前)と主張する(一三四頁)。しかし、その分析方法には、漢字の言語上の特殊性、概念・思想の史的展開と変容、思想内容の正確な理解と分析、出土資料や文献資料の成立年代など、少なからぬ問題が依然として残っていると考えられる。ただし、ここでそれを詳論するのは割愛する。

(一六) 金谷治「楚簡「性自命出」篇の考察」(『日本学士院紀要』五九―一、二〇〇四年九月)、三四頁。

（一七）例えば、第十五～十六号簡に「奇（詩）箸（書）豊（禮）樂（樂）、亓（其）㠯（始）出皆生於人。」とある「人」を「人の心情」と解釈するが（三〇頁）、後述するように、「ひと」（つまり聖人）と解釈すべきであろう。これは単なる字句の解釈の問題に止まるものではない。本論考で取り上げるような礼楽の根源の問題に直接関わるものでもあるので、実は非常に重大なミスだと考える。

（一八）池田知久「郭店楚簡『眚自命出』における「道の四術」」（同氏監修『郭店楚簡の思想史的研究』五、「古典学の再構築」東京大学郭店楚簡研究会編、二〇〇一年二月／同氏編『郭店楚簡儒教研究』、汲古書院、二〇〇三年、五六四～五六五頁）。

（一九）『性自命出』の本文の意味を確定する際は、李前掲論文「郭店楚簡校読記」・同前掲書『郭店楚簡校読記』及び大東文化大学郭店楚簡研究班「郭店楚墓竹簡『眚自命出』訳注」（その一）～（その四）（池田知久監修『郭店楚簡の研究』（四）～（七）、二〇〇二年十月・二〇〇四年三月・二〇〇五年三月・二〇〇六年三月）を主に参照した。

（二〇）このことは、第六号簡に「凡心又（有）忎（志）也」とある一文からも明白である。

（二一）この一文を解釈する時よく引かれる『大戴礼記』文王官人篇に「民有五性。喜怒欲懼憂也。喜氣内畜、雖欲隱之、陽喜必見。怒氣内畜、雖欲隱之、陽怒必見。欲氣内畜、雖欲隱之、陽欲必見。懼氣内畜、雖欲隱之、陽懼必見。憂悲之氣内畜、雖欲隱之、陽憂必見。五氣誠於中、發形於外、民情不隱也。」（ほぼ同様の文章が『逸周書』官人篇にも見える）とあるのによれば、五つの性の気が非固定的・流動的な性質のものとして認識されていることが容易に看て取れる。

（二二）このように「性」と「物」とを相互依存関係にあるものとして捉えるのは、第五～七号簡に「凡眚（性）爲宔（主）、勿（物）取之也。金石之又（有）聖（聲）〔也、弗鉤（攷）不鳴（鳴）。人〕售（雖）又（有）眚（性）心、弗取不出。凡心又（有）忎（志）也、亡（無）与（與）不〔可。忎（志）之不可〕蜀（獨）行、猷（猶）口之不可蜀（獨）言也。」とある文章からも明らかである。なお、字形の問題はさておき（以下、同じ）、「金石之又聖」の直後に「也弗鉤不鳴」の五字を補うのは、上博楚簡（一）所収の『性情論』の図版及び釈文（二二四頁。以下、『性情論』と略称）によった。またその直後にさらに「人」を補うこと及び「亡与不」の直後に「可忎之不可」を補うのは、郭沂『郭店竹簡与先秦学術思想』（上海教育出版社、二〇〇一年、二三四〜二三五頁）並びに前掲大東文化大学郭店楚簡研究班の訳注（その一）（六三・六八頁）によった。

（二三）「善不」の直後は、図版によって三字の欠字とし、『性情論』（二二四頁）によって「善眚也」を補った。

（二四）「善不〔善、眚也〕。」という一句の解釈の問題は、末永前掲論文「仁内義外考」注三一（二一頁）を参照。

（二五）「生まれつき具わっている」ということは、勿論それが十全に発揮されることを保証するものではない。その能力が十全に発揮されるためには、後述する広義の七つの教を待たなければならない。

（二六）「勢」は、前掲大東文化大学郭店楚簡研究班の訳注（その一）は、「性」を取りまく周囲の状況を意味すると解釈するが（五二〜五五頁）、恐らく違うだろう。第十一号簡に「出眚（性）者、埶（勢）也。」とあり、また第十二〜十三号簡に「勿（物）之埶（勢）者之胃（謂）埶（勢）。」とあるのを考え合わせると、例えば、『淮南子』泰族篇に「夫物有以自然、而後人事有治也。故良匠不能斲金、巧冶不能鑠木、金之勢不可斲、而木之性不可鑠也。埏埴而爲器、窬木而爲舟、鑠鐵而爲刃、鑄金而爲鐘、因其可也。駕馬服牛、令雞司夜、令狗守門、因其然也。」とあるように、物の自ら持っている固有の性質を意味するものと考えられる。なお「勢」については末永前掲論文（「仁内義外考」、一三〜一四頁）もあわせて参照。

（二七）「亓眚」の直後は、図版によって二字の欠字とし、郭前掲書『郭店竹簡与先秦学術思想』（二三六頁）によって「弌也」を補った。

（二八）「寠」は、裘錫圭氏は『性情論』でそれに相当する字を「室」の下に「心」を加える形に作るのによって「室」に作る。また『国語』越語下の「時節三樂」の「節」を、馬王堆帛書『十大経』観篇第八十七行上で「室」声の「挃」に作るのを根拠に、「節」の仮借字とする（裘錫圭「由郭店簡《性自命出》的〃室性者故也〃説到《孟子》的〃天下之言性也〃章」（張光裕主編『第四届国際中国古文字学研討会論文集』、二〇〇三年十月）、同『中国出土古文献十講』（復旦大学出版社、二〇〇四年、二六〇〜二六一頁）、邢文「郭店、上博楚簡整理研究的最新進展：裘錫圭、李朝遠先生主題発言紀要」（『国際簡帛研究通訊』四—二、二〇〇四年八月、二頁））。通仮の問題は裘氏の説でよかろうが、字形は図版によって「寠」に作る。なお「挃」と「節」との通仮の問題については、国家文物局古文献研究室前掲書『馬王堆漢墓帛書〔壹〕』所収の「観」註釈〔三一」（六四頁）もあわせて参照。

（二九）上文では性の同一性と心の多様性を二項対立的に捉えていたから、変化・成長の対象は心のはずなのに、なぜか性に設定している。これは心を性に依存するものとみていたためではなかろうか。

（三〇）「習」と「出之」の間は、図版によって三字の欠字とし、「性自命出釈文注釈」【注釈】〔三〕の「裘按」（一八二頁）によって「青者能」を補った。

（三一）『性自命出』に見える「情」について、劉楽賢氏は『淮南子』繆称篇に見えるいくつかの情の説と最も類似しているとし、また繆称篇に『子思子』の佚文が少なからず含まれているという楊樹達等の説に基づいて、『性自命出』が『子思子』に属するとする（「《性自命出》与《淮南子・繆称》論〝情〟」（廖名春編『清華簡帛研究』一、清華大学思想文化研究所、二〇〇〇年八月／『中国哲学史』二〇〇〇—四、二〇〇〇年十一月、二二～二七頁）。また橋本前掲論文「郭店楚簡『性自命出』における「情」について」は、『性自命出』の情を「実情」や「内実」と見なして解釈する（一九三頁）。しかしこの両者の説は間違いとしなければならない。なぜなら、まず劉氏の説の場合、繆称篇に『子思子』の佚文と類似の文章が含まれているのは古くから指摘されていることだからさておき、問題はそれら『子思子』の佚文が果たして『性自命出』の情説（あるいは『性自命出』全体の内容）と緊密な関わりを持っているかというと、そうではないからである。その意味で劉氏の説は断章取義の典型的な例と言える。そして橋本氏の説の場合は、その根拠として『論語』や『孟子』に見える情（実情・内実の意とする）を含む文章を挙げているが、それらは実際において『性自命出』とほとんど関係がない。なお李天虹「《性自命出》与伝世先秦文献〝情〟字解詁」（『中国哲学史』二〇〇一—三、二〇〇一年八月／『郭店竹簡《性自命出》研究』、湖北教育出版社、二〇〇二年、五九頁）のように、『性自命出』の情説の淵源を孔子の仁学に求め、子思の『中庸』と『孟子』の「誠」を『性自命出』の情からさらに発展したものとする見解もあるが、これも賛同できない。なぜなら、『性自命出』の情の淵源を孔子の仁に求めるのはあまりにも根拠薄弱であるし、『中庸』や『孟子』の誠を『性自命出』の情から発展したものとする根拠は、『性自命出』に見える「信」を「誠」とし、かつ置換可能と見なして論を展開しているからである。ところが、意味が似ているからとって、ある概念を別の概念にむやみに置き換えるのは、厳密性を欠いた議論にすぎない。前引の末永氏の論文『『礼記』中庸篇の「誠」の説について」（三七七～三七八頁）も『性自命出』の信を誠に置き換えて議論する例の一つである。

（三二）上文に「萬（厲）眚（性）者、宯（義）也」とあるのを参照。

（三三）第十二号簡に「兂（長）眚（性）者、衍（道）也」とあるのは、終着点として義に近い道が外から性を成長させることを意味する。なお渋谷前掲論文「「性」と「心」」（五頁）は、この情と義の関係を「一種の円環構造」とするが、それが誤った解釈であることは、以上の論証から明らかであろう。なお円環構造では量的な変化はあっても質的な変化は起こらない。『性自命出』で言う性の変化・成長が質的なそれを指すことは言うまでもない。

（三四）類似の表現は第四十一～四十二号簡に「所爲衍（道）者四、售（唯）人衍（道）爲可衍（道）也。」とある。

（三五）第九十七号簡を第三十一号簡の直後に移動することは、陳偉「《語叢》一、三中有関〝礼〟的幾条簡文」（武漢大学中国文化研究院等主辦『郭店楚簡国際学術研討会　論文匯編』二、武漢大学・珞珈山荘、一九九九年十月／武漢大学中国文化研究院編『郭店楚簡国際学術研討会論文集』、湖北人民出版社、二〇〇〇年五月、一四三～一四四頁）による。

（三六）尽心上篇に「君子所性、仁義禮智、根於心。其生色也、睟然見於面、盎於背、施於四體、四體不言而喩。」とあるのを参照。

（三七）離婁下篇には「君子以仁存心、以禮存心」とあって、礼は仁とともに心を存する手段とされている。

（三八）このことから当篇の作者が性情を可変的なものとして捉えていることが分かる。この点は基本的に『性自命出』と共通している。

（三九）内山前掲書『荀子』、一四七頁。

（四〇）渡邊前掲書『古代中国思想の研究』（五四三頁）は、非儒篇の成立を荀子学派以後とする。しかしながら、通行本『墨子』には上篇が欠けているため、非儒篇全体の成立年代がどこまで溯りうるか不明である。

（四一）「儒」は王念孫の説によって「博」に改め、「遇」は畢沅の説によって「愚」に改め（両字は音通）、「利」も畢沅の説によって「移」に改めた。また「以補民」・「公曰」・「厚其」も畢沅の説によって補った。なお、非儒下篇の当該文章と類似の文章や思想は、銀雀山漢簡『晏子春秋』、通行本『晏子春秋』外篇不合経術者第八「仲尼見景公欲封之晏子以為不可」章第一、『孔叢子』詰墨篇、『史記』孔子世家などにも見える。詳しくは、谷中信一『晏子春秋』下（明治書院、二〇〇一年、二五一～二五八頁）を参照。

(四二) 上文に「彼遊方之外者也。而丘遊方之内者也。外内不相及、而丘使女往弔之、丘則陋矣。彼方且與造物者爲人、而遊乎天地之一氣。……芒然彷徨乎塵垢之外、逍遙乎無爲之業。……魚相造乎水、人相造乎道。相造乎水者、穿池而養給、相造乎道者、無事而生定。故曰、魚相忘乎江湖、人相忘乎道術。」とあるのを参照。

(四三) 板野前掲書『儒教成立史の研究』、一〇七頁。

(四四) 徳充符篇に「人故無情乎。」という恵子の質問に対し、荘子の口を借りて「吾所謂無情者、言人之不以好惡内傷其身、常因自然而不益生也。」とあるのを参照。

(四五) 勿論、天地篇に「夫失性有五。一曰、五色亂目、使目不明。二曰、五聲亂耳、使耳不聰。三曰、五臭薫鼻、困惾中顙。四曰、五味濁口、使口厲爽。五曰、趣舍滑心、使性飛揚。此五者、皆生之害也。而楊墨乃始離跂、自以爲得、非吾所謂得也。」とあるように、批判の穂先が儒家以外の学派に向けられる場合もある。なお、このような性を媒介とした儒家批判の新たな傾向が、『荀子』の性悪説によって触発されたものであることについては、板野前掲書『中国古代における人間観の展開』（一二五～一二六頁）にも指摘がある。

(四六) 『性自命出』が道家からの影響を受けたと考えられる証拠は他にもある。例えば、第三十六～三十八号簡に「凡學（學）者、隶〈求〉亓（其）心爲難、從亓（其）所爲、丘（近）旻（得）之壴（矣）、不女（如）㠯（以）樂（樂）之𨔵（速）也。售（雖）能亓（其）事、不能亓（其）心、不貴。求亓（其）心、又（有）爲也、弗旻（得）之壴（矣）。人之不能㠯（以）爲也、可智（知）也。」とあり、第五十一～五十二号簡に「未言而訐（信）、又（有）娧（美）青（情）者也。未斈（教）而民亙（恆）、售（性）善者也。」とあるのがその好例である。下線部の語句は人為を否定することばであるから、本来なら人為の肯定の上に成り立つ儒家の理論とは相容れないロジックなはずである。作者がそれを矛盾として考えないのは、礼楽のような儒家の教の根源を内なる自然と考えているからではなかろうか。

(四七)『荀子』の性悪説が天人の分の思想に立脚していることは言うまでもないが、その場合の天人の分が、天人の断絶や人間の天からの独立を意味するものではないことについては、板野前掲書『儒教成立史の研究』(二七一〜二七二頁)を参照。

(四八)つまり、『淮南子』斉俗篇に「率性而行、謂之道、得其天性、謂之德。性失然後貴仁、道失然後貴義。是故仁義立而道德遷矣、禮樂飾則純樸散矣、是非形則百姓眩矣、珠玉尊則天下爭矣。凡此四者、衰世之造也、末世之用也。」とあるようなロジックになりかねない。

(四九)勿論、礼の根源を性に求めることも可能だったと思われるが、結果的に情に求めたのは、『荀子』の性悪説・道家の天与の性を意識してのことかも知れない。

(五〇)第五十〜五十一号簡に「凡人青(情)爲可兌(悅)也。句(苟)㠯(以)亓(其)青(情)、售(雖)𢘍(過)不亞(惡)。不㠯(以)亓(其)青(情)、售(雖)難不貴(貴)。句(苟)又(有)亓(其)青(情)、售(雖)未之爲、昪(斯)人訐(信)之壴(矣)。」とあるのもあわせて参照。だからといって『性自命出』で「情」が十全なるものとして意味づけられているわけではない。同篇や『語叢一』に「節」とか「文」の字が含まれていたり、『性自命出』第十七〜十八号簡に「里(理)亓(其)青(情)而出内(入)之」とあるのがその根拠である。また「情」を完全に実現するためには、同篇第四十号簡に「訐(信)、青(情)之方也。」とあって「信」(まこと)が、さらに「信」を実現するためにはその直前に「忠(忠)、訐(信)之方也。」とあって「忠」(まこと・まごころ)が前提とされている——要するに「忠信」。なお、「性」を完成へと導くための方法としては、第三十九号簡に「𢚧(仁)、眚(性)之方也。」とあるように、「仁」が提唱されている。

(五一)板野前掲書『中国古代における人間観の展開』、一二六頁。

(五二)例えば、駢拇篇に「彼正〈至〉正者、不失其性命之情。……故性長非所斷、性短非所續。無所去憂也。意仁義其非人情乎。彼仁人何其多憂也。」とあり、天道篇に「老聃曰、請問、仁義人之性邪。孔子曰、然。君子不仁則不成、不義則不生。仁義眞

人之性也。又將奚爲矣。……老聃曰、意、幾乎。……意、夫子亂人之性也。」とあるのを参照。

（五三）第二の場合は、後述するように、『左伝』や上博楚簡『容成氏』などに見られるから、その成立は漢代以前と見なした方が穏当のようである。なお、第五〇回国際東方学者会議のとき堀池信夫先生より、『荀子』礼論篇にある「大一」についてご指摘いただいた。すなわち、具体的には「大饗尚玄尊、俎生魚、先大羮、貴食飲之本也。饗尚玄尊而用酒醴、先黍稷而飯稲粱、祭齊大羹而飽庶羞、貴本而親用也。貴本之謂文、親用之謂理、兩者合而成文、以歸大一。夫是之謂大隆。……凡禮始乎脱、成乎文、終乎悅恔。故至備情文倶盡、其次情文代勝、其下復情、以歸大一也。」とある。津田左右吉氏はここの大一を、礼を説くに当たってそれを道家の太一の観念に結びつけたものであるという（「儒教の実践道徳」、『満鮮地理歴史研究報告』一三、一九三二年六月、五五五頁。後に『津田左右吉全集』一八（岩波書店、一九六五年）に収録）。あるいは礼論篇を受け継いだ『礼記』礼運篇に「禮必本於大一、分而爲天地、轉而爲陰陽、……」とあり、またその直後に「禮必本於天、動而之地」とあって、太一は天そのものでも天地そのものでもないから、礼が大一に本づいているといいながら、天に本づいているというのは、おかしい言い方になってはいるが、要するに礼の本は天地の自然にあるということを言おうとしたのであろうともいう（「漢儒の述作のしかた——礼記諸篇の解剖——」、津田左右吉編輯『東洋思想研究』三、早稲田大学東洋思想研究室年報一九三九年、一九四〇年五月、五二頁。後に『津田左右吉全集』一八に収録）。とすると、礼論篇の「以て大一に帰す」という考え方は、もしかすると『左伝』などと同様、礼の根源を人間の外なる自然に求める第二のタイプに近似する考え方と解釈することが可能かも知れない。あるいは津田氏の指摘のように、もし大一（あるいは太一）を道家系の概念とすると、礼論篇の作者は、道家の根本概念を借用することによって、聖人制作説や自然的秩序観とはまた別の次元で、礼の根源の問題を論じているかも知れない。ところが、これと関連して戸川芳郎氏の「さきの『呂覧』大楽篇の場合は、礼楽を論じた『荀子』礼論篇にみえる「両者の合して文を成し、以て大一に帰す」（『大戴礼』礼三本篇にも）といった事物の合一の面を強調する考えと異なり、やはり荀況後学の礼義説として顕著な『礼記』礼運篇へ直接むすびつくものと思われる。」（小野沢精一・福永光司・山井湧編『気の思想　中国における自然観と人間観の展開』所収の「第四章　後漢期における気論」、東京大学出版会、一九七八年初版、二〇〇一年二刷、一八八頁。後に同氏著『漢代の学術と文化』（研文出版、二〇〇二年）に再録）という指摘によれば、全く別の角度からの議論が可能かも知れない。これは、堀池先生にご指摘いただいたように、例えば郭店楚簡『太一生水』の「大一」の問題とも関連があると考えられるので、この問題について詳論するのは別の機会にしたい。

（五四）同巻五に「人有六情。目欲視好色、耳欲聽宮商、鼻欲嗅芬香、口欲嗜甘旨、其身體四肢欲安而不作、衣欲被文繡而輕暖。此六者、民之六情也。失之則亂、従之則穆。故聖王之教其民也、必因其情而節之以禮、必従其欲而制之以義。義簡而備、禮易而法、去情不遠。故民之従命也速。」とあるのも参照。

（五五）拙稿「上海博楚簡『容成氏』の堯舜禹禅譲の歴史」（『中国研究集刊』三六（特集号「戦国楚簡と中国思想史研究」）、二〇〇四年十二月、八九～九一頁）を参照。なお、津田左右吉氏は『孝経』第七章（三才章）に「夫孝、天之經也、地之義也、民之行也。天地之經、而民是則之。則天之明、因地之利、以順天下」とある一文について述べる中で、この『左伝』の文章について「なほ、左傳昭公二十五年の條の鄭子産が禮を説いた言に「孝」を「禮」に變へて孝經第七章の上記の一節を其のまゝ取つてあることをも、參考すべきである。これは子産に禮を説かせるに當つて此の一節を利用したまでゞはあるが、文公二年の條にある如く「孝禮之始也」とするならば、左傳の作者もまた孝を天地の經とする孝經の思想を承認してゐたのであらう。」という（津田前掲論文「儒教の実践道徳」、五五八頁）。

（五六）類似の文章は『文子』上仁篇にも見える。

（五七）在宥篇に「賤而不可不任者、物也。卑而不可不因者、民也。匿而不可不爲者、事也。麤而不可不陳者、法也。遠而不可不居者、義也。親而不可不廣者、仁也。節而不可不積者、禮也。中而不可不高者、德也。一而不可不易者、道也。神而不可不爲者、天也。」とあり、天道篇に「本在於上、末在於下。要在於主、詳在於臣。三軍・五兵之運、德之末也。賞罰利害・五刑之辟、教之末也。禮法度數、刑名比詳、治之末也。鐘鼓之音・羽旄之容、樂之末也。哭泣衰経・隆殺之服、哀之末也。此五末者、須精神之運・心術之動、然後從之者也。……夫天地至神、而有尊卑・先後之序。而況人道乎。……禮法數度・形名比

詳、古人有之、此下之所以事上、非上之所以畜下也。」とあるのも同じ。

（五八）『性自命出』とは違って、泰族篇では情を性、礼と楽を法に置き換えて論じている。ただその場合、性が情とほぼ同義で用いられていることは言うまでもない。

（五九）君主権力・政治権力との関係において、泰族篇に比べ『性自命出』の政治論がまだ未熟な段階に止まっていたと考える理由は、例えば、第二十～二十一号簡に「君子媺（美）亓（其）青（情）、〔貴亓（其）宜（義）〕、善亓（其）卽（節）、好亓（其）頌（容）、樂（樂）亓（其）衍（道）、兌（悅）丌（其）𡥈（敎）。是㠯（以）𢼊（敬）安（焉）。」とあり、第六十五～六十七号簡に「君子𡙕（執）𢗚（志）必又（有）夫㞷（皇）㞷（皇）之心、出言必又（有）夫柬（簡）柬（簡）之訐（信）、賓客之豊（禮）必又（有）夫齊齊之頌（容）、祭（祭）祀之豊（禮）必又（有）夫齊齊之𢼊（敬）、居𠷎（喪）必又（有）夫䜌（戀）䜌（戀）之𢘅（哀）。君子身以爲宔（主）心。」とあるように、作者の主な関心が君子個人の問題に集中する傾向が見られるからである。しかし、だからといって『性自命出』全篇において、政治論への展開が全くないわけではないことは勿論である。

（六〇）『淮南子』という書物が道家思想を中心にすえていることは言うまでもあるまい。ところが、泰族篇が特に儒家色を濃厚に帯びていることは、古くからよく指摘される事柄である。津田前掲書『道家の思想と其の展開』（八三頁）、金谷治『秦漢思想史研究』（日本学術振興会、一九六〇年、四六六頁）、池田知久『淮南子　知の百科』（講談社、一九八九年、二九〇頁）などを参照。なお、泰族篇の当の文章は恐らく、『韓詩外伝』巻五に「繭之性爲絲、弗得女工燔以沸湯、抽其統理、不成爲絲。卵之性爲雛、不得良雞覆伏孚育、積日累久、則不成爲雛。夫人性善、非得明王聖主扶攜、內之以道、則不成爲君子。詩曰、天生蒸民、其命匪諶、靡不有初、鮮克有終。言惟明王聖主然後使之然也。」とあるのをふまえたものと推測される。その他、賈誼『新書』六術篇に「然而人雖有六行、微細難識。唯先王能審之。凡人弗能自至。是故必待先王之敎、乃知所從事。是以先王爲天下設敎、因人所有、以之爲訓、道人之情、以之爲眞。是故内本六法、外體六行。以與詩書易春秋禮樂六者之術。以爲大義、謂之六藝。令人緣之以自脩、脩成則得六行矣。」とあるのも、基本的には『韓詩外伝』や泰族篇と軌を一にするものであろう。

（六一）同列伝に「叔孫通者、薛人也。秦時以文學徵、待詔博士。數歳、陳勝起山東、使者以聞。……盡問諸生、諸生或言反、或言盜。於是二世令御史案諸生言反者下吏、非所宜言。諸言盜者皆罷之。迺賜叔孫通帛二十匹、衣一襲、拜爲博士。……漢二年、漢王從五諸侯入彭城、叔孫通降漢王。……漢王拜叔孫通爲博士、號稷嗣君。」とあるのを参照。なお、先秦・秦漢時代の博士制度については、福井重雅『漢代儒教の史的研究――儒教の官学化をめぐる定説の再検討――』（汲古書院、二〇〇五年）に詳しい。

（六二）溝口雄三・丸山松幸・池田知久編『中国思想文化事典』（東京大学出版会、二〇〇一年、四三頁）を参照。

第三部　『魯穆公問子思』の忠臣観の研究

はじめに

本書第一部と第二部では、『唐虞之道』の禅譲説とそれを特徴づける諸思想、及び『性自命出』の性情説と礼楽説について、様々な角度から分析したが、ここでは最後に、同じく儒家系の文献の一つである『魯穆公問子思』について考察することにする。

さて郭店楚簡儒家系統の諸篇の性質に関する従来の研究の現況についてはすでに述べた通りだが、問題を明確にするためにもう一度簡略にまとめると、早期儒家の作品であり、学派の分類においては思孟学派に属し、成書年代は『孟子』より早く、孔子から孟子の間の過渡期の儒家思想を反映している、という認識が主流をなしていた。

ところで、『魯穆公問子思』もこのような認識の延長線上で捉えられ、特に李学勤、姜広輝、廖名春、郭沂（以上は本書第一部「はじめに」所引の論考を参照）、黄人二「郭店楚簡〈魯穆公問子思〉考釈」（『張以仁先生七秩寿慶論文集』上冊、台湾学生書局、一九九九年一月）などによって、子思自身かその弟子の作であり、『子思子』に属するとまで言われている。

しかし、そのような結論はいずれも、『孟子』公孫丑下篇・万章下篇・告子下篇、『韓非子』難三篇、『礼記』檀弓下篇、『説苑』雑言篇、『論衡』非韓篇、『孔叢子』などに魯の穆公と子思に関する説話が散見する点や、『漢書』芸文志の班固の注に「名伋、孔子孫、爲魯繆公師。」（名は伋、孔子の孫、魯の繆公の師と為る。）とある点などの表面的なことを根拠としているだけで、「忠臣」をめぐるその思想史的背景が究明されているとは言いにくい。

なぜなら、魯穆公・子思説話について言えば、例えば、『孟子』公孫丑下篇の場合は斉王の孟子への待遇に対して孟子自身の不満を訴える目的で書かれたものであり、万章下篇の場合は「尊賢」と「友」の問題、告子下篇の場合は「用賢」が問題となっていて、忠臣の問題とは関係がないからである。その他、『韓非子』（子思への批判）、『礼記』（「旧君反服の礼」の問題）、『説苑』（『孟子』告子下篇と同じ）、『論衡』（『韓非子』への批判）、『孔叢子』などに見られるのも、内容上『魯穆公問子思』と無関係であることは言をまたない。

特に、『子思子』に関しては、成書時期や作者の問題など様々な問題を抱えており、子思やその弟子の作といっても、現在それを証明できる客観的な判断材料が存在しない以上、それをもって『魯穆公問子思』の成書時期・作者・学派的性向などを決めつけるには無理があると考えられる。

要するに、他の文献に散見する魯穆公・子思説話や『子思子』などを根拠にして、『魯穆公問子思』の諸問題を解明する方法は有効ではないと言えよう。

補記

以上は、旧稿を執筆していた際に、その時期まで出されていた先行研究の概況や問題点等をまとめたものである。その後も『魯穆公問子思』に関する研究はいくつか出されたが、その主なものを取り上げてみると、席盤林「論魯穆公変法中的子思――郭店楚簡《魯穆公問子思》及相関問題研究」（魏啓鵬『簡帛《五行》箋釈』、万巻楼図書有限公司、二〇〇〇年七月／魏啓鵬『簡帛文献《五行》箋証』、中華書局、二〇〇五年十二月）、湯浅邦弘「「忠臣」の思想――郭店楚簡『魯穆公問子思』について」（『大久保隆郎教授退官紀念論集　漢意とは何か』、東方書店、二〇〇一年十二月。後にタイトルを一部変えて浅野前掲書『古代思想史と郭店楚簡』に収録）がある。

席氏は郭店一号墓の造営時期に関する簡報の推定を拠り所に、郭店楚簡は戦国前期のものであることを大前提とした上で、『魯穆公問子思』の歴史的背景として、魯の穆公の時の変法に注目し、それが子思の指導のもとで推進された改革であったことを強調する。しかし、肝心の子思の変法思想を論証する件においては、『孔叢子』のような後世の文献の記述に依拠している。しかもそこに記されている内容がすべて歴史的事実であり、子思本人の思想をそのままダイレクトに伝える文献であるかのように扱っている。文献に対するこのような安易な扱い方は、ほかの伝世文献の場合も同じであり、このことは彼の研究の致命的な欠陥である。こうした意味で、同氏の研究は、右に挙げた李学勤氏らの研究に内在する問題とほぼ同様の問題を抱えているとせねばならない。

湯浅氏も席氏と同様の前提の上で、筆者の説について批判を加えた後、『魯穆公問子思』の忠臣思想を、右に挙げた中国の諸研究と同様、孔子と孟子の間に位置づけ、さらに当篇以前の儒家の忠臣思想を批判した墨家に対する反論として捉えることができるとする。しかし、同氏の論証にも多くの問題がある。細かいところまで指摘すると切りがないため、重要なところだけ指摘すると、次の通りである。

第一に、湯浅氏は【注】の（2）で「こうした中で、李承律「郭店楚簡『魯穆公問子思』の忠臣観について」……の如く、本資料を戦国末期の成立と考えるものもある。但し、その論拠とされている、『荀子』以前に「忠臣」の思想があまり見えないとする点は、既存資料を不動の指標とした上での推論であり、むしろ、これら新出土資料の研究成果によって、既存文献の成立時期や思想的意義を修正し、思想史の空白を埋めていくという視点も必要なのではなかろうか。その意味では、同氏が戦国末期以降の資料として挙げている『墨子』『管子』『晏子春秋』『孝経』『礼記』などについても、今後、その成立時期を再考する必要があるように思われる。」（六三頁――以下いずれも初出先の頁数）と言って、筆者の説を批判する。しかしこの批判には次の二つの問題がある。一つは、湯浅氏は筆者が『魯穆公問子思』を「戦国末期の成立と考え」ているとするが、旧稿の結論の部分を見れば明らかなように、これは全く事実に反している。もう一つは、同氏は筆者の研究に対して「既存資料を不動の指標とした上での推論」であると批判するが、これは筆者の研究に対する理解の浅さの現れとしか言いようがない。筆者は既存資料を「不動の指標」として議論を進めたわけではない。それは出土資料の場合も同じである。むしろその反対であって「不動の指標」など最初から想定していないのである。筆者が究明しようとしたのは、ある重要な思想概念の思想的特徴や、その出現をめぐる思想的歴史的背景とその展開等の問題である。勿論単なる背景分析に重点があるわけではない。ある重要な思想概念や文献全体の「歴史性」(二)を明らかにすること、そこにこそ筆者の主眼がある。

第二に、湯浅氏は『魯穆公問子思』の忠臣思想を孔子と孟子の間に位置づけ、しかも儒家の忠臣思想を批判した墨家への反論とするが、それは忠臣という思想概念の歴史性の問題を全く無視した見解と言わねばならない。なぜなら、『論語』には忠という概念はあっても忠臣はなく、その忠も、この段階では、筆者も指摘したように、対人関係の中での他者に対する忠実さや誠実さを表す語としてしか議論されていないからである。『孟子』でさえも、そこに見える忠は『論語』とほとんど同様の意味で用いられており、そこにも忠臣という語は全く存在しない。それなのに、『墨子』非儒下篇で儒家的臣下の忠を打たねば鳴らぬ「鐘」に喩えて批判したのを、孔子と『魯穆公問子思』の間に位置づけるその根拠はいったいどこにあるか、甚だ疑問である。孟子は、『孟子』滕文公下篇に「楊墨の道息まざれば、孔子の道著れず。是れ邪説民を誣い、仁義を充塞すればなり。」とあるように、墨家を儒家の最大のライバルとしてみていたことはあまりにも有名である。同氏の言うように、もし非儒下篇が初期墨家の状況を伝える資料で、同時期の儒家の忠（政治的世界での忠）を批判したものであり、それを『魯穆公問子思』が再批判したとするならば、しかも孟子がそのすべてを実見・実聞して知っていたとするならば、孟子は思想的に重大な課題として忠や忠臣について本格的に議論したはずである。しかし現存の『孟子』の中には、子思と魯の穆公を語る場面でさえ、そのような議論の痕跡は微塵も欠片もない。このような事実について、それは偶然もしくは散逸によるものではないかという反論があるかも知れない。しかし筆者はそうは思わない。それは偶然もしくは散逸によるものではなく、忠君・忠誠としての忠や忠臣についての関心や議論が、儒家の内部において、『孟子』の段階まではまだ思想史的に熟していなかったため、というのが筆者の考えである。少なくとも出土資料を含む現存の諸文献から判断した場合、そうだということである。

第三に、湯浅氏は「孟子は『魯穆公問子思』で堅く連結されていた「忠臣」と諫諍とを切り離した上で、「忠」の側についてはは孔子の言をほぼ継承する一方、「諫」の側については、子思の「其の君の悪を称す」という性格を継承し、更に発展させている」（六〇頁）とするが、これは根拠薄弱でアバウトな推論である。先に述べたように、『孟子』には忠君・忠誠としての忠はほとんど見えず、忠臣という概念も全く存在しない。よってそもそも『魯穆公問子思』に見られる忠臣と諫諍との連結を切り離そうという目的意識や思想が、『孟子』にないのは当然のことである。それなのに孟子が「「忠臣」と諫諍とを切り離した」というのは、いったいどういうことであるか。同氏は簡報の戦国中期偏晩説を無批判に鵜呑みにしたあまり、そもそもありもしないのをあると仮定した上で議論するという、とんでもない過ちを犯しているとしか言いようがない。

第四に、根拠薄弱でアバウトな論証は、他にも同氏の論考中の至る所に見られる。一例だけ挙げれば、湯浅氏は、「しかしながら、儒家の説く「忠臣」は、墨家の目には、単に君主に追従するだけの無能の臣下と映じていた。また、死・罪を覚悟の上で、直諫すべしとする晏子の諫諍と比べても、儒家の諫諍には一定の限度が見られた。「子思に非ずして、吾れ悪くんぞ之を聞かん」という成孫弋の言も、子思を讃える言葉と捉えるべきではあろうが、一方では、子思以外の儒家にはあまり見られなかった実践であることを率直に語っているとも言える。」（六二頁）という。ここでいう墨家の例として同氏が挙げるのは、『墨子』魯問篇と非儒下篇であるが、魯問篇は浅野裕一氏の説にしたがって、初期墨家の状況（浅野氏は「墨翟時代の状況」という言い方をする）を伝える資料とする。非儒下篇については明言はないが、魯問篇と同列で論じていることから推測すると、恐らく同時期のものと見なしているようである。これらの篇を初期墨家の状況を伝える資料とするのも問題であるが、もしかりにそうだとしても、非儒下篇で批判の対象となっている儒家とは、いったいどのような儒家を指して言うものなのか、全く言及がない。非儒下篇の鐘の譬喩は、実は公孟篇の冒頭の、儒家の徒とされる公孟子と子墨子の問答にもほぼ同様の趣旨の文章が見える。ところで、魯問篇ではそれが誰の説か明記がなかったが、公孟篇では公孟子の言に、そして非儒下篇では儒者の説にと、いつの間にか内容が変わってきている。非儒下篇自体が、当時の儒家の実態を客観的に伝えるというより、相当ねじ曲げていることは、誰の目にも明らかである。このような傾向は、非儒下篇だけの特徴ではなく、広く諸子百家の諸文献に一般的に見られる現象であることは、周知の事実である。したがって、それと儒家の説くところとをごちゃごちゃにして議論するのは、余計な混乱を招きかねまい。このような混乱は、実は同氏の論考の中にも見えている。例えば、「卿」の職責に対する斉の宣王と孟子の有名な問答を引きながら、「これは、墨家の批判にもあるように、危急の際には逃亡を図るという無責任な「忠臣」像を想起させるとも言えるが」（五九頁）と分析する例が、その典型的な例である。これは墨家や『晏子春秋』の諫諍の場合は「死・罪を覚悟の上での直諫」、儒家の場合は「単に君主に追従する」か「危急の際に逃亡を図るという無責任な忠臣像」あるいは「君臣関係そのものを破棄して他国に去る」というふうに、両者の諫諍や忠臣の思想があたかも両極端を走るかのような捉え方に原因や問題があるのではないかと考えられる。ところが、諫言して聞き入れられなければその国を去るというのは、実は『墨子』や『晏子春秋』にも共通して見られる考え方である（後述する『墨子』耕柱篇はその一例である）。これは自説の説得対象を求めて諸国を遍歴する諸子にとっては、ごく自然な行為ではなかろうか。

『魯穆公問子思』に関する研究は、他にも欧陽禎人「従《魯穆公問子思》到《孟子》」（『武漢大学学報（人文科学版）』五四—二、二〇〇一年三月、一四八～一五二頁。後に欧陽前掲書『郭店儒簡論略』に収録）、郭前掲書『郭店竹簡与先秦学術思想』（四一九～四二二頁）、同「《中庸》・《子思》・《子思子》——子思書源流考」（龐樸等著『郭店楚簡与早期儒学』、台湾古籍出版、二〇〇二年五月、八〇～八一頁）、同「子思書再検討——兼論《大学》作于子思」（『中国哲学史』二〇〇三—四、二〇〇三年、三二一頁）、葉国良「郭店儒家著作的学術譜系問題」（『中国哲学』二四（経学今詮三編）、遼寧教育出版社、二〇〇二年四月、二三四頁）、李健勝「《子思子》内容考釈」（『青海師範大学学報（哲学社会科学版）』二〇〇五—二、二〇〇五年、八〇～八一頁）、顧史考（Scott Cook）『郭店楚簡先秦儒書宏微観』（台湾学生書局、二〇〇六年、七二～七三頁）などがあるが、

子思及びその学派あるいは思孟学派の作であり、『子思子』に属するとする点は、先に挙げた中国の諸研究と同じである。

以上見てきたように、簡報で出されたいわゆる戦国中期偏晩説によって当篇の成立年代を極めつけ、そこからさらに思想史的位置や意義等を演繹的に導き出す方法、及び伝世文献の記述や内容を無批判に盲信する研究態度は、多くの問題があることが判明した。本論考ではそのような先入観をすべて取り払い、古代の諸文献をなるべく客観的で実証的に精査することによって、当篇の思想的特徴や思想史的位置、意義、成立年代等の問題を明らかにしたいと思う。

第一章　『魯穆公問子思』の忠臣観の特徴

『魯穆公問子思』は、全一四一字（欠文・重文を除く）で郭店楚簡の中でも最も短い篇であり、その中心思想は忠臣観にある。

当篇の忠臣観の特徴を探るために、まずその全文を挙げると、次の通りである。

魯縣（穆）公昏（問）於子㥁（思）曰、可（何）女（如）而可胃（謂）忠臣。子㥁（思）曰、𢛶（恒）爯（偁）亓（其）君之亞（惡）者、可胃（謂）忠臣矣。公不敓（悅）、𦗴（揖）而𨓍（退）之。𡊨（成）𡥈（孫）弋見。公曰、向者虗（吾）昏（問）忠臣於子㥁（思）。子㥁（思）曰、亟（恒）爯（偁）亓（其）君之亞（惡）者、可胃（謂）忠臣矣。𡨦（寡）人惑安（焉）而未之㝵（得）也。𡊨（成）𡥈（孫）弋曰、悥（噫）、善才（哉）言虐

（乎）。夫爲亓（其）君之古（故）殺亓（其）身者、嘗又（有）之矣。亙（恆）爯（偁）亓（其）君之亞（惡）者、未之又（有）也。夫爲亓（其）君之古（故）殺亓（其）身者、交彔（祿）雀（爵）者也。亙（恆）〔爯（偁）亓（其）君〕之亞（惡）〔者、遠〕彔（祿）簭（爵）者〔也。爲〕義而遠彔（祿）簭（爵）、非子恖（思）、虗（吾）亞（惡）昏（聞）之矣。■

魯の穆公が子思に尋ねた。「どのような人物を忠臣と称することができようか。」子思が答えた。「いつもその君主の悪事を言う者を忠臣と称することができます。」穆公は嬉しいと思わず、軽く会釈して（子思を）下がらせた。さて成孫弋という人物が穆公をお目にかかったとき、穆公は言った。「さきほど寡人が子思に忠臣について尋ねたとき、彼に『いつもその君主の悪事を言う者を忠臣と称することができます』と言われたが、寡人はこれに頭が混乱してしまっていまだ納得がいかない。」それを聞いた成孫弋は次のように言った。「ああ、まことにけっこうな御言葉でございます。そもそもかつてその君主のために命を捨てる者はおりましたが、いつもその君主の悪事を言う者はいまだおりませんでした。そもそもその君主のために命を捨てる者は、爵禄を求める者でございます。（しかし）いつもその君主の悪事を言う者は、（むしろ）爵禄を退ける者でございます。義のために爵禄を退けるのは、私は子思以外に聞いたことがございません。」

『魯穆公問子思』第七号簡は、底本の図版によれば、三つの断簡からなっており、二番目の断簡に「彔簭者」の三字が見えるのが確認できる。「彔」の直前に「遠」を補うことについては、底本【注釈】〔二〕の「裘按」による。なお「裘按」は『魯穆公問子思』第七号簡の欠字を補って、「大為其囯之故殺其身者，效禄爵者也。恆〔稱其君〕之惡〔者，遠〕禄爵者也。〔為〕義而遠禄爵，非子思，吾惡聞之矣！」に作るが、底本の図版によれば、

夫爲亓君之古殺亓身者、交彔雀者也。亙〔爯亓君〕之亞〔者、遠〕彔簭者〔也。爲〕義而遠彔簭、非子恖、虗亞昏之矣。■

に作るのが穏当であると考えられる。

さて『魯穆公問子思』の内容を要約すると、次のようになろう。第一に、当篇はまず魯の穆公の忠臣に関する質問に対して、「いつもその君主の悪事を言う者を忠臣と称することができます」という子思の答弁から始まり、第二に、それを聞いた穆公は「敓（悦）ばず」とあるように子思に不快感を示したあと、「咠（揖）して之を退く」とあるように軽く会釈して子思を下がらせ、第三に、最後に成孫弋という人物を登場させて子思の答弁を激賞することで当篇を終わらせている。

第三をさらに具体的にみると、(1)子思の第一のような答弁に対して、穆公自身は「寡人はこれに頭が混乱してしまっていまだ納得がいかない」と成孫弋に当惑と疑問（惑）を訴え、(2)そのような当惑と疑問に対して成孫弋は、「君」に仕える「臣」のタイプを二種類に分類する。すなわち、「その君主のために命を捨てる者」と「いつもその君主の悪事を言う者」とを対応させて、前者は「爵禄を求める者」で、後者は「爵禄を退ける者」であると規定し、(3)最後に「義のために爵禄を退けるのは、私は子思以外に聞いたことがありません」といって、子思のことばの妥当性を代弁することで文章は終わっている。ただ穆公が成孫弋の代弁を果たしてどのように受け入れたかは書かれていない。

以上のような内容分析によって、『魯穆公問子思』の特徴は、次の二点に絞ることができよう。第一に、「いつもその君主の悪事を言う者」と激しい表現が使われている点。第二に、君臣関係を支える原理を「爵禄」と「義」との二項対立的に捉え、前者より後者に重きを置いている点。

以下、『魯穆公問子思』の忠臣観を解明するために、先秦諸文献における忠臣観を考察するが、その前に「忠」について簡単に触れることにする。

第二章　先秦時代の忠――まこと・まごころの忠と忠君・忠誠の忠

中国古代思想史上において、忠ということばには、おおむね次の二つの意味がある。一つは今日使用されている忠君・忠誠のような非常に限定された意味で使用されるより、広義の意味としての「まこと・まごころ」という用法で用いられる場合で、そのような意味における忠は、『論語』、『孟子』、『左伝』などに散見する。(一) 例えば、『論語』子路篇に、

樊遲問仁。子曰、居處恭、執事敬、與人忠。雖之夷狄、不可棄也。

樊遅仁を問う。子曰く、居処は恭に、事を執りて敬に、人と与《まじ》わりて忠にせよ。夷狄に之くと雖も、棄つ可からざるなり、と。

とあり、『孟子』滕文公上篇に、

堯以不得舜爲己憂、舜以不得禹・皐陶爲己憂。夫以百畝之不易爲己憂者、農夫也。分人以財、謂之惠。教人以善、謂之忠。爲天下得人者、謂之仁。是故以天下與人易、爲天下得人難。

堯は舜を得ざるを以て己が憂いと為し、舜は禹・皐陶を得ざるを以て己が憂いと為す。夫れ百畝の易《おさ》まらざるを以て己が憂いと為す者は、農夫なり。人に分つに財を以てする、之を恵と謂う。人に教うるに善を以てする、之を忠と謂う。天下の為に人を得る者、之を仁と謂う。是の故に天下を以て人に与うるは易く、天下の為に人を得るは難し。

とあるのがその例である。そして、この場合の忠は下から上へと要求される場合もあるが、それとは逆に、上から下へと要請される場合もあって、その意味では両行的だったということができる。例えば、『左伝』桓公六年の条に、

王毀軍而納少師。少師歸、請追楚師。隨侯將許之。季梁止之曰、天方授楚。楚之羸、其誘我也。君何急焉。臣聞、小之能敵大也、小道大淫。所謂道、忠於民而信於神也。上思利民、忠也。祝史正辭、信也。今民餒而君逞欲、祝史矯擧以祭。臣不知其可也。

王軍を毀ちて少師を納る。少師帰り、楚の師を追わんと請う。随侯将に之を許さんとす。季梁之を止めて曰く、天方に楚に授く。楚の羸《よわ》きは、其れ我れを誘うなり。君何ぞ急にせん。臣聞く、小の能く大に敵するは、小は道ありて大は淫なればなりと。所謂道とは、民に忠にして神に信あるなり。上民を利せんことを思うは、忠なり。祝史辞を正しくするは、信なり。今民餒えて君欲を逞しくし、祝史矯挙して以て祭る。臣其の可なるを知らざるなり、と。

とあるのがその例である。

もう一つは今日使用されている忠君・忠誠のような非常に限定された意味で使用される場合で、『荀子』における忠がそれに該当する。ただ濱口氏によれば、右のような広義の忠が『荀子』にないわけではないが、その場合における忠は、「信」とともに熟して「忠信」として使用される場合が非常に多く、それは一般的な人倫・上下関係、あるいは職務上の誠意・まこと・まごころを意味する。(三)

ところで、先学によってすでに指摘されているように、『荀子』の中で忠が単独で使用される場合は事情が異なってくる。すなわち、広義の忠の例は極めて少なく、忠君・忠誠という意味をもち、君臣間に限定された臣道としての忠が使用されている。例えば、『荀子』非相篇に、

仁言大矣。起於上所以導於下、政令是也。起於下所以忠於上、諫救是也。

仁言は大なり。上に起るは下を導く所以にして、政令是れなり。下に起るは上に忠なる所以にして、諫救是れなり。

とあり、王覇篇に、

欲是之主、竝肩而存、能建是之士不世絶、千歳而不合、何也。曰、人主不公、人臣不忠也。人主則外賢而偏擧、人臣則爭職而妒賢。是其所以不合之故也。

是れを欲するの主は、肩を並べて存し、能く是れを建つるの士は世に絶えざるに、千歳にして合わざるは、何ぞや。曰く、人主は公ならず、人臣は忠ならざればなり。人主は則ち賢を外にして偏挙し、人臣は則ち職を争いて賢を妒む。是れ其の合わざる所以の故なり。

とあり、君道篇に、

請問、爲人臣。曰、以禮待君、忠順而不懈。

請い問う、人の臣為るを。曰く、礼を以て君を待ち、忠順にして懈らず。

とあり、また同篇に、

其待上也、忠順而不懈。

其の上に待つや、忠順にして懈らず。

とあり、臣道篇の冒頭に、

人臣之論。有態臣者、有簒臣者、有功臣者、有聖臣者。内不足使一民、外不足使拒難、百姓不親、諸侯不信、然而巧敏佞説、善取寵乎上、是態臣者也。上不忠乎君、下善取譽乎民、不卹公道通義、朋黨比周、以環主圖私爲務、是簒臣者也。内足使以一民、外足使以拒難、民親之、士信之、上忠乎君、下愛百姓而不倦、是功臣者也。上則能尊君、下則能愛民、政令教化、刑下如景、應卒遇變、齊給如響、推類接譽、以待無方、曲成制象、是聖臣者也。

人臣の論。態臣なる者有り、簒臣なる者有り、功臣なる者有り、聖臣なる者有り。内は民を一にせしむるに足らず、外は難を拒《ふせ》がしむるに足らず、百姓親しまず、諸侯信ぜず、然り而して巧敏佞説にして、善く寵を上に取る、是れ態臣なる者なり。上は君に忠ならず、下は善く誉を民に取り、公道通義を卹みず、朋党比周し、主を環《まど》わし私を図るを以て務めと為す、是れ簒臣なる者なり。内は以て民を一にせしむるに足り、外は以て難を拒がしむるに足り、民之を親しみ、士之を信じ、上は君に忠に、下は百姓を愛して倦まず、是れ功臣なる者なり。上は則ち能く君を尊び、下は則ち能く民を愛し、政令教化の、下に刑らしむること景の如く、卒に応じ変に遇うの、斉給なること響の如く、類を推して接誉し、以て無方を待ちて、制象を曲成す、是れ聖臣なる者なり。

とあり、また同篇に、

従命而利君、謂之順、従命而不利君、謂之諂、逆命而利君、謂之忠、逆命而不利君、謂之簒、不卹君之榮辱、不卹國之臧否、偸合苟容、以持祿養交而已耳、謂之國賊。

命に従いて君を利する、之を順と謂い、命に従いて君を利せざる、之を諂と謂い、命に逆いて君を利する、之を忠と謂い、命に逆らいて君を利せざる、之を簒と謂い、君の栄辱を卹みず、国の臧否を卹みず、偸合苟容して、以て禄を持し交を養うのみなる、之を国賊と謂う。

とあり、また同篇に、

明主好同、而闇主好獨。明主尚賢使能、而饗其盛、闇主妬賢畏能、而滅其功、罰其忠、賞其賊。夫是之謂至闇、桀紂所以滅也。

明主は同を好みて、闇主は独を好む。明主は賢を尚び能を使いて、其の盛を饗け、闇主は賢を妬み能を畏れて、其の功を滅し、其の忠を罰し、其の賊を賞す。夫れ是れを之至闇と謂い、桀紂の滅ぶる所以なり。

とあり、また同篇の末尾に、

通忠之順、權險之平、禍亂之從聲。三者非明主莫之能知也。

忠の順に通じ、険の平を権し、禍乱には声に従う。三者は明主に非ざれば之を能く知ること莫きなり。

とあり、性悪篇に、

堯問於舜曰、人情何如。舜對曰、人情甚不美。又何問焉。妻子具而孝衰於親、嗜欲得而信衰於友、爵祿盈而忠衰於君。……
堯舜に問いて曰く、人の情は何如、と。舜対えて曰く、人の情は甚だ美ならず。又た何ぞ問わん。妻子具わりて孝親に衰え、嗜欲得て信友に衰え、爵禄盈ちて忠君に衰う。……、と。
等々とあるのがその例である。(四)
そして、ここで初めて臣道としての忠が冠された忠臣ということばが、思想上に登場し、以後多用されることになるのである。『魯穆公問子思』の忠臣ということばも、このような思想史的背景を考慮に入れずに解明することができないのは言うまでもないだろう。

第三章　『荀子』臣道篇における忠のランクづけと『韓非子』の忠

『荀子』の忠臣観を現す最も特徴的なものは、周知のように臣道篇の次のような文章であろう。

有大忠者、有次忠者、有下忠者、有國賊者。以徳復君而化之、大忠也。以徳調君而補之、次忠也。以是諫非而怒之、下忠也。不卹君之榮辱、不卹國之臧否、偸合苟容以持祿養交而已耳、國賊也。若周公之於成王也、可謂大忠矣。若管仲之於桓公、可謂次忠矣。若子胥之於夫差、可謂下忠矣。若曹觸龍之於紂者、可謂國賊矣。

大忠なる者有り、次忠なる者有り、下忠なる者有り、国賊なる者有り。徳を以て君を復《おお》いて之を化するは、大忠なり。徳を以て君を調えて之を補《たす》くるは、次忠なり。是を以て非を諫めて之を怒らすは、下忠なり。君の栄辱を卹みず、国の臧否を卹みず、偸合苟容して以て禄を持し交を養うのみなるは、国賊なり。周公の成王に於けるが若きは、大忠と謂う可し。管仲の桓公に於けるが若きは、次忠と謂う可し。子胥の夫差に於けるが若きは、下忠と謂う可し。曹触龍の紂に於けるが若き者は、国賊と謂う可し。(五)

ここで注目すべき点は、君主を「包み込」み「調整」し「感化」し「補佐」することが、「大」「次」の忠にランクづけられて高く評価されており、「正義によって君主の不正を諫める」ことは「下」で相対的に低く評価されている点である。これを『魯穆公問子思』の「いつもその君主の悪事を言う」という表現と比べてみると、『魯穆公問子思』の主張は表面的には『荀子』の分類の「下忠」に当たるように見える。しかし、下忠の例として掲げられている伍子胥は、例えば『韓非子』飾邪篇に、

凡敗法之人、必設詐託物以求親、又好言天下之所希有。此暴君亂主之所以惑也、人臣賢佐之所以侵也。故人臣稱伊尹・管仲之功、則背法飾智有資、稱比干・子胥之忠而見殺、則疾強諫有辭。夫上稱賢明、下稱暴亂、不可以取類、若是者禁。

凡そ法を敗るの人は、必ず詐りを設け物に託して以て親しみを求め、又た好みて天下の希に有る所を言う。此れ暴君乱主の惑う所以にして、人臣賢佐の侵さるる所以なり。故に人臣伊尹・管仲の功を称するは、則ち法に背き智を飾るに資有り、比干・子胥の忠にして殺さるるを称するは、則ち疾〔争〕(六)強諫するに辞有り。夫れ上賢明を称し、下暴乱を称するは、以て類を取る可からず、是の若き者は禁ぜよ。

とあり、同じく説林下篇に、

崇侯・惡來、知不適紂之誅也、而不見武王之滅之也。比干・子胥、知其君之必亡也、而不知身之死也。故曰、崇侯・惡來、知心而不知事、比干・子胥、知事而不知心、聖人其備矣。

崇侯・悪来は、紂の誅に適わざるを知りて、武王の之を滅ぼすを見ざるなり。比干・子胥は、其の君の必ず亡ぶるを知りて、身の死するを知らざるなり。故に曰く、崇侯・悪来は、心を知りて事を知らず、比干・子胥は、事

を知りて心を知らず、聖人は其れ備われり、と。

とあるように、むしろ『魯穆公問子思』で否定的に捉えられている「その君主のために命を捨てる者」の例に該当する。したがって、当篇には「徳を以て」ということばはないにしても、どちらかというと、『荀子』臣道篇の分類の「大」か「次」に当てはまるのではないかと推量される。

『荀子』以後、このような思想をふまえながら、「賢・義・明」などの道徳性や「智」（知的能力）を排除し、信賞必罰の法術によって、君主中心、君主の一元的支配を実現しようとしたのが、他ならぬ『韓非子』である。例えば、功名篇に、

人主者、天下一力以共載之、故安。衆同心以共立之、故尊。人臣守所長、盡所能、故忠。以尊主御忠臣、則長樂生而功名成。

人主は、天下力を一にして以て共に之を載す、故に安し。衆心を同じくして以て共に之に立つ、故に尊し。人臣は長ずる所を守りて、能くする所を尽くす、故に忠なり。尊主を以て忠臣を御せば、則ち長楽生じて功名成らむ。

とあり、忠孝篇に、

所謂忠臣不危其君、孝子不非其親。今舜以賢取君之國、而湯武以義放弑其君。此皆以賢而危主者也、而天下賢之。古之烈士、進不臣君、退不爲家。是進則非其君、退則非其親者也。且夫進不臣君、退不爲家、亂世絶嗣之道也。是故賢堯舜湯武而是烈士、天下之亂術也。

所謂忠臣は其の君を危くせず、孝子は其の親を非らず。今舜は賢を以て君の国を取り、而して湯武は義を以て其の君を放弑す。此れ皆賢を以て主を危くする者なり、而るに天下之を賢とす。古の烈士は、進みては君に臣たらず、退きては家の為にせず。是れ進みては則ち其の君を非り、退きては則ち其の親を非る者なり。且つ夫れ進みては君に臣たらず、退きては家の為にせざるは、世を乱し嗣を絶つの道なり。是の故に堯舜湯武を賢として烈士

を是とするは、天下の乱術なり。

とあり、また同篇に、

臣以爲、人生必事君養親。事君養親、不可以恬淡。治人、必以言論・忠信・法術。言論・忠信・法術、不可以恍惚。恍惚之言、恬淡之學、天下之惑術也。孝子之事父也、非競取父之家也。忠臣之事君也、非競取君之國也。…

…故人臣、毋稱堯舜之賢、毋譽湯武之伐、毋言烈士之高、盡力守法、專心於事主者、爲忠臣。

臣以為えらく、人生れては必ず君に事え親を養う。君に事え親を養うには、以て恬淡なる可からず。人を治むるには、必ず言論・忠信・法術を以てす。言論・忠信・法術は、以て恍惚なる可からず。恍惚の言、恬淡の学は、天下の惑術なり。孝子の父に事うるや、父の家を取るを競うに非ざるなり。忠臣の君に事うるや、君の国を取るを競うに非ざるなり。……故に人臣は、堯舜の賢を称する毋く、湯武の伐を誉むる毋く、烈士の高きを言う毋く、力を尽くして法を守り、心を主に事うるに専にする者を、忠臣と為す。(七)

とあるような忠臣観には、そのような事実の一端が如実に示されている。『荀子』はともかく、以上のような『韓非子』の忠臣観が、『魯穆公問子思』のそれと相容れないことは言をまたない。しかし、『韓非子』十過篇には、

十過。……八曰、過而不聽於忠臣、而獨行其意、則滅高名、爲人笑之始也。

十過とは。……八に曰く、過ちて忠臣に聴かず、而して独り其の意を行うは、則ち高名を滅ぼし、人の笑いと為るの始めなり。

とあって、君主を聞き手にしてはいるものの、『魯穆公問子思』とかなり接近したような思想が見受けられる部分もある。(八)次章では、『魯穆公問子思』と類似の思想内容を持つ文献をまとめて議論することにしたい。

第四章　諸他の文献に見られる忠臣との比較考察

以下取り上げる諸文献は、勿論、各文献ごとに異なった主義・主張を唱えてはいるものの、忠臣観においては『魯穆公問子思』とかなり類似の内容を有している。それを『魯穆公問子思』と比較しながら分析してみると、次のようである。まず『墨子』魯問篇には、

魯陽文君謂子墨子曰、有語我以忠臣者。令之俯則俯、令之仰則仰、處則靜、呼則應、可謂忠臣乎。子墨子曰、令之俯則俯、令之仰則仰、是似景也。處則靜、呼則應、是似響也。君將何得於景與響哉。若以翟之所謂忠臣者、上有過則微之以諫、己有善、則訪之上、而無敢以告。外匡其邪、而入其善、尚同而無下比。是以美善在上、而怨讎在下、安樂在上、而憂慼在臣。此翟之所謂忠臣者也。

魯陽の文君子墨子に謂いて曰く、我れに語ぐるに忠臣を以てする者有り。之をして俯せしむれば則ち俯し、之をして仰がしむれば則ち仰ぎ、処れば則ち静かに、呼べば則ち応うと、忠臣と謂う可きか、と。子墨子曰く、之を俯せしむれば則ち俯し、之を仰がしむれば則ち仰ぐ、是れ景に似たり。処れば則ち静かに、呼べば則ち応う、是れ響きに似たり。君将に何を景と響きとに得んとするや。若し翟の所謂忠臣なる者を以てせば、上に過ち有れば則ち之を微《うかが》いて以て諫め、己れに善有れば、則ち之を上に訪りて、敢て以て告ぐる無し。外其の邪を匡して、其の善に入れ、尚同して下比すること無し。是を以て美善は上に在りて、怨讎は下に在り、安楽は上に在りて、憂慼は臣に在り。此れ翟の所謂忠臣なる者なり、と。

とあって、君主の「過ち」に対し、臣下（すなわち忠臣）はそれを諫言したり、あるいは匡さなければならないことが強調されている。同様のことは、同じく非儒下篇に、

又曰、君子若鍾。擊之則鳴、弗擊不鳴。應之曰、夫仁人事上竭忠、事親得孝。務善則美、有過則諫。此爲人臣之道也。今擊之則鳴、弗擊不鳴、隱知豫力、恬漠待問而後對。雖有君親之大利、弗問不言。若將有大寇亂・盜賊將作、若機辟將發也、他人不知、己獨知之、雖其君親皆在、不問不言、是夫大亂之賊也。以是爲人臣、不忠、爲子不孝、事兄不弟交、遇人不貞良。夫執後不言之朝。物見利使己、雖恐後言。君若言而未有利焉、則高拱下視、會噎爲深曰、唯其未之學也。用誰急、遺行遠矣。

（儒者）又た曰く、君子は鍾の若し。之を撃てば則ち鳴り、撃たざれば鳴らず、と。之に応えて曰く、夫れ仁人上に事えて忠を竭し、親に事えて孝を得〈務〉む。善を務〈得〉れば則ち美し、過ち有れば則ち諫む。此れ人臣為るの道なり。今之を撃てば則ち鳴り、撃たざれば鳴らず、知を隠し力を豫（舎《お》）き、恬漠にして問うを待ちて而る後対う。君親の大利有りと雖も、問われざれば言わず。若し将に大寇乱・盗賊の将に作らんとすること、機辟の将に発せんとするが若きこと有らんとするや、他人は知らずして、己れ独り之を知るときに、其の君親皆在りと雖も、問われざれば言わざるに、是れ夫れ大乱の賊なり。是を以て人臣と為りては、忠ならず、子と為りては孝ならず、兄に事えては弟交ならず、人に遇することは貞良ならず。夫れ後を執りて之を朝に言わず。物己れに利使〈便〉なるを見れば、雖（唯）だ後言を恐る。君若し言いて未だ利有らざれば、則ち高拱下視し、会噎深きを為して曰く、唯だ其れ未だ之を学ばざるなりと。用急なりと誰《いえど》も、行いを遺うこと遠し、と。(九)

とあり、『管子』君臣下篇に、

能飾大義、審時節、上以禮神明、下以義輔佐者、明君之道。能據法而不阿、上以匡主之過、下以振民之病者、忠臣之所行也。明君在上、忠臣佐之、則齊民以政刑、牽於衣食之利。故愿而易使、愚而易塞。

能く大義を飾《おさ》め、時節を審らかにし、上は以て神明に礼し、下は以て輔佐に義あるは、明君の道なり。能く法に拠りて阿らず、上は以て主の過ちを匡し、下は以て民の病を振うは、忠臣の行う所なり。明君上に在り、忠臣之を佐くれば、則ち民を斉うるに政刑を以てし、衣食の利に牽かる。故に愿にして使い易く、愚にして塞ぎ易し。

とあり、『呂氏春秋』恃君篇に、

德衰世亂、然後天子利天下、國君利國、官長利官。此國所以遞興遞廢也、亂難之所以時作也。故忠臣廉士、内之則諫其君之過也、外之則死人臣之義也。

徳衰え世乱れ、然る後天子天下を利とし、国君国を利とし、官長官を利とす。此れ国の逓に興り逓に廃する所以なり、乱難の時に作る所以なり。故に忠臣廉士、之を内にしては則ち其の君の過ちを諫め、之を外にしては則ち人臣の義に死す。

とあり、『晏子春秋』内篇問上第三「景公問忠臣之行何如晏子対以不与君行邪章」第二十に、

景公問晏子曰、忠臣之行何如。對曰、不掩君過、諫乎前、不華乎外。選賢進能、不私乎內。稱身就位、計能定祿。睹賢不居其上、受祿不過其量、不權居以爲行、不稱位以爲忠、不揜賢以隱長、不刻下以諛上。君在不事太子、國危不交諸侯。順則進、否則退、不與君行邪也。

景公晏子に問いて曰く、忠臣の行いは何如、と。対えて曰く、君の過ちを掩わず、前に諫め、外に華せず。賢を選び能を進めて、内に私せず。身を称《はか》りて位に就き、能を計りて禄を定〈受〉(一〇)く。賢を睹れば其の上に居らず、禄を受けて其の量を過ぎず、居を権《はか》りて以て行いを為さず、位を称りて以て忠を為さず、賢を揜いて以て長を隠さず、下に刻《きび》しくして以て上に諛わず。君在れば太子に事えず、国危うければ諸侯に交わらず。順なれば則ち進み、否なれば則ち退き、君と邪を行わざるなり、と。

とあり、『説苑』正諫篇に、

易曰、王臣蹇蹇、匪躬之故。人臣之所以蹇蹇爲難而諫其君者、非爲身也。將欲以匡君之過、矯君之失也。君有過失者、危亡之萌也。見君之過失而不諫、是輕君之危亡也。夫輕君之危亡者、忠臣不忍爲也。三諫而不用則去、不去則身亡。身亡者、仁人所不爲也。是故諫有五。一曰、正諫。二曰、降諫。三曰、忠諫。四曰、戇諫。五曰、諷

諫。孔子曰、吾其從諷諫矣乎。

易に曰く、王臣蹇蹇たり、躬の故《こと》に匪ず、と。人臣の蹇蹇として難を為して其の君を諫むる所以の者は、身の為にするに非ざるなり。将に以て君の過ちを匡し、君の失を矯めんと欲すればなり。君過失有るは、危亡の萌なり。君の過失を見て諫めざるは、是れ君の危亡を軽んずるものなり。夫れ君の危亡を軽んずる者は、忠臣為すに忍ばざるなり。三たび諫めて用いられざれば則ち去り、去らざれば則ち身亡ぶ。身亡ぶ者は、仁人の為さざる所なり。是の故に諫に五有り。一に曰く、正諫。二に曰く、降諫。三に曰く、忠諫。四に曰く、戇諫。五に曰く、諷諫。孔子曰く、吾れは其れ諷諫に従わんか、と。


とある。このように忠臣の一つのありかたとして、諫言を期待したり要請することは、戦国末期から漢代の文献に枚挙に暇がない。例えば、『管子』明法解篇には、

明主者、兼聽獨斷、多其門戸。羣臣之道、下得明上、賤得言貴。故姦人不敢欺。亂主則不然。聽無術數、斷事不以參伍。故無能之士上通、邪枉之臣專國、主明蔽而聰塞、忠臣之欲謀諫者、不得進。如此者、侵主之道也。故明法曰、下情上而道止、謂之侵。

明主は、兼ね聴きて独り断じ、其の門戸を多くす。群臣の道は、下は上を明らかにするを得、賤は貴を言うを得。故に姦人敢て欺かず。乱主は則ち然らず。聴くに術数無く、事を断ずるに参伍を以てせず。故に無能の士上通し、邪枉の臣国を専らにし、主の明蔽われて聡塞がれ、忠臣の謀諫せんと欲する者、進むを得ず。此くの如き者は、侵主の道なり。故に明法に曰く、下情上りて而も道に止まる、之を侵と謂う、と。


とあって、主の聡明の蔽塞が忠臣の諫言を遮る障害になることが述べられている。また『韓詩外伝』巻十には、

楚莊王將興師伐晉、告士大夫曰、敢諫者死無赦。孫叔敖曰、臣聞、畏鞭箠之嚴、而不敢諫其父、非孝子也。懼斧鉞之誅、而不敢諫其君、非忠臣也。……

楚の荘王将に師を興して晋を伐たんとし、士大夫に告げて曰く、敢て諫むる者は死《ころ》して赦す無からん、と。孫叔

敖曰く、臣聞く、鞭箠の厳を畏れて、敢て其の父を諫めざるは、孝子に非ざるなり。斧鉞の誅を懼れて、敢て其の君を諫めざるは、忠臣に非ざるなりと。……

とあるが、下線部を逆手に取れば、誅を懼れずに諫言することを忠臣のありかたとして要請していると捉えることもできる。また次の『説苑』正諫篇の下線部に、

孝景皇帝時、呉王濞反。梁孝王中郎枚乗、字叔、聞之、爲書諫王。其辭曰、君王之外臣乘、竊聞、得全者全昌、失全者全亡。舜無立錐之地、以有天下、禹無十戸之聚、以王諸侯。湯武之地、方不過百里、上不絶三光之明、下不傷百姓之心者、有王術也。故父子之道、天性也。忠臣不敢避誅以直諫。故事無廢業、而功流於萬世也。……

孝景皇帝の時、呉王の濞反す。梁の孝王の中郎枚乗、字は叔は、之を聞き、書を為りて王を諫む。其の辞に曰く、君王の外臣乗、窃かに聞くに、全きを得る者は全く昌え、全きを失う者は全く亡ぶと。舜は立錐の地無くして、以て天下を有ち、禹は十戸の聚無くして、以て諸侯に王たり。湯武の地は、方に百里に過ぎざるに、上三光の明を絶たず、下百姓の心を傷《やぶ》らざる者は、王術有ればなり。故《もと》より父子の道は、天性なり。忠臣は敢て誅を避けずして、以て直諫す。故に事には廃業無く、而して功は万世に流る。……、と。

とあるのも、大意は『韓詩外伝』と同じであろう。このことが『魯穆公問子思』と類似していることは言うまでもない。しかし、『魯穆公問子思』のように「悪」の字が使われている例はなく、その意味に限って当篇は諸他の文献より激昂した口調をその特徴としている。

次に前引の文章を内容の面から見てみると、漢代の文献はさておき、『墨子』魯問篇の場合は、文中に「尚同して下比すること無し」とあるのによれば、尚同論をふまえた忠臣観であり、『管子』君臣下篇の場合は、「能く法に拠りて阿らず、……明君上に在り、忠臣之を佐くれば」とあるのによれば、君主中心の法治主義の中での忠臣観である。そして、『呂氏春秋』恃君篇の場合は、前引の文章だけでは今一つはっきりしない点がないわけではないが、国家起源論や君臣のありかたと関わっているようであり、他にも『呂氏春秋』至忠篇に、

至忠逆於耳、倒於心。非賢主、其孰能聴之。故賢主之所説、不肖主之所誅也。人主無不惡暴劫者、而日致之。惡之何益。今有樹於此、而欲其美也。人時灌之則惡之、而日伐其根、則必無活樹矣。夫惡聞忠言、乃自伐之精者也。

至忠は耳に逆らい、心に倒《さか》らう。賢主に非ざれば、其れ孰か能く之を聴かんや。故に賢主の説ぶ所は、不肖の主の誅する所なり。人主暴劫を悪まざる者無くして、而も日に之を致す。之を悪むとも何の益かあらん。今此に樹有りて、其の美ならんことを欲す。人時に之に灌がば則ち之を悪み、而して日に其の根を伐らば、則ち必ず活樹無からん。夫れ忠言を聞くことを悪むは、乃ち自ら伐ることの精《はなは》だしき者なり。

とあり、同じく達鬱篇に、

凡人三百六十節、九竅・五藏・六府、肌膚欲其比也、血脈欲其通也、筋骨欲其固也、心志欲其和也、精氣欲其行也。若此則病無所居、而惡無由生矣。病之留、惡之生也、精氣鬱也。故水鬱則爲汚、樹鬱則爲蠹、草鬱則爲蕢。國亦有鬱。主德不通、民欲不達、此國之鬱也。國鬱處久、則百惡竝起、而萬災叢至矣。上下之相忍也、由此出矣。故聖王之貴豪士與忠臣也、爲其敢直言而決鬱塞也。

凡そ人の三百六十節、九竅・五蔵・六府、肌膚は其の比ならんことを欲し、血脈は其の通ぜんことを欲し、筋骨は其の固ならんことを欲し、心志は其の和せんことを欲し、精気は其の行《めぐ》らんことを欲するなり。此の若くんば則ち病居る所無くして、悪由りて生ずること無し。病の留まり、悪の生ずるは、精気鬱すればなり。故に水鬱すれば則ち汚を為し、樹鬱すれば則ち蠹を為し、草鬱すれば則ち蕢〈蓄〉[二二]を為す。国も亦た鬱すること有り。主徳通ぜず、民欲達せざるは、此れ国の鬱なり。国鬱して処ること久しければ、則ち百悪並び起りて、万災叢り至る。上下の相忍ぶや、此れに由りて出づ。故に聖王の豪士と忠臣とを貴ぶや、其の敢て直言して鬱塞を決するが為なり。

とあるのは、篇名によっても推察できるように、君主や国家における忠臣の存在の重要性と関わっており、いずれも君主権力の抑制よりは強化・維持に主眼があると思われる。ただし、『魯穆公問子思』においては抑制・強化いずれに向いているか決めるのは容易ではない。

以上によれば、君主の過ちに対する忠臣の諫言が強調されるのは、戦国末期に本格化するということができよう。『呂氏春秋』は言うまでもなく戦国最末期の思想であり、『墨子』魯問篇は、渡邊卓氏は『墨子』思想の中でも末期のものに位置づけている。特に忠臣については「「忠臣」（魯問九）という語も同様な例であって、初期には見えないが、兼愛中・下、非攻中、節葬下、天志中・下、明鬼下、非命上などに習見する」（一二）と指摘する。また金谷治氏は『管子』君臣下篇は戦国最末期ないし秦漢の際の政治思想を現し、明法解篇は秦漢の際、韓非の影響による法思想を現しているという（一三）。

これらのことをふまえて言えば、忠臣ということばは、『荀子』以前の典籍にはほとんど見えず、『荀子』を前後する戦国後期から末期にかけて本格的に議論されはじめ、漢代に入ると枚挙に暇がないほど頻出する（一四）。それは歴史的には封建制から郡県制へ、社会制度の面においては、宗族制（あるいは氏族制）から家父長制へ、倫理的には個人倫理から君主を頂点とする国家倫理へ、君臣関係においては道徳主義から賢賢主義（官僚制的秩序）へと移行するプロセスと相まっており、忠臣ということばはそのような政治・思想・歴史的背景下で登場し使用されていたことを物語っている。

第五章　爵禄と義

最後にもう一つ残っている問題は、『魯穆公問子思』で爵禄と義を二項対立的に捉えて、前者より後者に重きを置いている点である。君臣関係において義を唱えるものには、周知のように『孟子』滕文公上篇に「君臣有義」（君臣義有り）とあるが、この場合の義は忠義の義ではなく正義の義であり、正当性・妥当性・適切性を意味するものである。それは韓非流の君主への絶対服従を意味するのではなく、君臣間のことにおいてどちらが正当で妥当かは道理筋道をもって正さなければならないことを意味すると考えられる。(一五)

ところで、『荀子』臣道篇には、

君有過謀過事、將危國家殞社稷之懼也、大臣父兄、有能進言於君、用則可不用則去、謂之諫。有能進言於君、用則可不用則死、謂之爭。有能比知同力、率羣臣百吏而相與彊君撟君、君雖不安不能不聽、遂以解國之大患、除國之大害、成於尊君安國、謂之輔。有能抗君之命、竊君之重、反君之事、以安國之危、除君之辱、功伐足以成國之大利、謂之拂。故諫爭輔拂之人、社稷之臣也。國君之寶也。明君之所尊所厚也。而闇主惑之以爲己賊也。……故正義之臣設、則朝廷不頗、諫爭輔拂之人信、則君過不遠。……

君に過謀過事有りて、将に国家を危うくし社稷を殞さんとするの懼れあるや、大臣父兄に、能く君に進言して、用いらるれば則ち可なるも用いられざれば則ち去るもの有り、之を諫と謂う。能く君に進言して、用いらるれば則ち可なるも用いられざれば則ち死するもの有り、之を争と謂う。能く知を比《あ》わせ力を同じくし、群臣百吏を率いて相与に君を彊い君を撟めて、君は安からずと雖も聴かざること能わざらしめ、遂に以て国の大患を解き、国の大害を除きて、君を尊び国を安んずることを成すもの有り、之を輔と謂う。能く君の命に抗し、君の重を窃み、君の事に反し、以て国の危を安んじ、君の辱を除き、功伐は以て国の大利を成すに足るもの有り、之を払と謂う。故に諫争輔払の人は、社稷の臣なり。国君の宝なり。明君の尊ぶ所厚くする所なり。而るに闇主は之に惑いて以て己れの賊と為す。……故に正義の臣設《もち》いらるれば、則ち朝廷は頗《よこしま》ならず、諫争輔払の人信ぜらるれば、則ち君の過ちも遠からず。……

とあって、君主の過ちに対してそれを「諫・争・輔・払」する臣下を「正義の臣」と規定し、そのような臣下を尊重すべきことが鮮明に打ち出されている。（一六）このことは忠臣の徳目として義を唱える『魯穆公問子思』と類似していると思われる。

その他にも、義を強調する『魯穆公問子思』と類似の思想を有するものに『墨子』が挙げられる。まず貴義篇に、

子墨子曰、萬事莫貴於義。今謂人曰予子冠履、而斷子之手足、子爲之乎、必不爲、何故、則冠履不若手足之貴也。又曰予子天下、而殺子之身、子爲之乎、必不爲、何故、則天下不若身之貴也。爭一言以相殺、是貴義於其身也。故曰、萬事莫貴於義也。

子墨子曰く、万事義より貴きは莫し。今人に謂いて、子に冠履を予えて、子の手足を断たん、子之を為さんかと曰わんに、必ず為さざらん、何故となれば、則ち冠履は手足の貴きに若かざればなり。又た子に天下を予えて、子の身を殺さん、子之を為さんかと曰わんに、必ず為さざらん、何故となれば、則ち天下は身の貴きに若かざればなり。一言を争うて以て相殺すは、是れ義其の身より貴ければなり。故に曰く、万事義より貴きは莫し、と。

とあって、「天下」より個人の生命（身）、個人の生命より義が尊貴であることが唱えられている。そして、これと類似の思想が『淮南子』泰族篇に、

使人左據天下之圖、而右刎喉、愚者不爲也。身貴於天下也。死君親之難、視死若歸、義重於身也。天下大利也、比之身則小。身之重也、比之義則輕。義所全也。詩曰、愷悌君子、求福不回。言以信義爲準繩也。

人をして左は天下の図に拠り、而して右は喉を刎《は》ねしむれば、愚者も為さず。身は天下より貴ければなり。君親

の難に死するや、死を視ること帰するが若し、義は身より重ければなり。天下は大利なるも、之を身に比すれば則ち小なり。身は重き之〈所〉[一七]なるも、之を義に比すれば則ち軽し。義は全うすべき所なればなり。詩に曰く、愷悌の君子、福を求めて回《よこしま》ならず、と。信義を以て準縄と為すを言うなり。

とある。天下よりも個人の生命を尊重する思想は、先学によってすでに指摘されているように、『呂氏春秋』貴生篇や『荘子』譲王篇などに見られるのと同様に、養生思想にほかならない。貴義篇はそのような養生思想をふまえながら、義を最も価値あるものとして捉えているところにその特徴がある。[一八]

また『墨子』耕柱篇には、

子墨子使管黔滶游高石子於衛。衛君致祿甚厚、設之於卿。高石子三朝、必盡言、而言無行者。去而之齊。見子墨子曰、衛君以夫子之故、致祿甚厚、設我於卿。石三朝、必盡言、而言無行。是以去之也。衛君無乃以石爲狂乎。子墨子曰、去之苟道、受狂何傷。古者周公旦、非關叔、辭三公、東處於商蓋、人皆謂之狂、後世稱其德、揚其名、至今不息。且翟聞之、爲義、非避毀就譽。去之苟道、受狂何傷。高石子曰、石去之、焉敢不道也。昔者夫子有言、曰、天下無道、仁士不處厚焉。今衛君無道、而貪其祿爵、則是我爲苟陷人長也。子墨子說、而召子禽子曰、姑聽此乎。夫倍義而鄉祿者、我常聞之矣。倍祿而鄉義者、於高石子焉見之也。

子墨子管黔滶をして高石子を衛に游ばしむ。衛君禄を致すこと甚だ厚く、之を卿に設く。高石子三たび朝し、必ず言を尽くすも、言行わるる無し。去りて斉に之く。子墨子に見えて曰く、衛君夫子の故を以て、禄を致すこと甚だ厚く、我れを卿に設く。石三たび朝し、必ず言を尽くすも、言行わるる無し。是を以て之を去る。衛君乃ち石を以て狂と為す無からんや、と。子墨子曰く、之を去るに苟も道あらば、狂を受くるも何ぞ傷まん。古者は周公旦、関叔に非られ、三公を辞して、東商蓋に処るや、人皆之を狂と謂えるも、後世其の徳を称し、其の名を揚げ、今に至るまで息まず。且つ翟之を聞く、義を為すは、毀を避け誉に就くに非ずと。之を去るに苟も道あらば、狂を受くるも何ぞ傷まん、と。高石子曰く、石之を去る、焉くんぞ敢て道あらざらん。昔者夫子言えること有り、曰く、天下無道なれば、仁士は厚きに処らずと。今衛君無道なり、而るを其の禄爵を貪らば、則ち是れ我れ苟も人の長（粻）を陥《くら》（啗）うと為すなり、と。子墨子説びて、子禽子を召して曰く、姑《しばら》く此れを聴け。夫れ義に倍きて禄に郷かう者は、我れ常（嘗）て之を聞く。禄に倍きて義に郷かう者は、高石子に於て之を見たり、と。[一九]

とあって、最後の一句は、爵禄と義を二項対立的に捉えて前者より後者に重きを置く『魯穆公問子思』と非常に類似している。なお、渡邊卓氏は貴義篇と耕柱篇も魯問篇と同様、『墨子』思想の中で末期のものに位置づけている（本論考注（一二）を参照）。

そして『荀子』や『墨子』のこのような義理関係を重視する君臣観を批判したのは、ほかならぬ『韓非子』である。例えば、難一篇に、

臣盡死力以與君市、君垂爵祿以與臣市。君臣之際、非父子之親也、計數之所出也。君有道、則臣盡力、而姦不生。無道、則臣上塞主明、而下成私。

臣は死力を尽くして以て〔君〕と〔市し〕[二〇]、君は爵禄を垂れて以て臣と市す。君臣の際は、父子の親しみに非ざるなり、計数の出づる所なり。君道有らば、則ち臣力を尽くして、姦生ぜず。道無くば、則ち臣上は主の明を塞ぎて、下は私を成さむ。

とあり、同じく顕学篇に、

今有人於此。義不入危城、不處軍旅、不以天下大利、易其脛一毛、世主必從而禮之、貴其智而高其行、以爲輕物

重生之士也。夫上所以陳良田大澤、設爵祿、所以易民死命也。今上尊貴輕物重生之士、而索民之出死而重殉上事、不可得也。

今此に人有り。義として危城に入らず、軍旅に処らず、天下の大利を以てするも、其の脛の一毛にも易えざるときは、世主必ず従いて之に礼し、其の智を貴びて其の行いを高しとし、以て物を軽んじ生を重んずるの士と為さむ。夫れ上の良田大沢〈宅〉を陳し、（二二）爵禄を設くるは、民の死命に易うる所以なり。今上物を軽んじ生を重んずるの士を尊貴して、而して民の死に出でて上の事に殉ずるを重んずることを索むるも、得可からざるなり。

とあるように、『韓非子』の場合はすべての君臣関係を利害関係で捉えていることが分かる。（二三）

おわりに

本論考では、郭店楚簡儒家系諸篇の性質について、早期儒家の作品であり、学派の分類においては思孟学派に属し、成書年代は『孟子』より早く、孔子から孟子の間の過渡期の儒家思想を反映しているという認識の下、『魯穆公問子思』もその延長線上で捉えられ、子思自身かその弟子の作であり、『子思子』に属するとする見解に疑問を投げかけることから論を始めた。

そこでまず中国古代思想史上における忠ということばの意味合いの変遷を考察し、次に『魯穆公問子思』の忠臣観の特徴を分析した後、爵禄と義を二項対立的に捉え、前者より後者に重きを置いているところに特徴があることを見出した。その上、忠臣をめぐる様々な議論を先秦諸文献の中で考察したが、その結果、忠臣ということばは戦国中期ごろから見え始めるが、『論語』、『孟子』などには見えず、『荀子』を前後する戦国後期から末期にかけて本格的に議論され始め、前漢初期になると大量に出現することが浮き彫りにされた。このことから考えれば、『魯穆公問子思』の成書時期を『孟子』以前とするのは無理があると思われる。

さてここで一つ検討すべき問題がある。それは、『魯穆公問子思』で君臣関係を支える原理を爵禄ではなく義に求めることが何を意味するかという問題である。先学によって指摘されているように、君臣関係は恒久的なものではなく、事実としては爵禄によって一時的に繋がっている個人的・私的な関係である。君臣関係を支える原理を爵禄によって捉えることは、前章で考察したように、『韓非子』に最も顕著に現れており、臣下の去就進退が利害によって決められることを意味する。それに対し、義によって捉えることは、臣下のそれが理念によって決められることを意味し、君主に対する単なる一方的な忠節・忠誠を意味するものではない。

ところで、後者の場合は、主として『墨子』、『孟子』、『荀子』などによって道徳化された理念に過ぎず、現実とは遠くかけ離れていたに違いない。時代として後のものではあるが、『淮南子』主術篇の次の文章が、むしろ激しい戦国競争の中の君臣関係の実状に近かったろう（やや道徳的なニュアンスはある）。

夫疾風而波興、木茂而鳥集、相生之氣也。是故臣不得其所欲於君者、君亦不能得其所求於臣也。君臣之施者、相報之勢也。是故臣盡力死節以與君、君計功垂爵以與臣。是故君不能賞無功之臣、臣亦不能死無德之君。君德不下流於民、而欲用之、如鞭蹏馬矣。是猶不待雨而求熟稼、必不可之數也。

夫れ疾〈風〉風〈疾〉（二三）くして波興り、木茂りて鳥集まるは、相生ずるの気なり。是の故に臣其の欲する所を君に得ざる者は、君も亦た其の求むる所を臣に得る能わざるなり。君臣の施は、相報ゆるの勢なり。是の故に臣は力を尽し節に死して以て君に与え、君は功を計り爵を垂れて以て臣に与う。是の故に君は功無きの臣を賞する能わず、臣も亦た徳無きの君に死する能わず。君の徳民に下流せずして、之を用いんと欲するは、䮦馬に鞭つが如し。是れ猶お雨を待たずして熟稼を求むるがごとく、必ず不可の数なり。

このことから考えれば、『魯穆公問子思』で魯の穆公が忠臣についての子思の答弁に対し当惑を表明したのも、当然と言えば当然かも知れない。

しかし、『魯穆公問子思』は現実の利害関係を断ち切り、義を言うことによって、臣下には道徳的義務を課するが、君主にはそのような臣下を尊重すべきことを暗示してはいないだろうか。このことから考えると、当篇は理念上では君主権力に接近しようとする指向はそれほど強く看取されず、その点、『荀子』や『韓非子』とは異なり、むしろ『墨子』耕柱篇と酷似していると思われる。したがって、『魯穆公問子思』は統一期に向かう戦国末期の理念より現実を重視する思想的傾向が顕著になる前の思想的特徴を帯びているとせねばなるまい。

このように、爵禄と義をめぐる思想的歴史的背景や、忠の意味の変遷、忠臣ということばの出現をめぐる事情などを総合的に考えると、『魯穆公問子思』の成立時期は、『孟子』（その中でも孟子自身による部分）より遅く、『荀子』臣道篇や『墨子』魯問篇・貴義篇・耕柱篇よりやや早いのではないかと推測される。

注

（一）この「歴史性」に対する筆者の基本的な立場は次のごとくである。出土資料は出土資料としての、伝世文献は伝世文献としての歴史性を有している。そうした意味で、これら双方の資料はいずれも同等の価値を有している。その場合の歴史性とは、ある思想が同一系統の思想や異質の思想と垂直あるいは水平的に影響関係や対立の構図を形成する時、一方では批判したり否定したりしながらも、もう一方では受容を通じて自己変化を引き起こし、かつ他者の変化をも誘発させる一連の歴史的過程を意味する。このような歴史性をいかに正確に導き出し浮き彫りにするか、これこそ研究者の最大の課題中の一つであり、新資料の性格を規定する重要なカギでもある。

（二）その詳しい事情については、小島祐馬『古代支那研究』（弘文堂書房、一九四三年、二〇三～二〇四頁）、高田真治「先秦思想に於ける忠に就て」（『東洋思潮の研究　第一』、春秋社松柏館、一九四四年）、津田前掲書『儒教の研究　三』（一〇一～一二一頁）、濱口富士雄「荀子の忠について」（『大東文化大学漢学会誌』一二、一九七三年二月）などを参照。なお、濱口氏は、高田・小糸夏次郎・宇野精一らの説をまとめつつ、『左伝』、『国語』、『論語』をはじめとする、『荀子』以前において用いられた忠の概念は、君臣間において臣下が君主に対し忠義・忠誠を尽くしその本分を守るというものではなかったと言うべく、一般的意味における「まこと・まごころ」にすぎず、単なる普遍的な道徳倫理上の名目であったという（七一頁）。

（三）濱口前掲論文「荀子の忠について」、七三～七六頁。

（四）『荀子』の忠については、高田前掲論文「先秦思想に於ける忠に就て」（二四二～二四三頁）及び濱口前掲論文「荀子の忠について」（七六頁）を参照。

（五）類似の文章が『韓詩外伝』巻四に「有大忠者、有次忠者、有下忠者、有國賊者。以道覆君而化之、是謂大忠也。以德調君而輔之、是謂次忠也。以諫非君而怨之、是謂下忠也。不恤乎公道之達義、偸合苟同以持祿養者、是謂國賊也。若周公之於成王、可謂大忠也。管仲之於桓公、可謂次忠也。子胥之於夫差、可謂下忠也。曹觸龍之於紂、可謂國賊也。」とある。

（六）「爭」は、松皐円『定本韓非子纂聞』の説に従って補った。

（七）『韓非子』忠孝篇については、板野前掲書『中国古代における人間観の展開』（三二九～三三四頁）及び『儒教成立史の研究』（五一～六五頁）を参照されたい。

（八）容肇祖『韓非子考証』（中央研究院歴史語言研究所、一九三六年初版、一九九二年景印一版）は十過篇について、「我以爲這篇體裁略似内儲說的七術，六微。而不像是韓非所作。」と指摘しているが、そのことはここでも証明されうると思われる。

（九）「事親得孝」の「得」と「務善則美」の「務」は、兪樾の説に従ってそれぞれ「務」と「得」に改めた。「隱知豫力」の「豫」は孫詒讓の説に従って「舍」に読んだ。ちなみに、呉毓江は「怠惰」の義とする。「物見利使己、雖恐後言」の「使」と「雖」は、蘇時学の説に従ってそれぞれ「便」と「唯」に改めた。

（一〇）「定」は、王念孫『読書雑志』の説に従って「受」に改めた。なお、『羣書治要』は「受」に作る。

（一一）「蕢」は、畢沅『呂氏春秋新校正』の説に従って「蒿」に改めた。

（一二）渡邊前掲書『古代中国思想の研究』（五三九・五四五頁）を参照。渡邊氏は、耕柱・貴義・公孟・魯問の四篇は、墨翟の語というものの断片の中に明らかに後次の墨家の思想または表現と判るものが少なからず混入していること、墨子の独白または対話の前提が後に進展した文化的現象と直結する場合が見いだされることから、この四篇には「開祖の俤を偲ばせるような分子も混入してはいるらしいが、戰國中期から末期にかけての潤色もしくは擬作も少なくない。だから、これらの多くは歴史人物としての墨翟の傳記資料というよりは、むしろ直接的には墨家における墨子像形成の資料として、間接的には墨家の學風・黨風・文風に關する資料として役だたせるべきである。また概言すれば、これら四篇は、……嚴密には篇という枠を外ずし一章ずつに切り離して扱うべきであろう」（五三八～五三九頁）という。また非儒下篇については、篇の成立は荀子学派の後とし、さらにその内容は「儒家の非難に觸發されて墨家のとった派生的態度のうち、最も末期的かつ過激な主張なのである。したがってこの主張は、墨家本來の立場から必然的に湧出してきた十論二十三篇の主張とは大いなる相違をもつ」（五四三頁）という。筆者は基本的に渡邊氏のこの見解に賛成である。

ところが、このような見解に反対の声もある。浅野裕一「墨家集団の質的変化——説話類の意味するもの——」（『日本中国学会報』三四、一九八二年十月）がそれである。同氏は、墨家集団の質的変化、墨家の活動地域の拡大、扱われる時期的範囲、の三点を手がかりに、耕柱・貴義・公孟・魯問の四篇は、墨翟時代の記録を次の鉅子禽滑釐の時代にまとめたものであり、その内容は墨翟時代の学団の状況をほぼ忠実に伝えるものであるという（二四頁）。しかし筆者は同氏の論拠とする三点いずれも全く根拠にはならないと考える。

まず第一点目において、同氏は作業仮説として右の四篇を墨翟時代の資料とし、そこでは鉅子の権威が絶対的に確立されておらず、墨家思想もまだ確固たる勢力を築くまでには至っていないという（一七～二〇頁）。それが墨翟以降となると、思想的尖鋭化・学派意識の尖鋭化とともに、鉅子の権威もまた、墨翟当時より遥かに強化されることになるという（二〇～二二頁）。しかしここには次の二つの問題がある。一つは、墨翟以降の墨家の姿を伝えるものとして挙げている資料の問題である。すなわち、同氏はその資料として『呂氏春秋』上徳篇と去私篇、『荘子』天下篇を引き合いにするが、『呂氏春秋』の場合は各篇の目的意識にそった説話を集めたものであるため、そこに描かれている墨家像を墨翟以降の墨家の全体像として拡大解釈あるいは一般化するのは極めて危険だと思う。『荘子』の場合もそこに描かれているのは真実の一面を伝えていると見なすことはできるかも知れないが、それがそのまま当時の墨家の実態のすべてを生々しく伝えているとは考えにくい。同氏のいう墨翟以降の墨家集団の特徴、つまり思想や学派意識の尖鋭化、鉅子権威の強化というのは、ごく表面的な捉え方にすぎず、実はその反対の方向（集団の分裂と鉅子権の無力化）へ向かっていたことは、かつて河崎孝治（原孝治）氏によって見事に解明されたところである（「戦国時代後半に於る墨家の展開」（『日本中国学会報』二七、一九七五年十月）。なお『墨子』全篇の中での質的変化については何も論証していないのも致命的な欠陥である。

次に第二点目において、右の四篇では墨家集団の活動地域が魯・斉・衛・宋・魯陽・楚・越等の地域に限られているのに対し、後代の資料、すなわち『呂氏春秋』では秦と中山、『淮南子』では趙（正確には代）のように拡大されており、そこから時代差を読み取ることができるという（二三～二四頁）。しかし、それぞれ一例しか見えない中山と趙はともかく、『呂氏春秋』に秦の事例が多く見られる現象は、この書物が当時秦の相国であった呂不韋の食客たちによって書かれたものであることを想起すれば、むしろ当然とも言えることである。

最後に第三点目において、右の四篇はその総てが前五世紀後半の一定した時期を指示しており、そこに後代の資料が混入したことを疑わせるような、不自然な形跡は全く存在しないとし、このことからこれらは墨翟と同時代の資料と判断することができるという（二四頁）。しかし、これらの篇が墨翟の言行録である以上、そこに載っているすべての説話が一定した時期を指示しているのは、至極自然のことである。

以上見てきたように、浅野氏の説はその挙げている根拠すべてが不適切であることが判明したが、それよりさらに深刻な問題は、右の四篇の中身に潜んでいる様々な問題をほとんど考慮していないことである。そのような意味で、かつて赤塚忠氏が「魯問篇は『墨子』の中でも、墨翟の逸話を集めている後世のものであって、根本史料ではない。太公田和は、初めて呂氏の斉を奪って田氏の斉侯となったので、太公と称するのであるが、これが果たして大王と称したかも明証的ではない。田和のあとは田剡《でんえん》・桓公《かんこう》がつぎ、威王（前三五七年即位）に至って王号を称するので、田和を追尊して大王といったとしても、その没後三十年後のことである。また、この大王を単に王と書いている伝写本もある（『太平御覧』）」（「中国古代思想史」、『中国古代思想史研究』、赤塚忠著作集第二巻、研文社、一九八七年四月、一八四頁。初出は一九八三年）と指摘したのは、魯問篇の成立年代を考える上で、非常に有益な手がかりを提供していると考えられる。

（一三）金谷前掲書『管子の研究』（一一三～一一六・一九〇～一九一・二四三・三三一～三三三頁）を参照。

（一四）『荀子』以前のものとしては、戦国中期に鋳造されたといわれる中山王円鼎の銘文の中に、忠臣ということばが一例見える。

その他にも、今本『老子』（王弼本）第十八章に一例（帛書『老子』甲・乙本は「貞臣」、郭店『老子』丙本は「正臣」に作る）、『荘子』に三例、『商君書』に七例、『戦国策』に二〇例、『礼記』に一例、帛書『周易』繆和篇に二例、『慎子』に三例、『春秋穀梁伝』に一例、『淮南子』に一〇例、『春秋繁露』に八例等々見える。

（一五）鈴木喜一「戦国時代の君臣関係——法家・遊侠・従横家の場合——」（『東方学』六八、一九八四年七月、一一頁）を参照。

（一六）義については、他に『荀子』栄辱篇に「義之所在、不傾於權、不顧其利、擧國而與之、不爲改視、重死持義而不橈、是士君子之勇也。」とあり、また同篇に「先義而後利者榮、先利而後義者辱。」とあり、非十二子篇に「遇君則脩臣下之義、遇郷則脩長幼之義、遇長則脩子弟之義、遇友則脩禮節辭讓之義、遇賤而少者則脩告導寛容之義、無不愛也、無不敬也、無與人爭也、恢然如天地之苞萬物。」とあり、彊国篇に「凡姦人之所以起者、以上之不貴義、不敬義也。夫義者、所以限禁人之爲惡與姦者也。今上不貴義、不敬義。如是則下之人百姓、皆有棄義之志、而有趨姦之心矣。此姦人之所以起也。且上者下之師也。夫下之和上、辟之猶響之應聲、影之像形也。故爲人上者、不可不愼也。夫義者、内節於人、而外節於萬物者也。上安於主、而下調於民者也。内外上下節者、義之情也。然則凡爲天下之要、義爲本而信次之。古者禹湯本義務信、而天下治。桀紂棄義背信、而天下亂。故爲人上者、必將愼禮義、務忠信、然後可。此君人者之大本也。」とあり、天論篇に「若夫君臣之義、父子之親、夫婦之別、則日切瑳而不舍也。」とあり、大略篇に「故義勝利者爲治世、利克義者爲亂世。上重義則義克利、上重利則利克義。」とあるのが参考になる。

（一七）「之」は、兪樾『淮南子平議』の説に従って「所」に改めた。

（一八）このことについては、池田前掲書『馬王堆漢墓帛書五行篇研究』（三一六～三一七頁）注（三二）を参照。

（一九）「則是我爲苟陷人長也」の「陷」と「長」は、新田大作・呉毓江の説に従ってそれぞれ「啗」と「粻」に読んだ。「我常聞之矣」の「常」は、新田大作の説に従って「嘗」に読んだ。

（二〇）「君市」は、王先慎『韓非子集解』所収の顧広圻の説によって補った。

（二一）「夫上所以陳良田大澤」の「所以」は、太田方『韓非子翼毳』は衍字とする。また「澤」は、王先慎『韓非子集解』所収の顧広圻の説によって改めた。

（二二）その他にも、『韓非子』外儲説右下篇に「主賣官爵、臣賣智力。」とあり、同顕学篇に「夫爵祿勸而官職治、王之道也。」とある。

（二三）「疾風」は、王念孫『読書雑志』の説によって「風疾」に改めた。

結論　郭店一号楚墓より見た
中国考古類型学の方法論と白起抜郢の問題

はじめに

ここでは、序論で取り上げた諸簡報で提示された郭店一号墓の下葬年代、すなわち、戦国中期偏晩説の中に潜んでいる方法論上の諸問題を浮き彫りにすることによって、現在中国で盛行している考古類型学による年代推定方法と白起抜郢の問題の再考を促し、それを最後に本書の締めくくりとしたい。

さて本書では、以上三部にわたって、『唐虞之道』、『性自命出』、『魯穆公問子思』の三篇を考察してきた。それによれば、思想史的見地から見た場合、これら三篇の成立時期は、『荀子』を前後する時期、すなわち戦国後期から末期の間と考えられた。

ところで、このように結論づけると、当然、考古学界で推定する右のような郭店一号墓の下葬年代と合わなくなってしまう。そうすると、我々は、考古学界の結論は客観的で科学的な方法によって導き出されたものであり、思想史的な方法論は主観的で非科学的な方法によるものであるため、筆者の今までの議論は、最初から誤っていた、したがって、根本的に訂正しなければならない、と考えるべきであろうか。

事実、郭店一号墓の下葬年代とされる戦国中期偏晩説は、中国をはじめとして世界中の多くの研究者たちの間で、その簡報が出された当初は勿論、今でもなお、ごく当たり前の事実として大前提となっている。その代表的な例を二・三挙げると、中国の場合は李学勤氏、龐樸氏、姜広輝氏、廖名春氏、丁四新氏、郭沂氏などが、日本の場合は向井哲夫氏、斎木哲郎氏、浅野裕一氏、湯浅邦弘氏、菅本大二氏、竹田健二氏、福田哲之氏、末永高康氏などが、韓国はほとんどの場合『老子』に集中しているが、朴元在氏、金白熙氏、崔珍皙氏、鄭世根氏、梁芳雄氏、金忠烈氏、李康洙氏、崔在穆氏などが、欧米ではロバート・ヘンリックス（Robert G. Henricks）氏、スコット・クック（Scott Cook）氏などがその例である。(一) しかし、また周知のごとく、郭店楚簡が公表された当初からこの戦国中期偏晩説に異論を唱えた学者もいる。例えば、李沢厚氏、王葆玹氏、池田知久氏などがその例であり、(二) 最近中国国内でそれに異論を唱える研究者が増えてきているのも事実である。(三)

ところで、ここでいわゆる考古類型学の方法によって導き出された郭店一号墓の戦国中期偏晩説を問題にする理由は、それが決して絶対年代ではなく一つの〝推定〟にすぎないにもかかわらず、郭店楚簡の研究に従事する多くの研究者たちが、それをあたかも絶対年代であるかのように依然無批判的に受け入れているからである。しかし、諸簡報をその論理に即して丹念に分析してみると、たとえ筆者のような考古学に素人の者でも、あるいは曖昧にあるいは奇妙に思えるところが決して少なくない。本書でこの問題を取り上げる意義はまさにここにある。

したがって、以下では、序論で整理した諸簡報の考古学的研究の中に内在する考古類型学の諸問題と白起抜郢の問題とを順次考察する。そうすることによって、そこには比較の対象として用いる副葬器物の種類・数・基準に問題があること、比較の対象として取り上げられている江陵楚墓の下葬年代にも問題があること、郭店一号墓と副葬器物の形制・特徴が従来一般的に知られている楚墓のそれとは異なる面があること、客観的・科学的でなければならない考古類型学のような方法が実は非常に蓋然的・主観的であること、抜郢後の当時の江陵地区に対する歴史的・社会的考察が実証的に行われていないこと、等々を明らかにしたいと思う。

一　いわゆる考古類型学に内在する諸問題

本書「序」の「二、郭店一号楚墓の考古学的考察」の（六）で見たように、郭店一号墓の年代推定は、墓葬の形と構造、器物の比較、という二つの方法によって行われるが、前者の場合は直接的な根拠にはならないことを指摘した。実質的に直接的な根拠となっているのは後者だけである。しかし、そこには以下のような問題がある。

第一に、比較の対象となる器物の種類と数の問題。郭店一号墓から出土した全五八種類の器物のうち実際に比較の対象となっているのは、①漆耳杯(17)、②木梳(2)、③木篦(1)、④木枕(1)、⑤仿銅陶鼎(1)、⑥陶盉(1)、⑦陶斗(1)、⑧銅盤(1)、⑨軎轄(2)、⑩馬銜(2)、⑪蓋弓帽(22)、⑫扁菱形銅鏃(96)、⑬銅鏡(1)、⑭鉄鎌(1)、の一四種類だけで（括弧の中の数字は器物の数量を表す）、全体のうち二四・一パーセント、すなわち半分弱にすぎない。しかも博物館簡報が「墓葬の中から出土した鈹は特殊な形をしているが、作りが精密で飾りが精巧に出来ており、漆耳杯の底部には銘文が刻されている。また龍首玉帯鈎などは江陵楚墓には見あたらないものである。このようにこの墳墓はある程度その土地の特徴を同時に有している」（四七頁）と言っているのによれば、郭店一号墓の副葬品の中には、鈹の形制、漆耳杯の銘文、龍首玉帯鈎などのように、他の江陵楚墓には見あたらない独特の特徴を持つものもいくつか存在している。しかし、そのような独特の特徴を持つ器物は、単に比較されるものがないという理由だけで、年代推定の判断材料から完全に外されており、その外されている数は半分強にも上っている。このような状態では完全な比較にはならないのではなかろうか。

第二に、比較の対象とする器物同士の類似性判定の基準の問題。実際比較の対象としている右の一四種類の器物と江陵楚墓から出土した同類器物の比較において、その判定の基準が非常に曖昧であることを指摘しなければならない。それはその判定の結果を表す次のような表現に端的に表れている。すなわちそこには、大きな相違があるとしている⑭を除き、A「一致」（①）、B「相同」（③・⑤・⑪）、C「如出一范」（⑬）、D「相似」（②・⑤—一・⑫）、E「近似」（⑦・⑩）、F「相近」（⑧・⑨）、G「接近」（④・⑤—二・⑥）といった判定の結果を表す七種類のことばが使われている。このうち、A・B・Cの三つは、比較される両器物が同形である可能性が非常に高いことを表現したものと考えてよかろう。ところで、問題はその次の一連の表現である。D～Gのように判定されている両器物が実際どれほど類似しているかは実物を見なければならないが、それにもかかわらず、そのような判定は非常に曖昧としか言いようがない。しかも恐らくDからGになるにつれ、その類似性は段々と薄れてきていると推察される。したがって、最初のA・B・C以外のものをもって郭店一号墓の年代推定の基準とするのは、再考を要する問題と考えられる。またこのような方法によって導き出された戦国中期偏晩説の信頼性はさらに低くなるとせねばならない。

第三に、直接比較の対象となっている江陵楚墓の下葬年代の問題。議論の便宜上、現に比較されている江陵楚墓をここで再度列挙すると、次の通りである。①雨台山楚墓（一七六・一七九（以上第五期）、二四五・三一四・三二三・三五四・四〇三・四九九・五一三・五四五（以上第六期））、②包山一・二号墓、③武昌義地三・十二号墓、④望山一号墓、⑤当陽趙家湖楚墓（第六期第十一段）。このうち絶対年代を推定できる紀年資料を含んでいるのは包山二号墓と望山一号墓である。

まず包山二号墓の下葬年代については、最初の報告である湖北省荊沙鉄路考古隊包山墓地整理小組「荊門市包山楚墓発掘簡報」（『文物』一九八八―五、一九八八年五月、一〇頁。以下、包山簡報と略称）では前二九二年、包山墓地竹簡整理小組「包山2号墓竹簡概述」（『文物』一九八八―五、一九八八年五月、二六頁）では楚懐王六年（前三二三年）から前二九二年に秦の白起が楚の宛を取る前の間とされていた。それに対して徐少華「包山二号墓的年代及有関問題」（『江漢考古』一九八九―四、一九八九年、七五頁）のように、楚懐王二十六年（前三〇三年）説を主張する意見もあったが、[四] 湖北省荊沙鉄路考古隊『包山楚墓』上（文物出版社、一九九一年、三三三頁。以下、『包山楚墓』と略称）・王紅星「包山簡牘所反映的楚国暦法問題――兼論楚暦沿革」（五三二頁。以下、王論文と略称）・劉彬徽「従包山楚簡紀時材料論及楚国紀年与楚暦」（五四四頁。以下、劉論文と略称）（いずれも『包山楚墓』所収）がその絶対年代を前三一六年として以来、[五]これがほぼ定説となりつつあるようである。[六]

次に望山一号墓の下葬年代は、最初の報告である湖北省文化局文物工作隊「湖北江陵三座楚墓出土大批重要文物」（『文物』一九六六—五、一九六六年五月）では言及がなかったが、その後、①春秋晩期説（林巳奈夫）、②戦国中期偏晩説（中山大学古文字研究室楚簡整理小組・呂栄芳）[七]、③前三〇〇年前後とする説（郭徳維）、④楚の宣王と威王の間とする説（李学勤）[八]、等々の諸説が出されている。一方、方壮猷「初論江陵望山楚墓的年代与墓主」（『江漢考古』一九八〇—一、一九八〇年、五九頁）は、同墓から越王句践剣が出土したことに着目して楚が越を滅ぼした問題と分離できないとし、上限は楚が越を滅ぼした年の後、下限は楚の頃襄王が陳に遷都する前とする。ここで下限の基準となっているのは言うまでもなく白起抜郢の事件である。方氏は下限をそのように設定した理由について、楚が陳に遷都した後は、句践剣も江陵に埋葬されることはないとする。それに対して陳振裕「望山一号墓的年代与墓主」（『中国考古学会第一次年会論文集』、文物出版社、一九八〇年十二月、二二九〜二三二頁。以下、陳論文①と略称）・「略論九座楚墓的年代」（『考古』一九八一—四、一九八一年。以下、陳論文②と略称）は、竹簡の文章の中から手がかりを探る。すなわち、①先王・先君に祭祀することが記述されている文章の中に、「柬大王・聖王・⿱邵心王」[九]とある三人の楚王の名は、『史記』記載の楚の簡王・声王・悼王のことである点（朱徳熙・裘錫圭・李家浩氏の説）、②よって下葬年代は楚の悼王（前四〇一年〜前三八一年）より前になることはできない点、③墓主の「⿱邵心固」は「悼」をもって氏とし、望山楚簡で祭られている先君、すなわち「東𨛜公」[一〇]はその名前が楚の悼王の直後に書かれているので悼王の子であり、かつ⿱邵心固の始祖である点、④「王孫喿」は「東𨛜公」の子である点、⑤東𨛜公は王子であり、それゆえ「喿」は「王孫」と称する点、⑥⿱邵心固は悼王の後ではあるが、ただ王孫とは称しないので、彼の世代は王孫喿より後である点、⑦ただし彼は楚の王室との関係が緊密であるので、王孫喿とは一・二世代程度離れている可能性が最も高い点、⑧楚の悼王（前三八一年没）の後の系譜は粛王（前三七〇年没）→その弟の宣王（前三四〇年没）→威王（前三二九年没）となっている点、⑨墓主は二十五〜三十歳の男性で若死しているので、少なくとも悼王より四・五〇年は離れている点、⑩よって墓主は楚の威王時代あるいは懐王の前期に死んだ可能性がある点、以上のことから墓主は悼王の曽孫である可能性があり、したがって、望山一号墓の下葬年代は、楚の威王の時期である可能性が最も高く、他に楚の懐王前期である可能性もあるという。[一一]その他にも、劉論文（五三六頁）は、望山楚簡の卜筮祭祷記録の中の紀年資料によって、[一二]前三三二年〜前三三〇年の間と確定できるとし、望山底本も銅・陶礼器及び先王・先君が書かれている竹簡の文章を分析すれば、戦国中期の楚の威王の時代あるいは楚の懐王の前期と推定するのがよいといって、結果的には両方とも陳論文①②とほぼ同様の結論を導き出している。このように見てくると、最近では陳論文①②の説が徐々に有力視されてきているようである――しかし上記⑦のように蓋然的な推論も含まれている。

以上は紀年資料や竹簡の文章から、一般的に年代がほぼ確定されつつある墳墓についての諸説を検討したが、次に検討する包山一号墓・武昌義地楚墓・当陽趙家湖楚墓・雨台山楚墓にはそのような紀年資料が含まれていないため、年代の推定は器物の比較によってなされている。したがって、紀年資料を持つ楚墓の年代推定より蓋然的な要素を多く含んでいることは言うまでもない。

さて包山一号墓の下葬年代は、二号墓と大体同時期と推定されているが、その根拠は以下の三点である。すなわち、①仿銅陶鑊鼎の形制が藤店一号墓[一三]の同型の鼎と大同小異である点、②有蓋仿銅陶鼎が当陽・江陵地区楚墓出土の戦国中期の器物の作風を現している点、③一号墓から出土した小口高領罐が二号墓から出土した同類の器物と大体相同である点。[一四]この中で二号墓と直接比較の対象となっているのは③だけである。

武昌義地楚墓は、江陵県文物局「湖北江陵武昌義地楚墓」（『文物』一九八九—三、一九八九年三月、五〇・六二頁）によれば、全部で一五基の墳墓が発掘されている。紀年資料を含んでいないため、主に陶器の組合せや器物の形制に基づいて時期区分と年代推定が行われている。その際、年代推定の基準となっているのは、①「一般に鬲の出る墓は殷周春秋時代に多く見られ、鼎の出る墓は戦国時代と秦漢時代に多く見られる」という湖北省荊州地区博物館『江陵雨台山楚墓』（文物出版社、一九八四年、一二八頁。以下、『江陵雨台山楚墓』と略称）の記事、②「鬲・盂・罐のような組合せの形式は一般に春秋時代の小型墓の中に多く見られる」という同じく『江陵雨台山楚墓』の器物分析に基づく結果、③雨台山楚墓・当陽趙家湖金家山楚墓との器物の比較、の三点であり、それによって全四期に区分する。すなわち、第一期は春秋中期（一号墓）、第二期は戦国早期（九・十五号墓）、第三期は戦国中期（三・四・八・十二〜十四号墓）、第四期は戦国中晩期（すなわち前二七八年の白起抜郢前後。六・十・十一号墓）、である。ここでも白起抜郢が武昌義地楚墓の下限を決める決定的な根拠となっている。この中で郭店一号墓と比較の対象となっている器物は三・十二号墓、すなわち戦国中期の墳墓群である第三期から出土した仿銅陶鼎である。

当陽趙家湖楚墓は、高応勤・王光鎬「当陽趙家湖楚墓的分類与分期」（『中国考古学会第二次年会論文集』、文物出版社、一九八二年六月、四一・四五〜五〇頁。以下、高・王論文と略称）によれば、当陽県趙家湖の南の趙家湾・金家山・李家垱子・鄭家垱子、東の楊家山・曹家崗などの六つの墓区から、全部で二九七基に上る楚墓が発掘されている。ただし、そこにも紀年資料が含まれていないため、やはり器物の比較によって時期区分と年代推定が行われている。時期は全七期に区分されているが、最も早い第一期は西周晩期、最も遅い第七期はやはり白起抜郢以前となっている。郭店一号墓と比較される仿銅陶鼎は、趙家湖楚墓の第六期第十一段に属する同類器物であるが、第六期というのは、高・王論文の「図一　当陽趙家湖楚墓分期図」によれば、戦国中期に当たる。

最後に、雨台山楚墓は、『江陵雨台山楚墓』（一一九・一三四～一三九・一五〇～一五二頁）によれば、総墳墓数五五八基を数える巨大な墓地であり、郭店一号墓とも比較される器物が最も多い。雨台山楚墓も紀年資料が含まれていないため、次の四つの方法によって年代が推定されている。すなわち、①日用陶器の組合せとその形の変化、②仿銅陶礼器の組合せとその形の変化、③青銅礼器の組合せとその形の変化、④湖北省及びその付近の省区から発掘された楚墓の時期区分の研究成果。この四つの方法によって雨台山楚墓の年代は全六期に区分されているが、その具体的な年代は次の通りである。すなわち、第一期は春秋中期（前六八九年楚文王都郢以降）、第二期は春秋晩期、第三期は戦国早期（大体前五世紀中期から前四世紀初まで）、第四期は戦国中期前段（大体前四世紀初から前四世紀中期）、第五期は戦国中期後段（前四世紀中期から末期）、第六期は戦国晩期前段（前三世紀上半段、前二七八年前後）、である。(一五) 一方、郭店一号墓と実際比較される器物は第三期から第六期にかけての墳墓であるが、その際、雨台山楚墓の器物と比較されているのは、次の通りである。すなわち、第三期が当陽趙家湖第三期と第四期の楚墓・長沙瀏城橋一号墓・随県擂鼓墩一号墓、第四期が擂鼓墩一号墓・望山一号墓・藤店一号墓・趙家湖第五期楚墓、第五期が望山一号墓、第六期が長沙楊家湾六号墓・紀南城鳳凰山三十八号墓・鳳凰山六十八号墓、である。

この第三期から第六期の中で郭店一号墓と比較の対象となっているのを時期区分とともに示すと次のようになる。まず四〇三号墓が最も古く第三期（戦国早期）に属し、次に三一四・三二三・三五四・四九九号墓は第四期（戦国中期前段）、一七六・一七九・二四五・五一三・五四五号墓は第五期（戦国中期後段）、そして郭店一号墓の陶盉・陶斗は第六期（戦国晩期前段）にそれぞれ属する。

以上、郭店一号墓と比較の対象となっている各楚墓の年代推定の実相を分析したが、そこから次のような二つの問題が指摘できよう。

第一に、研究者の間で絶対年代がほぼ確定されつつある包山二号墓を除き（しかし干支が合わないなどの問題が依然残っているためこれも確実とは言えない）、その他の楚墓は年代推定の基準になれるような性質のものではない。特に望山一号墓を除いた四つの楚墓、すなわち、包山一号墓・武昌義地楚墓・当陽趙家湖楚墓・雨台山楚墓は、年代を推定する基準において不分明なところが多く、したがって、本来なら他の楚墓の年代推定の確固たる基準にはなれないはずである。しかし、それがいつの間にか後出の楚墓の年代推定のほぼ絶対的な基準としての役割を演じている。しかも、そのような方法が郭店一号墓の年代を推定する際にもそのまま適用されている。

第二に、郭店一号墓の副葬品の一つである鉄鐮と雨台山四〇三号墓の同類器物との比較を見ると、非常に奇妙な現象が起こっている。雨台山四〇三号墓は郭店一号墓と比較される楚墓の中でも最も年代の古い第三期、すなわち、戦国早期に属する墳墓である。前に述べたように、博物館簡報は両方の器物の比較から、郭店一号墓の方が「時代がやや遅いとすべきである」という結論を下している。しかし、郭店一号墓の方がなぜ年代が下がるのかその基準が明示されていない。つまり、鐮ごとの年代の先後を判定する基準が示されていないのである。また〝やや遅い〟とはどれほど時代が下がるという意味なのか、それも明示されていない。ただ雨台山第六期楚墓（前二七八年前後）との類似性が指摘されているから、それが一つの目安となっているようである。

ところで、「前二七八年前後」というのは、言うまでもなく〝白起抜郢〟の事件の前後のことであり、今まで見てきた通り、中国の考古類型学の方法論においては、江陵地区のほぼ全楚墓の下限を決める決定的な事件として深く定着している。それ以前の各年代においては、器物同士の比較が行われていたが、年代が最も遅いと考えられる器物の年代推定の場合は、きまってこの事件が決定的な役割を演じているのである。

次はほぼ全楚墓の下限を決定する絶対基準とされている白起抜郢について考察することにする。

二　白起抜郢の問題

白起抜郢は果たして江陵楚墓の下限を決定する絶対基準となることができるか。ここではこの問題に焦点を合わせて論ずることにする。白起抜郢に関する記述は、周知のように『史記』秦本紀・楚世家・穰侯列伝・白起王翦列伝・春申君列伝・范雎蔡沢列伝などに見え、秦の将軍白起が楚都郢を抜き、楚の先王の墓場である夷陵を焼いたため、楚の頃襄王はその兵士たちが散り散りとなってついに戦うことができず、東北に退いて陳城にたてこもり、秦はそこに南郡を設置した、というのが大略的な内容である。そして、この時期を境にして江陵地区には楚墓は存在しないというのが中国考古学界の一般的な認識である。それを最も強調する研究の一つが、郭徳維氏の『楚系墓葬研究』である。すなわち、郢都江陵楚墓の下限は前二七八年であるが、それは白起抜郢以降、江陵一帯に楚墓の存在は断絶し、文化的特徴においても秦文化の特徴に突然変わり、楚文化の特徴は跡を絶つようになったためである、というのが郭氏の持論である（『楚系墓葬研究』、二四・二九・三〇・三四・一六二頁）。郭氏はその理由を同書第十一章第二節「承秦制？承楚制？——秦対郢的徹底破壊」の中で、次の二つの問題を設定して詳論する。一つは、秦が郢都を占領した後、秦が楚に影響を及ぼしたのが多いかその逆かの問題であり、もう一つは、漢は秦制を受け継いでいるか楚制を受け継いでいるかの問題である。後者の問題は郭店一号墓とは直接関係がないので、ここでは前者の問題に範囲をしぼって郭氏の見解を検討することにする。

郭氏は前者の問題について、白起抜郢以後、秦墓が楚墓の特徴を受け入れていない点から、秦が楚に影響を及ぼしたのが多いと結論づける。その際、楚墓の特徴として挙げているのは、次の通りである。①楚墓の向きは、大・中型墓は多くの場合東・南向き、小型墓は多くの場合南向き、のように法則性があるが、秦墓には法則性がない点、②楚墓は大・中型墓にはいずれも封土・石段・墓道があり、小型墓の中のやや大きめのものの中にも石段・墓道があるが、秦墓には基本的に墓道と石段がない点、③楚墓の絶対多数は懸底棺を用い竹席で屍を包むが、秦墓はほとんどの場合長方盒状棺を用い懸底棺は全く用いられておらず、棺内には一般に竹席で屍を包むことはせず、棺底にはむしろ草木灰を敷く点、④楚墓にはほとんどの場合鼎・敦・壷あるいは鼎・簠・缶の類の仿銅陶礼器が用いられるが、秦墓には礼器が少なく、ほとんどの場合釜・盂・甑・瓮・罐・壷の類のような実用陶器が用いられる点、⑤楚墓はほとんどの場合普通青銅兵器を副葬し、銅剣が特に多いが、秦墓の中には基本的に兵器がない点、⑥楚の思想を最もよく反映しかつ楚墓の特徴を最もよく具有している鎮墓獣・虎座鳥架鼓・虎座飛鳥などは、秦墓の中ではいまだ発見されていない点。郭氏はまた、このことは次の二つのことを示すという。すなわち、①秦の被占領地に対する統治と規制が厳格かつ堅固で、被占領地の政治制度・思想・意識・風俗・習慣を含む一切のものがみな秦化したこと[一六]、②秦の抜郢時に、郢都一帯は実際白起によって徹底的に破壊され、都市全体が廃墟に没落してしまったこと[一七]。また後者の白起による徹底的破壊については、①人口が突如として急激に減少したこと（戦争による死亡、楚王の遷都時の移動・逃亡、秦人による捕獲や大量虐殺等々）、②生産力が甚大に破壊されたこと（漆工業・絹織業の低迷）によっても分かるという。なお、②の漆工業の低迷の根拠としては、秦墓中に鎮墓獣・虎座飛鳥・虎座鳥架鼓・方耳環などがない点が挙げられている。他にも楚国の漆器上にはほとんどの場合文字が刻されていないが、秦・前漢の漆器上には常に焼印や針刻の文字がある点も指摘している。

　郭氏の以上のような分析は、郭店一号墓が発掘されたことと関連して、次のように論駁することができよう。

　まず第一に、根本的・本質的な問題として指摘せねばならないのは、発掘されている楚墓と秦墓の数である。郭氏も指摘するように、現在江陵地区ですでに発掘されている楚墓は二〇〇〇基以上とされており（四一・一三六・一四一頁）、郭氏はそのほとんどを分析の対象としている。ところが、秦墓として比較の対象となっているのは鳳凰山墓の三三基や雲夢睡虎地秦墓、江陵張家山・陽乾山・毛家園・岳山などから発掘された漢墓がほぼ中心となっている。とところで、前者のように二〇〇〇基以上の墳墓から楚墓の特徴を分析して一般化するのはある程度可能であろうが、わずかある秦墓や漢墓から秦墓の特徴を抽出し、それをさらに楚墓と比較するのはほとんど無理とせねばならない。

第二に、墳墓の向きについて、楚墓は大・中型墓は多くの場合東・南向き、小型墓は多くの場合南向き、のように法則性がある反面（『楚系墓葬研究』（一七四頁）もあわせて参照）、秦墓には法則性がないとし、また楚墓が南向きであるのは普遍的な現象であるとするのは、郭氏の持論である（同書、一二五頁）。しかし、郭店一号墓は小型墓でありながら向きは百度で東向きであり、郭氏の見解と合致しない。なお、墳墓の向きではなく頭のそれではあるが、松崎論文（三三～四〇頁）は、楚墓の場合大型墓（槨棺双方あるいはどちらかを重ねる墓葬）は東向き、中型墓（一槨一棺墓）は南向きのように分かれるという。江陵地区内の中型墓に東向墓が全くないわけではないが（松崎論文（三九頁）表六を参照）、それにしても郭店一号墓の頭向が東向きである点は、同地区内の中型墓の一般的な方向と合致しないし、むしろ旧楚地の秦墓の頭向（東向き優位、松崎論文（四一頁）表八・九を参照）と合致している。

第三に、楚墓は大・中型墓にはいずれも封土・石段・墓道があり、小型墓の中のやや大きめのものの中にも石段・墓道がある反面、秦墓には基本的に墓道と石段がないとするが、郭店一号墓には墓道はあっても石段はない。

第四に、楚墓はほとんどの場合青銅兵器を副葬し、銅剣が特に多い反面、秦墓の中には基本的に兵器がないとするが、郭店一号墓には兵器類より生活用具・工具・車馬器類が大半を占めている。

第五に、楚の思想を最もよく反映し、かつ楚墓の特徴を最もよく具有している鎮墓獣・虎座鳥架鼓・虎座飛鳥などは、秦墓の中ではいまだ発見されていないとするが、郭店一号墓の副葬品の中にもそれらは含まれていない。ただ盗掘の被害を受けたと報告されているので、これらの器物の有無を問うのはそもそも生産的な議論ではないかも知れない。

第六に、楚国の漆器上にはほとんどの場合文字が刻されていない反面、秦・前漢の漆器上には常に焼印や針刻の文字があるとするが、郭店一号墓からは文字の刻されている漆器（漆耳杯Ｍ１:Ｂ10）が出土している。

このように見てくると、郭店一号墓にはむしろ郭氏の分析した秦・前漢の墳墓の特徴に近いものがいくつかあり、またそれは郭氏の言う楚墓の一般的普遍的な特徴の反証ともなるのである。郭店一号墓は郭氏の研究が公刊された後正式な報告が出されたので、当然郭氏の研究にはそれが反映されていないが、いずれにせよ、郭氏の言う楚墓と秦墓の両特徴を持っているのは事実である（勿論楚墓の特徴の方がより強い）。恐らくすでに発掘されている江陵楚墓もその一つ一つを綿密に分析すると、今までとは違う結論を導き出せる可能性は十分あると思われるが、その前に郭氏のように楚墓と秦墓とを二項対立的に捉えて、両者を相互混じりっ気のない純粋な楚墓・秦墓のように画然と区別しようとする研究態度や視点それ自体にまず問題があるのではないかと思われる。

郭氏が楚墓と秦墓とを画然と区別しようとする意識の中には、白起抜郢が最も重要な根拠となっている。またそれは白起抜郢後の江陵一帯には楚墓は一切存在しないという認識に基づいている。このような認識を極端にまで推して考えると、江陵地区には前二七八年以降、旧楚の貴族や知識人、あるいは一般庶民は一切存在しなかったということになり、少なくとも戦国後期から秦の天下統一の間の約五〇年間、楚国の歴史に〃空白〃が生じるという、これまた奇妙な現象が起きてしまう。そして、このような認識が持続する限り、今後如何なる楚墓が発掘されても、その下葬年代はすべて白起抜郢以前という結果になるのは、すでに自明なことである。例えば、郭店一号墓以後発掘された楚墓に関する報告を見ると、いずれも白起抜郢以前とされている[一八]。

さて郭氏の以上のような認識は、白起による徹底的な破壊及び秦の統治の厳格さと堅固さ、というのが主な根拠となっているが、それは次のように論駁することができよう。それをまず前者の「白起による徹底的な破壊」の方から見てみると、以下の通りである。

第一に、郭氏は白起による徹底的な破壊の根拠の一つとして、人口が突然急激に減ったことを取り上げ、その証拠の一つとして『史記』秦始皇本紀に、

秦毎破諸侯、寫放其宮室、作之咸陽北阪上、……所得諸侯美人鍾鼓、以充入之。

秦諸侯を破る毎に、其の宮室を写放して、之を咸陽の北阪の上に作り、……得たる所の諸侯の美人鍾鼓は、以て之に充たし入る。

とあり、また、

徙天下豪富於咸陽十二萬戸。

天下の豪富を咸陽に徙すこと十二万戸。

とあるのを挙げつつ、「その中には必ず多くの楚人が含まれている。江陵で前二七八の抜郢による戦乱の爪痕がなぜこれほど明らかだろうか。それはまさに郢都に対する秦の破壊が徹底的に行われたからである」とし、また賈誼『新書』過秦上篇に、

墮名城、殺豪俊。

名城を堕ち、豪俊を殺す。

とあるのも挙げて、「郢都は重点的に破壊された部類に自然に属するわけだが、江陵のこの時期の墓葬はまさにこのような歴史的事実を反映している」という。しかし、まず前者の『史記』の記事は、秦の始皇帝二十六年（前二二一年）、すなわち、秦が天下統一を成し遂げた年の出来事であって、白起抜郢とは全く無関係である。そして後者の賈誼『新書』も上文に「及至始皇」（始皇に至るに及びて）とあるように、やはり同じく秦の始皇帝の統治の悲惨さを訴えるために書かれたものであって、白起抜郢とは全く無関係である。したがって、この両文献によって白起抜郢後江陵の人口が急激に減ったとか、郢都の破壊が徹底的だったとするのは成り立たない。

第二に、白起抜郢時の破壊の程度、抜郢後の白起の動態、抜郢後の秦・楚両国の関係を、『史記』に即してみると、次の通りである。

まず白起抜郢時の破壊の程度は、楚世家に、

二十一年、秦將白起遂拔我郢、燒先王墓夷陵。楚襄王兵散、遂不復戰。東北保於陳城。

二十一年、秦の将白起は遂に我が郢を抜き、先王の墓夷陵を焼く。楚の襄王は兵散じ、遂に復た戦わず。東北して陳城に保す。

とあり、白起王翦列伝に、

後七年、白起攻楚、抜鄢鄧五城。其明年、攻楚抜郢、焼夷陵、遂東至竟陵。楚王亡去郢、東走徙陳。秦以郢爲南郡。

後七年、白起楚を攻め、鄢鄧の五城を抜く。其の明年、楚を攻め郢を抜き、夷陵を焼き、遂に東のかた竟陵に至る。楚王亡げて郢を去り、東に走りて陳に徙る。秦郢を以て南郡と為す。

とあり、范睢蔡沢列伝に、

楚地方數千里、持戟百萬。白起率數萬之師以與楚戰、一戰擧鄢郢以燒夷陵、再戰南并蜀漢。

楚は地方数千里、持戟百万。白起数万の師を率いて以て楚と戦い、一戦して鄢郢を挙げて以て夷陵を焼き、再戦して南のかた蜀漢を并す。

とあるように、楚の先王の墓所である夷陵を焼いたこと以外は詳述されていない。そして、散り散りになったのは楚の貴族や一般庶民ではなく、軍隊となっている。しかも郭氏の言うような、戦争による死亡、楚王の遷都時の移動、逃亡、秦人による捕獲や大量虐殺、等々についての具体的な記述は一切ない。

次に抜郢後の白起の動態を見ると、王葆玹氏も指摘するように（王試論②、三七七〜三七八頁）、白起は、秦本紀に、

二十九年、大良造白起攻楚、取郢、爲南郡。楚王走。……三十一年、白起伐魏、取兩城。

二十九年、大良造白起楚を攻め、郢を取り、南郡と為す。楚王走る。……三十一年、白起魏を伐ち、両城を取る。

とあるように、抜郢後、翌々年には魏を伐つために軍隊を移動させている。そして、抜郢後の秦・楚両国の関係を見ると、同じく秦本紀に、

二十九年、……王與楚王會襄陵。

二十九年、……王楚王と襄陵に会す。

とあるように、抜郢と同年に秦・楚の両王は襄陵で会盟しており、また楚世家に、

二十一年、秦將白起遂拔我郢、……二十七年、……復與秦平、而入太子爲質於秦。楚使左徒侍太子於秦。

二十一年、秦の将白起は遂に我が郢を抜き、……二十七年、……復た秦と平ぎ、而して太子を入れて秦に質と為す。楚は左徒をして太子に秦に侍せしむ。

とあるように、抜郢の六年後両国の間には和平が成立しているのである。(一九)

以上のような『史記』の一連の記事を総合して考えると、白起抜郢あるいはそれ以後、江陵地区が徹底的に破壊され廃墟になっていったという推論は成立しがたい。

最後に、「秦の統治の厳格さと堅固さ」は、言うまでもなく秦の占領政策と関わる問題であり、さらには中国古代史全般にわたる大きな問題であるため、ここで軽々しく論じるものではない。ただし、近年、雲夢睡虎地秦簡の秦律と『日書』を中心に、社会史的な視座から秦代の歴史を総合的に分析した工藤元男『睡虎地秦簡よりみた秦代の国家と社会』（創文社、一九九八年）という研究が出されており、この問題と関連して示唆に富む見解が提示されている。本題と関連して、工藤氏は、特に占領者である秦が被占領者である楚人の習俗の束（＝文化）に対して、いかなるまなざしを注いでいたかという問題の解決を試みた第九章「「日書」に反映された秦・楚のまなざし」の「むすび」のところで、次のように言う。

占法原理の差異に着目しておこなわれた以上の分析から、われわれは南郡設置にともなって入ってきた秦の文化、とりわけその占卜にたいして、楚の側がどのように対応したかという局面の一部を明らかにすることができた。それは「星」／「官」、「稷辰」／「秦」、「除」／「秦除」などその占題に端的に表出されていた。また「玄

戈」や「歳」あるいは「除」などから、秦と楚の占法が組み合わされて使用されている状況も浮上した。そこには楚の占法にたいする秦の側の対応の一端がしめされている。それらによると、これまで自明のように語られてきた占領地にたいする秦の強権的イメージとはかなり異なり、両者の占卜の相違を確認しようとする一種の相互意志のようなものが透視されるのであるが、するとそれは秦の現実の占領地支配の在り方にも反映されているのではあるまいか。言うまでもなく、秦が占卜を通じて掌握しようとしたのは占卜そのものではなく、人々の生活や精神を深層において規定している固有の習俗である。戦国中期の孝公以来、法治主義を国是として堅持してきた秦は、南郡においても秦法の施行につとめるとともに、在地社会に根を張っている〝生きた法〟（習俗）を無視することはできなかったであろう。習俗の基礎をなす暦（楚の月名）に注目しているのは、そのためである。このいわば複眼的なまなざしは、けっして矛盾というべきものではなく、むしろ支配者の現実的な眼睛と言ってよい。（三三七～三三八頁）

そして、工藤氏はまた別のところで、右のような秦の占領政策の性質を一言で「緩やかで現実的な法治主義」と定義しているが（三五九頁）、これによれば「秦の統治の厳格さと堅固さ」というのはもはや自明なことではないことが明らかにされつつあると言えよう。

以上を要するに、秦の抜郢時に、郢都一帯が白起によって徹底的に破壊され、都市全体が廃墟に没落してしまったという見解に基づいて、楚墓の時期区分や年代推定を行う現在のいわゆる考古類型学の方法論による楚墓研究は、方法論それ自体に対する根本的な見直しが必要ではなかろうか。

おわりに

今まで、郭店一号墓の戦国中期偏晩説の問題を、いわゆる考古類型学に内在する方法論上の諸問題や白起抜郢の問題に焦点をあわせて論じてみた。そこで、次のようなことが浮き彫りにされたと考えられる。

一つは、郭店一号墓と他の楚墓とを比較する際、楚墓同士の共通点に注目しすぎたあまり、その相違点や相違の生じる理由を究明する作業が疎かにされているような傾向が見られる点である。それは、もしかすると、楚墓同士の共通点を強調しようとする意識に、あるいは楚墓とそれ以外の墳墓とを画然と区別してその相違点を強調しようとする意識に起因するものかも知れない。勿論、楚墓同士の共通点を考察し、それによってそれ以外の墳墓——特に秦漢墓——との相違点を解明することは重要である。しかし楚墓同士の相違点を解明してその相違の原因を徹底的に究明する作業もまた重要であろう。そのためには、特に江陵地区の楚墓の場合は、例えば旧楚地の秦墓のように楚墓以外のものとの比較による共通点や相違点を究明する作業が今後さらに必要であろう。

そしてもう一つは、白起抜郢の問題と関連して、単に江陵地区内の墳墓だから、あるいは楚墓の特徴が顕著に見られるから、あるいは『史記』秦始皇本紀や賈誼『新書』過秦上篇などに見られるいくつかの語句から抜郢後の情況が推察できるからといって、抜郢後江陵地区に楚墓は存在しなかったと結論づけるのは、これ以上成立しがたい点である。

しかしながら、筆者は、以上のように様々な問題が浮き彫りにされたからといって、考古類型学的方法の無用論を全面的に唱えようとするものではない。それはそれなりに有用性があると認められる。しかし多くの欠陥があるのもまた事実である。問題は、いわゆる戦国中期偏晩説が、いつの間にか、あたかも科学的に十分根拠のある客観的な事実であるかのように、一人歩きをしているところにある。先述のように、郭店一号墓に対する考古学的年代推定に重大な問題があることについては、現在世界各地より指摘されたり批判されたりしている。ところが、そのような指摘や批判に賛成か不賛成かは別として、もし戦国中期偏晩説に従うならば、そのような指摘や批判をふまえた上で、それに従わなければならない学問的客観的な理由や根拠を提示しなければならないのは言うまでもないだろう。にもかかわらず、学問的客観的な理由や根拠は全く提示せずに、今の考古学的年代推定を信じ込んで、そこからさらに思想史的推論を展開する研究が多々見えるのが現状である。例えば、本論考注（一）で挙げた浅野裕一氏と末永高康氏の研究はその一例である。

　特に浅野氏は「もとより郭店一號墓の造營時期を前三〇〇年頃とする中國の考古學者の結論にも、萬全とは言えない側面が含まれている可能性が殘るから、その檢證作業は今後も必要である」と言いながらも、「ただし中國側の考古學的見解への批判は、思想史の編年などといった怪しげな尺度によってではなく、獨自の考古學的調査ないしは考古學的再檢證を踏まえて行なわれるべきものである。そうした手順を踏まず、したがって一片の考古學的論據をも示さずに、ひたすら自分の都合にのみ合わせて下葬年代を引き下げ、誤てる自説を維持せんとする姑息な姿勢は、非學問的であるのみならず、學界をミスリードして今後の出土資料研究の發展を阻害する害毒ともなるであろう」と言って（浅野前掲論文「戦国楚簡と古代中国思想史の再検討」、一四～一五頁）、思想史的研究方法に対する手厳しい批判を加えている[二〇]。勿論一理はある。

　しかし、もし思想史的研究方法をもっぱら「怪しげな尺度」云々とするならば、例えば本論考注（一五）ですでに指摘したように、研究者側の主観的判断の介入による年代推定が少なからずある今の考古学的年代推定も、同様の理由で「怪しげな尺度」とせねばなるまい。今の考古学的年代推定とその手法とを無批判的に信じ込む同氏の研究態度こそ、むしろ今後の出土資料研究や学問の発展を阻害する一因となりかねず、よって非常に警戒すべきことと考えられる。

出土資料研究において、考古学界の報告や研究結果は、出土文物が発掘される当初から、その年代を判断・判定する基準あるいは目安となる極めて重大な事柄である。そのため、思想史をはじめ、文字・言語・歴史・政治・社会・経済・科学・芸術など、それが諸学問分野に及ぼす影響が甚大であることは言うまでもあるまい。楚都郢を中心とするその周縁に、数多くの楚墓や秦墓の発掘調査が盛行している今、我々は考古学的報告を単に鵜呑みにするのではなく、常に監視の目を光らせて、より慎重かつ綿密に取り扱う姿勢を堅持すべきであろう。これがまさに今後諸学問分野の協力と連係が一層要請されるゆえんである。

注

（一）具体的には、李学勤「荊門郭店楚簡中的《子思子》」（『文物天地』一九九八—二、一九九八年三月／『中国哲学』二〇（郭店楚簡研究）、遼寧教育出版社、一九九九年一月）、龐前掲論文「孔孟之間」、姜前掲論文「郭店楚簡与《子思子》」、廖前掲論文「郭店楚簡儒家著作考」、丁前掲書『郭店楚墓竹簡思想研究』、郭前掲書『郭店竹簡与先秦学術思想』、向井哲夫「郭店楚簡『老子』について」（『唯物論と現代』二三、一九九九年七月）、斎木前掲論文「郭店楚簡「五行篇」覚書」、浅野裕一「戦国楚簡と古代中国思想史の再検討」（『中国出土資料研究』六、二〇〇二年三月）、浅野・湯浅前掲書『諸子百家〈再発見〉』及び浅野前掲書『古代思想史と郭店楚簡』所収の諸論考、福田哲之『文字の発見が歴史をゆるがす　２０世紀中国出土文字資料の証言』（二玄社、二〇〇三年）、末永前掲論文「儒家の利・墨家の利」、朴元在「郭店 竹簡本『老子』에 대한 몇 가지 검토（郭店竹簡本『老子』についてのいくつかの検討）」（『東洋哲学』一三、二〇〇〇年三月）、金白熙「『老子』해석의 두 시각，本体生成論과 相関対待論——郭店楚簡本에서 王弼注까지——（『老子』解釈の二つの視角、本体生成論と相関対待論——郭店楚簡本から王弼注まで——）」（韓国精神文化研究院博士学位論文、二〇〇一年二月）、崔珍晳『노자의 목소리로

듣는 도덕경（老子の声で聞く道徳経）』（소나무、二〇〇一年）、鄭世根「곽점 초간본『노자』（老子）와『태일생수』（太一生水）의 철학과 그 분파（郭店楚簡本『老子』と『太一生水』の哲学とその分派）」（『哲学研究』五八、二〇〇二年）、梁芳雄『초간노자（楚簡老子）』（예경、二〇〇三年）、金忠烈『김충열 교수의 노자강의（金忠烈教授の老子講義）』（예문서원、二〇〇四年）、李康洙『노자와 장자 무위와 소요의 철학（老子と荘子　無為と逍遥の哲学）』（길、一九九七年第一版、一九九八年第二版、二〇〇五年第三版）、崔在穆『노자（老子）』（을유문화사、二〇〇六年）、Robert G. Henricks, *Lao Tzu's Tao Te Ching*: A Translation of the Startling New Documents Found at Guodian, Columbia University Press, 2000、顧史考（Scott Cook）「論郭店楚簡的研究方法及方向」（艾蘭・邢文編『新出簡帛研究』、文物出版社、二〇〇四年十二月）、同前掲書『郭店楚簡先秦儒書宏微観』、等々である。

（二）具体的には、本書序論注（六）所引の諸論考を参照。韓国では金弘炅『노자 삶의 기술, 늙은이의 노래（老子　生の記述、年寄りの歌）』（들녘、二〇〇三年）が郭店楚簡の年代を前二八六年以降とする説を唱える（四四頁）。ただし、同氏は郭店本『老子』の三つのテキストは『老子』ではないという非常にユニークな説を主張する。その理由について、我々が知っている『老子』は一冊の書物であるが、郭店本は三冊からなっており、『老子』の五分の二だけを不完全なままで詰め込んだものだからという（三六～四五頁）。このような理由を挙げて、同氏は郭店本を帛書本を補完する資料として位置づけるが、全く根拠にはならないと思う。

（三）その代表的な例を一つだけ紹介すると、金春峰「論郭店簡《六徳》、《忠信之道》、《成之聞之》之思想特徴与成書時代」（『人文論叢』二〇〇一年巻、二〇〇二年十月）がその好例である。同氏は郭店楚簡『六徳』・『忠信之道』・『成之聞之』の三篇を思想史的に考察した後、これらは決して思孟学派の思想を反映していないとし、郭店一号墓の下葬年代も前二七八年以降だろうと推論している。

（四）徐氏は「鄀国歴史地理探疑——兼論包山、望山楚墓的年代和史実」（『華夏考古』一九九一—三、一九九一年九月、九四頁）でも同様の説を主張している。

（五）ただし、王論文は前三一六年を包山二号墓の下葬年代と明言してはいない。

（六）王紅星「包山二号墓的年代与墓主」（『楚文化研究論集』二、湖北人民出版社、一九九一年三月）、郭徳維『楚系墓葬研究』（湖北教育出版社、一九九五年、二二頁。以下、『楚系墓葬研究』と略称）、陳偉『包山楚簡初探』（武漢大学出版社、一九九六年、九～二〇頁）、林素清「従包山楚簡紀年材料論楚暦」（『中国考古学与歴史学之整合研究』下、一九九七年七月、一一〇二頁）、藤田勝久「包山楚簡よりみた戦国楚の県と封邑」（『中国出土資料研究』三、一九九九年三月、一六頁）などを参照。なお、これにはまだ異説を唱える研究もあって、例えば、王葆玹氏は、王試論①「試論郭店楚簡的抄写時間与荘子的撰作時代」（二六～二八頁）・王試論②「試論郭店楚簡各篇的撰作時代及其背景」（三六七～三七四頁）の一連の論考の中で、包山楚墓の下葬年代は前二八四年であると主張する。

（七）以上は、湖北省文物考古研究所『江陵望山沙塚楚墓』（文物出版社、一九九六年、二〇八頁。以下、望山底本と略称）による。なお、中文系古文字研究室楚簡整理小組「戦国楚竹簡概述」（『中山大学学報（哲学社会科学版）』一九七八—四、一九七八年、六三頁）、徐前掲論文「鄀国歴史地理探疑」（九五頁）も同じ。江村治樹氏は中文系古文字研究室楚簡整理小組の説及び中国科学院考古研究所実験室「放射性碳素測定年代報告（四）」（『考古』一九七七—三、一九七七年）の報告をふまえて、「この墓の實年代は、戰國中期と後期の際にくることは確實と思われる」という（「春秋戦国時代の銅戈・戟の編年と銘文」、『東方学報』京都五二、一九八〇年三月）。

（八）以上は、劉論文（五三六頁）による。なお③の郭徳維氏の説は『楚系墓葬研究』（一五九～一六〇頁）もあわせて参照。

（九）「悪」は、望山底本の図版によれば「恖」に作るのが正しい。湖北省文物考古研究所・北京大学中文系編『望山楚簡』（中華書局、一九九五年。以下、『望山楚簡』と略称）及び望山底本（「附録二」、朱徳熙・裘錫圭・李家浩「望山一、二号墓竹簡釈文与考釈」）は、「悪」に該当する字をすべて「悪」に作る。

（一〇）「宻」は、望山底本の図版によれば「郾」に作るのが正しい。望山底本も「郾」に作る。

（一一）『望山楚簡』「附録」「従望山一号墓簡文看悪固的身分和時代」（一三六頁）もほぼ同じ見解を示しているが、ただし墓主の死亡年は懐王前期とするのが最も適合しているという（ただ「不過，略為錯前或錯後的可能性都還是存在的。」という但書をつけている）。

（一二）陳論文①（二二九頁）は「関于望山一号墓的入葬年代問題，由于没有発現絶対紀年的資料。」といって紀年資料が見つからないとしたが、劉論文によって望山一号墓が紀年資料を含んでいることが判明した。ただその絶対紀年についてはまだ満足するほど明らかにされていないようである。

（一三）藤店一号墓にも絶対年代を推定できる紀年資料は含まれていない。よって、荊州地区博物館「湖北江陵藤店一号墓発掘簡報」（『文物』一九七三―九、一九七三年九月、一二頁。以下、藤店簡報と略称）は次のように年代を推定する。すなわち、藤店一号墓の下葬年代は、上限は、同墓から越王州句剣が出土し、また越王翁の在位年が前四四八～前四一二年であることから、前四一二年以降の可能性が最も高いとする。そして下限は、同墓から出土した銅剣を望山一号墓から出土した越王句践剣とともに楚の威王が越を滅ぼした戦役の戦利品であるとするならば、このような組合せは前三三四年以降まで継続していただろうと推定する。その他にも、同墓の墓葬が望山一号墓や長沙瀏城橋一号墓（下葬年代は本論考注（一五）を参照）と類似しており、また同墓出土の銅器や陶器が同じく望山一号墓のと比較的接近している。そして陶器だけを見ると長沙瀏城橋一号墓と接近していることも理由として挙げられている。いずれにせよ、望山一号墓がほぼ年代推定の決め手となっていることは間違いなかろうが、藤店簡報の年代推定には非常に不分明な点が多いことは確かであろう。この問題について、江淮地区の九つの楚墓から出土した銅・陶礼器を比較分類する方法をもって解決を試みているのが、陳論文②である。陳論文②（三二七頁）は、同墓の下葬年代を戦国中期偏早と推定している。

（一四）包山簡報、一三頁。ただし、『包山楚墓』（三三三頁）では望山一号墓よりは遅く、包山二号墓よりは早いとされている。

（一五）最初の報告である荊州博物館「江陵雨台山楚墓発掘簡報」（『考古』一九八〇—五、一九八〇年九月、四〇一～四〇二頁。以下、荊州簡報と略称）では、全七期に区分され、第一期が春秋早期、第二期が春秋中期、第三期が春秋晩期、第四・五期が戦国早期、第六・七期が戦国中晩期、のように時期と年代が推定されていた。このことから見ると、四年後に刊行された『江陵雨台山楚墓』では当初の年代推定と比べて大きな変更があったことが分かる。特に荊州簡報において第一・二期（春秋早・中期）に属する墳墓数は一二五基にも上っていたが、『江陵雨台山楚墓』で第一期（春秋中期）に属する墳墓はわずか九基と大幅に減少している。他に、信陽長台関一号墓（戦国後期→春秋末年→戦国中期偏早→戦国早期）、長沙瀏城橋一号墓（春秋晩期または春秋戦国の際→戦国早期→戦国早期偏晩）、望山一号墓（春秋晩期→戦国中期）なども、後に変更が加えられた例である（信陽長台関一号墓及び長沙瀏城橋一号墓の下葬年代については、河南省文化局文物工作隊第一隊「我国考古史上的空前発現信陽長台関発掘一座戦国大墓」（『文物参攷資料』一九五七—九、一九五七年九月）、郭沫若「信陽墓的年代与国別」（『文物参攷資料』一九五八—一、一九五八年一月）、河南省文物研究所『信陽楚墓』（文物出版社、一九八六年）、湖南省博物館「長沙瀏城橋一号墓」（『考古学報』一九七二—一、一九七二年）、高至喜「長沙瀏城橋一号墓和楊家湾六号墓的年代」（『湖南考古輯刊』一、一九八二年十一月）、兪偉超「関于楚文化発展的新探索」（『江漢考古』一九八〇—一、一九八〇年四月）、陳論文②、『楚系墓葬研究』を参照）。このことは、これからもなお年代変更の可能性が濃厚にあることを示唆するものであり、かつ器物の比較によって年代を推定する、現在中国で最も盛行している考古類型学の方法論の基盤の脆さを示す一つの例になろう。なお、荊州簡報においても第六・七期の年代、すなわち雨台山楚墓の下限を決める根拠は、「因此将六、七期年代下限定在公元前二七八年前後。在秦抜郢後，估計雨台山楚墓地就逐漸廃棄了。」と言っているように、白起抜郢となっている。

(一六) しかし、松崎つね子「楚・秦・漢墓の変遷より秦の統一をみる――頭向・葬式・墓葬構造等を通じて――」(唐代史研究会編『東アジア史における国家と地域』、刀水書房、一九九九年七月。以下、松崎論文と略称) は、「南向・東向が優勢な習俗を持つ楚が秦に併合され、秦特有の葬俗を持つ秦人の来住を余儀なくされた時、旧楚地の葬俗にどのような影響をもたらすことになったのか」(四一頁) と設問し、それについて次のように分析する。

秦の故地の秦墓の頭向は西、葬式は屈肢葬、墓葬構造は土洞墓が大勢である(補注)。このような葬俗を持つ秦人が入っていた楚地は南向ないし東向、仰身直肢葬、竪穴棺槨墓であり、まさに対照的な葬俗が、秦楚両地域の伝統となっていた。秦の楚併合はこの二つの葬俗が楚地でぶつかることになったはずである。ところが不思議なことに、秦の支配下に入って以降の所謂秦墓に、土洞墓は例外的、屈肢葬・西向もわずかに見られるにすぎない。この点に関しては……、秦の葬俗はほとんど影響力を発揮していない。秦人墓の決め手となるはずの西向・屈肢葬・土洞墓を条件とするかぎり、この地に秦人墓はないに等しいのである。(四二～四三頁)

と言い、また、

以上、秦人、楚人双方の喪葬習俗を対比しつつ、旧楚地における秦墓の内容を検討してきた。そこでわかったことは、楚の習俗がより勝ったかたちではあったが葬俗の融合が急速に進み、墓葬からその被葬者を、土着の旧楚人か、来住の秦人か、あるいはその子孫か、区別は困難で、どちらともしがたいということであった。これは地下世界独自の現象ではなく、むしろ地上世界における文化融合の反映とみるべきであろう。(四六頁)

と言う。これは勿論楚墓ではなく、抜郢後の旧楚地内の秦墓を分析の対象として得られた結果であるため、本論とは議論がややずれるかも知れない。しかし右の引用文で我々の目を引くのは、同氏の指摘している抜郢後の秦楚文化融合の現象という点である。この点を考えると、郭氏のような「被占領地の政治制度・思想・意識・風俗・習慣を含む一切のものがみな秦化した」という主張は、少なくとも喪葬習俗の面からは成立しがたいのではなかろうか。また同様の現象が郭店一号墓にも見られることは（後述）、今後郭店一号墓の下葬年代を考える際十分考慮すべき事柄であろう。

（一七）①・②については、陳耀鈞「試論江陵楚墓的特点」（『江漢考古』一九八〇―二、一九八〇年十月、三五頁）、蔡靖泉「楚文化在秦統治時期的存在和影響」（『江漢考古』一九九七―一、一九九七年三月）、劉彬徽「関于郭店楚簡年代及相関問題的討論」（『早期文明与楚文化研究』、岳麓書社、二〇〇一年七月／李学勤・謝桂華主編『簡帛研究二〇〇一』、広西師範大学出版社、二〇〇一年九月）などもほぼ同様のことを言っている。したがって、このような認識は中国の学者たちの間で一般的な考え方のようである。

（一八）例えば、『文物』一九九九―四（一九九九年四月）所収の湖北省文物考古研究所「湖北荊州紀城一、二号楚墓発掘簡報」（一六頁）、湖北省荊州博物館「湖北荊州秦家山二号墓清理簡報」（二六頁）、荊門市博物館「湖北省荊門市四冢一号楚墓」（三一頁）は、紀城一・二号墓、秦家山二号墓、四冢一号墓の下葬年代を、それぞれ戦国中期早段、戦国中期偏晩、戦国中期後段と推定している。

（一九）王試論②（三七七～三七八頁）も指摘するように、その間の事情の一端を窺える文章が『韓非子』初見秦篇に「且臣聞之、曰、削迹無遺根。無與禍鄰、禍乃不存。秦與荊人戰、大破荊襲郢、取洞庭五湖江南。荊王君臣亡走、東服於陳。當此時也、隨荊以兵、則荊可擧、荊可擧、則其民足貪也、地足利也。東以弱齊燕、中以凌三晉。然則是一擧而霸王之名可成也、四鄰諸侯可朝也。而謀臣不爲、引軍而退、復與荊人爲和、令荊人得收亡國、聚散民、立社稷主、置宗廟令、率天下、西面以與秦爲難。此固以失霸王之道一矣。」とあるのもその好例である。

（三〇）ちなみに、末永前掲論文「儒家の利・墨家の利」は、筆者の博士論文及び渡邊卓氏の『墨子』研究に対する反論を主な目的として書かれたものである。勿論『墨子』や『唐虞之道』の利についての同氏の分析それ自体にも疑問や賛成できない見解は多々あるが、それは本論とは無関係であるので論外にする。ここでは同氏の考古学的年代推定の問題に対する見解や、その問題をめぐり筆者に批判を加えた文章をいくつか取り出して、その問題点を指摘してみたい。同氏は次のように言う。

「李氏が前提とする渡邊卓氏の『墨子』研究の成果を大筋で認める限りにおいて、この結論は妥当なものと思われるのだが、これは郭店楚墓を戦国中期後半のものとする考古学的な推定年代と相容れない。この考古学的な推定年代を信ずる限り、……この年代の食い違いに、われわれはとまどいを覚えるのである。」（一頁）

「ならば、もし、これまでの思想史研究の成果に若干の修正を加えることによって、考古学的な年代推定との歩み寄りができるのであれば、そのような方向に研究をすすめることもまた必要ではないかと思われる。」（二頁）

「だが、本論の目的は、『唐虞之道』の年代を郭店楚墓の考古学的な推定年代とすりあわせることにあったから……」（一三頁）

「郭店楚墓の考古学的推定年代への歩み寄りをおこなうという当初の目的はほぼ果たせたと思われる。……もし郭店楚墓の考古学的推定年代が正しいものであったならば……」（一五頁）

右の諸文章によれば、筆者や渡邊氏への同氏の反論は、結局考古学的推定年代を固く信じ、かつそれに歩み寄ることに終始しているのが分かる。しかし、その推定年代に非常に重大な問題が潜んでいることがすでに明らかになった以上、それを信ずべき学問的客観的な理由やその根拠を提示しないかぎり、これ以上正しいものとして認めるわけにはいかない。今後、郭店一号墓に関する考古学的年代推定をなぜ信ずべきかに対する、より立ち入った研究を同氏に期待したい。

参考文献

本文献リストは、本書で引用した論著の書誌情報を、著者、論著名、出版社（掲載誌）、出版時期（掲載時期）の順に簡潔にまとめたものである。順序は、まず全体を「著書の部」と「論文の部」とに分けた上で、中国、日本、韓国、欧米の順（いずれも本文の使用言語を表す）にし、さらに欧米の場合を除きみな五十音順に並べた。

Ⅰ　著書の部

〔中国〕

王叔岷『呂氏春秋校補』（中央研究院歴史語言研究所、一九四八年）。

王先謙『荀子集解』（諸子集成二、中華書局、一九五四年第一版、一九九三年第八次印刷）。

王先慎『韓非子集解』（中華書局、一九九八年）。

王念孫『読書雑志』（中華書局、一九九一年）。

丁原植主編・王博著『簡帛思想文献論集』（台湾古籍出版有限公司、二〇〇一年）。

王聘珍『大戴礼記解詁』（中華書局、一九八三年第一版、一九九八年第四次印刷）。

欧陽禎人『郭店儒簡論略』（台湾古籍出版有限公司、二〇〇三年）。

王利器『塩鉄論校注』（中華書局、一九九二年）。
河南省文物研究所『信陽楚墓』（文物出版社、一九八六年）。
河北省文物研究所『譽墓――戦国中山国国王之墓』上・下（文物出版社、一九九六年）。
湖北省文物考古研究所『江陵望山沙塚楚墓』（文物出版社、一九九六年）。
郭　沂『郭店竹簡与先秦学術思想』（上海教育出版社、二〇〇一年）。
郭徳維『楚系墓葬研究』（湖北教育出版社、一九九五年）。
郭沫若『中国古代社会研究』（上海聯合書店、一九三〇年）。
郭沫若『青銅時代』（群益出版社、一九四六年）。
郭沫若・聞一多・許維遹『管子集校』（北平科学出版社、一九五六年）。
郭沫若『十批判書』（東方出版社、一九九六年）。
韓仲民『帛易説略』（北京師範大学出版社、一九九二年）。
魏啓鵬『楚簡《老子》柬釈』（万巻楼図書有限公司、一九九九年）。
魏徴等撰『羣書治要』（商務印書館、一九三六年）。
許維遹『呂氏春秋集釈』（中国書店、一九八五年）。
許維遹『韓詩外伝集釈』（中華書局、一九八〇年）。
荊門市博物館編『郭店楚墓竹簡』（文物出版社、一九九八年）。
呉毓江『墨子校注』（西南師範大学出版社、一九九二年）。
侯外廬・趙紀彬・杜国庠『中国思想通史』第一巻（人民出版社、一九五七年第一版、一九九二年第六次印刷）。
胡家聡『稷下争鳴与黄老新学』（中国社会科学出版社、一九九八年）。
顧史考（Scott Cook）『郭店楚簡先秦儒書宏微観』（台湾学生書局、二〇〇六年）。

国家文物局古文献研究室編『馬王堆漢墓帛書（壹）』、文物出版社、一九八〇年）。

湖南省博物館編『馬王堆漢墓研究文集――一九九二年馬王堆漢墓国際学術討論会論文選』（湖南出版社、一九九四年）。

湖北省荊沙鉄路考古隊『包山楚墓』上（文物出版社、一九九一年）。

湖北省荊州地区博物館『江陵雨台山楚墓』（文物出版社、一九八四年）。

湖北省文物考古研究所・北京大学中文系編『望山楚簡』（中華書局、一九九五年）。

崔大華『荘学研究』（人民出版社、一九九二年）。

朱駿声『説文通訓定声』（武漢市古籍書店影印、一九八三年）。

祝瑞開『先秦社会和諸子思想新探』（福建人民出版社、一九八一年）。

銭　穆『先秦諸子繋年』（東大図書公司、一九三五年商務印書館初版、一九五六年香港大学増訂初版、一九八六年台北東大初版、一九九〇年台北東大再版）。

蘇時学『墨子刊誤』（中華書局、一九二八年）。

蘇　輿『春秋繁露義証』（中華書局、一九九二年）。

孫詒譲『札迻』（斉魯書社、一九八九年）。

孫詒譲『墨子簡詁』（諸子集成四、中華書局、一九五四年第一版、一九九三年第八次印刷）。

孫星衍『尸子集本』（古今文化出版社、一九六三年）。

孫星衍『尚書今古文注疏』上・下（中華書局、一九八六年第一版、一九九八年第二次印刷）。

段玉裁『説文解字注』（上海古籍出版社、一九八一年第一版、一九八八年第二版、一九八九年第二次印刷）。

趙建偉『出土簡帛《周易》疏証』（万巻楼図書有限公司、二〇〇〇年）。

張恒寿『荘子新探』（湖北人民出版社、一九八三年）。

張純一『晏子春秋校注』（諸子集成四、中華書局、一九五四年第一版、一九九三年第八次印刷）。

張清常・王延棟『戦国策箋注』（南開大学出版社、一九九三年）。
張岱年『中国哲学史史料学』（三聯書店、一九八二年）。
張立文『周易帛書今注今訳』上・下（台湾学生書局、一九九一年）。
陳　偉『包山楚簡初探』（武漢大学出版社、一九九六年）。
陳奇猷『呂氏春秋校釈』（学林出版社、一九八四年）。
陳鼓応『易伝与道家思想』（三聯書店、一九九六年）。
陳麗桂『戦国時期的黄老思想』（聯経、一九九一年）。
丁四新『郭店楚墓竹簡思想研究』、東方出版社、二〇〇〇年）。
鄧球柏『帛書周易校釈（増訂本）』（湖南出版社、一九八七年第一版、一九九六年第二版）。
杜国庠『先秦諸子思想概要』（三聯書店、一九四九年）。
杜国庠『先秦諸子的若干研究』（三聯書店、一九五五年）。
任継愈主編『中国哲学史』第一冊（人民出版社、一九六三年第一版、一九八五年第四版、一九九四年第一三次印刷）。
白　奚『稷下学研究：中国古代的思想自由与百家争鳴』（三聯書店、一九九八年）。
馬承源主編『上海博物館蔵戦国楚竹書（一）』（上海古籍出版社、二〇〇一年）。
畢　沅『呂氏春秋新校正』（諸子集成六、中華書局、一九五四年第一版、一九九三年北京第八次印刷）。
傅挙有・陳松長編著『馬王堆漢墓文物』（湖南出版社、一九九二年）。
馮友蘭『中国哲学史』上冊（中華書局、一九六一年新一版、一九九二年第三次印刷）。
馮友蘭『中国哲学史新編』一九八〇年修訂本第一冊・第二冊（人民出版社、一九六四年第一版、一九八二・八四年第三版、一九九二年第二次印刷）。
北京大学哲学系中国哲学史教研室編写『中国哲学史』上冊（中華書局、一九八〇年第一版、一九八二年第二次印刷）。

駢宇騫・段書安編著『二十世紀出土簡帛綜述』（文物出版社、二〇〇六年）。
龐　樸『帛書五行篇研究』（斉魯書社、一九八〇年）。
龐　樸『竹帛《五行》篇校注及研究』（万巻楼図書有限公司、二〇〇〇年）。
蒙文通『古史甄微』（商務印書館、一九三三年）。
俞　樾『墨子平議』（『諸子平議』所収、中華書局、一九五四～五六年）。
俞　樾『淮南子平議』（『諸子平議』所収、中華書局、一九五四～五六年）。
楊　寛『戦国史』増訂本（上海人民出版社、一九五五年第一版、一九九八年第三版）。
容肇祖『韓非子考証』（中央研究院歴史語言研究所、一九三六年初版、一九九二年景印一版）。
楊伯峻編著『春秋左伝注』（中華書局、一九八一年）。
羅根沢『管子探源』（中華書局、一九三一年）。
李天虹『郭店竹簡《性自命出》研究』（湖北教育出版社、二〇〇二年）。
李　零『郭店楚簡校読記』（北京大学出版社、二〇〇二年）。
劉笑敢『荘子哲学及其演変』（中国社会科学出版社、一九九三年）。
劉　節『古史考存』（人民出版社、一九五八年）。
劉彬徽『早期文明与楚文化研究』（岳麓書社、二〇〇一年）。
劉文典『淮南鴻烈集解』上・下（中華書局、一九八九年）。
廖名春『帛書《易伝》初探』（文史哲出版社、一九九八年）。

〔日本〕

赤塚　忠『荘子』下（集英社、一九七七年一刷、一九八二年三刷）。

赤塚　忠『甲骨・金文研究』（赤塚忠著作集第七巻、研文社、一九八九年）。

浅野裕一・湯浅邦弘編『諸子百家〈再発見〉――掘り起こされる古代中国思想』（岩波書店、二〇〇四年）。

浅野裕一編『古代思想史と郭店楚簡』（汲古書院、二〇〇五年）。

豬飼彦博『管子補正』（漢籍国字解全書、菊池晩香『管子』所収、早稲田大学出版部、一九一一年）。

池田末利『尚書』（集英社、一九七六年一刷・一九八二年三刷）。

池澤　優『「孝」思想の宗教学的研究　古代中国における祖先崇拝の思想的発展』、東京大学出版会、二〇〇二年）。

池田知久『荘子』上・下（学習研究社、一九八三・八六年初版、一九九二年第四刷・第六刷）。

池田知久『淮南子　知の百科』（講談社、一九八九年）。

池田知久『馬王堆漢墓帛書五行篇研究』（汲古書院、一九九三年）。

池田知久『郭店楚簡老子研究』（東京大学文学部中国思想文化学研究室、一九九九年）。

池田知久『老荘思想』（改訂版、放送大学教育振興会、二〇〇〇年）。

池田知久編『郭店楚簡儒教研究』（汲古書院、二〇〇三年）。

池田知久著・曹峰訳『池田知久簡帛研究論集』（中華書局、二〇〇六年）。

池田知久『老子』（馬王堆出土文献訳注叢書、東方書店、二〇〇六年）。

板野長八『中国古代における人間観の展開』（岩波書店、一九七二年）。

板野長八『儒教成立史の研究』（岩波書店、一九九五年）。

内山俊彦『荀子』（講談社、一九九九年）。

宇野精一『孟子』（集英社、一九七三年一刷、一九八三年三刷）。

太田　方『韓非子翼毳』（冨山房、一九一一年発行、一九七三年増補版発行、一九八四年増補版第五刷発行）。

大塚伴鹿『墨子の研究』（森北書店、一九四三年）。

小野沢精一・福永光司・山井湧編『気の思想　中国における自然観と人間観の展開』（東京大学出版会、一九七八年初版、二〇〇一年二刷）。

貝塚茂樹『諸子百家』（岩波書店、一九六一年）。

金谷　治『秦漢思想史研究』（日本学術振興会、一九六〇年）。

金谷　治『管子の研究――中国古代思想史の一面――』（岩波書店、一九八七年）。

木村英一『中国的実在観の研究』（弘文堂書房、一九四八年）。

楠山春樹『呂氏春秋』中・下（明治書院、一九九七年・一九九八年）。

工藤元男『睡虎地秦簡よりみた秦代の国家と社会』（創文社、一九九八年）。

小島祐馬『古代支那研究』（弘文堂書房、一九四三年）。

小島祐馬『中国思想史』（創文社、一九六八年第一刷、一九八七年第二刷）。

斉藤　晌『老子』（集英社、一九七九年一刷、一九八三年四刷）。

滋賀秀三『中国家族法の原理』（創文社、一九六七年）。

島　邦男『老子校正』（汲古書院、一九七三年）。

高田真治『東洋思潮の研究　第一』（春秋社松柏館、一九四四年）。

津田左右吉『道家の思想と其の展開』（岩波書店、一九三九年発行、一九四〇年第二刷）。

津田左右吉『儒教の研究　三』（『津田左右吉全集』一八、一九六五年）。

東京大学馬王堆帛書研究会編『『馬王堆漢墓出土帛書周易』二三子問篇訳注（三）』（東京大学文学部中国思想文化学研究室、一九九八年）。

戸川芳郎『漢代の学術と文化』（研文出版、二〇〇二年）。

仁井田陞『支那身分法史』（座右宝刊行会、一九四二年発行、一九四三年再版発行）。

新田大作『墨子』下（集英社、一九七七年一刷、一九八三年三刷）。

林　秀一『孝経学論集』（明治書院、一九七六年）。

福井重雅『漢代儒教の史的研究――儒教の官学化をめぐる定説の再検討――』（汲古書院、二〇〇五年）。

福田哲之『文字の発見が歴史をゆるがす　２０世紀中国出土文字資料の証言』（二玄社、二〇〇三年）。

福永光司『荘子』内篇・雑篇下（朝日新聞社、内篇・雑篇下：一九七八年第一刷、内篇：一九八七年第三刷）。

福永光司『老子』下（朝日新聞社、一九八七年第一刷、一九九二年第七刷）。

増淵龍夫『新版　中国古代の社会と国家』（岩波書店、一九九六年）。

松皐　円『定本韓非子纂聞』（崇文院、一九二八～三二年）

溝口雄三・丸山松幸・池田知久編『中国思想文化事典』（東京大学出版会、二〇〇一年）。

谷中信一『晏子春秋』上・下（明治書院、二〇〇〇年・二〇〇一年）。

好並隆司『商君書研究』（渓水社、一九九二年）。

渡邊　卓『古代中国思想の研究――〈孔子伝の形成〉と儒墨集団の思想と行動――』（創文社、一九七三年第一刷、一九八四年第三刷）。

渡邊　卓『墨子』上（集英社、一九七四年一刷、一九八三年三刷）。

〔韓国〕

金弘炅『노자　삶의 기술, 늙은이의 노래』（들녘、二〇〇三年）。

金忠烈『김충열 교수의 노자강의』（예문서원、二〇〇四年）。

崔在穆『노자』（을유문화사、二〇〇六年）。

崔珍晢『노자의 목소리로 듣는 도덕경』（소나무、二〇〇一年）。

梁芳雄『초간노자』(예경、二〇〇三年)。

〔欧米〕

Edward L. Shaughnessy, *I CHING ; THE CLASSIC OF CHANGES*, The Ballantine Publishing Group, New York, First Hardcover Edition: 1997, First Trade Paperback Edition: 1998.

Robert G. Henricks, *Lao Tzu's Tao Te Ching: A Translation of the Startling New Documents Found at Guodian*, Columbia University Press, 2000.

Ⅱ 論文の部

〔中国〕

于豪亮「中山三器銘文考釈」(『考古学報』一九七九—二、一九七九年四月)。

王紅星「包山二号墓的年代与墓主」(『楚文化研究論集』二、湖北人民出版社、一九九一年三月)。

王紅星「包山簡牘所反映的楚国暦法問題——兼論楚暦沿革」(『包山楚墓』上、一九九一年十月)。

王慎行「論西周孝道観的本質」(『人文雑誌』一九九一—二、一九九一年)。

王　博「荊門郭店竹簡与先秦儒家経学」(『中国伝統哲学新論——朱伯崑教授七十五寿辰紀念文集』、一九九九年三月)。

王　博「関于《唐虞之道》的幾個問題」(『中国哲学史』一九九九—二、一九九九年五月／復印報刊資料『先秦、秦漢史』一九九九—五、一九九九年十月)。

王葆玹「試論郭店楚簡各篇的撰作時代及其背景——兼論郭店及包山楚墓的時代問題」（『中国哲学』二〇（郭店楚簡研究）、遼寧教育出版社、一九九九年一月）。
王葆玹「試論郭店楚簡的抄写時間与莊子的撰作時代——兼論郭店与包山楚墓的時代問題」（『哲学研究』一九九九—四、一九九九年四月／復印報刊資料『中国哲学』一九九九—六、一九九九年八月）。
王葆玹「郭店楚簡的時代及其与子思学派的関係」（武漢大学中国文化研究院等主辦『郭店楚簡国際学術研討会　論文匯編』二、武漢大学・珞珈山荘、一九九九年十月）。
欧陽禎人「従《魯穆公問子思》到《孟子》」（『武漢大学学報（人文科学版）』五四—二、二〇〇一年三月）。
欧陽禎人「楚簡《唐虞之道》〝禅而不伝〞的理論追踪」（丁四新主編『楚地出土簡帛文献思想研究』一、湖北教育出版社、二〇〇二年十二月）。
郭　沂「試談楚簡《太一生水》及其与簡本《老子》的関係」（『中国哲学史』一九九八—四、一九九八年十一月）。
郭　沂「従郭店竹簡看先秦哲学発展脈絡」（『光明日報』一九九九年四月二十三日／復印報刊資料『中国哲学』一九九九—五、一九九九年七月）。
郭　沂「《中庸》・《子思》・《子思子》——子思書源流考」（龐樸等著『郭店楚簡与早期儒学』、台湾古籍出版有限公司、二〇〇二年五月）。
郭　沂「子思書再検討——兼論《大学》作于子思」（『中国哲学史』二〇〇三—四、二〇〇三年）。
河北省文物管理処「河北省平山県戦国時期中山国墓葬発掘簡報」（『文物』一九七九—一、一九七九年一月）。
関　鋒「論宋尹学説」（『哲学研究』一九五九—五、一九五九年）。
裘錫圭「馬王堆《老子》甲乙本巻前後佚書与〝道法家〞——兼論《心術上》《白心》為慎到田駢学派作品」（『中国哲学』二、三聯書店、一九八〇年三月）。
裘錫圭「稷下道家精気説的研究」（『道家文化研究』二、一九九二年八月）。

裘錫圭「由郭店簡《性自命出》的〝室性者故也〟説到《孟子》的〝天下之言性也〟章」（張光裕主編『第四届国際中国古文字学研討会論文集』、二〇〇三年十月／『中国出土古文献十講』、復旦大学出版社、二〇〇四年）。

姜広輝「郭店楚簡与《子思子》——兼談郭店楚簡的思想史意義」（『哲学研究』一九九八—七、一九九八年七月／復印報刊資料『中国哲学』一九九八—一〇、一九九八年十二月／『中国哲学』二〇（郭店楚簡研究）、遼寧教育出版社、一九九九年一月）。

姜広輝「郭店楚簡与原典儒学——国内学術界関於郭店楚簡的研究（一）」（『書品』一九九九—一、一九九九年／『中国哲学』二一（郭店簡与儒学研究）、遼寧教育出版社、二〇〇〇年一月）。

金春峰「論郭店簡《六徳》、《忠信之道》、《成之聞之》之思想特徴与成書時代」（『人文論叢』二〇〇一年巻、二〇〇二年十月）。

荊州地区博物館「湖北江陵藤店一号墓発掘簡報」（『文物』一九七三—九、一九七三年九月）。

荊州地区博物館「江陵張家山両座漢墓出土大批竹簡」（『文物』一九九二—九、一九九二年九月）。

荊州博物館「江陵雨台山楚墓発掘簡報」（『考古』一九八〇—五、一九八〇年九月）。

邢文・李縉雲「郭店《老子》国際研討会綜述」（『文物』一九九八—九、一九九八年九月）。

邢　文「郭店、上博楚簡整理研究的最新進展：裘錫圭、李朝遠先生主題発言紀要」（『国際簡帛研究通訊』四—二、二〇〇四年八月）。

荊門市博物館「湖北省荊門市四家一号楚墓」（『文物』一九九九—四、一九九九年四月）。

阮芝生「評〝禅譲伝説起於墨家〟説」（侯仁之・周一良主編『燕京学報』新三期、一九九七年八月）。

高応勤・王光鎬「当陽趙家湖楚墓的分類与分期」（『中国考古学会第二次年会論文集』、文物出版社、一九八二年六月）。

高華平「論述《郭店楚墓竹簡・性自命出》的道家思想」（武漢大学中国文化研究院等主辦『郭店楚簡国際学術研討会　論文匯編』一、武漢大学・珞珈山荘、一九九九年十月／武漢大学中国文化研究院編『郭店楚簡国際学術研討会論文集』、湖北人民出版社、二〇〇〇年五月）。

黄人二「郭店楚簡〈魯穆公問子思〉考釈」（『張以仁先生七秩寿慶論文集』（上冊）、台湾学生書局、一九九九年一月）。

黄人二「郭店楚簡国際学術研討会綜述」（『武漢大学学報（人文社会科学版）』二〇〇〇―二、二〇〇〇年三月）。
向世陵「郭店竹簡〃性〃〃情〃説」（『孔子研究』一九九九―一、一九九九年三月／復印報刊資料『中国哲学』一九九九―五、一九九九年七月）。
高佑仁「談《唐虞之道》与《曹沫之陣》的「沒」字」（簡帛網站、二〇〇五年十二月二十五日）。
高佑仁「談《曹沫之陣》的〃沒身就世〃」（簡帛網站、二〇〇六年二月二十日）。
江陵県文物局「湖北江陵武昌義地楚墓」（『文物』一九八九―三、一九八九年三月）。
胡家聡「稷下学宮史鉤沈」（『文史哲』一九八一―四、一九八一年七月）。
胡家聡「稷下道家従老子哲学継承并推衍了什麼？――心術上和内業的研究」（『中国社会科学戦線』一九八三―四、一九八三年十月）。
胡家聡「《管子》中道家黄老之作新探」（『中国哲学史研究』一九八七―四、一九八七年十月）。
胡家聡「宋鈃思想及其道、墨融合的特色」（『道家文化研究』八、一九九五年十一月）。
顧頡剛「禅譲伝説起於墨家考」（呂思勉・童書業編『古史弁』第七冊下編、開明書店、一九四一年六月）。
顧史考（Scott Cook）「論郭店楚簡的研究方法及方向」（艾蘭・邢文編『新出簡帛研究』、文物出版社、二〇〇四年十二月）。
胡平生「郭店楚墓竹簡中的孝与忠」（科研郭店楚簡研究会二〇〇〇年度第三回定例研究会論文、東京大学、二〇〇〇年七月）。
湖北省荊沙鉄路考古隊包山墓地整理小組「荊門市包山楚墓発掘簡報」（『文物』一九八八―五、一九八八年五月）。
湖北省荊州博物館「湖北荊州秦家山二号墓清理簡報」（『文物』一九九九―四、一九九九年四月）。
湖北省荊門市博物館「荊門郭店一号楚墓」（『文物』一九九七―七、一九九七年七月）。
湖北省文化局文物工作隊「湖北江陵三座楚墓出土大批重要文物」（『文物』一九六六―五、一九六六年五月）。
湖北省文物考古研究所「湖北荊州紀城一、二号楚墓発掘簡報」（『文物』一九九九―四、一九九九年四月）。
蔡靖泉「楚文化在秦統治時期的存在和影響」（『江漢考古』一九九七―一、一九九七年三月）。

蔡明田「論墨子的禅譲観念」（『東方雑誌』復刊一八―九、一九八五年三月）。
査昌国「西周〝孝〞義試探」（『中国史研究』一九九三―二、一九九三年）。
史華慈（Benjamin Schwartz）「黄老学説：宋鈃和慎到論評」（『道家文化研究』四、一九九四年三月）。
周鳳五「郭店楚墓竹簡〈唐虞之道〉新釈」（『中央研究院歴史語言研究所集刊』七〇―三、一九九九年九月）。
朱栄貴「郭店楚簡的孝道思想」（『経学研究論叢』六、一九九九年六月）。
祝瑞開「《管子・心術上、下》等篇非宋鈃、尹文遺著弁――兼説其在中国哲学史上的地位和影響」（『西北大学学報（哲学社会科学版）』一九七七―三、一九七七年八月）。
朱徳熙・裘錫圭「平山中山王墓銅器銘文的初歩研究」（『文物』一九七九―一、一九七九年一月）。
商承祚「中山王嚳鼎、壺銘文芻議」（『古文字研究』七、一九八二年六月）。
徐少華「包山二号墓的年代及有関問題」（『江漢考古』一九八九―四、一九八九年）。
徐少華「鄀国歴史地理探疑――兼論包山、望山楚墓的年代和史実」（『華夏考古』一九九一―三、一九九一年九月）。
徐中舒・伍仕謙「中山三器釈文及宮堂図説明」（『中国史研究』一九七九―四、一九七九年十二月）。
席盤林「論魯穆公変法中的子思――郭店楚簡《魯穆公問子思》及相関問題研究」（魏啓鵬『簡帛《五行》箋釈』、万巻楼図書有限公司、二〇〇〇年七月／魏啓鵬『簡帛文献《五行》箋証』、中華書局、二〇〇五年十二月）。
薛柏成「郭店楚簡《唐虞之道》与墨家思想」（『吉林師範大学学報（人文社会科学版）』二、二〇〇六年四月）。
銭　遜「対堯舜禅譲意義的認識」（『紀念孔子誕辰二五五〇周年国際学術討論会論文』（下）、北京―山東、一九九九年十月）。
銭　穆「唐虞禅譲説釈疑」（呂思勉・童書業編『古史弁』第七冊下編、開明書店、一九四一年六月）。
孫稚雛「中山王嚳鼎・壺的年代史実及其意義」（『古文字研究』一、一九七九年八月）。
中国科学院考古研究所実験室「放射性碳素測定年代報告（四）」（『考古』一九七七―三、一九七七年）。
中文系古文字研究室楚簡整理小組「戦国楚竹簡概述」（『中山大学学報（哲学社会科学版）』一九七八―四、一九七八年）。

張玉昆「北京郭店楚墓竹簡学術討論会綜述」(『国際儒学研究』五、一九九八年十一月)。
張克忠「中山王墓青銅器銘文簡釈——附論墓主人問題」(『故宮博物院院刊』一九七九—一、一九七九年二月)。
趙　誠「《中山壷》《中山鼎》銘文試釈」(『古文字研究』一、一九七九年八月)。
張政烺「中山王𰯌壷及鼎銘考釈」(『古文字研究』一、一九七九年八月)。
張岱年「管子的《心術》等篇非宋尹著作考」(『道家文化研究』二、一九九二年八月)。
趙淡元「《尚書》略論」(『中国歴史文献研究集刊』二、一九八一年十二月)。
張立文「略論郭店楚簡的〝仁義〟思想」(『孔子研究』一九九九—一、一九九九年三月/復印報刊資料『中国哲学』一九九九—五、一九九九年七月)。
陳　偉「郭店楚簡別釈」(『江漢考古』一九九八—四、一九九八年十一月)。
陳　偉「文本復原是一項長期艱巨的工作」(『湖北大学学報(哲学社会科学版)』一九九九—二、一九九九年三月)。
陳　偉「《語叢》一、三中有関〝礼〟的幾条簡文」(武漢大学中国文化研究院等主辦『郭店楚簡国際学術研討会　論文匯編』二、武漢大学・珞珈山荘、一九九九年十月/武漢大学中国文化研究院編『郭店楚簡国際学術研討会論文集』、湖北人民出版社、二〇〇〇年五月)。
陳　偉「関于郭店楚簡《六徳》諸篇編連的調整」(武漢大学中国文化研究院編『郭店楚簡国際学術研討会論文集』、湖北人民出版社、二〇〇〇年五月/『江漢考古』二〇〇〇—一、二〇〇〇年)。
陳鼓応「《太一生水》与《性自命出》発微」(陳鼓応主編『道家文化研究』一七(郭店楚簡専号)、三聯書店、一九九九年八月/復印報刊資料『中国哲学』一九九九—一二、二〇〇〇年二月)。
陳振裕「望山一号墓的年代与墓主」(『中国考古学会第一次年会論文集』、文物出版社、一九八〇年十二月)。
陳振裕「略論九座楚墓的年代」(『考古』一九八一—四、一九八一年)。
陳松長「帛書《繫辞》釈文」(陳鼓応主編『道家文化研究』三(馬王堆帛書専号)、上海古籍出版社、一九九三年八月)。

陳松長・廖名春「帛書《二三子問》、《易之義》、《要》釈文」『道家文化研究』三（馬王堆帛書専号）、上海古籍出版社、一九九三年八月）。

陳松長「馬王堆帛書《繆和》、《昭力》釈文」『道家文化研究』六、上海古籍出版社、一九九五年六月）。

陳蘇鎮「商周時期孝観念的起源、発展及其社会原因」『中国哲学』一〇、一九八三年）。

陳　明「《唐虞之道》与早期儒家的社会理念」『中国哲学』二〇（郭店楚簡研究）、遼寧教育出版社、一九九九年一月／陳明・朱漢民主編『原道』五、一九九九年四月）。

陳躍鈞「江陵県張家山漢墓竹簡」（中国考古学会編『中国考古学年鑑　１９８７』、文物出版社、一九八八年十月）。

陳耀鈞「試論江陵楚墓的特点」（『江漢考古』一九八〇―二、一九八〇年十月）。

陳　来「郭店楚簡之《性自命出》篇初探」（『孔子研究』一九九八―三、一九九八年九月／『中国哲学』二〇（郭店楚簡研究）、遼寧教育出版社、一九九九年一月（「荊門楚簡之《性自命出》篇初探」と改題））。

程一凡「墨孟之間：以智性資源観念看郭簡儒籍」（武漢大学中国文化研究院等主辦『郭店楚簡国際学術研討会　論文匯編』二、武漢大学・珞珈山荘、一九九九年十月）。

丁　巍「郭店楚墓竹簡中外研究述略」（『中州学刊』二〇〇〇―二、二〇〇〇年三月）。

丁四新「論《性自命出》与公孫尼子的関係」（『武漢大学学報（哲学社会科学版）』一九九九―五、一九九九年九月／復印報刊資料『中国哲学』一九九九―一二、二〇〇〇年二月）。

丁四新「愛親与尊賢的統一――郭店簡書《唐虞之道》思想論析」（武漢大学中国文化研究院等主辦『郭店楚簡国際学術研討会　論文匯編』一、武漢大学・珞珈山荘、一九九九年十月／饒宗頤主編『華学』四、二〇〇〇年八月（「愛親与尊賢的統一――郭店簡書《唐虞之道》思想論析与考証」と改題））。

丁四新「郭店簡書的天人之弁」（武漢大学中国文化研究院等主辦『郭店楚簡国際学術研討会　論文匯編』一、武漢大学・珞珈山荘、一九九九年十月）。

丁四新「〃郭店楚簡国際学術研討会〃綜述」(『孔子研究』二〇〇〇—二、二〇〇〇年三月)。
丁四新「論《性自命出》与思孟学派的関係」(『中国哲学史』二〇〇〇—四、二〇〇〇年十一月)。
『哲学動態』記者「郭店楚簡研究——中国社科院哲学所'99第一次学術新進展報告会紀要」(『哲学動態』一九九九—六、一九九九年六月/復印報刊資料『中国哲学』一九九九—八、一九九九年十月)。
唐　鉞「尹文和尹文子」(『清華学報』四—一、一九二七年六月)。
鄧建鵬「《唐虞之道》的民本思想」(『武漢大学学報(哲学社会科学版)』一九九九—五、一九九九年九月)。
童書業「『帝堯陶唐氏』名号溯源」(呂思勉・童書業編『古史弁』第七冊下編、開明書店、一九四一年六月)。
馬雲志「郭店楚簡《唐虞之道》的禅譲観」(『蘭州大学学報(社会科学版)』三〇—五、二〇〇二年)。
馬王堆漢墓帛書整理小組「馬王堆帛書《六十四卦》釈文」(『文物』一九八四—三、一九八四年三月/黄寿祺・張善文編『周易研究論文集』一(北京師範大学出版社、一九八七年)。
白　奚「〃孫卿道宋子，其言黄老意〃正解」(『中国哲学史』一九九六—四、一九九六年)。
潘富恩・施昌東「論宋尹学派形而上的思想特徴」(『復旦学報』一九八〇—五、一九八〇年九月)。
馮友蘭「先秦道家所謂道底物質性」(『中国哲学史論文集』、上海人民出版社、一九五八年)。
包山墓地竹簡整理小組「包山二号墓竹簡概述」(『文物』一九八八—五、一九八八年五月)。
方壮猷「書論江陵望山楚墓的年代与墓主」(『江漢考古』一九八〇—一、一九八〇年)。
彭邦本「郭店《唐虞之道》初論」(武漢大学中国文化研究院等主辦『郭店楚簡国際学術研討会　論文匯編』一、武漢大学・珞珈山荘、一九九九年十月)。
彭邦本「楚簡《唐虞之道》与古代禅譲伝説」(『学術月刊』二〇〇三—一、二〇〇三年)。
龐　樸「孔孟之間——郭店楚簡的思想史地位」(『中国社会科学』一九九八—五、一九九八年五月/復印報刊資料『中国哲学』一九九八—一〇、一九九八年十二月/『中国哲学』二〇(郭店楚簡研究)、遼寧教育出版社、一九九九年一月(「孔孟之間——郭店楚簡中的儒家心性説」と改題）／復印報刊資料『先秦、秦漢史』一九九九―一、一九九九年二月／国際儒学聯合会編『国際儒学研究』六、一九九九年二月（「孔孟之間――郭店楚簡中的儒家心性説」と改題））。

龐　樸「古墓新知――漫読郭店楚簡」（国際儒学聯合会聯絡工作委員会・国際儒学聯合会秘書処編『国際儒学聯合会簡報』一九九八―二、一九九八年六月／『中国哲学』二〇（郭店楚簡研究）、遼寧教育出版社、一九九九年一月／『読書』一九九八―九、一九九八年）。

方　銘「郭店楚簡《唐虞之道》中原始儒家的終極理想」（『南通師範学院学報（哲学社会科学版）』一九―四、二〇〇三年十二月）。

楊　寛「読『禅譲伝説起於墨家考』」（呂思勉・童書業編『古史弁』第七冊下編、開明書店、一九四一年六月）。

楊向奎「書後」（呂思勉・童書業編『古史弁』第七冊下篇、一九四一年六月）。

葉国良「郭店儒家著作的学術譜系問題」（『中国哲学』二四（経学今詮三編）、遼寧教育出版社、二〇〇二年四月）。

姚才剛「郭店楚簡国際学術研討会紀要」（『中国哲学史』二〇〇〇―一、二〇〇〇年二月）。

楊儒賓「郭店出土儒家竹簡与思孟学派」（郭店楚簡国際学術研討会論文、武漢大学・珞珈山荘、一九九九年十月）。

駱　蘭「〃郭店楚簡国際学術研討会〃綜述」（『理論月刊』二〇〇〇―一・二、二〇〇〇年／復印報刊資料『先秦、秦漢史』二〇〇〇―三、二〇〇〇年）。

羅新慧「郭店楚簡与儒家的仁義之弁」（『斉魯学刊』一九九九―五、一九九九年九月）。

李学勤・李零「平山三器与中山国史的若干問題」（『考古学報』一九七九―二、一九七九年四月）。

李学勤「荊門郭店楚簡中的《子思子》」（『文物天地』一九九八―二、一九九八年三月／『中国哲学』二〇（郭店楚簡研究）、遼寧教育出版社、一九九九年一月）。

李学勤「荊門郭店楚簡所見関尹遺説」（『中国文物報』一九九八年四月八日／『中国哲学』二〇（郭店楚簡研究）、遼寧教育出版社、一九九九年一月）。

李学勤「先秦儒家著作的重大発現」（『人民政協報』一九九八年六月八日／『中国哲学』二〇（郭店楚簡研究）、遼寧教育出版社、一九九九年一月）。

李景林「従郭店簡看思孟学派的性与天道論――兼談郭店簡儒家類著作的学派帰属問題」（武漢大学中国文化研究院等主辦『郭店楚簡国際学術研討会　論文匯編』一、武漢大学・珞珈山荘、一九九九年十月）。

李健勝「《子思子》内容考釈」（『青海師範大学学報（哲学社会科学版）』二〇〇五―二、二〇〇五年）。

李縉雲・邢文「美国〝郭店《老子》国際研討会〟綜述」（『国際儒学聯合会簡報』一九九八―二、一九九八年六月／『中国哲学』二〇（郭店楚簡研究）、遼寧教育出版社、一九九九年一月）。

李存山「先秦儒家的政治倫理教科書――読楚簡《忠信之道》及其他」（『中国文化研究』一九九八―四、一九九八年／『中国哲学』二〇（郭店楚簡研究）、遼寧教育出版社、一九九九年一月（「読楚簡《忠信之道》及其他」と改題）／復印報刊資料『中国哲学』一九九九―一、一九九九年三月）。

李沢厚「初読郭店竹簡印象紀要」（李沢厚『世紀新夢』、安徽文芸出版社、一九九八年十月／李沢厚『李沢厚哲学文存』下篇、安徽文芸出版社、一九九九年一月／陳鼓応主編『道家文化研究』一七（郭店楚簡専号）、三聯書店、一九九九年八月／『中国哲学』二一（郭店簡与儒学研究）、遼寧教育出版社、二〇〇〇年一月）。

李天虹「《性自命出》与伝世先秦文献〝情〟字解詁」（『中国哲学史』二〇〇一―三、二〇〇一年八月）。

李裕民「殷周金文中的〝孝〟〝与孔丘〟孝道〝的反動本質」（『考古学報』一九七四―二、一九七四年）。

李　零「郭店楚簡校読記」（陳鼓応主編『道家文化研究』一七（郭店楚簡専号）、三聯書店、一九九九年八月）。

劉国勝「郭店楚簡国際学術研討会綜述」（『文史哲』二〇〇〇―二、二〇〇〇年三月）。

劉祖信「荊門楚墓的驚人発現」（『文物天地』一九九五―六、一九九五年十一月）。

劉彬徽「従包山楚簡紀時材料論及楚国紀年与楚暦」（『包山楚墓』上、一九九一年十月）。

劉彬徽「関于郭店楚簡年代及相関問題的討論」（『早期文明与楚文化研究』、岳麓書社、二〇〇一年七月／李学勤・謝桂華主編『簡帛研究二〇〇一』、広西師範大学出版社、二〇〇一年九月）。

劉宝才「《唐虞之道》的歴史与理念——兼論戦国中期的禅譲思潮」（『人文雑誌』二〇〇〇—三、二〇〇〇年）。

劉楽賢「《性自命出》与《淮南子・繆称》論〝情〟」（廖名春編『清華簡帛研究』一、清華大学思想文化研究所、二〇〇〇年八月／『中国哲学史』二〇〇〇—四、二〇〇〇年十一月）。

梁韋弦「与郭店簡《唐虞之道》学派帰属相関的幾個問題」（『文史哲』二〇〇四—五、二〇〇四年）。

梁韋弦「郭店簡、上博簡中的禅譲学説与中国古史上的禅譲制」（『史学集刊』三、二〇〇六年五月）。

廖名春「帛書《二三子問》釈文」（『国際易学研究』一、華夏出版社、一九九五年一月）。

廖名春「帛書《繫辞》釈文」（『国際易学研究』一、華夏出版社、一九九五年一月）。

廖名春「帛書《易之義》釈文」（『国際易学研究』一、華夏出版社、一九九五年一月）。

廖名春「帛書《繆和》釈文」（『国際易学研究』一、華夏出版社、一九九五年一月）。

廖名春「郭店楚簡儒家著作考」（『孔子研究』一九九八—三、一九九八年九月）。

廖名春「荊門郭店楚簡与先秦儒学」（『中国哲学』二〇（郭店楚簡研究）、遼寧教育出版社、一九九九年一月）。

廖名春「郭店簡《性自命出》的編連与分合問題」（『中国哲学史』二〇〇〇—四、二〇〇〇年十一月）。

呂思勉「唐虞夏史考」（呂思勉・童書業編『古史弁』第七冊下編、開明書店、一九四一年六月）。

林素清「従包山楚簡紀年材料論楚暦」（『中国考古学与歴史学之整合研究』下、一九九七年七月）。

〔日本〕

赤塚　忠「墨子の天志について——墨子の思想体系の復元——」（『研究』哲学篇、神戸大学文学会、一九五五年三月）。
赤塚　忠「道家思想の原初の形態」（『東京大学文学部研究報告』三、一九六八年三月）。
赤塚　忠「中国古代思想史」（『中国古代思想史研究』、赤塚忠著作集第二巻、研文社、一九八七年四月。初出は一九八三年）。
浅野裕一「『墨子』尚賢論の特性について」（『国学院雑誌』七七—六、一九七六年六月）。

浅野裕一「墨家集団の質的変化――説話類の意味するもの――」（『日本中国学会報』三四、一九八二年十月）。

浅野裕一「郭店楚簡『窮達以時』の「天人之分」について」（『集刊東洋学』八三、二〇〇〇年五月。後にタイトルを一部変えて浅野裕一編『古代思想史と郭店楚簡』に収録）。

浅野裕一「戦国楚簡と古代中国思想史の再検討」（『中国出土資料研究』六、二〇〇二年三月）。

池澤　優「西周春秋時代の「孝」と祖先祭祀について――「孝」の宗教学・その一――」（『筑波大学地域研究』一〇、一九九二年三月）。

池澤　優「中国戦国時代末期の「孝」思想の諸文献――孝の宗教学・その三――」（『筑波大学地域研究』一一、一九九三年三月）。

池澤　優「中国古代の「孝」思想の思想的意味――「孝」の宗教学・その五――」（『社会文化史学』三一、一九九三年九月）。

池澤　優「『孝経』の思想――「孝」の宗教学・その六――」、『筑波大学地域研究』一二、一九九四年三月）。

池田知久「『墨子』の兼愛説と尚賢説」（『中哲文学会報』六、一九八一年六月）。

池田知久「『墨子』の経・経説と十論」（『中哲文学会報』一〇、一九八五年六月）。

池田知久「中国思想史における「自然」の誕生」（『中国――社会と文化』八、一九九三年六月）。

池田知久「『馬王堆漢墓帛書周易』要篇の研究」（『東洋文化研究所紀要』一二三、一九九四年二月）。

池田知久「中国古代の天人相関論――董仲舒の場合」（溝口雄三・浜下武志・平石直昭・宮嶋博史編『アジアから考える［七］　世界像の形成』、東京大学出版社、一九九四年十二月）。

池田知久「儒家の「三才」と『老子』の「四大」」（『中村璋八博士古稀記念東洋学論集』、汲古書院、一九九六年一月）。

池田知久「郭店楚墓竹簡『五行』訳注」（東京大学郭店楚簡研究会編『郭店楚簡の思想史的研究』一、一九九九年十一月。後に同氏編『郭店楚簡儒教研究』に収録）。

池田知久「郭店楚簡『窮達以時』の研究」（同氏監修『郭店楚簡の思想史的研究』三、「古典学の再構築」東京大学郭店楚簡研究会編、二〇〇〇年一月。後に同氏編『郭店楚簡儒教研究』に収録）。

池田知久・近藤浩之「中国、北京大学で開催された「新出土簡帛国際学術研討会」」(『東方学』一〇一、二〇〇一年一月)。

池田知久「郭店楚簡『眚自命出』における「道の四術」」(池田知久監修『郭店楚簡の思想史的研究』五、「古典学の再構築」東京大学郭店楚簡研究会編、二〇〇一年二月。後に同氏編『郭店楚簡儒教研究』に収録)。

板野長八「礼記の大同」(『北海道大学文学部紀要』五、一九五六年三月)。

内山俊彦「堯舜の君子を知るや――読公羊小記――」(『山口大学文学会志』三四、一九八三年十二月)。

江村治樹「春秋戦国時代の銅戈・戟の編年と銘文」(『東方学報』京都五二、一九八〇年三月)。

大久保荘太郎「墨子の自利思想」(『羽衣学園短期大学紀要』四、一九六七年十二月)。

大谷邦彦「「孟子」における舜説話」(『中国古典研究』一四、一九六六年十二月)。

大西克也「上古中国語の否定詞「弗」「不」の使い分けについて――批判説の再検討――」(『日本中国学会報』四〇、一九八八年十月)。

岡安　勇「中国古代における「二王の後」の成立――『郭店楚墓竹簡』所収『唐虞之道』・『上海博物館蔵戦国楚竹書』所収『容成氏』を手掛かりとして――」(『福井重雅先生古稀・退職記念論集　古代東アジアの社会と文化』、汲古書院、二〇〇七年三月)。

鬼丸　紀「『管子』四篇における養生説について」(『日本中国学会報』三五、一九八三年十月)。

小野沢精一「堯舜禅譲説話の思想史的考察」(『人文科学科紀要』四四(国文学・漢文学一二)、一九六七年十二月)。

加地伸行「曽子と《曽子》学派――孝哲学史研究その二」(『懐徳』三五、一九六四年十月)。

加地伸行「孔子における愛と死と〈孝〉と――中国における宗教思想の一前提――　孝哲学史への序章」(『東方宗教』二四、一九六四年)。

片倉　望「儒・墨の「天」と尚賢論」(『集刊東洋学』五三、一九八五年五月)。

金谷　治「宋銒の思想について」(『中国古典研究』一四、一九六六年十二月)。

金谷　治『『尚書』舜典篇の成立――『尚書』の歴史とその思想――』(『金谷治中国思想論集　中巻　儒家思想と道家思想』、平河出版社、一九九七年七月)。

金谷　治「楚簡「性自命出」篇の考察」(『日本学士院紀要』五九―一、二〇〇四年九月)。

神谷正男「「礼運」における大同思想の本質」(『東京支那学報』一、一九五五年六月)。

河崎孝治「墨子尚賢論の成立期について」(『日本中国学会報』二四、一九七二年十月)。

河崎孝治「戦国時代後半に於る墨家の展開」(『日本中国学会報』二七、一九七五年十月)。

河崎孝治「墨家の終期について」(『池田末利博士古稀記念東洋学論集』、一九八〇年九月)。

楠山春樹「中庸の成立に関する漢初の資料」(『漢魏文化』四、一九六三年十月)。

楠山春樹「養生家の帝王観」(『斯文』一〇四、一九九六年三月)。

小南一郎「中山王陵三器銘とその時代背景」、(林巳奈夫編『戦国時代出土文物の研究』、京都大学人文科学研究所、一九八五年三月)。

近藤浩之「馬王堆漢墓帛書『周易』研究概説　上――帛書『周易』研究二十年の動向――」(『中国哲学研究』八、一九九四年七月)。

近藤浩之「馬王堆漢墓帛書『周易』研究概説――『帛書周易』研究の現状と課題――」中・下(『中国哲学研究』一一・一二、一九九八年三月)。

近藤浩之・大野裕司「『日書』より見た『周易』卦爻辞の用語・語法に関する考察」(渡邉義浩編『両漢における易と三礼』、汲古書院、二〇〇六年九月)。

斎木哲郎「郭店楚簡「五行篇」覚書」(『東洋古典学研究』八、一九九九年十月)。

佐竹靖彦「義の観念の社会的展開について――殷周～前漢――」(『史林』五六―三、一九七三年五月)。

佐藤震二「礼運の大同小康思想」(『東洋の文化と社会』七、一九五八年十二月)。

沢田多喜男「先秦の養生説試論――その思想と系譜――」（『日本中国学会報』一七、一九六五年十月）。

沢田多喜男「墨家の非命説」（『東海大学紀要』文学部一九七四―二二、一九七五年一月）。

柴田　昇「墨家集団論序説――墨家思想の再構成――」（『名古屋大学東洋史研究報告』二三、一九九九年三月）。

渋谷由紀「「性」と「心」――《性自命出》の分析を通じて」（『中国出土資料研究』八、二〇〇四年三月）。

白鳥庫吉「尚書の高等批判（特に堯舜禹に就いて）」（『東亜研究』、一九一二年四月）。

謝衛平・盧艶・姜声燦・河井義樹「『窮達以時』」（池田知久監修『郭店楚簡の研究（一）』、大東文化大学郭店楚簡研究班編、一九九九年八月）

末永高康「もう一つの「天人の分」――郭店楚簡初探」（『鹿児島大学教育学部研究紀要』第五〇巻別冊、一九九九年三月）。

末永高康「「性」即「気」――郭店楚簡『性自命出』の性説」（『鹿児島大学教育学部研究紀要』第五一巻別冊、二〇〇〇年三月）。

末永高康「『礼記』中庸篇の「誠」の説について」（『中国の礼制と礼学』、朋友書店、二〇〇一年十月）。

末永高康「儒家の利・墨家の利――『唐虞之道』の理解のために――」（『鹿児島大学教育学部研究紀要』五三、二〇〇二年三月）。

末永高康「仁内義外考――郭店楚簡と孟子の仁義説――」（『鹿児島大学教育学部研究紀要』五四、二〇〇三年三月）。

鈴木喜一「戦国時代の君臣関係――法家・遊侠・従横家の場合――」（『東方学』六八、一九八四年七月）。

大東文化大学郭店楚簡研究班「郭店楚墓竹簡『眚自命出』訳注」（その一）～（その四）（池田知久監修『郭店楚簡の研究』（四）～（七）、二〇〇二年十月・二〇〇四年三月・二〇〇五年三月・二〇〇六年三月）。

武内義雄「礼運考」（『武内義雄全集』第三巻　儒教篇二、角川書店、一九七九年一月）。

武内義雄「礼の倫理思想」（『武内義雄全集』第三巻　儒教篇二、角川書店、一九七九年一月）。

竹田健二「郭店楚簡『性自命出』と上海博物館蔵『性情論』との関係」（『日本中国学会報』五五、二〇〇三年十月。後にタイトルを一部変えて浅野裕一編『古代思想史と郭店楚簡』に収録）。

竹田健二「郭店楚簡『性自命出』・上博楚簡『性情論』の性説」（『国語教育論叢』一四、二〇〇五年三月。後に浅野裕一編『古代思想史と郭店楚簡』に収録)。

千葉　仁「墨子原初思想試探――兼愛論と非攻論――」(『日本中国学会報』二〇、一九六八年十月)。

陳　仲奇「郭店楚簡『性自命出』篇の「命《めい》」について」(『北東アジア研究』一、二〇〇一年三月)。

津田左右吉「儒教の実践道徳」、『満鮮地理歴史研究報告』一三、一九三二年六月。後に『津田左右吉全集』一八に収録)。

津田左右吉「漢儒の述作のしかた――礼記諸篇の解剖――」、津田左右吉編輯『東洋思想研究』三、早稲田大学東洋思想研究室年報一九三九年、一九四〇年五月。後に『津田左右吉全集』一八に収録)。

中村俊也「孟・荀二子の天論について――堯・舜の帝位継承に関する説を中心として――」(『漢文学会々報』三〇、一九七一年六月)。

西山尚志『周易』中の「亨」について」(『人文科学』一一、二〇〇六年三月)。

沼尻正隆「呂氏春秋の孝説について」(『研究紀要』一七、一九七五年三月)。

野村茂夫「儒教的「孝」の成立以前　尚書を手がかりとして」(『愛知教育大学研究報告』(人文・社会科学)二三、一九七四年)。

橋本昭典「郭店楚簡『性自命出』における「情」について」(『中国研究集刊』三六(特集号「戦国楚簡と中国思想史研究」)、二〇〇四年十二月)。

濱口富士雄「荀子の忠について」(『大東文化大学漢学会誌』一二、一九七三年二月)。

藤田勝久「包山楚簡よりみた戦国楚の県と封邑」(『中国出土資料研究』三、一九九九年三月)。

本田成之「礼運篇と秦漢時代の儒家」、『支那学』一―一一、一九二一年七月)。

町田三郎「管子四篇について」(『文化』二五―一、一九六一年三月)。

松崎つね子「楚・秦・漢墓の変遷より秦の統一をみる――頭向・葬式・墓葬構造等を通じて――」(唐代史研究会編『東アジア史における国家と地域』、刀水書房、一九九九年七月)。

向井哲夫「郭店楚簡『老子』について」(『唯物論と現代』二三、一九九九年七月)。

山田　統「宋鈃という人間とその思想」（『国学院雑誌』六三―一二、一九六二年十二月）。
山田　統「燕王噲子之伝説」（『山田統著作集』三、明治書院、一九八二年二月）。
山田　統「禅譲伝説を通じて見たる支那高古の政治組織」（『山田統著作集』四、明治書院、一九八二年四月）。
山田崇仁「『礼記』中庸篇の成書時期について――Ｎ-ｇｒａｍモデルを利用した分析――」（『中国古代史論叢　続集』、二〇〇五年三月）。
山辺　進「『墨子』の天について――伝統的天観との比較を中心として――」（『東方学』八四、一九九二年七月）。
山辺　進「尭舜禅譲攷――経学概念成立前史――」（『斯文』一〇一、一九九二年十二月）。
湯浅邦弘「「忠臣」の思想――郭店楚簡『魯穆公問子思』について」（『大久保隆郎教授退官紀念論集　漢意とは何か』、東方書店、二〇〇一年十二月。後に浅野裕一編『古代思想史と郭店楚簡』に収録）。
吉永慎二郎「墨翟　兼愛を説かず――『墨子』兼愛論の論理と構造――」（『集刊東洋学』六七、一九九二年五月）。

〔韓国〕

金白熙「『老子』해석의 두 시각, 本体生成論과 相関対待論――郭店楚簡本에서 王弼注까지――」（韓国精神文化研究院博士学位論文、二〇〇一年二月）。

鄭世根「곽점 초간본『노자』(老子) 와『태일생수』(太一生水) 의 철학과 그 분파」（『哲学研究』五八、二〇〇二年）。

朴元在「郭店 竹簡本『老子』에 대한 몇 가지 검토」（『東洋哲学』一三、二〇〇〇年三月）。

李承律「郭店楚簡『唐虞之道』訳注」（東京大学郭店楚簡研究会編『郭店楚簡の思想史的研究』一、一九九九年十一月。後に池田知久編『郭店楚簡儒教研究』に収録）。

李承律「『荘子』の「知」とその思想的展開――『荘子』中の歴史叙述および歴史観の考察を中心にして――」（『中国哲学研究』一三、一九九九年十二月）。

李承律「郭店楚墓竹簡の儒家思想研究——郭店楚簡研究序論——」（東京大学大学院人文社会系研究科、博士学位論文、二〇〇一年二月）。

李承律「上海博楚簡『容成氏』の堯舜禹禅譲の歴史」（『中国研究集刊』三六（特集号「戦国楚簡と中国思想史研究」）、二〇〇四年十二月）。

林亨錫「漢前周易易伝佚篇之研究——以帛書《繆和》、《昭力》篇為中心」（清華大学修士学位論文、一九九七年）。

〔欧米〕

Kondō Hiroyuki, “The Silk-Manuscript *Chou-i* from Ma-wang-tui and Divination and Prayer Records in Ch‘u Bamboo Slips from Pao-shan: A Tentative Study of the Formation of the *Chou-i* as Seen from the Pao-shan Ch‘u Bamboo Slips”, *ACTA ASIATICA: BULLETIN OF THE INSTITUTE OF EASTERN CULTURE*, No.80, February, 2001.

あとがき

本書は、今から六年前の二〇〇一年二月に東京大学大学院人文社会系研究科で取得した博士学位論文「郭店楚墓竹簡の儒家思想研究—郭店楚簡研究序論—」、及びその前後に発表した諸論考をベースにして一冊にまとめたものである。それを本書の目次順に列挙すると、以下の通りである。

序論「一」　「古代人が書いた中国古代王朝史—楚簡研究のすすめ」（『歴史と地理』五八四（『世界史の研究』二〇三）、二〇〇五年五月）

序論「二」　「郭店一号楚墓より見た中国「考古類型学」の方法論上の諸問題と「白起抜郢」の問題」（池田知久監修『郭店楚簡の思想史的研究』六、「古典学の再構築」東京大学郭店楚簡研究会編、二〇〇三年二月）中の「一」～「二」

第一部「はじめに」及び第一章　「郭店楚簡『唐虞之道』の堯舜禅譲説と中国古代の堯舜帝位継承説話の研究」（池田知久監修『郭店楚簡の思想史的研究』五、「古典学の再構築」東京大学郭店楚簡研究会編、二〇〇一年二月。後に池田知久編『郭店楚簡儒教研究』（汲古書院、二〇〇三年二月）に改題・一部収録）中の「一」～「六」

第一部第二章　「郭店楚簡『唐虞之道』に見える「愛親」と「孝」思想の特質」（『韓国哲学論集』一一、二〇〇二年九月）及び「郭店楚簡《唐虞之道》中的〝愛親〞〝考〞」（李学勤・謝桂華主編『簡帛研究二〇〇二・二〇〇三』、広西師範大学出版社、二〇〇五年六月）

第一部第三章　「郭店楚簡『唐虞之道』의〝尊賢〟思想과 先秦儒家의 尚賢論」（『東洋史学研究』七八、二〇〇二年四月）

第一部第四章　「郭店楚簡『唐虞之道』の社会的「利」思想について—「利天下而弗利」を中心にして—」（郭店楚簡研究会編『楚地出土資料と中国古代文化』、汲古書院、二〇〇二年三月）

第一部第五章　「郭店楚簡『唐虞之道』の養生思想—禅譲説との関連において—」（『中国哲学研究』一八、二〇〇三年二月）

第一部第六章　「郭店楚簡『唐虞之道』の「知命」と中国古代の命論」（『人文科学』一二、二〇〇七年三月）

第一部第七章　「郭店楚簡『唐虞之道』의 謙遜思想 研究（Ⅰ）—道家 및 儒家의 謙遜思想과의 比較考察을 중심으로—」（『東洋哲学研究』二八、二〇〇二年三月）及び「馬王堆漢墓帛書『周易』の謙遜思想とその思想史的意義」（『人文科学』一一、二〇〇六年三月）

第一部「おわりに」　「郭店楚簡『唐虞之道』の堯舜禅譲説と中国古代の堯舜帝位継承説話の研究」中の「七」

第一部付章　「郭店楚簡『唐虞之道』訳注」（東京大学郭店楚簡研究会編『郭店楚簡の思想史的研究』一、一九九九年十一月。後に池田知久編『郭店楚簡儒教研究』（汲古書院、二〇〇三年二月）に改題収録）

第二部　「郭店楚簡『性自命出』の性情説と「礼楽」—礼楽の根源の思想史的展開—」（渡邉義浩編『両漢の儒教と政治権力』、汲古書院、二〇〇五年九月）及び「郭店楚簡《性自命出》的性情説和〝礼楽〟—礼楽之根源問題在思想史上的展開」（『中国文字』新三二期、二〇〇六年十二月）

第三部　「郭店楚簡『魯穆公問子思』の忠臣観について」（東京大学郭店楚簡研究会編『郭店楚簡の思想史的研究』一、一九九九年十一月。後に池田知久編『郭店楚簡儒教研究』（汲古書院、二〇〇三年二月）に収録／韓国語版：『韓国哲学論集』九、二〇〇〇年十二月／英語版：*ACTA ASIATICA*, No.80, February, 2001／中国語版：馮天瑜主編『人文論叢』二〇〇一年巻、武漢大学出版社、二〇〇二年十月）

結論　「郭店一号楚墓より見た中国「考古類型学」の方法論上の諸問題と「白起抜郢」の問題」中の「三」～「五」

これらの諸論考は体裁がまちまちであったため、まずそれを統一・整理することから作業を始めた。整理に当たっては、伝世文献の場合は原文を引用してから訓読を施し、出土資料の場合は同じく原文を引用してから現代語訳を付した。先行研究の場合は時間の経過とともに若干古くなったため、博論執筆後に出された研究にも目を通し―遺漏はあると思うが―検討を加えようと努めた。ただ初期の問題意識をなるべく崩さないようにするために、いずれも補記の形でまとめておいた。内容の部分には、若干の訂正や補足を施したところもあるが、全体の主旨は初期とほとんど変わりがない。それは楚簡研究が飛躍的に進歩した現時点においても、内容的には依然変更の必要性がないと判断したからである。なお本書の結論の部分は、博論では本論に入る前に「序」の中で論じたものである。それについて博論審査の時に、審査委員の一人の工藤元男先生（早稲田大学教授）より、この問題は一番最後に取り上げた方がよいのではないかという指摘を受けたことがある。その時ごもっともな指摘だとうなずいた覚えがある。そのような経緯もあって、本書では最後の部分で取り上げてみた。ただ内容的には結論というより、問題提起の性格が強い。

さて振り返ってみると、私の現在の日本での研究生活は、二〇〇三年度から数えてすでに五年目となる。その前の一九九三年十月から二〇〇一年二月までの約八年間の留学生活を入れると、約十三年間日本で暮らしたことになる。ということは、自分の人生の中で二・三十代のほとんどを日本で過ごしたことになる。そういった意味で、学問という見地から言えば、母国の韓国が〃産みの親〃であれば、日本は〃育ての親〃である。

私にとって日本での恩師はお二方おられる。お一人は上智大学教授の山内弘一先生であり、もうお一人は東京大学名誉教授で現在大東文化大学教授の池田知久先生である。山内先生には一九九三年十月に文部省留学生として来日した時、約半年間お世話になったが、その時に池田先生を紹介してくださったのが、この山内先生である。その時もし山内先生のご勇断がなかったならば、今の私は存在しなかったと思う。この場を借りて感謝の微意を表したい。

そういうわけで、私が池田先生のもとで正式に勉強をスタートしたのは、その翌年の九四年からである。ただ池田ゼミに参加したのは、実は九三年の十一月からであった。ところで、はじめて先生のゼミに参加した時は、授業の内容に全くついていけなかった。それもそのはずが、その時に先生のゼミで読んでいたのは馬王堆帛書だったが、それまで韓国では韓国哲学をずっと勉強していたため、中国の古典に関する知識がほとんどなかった私にとって、はじめて見る帛書の図版は、〝衝撃〟そのものであった。勿論韓国で出土資料について全く聞いたことがなかったわけではない。しかし、当時の韓国の学界において、出土資料の研究は未開拓の分野であったため、それがいったい何ものかについては、ほとんど学ぶ機会がなかったのである。

もう一つ驚いたのは、その時に一緒にゼミに参加していた学生たちの研究の水準と方法である。当時のゼミ生としていま覚えているのは、蒋楽群氏（当時私のチューターだった）、近藤浩之氏（現北海道大学准教授）、故芳賀良信氏、宮本徹氏（現放送大学准教授）、そして学部生数名、等々であるが、彼らが自ら作ったレジュメを発表する姿を見て、私はただ単に驚くしかなかった。なぜなら、当時私には日本の得意とする実証的研究方法が全く身についておらず、一字一句を解釈するのに、その証拠となる資料を縦横無尽に調べて発表する彼らの姿は、〝神奇〟そのものだったからである。どうすれば彼らに追いつくことができるか。私の脳裏にはそれしかなかった。そこで考え出したのが〝コンピュータの活用〟である。当時古代文献の索引集がなかったわけではないが、使い勝手は今一だった。また中国学の研究方法としてコンピュータを利用することは、今はほとんど常識となっているけれども、当時はまだ考えられない時代だった。そこで、もし古代の文献のデータベースを作れば、より短時間で、量的にも質的にもより良質のデータが得られるのではないか、と考え出したのである。その時に収集したり新たに作成したりして得たデータベースは、先生をはじめ全員に配ったが、その後、ゼミ生の間でデータベースの活用は一般化されるようになったと記憶している。

そして、何よりも印象に残っているのは、池田先生の学問の厳しさと緻密さである。しかし、今になって考えてみると、先生に学んだのはこれだけではなかったような気がする。僭越ながらあえて言わせていただくと、自由な発想、発想の転換、豊かな想像力、そして学問に対する情熱と向上心とリーダーシップ、等々。浅学の私がこのような高いレベルの要求に応えられたとは、今でも全く思っていない。ただ毎日、少しずつまた一歩ずつ、同僚の足を引っ張らないよう前へ前へと前進できたらと望むだけだった。

このように出土資料についてほとんど門外漢だったし、かねてから日本に行ったら道家思想について勉強しようと決心していたので、修論では『荘子』を題材に論文を執筆した。出土資料という貴重な材料が目の前にあったにもかかわらず、先に述べた韓国学界の事情も、実のところ出土資料の研究を躊躇わせた一因である。ただし、修論執筆中及び博士課程進学直後には、これ以上文献資料だけに頼る研究は、一定程度限界があることも痛感していた。

自分の今後の研究の方向性にこうした一種の行き詰まりと不安を感じていた時、海の向こうからまたもや〃衝撃的〃な一報が私の耳に飛び込んできた。郭店楚簡の発見がそれである。

さて郭店楚簡が正式に公表されたのは一九九八年五月だが、池田ゼミに参加していたお蔭で、同年の三月にその中の『老子』の図版のコピーを非常に早い段階で目する幸運に恵まれた。そうして同月に楚簡本『老子』の輪読がスタートした。先に述べたように、帛書の図版を最初に見た時も、それまで活字に目が慣れていたため、どういう文字なのかほとんど見当が付かなかったが、楚系文字を最初に見た時も同様の印象と戸惑いを覚えた。ただ隣の中文研究室の大西克也先生の授業にも出させていただくなど、ある程度訓練を積み上げていくうちに、楚系文字に少しずつ慣れていき、またゼミや研究会や学会での発表を契機に、『魯穆公問子思』や『唐虞之道』の訳注作業及び論文執筆が徐々に進むようになった。博士論文は、このような基礎作業を経て出来上がったものである。

博士号を取得し帰国した後は、思うほど順調には研究が進まなかった。家庭や研究環境の事情など理由や原因は様々だったが、最も大きな原因はやはり自己怠慢だったと、今は深く反省している。

ところで帰国して二年目のある日、池田先生から一本の電話がかかってきた。東京大学の東洋史学研究室で専任講師の公募が出たが応募してみないか、ということであった。そもそも哲学思想が専門の私がまさかという半信半疑の気持ちで公募に応じたが、これまた幸運に恵まれ、今に至っている。この歴史学という新しい環境での数年間にわたる教育・研究生活は、自らの研究をもう一段レベルアップさせる掛け替えのない貴重な経験だったと思う。大変お世話になった岸本美緒先生をはじめ、同研究室の先生方に、この場を借りて感謝の微意を表したい。

そしてもう一つ、上海博楚簡研究会も私のここ数年間の研究生活において掛け替えのない存在である。一九九三年に発見された郭店楚簡は、楚簡研究及び中国古代思想史研究において画期的な資料と言えるが、その翌年に発見された上博楚簡は、それらの研究をさらに飛躍させる可能性を秘めた資料と位置づけられる。この研究会は二〇〇三年四月に池田先生の呼びかけによって発足されたが、開催回数は今年の九月で三一回目を迎えており、第二冊目から読み始めた同資料も、いまや第五冊目の終盤に向かっている（この会についてのより詳しいことは、拙稿「上海博楚簡研究会〜地味から創造へ〜」（『東方』三二五、二〇〇七年五月）もあわせて参照）。この研究会は小規模な会ではあるが、ここで得られる知見はことばでは言い表せないほど多い。分量もさることながら内容も非常に豊富なため、これほどの資料を一人で全部消化しようとしたら、恐らく切りがないだろう。この会が途中で中断されずにこれまで持続して来られたのは、メンバーの方々のご厚情とご助力の賜物である。東京大学で開催できない時は、いつも勤務校の日本女子大学の教室を確保してくださる谷中信一先生（同大学教授）をはじめ、本会の発展に尽力してくださる大西克也先生（東京大学准教授）、名和敏光先生（山梨県立大学准教授）、小寺敦氏（東京大学東洋文化研究所准教授）、本会のメンバーでありながら今は中国でご活躍中の曹峰氏（山東大学教授）と井上亘氏（南開大学日本研究院外国専家）、幹事の矢野研介君、そして他のメンバーの方々にも感謝申し上げるとともに、今後のさらなる発展をお祈りしたい。

このように私がこれまでに池田先生に受けた学恩は甚だ大きい。その学恩に深謝の意を表わすとともに、本書の上梓によりほんの少しでも恩返しができれば幸いと思う。

本書の刊行に当たっては、まず大東文化大学教授の渡邉義浩先生に感謝の意を表さなければならない。渡邉先生には、本書の出版のことを最初に勧めていただき、出版先として汲古書院を紹介していただいたのみならず、同社編集部の小林詔子氏と出版の段取りを相談する場所（先生の研究室）を提供していただいたり、編集時の技術的なノーハウまで教えていただいた。また池田先生には、本書の出版のことをご報告した際、激励の御言葉とともに、本書のタイトルや体裁についてもご教示をいただいた。東京大学中国思想文化学研究室の矢野研介君と同大学東洋史学研究室の海老根量介君には、索引の作成をお願いした。ここに記して深謝の微意を表したい。そして、学術図書の出版事情の大きな困難の中、そもそも読者層の極めて限られている本書の刊行を快く許諾していただいた汲古書院の石坂叡志社長にも感謝申し上げたい。特に編集部の小林詔子氏には、ご多忙の中、本書の出版に関する相談をはじめ、校正の段階では、筆者が数ヶ月間章ごとに数次にわたり送った原稿を一々チェックしてくださっただけでなく、本の完成に至るまで本当にお世話になった。このような素晴らしい編集者に出会ったことは、私にとって計り知れない幸運だと思う。

最後に、最愛の妻朴 善璟《ぱくそんぎょん》、長男の龍 玄《よんひょん》と長女の多慧《だへ》にも、この場を借りて、〃いつも愛しているよ〃、〃いつも感謝しているよ〃と言いたい。両親にも勿論である。私がここまで来られたのは、すべて家族の犠牲の賜物である。二〇〇三年に来日してから、妻にはほぼ毎日手作りの弁当を二つも作ってもらっているし、子供の教育や家の仕事のほとんどすべてを任せている。家に帰ると自分はいつも〃疲れた〃とつぶやいているが、仕事の量や疲労度の面で言えば、家事の方が余程疲れる仕事である。また子供たちは土日だけでも〃パパは遊んでくれないかなぁ〃と望んでいるが、それすらかなえてあげられない自分が本当に情けないと思っている。そんな私を妻はいつも次のようなことばで慰めてくれる。〃得るのがあれば失うのもある〃と。

二〇〇七年八月一日　　西千葉にて　　著　者

著者略歴

李　承律（い　すんりゅる）

1967年　韓国 Seoul に生まれる
1990年　韓国、成均館大学校儒学大学韓国哲学科卒業
1993年　日本文部省国費留学生として来日
2001年　東京大学大学院人文社会系研究科アジア文化研究専攻東アジア思想文化専門分野博士課程修了、文学博士
2001年　韓国、成均館大学校東アジア学術院儒教文化研究所博士後研究員
現在　東京大学大学院人文社会系研究科専任講師
論文　「上海博物館蔵戦国楚竹書《容成氏》の古帝王帝位継承説話研究」（『大巡思想論叢』17、2004年）
「上海博楚簡『容成氏』の堯舜禹禅譲の歴史」（『中国研究集刊』36、2004年）
「上博楚簡『子羔』の感生説と二重の受命論」（『中国出土資料研究』11、2007年）他
訳注　「上海博物館蔵戦国楚竹書『容成氏』訳注（上）」（『出土文献と秦楚文化』2、2005年）他

郭店楚簡儒教の研究
——儒系三篇を中心にして——

平成十九年十一月六日　発行

著　者　李　承　律
発行者　石　坂　叡　志
整版印刷　モリモト印刷

発行所　汲　古　書　院
〒102-0072 東京都千代田区飯田橋二－五－四
電　話　〇三（三二六五）九七六四
FAX　〇三（三二二二）一八四五

ISBN978-4-7629-2822-2　C3010

KYUKO-SHOIN, Co.,Ltd Tokyo

A STUDY OF CONFUCIANISM

IN THE CHU BAMBOO SLIPS

FROM GUODIAN

——With a Focus on Three Confucianist Texts——

by
YI SEUNG RYUL

Kyuko-shoin Tokyo
2007

Contents

Introduction The Bamboo Slips from a Chu Tomb at Guodian and the Study of the History of Ancient Chinese Thought

1. The Discovery of Bamboo Slips in a Chu Tomb at Guodian 5
2. Archaeological Observations on Chu Tomb No.1 at Guodian 8
3. The Objectives, Methods, Organization, and Contents of the Present Study 14

Part One A Study of the Abdications of *Yao* 堯 and *Shun* 舜 in the *Tang Yu Zhi Dao* 唐虞之道

Introductory Remarks 25

Chapter 1 The Abdications of *Yao* and *Shun* According to the *Tang Yu Zhi Dao* 43

1. Characteristics of the Abdications of *Yao* and *Shun* According to the *Tang Yu Zhi Dao* 43
2. A Reexamination of the Mohist Account of *Yao Shun*'s Succession to the Throne and the Thesis of the Mohist Origins of the Abdication Theory 49
3. Accounts of *Yao Shun*'s Succession to the Throne in Confucianist Work 54
   A. Differences between *Mengzi* 孟子 5A and the *Tang Yu Zhi Dao* 54
   B. Differences between the "*Zhenglun Pian*" 正論篇 and "*Chengxiang Pian*" 成相篇 of the *Xunzi* 荀子 and the *Tang Yu Zhi Dao* 67
   C. Differences between the "*Yaodian Pian*" 堯典篇 of the *Shangshu* 尚書 and the *Tang Yu Zhi Dao* 78
4. Accounts of *Yao Shun*'s Succession to the Throne in the *Zhuangzi* 莊子 and Legalist Works 89
5. The Development of Accounts of *Yao Shun*'s Succession to the Throne from the Late Warring States Period to the Former Han 94

Chapter 2 Distinctive Features of the Ideas of *Aiqin* 愛親 (Love of Parents) and *Xiao* 孝 (Filial Piety) in the *Tang Yu Zhi Dao* 129

1. Are *Aiqin* and *Qinqin* 親親 Synonyms? 131
2. "Filial Piety Is the Crown of Benevolence" 142
   A. Filial Piety in the *Tang Yu Zhi Dao* and Its Position in Intellectual History 142

B. *Zhong* 忠 and *Xiao* 150

3. "To Exhaust Filial Piety and Love the People": In Connection with the Mohist's Theory of *Jian'ai* 兼愛 (Universal Love) 159

Chapter 3 The Idea of *Zunxian* 尊賢 (Revering Worthies) in the *Tang Yu Zhi Dao* and the Debate about *Shangxian* 尚賢 (Exalting Worthies) in the Pre-Qin Period 185

1. Characteristics of *Zunxian* in the *Tang Yu Zhi Dao* 185

2. Are *Aiqin* and *Zunxian* Mutually Contradictory? 193

3. Aspects of the *Shangxian* Debate in the Pre-Qin Period 196

A. *Lunyu* 論語 196

B. *Mengzi* 198

C. *Xunzi* 204

D. *Lüshi Chunqiu* 呂氏春秋 209

E. *Mozi* 墨子, "*Shangxian*" 1-3 217

4. The Position of the *Tang Yu Zhi Dao*'s *Zunxian* in Intellectual History 228

Chapter 4 The Idea of Social *Li* 利 (Benefit) in the *Tang Yu Zhi Dao* 249

1. Philosophical Characteristics of the Idea in the *Tang Yu Zhi Dao* of "Benefiting the Realm without Oneself Benefiting" 250

2. A Survey of Previous Research on the Idea of "Benefiting the Realm without Oneself Benefiting" 251

3. *Li* in the *Lunyu* and *Mengzi* 254

A. *Li* in the *Lunyu* 254

B. *Li* in the *Mengzi* 256

4. *Li* in the *Mozi*: The Birth of the Idea of Social "Benefit" and Its Development 261

A. *Li* in *Mozi*, "*Jian'ai*" 1 and "*Feigong*" 非攻 1: On the Theory of Refusing *Li* 262

B. *Li* in *Mozi*, "*Jian'ai*" 2 and "*Feigong*" 2: The Birth of the Idea of Social "Benefit" 267

C. Developments in the Idea of Social "Benefit" among Late Mohists 271

5. Song Xing 宋鈃's School and *Li* 282

6. The Idea of Social "Benefit" from the Latter Part of the Warring States

Period Onwards: The Ideal of *Fuli* 弗利 (Not Oneself Benefiting) 286

A. Characteristics of the Idea of Social "Benefit" in Legalist Works 286

B. The Theory of Desire in the *Xunzi* and *Li* 293

Chapter 5 The Idea of *Yangsheng* 養生 (Nourishing Life) in the *Tang Yu Zhi Dao* 323

1. Early *Yangsheng* Thought: Emphasis on the Life of the Individual's Body and Rejection of the Theory of Abdication 324
2. *Yangsheng* Thought from the Latter Part of the Warring States Period Onwards: Negative *Yangsheng* Thought and Positive *Yangsheng* Thought 327
3. Characteristics of *Yangsheng* Thought in the *Tang Yu Zhi Dao* and Its Significance 336

Chapter 6 *Zhiming* 知命 (Knowing One's Lot) in the *Tang Yu Zhi Dao* and Theories of Fate in Ancient China 347

1. *Zhiming* in the *Tang Yu Zhi Dao* 347
2. Characteristics of the Mohists' Anti-Fatalism 352
3. Commonalities and Differences between *Zhiming* in the *Tang Yu Zhi Dao* and the Mohists' Anti-Fatalism 357

A. Commonalities and Differences: With a Focus on the Mohists' Anti-Fatalism 357

B. Similarities and Differences: With a Focus on the Idea of a Correlation between Heaven and Man 361

4. Developments in the Idea of a Correlation between Heaven and Man in the *Xunzi* and Later 371
5. Once Again on "Knowing One's Lot" in the *Tang Yu Zhi Dao* 377

Chapter 7 The Idea of Modesty in the *Tang Yu Zhi Dao* 399

1. The Idea of Modesty in Daoist Works 399
2. The Idea of Modesty in Confucianist Works 408
3. The Idea of Modesty in the Silk-Manuscript *Zhouyi* 周易 from a Han Tomb at Mawangdui and *Qian* 謙 424
4. The Idea of Modesty in the "*Mu He*" 繆和 of the Silk-Manuscript *Zhouyi* from a Han Tomb at Mawangdui 427

A. The Dialogue between *Zhuang Dan* 莊但 and the Teacher 427

B. The Dialogue between *Zhang She* 張射 and the Teacher 431
5. Was the "*Mu He*" of the Silk-Manuscript *Zhouyi* from a Han Tomb at Mawangdui Written by Daoists? 435
6. The Historical and Social Background to the Idea of Modesty 443
Concluding Remarks The Date of the *Tang Yu Zhi Dao* and Its Philosophical Affiliations 461
Appendix Original Text, Pseudo-classical Japanese Rendition, and Modern Japanese Translation of the *Tang Yu Zhi Dao* 469
Part Two A Study of the Theory of Inborn Nature and the Emotions and the Theory of Rites and Music in the *Xing Zi Ming Chu* 性自命出
Introductory Remarks 487
Chapter 1 The Points at Issue 488
Chapter 2 The Theory of Inborn Nature and the Emotions in the *Xing Zi Ming Chu* 492
Chapter 3 The Theory of Rites and Music in the *Xing Zi Ming Chu*: The Origins of Rites and Music 497
Chapter 4 The Influence of the Theory of Rites and Music in the *Xing Zi Ming Chu* on Han-Dynasty Confucianism 511
Concluding Remarks 520
Part Three A Study of the View of Loyal Ministers in the *Lu Mugong Wen Zi Si* 魯穆公問子思
Introductory Remarks 537
Chapter 1 Characteristics of the View of Loyal Ministers in the *Lu Mugong Wen Zi Si* 543
Chapter 2 *Zhong* in Pre-Qin Times: Sincerity and Loyalty 546
Chapter 3 The Ranking of *Zhong* in the "*Chendao Pian*" 臣道篇 of the *Xunzi* and *Zhong* in the *Hanfeizi* 韓非子 550
Chapter 4 A Comparison with the Concept of Loyal Minister Found in Other Works 554
Chapter 5 "Emoluments and Rank" and "Righteousness" 560
Concluding Remarks 565
Conclusion The Methodology of Archaeological Typology in China as Seen from Chu Tomb No.1 at Guodian and the Question of the Capture

of *Ying* 郢 by *Bo Qi* 白起

Introductory Remarks ***577***

1. Problems Inherent in Archaeological Typology ***578***

2. The Question of the Capture of *Ying* by *Bo Qi* ***586***

Concluding Remarks ***594***

Bibliography ***605***

Postscript ***631***

English Table of Contents ***3***

Index ***9***

書　名　索　引
人　名　索　引
事　項　索　引

書 名 索 引

あ行

晏子春秋　7, 185, 539, 542
内篇問上第三　556
内篇問下第四　207, 133
尉繚子　7
易　6～7, 412, 424, 429, 433, 437, 447～450
乾卦上九の爻辞　450
謙卦初六の爻辞　429
謙卦彖伝　490
淮南子　99, 287, 305, 308, 521～522
原道篇　100
俶真篇　101～102
主術篇　88, 103～106, 132, 292, 466, 566
精神篇　103～106, 466
斉俗篇　107, 516
説山篇　407
詮言篇　466
泰族篇　97, 99, 337, 517～518, 562
道応篇　334, 416, 419, 422～423
氾論篇　56, 91～92, 107, 135, 222, 324
繆称篇　88, 104～105, 107, 293, 351, 466
本経篇　135
塩鉄論論菑篇　372

か行

郭店楚墓竹簡
窮達以時　10～11, 77, 350, 383
五行　10～11, 30, 162, 185, 190～192, 443, 449, 488
語叢　10
語叢一　11, 160～161, 498
語叢二　11, 498
語叢三　11, 161～162
語叢四　11, 192
緇衣　6, 10～11, 30, 192, 488
成之聞之　10～11, 40, 487～488
性自命出　10～11, 16～17, 29, 253, 487～492, 497, 499, 501, 509～511, 515～516, 518～522, 537, 577
尊徳義　10～11, 29, 253, 487, 489
太一生水　10～11
忠信之道　10～11, 29, 40
唐虞之道　10～11, 16～17, 26～33, 37～41, 43～44, 46, 48～49, 53～54, 56, 58～60, 66～67, 69, 73, 76～80, 84～89, 96, 99, 102～103, 105～107, 117～118, 185～187, 189～196, 203～204, 206～207, 209～210, 213, 216～217, 220～221, 225, 228～233, 261, 399～400, 403, 410, 412, 431, 448～449, 461～467, 469, 487, 537, 577
六徳　10～11, 40, 150, 487, 489
老子　5～7, 10, 333, 401, 405
甲本　11, 400, 402, 430
乙本　11
丙本　11
魯穆公問子思　10, 16～17, 469, 537～545, 550～554, 558, 560～562, 565～567, 577
鶡冠子
備知篇　351
世兵篇　92
汗簡　160～161
管子　37, 94, 185, 283, 305, 308, 462, 539
戒篇　27, 32, 145, 290～291, 466
君臣下篇　55, 558, 560
形勢篇　74～375
形勢解篇　94, 132, 375, 407
心術上篇　430, 515
枢言篇　94
版法解篇　93～94, 291～292, 466
明法解篇　557, 560
韓詩外伝　185, 442～443, 449, 521～522, 558
巻二　216
巻三　107, 416～417, 422～423, 438, 441, 448, 512

巻五　515
巻七　383
巻八　441, 448
巻十　557
漢書　14
芸文志　283～284, 488～489, 537
蓋寛饒伝　114
蓋諸葛劉鄭孫毋将何伝　112
董仲舒伝　373
韓非子　32, 93～94, 113～114, 117, 185, 538, 550, 552～553, 564～567
外儲説右下篇　25
外儲説左上篇　29, 284
顕学篇　283～284, 564
功名篇　552
五蠹篇　104～105, 107, 288
十過篇　553
飾邪篇　551
説林下篇　551
忠孝篇　92, 552
難一篇　564
難二篇　132
難三篇　29～30, 186, 537
九主→馬王堆漢墓帛書『九主』
距年　227
儀礼　7
銀雀山漢墓竹簡
晏子春秋　7
尉繚子　7
孫子兵法　7
孫臏兵法　7
六韜　7
経法→馬王堆漢墓帛書『経法』
孔叢子　33, 537～539
孝経　113～114, 150, 159, 466, 539
開宗明義章　134, 148, 156～157
紀孝行章　134
卿大夫章　158
広揚名章　134, 156～157
三才章　148
士章　158
諸侯章　158
庶人章　158
聖治章　148
天子章　132, 134, 158
孔子家語
在厄篇　383
三恕篇　416, 419, 422～423
礼運篇　110, 515
公孫尼子　488～489
国語晋語四　188
胡非子　382
古文四声韻　160～161

さ行

左伝　88, 185, 514, 546
隠公三年の条　188
桓公六年の条　546
僖公二十四年の条　138
昭公十三年の条　139
昭公二十五年の条　513
文公十八年の条　73
詩　6～7, 226
史記　14, 185, 446～447, 581, 590, 592
燕召公世家　25
五帝本紀　79, 85, 88, 466
秦本紀　586, 591
秦始皇本紀　589, 594
孔子世家　489
楚世家　586, 590, 592
礼書　513
春申君列伝　586
穰侯列伝　586
蘇秦列伝　25
太史公列伝　134
白起王翦列伝　586, 591
范雎蔡沢列伝　586, 591
劉敬叔孫通列伝　519, 522
呂不韋列伝　444～445
詩経→詩
子思子　489, 537～538, 543, 565
上海博物館蔵戦国楚簡
性情論　487, 491
容成氏　40, 513
周易→易
十六経→馬王堆漢墓帛書『十六経』
儒家者言→定県八角廊漢墓竹簡『儒家家言』
豎年　227
朱文公文集巻七二　521
周礼春官・宗伯　13
荀子　29, 41, 43, 49, 67, 73, 78, 108, 113～114, 158～159, 185, 203, 206, 210, 219～225, 228, 230～231, 233, 297, 308, 367, 374, 412, 415～416,

422, 424, 435〜436, 443, 445, 449, 464〜466, 492, 501, 503, 505, 507, 509, 511, 520〜521, 539, 547, 550〜552, 560, 564, 566〜567, 577
栄辱篇 294, 297, 382
王制篇 113, 133, 153〜154, 204, 206, 216, 230〜231, 299, 371, 504
王覇篇 205, 208, 218, 223, 231, 295, 304, 547
解蔽篇 283〜284, 308, 507
楽論篇 296
彊国篇 296
君子篇 113, 205, 231, 414〜416, 424, 449
君道篇 113, 207, 219, 296, 547
子道篇 154
修身篇 293
儒効篇 113, 295, 371
臣道篇 208, 371, 547, 550, 552, 561, 567
性悪篇 299, 371, 436, 501, 507, 510, 547
成相篇 67〜68, 75〜79, 88〜89, 107, 114, 206, 208, 211, 231〜233, 304, 371, 449, 464, 466
正名篇 298
正論篇 27, 30, 39, 46, 67〜69, 71, 73〜76, 79, 88〜89, 114, 207, 283〜285, 304, 436, 464〜467
大略篇 138, 296, 298
仲尼篇 294
天論篇 283〜284, 296, 370
非十二子篇 283〜284, 303, 412, 414, 421, 424, 449
非相篇 298, 547
賦篇 371
不苟篇 294, 297, 371
富国篇 113, 300〜303, 466
法行篇 296
宥坐篇 383, 416, 421〜424, 426, 430, 441, 449
礼論篇 13, 138, 161, 299, 436, 503〜505, 507
春秋事語→馬王堆漢墓帛書『春秋事語』
春秋繁露 185
称→馬王堆漢墓帛書『称』
商君書 32, 94, 305, 308, 462
開塞篇 138, 288
修権篇 93〜94, 102, 107, 114〜118, 287〜289, 466
八説篇 288
尚書 27, 32, 43, 151, 461, 463
堯典篇 16, 26〜27, 32, 43, 59, 78〜80, 84, 86〜89, 100, 107, 142, 187, 195, 211, 232, 463
洪範篇 326
大禹謨篇 252〜253
新書（賈誼） 521〜522, 590
過秦上篇 590, 594
新序節士篇 91
説苑 449, 538
君道篇 107
敬慎篇 416, 418, 422, 433, 439, 441
雑言篇 383, 537
至公篇 112, 114
修文篇 515
正諫篇 556, 558
政理篇 216
説文解字 160〜161, 491
戦国策
燕策一 25
斉策四 407
戦国縦横家書→馬王堆漢墓帛書『戦国縦横家書』
宋子 283
荘子 7, 89, 90, 92, 101〜102, 185, 400, 521
胠篋篇 102
漁父篇 133
庚桑楚篇 90, 185, 376
在宥篇 102, 333
山木篇 185, 383
秋水篇 90, 380〜382
譲王篇 90〜91, 325, 332, 335, 563
逍遥遊篇 90, 99, 283〜284
徐無鬼篇 90, 405
人間世篇 131, 382〜383
斉物論篇 100
繕性篇 102, 516
大宗師篇 376, 507

達生篇　327
知北遊篇　422, 430
天運篇　509
天下篇　252, 283～285, 405
天地篇　90, 94
盗跖篇　92, 102, 406, 408
徳充符篇　379, 381～383
馬蹄篇　508
駢拇篇　102, 508
孫子兵法→銀雀山漢墓竹簡『孫子兵法』
孫臏兵法→銀雀山漢墓竹簡『孫臏兵法』

た行

退溪先生全書　450
大戴礼記　150
五帝徳篇　85, 88
曽子大孝篇　146～148, 155, 157, 466
曽子立孝篇　155, 157
定県八角廊漢墓竹簡
儒家者言　7
文子　7
六韜　7
論語　7
道原→馬王堆漢墓帛書『道原』
湯誓　227
鄧析子　185
転辞篇　186
無厚篇　107
徳聖→馬王堆漢墓帛書『徳聖』

な～は行

日書　6, 592
馬王堆漢墓帛書
九主　7
経法　7
六分篇　92
五行　7, 30, 162, 185, 190～192, 443
周易　7, 371, 424
易之義篇　424
繫辞篇　371～372, 424, 426
昭力篇　424
二三子問篇　424, 434
繆和篇　185, 424, 426～427, 431, 433, 435, 437～438, 441, 443, 449, 466, 490
要篇　424
十六経　7
春秋事語　7
称　7
戦国縦横家書　7
道原　7
徳聖　7
明君　7
老子
甲本　333, 401, 403～404
乙本　333, 401, 404
武威磨嘴子漢墓竹簡
儀礼　7
阜陽雙古堆漢墓竹簡
詩経　7
周易　7
文子　7
守弱篇　408, 416, 420, 423
道原篇　100
微明篇　105
符言篇　100
墨子　32, 39, 49～51, 110, 113, 115, 185, 222～224, 227～228, 252, 262, 305, 307～308, 505, 539, 542, 560, 562, 564, 566
貴義篇　281, 562, 564, 567
経上篇　275
経説下篇　275
兼愛篇　222
兼愛上篇　166, 171, 262～267
兼愛中篇　167～168, 171, 264, 267～271, 287～288, 560
兼愛下篇　168, 171, 264, 271～274, 560
耕柱篇　542, 563～564, 567
公孟篇　358, 541～542
尚賢三篇　16, 49, 217, 224, 228, 232～233
尚賢上篇　50～53, 217～219, 221～228, 232
尚賢中篇　51～53, 58, 224, 226～228, 232, 276, 282, 287, 292, 307, 366
尚賢下篇　58, 224～225, 227, 228,

232, 277, 292, 307
尚同三篇　282, 287
尚同中篇　366
節葬下篇　282, 366, 505, 560
節用二篇　282
節用中篇　505
大取篇　275
天志三篇　53, 287, 292
天志上篇　277, 280, 282, 365～366
天志中篇　273, 278, 282, 307, 366, 560
天志下篇　222, 273, 279, 282, 307, 366, 560
非楽上篇　286, 366, 505
非攻篇　222
非攻上篇　262～267
非攻中篇　264, 267～271, 560
非攻下篇　264, 275, 366
非儒下篇　133, 136, 139～140, 186, 357～358, 505, 540～542, 554
非命上篇　281, 353～355, 362～364, 560
非命中篇　355～356, 362～363
非命下篇　356, 363～365
明鬼下篇　560
魯問篇　281, 505, 541～542, 554, 558, 560, 564, 567

ま行

明君→馬王堆漢墓帛書『明君』
孟子　14, 26, 29, 32～33, 37, 39, 41, 49～50, 57, 59, 62, 66～67, 73～74, 78, 86～88, 150, 152～154, 164, 166, 170～171, 185～187, 198～201, 203, 221, 228～230, 252, 261, 283, 285～286, 297, 305, 307, 325, 367～369, 411, 462, 464, 489, 492～493, 500～501, 537, 540～541, 546, 565～567
公孫丑上篇　65, 199～200, 230, 411, 500
公孫丑下篇　25, 230, 537～538
告子上篇　326, 411, 500
告子下篇　136～137, 143, 145, 149, 259, 261, 283～286, 306, 537
尽心上篇　152, 164～165, 201, 256, 260, 268, 293, 324, 412
尽心下篇　260
滕文公上篇　170, 324, 411, 546, 561
滕文公下篇　258, 326, 505, 540
万章篇　26, 39
万章上篇　16, 30, 32, 43, 46, 54, 56, 60, 62～63, 65～66, 71, 73, 89, 92, 99, 107, 135, 137, 143, 145, 151～152, 195, 203, 211, 232, 253, 369, 463
万章下篇　27, 193, 195, 200～203, 230, 537～538
梁恵王上篇　257, 261
梁恵王下篇　165, 201, 230
離婁上篇　132, 136, 142, 144～145, 152, 411, 501
離婁下篇　164, 258

ら行

礼記　6, 27, 33, 40, 521～522, 539
哀公問篇　135～136
王制篇　13, 27
楽記篇　28, 489, 514
曲礼上篇　27
曲礼下篇　13, 134
郊特牲篇　40
祭義篇　135～136, 147～148, 155
祭統篇　135, 161
喪服篇　161
喪服四制篇　515
喪服小記篇　140
大伝篇　139～140
檀弓篇　13
檀弓下篇　489, 537
中庸篇　28, 30, 131～132, 141, 193, 195, 326, 487, 489～490
内則篇　27
表記篇　28, 30
文王世子篇　137, 140, 161
坊記篇　512
問喪篇　512
礼運篇　28, 96, 108～111, 113,

116～118, 185, 252, 515
六韜　7
呂刑　227
呂氏春秋　99, 150, 185, 209, 213, 219, 221～224, 227～228, 231～233, 287, 305, 308, 445, 447, 560
　圜道篇　95, 107～108
　開春篇　214
　下賢篇　212, 232, 406, 447, 466
　貴因篇　106
　期賢篇　214, 232, 447
　貴公篇　102, 111, 113～114, 116～118, 289
　貴生篇　91, 324, 328, 332, 335, 563
　求人篇　90, 96, 99, 209, 211, 215, 231, 447
　去私篇　94, 102, 107～108, 111, 113～114, 116～117, 210, 231
　謹聴篇　96, 98, 210, 231, 447
　孝行篇　134, 146, 149, 155, 466
　察賢篇　215, 221, 232
　恃君篇　556, 558
　至忠篇　558
　重己篇　325, 328, 331, 337
　上徳篇　106
　情欲篇　329～330, 332, 336
　審為篇　324～325, 330～333, 335, 337～339
　慎人篇　383
　先己篇　331～332, 339
　尊師篇　447
　達鬱篇　559
　知分篇　216, 232
　聴言篇　351
　長利篇　91
　当賞篇　216, 232
　当染篇　92
　当務篇　29
　不二篇　324
　報更篇　211, 213, 231～232
　本生篇　327, 332, 466
　有度篇　338～339, 466
　離俗篇　90, 325
　論人篇　210, 231
老子　100, 400, 403, 405, 408, 410～416, 421～424, 426, 429, 434～435, 441, 444, 446～447, 450, 578
　第二章　416
　第七章　413, 434
　第八章　414
　第九章　413, 421～422
　第十章　416, 430
　第十三章　333, 335
　第二十二章　414～416, 430
　第二十四章　415
　第二十八章　416
　第三十章　413, 415
　第三十八章　109
　第三十九章　401, 416
　第四十二章　401
　第四十五章　416
　第四十八章　422
　第五十一章　416
　第五十六章　416
　第五十七章　109
　第六十二章　416
　第六十六章　413～414, 434
　第六十七章　413, 434
　第六十八章　414
　第七十二章　430
　第七十三章　414
　第七十七章　435, 437
　第八十一章　414
論語　7, 32～33, 145, 150, 152～154, 159, 164, 170, 196, 198, 200, 228～229, 252～254, 257, 261, 305, 307, 367, 369, 462, 492, 499, 501, 540, 546, 566
　為政篇　378, 499
　衛霊公篇　101, 254, 326
　学而篇　136, 144, 149, 163, 409～410
　顔淵篇　163, 197, 229, 369, 378, 409
　季氏篇　379
　堯曰篇　26, 30, 32, 43, 50, 79, 256, 293
　憲問篇　255, 368, 378, 409
　公冶長篇　367, 410
　子罕篇　255, 368, 378
　子張篇　410
　子路篇　164, 197, 229, 255～256, 409, 546

述而篇　367
先進篇　368
泰伯篇　101, 196, 229, 368, 409～410, 499
八佾篇　367, 499～500
陽貨篇　164, 254, 368～369
雍也篇　198, 326
里仁篇　254, 256
論衡　538
書虚篇　377
非韓篇　537

人名索引

あ行

赤塚忠 221, 285
浅野裕一 39, 222, 538, 541, 577, 595
晏子 541
伊尹 50, 54, 65, 192, 197, 215, 220, 229
威王 582
井川義次 449
池澤優 158
池田末利 78
池田知久 450, 469, 490, 578
板野長八 109, 203, 209
井上了 39
尹文 284
禹 29, 47, 49～50, 53, 63～67, 77～78, 88, 91, 98, 107, 195, 205, 220, 225, 269, 272, 278, 282, 305, 449, 464, 466
内山俊彦 446
益 47, 50, 63～65, 77, 88, 195, 220
越王句践 273, 581
燕王噲 25～26, 28, 39
王光鎬 583
王紅星 580
王国維 79
王石梁 109
王博 27, 29, 31, 37～38, 43, 84, 89, 348, 352
王葆玹 29, 31, 40, 193, 578
横革 77
王孫槖 581～582
欧陽禎人 38, 542
大塚伴鹿 221
岡安勇 40
小野沢精一 25

か行

賈誼 113
艾蘭 31
懐王（楚） 580, 582
郭沂 14, 30～31, 537, 577
郭徳維 581, 586
郭沫若 25, 283
加地伸行 158
和叔 85
和仲 85
金谷治 375, 490, 560
神谷正男 109, 111
河崎孝治（原孝治） 221
関尹 405
簡王（楚） 581
咸丘蒙 59, 92, 463
桓公（斉） 98, 145, 212
柬大王 581
管仲 145
驩兜 57
韓非 560～561
韓禄伯 31
夔 47, 77, 195
棄→后稷
祁黄羊 210
魏啓鵬 538
羲叔 85
羲仲 85
木村英一 109
裘錫圭 487, 581
許慎 491
姜広輝 14, 30, 537, 577
姜兆錫 110
堯 16, 29, 43, 45～54, 56, 59～60, 62, 64～68, 71, 74, 76, 78～79, 85～94, 96, 98～99, 101～102, 104～108, 111～112, 114, 116, 151, 187, 192, 195～196, 212, 215, 220, 222, 225, 229, 233, 339～340, 349, 358, 362, 448, 461～467
共工 57
許由 76, 90, 102
金春峰 40
金忠烈 578
金白熙 578
屈万里 78
工藤元男 592
啓 63～64
邢文 14
景春 500
倪説 29

頃襄王　581, 586
桀　53, 64〜65
阮芝生　25
顧頡剛　25〜26, 32, 49, 78, 89, 109, 461
顧史考（Scott Cook, スコット・クック）　542, 578
胡家聡　286
胡平生　160
呉虞　109
高応勤　583
黄震　109
黄人二　537
杭世駿　110
孝公（秦）　593
孔子　14, 27, 30, 32〜33, 49, 54, 59, 64, 102, 107, 131, 137, 144, 197〜198, 210, 229, 369, 381, 416, 421, 423, 425, 445, 461, 463, 507, 509, 537, 539〜541, 565
后稷　47, 77, 195
高祖　113, 519
庚桑子　90, 185
公孫尼子　488〜489
黄帝　102
皋陶　47, 77, 195, 197, 229
公都子　500
公孟子　541〜542
閎夭　220
壷丘子林　212
瞽叟（瞽瞍）　47〜48, 130
鯀　57

さ行

崔英辰　450
崔瞿　102
崔在穆　578
崔珍皙　578
蔡明田　25
斎木哲郎　577
佐藤震二　109〜110
三苗　57, 107
四岳　87〜88
子夏　369
子華子　324〜325
子琴張　507
子貢　410〜421, 499
始皇帝　79, 113, 489, 590
子産　212
子思　28, 30〜33, 39, 54, 186, 461, 463, 488〜489, 491, 522, 537〜541, 543, 545, 565, 567
子之　25〜26, 28
子州支父　91
子桑戸　507
市南宜僚　185
渋谷由紀　489
朱栄貴　31, 159
朱軾　109
朱徳熙　581
子游　488〜489
周鳳五　31, 161, 349
周公　65, 98, 137, 289, 440
粛王（楚）　582
叔孫通　113, 519
舜　16, 29, 43, 45〜51, 53〜60, 62〜68, 71, 74, 76, 78〜79, 84〜94, 96, 98〜102, 106〜108, 111〜112, 114, 116, 130, 142〜159, 187, 192, 195〜197, 205, 215, 220, 222, 225, 229, 232〜233, 339〜340, 358, 362, 399〜400, 430〜431, 448〜449, 461〜467
荀子　75, 79, 113, 204, 222, 233, 293, 412, 446〜447, 507, 522
春申君　204, 445
徐少華　580
象　86
邵懿辰　110
悪固　581
鄭玄　109, 111
悪王　581
昭文君（周）　213
稷（斉の小臣）　212
白鳥庫吉　25, 78
子路　421〜422
沈同　65
神農　102
信陵君　204, 445
垂　88
燧人　102
末永高康　39, 489, 577, 595
菅本大二　577
成王　440
聖王　581
声王（楚）　581
成孫弋　541, 545

席盤林 538
厝毛寿 26
石梁王 109
契 77
石戸之農 325
薛柏成 39
銭遜 253
銭穆 25
詹何 324～325
宣王（斉） 542
宣王（楚） 582
善巻 76, 212, 325
蘇代 26
宋銒 257, 261, 282～286
荘但 429, 433

た行

太史公 519
泰顛 220
武内義雄 110
竹田健二 489, 577
田中智幸 39, 348, 352, 361
段干木 212, 214
丹朱 64, 80
竺可楨 79
千葉仁 265
紂 53, 64～65
仲弓 198, 229
中山王嚳 230
仲尼→孔子
趙宣孟 213
趙淡元 79
張盈 38
張恒寿 382
張射 433
張立文 131, 193
直成 77
陳偉 160
陳澔 109
陳鼓応 28, 438
陳士珂 110
陳振裕 581
陳柱 221
陳仲奇 489
陳明 28, 131, 193
陳来 14, 489
津田左右吉 149, 222
丁原植 38
丁四新 27～28, 30～32, 38, 131, 193, 252, 349, 577
鄭世根 578
程一凡 253
田襄子 222
湯 29, 50, 53, 102, 192, 197, 220, 225, 229, 278, 282, 305, 365
唐鉞 285
鄧建鵬 28, 30, 131, 159, 193, 251
董仲舒 113, 373～374, 376
童書業 25
悼王（楚） 581～582
東郤公 581

な行

中嶋隆藏 490
中村俊也 25

は行

馬雲志 38
馬睎孟 109
白起 577～578, 580～581, 583, 585～587, 589～590, 593～594
伯夷 47, 77, 88, 195
伯禽 440
橋本昭典 489
林巳奈夫 581
班固 284, 537
樊遅 197
范文瀾 79
万章 54～55, 57, 60～61, 63
皮錫瑞 110
百里奚 54
馮友蘭 109
傅説 215
武王 29, 53, 102, 137, 225, 269, 272, 278, 282, 305
宓子賎 216, 221
福田哲之 577
伏戲 102
武帝 78
巫馬期 216
文王 29, 53, 98, 220, 225, 269, 272, 278, 282, 365
文王（楚） 584

文公（晋） 273
文侯（魏） 98, 212, 214
平原君 204, 445
方授楚 221
方壮猷 581
彭邦本 27〜28, 38, 193, 252
龐樸 14, 542, 577
方回 102
朴元在 578
穆公（魯） 30, 186, 537〜540, 545, 567
墨子 50, 109〜110, 166, 221, 227, 257, 261, 266, 541
北人無択 90
墨翟→墨子

ま行

松本雅明 78
向井哲夫 577
蒙文通 25
孟子 14, 27, 29, 31〜32, 39, 54〜55, 57〜59, 61, 63〜66, 79, 306, 461, 463, 491, 493, 500, 507, 522, 537〜542, 565, 567
孟子反 507
孟嘗君 204, 213, 445

や行

薮内清 79
山田統 25
山辺進 25, 43, 79
湯浅邦弘 538, 577
幽（王） 53
有子 144, 489
有若→有子
有巣氏 102
楊寛 25, 78
楊朱 324〜325, 327
楊儒賓 31, 193
葉国良 38, 542
姚際恒 109

ら行

羅根沢 221
羅新慧 131
欒調甫 221
李学勤 14, 25, 28, 31, 38, 43, 488, 537, 539, 577, 581
李家浩 581
李景林 30, 193
李健勝 542
李涀 450
李康洙 578
李承律 539
李存山 26, 28
李沢厚 578
李零 160, 349
陸賈 113
陸奎勳 109
劉節 283
劉祖信 8
劉朝陽 78
劉宝才 38
劉彬徽 580
呂栄芳 581
呂思勉 25
呂祖謙 109
呂不韋 209, 222, 444, 447
梁韋弦 38
梁啓超 221
梁芳雄 578
廖名春 14, 26, 30, 43, 131, 193, 489, 537, 577
林雲銘 382
厲（王） 53
霊王（楚） 273
老子 14, 423
老聃 102, 405, 509
ロバート・ヘンリックス（Robert G. Henricks） 578

わ行

渡邊卓 39, 222, 224, 263, 445, 560, 564

事 項 索 引

あ行

愛親　16, 27, 30, 32, 39, 47～48, 86, 129～142, 189, 193～195, 228, 249, 253, 462
雨台山楚墓　12～13, 580, 582～585
燕の禅譲劇　25, 28～29, 31, 39, 65, 230, 464
王朝交替論　25, 43, 53～54, 66～67, 73, 75～76, 100, 108, 114, 233, 464

か行

郭店一号（楚）墓　5, 8～10, 12～15, 29, 40, 487～489, 538, 577～580, 583～589, 594～595
偽　16, 436～437, 502, 507, 510, 518, 520, 522
貴貴　49, 191
紀南城鳳凰山三十八号墓　584
巨子制度　49
遇不遇の思想　77
君主選挙制　50～51
兼愛　52, 76, 109, 225
謙遜（思想）　16, 85, 88, 99, 213, 215, 232, 249, 352, 399～405, 408～416, 421～425, 427, 429～431, 434～437, 441～444, 446～450, 462, 464～465
倹約（思想）　105
孝　31～32, 47～48, 54～57, 59, 66～67, 86～87, 130, 142～171, 189～190, 192, 194～195, 229, 462, 464～466
孝行→孝
考古学的推定年代　489, 595
考古類型学　577～578, 585, 593～594
孝子→孝
公私論　107, 289
江陵楚墓　578～580, 586, 589

さ行

三利思想　52, 228, 275～279, 281～282
慈　47～48, 66, 192, 465
自然的秩序観　491, 498～499, 518, 522
四端説　500
社会的利（思想）　16, 45, 96, 102, 116～118, 233, 249～308, 462～464, 466
朱子学　450, 493
尚賢　25, 40, 44～45, 49～54, 58, 69, 73～76, 89～90, 96, 99～100, 108, 114, 116, 185, 187, 189～190, 192～193, 195～201, 203～204, 206～207, 209～211, 216～217, 219～224, 227～233, 253, 282, 415, 463, 465
　出自本位の尚賢論　77, 195, 202～203, 230, 232～233, 464
　慎重論的尚賢論　202～203, 230
　能力本位の尚賢論　195, 203, 205～206, 220, 225, 229～232, 464
　礼遇型尚賢論　213, 219, 232
尚同　50～51, 220, 232, 558
人為→偽
親親　27, 31, 49, 57, 130～142, 193～194, 253
心性論　490
随県擂鼓墩一号墓　584
性悪説　509, 520～521
性情説　16, 487～488, 492, 515～516, 520, 522, 537
聖人制作説　16, 499, 503, 509, 518
性善説　493, 500～501
性即理説　493
世襲（制）　38, 44, 50, 55, 63～67, 69～70, 73～74, 90, 108, 113～114, 118, 194, 203, 209, 465
摂政　59～60, 62～65, 71, 88
禅譲（説）　16, 25～41, 43～46, 48～51, 53～56, 58～60, 62～70, 73～79, 86～87, 89～90, 92～94, 96, 99, 105～109, 112, 114～118, 129, 187～188, 192, 195～196, 208～209, 220, 229～232, 249, 251, 288, 291, 323～325, 335, 337～338, 340,

347, 350, 352, 399, 448, 461〜467, 537
尊賢　16, 27〜28, 30〜32, 39, 47〜49, 74, 79, 113, 129, 141〜142, 185〜189, 191〜196, 201, 203, 209, 228〜229, 249, 253, 462, 465, 538

た行

大同小康説　96, 109〜110, 112〜114, 117
知命　16, 40, 249, 347〜384, 462
忠　47〜48, 150〜159, 189, 195, 415, 464〜465, 540〜541, 546〜547, 550, 567
忠臣　537〜543, 545, 550, 553〜554, 557〜560, 562, 565〜567
長沙楊家湾六号墓　584
長沙瀏城橋一号墓　584
弟　47〜48, 66, 86, 145, 149, 192, 465
帝位継承論　25, 39, 43〜44, 49, 54, 66〜67
天人思想　464
天人相関思想　371〜377
天人相互関係の思想　53, 361〜371, 462, 464
天人の分　510, 520
天命思想　65, 67
藤店一号墓　582, 584
当陽趙家湖金家山楚墓　583
当陽趙家湖楚墓　12, 580, 582〜585

は行

白起抜郢　14, 29, 577〜578, 581, 583, 585〜586, 589〜590, 592, 594
非命論　282, 352〜384
武昌義地楚墓　12, 580, 582〜583, 585
弗利（思想）　16, 46, 103〜105, 118, 251, 289〜290, 292, 305, 308, 324, 338〜340, 462, 464, 466
分の思想　108, 231
鳳凰山六十八号墓　584
包山一号墓　12, 580, 582, 585
包山二号墓　12〜13, 580, 582, 585
望山一号墓　12, 580〜582, 584〜585
放伐　90

ま〜ら行

命　347〜384
ユートピア思想　102, 508
養生（思想）　16, 28, 31, 46, 77, 91〜92, 98, 105〜106, 215〜216, 221, 223, 232, 249, 251, 323〜340, 462〜463, 466, 563
礼楽説（論）　16, 487〜488, 497, 499, 511, 515〜516, 520〜522, 537